절대로 포기할 수 없는 '통일' 화두

- 盡人事待天命 -

절대로 포기할 수 없는 '통일' 화두

– 盡人事待天命 –

초판 1쇄 발행 2025년 8월 30일
초판 2쇄 발행 2025년 10월 24일

저　자 | 홍양호

발행인 | 윤관백
발행처 | 선인
등　록 | 제5 - 77호(1998.11.4)
주　소 | 서울시 양천구 남부순환로 48길 1(신월동163-1)
전　화 | 02)718 - 6252/6257
팩　스 | 02)718 - 6253
E-mail | suninbook@naver.com

정 가 53,000원
ISBN 979-11-6068-223-6 03340

한 통일관료의 통일 여정

절대로 포기할 수 없는 '통일' 화두

– 盡人事待天命 –

홍양호

선인

추천의 글

본서는 통일부 차관을 끝으로 30년간의 관료 생활을 끝내고, 은퇴 후에도 10년간 민간인으로서 통일에 관련된 활동 경험을 종합적으로 녹여낸 저자 홍양호 전 통일부 차관의 회고록이다. 본인은 저자가 통일부에서 차관으로 근무할 당시 장관으로서 함께 일하면서 관료로서 그의 모범적인 자세와 성실성, 통일에 관한 열정을 익히 보아왔다. 그래서 통일에 관한 총 40년간의 그의 귀한 경험을 기록한 본서의 출간을 진심으로 축하한다. 본인이 본서를 추천하는 이유는 크게 두 가지이다. 첫째는 남북관계 전개 과정에서 관료로서 자신이 직접 참여했던 기간(1983.5~2014.12)의 다양한 정책 입안 과정과 집행에 관해서 구체적으로 기록한 점이다. 그 중에서도 북한 현지에서 겪은 생생한 경험담은 앞으로 통일 업무에 종사할 후배 공무원들이나 통일 문제, 대북 문제 전문가들에게 귀중한 참고 자료가 될 것으로 믿는다. 둘째는 민간에서의 다양한 통일 관련 활동에 대한 경험을 소개함으로써 우리 사회의 통일운동의 실상과 향후 과제를 파악하는데 큰 도움이 될 것이라고 생각하기 때문이다.

김하중(現 복음통일비전 이사장, 前 통일부 장관•주중 대사)

통일은 우리 민족이 지정학적 저주에서 벗어나 강국이 되고 세계사에서 우뚝 설 수 있는 유일한 기회입니다. 그래서 우리 민족은 통일을 최대, 최고의 목표로 삼아 왔습니다. 그러나 최근 통일에 대한 관심이 낮아지고 분단에 안주하는 부정적인 풍조가 늘어나고 있습니다. 민족적 위기입니다. 이러한 때에 홍양호 전 통일부 차관님이 통일 문제에 임했던 자신의 공직 경험을 기록한 회고록을 냈습니다. 우선 공직 생활 중 조직 관리와 통일업무 수행에 치열했고 탁월한 능력을 발휘했던 필자가 이렇게 꼼꼼하고 방대한 기록을 남기는 것에 대해 경의를 표합니다. 이 기록은 개인사일 뿐 아니라 남북관계사이며 통일운동사입니다. 한국 현대사를 구성하는 가장 중요한 남북관계의 현장에서 필자가 직접 경험하고 느낀 것을 서술한 중요한 사료이기도 합니다. 이는 통일에 대한 관심을 불러일으키고 동시대인이나 후배들이 남북관계를 이해하는데 중요한 참고가 될 것입니다. 나아가 필자는 우리가 통일을 추구하는데 직면하게 될 묵직한 화두를 던지고 있는 바 통일에 대한 우리의 사색을 깊게 하는 글이 될 것으로 생각합니다.

김천식(現 통일연구원 원장, 前 통일부 차관)

통일 과제는 안팎으로 시련을 겪고 있다. 안으로는 통일에 대한 희망과 열정이 줄어들고, 밖으로는 북한이 핵 개발을 완성하는 가운데 러시아 파병으로 비호 세력을 탄탄히 하면서 변화를 거부하여 시계 바늘을 거꾸로 돌리고 있다. 이런 시점에 평생을 정통 관료이자 통일운동가이자 통일이론가로 통일의 이론과 실천에 몸 바쳐 온 통일 역정을 그린 역저 「절대로 포기할 수 없는 '통일' 화두」는 한국 사회가 다시 한번 통일을 향한 민족적 결의를 다지고 통일을 통해 제2의 광복과 진정한 선진 대국을 이루는 소중한 지침서가 될 것이다.

신각수(現 니어재단 부이사장, 前 외교부 1·2차관•주일 대사)

젊은 시절 가슴 속에 간직했던 꿈을 실현하기 위해 행정고등고시에 합격한 후 통일부(전 국토통일원)에 들어가서 지난 40년 동안 남북관계 개선과 통일 기반 구축을 위해 헌신한 노익장의 생생한 현장 이야기. 필자의 사명감에 불타는 끈질긴 통일 노력이 장차 남북한 통합의 밑거름이 되리라! 이 책은 지난 반세기 동안 통일부가 무엇을 했는지, 남북정상회담을 비롯한 수많은 남북 협상과 대북 사업의 겉과 속을 속속들이 얘기하고 있어서 흥미진진하다. 김일성, 김정일, 김정은 시대의 북한 실태, 그동안 남북관계의 전개 과정, 한반도 문제에 등장하는 국내외의 수많은 인사들의 속내를 알고 싶어 하는 분들께 이 책을 추천한다.

김용호(現 윤보선민주주의연구원 원장, 前 한국정치학회 회장)

지금까지 이렇게 다룬 남북한 관계사는 없었다. 남한과 북한이 남긴 비하인드 스토리가 공식 기록과 함께 생생하게 담겨 전혀 지루하지 않다. 남북 교류협력을 새로 시작하려는 시기에 교훈과 과제를 얻을 수 있는 귀한 책이다. 통일 화두를 40여 년 동안 부여잡고 복원해 낸 집념 덕분에 〈남북 관계의 이해〉 교과서가 탄생했다.

김영수(現 서강대 정치외교학과 명예교수, 전 북한연구소 소장)

그의 꿈은 오로지 조국의 통일이다. 행정고등고시를 합격하고도 남들이 기피하는 국토통일원에 지원해 통일부 차관에 이르기까지 27년, 그리고 개성공업지구지원재단 이사장 3년을 포함해 30년을 남북통일이란 화두에 매달려 온 산 증인이다. 고위 관료로 옷을 벗은 뒤에도 10년 넘게 민간 통일운동에 헌신해 왔다. 한평생 통일을 위해 헌신해 온 관료가 냉철한 이성으로 써 내려간 생생한 기록이면 훗날 남북통일을 일궈낸 우공이산(愚公移山)의 초석이 될 것이라 믿어 의심치 않는다.

이선명(現 한국방송기자클럽 회장, 前 SBS 뉴스텍 대표이사)

독립운동의 종착점은 완전한 광복이다. 이는 분단이 아니라, 헌법에 명시된 영토 조항 그대로 통일국가를 달성하는 것이다. 날이 갈수록 통일을 염원하는 목소리는 사그라들고 있다. 이런 세태에, 평생토록 통일을 향한 국가정책 세우기와 실천에 앞장서온 필자의 이야기는 통일 논의를 되살리는 불씨요 외침이다. 통일운동은 독립운동의 완성을 향해 가는 길이다.

김희곤(現 국립대한민국임시정부기념관 관장, 前 안동대 사학과 교수)

책을 내면서

젊은 시절에 '통일 화두'가 마음속에 잉태되어 평생 통일 업무에 매진하였다. 분단국가에서 살아가고 있는 청년으로서 민족 통일을 위해 인생을 바쳐 볼 만한 가치가 있다고 생각했다. 이러한 인연과 동기로 인해 필자가 1977년 10월 제21회 행정고등고시를 합격한 후 1983년 5월에 통일부(당시 국토통일원)에 자원 입부하는 용기를 갖게 했다. 20대 후반에 통일부에 입부하여 우리 민족의 통일을 실현하기 위해 청춘을 불사르겠다고 각오하였다. '통일 화두'를 움켜잡고 남북 관계 진전과 한반도 평화 정착 그리고 평화통일을 실현한다는 목표를 가지고 도전적인 자세로 일하였다. 되풀이되는 남북 관계의 진전과 후퇴, 화해·협력과 대결을 목격하면서 때로는 지치기도 했지만 뜻이 있는 곳에 길이 있다는 의지로 통일에 대한 희망을 지니고 일해 왔다. 통일부에서 27년, 개성공업지구지원재단(겸 개성공업지구관리위원회)에서 3년, 총 30년을 공적 기관에서 보냈다.

공적 기관에서 일하면서 새로운 '통일 화두'를 줄곧 탐구하면서 남북 관계 진전을 위한 현실적이며 실제적인 노력을 하고자 하였다. 북한에 대한 심도 있는 연구를 하면서 기회가 되는대로 북한을 직접 현지 체험도 하였다. 새로운 남북 교류협력의 장을 열어 확대하려고 했다. 인도적으로 어려운 상황에 놓인 북한 주민들을 위해 동포애적 마음으로 대북 인도적 지원도 하였다. 남북 당국 간의 주요 현안 과제를 풀기 위해 남북회담 대표단으로 참여하여 북한 측과 밀고 당기는 협상을 하였다. 남북한 간 위기가 발생했을 때는 이를 극복하고자 다각도로 노력을 다하였다. 남북 관계가 급진전될 때는 통일이 성큼 다가올 것 같은 희망과 흥분에 쌓이기도 했지만, 남북 관계가 후퇴하고 위기가 닥쳐올 때는 실망과 분노가 생기기도 했다. 그렇게 전력을 다한 후 공적인 통일 업무를 마쳤다.

젊은 시절 '통일 화두'의 잉태 인연으로 공적 기관에서 새로운 '통일 화두'를 탐구하고 실천했지만 남북 관계는 필자의 희망과 열망대로 발전되지 못하였다. 필자의 통일부 초기 시절에 예측하기를 필자가 공적 기관에서 퇴직할 즈음 2010년대는 완전한 통일의 실현은 되지 못하더라도 사실상 통일에 가까울 정도로 남북 관계가 발전되어 있으리라는 희망을 가졌다. 그러나 현실은 오히려 남북 관계의 악화이고 불가역적인 후퇴의 길로 가고 있었다. 소위 말하는 희망적 사고의 결과였다.

퇴직 후 민간인이 되어 공직에서의 무거운 중책감으로부터 벗어나니 한동안 너무나 자유로웠다. 그러나 재직 시에 업무상으로나 인간관계로 맺어진 인연으로 인해 민간의 통일운동에 참여하게 되었고 필자가 할 역할이 많았다. 민간 영역에서의 필자의 '통일 화두'에 대한 새로운 추구가 시작되었고 큰 보람을 느꼈다. 순수한 마음으로 통일 운동을 열정적으로 하고 있는 민간 인사들을 보면서 통일에 대한 희망을 보았다. 그렇게 민간 통일운동에 참여한지 10년이 되었다. '통일 화두'를 품고 공직부터 민간까지 추구하고 실천한 지가 올해로 총 40년이 되었다.

금년에 법정 나이 70세 칠순이 되었다. 필자는 칠순이 되는 시점에 지난 40년

간 걸어 온 통일 여정의 길을 정리하여 책으로 발간해 보고 싶은 마음이 생겼다. 필자의 통일 여정을 살펴보기 위해 순차적으로, 분야별로 기억을 더듬고 개인적으로 메모한 내용을 참고하고 관련 자료도 찾아보았다. 필자의 머리와 마음속에 강하게 각인된 내용을 중심으로 정리하기로 하였다. 2013년 4~5월 개성공단 잠정 중단 사태 때 '마지막 7인'으로 귀환하여 핫뉴스거리가 된 일로 주변에서 3년 2개월 동안의 개성공단에서의 경험을 바탕으로 책을 한 번 써보라는 권유가 많았다. 이번에 책을 내면서 개성공단에서의 자세한 경험을 포함하기로 하였다.

필자의 통일 업무 활동의 인생 회고록적 책을 출간하는 데는 북한연구소 측의 특별한 배려가 있었다. 집필할 수 있도록 연구실을 제공해주었고 행정·재정적 지원이 있었다. 정영태·김희철·김영수·임채욱 소장과 서유석 박사, 최형욱 연구원에게 감사의 마음을 표한다. 책 원고 초안을 전부 읽어 보고 코멘트해준 통일부 출신 양창석·임병철·김충환 세 박사에게도 고마운 마음을 전하고 싶다. 특히 원고 초안을 여러 차례 정독한 후 문맥의 교정과 도움이 되는 의견을 상세히 제시한 필자의 처 이복희 교수에게 고마움과 마음의 빚을 품고 있다.

칠순의 시점에 '통일 화두' 잉태와 탐구, 실천의 40년간 통일 여정의 정리는 이것으로 필자의 통일 인생을 마무리하려는 것이 아니다. 이번 회고록적 정리는 40년간 통일 여정의 인생을 한 번 매듭짓고 나서 앞으로 여생을 또 다시 '통일 화두'를 재장전하고 줄기차게 나아가고자 스스로 다짐을 해보기 위함이다. 순수한 마음으로 통일운동에 열정적으로 참여하는 민간 인사들을 존경하며 함께 동행하고자 한다. 미래 통일의 비전을 머리와 가슴에 담고 준비하고 도전하는 젊은 세대들과 함께 호흡하고자 한다. 부정적인 통일 환경에도 불구하고 지속적으로 노력하는 순수한 민간 통일운동이 우리가 바라는 미래 통일의 의지와 희망이다. 최근 북한 측이 남북한은 '하나의 나라가 아닌 별개의 두 개의 나라'라고 선포했지만 통일은 함부로 포기할 수 있는 것이 아니다. 우리 민족, 우리나라와 후손들의 평화와 번영을 위해 '절대로 포기할 수 없는 통일 화두'를 끊임없이 탐구하고 실천해야 한다.

끝으로 필자가 개인적으로 오늘날까지 통일 업무에 매진할 수 있도록 뒷받침해 준 부모님(부친은 작고)과 가족들에게 지면을 통해서라도 고맙다는 말씀을 드린다. 앞으로 어머니를 비롯하여 우리 가족 모두 건강하고 행복하게 살아가기를 바란다.

2025년 여름날
장한평 북한연구소에서

홍 양호

목차

절대로 포기할 수 없는 '통일' 화두

– 盡人事待天命 –

목차

1부

젊은 시절,
통일 화두 잉태와
통일 인생

학창 시절로 돌아가 보면 필자는 여느 초등, 중학생처럼 부모님 말씀을 잘 듣고 학교 공부를 열심히 했던 그런 사람이었다. 학교 성적이 비교적 우수했던 모범생 부류였다. 대구시는 물론 전국적으로 일류 학교로 알려졌던 경북고등학교에 입학하면서 장래 진로도 고민하고 사회적 문제에 관심을 갖기 시작했다. 당시 문과를 지망하는 학생들 대부분은 일류대학교의 법대에 들어가 사법고등고시를 합격하여 법관이나 검사가 되는 것이 장래의 꿈이었다. 필자도 고등학교 1학년 때는 그런 목표를 가지고 공부를 하였다. 그러다가 필자의 장래의 삶의 방향을 전환시킨 두 가지 일이 있었다. 하나는 동네 친구 따라 교회에 열심히 다니면서 종교생활에 익숙해지면서 '사람이 사람을 정죄할 수 없고 하나님만이 오직 사람을 정죄할 수 있다'는 말씀에 영향을 받아 목표로 두었던 사람이 사람을 정죄하는 법관·검사직을 하겠다는 마음을 접었다. 또 하나는 도덕재무장운동(MRA) 단체의 대구시·경상북도 소재 고등학교 연합서클 회장이 되어 활동하였다. MRA운동(Moral Re-Armament Movement)은 절대 정직, 절대 순결, 절대 무사(無私), 절대 사랑의 4대 절대 도덕 표준의 생활화로 새 가정·새 나라·새 세계를 건설하려는 세계 평화운동이었는데 미국의 부크만(Buchman, F.) 목사가 1938년 6월 런던에서 제창하여 세계적인 운동으로 발전하였다. 필자는 MRA 활동을 하면서 사회,

국가, 세계 문제에 대한 관심을 갖기 시작했다. 고등학교 시절에 교회와 MRA 활동을 하면서 필자는 장래에 사회봉사 활동을 하는 것이 인생에 있어서 보람 있게 사는 길이라고 마음속으로 다져갔다.

1973년도에 대학에 입학한 후 필자는 사회봉사를 하는 일로 구체적으로 어떤 직업을 선택할까하는 고민을 하다가 전 국민을 상대로 나라에 봉사하는 공무원이 가장 좋겠다고 생각하고 행정고등고시를 준비하기로 하였다. 대학에서 행정고등고시를 준비하는 중에 가까운 고시 수험생들과 여러 가지 사회나 나라 문제를 논의하면서 우리 시대의 젊은 청년들에게 가장 뜻있는 일은 통일을 위해 일하는 것이라는 얘기가 나왔다. 그때 필자의 마음의 화두 속에 '통일'이라는 단어가 잉태되었다. 돌이켜 보면 당시에 통일을 위해 구체적으로 무엇을 어떻게 해야 하는지 구체적인 방향은 없었지만 그때 '통일'의 씨앗이 필자의 마음 밭에 분명히 뿌려진 것 같았다.

경북대 경제학과 재학 시절 필자(아래쪽 왼쪽부터 세번 째)와 동기생들. 20명의 경제학과 정원 중 3명이 행정고등고시에 합격하였는데 김영균(필자 오른쪽, 불시의 교통사고로 상공부 과장 때 사망), 권영규 서울시 부시장(뒤쪽 중간, 시장 대행 역임)과 필자였다.

1977년도에 제21회 행정고등고시에 합격하였는데 필자의 첫 발령지는 해운항만청이었다. 당시에는 행정고등고시 합격생 중 1등, 2등, 3등만 총리실, 경제기획원, 재무부에 발령이 났다. 나머지는 본인의 희망이나 성적 순위, 대학 전공과 상관없이 당시의 여러 부처의 인력 수요에 따라 무작위로 강제로 발령이 났다. 해운항만청의 지방기관인 부산지방해운항만청에서 2년여를 근무하던 중에 국토통일원(당시 장관: 손재식)에서 행정사무관을 모집한다는 소식을 듣게 되었다. 대학 시절에 필자의 마음에 화두로 잉태되었던 통일 업무를 직접 수행해 볼 수 있는 기회라 여겨서 국토통일원으로 가기로 결심을 하였다. 그때 해운항만청의 총무과장, 인사계장, 그리고 고시 선배들이 필자가 다른 부처로 가는 것을 모두 반대하였다. 보직이 마음에 들지 않으면 좋은 보직을 주겠다고 말렸다. 또한 다른 행정 부처는 모르겠는데 왜 하필 어렵게 합격한 고시 출신이 힘도 없고 연구소 같은 국토통일원으로 옮겨가려고 하느냐고 모두들 이해가 안 된다고 하였다. 그럼에도 불구하고 필자는 과감히 주변의 반대를 뿌리치고 대학 시절 마음속에 잉태했던 '우리 시대의 젊은 청년에게 가장 뜻있는 일은 통일'이라는 그 시대적 사명을 위해 필자의 인생과 공직 생활에 과감한 도전을 해 보기로 결심했다. 1983년에 국토통일원으로 자원하여 입부하였다. 필자가 통일부에 근무하는 동안 열심히 일을 하여 통일을 앞당기는데 기여하거나 어쩌면 통일이 되는 날도 볼 수 있을지도 모르겠다는 부푼 꿈을 안고 야심차게 통일 전선에 뛰어든다는 마음 다짐을 하였다. 이러한 마음으로 1983년 5월부터 국토통일원(이후 통일원을 거쳐 통일부로 부처 명칭 변경)의 공직 생활이 시작되었다.

국토통일원에서 통일 업무의 초보자로서 새로운 공직 생활을 하면서 공직에서의 '통일의 화두'를 탐구하고 실천하고자 하였다. 공직에서 통일 업무를 하는 동안 북한 및 주변 정세 분석, 남북 교류협력, 대북 인도적 지원, 대북 경수로 사업, 남북대화, 남북 이산가족 교류, 납북자 문제, 북한 인권, 북한이탈주민 정착, 교육홍보, 언론, 민간 통일단체, 조직·인사·예산, 대 국회 업무 등 다양한 통일 업무 보직을 맡으면서 통일 업무에 대한 폭넓은 정책 기획과 실무 집행 경험을 하였다. 이러한 과정을 통해 자연스럽게 통일 행정 전반에 필요한 전문성을 축적하였다. 필자의 이러한 폭넓은 실무적 전문성이 인정되었는지 알 수는 없으나 2008년 3월 이명박 정부 때 통일부 차관으로 발탁되어 2년여 동안을 근무하다가 2010년 3월에 통일부에서 명예롭게 공직을 퇴직하였다. 매우 보람이 있었고 대과 없이 공직 생활을 마쳤으니 모든 것에 감사할 뿐이다. 우리 민족의 통일 문제에 필자의 인생을 한 번 바쳐보겠다고 생각하고 스스로 선택하여 27년이라는 세월을 통일 업무로 공직 생활을 마쳤으니 누구에게나 필자는 '통일 공무원'으로 평생 살았다고 당당하게 그리고 자랑스럽게 말해도 될 것 같다.

정부에서 퇴직 이후 2011년 10월부터 개성공단 업무를 총괄하는 개성공업지구지원재단 이사장(겸 개성공업지구관리위원회 위원장)으로 임명되었다. 또 다시 공직의 연장선상에서 현실적이고 실제적인 통일 업무를 하게 되었다. 2014년 12월까지 3년 2개월 동안 개성공단 현장 업무를 총괄하였는데 이 업무까지 포함시키면 30여 년간 공직으로서의 통일 업무를 한 셈이다. 공적 기관으로서 통일부와 개성공업지구지원재단을 퇴직하여도 민간의 자연인으로서의 완전한 자유로움도 오래가지 못했다. 공직에서의 업무상이나 인간관계로 맺은 인연 때문에 민간 통일운동 활동에 참여하게 되었다. 필자의 역할이 있었고 할 일도 많았다. 다양한 민간 통일단체에서 여러 직책으로 활발히 활동하였다. 보람 있는 일이었다.

지금까지 통일부 27년, 개성공단 3년, 민간 통일운동 10년, 총 40년의 '통일 일꾼'으로서 활동을 한 셈이다. 필자가 '통일 화두'를 잉태한 이후 이를 탐구하며 실천하였던 40년간의 통일의 여정을 되돌아보면서 다음 장부터 차례로 정리해 보고자 한다.

2부

정부에서의 통일 화두 추구

통일 업무를 위해 북한 공부부터

조사연구실 근무와 북한 공부의 시작

필자가 처음 국토통일원에서 업무를 시작하게 된 부서는 북한 및 주변 정세를 조사·연구하는 조사연구실내 제5연구관실이었다. 제5연구관실은 한반도 주변 정세, 공산권 및 분단국을 조사·연구하는 부서였다. 대학의 연구소 같은 분위기였다. 당시 직속 상관은 정세현 연구관(김대중·노무현 정부 때 통일부 장관, 문재인 정부 때 민주평통 수석부의장 역임)이었다. 그 부서에서 필자가 처음 맡은 업무는 공산권 방송 자료를 보고 중국·소련의 동향 일지를 작성하는 것이었다. 그리고 매년 개최되는 서강대 동아연구소 이상우 교수가 주관하는 '한중(당시 대만) 학술회의'를 행정적으로 뒷받침하는 업무였다. 당시 냉전시대 때는 우리나라가 중공(중화인민공화국)과 수교를 맺지 않았기 때문에 중화민국(대만)과 교류를 하였다. 이런 한정된 단순한 업무들을 하다 보니 필자가 대학연구소 조교 같은 기분이 들었다. 통일이라는 큰 포부를 품고 온 필자가 연구소 조교 같은 처지가 되었다고 생각하니 당혹스러웠다. 그러나 필자 인생을 우리 민족의 통일 문제에 한 번 바쳐보겠다고 국토통일원에 스스로 찾아온 이상 밑바닥부터 하나하나 배워야겠다고 매번 다짐을 하면서 참고 견디기로 하였다.

통일 업무에 하루 빨리 익숙해져야겠다고 생각을 하면서 틈틈이 시간 나는 대로 조사연구실에서 생산된 연구보고서를 찾아 열심히 읽어보았다. 그런데 연구보고서 내용들이 잘 이해가 되지 않았고 구름 잡는 내용 같았다. 기본적으로 필자는 대학에서 경제학을 전공했는데 대부분 북한의 정치·외교·군사 분야, 그리고 주변 정세 분석에 대한 보고서가 많아 이 분야에 대한 기본 지식이 없었기 때문이었다. 또한 고시 공부를 하면서 일반행정, 법치행정을 주로 공부했기 때문에 명확한 것에 익숙해져 있었는데 정세 분석 보고서의 내용들이 대부분 추론적 분석이었고 결론도 모호하게 되어 구름잡는 것 같았다. 돌이켜보니 베일에 가린 북한이나 공산권에 대해 부분적인 첩보나 정보를 가지고 종합적인 정세 판단을 해야 하니 어쩔 수 없는 일이었다. 정부기관으로서 북한이나 주변 정세에 대한 정보를 수집하여 분석하고 판단한 대처 방안을 마련해야 하니 제한된 첩보나 정보지만 이것을 기초로 최선을 다해 머리를 짜내어 최적의 검토 보고서를 만들어 내야 했다. 책임 문제가 있으니 결론은 이럴 가능성도 있고 저럴 가능성도 있는 방식으로 모호하게 이중적으로 정리하는 것이 허다했다. 또한 당시로서는 분명하게 검증할 방법이 없었기 때문에 누구라도 자신 있게 결론을 말할 수 없어 그렇게 넘어가곤 했다. 어쨌든 처음 접하는 통일 업무에 적응이 쉽지 않았고 또한 잘 이해되지 않고 구름 잡는 것 같은 보고서 내용에 지적 혼동이 생겼다.

국비 유학생으로 선발되어 미국 유학

필자는 통일 업무를 제대로 하기 위해서는 정치외교학적 지식을 쌓아야겠다는 생각을 하고 이 분야의 공부를 시작하기로 했다. 당시 북한을 방문한 재미교포학자들(C.I. Eugene Kim, 고병철, 길영환, 박한식, 양성철, 이만우, 이채진 등)이 쓴 「Journey to North Korea」(1983년, Univ. of California 발간)을 번역하는 실무 총괄을 필자가 하였다. 그 책은 당시로서는 북한을 종합적으로 이해하는데 상당히 도움이 되는 내용이 많았다. 필자는 그 책을 전부 읽어보면서 북한 방문 교수들이 강의하고 있는 미국의 대학으로 가면 국제정치는 물론 북한 공부도 할 수 있겠다는 생각을 했다. 마침 1984년도에 총무처에서 시행하는 공무원 해외 유학(연수) 프로그램이 있어서 요건을 갖추어 여기에 응모하였는데 행운의 합격을 하였다. 당시 국토통일원의 첫 번째 국비 해외유학이었는데 2명이 합격하여 필자가 미국으로, 제4연구관실의 여석호 보좌관이 독일로 가게 되었다.

필자는 북한을 방문한 바 있는 박한식 교수가 있는 조지아대학교(Univ. of Georgia)의 정치외교학 석사 과정(MA)에 입학하였다. 박한식 교수는 방법론(methodology), 정치 이데올로기(political ideology), 정치 발전 단계론, 동북아 정치 등을 강의하였다. 박 교수는 정치 이데올로기 전공이라 북한의 주체사상에 관심이 많아 북한의 주체사상연구소 관계자들과 토론도 많이 하였다고 한다. 박 교수는 북한 측 관계자가 '주체사상(철학)에 대해 어떻게 생각하느냐'고 물어 와서 왜 필자한테 묻느냐고 반문했다고 한다. 북한 관계자는 박 교수가 정치 이데올로기 전문가라서 당신의 의견도 참고하여 주체사상을 완벽하게 만들려고 한다고 답변했다고 한다. 박 교수는 필자에게 북한의 주체사상(철학)이 논리적 모순이 있는 사상이라고 했다. 자주성, 창의성을 가진 인간이 자기 운명의 주체라고 규정했는데 뇌수인 수령의 명령에 무조건 따르라고 하면서 피동적인 존재로 만든 것은 모순이라는 것이다.

필자는 박한식 교수의 지도를 받아 북한의 외교정책에 관한 석사 논문을 작성하였다. 논제는 'The Impact of Domestic Political Development on Foreign Policy in North Korea' 였다. 외교정책은 국내 정치의 연장이라는 전제하에 북한의 내부 정치발전 단계에 따라 외교정책 기조, 방향에 미치는 영향을 분석한 연구였다. 북한의 정치 통합(political integration) 단계에 중요한 역할을 한 정치 이데올로기로서의 주체사상이 대외적으로 이념적인 외교정책 기조를 결정하였다는 것이다. 정치 통합 단계 이후 경제 성장(산업화, resource expansion) 단계에서는 실용적인 이념으로 변화되어야 하는데 북한은 계속 주체사상을 고수함으로써 여전히 이념적이고 경직된 외교정책 기조를 지속하였다. 결국 북한의 외교정책은 정치 이념에 종속되어 신축성이 없어지는 결과를 초래하게 된다.

2년간의 미국 해외 유학(연수)을 마치고 귀국해서는 북한의 정치·행정을 조사·연구하는 제1연구관실에 배치받았다. 제1연구관실 근무 중에 9개월여 동안 월간 「북한 및 공산권 동향」지 발간을 담당하게 되었다. 매월 북한 및 공산권의 주요 동향을 정리하고 분석하여 총괄 평가를 하는 대외비 자료인데, 국토통일원 내부 부서와 외부 관계 기관에 배포하여 업무에 참고하도록 하는 공식적인 정세 분석 자료였다. 물론 정보기관에서도 이와 같은 정세 분석 자료를 만들었지만 내각 차원에서 공식적으로, 정기적으로 발간되는 유일한 자료로서 북한 자료를 직접 접할 수 없는 기관에서는 유익한 참고 자료였다. 매월 조사연구실내 각 연구관실에서 분야별로 '주요 동향 분석 자료'를 취합한 후 빠진 부분이 있으면 필자가 작성해 보충하고 종합적인 총괄 평가를 또한 필자가 작성하였다. 이렇게 작성하는 과정에서 필자는 북한 공부를 많이 하게 되었다. 또한 총괄 평가를 작성하면서 보다 더 적합한 판단을 하기 위해 이것저것 다양한 생각과 고민을 하는 과정에 분석 능력도 많이 키워졌다.

통일부 공무원은 북한 전문성을 갖춰야

필자는 국토통일원에 전입한 이후 조사연구실 2년 근무, 해외 유학 2년 해서 모두 4년간 사실상 공부만 한 셈이었다. 정치외교학 기본 지식도 쌓고 북한에 대한 공부도 어느 정도 하여 이제는 통일 업무를 하는데 필요한 기초 체력은 갖추게 되었다. 국토통일원에 처음 와서 이해하지 못했던 연구보고서가 이제는 비교적 쉽게 이해되고 필자의 의견을 제시할 정도로 익숙하게 되었다. 초기에 이와 같이 북한 공부를 하게 된 것이 그 이후 통일 업무를 하는데 매우 많은 도움이 되었다.

당시에 북한을 분석하는 조사연구실에서 경력을 쌓은 실무자 중에 나중에 통일부 정무직으로 올라 간 사람이 많았다. 제1연구관실 이봉조(노무현 정부 차관), 박찬봉(박근혜 정부 민주평통 사무처장), 김천식(이명박 정부 차관), 제2연구관실 신언상(노무현 정부 차관), 엄종식(이명박 정부 차관), 김남식(박근혜 정부 차관), 제3연구관실 조명균(문재인 정부 장관) 등이 조사연구실 출신으로 고위 정무직으로 올라간 사람들이다. 필자는 통일부에 근무하는 젊은 직원들에게 앞으로 통일 업무를 제대로 하려면 북한 공부를 반드시 해야 하며, 한 번쯤은 북한 분석을 하는 부서에 근무해보라고 권유했다. 혹시 북한 분석 부서에 근무할 기회가 오지 않는다면 대학원을 다녀서라도 북한 공부를 하라고 강조하기도 했다.

직급이 높아지면서 해외로 출장갈 일이 많아지면서 특히 미국에 가보니 싱크탱크가 활발히 운영되고 있었고 국무성이나 국방성 내에 전문가들이 많았다. 이들 전문가들은 한 부서에 오래 동안 근무하면서 전문성을 키워 나갔고 미국 내 대학에 강의도 나가고 있었다. 정부 기관에서 퇴직한 후 싱크탱크로 가서 자기 전문 분야를 계속 연구하고 또 다시 정부로 들어가서 계속 자기 전문 분야 일을 하는 것을 목격하였다. 자기 분야의 전문성이 매우 중요하였다. 필자는 우리나라 행정 부서가 인사 이동을 자주 시킬 뿐 아니라 또 전혀 업무가 다른 부서로 자주 보직을 이동시킴으로써 결과적으로 전문성이 부족한 제너럴리스트(generalist)만 양산하는 인사 시스템이 문제라고 평소 생각했다. 이제는 많이 나아졌지만 전문가(specialist)를 많이 길러 내는 인사 시스템이 확립되어야 부서의 경쟁력, 나아가 국가경쟁력도 생긴다. 고위관리직으로 올라가는 사람은 종합적인 행정 능력이 필요하다. 그러나 자기 분야 전문성 외에 제너럴리스트적인 능력이 절대 필요하다고 보지만 모든 공직자들을 고위 관리직에 필요한 제너럴리스트로 만들 필요는 없다. 현대 행정은 복잡해졌고 전문 영역이 많아졌기 때문에 전문가를 많이 키워야 한다. 통일부 내 북한 정세 분석 부서에 근무하는 사람은 최소 5년 정도는 근무하게 하고 인센티브로 국내나 해외에서 공부할 수 있는 기회도 더 많이 주어야 한다고 필자는 주장했다. 그리고 국내외에 알려질 정도로 분야별 전문가가 있어 외부에서 이들을 찾아와 자문을 받을 정도가 되어야 한다고 자주 언급하곤 했다. 이와 같이 주장하는 이유는 전문가가 하루아침에 만들어지는 것이 아니라 긴 시간이 필요하기 때문이다. 또한 전문가들이 많을수록 정부 내 정책을 수립할 때 실효성 있는 프로페셔널(professional)한 정책을 만들어낼 수 있기 때문이다.

북한 사회를 움직이는 힘 – 10대 원칙

이제 우리나라에는 북한 정보가 넘쳐날 정도가 되었다. 오래 동안 축적된 북한 정보와 다양한 정보 루트가 있어 북한에 대한 총체적인 흐름과 분야별 세부적인 내용도 파악할 정도가 되었다. 또한 34,000여 명의 탈북민을 통해 북한 사회의 다양한 모습도 많이 밝혀졌다. 물론 북한의 최고권력 내부에 관한 것이나 고급 군사 정보는 베일에 감추어져 있어 여전히 정확한 파악은 힘든 점이 있다. 우리 사회에서 본인만 열심히 북한 공부를 하려고 마음먹으면 북한 정보나 자료는 곳곳에서 쉽게 구해 볼 수 있다. 심지어 탈북민도 남한에 와서 그들이 살았던 북한에 대해 몰랐던 것을 더 많이 알게 된다고 한다. 거주 이전의 통제를 받고 있는 북한 주민은 자기가 살던 지역 이외의 다른 지역은 제대로 알지 못할 뿐 아니라 북한의 정보 통제로 고위 상층부에 관한 내용이나 자기가 하는 일 이외의 다른 내용은 잘 모른다. 필자가 대학원에서 남북회담에 관해 강의를 한 적이 있었는데, 북한에서 교사를 한 탈북민 수강생이 이 수업을 통해 '남북적십자회담' 등 몰랐던 남북회담의 내용을 처음 알았다고 실토했다.

우리가 북한 사회의 구체적 작동 원리를 잘 알지 못한 시절에는 북한 소식을 듣거나 남북 관계 일을 하면서 겪었던 북한 사람들의 특이한 행동에 많이 놀라고 이해하지 못한 적이 있었다. 가끔 북한 뉴스에서 접하는 것처럼 북한 사람은 집에 불이 나면 개인의 중요한 소유물보다 방에 걸려 있는 김일성·김정일 초상화를 최우선적으로 끌어안고 집 바깥으로 나온다는 것이다. 남한 사회에 살고 있는 우리에게는 상식적으로 도저히 이해가 되지 않는 것이다. 북한 주민에게는 반드시 지켜야 할 '당의 유일사상체계 확립의 10대 원칙'(김정은 시대에 들어 와서 '당의 유일적령도 체계 확립의 10대 원칙'으로 명칭 변경과 일부 내용 변경)이 최상위 행동 규범이다. 북한 사회에서 살아가고 있는 북한 주민에게는 당 규약, 헌법, 법률보다도 사실상 더 무서운 상위 규범으로 작동하고 있는 것이다. 핵심은 절대적 신격인 김일성·김정일·김정은 수령에 무조건 충성하며 목숨 바쳐 사수해야 한다는 것이다. 이러한 기본지침 하에 10개의 원칙이 구체적으로 나열되어 있다. 그 구체적 내용 중에 수령과 관계되는 상징물을 "정중히 모시고 다루며 철저히 보위하여야 한다"고 되어 있다. "초상화, 석고상, 동상, 초상휘장, 수령님의 초상화를 모신 출판물, 수령님을 형상한 미술작품, 수령님의 현지교시판과 말씀판, 영생탑"을 철저히 보위해야 한다는 것이다. 이러한 절대 지침은 남북 관계 일을 하는 과정에서 북한 사람들의 행동으로 즉각 나타났고, 이것을 실제로 목격한 우리 측 관계자들은 매우 놀랐고 한편으로는 북한 사회의 실상을 제대로 이해하는 계기가 되었다. 대북 경수로 사업을 할 때 우리 측 근로자가 김정일의 사진이 인쇄된 노동신문을 구겨 쓰레기통에 버렸다고 난리가 난 사건, 2003년 대구 하계유니버시아드대회에 참가한 미녀 응원단이 김정일 사진이 인쇄된 길거리 현수막이 비에 흠뻑 젖어 있다고 타고 가던 버스에서 갑자기 내려 현수막을 거두려고 한 사건, 북한 사람들 가슴에 달려있는 김일성·김정일 배지(북한에서는 '휘장'이라고 말함)를 우리가 손가락으로 가리킨다고 시비건 사건 등이 실제 사례이다.

이와 비슷한 사례로 필자가 직접 경험한 것을 소개하면 다음과 같다. 개성공단 근무할 때인데 개성공단에서 의료 업무를 하는 모 병원에서 그 병원의 이사장이 남북정상회담 때 특별수행원으로 동행해 김정일 위원장과 만나 악수하는 장면을 우리 언론사에서 찍은 사진이 있었다. 그 병원에서 이사장과 김정일 위원장이 함께 있는 사진을 대형으로 확대해 사진틀에 넣어 개성공단으로 갖고 들어오다가 북한 출입 담당 관리들이 그 사진을 발견하고 깜짝 놀라면서 남한 측 사람은 이 사진에 일체 손을 대지 말라고 하면서 압수했다. 감히 최고 존엄인 수령의 영상이 있는 사진을 남쪽 사람이 무례하게 함부로 만들어 갖고 다니냐는 것이었다. 북한 관계자는 남한 사람이 접근할 수 없도록 별도의 방에 봉인하고 보관하였다. 이와 비슷한 사례의 의미를 잘 알고 있는 필자로서는 북한 관계자도 쉽게 이 문제를 처리할 수 없는 골치 아픈 상황이며 그 사진을 개성공단 내 별도의 방에 계속 둘 수도 없는 일이라고 생각하였다. 필자는 어떻게든 그 사진을 남쪽으로 다시 가져가도록 해서 근본 문제 요인을 개성공단 내에서 없애는 수밖에 없다고 판단했다. 다만 시간을 갖고 조심스럽게 해결해야 한다고 일단 생각했다. 어느 정도 시간이 경과하자 우리 측 관계자를 통해 조심스럽게 북한 측 책임자에게 수차례 얘기해서 그 사진을 남쪽으로 내려 보냈다. 그 사진을 남쪽으로 내려 보내고 나니 앓던 이가 빠진 것 같아 속이 후련했던 경험이 있다.

북한에 대한 내·외재적 접근법 모두 필요

황장엽 비서는 '유일 10대 원칙'은 1960년대에 유일사상 체계 확립 과정에서 김일성의 지시로 김영주가 처음 만든 것을 김정일이 자신의 후계 체제 확립에 유리하게 개작한 것이라고 밝혔다. 1996년에 탈북 입국한 현성일 외교관도 그 구체적인 내용에 대해 자세히 얘기한 적이 있었다. '10대 원칙'에는 반당 반혁명적 요소인 종파주의가 절대 용납되지 않는다. 김정은 정권에 들어와 권력 실세인 고모부 장성택을 총살 제거한 사건(2013년 12월)이 이에 해당된다. '1번 동지', '소왕국'이라면서 분파 활동을 한 장성택을 '국가전복 음모행위'로 규정하여 사형에 처하였다. 고모부를 공개적으로 총살시킨 사건에 대해 전 세계가 경악하였다. 북한에서는 우리 사회에서 흔해 빠진 학교 동창회를 종파라는 이유로 일체 만들 수가 없다고 한다. 남한으로 온 탈북민들은 남한에 수많은 동창회가 있다는 것과 그 동창회를 통해 끈끈한 인맥을 쌓아 사회적 유대 관계를 맺는 것을 알게 되었다. 그들도 남한 사회에서 동창회를 만드는 것이 필요하다고 생각하고 예를 든다면 '김일성종합대학 출신 동창회'를 만들어 만난다고 한다.

통일 업무를 하면서 한때 북한을 바라보는 시각에 대한 우리 사회의 격렬한 논쟁을 본 적이 있다. '외재적 접근법', '내재적 접근법', '내재적 비판적 접근법'이 그것이다. 어느 나라나 보편성과 특수성을 모두 지니고 있다. 특히 나라마다 그들의 역사적, 종교적, 문화적 특색이 깃들인 독특한 정치 문화(political culture)가 있다. 그런 의미에서 북한 사회를 제대로 알기 위해서는 그들의 독특한 정치 문화도 알 필요가 있다. 그러나 북한도 모든 나라가 지닌 보편성도 존재하므로 북한을 바라볼 때 보편성과 특수성을 함께 보는 시각이 필요하다.

우리가 연구를 하는 것은 사실을 서술(describe, fact finding)하고, 인과 관계를 설명(explain)하며, 이를 통해 미래를 예측(predict)하고, 발생한 사회적 문제(issue)를 해결(problem-solving, policy-making)하고자 하는 것이다. 이를 북한 문제에 대입해서, 예를 들면 인권 문제와 같은 보편적 이슈는 외재적 접근법, 북한의 특수한 협상 행태는 내재적 접근법, 북한의 변화나 체제 전환 문제는 내재적 비판적 접근법으로 다루어야 한다.

결론적으로 통일 업무를 제대로 수행하기 위해서는 북한 공부가 필요하며, 다양한 시각으로 바라보면서 문제 해결에 최선을 다해야 한다고 강조하고 싶다.

통일부 조직 역량 강화가 필요

북한을 분석·연구하는 조사연구실 업무에 몰입하고 있는 중인데 갑자기 자리를 옮기게 되었다. 허문도 장관(지금은 고인) 비서관을 5개월여 하였는데 장관을 보좌하면서 옆에서 보고 들으면서 높은 차원에서 시야를 넓히는 계기가 되었다. 장관이라는 자리가 행정부 내에서 소관 업무의 최고 책임자이기 때문에 미래 비전과 전략 제시, 그리고 소신과 추진력이 매우 중요하다는 것을 알게 되었다. 특히 허문도 장관은 논리력, 문필력 그리고 소신에 따른 배짱과 추진력이 대단한 분이었다. 짧은 비서관 업무를 거친 후 2년 6개월 정도 조직 업무를 담당하는 과장으로 발령이 났다. 필자는 북한 분석을 하는 조사연구실에서 계속 근무하고 싶었으나 갑자기 조직을 담당하는 행정관리담당관으로 옮기게 되었다.

'국토통일원 20년사' 발간 작업 참여

당시 이홍구 장관(노태우 정부 때 첫 장관, 1988.2.25~1990.3.18)이 부임하여 국토통일원 창설 20주년이 되는 1989년 3월 1일에 맞추어 '국토통일원 20년사' 발간 작업을 추진하고 있었다. 필자가 옮긴 부서에서 이 발간 작업을 하고 있었는데 지지부진하였던 모양이었다. 20주년 창설 기념일에 맞추어 책을 내기 위해 젊고 빠릿빠릿한 사람이 필요하다고 판단했던 모양이다. 문제는 필자가 1989년 1월

25일에 발령이 났기 때문에 일할 수 있는 시간은 한 달 남짓 밖에 남지 않았다. 시간상으로는 초비상이었다. 과연 3월 1일 이전에 결과물을 내놓을 수 있을까 하고 모두들 회의적이었다. 집필진은 국토통일원 내부에서 세 사람(당시 윤경태 자문위원, 김순배 교수, 이봉조 보좌관)이 수고하고 있었는데 필자의 부서에서 집필진을 행정적으로 뒷받침하는 일 외에 책에 실을 역사적 사진을 수집해서 싣고 책 부록에 역대 장·차관 명단(사진 포함)과 통일 문제 관련 주요 일지, 관계 법령 등을 싣는 일이었다. 그리고 책 제목과 표지 디자인, 제자(題字)를 받는 일이었다. 한 달 동안 눈코 뜰 새 없이 바쁘게 보낸 결과 '20년사'는 일정에 맞추어 발간되었다. 책 제목은 필자가 제안하여「民族統一로의 前進」으로 정했으며, 제자는 一中 金忠顯 선생으로부터 받았다. 약소한 사례비로 부탁을 드렸는데 우리 민족에게 중차대한 통일 업무에 본인도 참여하는 보람 있는 일이라면서 흔쾌히 수락해주었다.

과장 때 '20년사'를 발간하는 일을 하였는데, 이것이 계기가 되었는지 정동영 장관 시절 기획관리실장 때 우리나라의 '통일 노력 60년사'인「하늘길 땅길 바닷길 열어 통일로」(통일노력60년 발간위원회 편, 도서출판 다해, 2005)를 발간하는 업무도 맡았다. 전자는 통일부 자체의 역사로서 내부용이라고 한다면, 후자는 정부와 민간을 포함한 우리나라 전체의 통일 노력 60년 역사를 총괄 정리한 것으로 내부용뿐 아니라 일반인에게도 시판한 외부용으로도 활용되었다.

'20년사' 발간 작업을 하면서 필자는 1945년 해방 이후 분단의 과정과 그때까지의 각 공화국의 통일정책의 내용과 전개 과정을 공부하는 좋은 기회가 되었다. 그리고 통일부 조직의 역사를 많이 알게 되었다. 행정부 내에 통일 문제를 담당하는 부서가 설립된 것은 1963년 10월 박정희 공화당 총재가 행정부 내에 국토통일 문제 전담기구의 설치를 선거 공약으로 내세웠고 국회에서 1964년 2월 국토통일의 대비책을 강구함에 필요한 '국토통일 문제 연구 특별위원회'를 국회에 설치하는 것을 제안한 것이 출발점이 되었다. 그 이후 1966년 7월 국회에 '국토통일 연구 특별위원회'가 구성되어 관련 자료 수집과 광범위한 여론 수집을 위한 공청회를 개최하였다. 이러한 노력의 결과로 1967년 2월 국회 본회의에서 '국토통일 연구 전담기구 설치 건의안'을 채택하였다. 그 이후 1968년 4월 정부에서 국토통일원을 신설하는 정부조직법 개정안을 만들고 그 해 7월 국회에서 국토통일원 설치를 위한 정부조직법 개정안을 만장일치로 통과시켰다. 기미독립선언 제50주년 기념일을 맞이하여 1969년 3월 1일 우리나라에서 통일 문제를 담당하는 행정 부서가 역사적으로 첫 출범을 하였다.

남북대화사무국의 출범

당시의 국토통일원은 냉전 체제로 남북 관계가 단절되어 있는 상황이고 박정희 대통령의 '선 건설, 후 통일' 정책으로 인해 통일 문제를 연구하고 교육·홍보하는 업무에 국한된 연구소 같은 성격의 부서였다. 부서 명칭도 실제 집행 업무를 하는 '부'가 아니고 '원'이었다. 통일 문제를 담당하는 행정 부서가 생겼으니 70년대 당시 국토통일원은 나름대로 통일정책 개발과 남북 관계 진전을 위한 대책을 마련하여 박 대통령에게 보고하였다고 한다. 당시에 박 대통령은 좋은 아이디어라고 하면서 수고를 많이 했다고 격려를 했지만 아직은 여건상 이러한 것을 추진할 단계가 아니라 했다. 앞으로도 좋은 연구를 많이 하라는 식으로 언급한 것으로 필자는 관련된 직원으로부터 전해 들었다. 70년대의 국토통일원은 미래를 위해 통일정책을 연구하고 개발하며 당시의 통일정책, 북한 실태와 남북 관계 상황을 국민들에게 교육·홍보하는 것이 주력 업무였다. 70년대 '7·4 남북공동성명', '남북조절위원회', '남북적십자회담'과 같은 남북대화 업무는 대통령의 직속 기관인 중앙정보부에서 관할하였다. 반공법, 국가보안법이 가동되고 있는 현실에서 이적단체인 북한과의 교섭 행위는 대통령의 통치권적 차원에서 이루어진 것이기 때문에 대통령의 직속 기관인 중앙정보부에서 담당하였다.

1980년대 초 전두환 정부 때 중앙정보부가 담당했던 남북대화 업무를 국토통일원으로 이관하면서 1980년 10월 20일에 '남북대화사무국'이 생겼다. 통일 업무를 단일 기관에서 담당하는 것이 효율적이라는 명분도 있지만 막강한 중앙정보부의 힘을 빼려는 정치적 목적도 있다고 소문이 나기도 했다. 그 시점부터 국토통일원이 본격적으로 남북대화 업무를 담당하기 시작하였다. 그러나 실상은 중앙정보부와 긴밀한 협의 하에 사실상 공동으로 업무를 처리하였다.

그 이후 노태우 정부 때 남북 교류협력을 법적으로 보장하는 '남북교류협력법'이 1990년 8월 시행됨으로써 이 업무를 담당할 '교류협력국'이 신설되었다. 이때부터 통일원(1990년 12월에 국토통일원에서 통일원으로 명칭 변경)이 명실상부한 행정부서로서의 위상을 갖추기 시작했다. 통일원은 중앙행정기관으로서의 정책 업무와 집행 업무를 동시에 수행하는 부서로 거듭 태어났다. 그리고 김영삼 정부 때인 1990년대 중반 북한의 심각한 경제난이 지속되고 대량의 북한 주민이 아사하는 '고난의 행군'이 시작되며 탈북자들의 남한으로의 유입이 증가되어 대북 인도적 지원, 북한이탈주민 정착 지원 등의 업무를 맡을 인도지원국이 신설되었다. 통일원은 내부 정치 상황의 변화, 탈냉전 시대로의 정세의 변화, 대북 공세적 관여정책(engagement policy) 추진, 북한의 만성적 경제난 등으로 인해 담당할 업무가 확대되어 팽창하는 부서가 되어 통일원의 조직 규모도 커지게 되었다.

'20년사'를 발간하면서 알게 된 것은 국토통일원이 1969년 3월 처음 출범할 때는 직원이 총 45명인 지극히 단출한 조직이었다. 1972년 6월이 되어서야 100명을 초과한 108명이 정원이 되었다. 초기에는 정책 연구 및 개발을 위해 연구원들을 채용하기 좋은 별정직 중심으로 운용하였다. 1980년 10월 남북대화사무국이 중앙정보부에서 이관, 신설되면서 당시에 남북대화 업무를 그동안 담당했던 중앙정보부의 직원을 그대로 넘겨받았기 때문에 직종 문제(당시에 중앙정보부 직원은 특정직)와 대우 문제를 해결하기 위해 별정직화 하였다는 얘기를 전해 들었다. 이러한 조직 인사 상황에서 1980년대 초반 손재식 장관(1982.1.4~1985.2.18)은 앞으로는 통일 업무도 연구·개발적인 성격보다는 정책 결정과 집행적인 성격의 업무가 많아질 것으로 판단하였다. 우수한 행정고시 출신들이 국토통일원으로 자원할 수 있도록 일반 행정직의 유입 문호를 제도적으로 넓히는 결정을 하였다. 필자도 사실상 이러한 조직 인사 방침에 따라 국토통일원으로 자원하여 전입할 수 있는 기회를 얻었다.

남북 교류의 법적 난제, '상황의 이중성 논리'로 해결

'20년사'를 제때에 무사히 발간하게 되어 마음도 한결 편안하였다. 이 일을 마치고 나서 이제 본격적인 조직 업무를 담당하기 시작했다. 당시 이홍구 장관은 통일정책의 관점에서 법적·제도적 기반을 확고히 다졌다. 1980년대 말 탈냉전 시대의 급격한 흐름을 타고 노태우 정부는 국익의 관점에서 공산권과 북한에 대한 적극적인 외교와 교류를 추진하는 북방정책을 추진하였다. 대 북한 관계에 있어서는 '민족 자존과 통일 번영을 위한 특별선언'인 '7·7 선언'을 발표하고 공세적인 대북 관여 정책을 추진하였다. 남북 관계에 있어서는 '남북 상호 교류와 자유 왕래', '이산가족의 서신 교환과 상호 방문', '남북한 교역 문호 개방' 등이 주요한 내용이었다. 또한 남북정상회담도 제의하였다. 이러한 시대적 상황 속에서 이홍구 장관은 통일방안을 성안하고 당시 4당 대표(윤길중 민정당 대표, 김영삼 민주당 총재, 김대중 평민당 총재, 김종필 공화당 총재)와의 협의와 동의 절차를 거쳐 현재까지 우리나라의 통일방안인 '한민족공동체 통일방안'(김영삼 정부 때 '민족공동체 통일

방안'으로 명칭 변경)을 수립하였다. 그리고 남북 간에는 남북 쌍방의 총리가 수석대표인 '남북고위급회담'을 추진하여 이 장관의 재직 기간은 아니지만 1992년 '남북기본합의서'와 '한반도 비핵화 공동선언'을 도출하는 기초 역할을 하였다. 그리고 '7·7 선언'의 남북한 교류 이행을 국내적으로 법적·제도적인 뒷받침을 할 수 있는 '남북교류협력에 관한 기본지침'을 제정하여 민간 차원의 남북 교류를 규범적으로 보장하였다, 이것이 그 이후 1990년 8월 제정된 '남북교류협력에 관한 법률'의 모태가 되었다.

그동안 국가보안법으로 민간 차원의 남북 교류는 법적으로 금지되어 있어서 그 누구도 북한과 교류 활동을 할 수 없었다. 이와 같은 법적인 강력한 규제가 어떻게 생생하게 작동되고 있었는지 시사하는 사례는 필자가 읽어 본 월간조선 2003년 8월호에 잘 나타나 있다. 동 월간지 "남북한 체제 경쟁 선언-8·15 평화통일 구상 선언 秘話" 좌담 내용 중 1970년대 초 박정희 정부 내 에피소드를 소개하면 다음과 같다. 1970년 3월에 박정희 대통령으로부터 강상욱 청와대 대변인이 남북 관계 비전을 제시할 내용을 검토해 보라는 지시를 받고 소수의 사람들과 몇 개월 간 비밀작업을 하였다. '8·15 평화통일구상 선언'에 실을 내용이었다. 강상욱 대변인에 의하면 경제, 스포츠 등 문화 교류, 서신 교류 등 전면적 교류를 하자는 제의를 연설문에 담았다고 한다. 연설문 초안을 바탕으로 대통령, 최규하 외무부 장관, 이호 법무부 장관, 김영선 국토통일원 장관, 김계원 중앙정보부장, 김정렴 비서실장, 신직수 검찰총장, 유근창 국방부 차관, 강 대변인이 대통령 집무실에서 갑론을박의 토론을 하였다고 한다. 이때 법을 다루는 이호 법무장관이 "대통령의 통치권 행사라고 하여도 반공법의 테두리를 벗어나면 곤란하다"고 주장하였다. 그 뒤 김정렴 비서실장실에서 재개된 회의에서 이종원 대검 검사는 "연설문 초안 내용이 법률적 차원에서 절대로 용납될 수 없다"고 하면서 "이런 작업을 한 것 자체가 구속감"이라고 말하였다.

당시 박 대통령은 법무부의 강한 반대 의견을 고려하여 구체적인 남북 교류 제안을 완전히 삭제하고 "인도적인 견지에서 통일 기반 조성에 기여할 수 있고 남북한에 가로 놓인 인위적 장벽들이 단계적으로 제거되면 남북한 간에 통일 문제에 대한 현실적이고 획기적 방안을 제시할 용의가 있다"로 수정하였다고 한다. 이처럼 이적단체인 북한과 내부 공산세력을 규율하는 반공법, 국가보안법(당시에는 반공법과 국가보안법이 같이 있었으며, 1980년에 반공법은 국가보안법으로 통합)이 현실적으로 엄하게 작동하는 상황이었다. 따라서 1980년대 말까지 대 북한 관계에 작동하고 있는 유일한 실정법인 국가보안법으로 인해 남북 교류는 법적으로 금지되었다.

노태우 정부가 들어서자 남북 교류의 적극적 추진을 위한 시발점으로 이를 현실적으로 뒷받침할 법규가 필요했다. 이러한 사전 법적 조치가 없으면 사실상 '7·7 선언'은 대외적인 선전적 평화 공세에 그치며 현실적인 실행력이 없는 것이었다. 이때 이홍구 장관은 남북 관계의 '상황의 이중성' 논리로 해결하였다. 북한은 남북한 간 정치·군사적 대결상황에서 적(敵)적인 대상이기도 하지만 우리가 반드시 추구해야 하는 통일을 위해 함께 접촉, 교류, 대화해야 할 동반자적 대상이기 때문에 이중성이 있다고 하였다. 전자를 규율하는 것은 국가보안법이고 후자를 규율하는 법은 남북교류협력법이라는 것이다. 명쾌하게 논리적으로 해결하였다. 남북 관계를 새롭게 규율하는 법이었기 때문에 여러 가지 힘든 과정은 있었지만 여야 합의하에 '남북교류협력에 관한 법률'이 탄생되었다. '상황의 이중성' 논리는 그 이후 우리의 남북 관계를 규정하는 논리로 확고히 자리 잡았다.

힘들게 이루어낸 국토통일원 조직 확대

이와 같은 '한민족공동체 통일방안' 발표, 남북고위급회담 진행, 남북 교류협력 법규 제정 등으로 인해 통일부의 업무량이 갑자기 폭증했다. 이러한 당시 상황에서 조직 업무를 담당하는 필자로서는 이를 뒷받침할 조직을 신설하고 정원을 늘리는 일이 당면 과제가 되었다. 조직 검토 작업을 하면서 정부 내 다른 부처의 규모, 정원과 비교해 보니 통일원 조직이 상대적으로 규모도 작았고 고위직 중심의 조직이었다. 실무 집행 인력이 현저히 부족하여 전반적으로 manpower가 아주 약했다. 파워가 센 부처들은 반대로 일할 수 있는 실무 인력이 많은 것 같았다. 노태우 정부 때 대북 정책을 중시하고 실제로 일도 팽창하고 있는 현실적 상황을 활용하여 통일원의 인력을 대폭 확충하기로 했다. 미래의 민족통일 문제를 해결하기 위해 우수한 인재들이 통일원에 많이 왔으면 하고 바랐다. 필자는 우리나라에서 실제로 통일 업무를 직접 수행하는 곳은 행정부이고 행정부 내에서도 행정적·법률적 책임을 지고 실제로 수행하는 부서는 통일원이기 때문에 우리나라의 통일 역량은 결국 통일원의 역량에 달려있다고 생각했다. 통일원의 조직 역량을 키우는 것은 우리나라의 통일 역량을 키우는 것이었다. 일종의 필자만의 독자적인 신념, 사명감이라 할까 이것이 정부의 조직 업무를 총괄하는 총무처와 경제기획원과의 오랜 시간 지난한 협의 과정을 견디게 한 동인이 되었다. 또한 직속 상사인 강보대 기획관리관의 독일 병정 같은 강직하고 집요한 목표 달성 추진력, 솔선수범이 필자로 하여금 좌절하지 않도록 하는 힘이 되었다.

총무처와 경제기획원에서는 무조건 증원을 최소화하려는 입장이고 우리는 최대화 또는 현실적으로 최적화하려는 입장이라 팽팽한 상황이 지속되었다. 우여곡절 끝에 당시 총무처 원진식 조직국장을 통해 미래의 남북 관계 및 통일을 위해 확실한 인력 보강이 절대적으로 필요하다는 정책적 결단을 이끌어내었다. 우리가 목표한 것이 모두 이루어졌다. 너무나 기뻤다. 만세를 부르고 싶었다. 그러나 이것은 잠시였다. 증원에 따른 인건비 예산 확보 때문에 경제기획원의 심사를 거치게 되는데 경제기획원에서 원점부터 다시 검토를 하는 것이었다. 조직 담당 총무처에서 최종 확정되었으면 경제기획원에서는 예산 지원 여부만 결정하면 되는데 신설 조직과 증원의 필요성을 총무처에서 하듯이 또 다시 검토하는 것이었다. 경제기획원은 총무처에서 처음 제시했던 최소화 규모보다 더 적은 숫자로 우리에게 통보해왔다. 경제기획원의 실질적 결정권자인 박병원 과장(노무현 정부 때 재정경제부 제1차관, 이명박 정부 때 대통령실 경제수석 역임)과 엄청난 논쟁을 하였다. 예산을 총괄하는 경제기획원 사람들은 프라이드가 강해 대체로 다른 부처 의견을 무시하는 성향이 있고 좀처럼 자기가 결정한 입장에 대해 물러서는 법이 없었다. 그 과정에서 자존심이 많이 상하였다. 논쟁과 재설득, 그리고 인사 거래를 통해 총무처에서 확정된 증원 규모로 경제기획원의 동의를 받아내었다. 엄청난 쾌거였다.

필자는 행정관리담당관 시절 두 차례의 직제 개편을 통해 당시 정원이 400명 정도인 통일원에 약 25%를 순증하여 104명이라는 증원을 이루어내었다. 국장급(2명), 과장(9명)도 상당수 증원되고 사무관 등 실무 인력도 대폭 증원되었다. 통일교육원 교수도 5명 증원되었다. 통일원 조직역사상 획기적이었고 전무후무했다. 큰 보람을 느꼈다. 이처럼 실무 인력의 증원이 대폭 이루어져 다른 부처의 우수한 인력을 전입시키려고 노력하였다. 엘리트 의식이 강한 외교부에서 외무고시 출신 사무관 3명이 국토통일원으로 오겠다고 하였다. 최종적으로 2명이 전입하였다. 또한 일반 행정 부처에서도 우수한 행정고시 출신 사무관들이 다수 전입하였다. 당시에 국토통일원에 전입한 사람들 중에 경력을 쌓고 후에 능력을 발휘하여 통일 업무 수행에 있어서 중요한 역할을 하였다.

국토통일원, 부총리 부서로 격상

상승세를 타고 있는 국토통일원에 노태우 정부 때 초대 비서실장인 홍성철 실장이 이홍구 장관 후임으로 부임하였다. 홍성철 장관(1990.3.19~1990.12.26, 지금은 고인)은 이북에서 내려온 실향민 출신으로 노태우 정부의 실세로 소문이 나 있었다. 노태우 정부의 탄생에 이북도민의 전폭적 지지가 크게 도움이 되었다는 정치적 세평이 있어 홍성철 장관은 실세 장관으로 노태우 정부 내에서 상당한 영향력을 발휘할 것이라고 소문이 돌았다. 통일 문제와 직결된 북방정책을 정책의 최우선 순위로 추진하였던 상황을 타고 국토통일원을 부총리 부서로 격상해야 한다는 여론이 정부 내에서나 사회에서도 형성되고 있었다.

홍성철 장관은 상당히 주도면밀한 분이었다. 국토통일원이 부총리 부서로 격상되면 본인의 신분과 직접 직결되는 일이었기 때문에 홍성철 장관은 이 문제에 관해서 말을 매우 아끼고 오해받을 행동을 일체 하지 않으려고 했다. 그러나 내심으로는 본인이 초대 통일부총리를 원하고 있는 듯 공을 들이는 것 같았다. 실향민 출신으로서 이산가족 문제도 해결하고 남북 관계에 큰 역할을 하고 싶다는 열망을 충분히 가질 수 있다고 생각하였다. 통일부총리로 격상이 되면 부서의 위상도 격상될 수 있어 당시 국토통일원 직원들은 모두 그렇게 되길 희망하였다. 그러다가 자세히 날짜는 기억할 수 없으나 1990년 하반기에 홍성철 장관이 청와대에 갔다 왔고, 그때 이연택 총무처 장관도 동시에 청와대에 갔다 온 것이 파악되었다. 당시에 필자는 조직 담당 과장이었기 때문에 부총리 격상과 관련된 움직임에 민감하게 안테나를 세우고 있었다. 두 장관이 동시에 청와대에 갔다 온 것은 통일부총리 격상과 관련된 것이라고 짐작했다. 아니나 다를까 홍 장관으로부터 통일부총리 격상이 상부로부터 결정되었다는 소식을 강보대 기획관리관으로부터 전해 듣기 직전에 필자는 당시 총무처 조윤명 과장(나중에 경남 부지사, 특임장관실 차관 역임)으로부터 통일부총리 격상을 위한 정부조직법 개정 조문 안을 보안을 유지하여 작성해서 급히 제출하라는 연락을 받았다. 물론 총무처에서도 개정 조문 안을 갖고 있었지만 해당 부처로부터 제출받았다는 절차적 형식을 갖추기 위한 것이었다. 평소에 이에 대한 사전 준비를 했기 때문에 상부에 보고하고 조윤명 과장을 직접 만나 개정 조문 안을 제출하였다. 모든 것이 속전속결이었다. 홍성철 장관과 이연택 장관은 서로 '형님, 아우' 할 정도로 막역한 사이로 소문이 나 있었다. 이러한 인간관계가 형성되어 있었던 두 분은 통일부총리와 같은 매우 민감한 이슈를 아무도 모르게 비밀 작전하듯이 전격적으로 청와대를 동시 방문하여 대통령의 최종 승인을 받아낸 것 같았다. 통일부총리 탄생 역사는 이렇게 이루어졌고 필자도 담당 과장으로서 개정 조문 안을 만드는데 참여하였기 때문에 역사의 한 페이지 모퉁이에 기록으로 남겨놓고 싶은 마음이다.

문제는 만든 사람 따로 있고 차지하는 사람 따로 있다는 말이 초대 통일부총리에 해당하는 말이 되었다. 국토통일원 내 사람들은 당연히 홍성철 장관이 초대 통일부총리가 될 것이라고 모두 생각했으나 전혀 생각지 못했던 다른 분이 오셨다. 당시 최호중 외무부 장관(1988.12~1990.12)이 초대 통일부총리로 지명되어 부임하였다. 최호중 부총리는 외무고시 출신의 정통 직업 외교관으로 주요 대사를 역임하고 당시 외무부 장관으로 재직하였다. 국토통일원이 부총리 부서로 격상되고 당시 북방정책으로 남북 문제와 외교 문제가 맞물려 돌아가니 이점을 고려하여 국제사회의 흐름을 잘 아는 외교부 장관을 초대 통일부총리로 임명한 듯 했다. 외교부 장관이 통일부총리로 왔으니 무게감도 있었고 최호중 부총리(1990.12.27~1992.6.25, 지금은 고인)도 무난한 성품에 부처 간 업무도 원만하게 잘 조정하였다. 최 부총리는 복잡하게 보이는 문제도 명쾌하게 정리해 비교적 신속히 의사 결정을 하는 장점이 있었다. 직원들 입장에서는 우유부단하거나 지나치게 신중하게 의사 결정을 하는 상사보다는 훨씬 편했고 업무의 효율성이나 추진력을 높일 수 있어서 좋았다.

통일원 산하에 민족통일연구원 설치

부총리 부서로 격상되고 나서 조직을 담당하는 과장으로서 필자는 국토통일원이 부총리 부서로서의 조직 역량을 강화할 수 있는 것이 무엇일까를 검토하였다. 검토 결과 통일관계 장관회의 설치와 통일 문제 국책연구기관을 설립할 필요가 있다고 판단했다. 당시 경제부총리가 주관하는 경제관계 장관회의가 제도화되어 있었고 경제부총리 리더십 하에 이 회의체를 통해 경제정책이 효율적·체계적으로 총괄 조정되고 일사분란하게 추진되고 있었다. 경제 분야처럼 통일 분야도 통일부총리 리더십 하에 통일업무를 보다 더 효율적·체계적으로 추진하기 위한 통일관계 장관회의를 설치할 필요가 있다고 판단했고 마침 경제 분야에 유사 사례가 있어 설치에 큰 어려움이 없을 것으로 예측했다. 또한 외교 안보 부처에는 산하에 모두 국책 연구기관을 두고 있었다. 외무부에는 외교안보연구원(이후 국립외교원으로 명칭 변경), 국방부에는 국방연구원, 국가안전기획부(중앙정보부에서 1980년 12월에 국가안전기획부, 1999년 1월에 국가정보원으로 명칭 변경)에도 산하 연구기관이 있었다. 일반 경제부처, 사회 부처에도 산하에 관련 국책 연구기관이 모두 있었다. 통일원에도 통일부총리 부서로서의 역량을 강화하기 위해 산하에 통일 문제 국책연구기관이 필요 불가결하다고 판단했다. 필자는 이 두 개 기관의 설립에 필요한 검토보고서를 작성하여 상부에 보고하였다. 위에서도 설립을 적극 추진하라는 지시가 있었다. 통일원 내 해당 부서, 그리고 관계 부처와 적극적으로 협의하여 이 두 기관을 설치하였다.

통일관계 장관회의는 1991년 3월 23일 설치되었고, 민족통일연구원(1999년 1월에 통일연구원으로 명칭 변경)은 1990년 8월 1일 설치법이 제정·공포되고 1991년 4월 1일 정식으로 개원되었다. 통일 연구 기관의 처음 명칭인 「민족통일연구원」은 필자가 작명하여 당시 최호중 통일부총리에게 보고 드리고 승인을 받았다. 이와 같이 국토통일원의 조직 역량이 매우 커지게 된 데에 빼놓을 수 없는 한 분이 계신데 그 분은 강보대 기획관리관(후에 통일교육원장 역임. 지금은 고인)이다. 이 분은 예산·조직업무 등 기획관리 업무에 정통한 직업 관료로서 상부에서 방침이 시달되면 반드시 관철시키는 추진력과 집념이 강한 강직한 분이었다.

조직 인력의 대규모 증원에 이어 통일부총리 부서로서 격상과 통일관계 장관회의, 민족통일연구원 설치를 필자가 조직 담당 과장 때 주관하여 성취한 일이어서 당시에 필자는 매우 뿌듯한 자부심과 보람을 느꼈다. 그때 필자는 통일을 위한 조직 역량은 강화되고 체계화되었으니 국토통일원과 민족통일연구원에 우수한 인재들이 많이 지원해서 민족의 숙원 사업인 통일 문제를 위해 열심히 일만 하면 되겠다고 생각하였다. 그런데 세월이 흘러가고 정권이 바뀌면서 필자가 조직 담당 과장 때 노력하여 만들었던 국토통일원의 조직 역량이 훗날 많이 감축되고 민족통일연구원(현 통일연구원)이 통일부 산하기관이 아닌 총리실 산하의 경제인문사회연구회 소속으로 바뀌어 마음이 씁쓸하다.

통일부, 장관급 기관으로의 격하와 조직 축소

햇볕정책(Sun-Shine Policy)을 제창하고 대북 정책을 아주 중시했던 김대중 정부 때 통일원이 부총리 부서에서 장관 부서로 격하(교육부총리 신설)되었으니 참으로 아이러니컬하다고 생각했다. 2008년 9월에는 통일관계 장관회의도 폐지되었다. 유사 기능을 수행하고 있는 외교안보정책 조정회의(통일부 장관이 의장 역할)가 있었고 또한 1998년 이후 통일관계 장관회의의 개최 실적이 없었기 때문이었다. 통일연구원은 1999년 1월 국무총리실 산하 경제인문사회연구회 소속기관이 되면서 통일부와는 법적으로 단절되었다. 그리고 이명박 대통령이 당선되면서 통일부를 폐지하려고 하다가 당시 여권의 이한구 정책위원장, 전직 통일부 장관들(허문도, 이홍구, 박재규 등이 언론 기고) 그리고 여론의 반대에 부딪혀 최종적으로 폐지는 되지 않았지만 80명이라는 대규모 인원 감축이 결정되었다. 이러한 상황에서 필자는 이명박 정부의 초대 통일부 차관이 되어 대규모 인원 감축 결정으로 인해 사기가 심히 저하된 통일부 직원들을 다독거리면서 우리에게 맡겨진 통일 업무를 차질 없이 추진하려고 노력하였다. 최선을 다해 성과를 내는 업무 처리를 하여 일당백의 역량을 보여줌으로써 통일부의 존재감을 드러내고자 하였다. 가장 힘들었던 것은 그동안 통일가족 공동체로서 동고동락했던 직원들의 인원 감축 정리 과정에서 신상에 피해가 가지 않도록 하는 일이었다. 평생 순수하게 통일에 대한 열정으로 일해 온 사람들이었는데 강제적으로 신상에 큰 피해를 줄 수는 없다고 생각했다. 시간을 갖고 해결하기로 원칙을 정하고 다른 부처로의 전출, 해외 파견, 산하기관 진출, 명예퇴직 등 다양한 방법을 통해 2008년 한 해 동안 대체로 원만하게 마무리하였다. 당시에 조직의 고통을 함께 감내한 직원들에게 감사할 따름이다.

필자는 통일부 차관 때 조직상 역점을 두었던 일은 통일연구원이 과거처럼 통일부 산하 연구 기관으로 복귀되어 통일부의 통일 역량을 강화하는 일이었다. 김하중 장관 시절에 통일부와 통일연구원(당시 원장은 이봉조 전 통일부 차관)간 유기적 협력 관계를 구축하기 위해 양 기관의 간부들이 참가하는 합동 회의(정세 분석과 정책 개발)를 정례화 하였다. 현인택 장관도 이 문제에 지대한 관심을 가졌고 청와대와 직접 협의하여 통일연구원을 통일부 산하 기관으로 이전 설치하자는 합의를 이끌어내었다. 필자는 통일부와 통일연구원 간 재결합을 성사시키고자 당시 서재진 통일연구원장과도 여러 차례 상의하였다. 당시 통일연구원 박사들의 의견을 수렴한 결과 통일부의 산하 기관화하여 업무의 통합성을 높이면서 직원들의 대우 수준도 높이자는 의견과 지금처럼 경제인문사회연구회 소속으로 있는 것이 자율성 측면에서 좋다는 의견이 반반으로 나누어졌다. 그러한 재결합 논의과정에서 국무총리실에서 제동이 걸렸다. 당시 국무총리실에서 경제인문사회연구회 소속 국책연구기관의 관리시스템을 총괄적으로 재편하는 중인데, 통일부가 독자적으로 나서면 이 작업에 심각한 지장을 준다면서 이 작업이 완료된 후 추진하라는 것이었다. 그러나 총리실의 종합 계획은 국회 소관 상임위인 정무위원회에서 제동이 걸려 중단되었고 이러한 영향을 받아 통일연구원이 통일부 산하기관화 하는 것도 동력을 상실했다. 필자는 지금도 안타깝게 생각하는 것은 통일연구원이 통일부와 제도적으로 유리되어 있어 두 기관이 재결합하여 얻을 수 있는 시너지 효과를 극대화할 수 없다는 점이다. 결국 우리나라 전체로서의 통일조직 역량을 키울 수 없도록 방치되고 있는 현실이 답답할 뿐이다.

통일 역량 강화를 위한 준비 필요

필자의 조직 담당 과장 시절을 회고하면서 우리나라의 통일 조직 역량을 다시 한 번 되돌아보았다. 통일 문제는 민족의 숙원 과제로서 앞으로 정치·경제·사회 등 전 분야에서 무한대로 준비해야 할 일들이 생겨날 수 있는 과제이다. 헌법상 대통령의 책무이기 때문에 대통령의 통치권적 과제이기도 하다. 대통령 리더십 하에 현존하는 당면한 업무도 처리해야 하지만 한 번도 직접 경험해 보지 못한 미래의 일도 단계적으로 준비해야 한다. 실제 이 업무를 일차적으로 수행하는 기관은 정부조직법상 통일부의 일이다. 그러나 통일부만이 오롯이 감당할 수 있는 일이 아니다. 이차적으로 사안의 중요성을 공감하고 전 부처가 나서야 할 일이다. 우선 일차적으로 책임지고 있는 통일부의 조직 역량이 탄탄해야 하고 통일부에 통일에 대한 순수한 열정과 우수한 업무 수행 능력을 갖춘 인력들이 포진해 있어야 한다. 통일 문제를 제대로 수행하기 위해서는 전략적인 시각, 대북 교섭능력, 창의력, 역경을 극복할 수 있는 능력, 추진력, 대국민 통합 능력 등 종합적인 능력을 구비한 인재들이 필요하다. 통일부의 조직 역량은 대통령이 특히 높은 관심을 가져야 한다. 통일 문제는 대통령의 헌법상 책무이고 대통령이 직접 나서서 해야 할 일이기 때문이다. 이차적으로 현재는 물론이고 미래에 함께 해야 할 각 부처의 통일 대비 능력을 평소에 준비해 두어야 한다. 동서독이 갑작스러운 통일 때문에 서독의 많은 부서와 공무원들이 여러 가지의 시행착오를 겪었다고 한다. 우리의 통일이 미래에 어떤 방식으로 다가올지 모르기 때문에 시행착오는 반드시 있을 것이다. 이처럼 예견되는 시행착오를 최소화하고 남북 통합 과정을 효율적으로 이행하여 평화와 번영이 보장되는 통일한국을 이룩하도록 유사시를 대비한 준비는 항상 철저히 하여야 한다.

1990년대 초 교류협력국 신설과 남북 교류 진전

국가 안보에 저촉되지 않는 한 남북 교류협력을 법적으로 보장하는 남북교류협력법이 1990년 8월부터 시행되었다. 이후 통일원에 남북 교류협력 업무만을 다루는 독립된 부서로서의 교류협력국이 1991년 7월 1일자로 신설되었다. 교류협력국에 총괄과, 교류1과, 교류2과, 협력과로 4개과가 신설되었다. 총괄과는 남북교류협력 관련 총괄 기획과 주로 제도적인 문제가 주 업무였고 교류1과는 남북 주민 간 접촉 또는 남북 간 왕래 등 인적 교류를 다루었다. 교류2과는 교역 등 물적 교류가 주 업무였고 협력과는 남북한이 공동으로 합의하여 추진하는 모든 사업을 다루었는데 당시는 대우의 남포공단 사업 등 주로 남북 경협사업이 주 업무였다.

교류1과장 발령과 의욕

필자는 교류협력국의 첫 교류1과장이 되었다. 남북 교류협력을 통해 분야별 민족공동체를 형성해 나가며 궁극적으로 통일을 실현하고자 하는 통일정책을 구체적으로 실행하는 일을 담당하게 되어 가슴이 벅찼다. 통일을 위해 필자의 인생을 한 번 바쳐볼 만하다고 생각하고 통일원에 자원했는데 이제야 본격적으로 실천적인 통일 업무를 맡게 되니 매우 기뻤다. 그동안 꽉 막혀 있던 남북 간의 교류를 하나하나 물꼬를 트고 새로운 길을 개척해 나가겠다는 희망찬 야심을 가졌다. 한편으로는 어깨가 매우 무겁기도 하였다. 남북 교류협력의 부서가 신설되고 담당 직원이 배치되었지만 우리가 원하는 대로 남북 교류협력의 물꼬가 트이고 활성화될지는 미지수였다. 민간 차원의 자유로운 남북 교류협력의 문호를 우리 정부는 적극적으로 열었지만 북한 측은 그렇지 못했다.

교류1과장(1991.7.8~1994.2.1)으로 재직 시절 필자

북한은 당국 차원의 필요에 의해 이벤트성 교류 행사는 실시했지만 체제 유지에 부담을 느껴 민간 차원의 자유로운 남북 교류협력에 대해서는 기본적으로 소극적이며 통제한다는 입장이었다. 특히 1990년을 전후하여 소련 등 동구 공산권이 무너지고 동서독이 통일되면서 자유 진영으로부터의 자유의 바람이 공산 체제와 정권을 무너뜨렸다고 판단하였다. 그 결과 외부로부터의 자유사상의 유입에

대해 매우 경계심을 갖고 대처하고 있었기 때문에 '모기장이론'을 들고 나왔다. 숨을 쉬기 위해 외부로부터 필요한 공기는 마셔야 하지만 '자유사상'이라는 해로운 모기를 막기 위해 모기장을 철저히 쳐야 한다는 것이다. 남한 쪽에서도 우리 사회에 익숙해져 있는 반공 사상 등 보수적인 시각이 지배하고 있어 남북한 간에 합의하여 남북 교류협력을 적극적으로 추진할 수 있는 여지가 그리 크지 않았다. 어떤 방도로든 남북 교류협력의 물꼬를 트고 남북 관계를 진전시키기 위해 머리를 짜내고 의지를 단단히 다져야 했다.

당시에 남북고위급회담이 활발히 진행 중인 와중에 남북한 간에 큰 행사가 몇 건 이루어졌다. 체육 분야에서 '남북통일축구대회'가 남북한 간에 교환 개최되었다. 1990년 10월 11일 평양의 5·1경기장에서 제1차 대회가 열렸고 이어서 10월 23일 서울의 잠실올림픽 주경기장에서 제2차 대회가 열렸다. 많은 관중들의 참관 하에 경기가 진행되면서 통일의 열기는 뜨거웠다. 그리고 음악 분야에서 남북 국악인 간 교환 공연이 성사되었다. 1990년 10월 18일부터 23일까지 평양의 2·8문화회관과 동평양대극장에서 '범민족통일음악회'(남·북 및 해외동포 음악인이 참가)가 열렸다. 우리 측에서 황병기 이화여대 음대 교수를 비롯하여 김덕수(사물놀이), 오정숙(판소리), 홍종진(대금), 김정수(장구) 등 14명의 음악인이 참가하였는데 민간 차원의 최초의 남북 문화 교류였다. 이어서 북한 음악인이 그 해 12월 8일부터 13일까지 남한을 방문하여 예술의 전당과 국립극장에서 남북 공동으로 '90 송년통일전통음악회'를 열었다. 그때 서울을 방문한 북한 측 고위급 대표단을 위해 특별 공연을 추가로 개최하기도 하였다. 남한에서 개최된 음악회에 많은 사람들이 표가 없어서 들어가지 못할 정도로 성황을 이루었다. 1985년 9월 20일부터 23일까지 '남북이산가족 고향 방문 및 예술공연단'의 동시 교환 방문 이후 남북 간 교환으로 이루어진 두 행사는 우리에게 지속적인 남북 교류협력의 열망, 하나의 민족의식, 통일의 열기를 한껏 고취시켰다. 이와 같은 3건의 남북 간 상호 교환 행사는 당시 남북 당국 간 회담이 진행되고 있는 상황과 맞물려 양 당국 간 상호 필요성에 따른 적극적인 추진 의지와 지원이 따랐기 때문에 가능했다. 사실상 남북 당국 간의 행사라고 할 수 있다.

민간 차원의 남북 교류협력 사업 성과

교류협력국은 주로 민간 차원의 남북 교류협력을 보장하고 행정적으로 뒷받침하는 것이 주 업무였다. 순수한 민간 차원에서도 과연 당국 차원에서의 남북 교류 행사처럼 성과를 도출할 수 있을까에 대해 필자는 처음에는 다소 회의적인 생각을 하였다. 성과 있는 교류는 차치하고라도 분야별로 조그마한 진전이라도 있었으면 좋겠다는 소망을 하였다. 교류1과는 이산가족, 경제, 학술, 문화, 종교, 체육, 대학생 등 모든 분야의 남북 간 인적 교류, 즉 접촉(회합, 통신 등)과 남북 왕래에 대해 승인 여부를 검토하는 일을 하였다. 승인을 검토하는 과정에서 정책적 검토도 하고 의미 있는 교류가 이루어지면 행정적·재정적으로 적극 뒷받침하였다. 교류1과의 과장 밑에 6명의 직원이 있었는데 사무관 3명, 주무관 3명 총 6명이 있었고 모두 각자가 분야별로 업무를 맡았다. 모두 활력이 넘치는 젊은 사람들로 구성이 되었다. 이 중 절반은 공무원 경력이 일천한 사람들이었다.

그동안 전례도 별로 없고 남북 관계를 새롭게 개척하는 업무라 누구에게 know-how를 전수받을 수 있는 일도 아니었다. 모두들 상당히 긴장하면서도 맡은 업무에 책임감을 느끼고 새로운 남북 관계를 구축해 나간다는 사명감으로 의욕이 넘쳐 있었다. 가능한 한 민간의 순수한 남북 교류 추진 의지를 꺾지 않으려고 했다. 충분한 설명을 통해 합리적으로 조정을 하여 일이 되는 방향으로 업무를 추진하였다. 조그마한 가능성도 살려보려고 노력하였다. 민간 차원의 교류협력 추진은 기본적으로 긍정적인 방향으로 추진해서 하나라도 성사되는 선례를 계속 만들어 보자는 전향적인 사고가 강했다. 이러한 직원들의 태도는 당시 노태우 정부의 적극적인 통일 및 교류협력 정책에 따라 남북 관계의 진전에 기여해 보겠다는 의지였다. 한편으로는 교류협력국이라는 독립부서가 생겼으니 부서의 존재감과 실효성을 고려한 것이 작용했다.

민간 차원의 남북 교류 활동이 연속적으로 추진되면서 당초의 생각과는 달리 분야별로 작은 성과가 순차적으로 생겨나며 의미 있는 일들이 도출되기 시작했다. 처음에는 주로 이산가족, 학술 분야에서 추진되다가 문화, 종교, 언론 분야로 다양화되고 경제 교류 및 합작 사업 추진으로 확대되었다. 그리고 여러 분야에서 방북하는 일도 하나하나 성사되었다.

이산가족 분야에서 1989년 6월 12일부터 1992년 10월 31일까지 575건이 추진되어 211건이 성사되고 성사율이 37%에 이르렀다. 놀라운 일이었다. 필자가 교류1과장으로 있을 때 이산가족 담당 직원은 실향민 2세였다. 필자는 그 직원에게 남북 이산가족 간 서신 교환, 중국 등 제3국에서의 상봉과 같은 이산가족 교류가 실제로 성사될 수 있을지에 대해 자주 물어 보곤 했다. 그 직원은 이북도민회 쪽의 소식을 접하고 있는지 가능성이 충분히 있다고 하였다. 남북 이산가족들의 천륜에 바탕 한 한 맺힌 핏줄 찾기는 그 누구도 막을 수 없었다. 중국, 일본, 미국, 소련 등에 거주하는 해외 교포를 통하거나, 이산가족 상봉 주선 단체를 이용하거나, 제3국 무역상 또는 문화·학술·예술 행사 참가자를 통하거나, 지푸라기 같은 가능성만 보인다면 모든 방법을 동원해서 북에 있는 가족을 찾으려는 의지와 열망은 아무도 막을 수가 없었다.

기업인들은 경제적 이익이나 북한에 선 투자 고지를 확보하기 위해 닫힌 북한의 문호를 계속 두드렸다. 홍콩, 일본, 중국, 싱가포르 등에 있는 중개상을 통한 간접 교역이 이루어지고, 통일그룹의 금강산 관광 개발, 대우그룹의 남포공단 조성 등을 위해 기업인들의 방북이 성사되었다. 제3국에서의 학술·문화·종교 분야에서 남북행사가 많이 개최되었고 방북 행사도 행해졌다. 남북 대학생 교류를 위해 판문점 실무접촉도 이루어졌다. 판문점에서 1991년 8월 12일 '서울지역 대학생 기자연합'이 북한 지역 취재 협의를 위하여, 1991년 9월 18일(1차), 9월 22일(2차) 건국대 국어국문학과의 북한 평안도 지방 방언 실태 조사를 위하여 북한 측의 상대방과 실무 협의를 하였으나 북한 측의 정치적 조건 제시로 무산되기도 하였다.

교류협력국이 생기고 나서 짧은 기간 동안에 남북 간에 많은 접촉과 왕래가 이루어졌다. 남북 교류협력이 실제로 이루질 수 있을까 하는 필자가 처음 가졌던 회의적 생각은 기우가 되었다. 민간 차원의 남북 교류협력이 허용되니 어떠한 동기나 이유이든 간에 다양한 분야에서 남북 간의 교류가 도미노처럼 이루어졌다. 한참 뒤 필자는 이것은 '자유의 힘'이고 '도전의 힘'의 결과라고 생각했다. 자유세계의 토양에서 배양된 개인의 자유와 도전의 에너지가 북한이라는 미지의 장벽을 뚫고 나간 것이며, 강력한 힘으로 남북 관계의 물꼬를 트고 진전시켜 나갈 수 있는 동력이라고 생각했다. 그때 일을 하면서 국가안보나 공공질서에 명백히 저촉되지 않는 한 이러한 에너지가 가능한 한 성사되는 방향으로 처리했다. 당시에 기관 성격상 통제적 태세였던 모 공안부장이 세월이 한참 흐른 뒤에 남북 간 전면 자유 교류를 주장해서 인상적이었다. 다양한 분야에서 남북 교류협력이 이루어지면서 모든 일들이 새로운 뉴스거리가 되었고 업무가 폭주하여 직원들은 자주 야근하였다. 다양한 분야에서 교류협력이 활성화되었을 때의 기준으로 봐서는 대수롭지 않는 일이라고 할 수 있지만 당시로서는 민간 차원의 남북 교류협력 사안 중에는 민감할 뿐 아니라 정책적으로 검토할 일도 많았고 폭발성이 높은 뉴스거리가 많았다. 필자는 일주일에 한두 번 정도는 귀가하지 않고 밤을 새워 일을 하였다. 당시 담당하고 있는 교류협력 업무는 황무지를 개척하는 통일을 위한 노정에 무한한 가치가 있는 일이라 큰 의미를 두었다. 또한 진행되고 있는 남북 교류협력 사안들이 매우 흥미도 있어서 지치는 줄도 모르고 일에 빠졌었다. 당시 상사인 박상찬 교류협력국장(지금은 고인)은 꼼꼼한 성격과 책임감 때문에 담배를 연거푸 피워가면서 밤을 새워 일하다가 새벽에 귀가하는 일이 다반사였다.

남북 교류 활성화와 기관 간의 알력

교류1과장으로 있을 때 실무적으로는 남북교류협력법상의 법적 질서를 확보하는데 중점을 두었다. 종래에 남북 당국 간 회담이나 당국 간 행사로 방북할 때는 북한 측의 사회안전부장이 '신변 안전과 무사 귀환을 보장'하는 초청장을 반드시 발급해 주었다. 민간 차원의 방북 시에도 남북교류협력법상 법적 요건으로 북한 측의 '신변 안전과 무사 귀환을 보증할 수 있는 서류'를 제출하도록 하였다. 민간 차원의 방북 시에도 반드시 사회안전부장이 발급하는 '신변 안전 보장 각서'를 제출해야 하는 문제가 생겼다. 그런데 방북을 추진하는 민간에서는 북한 측의 초청 기관에서 사회안전부장의 '신변 안전 보장 각서'를 사실상 발급받기가 힘들다고 말한다는 것이다. 민간 차원의 방북 시에 장애가 되지 않도록 사회안전부가 아닌 초청 기관의 초청장으로 허용하되 반드시 '신변 안전과 무사 귀환을 보장'하는 문구가 초청장에 반드시 기재되어 있을 때만 유효한 것으로 정리를 했다. 일부 북한 측의 초청 기관에서 동 문구가 없는 초청장을 발급하는 사례가 거듭되어 이 경우에는 방북을 승인하지 않고 '신변 안전과 무사 귀환의 보장' 문구가 반드시 있는 초청장을 받아오도록 우리 측 민간 인사나 조직에게 거듭 요구를 했더니 결국에는 제대로 된 초청장을 발급받아 왔다.

우리 내부적으로 파악한 바로는 일부 민간인이 정보기관하고만 상의하고 보고하면서 통일원의 법적 승인을 받지 않고 추진하는 사례가 가끔 적발되기도 하였다. 문제의 당사자를 불러 통일원의 승인을 받지 않고 추진한 이유를 추궁하면 그 당사자는 정보기관에 긴밀히 보고하면서 추진했기 때문에 정부의 승인을 받은 것이라고 주장했다. 심지어는 정보기관에서 자기들이 책임질테니 현재 추진하고 있는 남북 교류 사안을 절대로 통일원에 알리지 말라고 했다고 실토하기도 했다. 남북 교류협력의 법적 승인기관은 정부 내에서 통일원이며 정보기관과 협의는 할 수 있으나 통일원의 공식 승인을 받지 않는 사안은 불법행위였다. 방북은 절대로 허용되지 않을 것이며 계속 불법적으로 추진한다면 남북교류협력법에 따라 처벌을 받을 것이라고 경고하였다. 이러한 당연한 절차를 거듭 설명하고 경고하자 해당 당사자는 정상적인 법 절차를 따라 통일원의 승인을 받고 추진하였다. 이러한 사태가 입소문을 타자 남북 교류를 추진하는 몇몇 민간인들이 통일원을 찾아와 이실직고하기도 했다. 어떤 경우는 방북 사안이 중요해서 외부에 알려지면 무산이 될 수 있으니 정부의 고위직에 구두로만 보고하는 것이 가능한지를 타진하는 사례도 있었다. 남북교류협력법상 방북을 할 경우에는 통일원 장관이 발급하는 '북한방문증명서'를 소지하여야 한다. 외국에 나갈 때 여권이 필요하듯이 북한방문증명서는 여권과 같은 것이며 정부의 방북 승인을 받은 것을 증명하는 공식 서류였다. 비공개를 유지해야 할 필요성이 있다고 판단되는 방북 사안에 대해서는 과장인 필자가 직원들 몰래 밤늦게 사무실에 남아 스탬프를 직접 찍어 북한방문증명서를 발급해서 종합청사 후문이나 모처에서 당사자에게 전달해주기도 했다. 그리고 관련 서류는 과장이 직접 관리하는 캐비넷에 보관해 두었다가 후임 과장에게 보안 유지하면서 인계하였다.

당시에 추진하였던 남북 교류협력 사안을 처리하기 위해서는 통일원이 관계 부처의 의견을 들어 종합적으로 판단하여 최종 결정하는 방식으로 일을 처리하였다. 남북 교류협력 사안이 다양하고 사안마다 민감한 부분이 많아 통일원은 가능한 한 관계 부처의 의견도 충분히 고려하여 합리적으로 원만하게 처리하려고 노력하였다. 그러나 가끔 부처 이기주의에 따라 부처 간에 충돌이 심하게 생길 때도 있었다. 그동안 안보 문제에서 주도적 위치에 있었던 정보기관에서 모 직원이 자기 기관이 통보한 입장을 그대로 통일원이 따르도록 강요하는 경우가 더러 있었다. 그 기관의 입장이 비합리적이어서 우리 과에서 계속 거부하고 합리적 기준에 따라 처리하였다. 이러한 사례가 계속 누적되자 그 직원은 기관 내부에서 주의를 받았던 모양이다. 그 이후로는 그 직원은 우리 과에 강압적인 태도를 자제하며 오히려 우리 과의 입장을 먼저 물어본 후 그 기관 내부적으로 문제가 발생하지 않도록 대처하였다.

또한 우리 정부의 경제정책을 총괄 조정하는 모 경제 부처에서 남북 간에 진행되는 경제 분야의 교류협력 사안은 자기들이 총괄 조정해서 정부의 입장을 정해야 한다고 계속 주장하였다. 그러한 입장을 관철하기 위해 보이지 않게 압박하는 전언을 수시로 전해 왔다. 필자는 직접 3페이지 정도 분량의 공문을 직접 작성해서 모 경제 부처의 입장이 부당함을 조목조목 따져 적어 보냈다. 핵심은 남북 관계는 경제 부처의 경제적 안목으로만 보는 것이 아니라 통일정책의 차원에서 종합적으로 판단해 대처해야 한다는 것이다. 그리고 법상으로 남북 교류협력 업무는 통일원이 총괄 조정하는 권한이 있다고 강한 맥락으로 주장했다. 그 이후로 모 경제 부처는 그동안 보이던 강한 태도를 누그러뜨렸다. 외부에서 보기에 부처 이기주의로 볼 수 있는데 남북교류협력법 시행의 초기 단계에 신설된 교류협력국이 법질서와 남북 관계 업무의 일관성 확립 차원에서 뿌리를 내리기 위한 진통이었다.

남북 여성 교류 행사

남북 간 인적 교류를 담당한 교류1과장으로 2년 7개월간 근무하는 동안 다양한 남북 인적 교류 추진 사안을 접하게 되었다. 봇물처럼 터지는 민간 차원의 남북 교류협력 추진은 사안에 따라 서로 보이지 않는 경쟁을 하고 때로는 제도권 단체와 재야 단체 간 주도권 다툼도 있었다. 북한 측은 우리 측 민간 차원의 봇물 터진 남북 간 인적 교류에 대해 정치적으로, 선별적으로 대응해 오면서 통일전선적 차원에서 우리 사회의 갈등을 조장했다. 문익한 목사, 임수경·성용승·박성희 대학생들의 연이은 불법 방북으로 공안적 차원에서도 뜨거운 사안이 발생했다. 이와 같은 상황에서 남북 교류협력 건은 하나하나 민감한 사안이라 신중하게 대처하면서도 남북 관계 진전을 위해 합리적인 방향으로 추진하려고 노력하였다.

필자가 접하게 된 많은 다양한 남북 인적 교류 사례 중 기억에 가장 생생하게 남아있는 사안을 회상하면서 소개하고자 한다. 그것은 1991년~1992년에 남북 간 상호 교환 행사가 이루어졌고 필자가 직접 관여하면서 첫 방북 경험을 한 것으로서 남북 간 여성 교류 사례이다. 정확히 말하면 남한·북한·일본 여성들이 참가한 '아시아의 평화와 여성의 역할'에 관한 여성 세미나이다. 제1차는 1991년 동경에서 열렸고, 2차는 그 해 11월 25일부터 29일까지 서울(라마다올림피아 호텔)에서 열렸다. 3차는 1992년 9월 1일부터 5일까지 평양(인민문화궁전)에서 열렸다.

그 이후에는 일본 등 다른 나라에서 열렸다. 핵심 주제는 뜨거운 이슈인 정신대(일본군 위안부) 문제를 다루는 세미나였다.

필자가 교류1과장을 맡은 지 얼마 되지 않아 당초 1991년 10월에 서울에서 개최하기로 계획된 동 세미나를 한국 주최 측에서 추진하고 있었다. 한국의 주최 측은 진보적 여성계 단체로서 한국여성단체연합, 한국정신대문제대책협의회였다. 당시 이 단체들의 중심인물은 이효재(당시 이화여대 사회학과 교수, 한국여성민우회/한국여성단체연합 前 회장), 이우정(KNCC 부회장, 한국여성단체연합 前 회장), 윤정옥(이화여대 영문과 교수, 한국정신대문제대책협의회 공동대표), 이미경(한국여성단체연합 상임부회장) 등이었다. 이효재 교수는 매우 대쪽 같다는 인상을 받았고 이우정 대표는 온화한 할머니 같았고 윤정옥 교수는 매우 순수한 소녀 같다는 느낌을 받았다. 그 때 일을 하면서 진보 진영 단체 여성계 인사들을 많이 만나게 되었는데 이들 중 상당수가 그 이후로 진보 정부에서 국무총리, 여성가족부 장관, 국회의원 등을 역임하였다. 그때는 누가 누구인지 잘 몰랐는데 우리나라 진보 여성계의 핵심 인물들이었다. 일본 측에서는 전 미끼수상 부인, 시미즈 스미꼬 사회당 소속 참의원 의원 등 진보적 여성들이었다. 북한 측은 여연구(여운형의 큰딸, 최고인민회의 부의장) 등 고위 간부급 여성들이었다.

이효재 교수, 이미경 부회장과의 만남

이 일을 추진하면서 필자는 실무적으로 주로 이효재 교수와 이미경 부회장과 서로 협의하였다. 그 해 8월 말 경 처음 이효재 교수와 세종문화회관 커피숍에서 만났는데 주최 측은 판문점을 통해 북한 측에 초청장도 보내고 실무협의도 하고 싶어 하였다. 그리고 동 세미나가 성사되도록 정부 측에서 적극 협조해 주기를 바랐다. 필자는 실무과장으로서 동 세미나의 추진 과정과 상황을 알고 싶었고 남북 교류협력의 법 절차도 설명하였다. 그러한 얘기를 나누는 과정에 이효재 교수가 필자에 대해 이 일에 대해 부정적이고 소극적인 태도를 가진 관료라고 생각하고 자리를 박차고 떠나려고 하였다. 필자는 기본적으로 남북 교류협력을 잘 진전시켜보려고 생각하고 있고 동 세미나도 서로 잘 협의해 성사될 수 있도록 하기 위해 이렇게 직접 만난 것이라고 얘기했다. 필자는 또한 부정적인 이미지의 관료로 각인되는 것이 자존심이 상했다. 이어진 대화 과정에 오해도 풀렸고 서로 신뢰감이 생기기 시작했다. 이 교수와의 단독 만남 이후에는 이미경 부회장(나중에 다선 국회의원과 상임위원장 역임)과 주로 실무적인 협의를 수시로 하였다. 이 부회장은 강단도 있고 합리적이었다. 자주 만나 실무적 협의를 하는 과정에 서로 속내도 이야기하면서 일이 성사되도록 지혜를 짜내기도 하였다.

당시에 남북 교류 추진이 봇물처럼 터지자 우리나라의 여러 큰 여성 단체에서도 남북 여성 교류를 별도로 주도적으로 추진하고 있었다. 한국여성단체협의회(당시 회장 : 김경오)와 한국부인회(당시 회장 : 박금순)에서도 남북 여성교류를 적극적으로 추진 중에 있었다. 보수 여성 단체와 진보 여성 단체가 동시에 남북 여성 교류를 추진하고 있었는데 북한 측이 진보 여성단체에 손을 들어 준 꼴이 되었다. 보수 여성단체는 자존심이 많이 상해 있는 상황이었다. 여성 분야를 주관하는 부처에서는 상당히 곤혹스러운 상황이었다. 이미경 부회장은 주최 측의 정체성이 훼손되지 않는 범위 내에서 정부 측의 입장도 이해하면서 윗선의 선생님(당시 이효재 교수 등 세 분에 대해 선생님이라 호칭)들에게 잘 설명하여 일이 성사되는 방향으로 끌고 가려고 노력하고 있었다. 필자도 정부 측의 정책 방향에 벗어나지 않는 범위 내에서 주최 측의 입장이 가능한 한 반영되도록 노력하였다. 여러 과정을 거쳐서 일부 보수계 여성들도 동 세미나에 참여하면서 범여성계가 참여하는 모양새를 갖추었다.

서울에서 남북 여성 세미나 개최

정부의 지원 하에 1991년 11월 9일 판문점 중립국감독위원회 회의실에서 서울에서 개최되는 동 세미나 협의를 위해 남북 여성 대표 간 회의가 열렸다. 우리 측 대표는 이우정, 이효재, 윤정옥(존칭 생략)이었고 북한 측 대표는 여연구, 김선옥(해외동포영접부 부부장), 정명순(조국평화통일위원회 서기국 참사)이었다. 우리 측은 순수 민간 인사였고 북한 측은 당국 인사였다. 북한 체제상 어쩔 수 없는 상황이었다. 판문점 회의를 거쳐 1991년 11월 25일부터 29일까지 서울 평창동에 있는 라마다올림피아 호텔에서 개최된 여성 세미나에 북한 측은 15명(대표 5명, 수행원 및 기자 10명)의 대표단을 파견했다. 북한 여성계 인사의 최초의 남한 방문이었다. 또한 1945년 해방 이후 좌우익 합작을 위해 노력하였으나 비운의 암살을 당한 여운형의 딸인 여연구가 남한에 내려온다고 해서 언론과 국민적 관심사가 매우 높은 행사가 되었다. 보수 진영은 보수 진영대로 진보 진영은 진보 진영대로 운동권 대학생들까지 고조된 관심을 보였다. 이러한 민감하고 뜨거운 상황을 감안하여 주최 측에서는 '아세아의 평화와 여성의 역할'이라는 대주제 하에 부주제로 '여성과 문화'를 부쳤다. 우리 측에서는 조형 이화여대 사회학과 교수가 기억이 정확치 않으나 남

남북여성세미나 개최를 위해 북측과 협의 위한 판문점 실무접촉에 참가한 우리측 여성대표단(앞줄 왼쪽부터 이효재, 이우정, 윤정옥 대표)과 필자(뒷줄) (1991.11.9)

성 위주의 가부장제 문화에 대해 발표했다. 북한 측에서는 정명순 참사가 통일 문제를 발표하였다. 정명순 참사는 인물도 괜찮고 당당한 모습이었으며 발표 때도 보니 상당한 지식을 소유한 사람 같았다. 들리는 얘기에 의하면 남한 사회의 통일 문제 관련 자료들을 대부분 수집하여 읽어보고 내려왔다고 전해졌다. 아마 북한 당국에서는 남한에서 개최되는 첫 여성 행사이고 발표도 하기 때문에 상당한 미모와 실력을 갖춘 사람을 엄선한 것으로 판단된다. 그리고 일본 측에서는 아세아 평화 문제를 발표했던 것으로 기억된다. 언론의 뜨거운 취재 속에 세미나는 마무리되었다. 세미나가 끝나고 나서 당초 계획에 없던 일을 추진하게 되었다. 여연구 부의장이 아버지 여운형의 묘소에 가보고자 해서 서울 강북구 우이동에 있는 아버지 묘소에 조용히 가서 참배하였다. 이어서 여운형의 친동생인 여운홍의 아들 여성구, 여명구 가족도 호텔에서 만났다. 여연구 부의장은 자기의 추억이 어린 서울의 곳곳에 가보고 싶어 하기도 했다. 아마 여연구 부의장도 앞으로 두 번 다시 남한에 못 올 것이라고 생각한 것 같다.

모든 행사와 일정은 별 문제없이 성공적으로 끝났다. 담당 과장으로서 처음으로 남북 공동의 큰 행사에 참여하고 지원하였는데 성공적으로 마무리되어 매우 기쁘기도 하고 보람도 있었다. 그리고 남북 관계 행사에 직접 참여해서 일을 해보니 남북 관계 업무가 매우 민감하고 복잡해서 절차에 따라 하나하나 점검하고 거듭 검토하며 대처하지 않으면 언제나 문제가 생길 수 있다는 것을 현장 실무에서 체득했다. 그 이후 남북 관계 일을 할 때는 매우 긴장되곤 했다.

1991년 '서울 여성 세미나'를 성공적으로 마치면서 이효재, 이우정, 윤정옥, 이미경 선생들과 필자는 신뢰도 많이 쌓였고 친숙하게 되었다. 후속의 1992년 '평양 여성 세미나'를 준비하면서는 일을 성사시키기 위해서 서로 솔직하게 얘기를 나누었다. 물론 정부 측과 추진 주최 측 간에 이견이 없었던 것은 아니나 상호 충분한 협의 하에 원만하게 해결하려고 노력하였다. 추진 주최 측의 여성계 인사들이 훨씬 많았으나 보수계 여성 인사, 남북 관계 여성 전문가도 포함시켜 범여성계 모양을 갖추었다. 일본 측이 북한 측과 협의하는 과정에 조총련계 여성 인사도 포함시키는 것으로 하여 일본 대표단을 30명으로 합의하였다고 전해 들었다. 우리 측에서도 남한 대표단을 30명으로 구성하였다. 순수 여성계 인사 20명(1992년에는 이우정 대표는 국회의원 신분), 행정 지원 인원 5명(여성 2명, 남성 3명), 기자단 5명(한국일보·연합통신 여성 펜기자 2명, 연합통신 정사진 기자 남성 1명, KBS·MBC 동영상 카메라 기자 남성 2명)으로 구성하여 북한 측에 통보하였다. 최종 단계에서 북한 측에서 일본 측은 최종 23명만 참여하며 모두 여성이고 기자단도 대동하지 않는다면서 남한 측의 지원 인원 중 남성 2명은 배제하라고 요청해왔다. 난감한 상황이 발생하였다. 실제로 필자를 포함해 남성 지원 인원이 평양에서 뿐 아니라 남북 왕래 시에 모든 것을 뒷받침해 주어야 했다. 북한 측에게 남성 인원 2명을 기자단으로 포함해서 가면 어떻겠냐고 우리 측의 입장을 전했다. 북한 측은 그 자리에서 답을 주지 않고 내일 알려주겠다고 하였는데 그 다음 날 우리 측 입장을 수용하였다. 필자를 제외한 나머지 남성 두 사람은 기자 완장을 차고 '평양 여성 세미나' 행사에 참가하게 되었다. 9월 1일 판문점을 거쳐 개성 → 평양 간 고속도로로 버스를 타고 평양에 갔다.

평양에서 개최된 여성 세미나

'평양 여성 세미나'는 인민문화궁전에서 개최되었는데 세미나장에 들어서니 치마저고리를 입은 북한 여성들이 자리에 착석해 있었다. 아마 북한에서는 당국 차원의 행사이니 기관·단체의 주요 여성 간부들을 선별하여 참석시킨 것으로 보였다. 우리 측은 이우정 의원이 발표하였는데 일본의 한반도 식민지 지배와 전후 보상 문제를 다루었고 북한 측은 민족 대단결 문제를 다루었다. 일본 측은 평화 문제를 다루었다. 세미나는 큰 논쟁 없이 끝난 것으로 기억된다. 그 이후의 일정은 대부분 평양의 주요 시설들을 참관하는 것과 금강산을 관광하는 것으로 일정이 짜여 있었다. 평양산원, 김정숙탁아소, 만경대학생소년궁전, 만수대창작사, 평양제일백화점 등을 참관하였다. 북한이 자랑할 만한 곳만 선정해 보여주었다. 김정숙탁아소와 만경대학생소년궁전에 있는 어린이들이 간드러지게 노래하고 가야금을 멋들어지게 연주하는 모습은 인상적이었다. 만수대창작사에는 문익환 목사의 흉상, 임수경·성용승·박성희 학생의 시위 장면 그림이 걸려져 있었다. 북한에서는 이들을 통일의 전사, 영웅으로 묘사하고 있었다.

9월 3일에는 1박 2일 일정으로 금강산에 갔다. 남한 측 인사들이 단체로 대거 금강산을 가는 것은 처음이라고 했다. 말로만 듣던 금강산을 보니 산세가 수려했고 물도 아주 맑고 옥빛이었다. 옥류담, 구룡폭포, 상팔담, 만물상, 귀면암, 삼선암, 삼일포 등을 둘러보니 절경이었다. 금강산의 깎아지른 듯한 암벽에 수많은 문구가 새겨져 있었다. '주체사상 만세', '민족의 향도성', '조선의 영광, 민족의 자랑 김정일' 등 정치선전과 김일성·김정일의 우상화 선전 문구가 전부였다. 금강산에 70여 개의 바위에 4천여 자에 달하는 글귀가 새겨져 있다고 알려져 있었다. 그 때 금강산 구룡폭포 쪽으로 올라가면서 높은 암벽에 글을 각인하는 공사 현장을 보았다. 북한 측 안내원에게 무엇을 하는 것이냐고 물었더니 김정일의 친필인 '금강산은 천하절승'이라는 글귀를 새기고 있는데 8개 글자를 완성하는데 9개월이 걸리는 공사라고 하였다. 필자는 우리 민족의 명산인 금강산 암벽에 이렇게 많은 글귀를 새기는 것은 자연을 훼손시키는 것이라고 북한 측 인사에게 강한 어조로 말하였다. 북한 측 안내원은 "위대한 수령과 지도자의 업적을 바위에 새겨 길이길이 역사의 한 페이지로 남기기 위한 것"이라며 당당하게 말하였는데 자연 훼손이 된다는 개념은 전혀 없었다.

북측 여연구 최고인민회의 부의장(중앙)과 필자(왼쪽), 우리 측 지원 인원(오른쪽)

필자는 금강산 일정에서 남북한의 차이를 크게 실감하는 일을 겪었다. 처음 평양 일정에서 북한 측 지원 인원이 우리 측 대표단에 대해 정성을 다하여 친절하게 안내와 지원을 해주어서 고맙다는 답례로 북한 측 지원 인원에게 식사를 대접하겠다고 여러 차례 제의를 했는데 그들은 극구 사양했다, 손님으로 오셨는데 평양에서 편안하게 계시다가 남한으로 돌아가시기만 하면 된다고 강조하였다. 식사 답례를 사양하는 입장이라 금강산에 갔을 때 머리를 써서 북한 측에 저녁에 술이라도 한잔 하자고 제의했다. 한참 있다가 북한 측에서 그렇게 하겠다고 연락이 왔다. 아마 평양에서 떨어진 한적한 금강산이라 북한 측도 편한 마음에 응한 것이라 생각하고 우리 측은 잘 됐다고 생각했다. 남북한 간의 지원 인원끼리 술을 한잔하면서 이야기를 나누다 보면 가까워질 수 있는 기회가 될 것이라 생각하니 마음이 들뜨기 시작했다. 저녁 식사 후 북한 측 지원 인원과 마실 맥주 몇 박스와 양주를 별도로 준비해 놓았다. 금강산여관 내 숙소에서 엘리베이터를 타고 2층 식당으로 내려오니 북한 측 지원 인원들이 넥타이를 매고 정장 차림으로 복도에 서 있었다. 우리는 그들도 별도의 방에서 저녁 식사를 하러 나온 것으로 생각했다. 우리 대표단은 2층 식당에서 저녁 식사를 마친 후에 북한 측 지원 인원에게 조금 있다가 1층 로비에서 만나 술 한잔하자고 얘기했다. 그러자 북한 측에서 냉랭한 반응을 보이면서 자기들 방으로 가버렸다. 이상해서 연유를 알아 봤더니 북한 측에서 자존심이 매우 상했다는 것이다. 남한 측에서 자기들을 놀린 것으로 오해하여 화가 매우 나 있었다. 북한에서는 술 한잔 하자는 것이 술과 안주를 먹고 나서 나중에 냉면(국수) 또는 밥으로 식사를 하는 의미였다. 조선 전통 방식이었던 것이다.

우리 측 지원 인원(왼쪽 첫 번째가 서성우 통일원 과장)과 북측의 백문길 참사(왼쪽에서 두 번째)와 필자(오른쪽에서 두 번째)

몇 년의 세월이 흘러 중국 도문에 출장 가서 조선족 동포와 저녁 식사를 하는데 술과 안주를 곁들여 먹고 나서 마지막에 식사를 하였는데 이것이 옛날 조선 풍습이었다는 것을 알게 되었다. 우리는 북한 측이 계속 저녁 식사 답례를 거절해서 서울식으로 저녁식사는 각자 하고 부담 없이 만나 2차로 술 한잔하자는 의미로 북한 측에 제의했고 우리식으로 이해했다. 이러한 상황을 겪게 되자 우리는 매우 당황하게 되었고 북한 측이 오해를 풀도록 서울 방식의 개념을 장황하게 설명하고 화를 풀라고 사정하였다. 그리고 북한 측과 술 한잔하기 위해서 1층 로비에 맥주 박스와 양주도 있는 것을 직접 보여 주였다. 한참 뒤에 북한 측 일부는 어느 정도 이해를 하고 북한 측 인원 상당수가 아직까지 화가 풀리지 않았다고 하면서 대표로 한두 명 오겠다고 하였다. 겨우 사정한 후 남북한 간 가벼운 2차 술자리가 있었다. 이 일을 겪으면서 남북한의 문화 이질화는 매우 심화되었고 앞으로의 남북 교류 행사 때마다 세심하게 주의를 기울여야겠다고 생각했다.

나의 노래로 인한 해프닝

금강산 일정에서 버스를 타고 가는데 북한 측 여성 안내원이 이렇게 좋은 곳에서 동포들이 만났는데 그냥 갈 수 있느냐면서 노래를 하면서 흥겹게 가는 것이 좋지 않겠느냐고 제의하였다. 우리 여성 대표 중에서 누군가가 필자가 젊으니 노래 한곡 하라고 권유를 했다. 필자도 밋밋하게 가는 것보다 대표단이 흥겹게 일체감이 되는 것이 좋겠다고 생각하고 흘러간 옛 노래 하나를 불렀다. 학창시절에 애창하고 통일원에서 직원들과 회식할 때도 18번으로 불렀던 '꽃 중의 꽃'을 불렀다. '꽃 중의 꽃 무궁화꽃 삼천만의 가슴에 피었네.....백두산 상상봉에 한라산 언덕 위에 민족의 얼이 되어 아름답게 피었네'라는 가사이다. 노래를 부르고 나서 북한 측 안내원 얼굴을 보니 못마땅한 표정이었다. 순간적으로 생각해 보니까 대한민국의 국화인 '무궁화꽃' 노래를 불렀으니 당연히 못마땅할 수밖에 없었다. 마침 그 버스에는 우리 측 여성대표단만 탑승하고 있었기 때문에 문제가 불거지지 않고 넘어갔다. 한쪽에서 우리 측 대표 중 한 분이 노래 곡목을 잘못 선택했다고 말하면서 주의해야겠다고 언질을 주었다. 아찔한 순간이었다. 의도를 갖고 한 것이 아니고 갑자기 북측 안내원의 제의와 우리 측 대표단의 권유로 엉겁결에 부른 것인데 북한에서는 모든 것에 정신을 바짝 차리고 신중해야겠구나 하는 생각을 하게 되었다.

김정일의 첫 여인이라 할 수 있는 홍일천과의 만남

삼일포를 참관하는 중에 북한 측에서 호수 주변에서 좀 쉬어 가자고 했다. 모두 뿔뿔이 흩어져 삼삼오오 쉬게 되었는데 필자는 호수 주변의 파라솔이 있는 원형 테이블에 북한 여성들이 앉아 있는 곳에 자리를 잡게 되었다. 마침 필자가 앉아 있는 자리 맞은편에 차분하면서 점잖은 중년의 북측 여성 대표가 앉아 있었다. 분위기가 서먹해서 필자가 맞은편 북한 여성 대표에게 인사도 하고 말을 걸었는데 대꾸를 하지 않았다. 오히려 그 여성 대표 옆에 앉아 있는 보좌하는 듯한 젊은 여성이 필자에게 언짢은 표정을 지었다. 순간적으로 이 여성의 지위가 상당히 높은 사람이구나라는 생각이 스쳐갔다. 휴식 시간이 끝나고 나서 필자가 북한 측 인사에게 저 사람이 누구냐고 물으니 김형직사범대학 학장이라고 하였다. 이름을 알아보니 홍일천이었다. 나중에 알게 되었는데 김정일의 첫 여인이었다. 딸이 있었고 김정일과 만나고 3년 후에 헤어진 것으로 알려졌다.

일정에 없던 김일성 주석과의 깜짝 만남

금강산을 다녀오는 도중에 우리 측 대표단에서 북한 측이 정해 놓은 일정을 따를 것이 아니라 우리가 가고 싶은 곳을 방문하자는 제의가 있어 북한 측에 정식 제의하였다. 북한 측에서도 수용 의사가 있어 여러 군데 가고 싶은 곳을 제시하였다. 최종적으로 세 그룹으로 나누어 방문하는 것으로 정해졌다. 기억컨대, 교회에 가는 것, 가정집을 방문하는 것, 또 한 곳 이렇게 세 그룹으로 나누어 가게 되었다.

남한으로 귀환하는 날이었던 것 같은데 모두들 아침 식사를 하고 나서 세 곳으로 나누어 가기 위해 고려호텔 로비로 한두 분씩 모이기 시작했는데 갑자기 호텔 로비가 부산해지기 시작했다. 북한 측 행정 요원도 바쁘게 뛰어 다니기 시작했고 우리 측 여성 대표단도 다시 객실로 급하게 올라가는 것이 목격되었다. 우리 측 여성 대표단들이 모두들 한복으로 갈아입고 로비에 모였다. 무언가 벌어지고 있구나하고 직감했다. 김일성 주석을 만날지도 모른다는 얘기가 조금 돌기도 했는데 아니나 다를까 김일성 주석이 우리 측 대표단을 만난다는 것이다. 그날 아침에 상부에서 급하게 북한 측 실무책임자에게 연락이 왔고 우리 대표단은 모두 치마저고리 한복을 입고 오라는 것이었다. 우리 측 여성 대표단은 미리 예상했는지 대부분 치마저고리를 서울서 가지고 왔었다. 일부 인원은 한복을 가지고 오지 않아 양장을 입고 김일성 주석을 만나러 갔다. 한 분은 짧은 양장 치마를 입고 갔다. 나중에 서울에 돌아와서 필자가 그 분에게 짧은 치마를 입은 연유를 물었더니 그 분 말은 우리가 무엇 때문에 북한 측이 요구한대로 주관 없이 치마저고리를 입고 가느냐고 하면서 자유세계의 다양한 모습을 보여주려고 의도적으로 그렇게 했다고 말하였다. 그 말을 들으니 일면 일리가 있었다.

김일성 주석을 만나러 간다는 말에 필자도 당연히 함께 가는 줄로 알고 기다리고 있는데 북한 측에서 남자들은 가지 못한다는 것이었다. 기자들 중에도 남자 정사진과 ENG 기자는 처음 장면만 촬영하고 나오고 접견 장소에는 여성 펜 기자 1명만 가능하다는 것이었다. 필자는 호텔에 대기하면서 김일성 접견 내용이 궁금하였다. 김일성 주석 접견 시에는 여연구 부의장과 우리 측 대표단 3명만 만나고 나서 오찬 행사에서 대표단 전부가 참석하였다. 김일성 주석을 만나고 나서 사람들은 김 주석이 호방하고 거침없이 이야기하며 눈빛이 특이했다고 하였다. 귀는 잘 안 들리는 것 같았다고 했다.

김일성 주석을 만난 북한 여성의 특이한 행동

북한 측 오찬 참석자들은 김 주석을 보자 엎드려 큰절을 하고 바닥에 엎드린 채 울면서 '어버이 수령님 만수무강 하십시오'하면서 신들린 사람 같더라고 했다. 우상이 된 수령의 카리스마적 권위가 종교 교주와 오버랩 되는 충격적인 모습을 목격한 것이다. 김일성 주석과의 접견과 오찬 행사가 끝나고 나서 우리 측 대표단이 호텔로 돌아왔다는 얘기를 전해 듣고 필자는 우리 대표단을 만나기 위해 숙소에서 1층 로비로 가기 위해 엘리베이터를 탔다. 마침 북한 여성들 여러 사람이 타고 있었다. 그 중 한 여성이 자기가 평생 처음으로 김일성 주석을 알현했다면서 감격에 겨워 진심어린 눈물을 글썽이면서 "수령님이 잡아주신 양손을 고이 간직하기 위해 오늘부터 손을 씻지 않겠다"고 말하였다. 필자는 그 말을 직접 듣고 왜 이러지, 이거 진짜로 하는 말인가 거듭 충격이었다. 그 뒤에 알게 되었는데 그 여성은 외교부 홍선옥 과장으로서 '평화 및 군축연구소' 연구원으로 '평양 여성 세미나'에 참석하였다. 한참 후 2009년에 북한 최고인민회의 부의장이 되었으니 북한에서는 가문이 좋은 엘리트 여성이었다. 이러한 엘리트 여성조차도 김일성 주석을 알현하고 나서 그처럼 진심으로 감격하고 눈물을 흘리니 북한 사회에서 김일성의 위력은 가히 상상을 초월함을 확인하는 계기가 되었다.

북한 여연구의 교통사고 사망 소식

'평양 여성 세미나'도 별문제 없이 일정을 마무리하고 남한으로 귀환하였다. 참가한 여성 대표단 대부분이 북한에서의 일정에 만족스런 태도를 보였다. 북한의 여러 가지 모습과 일부의 내면도 보면서 의미 있는 일정이라고 평가했다. '평양 여성 세미나'는 북한 측에서 나름대로 최고의 좋은 일정을 잡아준 것 같았다. 여운형의 딸인 여연구를 김일성 주석이 수양딸로 생각하였다고 한다. 김일성 주석이 여연구에 대한 특별 배려로 '평양 여성 세미나' 일정에 김일성 주석 접견과 오찬 행사, 금강산 관광 등을 마련해준 것 같았다. 그리고 남한 측 대표단을 위해 국빈용 연회장인 목란관에서 만찬 행사를 주선하였다. 목란관은 김정일 등 최고 지도부가 주관하는 연회 행사장인데 남북정상회담 때 김대중 대통령, 노무현 대통령을 초대한 만찬 행사를 이곳에서 열었다. 목란관은 전등불이 엄청나게 밝았고 벽, 천장, 바닥 등 모든 것이 흰색이었다. 고급스러운 새하얀 대형 연회장이었다. 당시 짧은 치마를 입은 북한 여성 연주단이 음악연주와 노래를 들려주었다. 대표단 모두가 칙사 대접을 받는 느낌을 받았다. 이 모든 것이 최고 지도부의 배려 없이는 이루어질 수 없는 것이다. 그 후에 여연구가 평양 거리에서 교통사고로 죽었다는 첩보성 소식이 들려 왔다. 일설에 의하면 여연구가 남한을 방문하고 남한 측 여성들과 자주 만나면서 남한에서의 어린 시절의 추억, 고향 생각을 자주 하고 마음의 동요를 보였다고 한다. 그러한 연유로 북한 측에서 숙청하였다는 얘기가 돌았다.

필자는 '서울 여성 세미나', '평양 여성 세미나'의 두 남북 교환 행사를 직접 담당하고 북한도 처음 방문해 여러 가지 실상을 체험하고 나니 현장에서의 남북 관계 일을 처리하는 식견도 높아졌고 북한의 우상화와 이질화된 실상도 생생하게 알게 된 계기가 되었다. 통일을 위한 남북 교류협력 과정에서 남북 간에 많은 충돌과 시행착오가 있으리라는 생각도 들었다. 그리고 남북 간에 보다 많은 소통을 통해 서로 이해도를 높이고 문제 발생 시에는 지혜로운 타결책이 필요하고 또한 끈질긴 노력이 필요할 것으로 판단했다. 생각은 쉽게 할 수 있는데 현실적으로 대처하는 데는 모두 쉽지 않은 일이다. 남북 관계 현장에는 위기가 수시로 연속적으로 도사리고 있기 때문이다.

북한 측 인사에게 선물 주는 방법

필자가 '평양 여성 세미나' 기간 중에 선물 전달과 관련된 에피소드를 소개하고자 한다. 평양에 가면 우리 대표단을 위해 수고하는 북한 측 안내원이나 행정지원 인원, 혹시 참관 일정 중이나 식당에서 수고하는 봉사원들에게 줄 선물들을 서울에서 잔뜩 사갔다. 그렇게 값비싸지 않으면서도 괜찮은 선물들을 남성용, 여성용 구분해서 사갔다. 그런데 막상 평양에 가보니 필자의 안내원이나 그의 처, 아이에게 줄 선물을 거부당했으며, 실제 남이 보는 앞에서 공개적으로 줄 수도 없는 것이 북한 현실이었다. 또 긴장하면서 바쁘게 돌아가는 일정에 비공개적, 비공식적으로 선물을

'평양 여성 세미나' 참석 시 고려호텔 정문 앞 필자

줄 틈을 찾아볼 여유도 없었다.

첫 번째 사례는 필자 전담의 안내원과 관련된 것이다. 세미나 기간 중에 금강산 관광을 하는 일정이 있었다. 고려호텔에 대기한 버스를 탑승하니 필자의 안내원이 옆자리에 앉았다. 우리는 서로 간단한 인사를 나누었다. 필자는 서먹서먹한 분위기를 전환하기 위해 안내원에게 담배를 피우느냐고 물었다. 그는 담배를 피운다고 했다. 그런데 담배를 소지하고 있지 않았다. 필자는 평양에 가면 가벼운 선물로 줄려고 북한 사람들이 좋아하는 양담배를 서울에서 사갔다. 그것을 그에게 주었다. 그는 담뱃불을 붙일 성냥이 없어서 역시 선물로 사간 예쁘장한 라이터를 그에게 주었다. 그는 라이터로 담뱃불을 붙이고 나서 필자에게 돌려주었다. 필자는 그에게 아직 피울 담배가 많이 남았으니 당신이 라이터를 가지고 계속 사용하라고 했다. 그는 남쪽에서 오신 손님의 라이터를 가지면 곤란하다고 하면서 손사래 치면서 라이터를 계속 돌려주려고 했다. 필자는 금강산 갔다 오는 동안에 당신은 불이 없어 담배를 못 피우지 않느냐면서 금강산 갔다 오는 동안만 계속 사용하라고 했다. 그는 라이터를 받았다. 금강산을 다녀와서 평양에 도착했는데 그는 아니나 다를까 필자에게 라이터를 돌려주었다. 사실은 그에게 라이터를 준 것인데 그는 돌려주려 했다. 필자는 그에게 좀 답답하다는 표정으로 조그마한 서로의 마음의 정인데 자꾸 돌려주겠다고 하니 매우 마음이 상한다고 했더니 그제야 그는 마지못해 받았다.

그는 결혼을 했고 어린 아이가 한명 있다고 했다. 그는 이번 행사에 차출되어 매일 일정이 끝나도 집에 돌아가지 못하고 호텔 내 어디에서 숙박하고 있었다. 우리 대표단은 참관 일정 중에 평양 제2백화점을 간 적이 있었다. 백화점을 둘러보니 평범한 상품들이 진열되어 있었다. 신발, 가방, 모자 등 대부분 일반 소지품들이었다. 필자는 우리 대표단 안내 때문에 집에도 가지 못하는 그에게 조그마한 감사의 마음을 전하기 위해 그의 처와 어린애에게 줄 여성용 가방과 어린이용 신발을 샀다. 필자가 가방과 신발을 고르고 있으니 그는 남쪽에 있는 필자의 가족에게 주기 위해 선물을 사는 줄 알고 여성용 모자 등 이것저것 골라주기도 했다. 필자는 그런 것이 아니고 필자 때문에 당신이 사랑하는 처와 어린애가 있는 집에도 못가니 미안하기도 하고 당신하고도 정이 들었으니 필자의 조그마한 마음의 선물이니 받아달라고 하였다. 그는 깜짝 놀라면서 우리 공화국에 오신 손님이니 편안하게 계시다가 돌아가면 된다면서 그런 생각은 추호도 하지 말라면서 필자의 선물을 완강히 거부하였다. 그렇게 값비싼 것도 아니고 필자의 조그마한 마음의 성의 표시가 일언지하 거부당하니 속으로 마음이 많이 섭섭했다. 단호하게 안 된다니 어쩔 수 없었다.

평양 일정이 모두 끝나고 서울로 돌아가는 날 필자의 개인 안내원은 필자를 찾아다녔다면서 호텔 복도에서 만나 평양에서 편안히 잘 지내다가 가느냐고 물으면서 자기가 필자에게 줄 선물을 가져왔다는 것이었다. 박스에 들어있는 것이었다. 필자는 당신의 선물을 받지 않겠다고 했다. 필자는 당신의 처나 어린애에게 줄 선물을 당신이 거부했으니 필자도 당신의 선물을 받고 싶지 않다고 강하게 거부 의사를 표시했다. 그는 상당히 당황하면서 이것은 자기가 주는 선물이 아니고 북한 측에서 공식적으로 전달하는 선물이며 자기가 필자에게 제대로 전달하지 않으면 자기는 큰일 난다고 말하였다. 그를 필자의 호텔방으로 데려갔다. 그에게 북한 측 선물이 무엇인지 보자고 하니 항아리 모양의 도자기였다. 필자는 그에게 도자기를 받는 대신 필자가 당신에게 줄 선물도 받아야 한다고 강하게 요구하였다. 그는 그렇게 하겠다고 했다. 필자는 그의 처에게 줄 서울에서 가져간 여성용 시계를 건네주었다. 값비싸지 않고 조그마한 예쁜 디자인의 시계였다. 이제 주고받았으니 끝났다. 그런데 필자의 안내원은 필자의 호텔방을 나가지 않았다. 왜 더 할 말이 있느냐고 물었더니 그는 “홍선생, 라이터 더 얻을 수 없겠느냐?”고 물었다. 순간 필자는 깜짝 놀랐다. 금강산을 출발하기 전 버스에서 그에게 준 라이터가 디자인이 예쁘고 실용적인 것이었다. 마침 두 개가 남아 있어서 그것을 그에게 전부 주었다. 라이터 두 개를 받고는 그는 매우 좋아하는 표정이었다.

두 번째 사례를 소개하면 다음과 같다. 필자의 전담 안내원이 있음에도 불구하고 행사에 참가한 북한 측 인사 한 사람이 별도로 필자와 자주 접촉을 시도하였다. 이런 저런 얘기를 나누다 보니 북한 바깥의 해외 사정을 잘 알고 있었다. 필자는 그가 일본, 미국 등 해외 동포 업무를 하는 사람으로 추측하였다. 금강산을 함께 가는 과정에서 그가 나에게 접근하여 일 대 일로 얘기하는 기회가 생겼다. 금강산 관광을 마치고 고려호텔로 돌아오는 길에 그는 필자에게 고려호텔 2층에 가라오케가 있으니 한 번 가보지 않겠느냐고 제의하였다. 나는 북한의 가라오케 실태도 파악하고 그가 나에게 무엇을 정탐하려고 하는지 알고도 싶었다. 그가 필자를 행정 총괄하는 사람으로 파악하고 무엇인가 얻으려고 하는 것 아닌가도 생각하여 서울에서 가져간 시계를 주머니에 넣어 갔다. 필자는 가라오케에 가서 분위기만 대충 파악하고 나오는데 2층 복도는 어두컴컴했다. 필자는 말없이 그의 바지 주머니에 시계를 슬그머니 넣어 주었다. 그는 전혀 미동도 하지 않은 채 행동하였고 각자의 숙소로 헤어졌다. 필자는 그가 해외 동포 업무를 한 사람이라 동포들로부터 달러나 선물을 많이 받아 본 경험이 있어 필자에게도 그런 의도를 가지고 접근한 것으로 추측하였다. 그 이후 필자는 그를 만나지 못했다.

세 번째 사례이다. 서울에서 잔뜩 사간 선물을 전달하는 것이 결코 쉽지 않았다. 그렇다고 서울에서 사 간 선물들을 다시 서울로 가져 갈 수도 없었다. 북한 측에 선물을 전달하는 문제에 대해 이런 저런 고민을 하다가 필자가 판단컨대 북한 측의 실세로 보이는 인사에게 정면 돌파하여 솔직하게 얘기하기로 하였다. 오전 매우 이른 시간에 호텔 내 복도 한 구석에서 북한 측 실세 인사를 만나 서울에서 다양한 선물을 가져 왔는데 이것들을 전달할 길이 없으니 어떻게 하면 좋겠느냐고 물었다. 가능하면 우리 대표단을 위해 수고하는 북한 측 행정 지원 인원들을 비롯하여 봉사원들에게 나누어주면 좋겠다고 하였다. 그는 대뜸 걱정하지 말라면서 자기에게 모두 주면 이번에 수고하고 있는 북한 측 지원 인원을 비롯해서 모두에게 적절하게 나누어 주겠다고 하였다. 필자는 반가워서 필자의 호텔 방에 들어가서 서울에서 가져온 선물 꾸러미를 가지고 다시 북한 측 인사와 만났던 복도 구석으로 찾아갔다. 필자는 그에게 주는 별도의 선물 꾸러미를 우선 전달하고 서울에서 가져간 모든 선물을 전달했다. 남성용, 여성용 선물을 구분해서 알려주면서 이번에 수고한 북한 측 인원에게 골고루 나누어 줄 것을 부탁하였다. 그는 걱정하지 말라고 하면서 자기 방식대로 전달하는 방법이 있다고 언급하였다. 그의 실명을 여기서 밝힐 수는 없지만 그 이후 남북 관계에서 거의 빠지지 않고 나타난 인사로서 영향력이 있는 사람이었다.

이렇게 장황하게 필자의 첫 평양 방문에서의 선물 전달과 관련된 에피소드를 얘기하는 것은 이것이 남북 관계의 생생한 현실이고 이러한 현실이 그 이후에도 남북 관계 일을 하는 사람들이 겪는 불편한 현실이기 때문이다. 사람 사는 세상에서 마음의 정을 나누는 선물을 주고받는 것도 자유롭지 못한 현실이 남북 관계의 현장에서 직면하는 것이다. 누가 보고 있거나 공개적인 장소에서는 선물을 주고받는 것이 어렵지만 남이 안보는 은밀한 곳에서 둘 만이 알고 주고받는 것은 가능한 것이다. 상대적으로 지위가 높은 사람이 물건을 받는 것은 상대적으로 보다 자유롭지만 지위가 낮은 사람은 물건을 받는 것이 매우 조심스러운 것이 북한의 현실이다. 남북 관계에서 북한 측 인사에게 선물을 잘 전달하는 노하우를 알고 요령껏 잘 전달하는 사람이 북한 사업에서 능력 있는 사람이 되는 것이다. 북한 측 사람들에게 요령껏 선물을 잘 전달하고 그들이 필요한 물품을 구해달라고 요청받을 수 있는 사람은 북한 비즈니스에서 반은 성공했다고 볼 수 있다. 그런 정도가 되어야 서로의 속을 털어 놓을 수 있는 관계로 발전하고 대북 사업도 속도감 있게 진행될 가능성이 높기 때문이다. 남한 사회에서는 별 문제 없는 자연스러운 일이지만 북한 측 인사와 만나거나 북한 사업을 하는데 있어서는 항상 긴장감을 갖고 조심하면서 다루어야 할 과제이다. 이런 일로 불필요한 신경을 쓰지 않고 보다 본질적인 일에 집중할 수 있는 남북 관계가 되었으면 좋겠다. 남북 간의 체제와 이념이 다르고 여전히 대결적인 요소가 남아 있으면서 북한 내부의 강한 감시와 통제가 지속되는 한 쉽게 풀릴 수 있는 문제가 아니라 답답할 뿐이다.

'평양 여성 세미나' 참가 시 평양 지하철 참관을 할 때 필자(중앙)와 북측 안내원들

남북 교류협력 관련, 남북한 접근 방법의 차이

남북한 프레임 공방의 시작

1988년에 국가보안법으로 그동안 금지되었던 남북 교류를 전면 개방한 '7·7 선언'이 발표되었다. 그 전후로 재야·시민단체와 대학가에서 민주화 열기에 이어 통일 열기가 뜨거워지기 시작했다. 이들의 다양한 남북 행사·회담·통일대회 제의 및 방북이 적극 추진되었다. 그러나 이들의 주장 중에는 정부의 통일정책과 상충하는 것이 있었고 실정법을 어기고 불법 방북도 추진하였다. 문익환 목사가 1988년 4월에 연세대에서 개최된 '통일국민대토론회'에서 '3단계 연방제 통일방안'을 발표하였다. 그리고 1989년 3월에 전격적으로 평양을 방문하여 김일성 주석과 만난 후 조국평화통일위원회 허담 위원장과 연방제 통일 등 공동성명을 발표하였다. 1989년 6월 30일 전대협 대표로 임수경 학생이 밀입북 하여 평양에서 개최된 제13차 세계청년학생축전(사회주의권 국가 중심의 행사)에 참가하고, 7월 7일에는 '조국의 자주적 평화통일에 관한 남북 청년학생 공동선언문'을 발표하였다. 이어서 8월 15일에는 판문점에서 개최된 '범민족대회'에 참가한 후 판문점을 통해 귀환하였다. 1991년 8월 1일에는 또 전대협 대표로 성용승·박성희 학생이 불법 방북하였다. 이들은 남한으로 귀환 후 실정법 위반으로 모두 구속되었다. 정부가 남북교류협력법으로 민간 차원의 남북교류를 법적으로 보장하였으나, 실정법의 절차를 밟지 않고 연이어 발생하는 불법 방북 사건으로 인해 정부는 남북교류 사안을 다루는 데 있어서 항상 예민할 수밖에 없었다.

1988년 8월 1일 우리 사회의 재야인사 1,014명이 '범민족대회' 개최를 제의하였는데 북한의 조국평화통일위원회가 이에 호응하여 우리 측에 '범민족대회'를 위한 예비실무회담을 제의하였다. 북한은 1989년 8월 15일에 판문점에서 '범민족대회'를 개최하자고 제의하고, 또한 1989년 1월 김일성 신년사에서 '남북 정치협상회의'를 개최하자고 우리 측에 제의하였다. 그러나 북한의 이와 같은 제의는 전형적인 통일전선 전략의 일환이라 정부의 통일정책을 추진하는데 큰 혼선이 초래될 수 있어 수용할 수가 없었다. '범민족대회'에 대한 정부의 불허 방침에도 불구하고 '범민족대회 남측 추진본부'는 8월 15일 대회 개최 장소인 판문점에 대표단을 파견하였으나 경찰에 의해 저지당하였다. 결국 밀입북한 임수경 학생이 북한 지역 판문점에서 동 대회에 참가하였다. '범민족대회'에서는 연방제 통일의 정당성이 주장되었다.

북한은 6.25전쟁을 통해 한반도 공산화 무력통일을 추진하였으나 실패한 후 평화적인 방식으로 통일을 추진하는 통일전선 전략을 추진하였다. 북한의 대남통일전략(국가보안법 철폐, 주한 미군 철수, 남북 정치협상회의, 연방제 통일 등)에 동조하는 남한 내 다양한 계층의 세력을 확보하여 반정부 활동을 유도하고 이들과 '남북 제정당·사회단체 연석회의'나 '남북 정치협상회의'를 통해 연방제 통일을 추진하고자 하는 것이었다. 궁극적으로는 북한 주도하에 한반도 공산화 통일을 완성시키는 것이다.(허종호 저, 「주체사상에 기초한 남조선 혁명과 조국통일 리론」, 평양, 사회과학출판사, 1975 참고) 우리 측 재야인사들이 제의한 '범민족대회'가 북한에서 판단하기에 통일전선 전략의 좋은 틀이었다. 북한은 적극적으로 '범민족대회'를 추진하며 남·북·해외동포가 참가하는 '범민족대회' 개최에 올인하였다. '범민족대회'를 거부하는 것은 반민족적이고 반통일 세력이 되는 모양새가 되는 꼴이었다. 요즈음 말로 하면 '프레임(frame)'을 만드는 것이다. '범민족대회'가 열리면 북한이 주장하는 대남 통일전략의 내용에 대해 공동 합의를 이끌어내고 이것을 민족 전체의 의사라고 하면서 북한의 통일전략을 밀어붙이려는 것이다. 당시 우리 사회의 대학 운동권의 슬로건이 '자주! 민주! 통일!'인데 이것의 구체적 내용은 '반미 자주화! 반파쇼 민주화! 연방제 통일!' 이었다. 북한으로서는 북한의 대남 통일전략에 부합하는 것이니 '범민족대회'는 북한으로서는 아주 좋은 프레임인 것이다.

'범민족대회'를 활용하여 북한 주도로 1990년에 북·남·해외동포가 참여하는 '조국통일범민족연합(범민련)'과 1992년에 북·남·해외동포 청년·학생이 참여하는 '조국통일범민족청년학생연합(범청학련)'을 결성하였다. 이러한 상황에서 정부는 당시 통일정책 기조에 합치하고 북한에 맞대응할 수 있는 방식으로 대응하였다. 1990년 8월 15일 전후로 남북 주민 간 자유 왕래를 추진하는 '민족대교류 선언'(우리 측에서 6만 명 정도 참가 신청)과 1991년 '8·15 통일대행진'(우리 측에서 95개 단체 대표가 참여하는 행사준비위원회 발족)을 추진하였다. 제3자적 입장에서 보면 남북한이 서로 쌍방의 제의를 받아들일 수 없는 정치적 맞대응 공세였다.

'한민족철학자대회 1991'

이와 같은 시대적 상황에서 1991년 7월에 통일원 교류협력국 교류1과장이 된 필자로서는 한시도 긴장된 마음으로 업무를 하지 않을 수 없었다. 정당한 남북 교류협력을 적극 보장하고 지원하는 한편 정부의 통일정책에 반하는 사안에 대해서는 신중한 태도와 엄격한 처리를 해야 하는 양면적 입장을 취할 수밖에 없었다. 교류1과장으로서 업무를 시작하자마자 민감한 사안 몇 개와 부딪치게 되었다. 그것은 '남북 여성 세미나' 외에 '한민족철학자대회 1991'과 '대학생들의 방북 추진 건'이었다.

1991년 4월부터 한국철학회와 서울대 철학사상연구소가 주최(후원 : 동아일보사, 협찬 : 포항제철)하는 '한민족철학자대회 1991'(기간 8.21~24, 장소 : 신라호텔, 대주제 : '변화하는 시대와 철학의 과제')에 북한학자 초청을 추진하고 있었다. 동 학술 행사에 남·북·해외동포 학자 총 560명이 참가하는 규모였다. 북한 학자 10명, 조총련 학자 3명, 해외 동포 학자 17명의 초청을 추진하고 있었다. 북한 학자가 참가하게 되면 '주체사상과 시대의 변화'로 발표하도록 추진하고 있었다. 주최 측에서 5~6월에 제3국을 통해 북한 측에 초청 의사를 전달하였고 7월 27일에 북한 측에서 판문점을 통해 참가하겠다는 연락이 왔다. 북한 학자 10명, 수행원 5명, 기자 5명 총 20명이 참가한다는 것이다. 이를 대비해 초비상이 걸렸다. 처음 과장을 맡아 북한 인사들이 남한을 방문하는 첫 케이스가 되었다. 주최 측과 긴밀히 협의하고 관계 부처의 협력 체계를 마련하였다. 모두들 비상이었다. 우리 정부는 기본적으로는 자유로운 남북 왕래가 필요하다고 했지만 막상 북한에서 온다고 하니 준비할 일이 산더미였다. 7월 30일에 북한의 김창원 철학연구소장이 우리 측 소광희 교수 앞으로 서신을 보내 대회 명칭을 '범민족철학자대회'로 개칭해 줄 것을 요청하였다. 그러나 대회 명칭을 바꿀 수는 없는 일이었다. 주체사상 세션에서는 북한 측 학자만 발표해야 한다고 요구하였다. 학문적 균형을 고려한 발표 차원에서 수용할 수 없는 제안이었다. 그 이후 북한은 한민족철학자대회 개최 하루 전에 서울에서 개최되는 '제2차 범민족대회'에 우리 당국이 거부하여 북한 측 대표단이 내려갈 수 없게 되었다면서 동 철학자대회 개최를 연기하여 줄 것을 요구하였다. 이미 오래 전부터 행사를 준비해 왔고 국내외 학자들이 참가하는 상황에서 북한 측 요구가 있다고 해서 대회를 연기할 수는 없는 것이다. 결국 북한

학자들의 참가 없이 '한민족철학자대회 1991'은 개최되었다. 북한은 순수한 민간 차원의 학술 대회도 그들의 일방적인 주체사상 정치 선전이나 통일전선 전략 차원의 '범민족대회'의 틀 속으로 넣으려는 정치적 의도를 내보였다.

북한은 남북 대학생 교류 사업조차도 정치성으로 몰아가

1991년 8월에 대학생 교류 추진으로 '서울지역 대학신문 기자연합(서대기련)'이 판문점을 통해 방북하여 북한 김일성대학 총장 인터뷰 등 북한을 취재하는 건과 건국대 국어국문학과 학생들이 방북하여 북한 평안도 지방 방언 실태 조사 추진 건 등 2개 사안이 있었다. 당시 우리 대학생들은 공식적으로는 정부 측과 협의하는 모양을 갖추었지만 이와 별도로 전대협을 통해 북한 측과 비밀리에 협의하고 있었다. 정부는 정치성이 배제된 순수한 남북 대학생 간 교류는 허용한다는 입장에서 이 두 건에 대해 대학생의 판문점 남북 실무접촉을 주선하였다. 서대기련 건과 관련해 8월 12일 판문점 실무접촉이 이루어졌다. 남북 각각 3명의 대표가 참석하였다. 우리 측에서는 성균관대, 건국대, 한양대 학생이 참석하였고, 북한 측에서는 조선학생위원회, 김일성종합대, 김책공대 학생이 참가하였다. 여기서 북한 측은 '범민족대회' 취재에만 주로 관심을 두었고 자세한 일정은 북한에 와서 정하자고 하였다. 우리는 북한 측이 순수성이 없다고 보고 정부가 판문점 실무접촉을 더 이상 주선해주지 않음으로써 동 건은 무산되었다. 건국대 건은 두 차례(9월 18일, 22일) 판문점 실무접촉이 이루어졌다. 우리 측은 건국대 국어국문학과 과대표 등 4명(3학년생)이 참석하였고, 북한 측에서는 김일성종합대학 조선어문학부 5학년생 2명, 4학년생 2명 총 4명이 참석하였다. 제1차 접촉 때는 의견 접근이 전혀 이루어지지 않아 제2차 접촉을 주선하였다. 제2차 접촉이 시작되자마자 얼마 되지 않아 바로 공동 합의문을 낭독한다고 하였다. 정황상 제1차 접촉

이후에 전대협을 통해 이미 공동 합의문을 만들고 제2차 접촉은 형식적으로 하는 것이라는 생각이 순간적으로 스쳐갔다. 북한 측 학생 대표가 우리 측 학생 대표에게 공동 합의문을 먼저 낭독하라고 했는데 우리 측 학생 대표는 자기가 합의문 내용 중 한 줄을 건너 띄고 낭독했는데도 자기가 잘못 낭독하는 줄도 모른 채 계속 낭독하고 있었다. 이미 막후에서 모두 이루어진 것이라는 생각이 들었다. 북한 측은 동 행사를 '범청학련'의 사업의 하나로 생각하였으며 북한 지역 학술 답사 일정 중 통일토론회, 반일 투쟁 자료 수집 등 정치성 행사로 변질시키려고 하였다. 결과적으로 이 건도 당초 순수성이 배제되고 있어 정부가 수용할 수 없어 무산되었다.

해외에서 개최된 다양한 남북 교류 사업

앞서 소개한 남북 간 직접 왕래 행사는 정치성이 내포되어 있어 쉽게 이루어질 수가 없었다. 당시의 남북 관계 상황 상 남북 간 왕래 행사는 국민적 관심과 언론의 집중 주목을 받을 수밖에 없어 사소한 것도 정치적 갈등의 소지가 있으면 남북 간 갈등은 물론 남남 갈등으로 비화될 수 있었다. 조심스럽게 때로는 단호하게 다룰 수밖에 없는 사안이었다. 그러나 제3국에서 이루어지는 남북 교류 행사는 이적성 행사만 아니라면 다양한 분야에 다양한 지역에서 많이 이루어졌다. 제3국에서 이루어진 남북 교류 행사(제3국 참가 포함)로는 1991년에 '환동해 국제예술제'(일본 후까이현), '남북 코리아서화전'(중국 북경), '남북통일전통미용풍속제'(러시아 사할린), '남북한 불교대표자 연석회의'(미국 LA) 등이 있었다. 1992년에는 '기계화를 위한 한글의 로마자 표기법에 관한 남북회의'(프랑스 파리), '제1회 통일예술축제'(러시아 사할린), '제3회 조국의 평화통일과 선교에 관한 기독자 동경회의'(일본 동경) 등이 있었다. 1993년에는 '동북아 조선민족문화의 계승과 발전 세미나'(중국 연변), '제4차 아세아의 평화와 여성의 역할 토론회'(일본 동경), '고구려문화 국제학술회의'(중국 집안), '제1차 통일을 지향하는 언어와 철학 학술회의'(중국 북경), '코리아 통일미술전'(일본 동경, 오오사카) 등이 있었다. 그 이후에도 남북 교류 행사는 빈번히 개최되었다.

제3국에서 개최된 남북 교류 행사 중 필자가 참가한 바 있는 '코리아 통일미술전' (1993.10.5~23, 일본 동경, 오사카)에 대한 회상을 해보고자 한다. 동 미술전은 진보적 예술단체인 '한국민족예술단체총연합(민예총)'이 북한의 '조선미술가동맹', 일본의 '조총련미술가동맹'과 공동으로 일본에서 개최한 통일미술전이었다. 진보 예술 단체가 주최하는 통일미술전이기 때문에 행사가 어떻게 진행되는지 확인해 보고도 싶었고 혹시나 정치적 행사로 변질되지 않을까 염려도 되어서 필자는 행사에 참가하였다.

'코리아통일미술전'(1993.10.5~23, 일본 동경)에 참여한 필자(왼쪽)와 설동근 사무관(오른쪽)

당시 민예총 대표는 김용태 회장(지금은 고인)이었는데 사고가 유연하고 원만하게 협의가 잘 되는 분이었다. 그리고 그는 이번 미술전을 성공적으로 끝마쳐 계속 남북통일미술전을 정례화시켜 보겠다는 의지가 강한 분이었다. '코리아 통일미술전'은 동경에서 가장 번화한 거리에 있는 전시관에서 개최되었는데 모양은 좋았다. 문화인들의 행사라서 분위기를 높이기 위해 임진택의 판소리, 강혜숙의 춤, 문예동 국악 연주, 안치환 노래 공연도 있었다. 3개 단체에서 전시된 그림의 내용을 보고 필자는 내심 많이 놀랐다. 가장 서정적이고 중립적인 내용은 조총련 측의 작품이었다. 대체로 산수화나 고향을 그리워하는 작품들이 주종이었다. 북한의 작품은 대별하면 두 종류였다. 하나는 사회주의 사실주의 작품으로 사회주의 혁명성을 고취시키는 '바다의 힘솟는 파도', '장중한 산세', 그리고 '생산 현장에서 힘차게 일하는 노동자의 모습' 등이었다. 또 하나는 북한의 대남 통일전략을 선전·선동하는 포스터 그림이었다. 북한의 작품은 예상했던 범주의 작품이었다. 우리 작품은 순수성보다 정치성이 짙은 소위 말하는 민중미술이었다. 군사분계선을 소와 쟁기가 무너뜨리는 작품이나 반미적인 의미가 있는 작품이었다. 필자가 보기에 서정적이거나 순수성이 있는 작품은 없었다. 북한 입장에서는 마음에 드는 그림일 것으로 생각되었다. 다행히도 '코리아 통일미술전'에서 정치성 내용의 남북 공동 합의는 없었다.

첫날 개막식을 잘 마치고 나서 저녁에 3개 단체 참가자들의 저녁 식사 모임이 있었다. 마침 필자의 옆 자리에 조총련 3세인 사람이 앉았다. 필자가 남한에서 왔다고 하자 남한 사정에 대해 많이 물었다. 할아버지 고향이 남한이어서 남한에 가고 싶다고 하고 남한의 발전상에 대해 많이 알고 있었다. 비록 조총련에 소속되어 있지만 알건 다 알고 있었고 사고도 유연하다는 느낌이 들었다. 진실을 속일 수는 없구나, 결국은 시간은 우리 편이 될 수 있을 것이라는 생각이 들었다.

위의 사례에서 본 것처럼 1990년 전후에 남북 인적 교류 추진 양상은 대별하면 첫 번째 유형은 통일전략이나 정치 선전적 정치성 교류 행사로서 남북 간에 맞대응적 대결 양상으로 전개되었고, 두 번째 유형은 비정치적인 체육, 순수 학술, 예술, 문화 분야 교류 행사로서 다소 순조롭게 진행되는 양상으로 전개되었다. 지리적으로 첫 번째 유형은 주로 남북 간 직접 왕래 행사에서 많이 발생하였고, 두 번째 유형은 주로 제3국에서 이루어졌다. 제3국에서 남북 교류 행사가 이루어질 경우에는 상대적으로 언론 보도 등을 피할 수 있어 행사 진행에 부담이 적어 성사가 용이한 점이 있었다. 특이하게 '남북 여성 세미나'는 서울과 평양에서 교차 진행되었는데 이것은 외관상 여성들의 교류 모양새라 상대적으로 비정치적인 색채를 띠고 있었고 남북 양쪽 모두 당국 차원에서 적절한 조정과 지원이 특별히 있었기 때문이었다.

남북 경제 분야 교류 - 한국 대기업의 투자

정치적, 사회문화적 교류와 달리 경제 분야에서의 교류는 본질적으로 경제적 이익을 얻기 위한 것이기 때문에 기업들의 경제적 판단에 따라 비교적 자유롭게 교류가 추진되었다. 남북 간의 경제 거래는 내국 간 거래로 규정되었기 때문에 관세가 없어 북한으로부터 값싼 농수산물을 반입하면 크게 이익을 남길 수가 있었다. 대표적으로 주로 교역업자들이 북한의 참깨, 호두, 잣, 고사리, 명태 등을 반입하여 큰 이익을 남기기도 했다. 북한의 들쭉술, 평양소주 등 주류를 대량 반입해 고향인 북한을 못가는 실향민, 그리고 호기심을 보이는 남한 출신 사람들에게도 판매하여 많은 수익을 남겼다. 심지어 북한의 흙을 반입해 고향땅을 못 밟는 실향민들에게 나누어 주기도 했다.

그러나 대기업들은 미래의 경제 투자 관점에서 또한 북한을 선점한다는 차원에서 경쟁적으로 북한에 진출하였다. 특히 대기업의 오너가 이북 출신인 경우에는 고향 방문과 북에 남아 있는 가족·친척도 만나면서 북한에 적극 투자하려고 하였다. 이북 출신 오너가 있는 기업으로 대북 투자를 적극적으로 모색한 기업은 당시 기억으로 현대그룹(정주영), 통일그룹(문선명), 고합그룹(장치혁), 진로그룹(장학엽, 장진호), 에이스침대(안유수) 등인 것 같다. 또한 대북 투자를 적극 모색한 기업으로 대우그룹, 삼성그룹. 명성그룹, 미원그룹, 벽산그룹 등이 있었다. LG쪽은 봉제나 아연괴 반입 정도에 관심을 두었던 것 같았고, 롯데관광이나 한주관광은 북한 관광 사업에 높은 관심을 보였다.

당시 김일성이나 김정일도 특히 금강산관광 개발 사업에 높은 관심을 두고 있었다. 재미교포 기업인인 박경윤 여사는 금강산 등 관광 개발 사업이 북한에 쉽게 경제적 수익을 보장할 수 있는 사업이라고 김일성, 김정일에게 권고한 것으로 알고 있고, 북한 지도부도 그렇게 판단하고 금강산 관광 개발 사업을 적극 추진하였다. 이후 이 사업을 적극 추진하기 위해 북한의 승인 하에 박경윤 여사는 금강산국제그룹을 설립하여 회장으로서 남한의 대기업 유치를 위해 적극 노력하였다. 금강산국제그룹은 주로 통일그룹과 협력하였고 통일그룹의 도움을 받아 홍콩의 용역회사를 통해 '금강산 종합개발 계획서'를 작성하여 김일성 주석의 공식 재가를 받기도 하였다. 통일그룹에서 금강산 관광 개발 사업에 이렇게 공을 들였지만 최종적으로 현대그룹이 독점권을 차지하게 되었다. 정주영 회장의 기업가적 승부욕이 작용했는지 아니면 우리가 모르는 비사가 있는지는 모르겠지만 기업의 세계는 막후에서 협상을 통한 치열한 경쟁을 통해 전개되는 것이라는 것을 실감하게 된다. 현대그룹은 조총련계 일본인 '요시다 다케시'를 동원하여 북한의 고위 권력층과 연결되었다.

당시 삼성그룹은 대북 투자에 별 관심이 없는 듯 외부에 전혀 표시가 나지 않을 정도로 조용했는데 역시 삼성답게 내밀하게 금강산 관광 개발 등 대북 투자

사업을 모색한 것으로 알려져 있다. 이에 반해 대우그룹은 김우중 회장 진두지휘 하에 공개적으로 적극적으로 대북 투자 사업을 추진하여 김일성 주석도 직접 만나고 남포공단에서 와이셔츠, 블라우스 등 봉제 사업도 하였다. 그러나 대우가 실제 북한 측과 사업을 해보니 산업 인프라도 열악하고, 자유롭게 북한을 출입할 수도 없고, 북한 근로자에 대한 노무 관리의 자율성도 없는 등 전반적인 기업 환경이 열악하여 개선될 전망도 없어 포기하고 북한 사업을 접었다. 당시 현지에서 총책임을 맡았던 대우그룹의 고위 임원으로부터 필자가 직접 들은 얘기는 대충 이러했다. 그 임원에 의하면 북한에서 일정기간 거주하면서 북한 측과 경제 사업을 해보니 북한에서는 관리들의 경제 관념과 이해 수준이 형편없었고, 생산 활동·노무 관리·인력 양성·재고 관리 등에서 제대로 기업 활동을 할 수 없는 정치 체제라고 하였다. 대우가 남포에 투자한 규모는 대우 입장에서는 재정상 전혀 부담이 안 되는 규모라 깨끗하게 정리하고 포기했다는 것이다. 대우와 같은 포기 사례는 필자가 교류1과장 때 업무적으로 만나서 가까이 지낸 재미교포기업가 김찬구 사장이 16년간 북한 사업의 체험을 통해 밝히기도 하였다. 그는 1989년부터 2004년까지 동포애적 마음으로 16년간 대북 사업을 하였으나 북한 체제 때문에 북한과의 사업을 "동족으로 생각하면 실패한다"는 교훈을 남긴 체험기(김찬구 저, 「아, 평양아… - 한 재미교포의 16년간 북한 사업 체험기 - 」, 비봉출판사, 2005)를 저술하였다.

당시 북한은 우리 기업들과 경제 협력 사업을 협의하면서 관광 개발 사업 외에도 북한 인력의 해외 건설 현장 송출 사업, 생필품 공장 건설, 석유화학 합영공장 건설 등에도 높은 관심을 보이면서 우리 기업이 적극적으로 투자해 주기를 원했다. 당시에 규모 있는 많은 기업들은 대북 투자 사업을 제대로 추진하기 위해 북한의 실세에게 선을 대기 위해 힘 있고 확실한 중개인을 찾고 있었다. 그때 금강산국제그룹의 박경윤 회장이 그러한 위치에 있었다. 대부분 기업들이 박 회장에게 투자 사업 의사를 밝히고 그녀를 통해 방북 초청장을 받아 북한을 방문하고 사업을 추진하였다. 박 회장의 영향력이 대북 사업을 하는 사람들에게 소문으로 알려지자 경제 분야가 아닌 다른 분야에서도 무게 있는 대북 사업을 추진하는 인사들도 박 회장을 만나게 됨으로써 당시에 박경윤 회장이 대북 창구 역할을 하였다. 금강산국제그룹의 박경윤 회장이 대북 사업계에 알려지면서 금강산국제그룹의 박종근 사장도 알려지게 되었다. 박 사장은 노동당에서 파견된 사람으로서 실무적으로 실세인 사람이었다. 대북 사업계에서 박 사장의 존재가 알려지자 박 사장의 위세도 높아졌다. 그러다가 상당한 기간이 지나 박 사장이 북경에서 사라졌는데 풍문에는 주로 대북 투자를 모색하는 남한 기업인들로부터 받은 뒷돈을 상당히 착복한 것이 들통이 나 북한으로 소환되어 숙청되었다고 한다.

금강산국제그룹이 북경에서 주로 활동하고 있을 때 북한의 새로운 경제 기관이 북경에 나타났다. 광명성그룹이나 고려민족산업발전협회가 그것이다. 광명성은 김정일의 아호로서 두 기관은 김정일의 지시로 만들어진 경제 기관이었다. 무역부 부장 경력이 있는 최정근이라는 사람이 광명성그룹의 이사장과 고려민족산업발전협회의 회장을 겸임하였다. 당시 북한의 어려운 경제난을 극복하기 위해 남한 기업의 투자를 유치하기 위해 만들어진 대남 통합 창구 역할을 하는 경제 기관이었다. 노동당 조직지도부나 39호실 산하의 기구로서 김정일의 직접 관할 대상이었다. 따라서 금강산국제그룹의 박종근 사장이나 광명성그룹과 고려민족산업발전협회의 최정근 이사장 및 회장이 뒷돈으로 거두어들인 외화수입은 노동당으로 들어가 김정일의 통치자금으로 사용되는 것으로 자연스럽게 추측이 되었다. 윤종빈 감독이 제작한 영화 '공작'(대북 공작원 '흑금성'에 관한 스토리) 내용에 그려진 바가 있다.

여기서 특별히 통일그룹 문선명 총재의 방북과 관련해서 언급하고 싶다.

1991년 연 말(11월 30일~12월 7일)에 통일그룹의 문선명 총재가 방북한다고 할 때 필자는 처음에는 이것이 가능할까 반신반의하였다. 하지만 문선명 총재 일행(문선명 부인 한학자, 세계일보 박보희 사장 등)이 성공적으로 방북하고 귀환하였다. 그때 필자는 통일그룹 측 인사에게 문선명 총재가 철저한 승공주의자인데 어떻게 해서 북한 측이 방북을 허용하고 북한을 방문할 수 있었는지 궁금해서 물어 보았다. 통일그룹 측 인사가 "극과 극은 통할 수 있습니다"라고 답변하는 것을 듣고 그 말을 그대로 믿자면 정상에 오른 사람들은 서로를 보는 눈을 가졌구나 라고 생각하였다. 방북 뒷소문에 의하면 문선명 총재가 북한 관리들에게 '6.25전쟁 남침을 사과해야 한다, 남북이 통일되면 본인이 대통령이 되어야 한다'라고 말해서 심각한 상황이 있었다는 전언이 들려오곤 했다. 당시 문선명 총재가 방북한 것은 고향 방문 및 가족 상봉, 문선명 총재 생가의 성지화, 그리고 대북 경협 투자 사업 협의였다. 당시 김달현 정무원 부총리 초청이었는데 흥남에 있는 마전 주석공관에서 김일성과 면담하였다. 문선명 총재의 생가는 평북 정주군 덕산면 원봉리인데 이곳을 성지화하면 전 세계의 통일교 신도들이 순례하게 되어 북한에 엄청난 관광수입이 될 수 있다고 김달현 부총리에게 제의하였다고 한다. 북한도 경제적 이득이 될 수 있다고 판단하고 문선명 생가를 복원하고 집 앞에는 북한의 최고 조각가가 만든 헌금용 항아리(높이 1m, 무게 2t)를 비치해 놓았다. 실제로 1992년 8월 15일 잠실 올림픽경기장에서 개최된 세계 통일교도 3만 쌍의 합동결혼식 신혼 부부 중 20개국 100쌍의 외국인 부부와 통일교 관계자 등 총 219명의 성지순례단이 1992년 8월 31일~9월 5일간 문선명 총재 생가를 방문하고 금강산 등을 관람하였다. 북한이 통일그룹 측에 이같이 큰 배려를 해준 것은 전 세계 통일교도의 북한 방문을 통한 외화벌이 외에 금강산 관광 개발, 원산지구 경공업기지 건설, 선봉지구 자유무역지대 개발의 투자 유치를 위한 것이었다. 문선명 총재가 김일성 주석과 면담 때 금강산 관광 개발을 희망한다고 하자 김 주석이 김달현 부총리에게 문 총재가 원하는 것은 무엇이든 모두 들어주라고 한 것을 보아 잘 알 수 있다. 그러나 최종적으로는 금강산 관광 개발은 현대그룹에게 넘어갔다. 통일그룹은 평화자동차 제조, 보통강호텔 운영, 세계평화센터 운영 정도에 그쳤다.

남북 간 교류협력 사업에 대한 접근 차이

필자가 2년 7개월여를 교류1과장으로서 업무를 하면서 그 이전 상황과 필자의 재직 중 경험하고 목격한 바를 종합해 보면 남북 교류의 양상은 대체로 다음과 같았다. 크게 보면 북한의 통일전선 전략과 우리의 민족공동체 전략의 대결 국면이었다. 북한은 정치 우선 접근 방법이고 우리는 교류협력 우선 접근 방법이었다. 그러나 좀 더 구체적으로 살펴보면 남북 당국은 남북 관계의 국면 전환이나 고위급 남북회담을 위한 분위기 조성 차원에서 이벤트성 남북 체육 경기나 예술문화 공연, 또는 남북 이산가족 상봉 행사를 개최하였다. 정치성 교류에 있어서는 북한 당국은 통일전선 전략 차원이나 체제선전장으로 이용하려고 했고 이에 대해 남한 당국은 일체 거부하는 입장을 견지했다. 비정치적 사회문화 교류는 주로 제3국에서 다양하게 개최되었다. 제3국에서 개최될 경우에 주로 우리 측이 행사 비용을 대부분 부담하는 방식으로 진행되었다. 경제 교류에 있어서는 남북 모두 경제적 이익 획득이라는 관점에서 진행되었다. 북한은 우리 기업들의 적극적인 대북 투자 모색을 통해 그들의 부진한 경제의 회복 및 개발에 활용하는 한편 우리 기업의 투자를 미끼로 뒷돈을 챙겨 노동당의 자금으로 사용하려는 의도도 있었다. 전체적으로 보면 결국 북한은 통일전선적 전략과 실리 전략을 적절히 병행하여 구사하였다. 우리는 중장기적 관점에서 민족공동체 전략을 구사한다는 입장에서 이적성 교류는 경계하면서 꾸준히 다양한 분야의 남북 교류를 추진하였다.

이와 같은 남북 쌍방 간 남북 교류에 관한 입장은 그 이후로도 변함없이 견지되었다. 남북 관계의 진전과 후퇴의 흐름에 영향을 받으면서 국면별로 남북 교류의 빈도는 증감되었지만 분야별 남북 교류는 지속되었다. 그러나 최근 북한 핵무기·미사일 개발의 고도화로 UN 대북 제재 국면에 따라 남북 경제 교류는 전면 중단되었고, 이러한 상황에 영향을 받아 남북 사회문화 교류도 위축되었다. 특히 코로나19로 북한이 국경을 봉쇄하고 과거의 자력갱생주의로 돌아서면서 남북 사회문화 교류, 대북 인도적 지원 활동도 사실상 중단된 상태가 되었다. 오늘날 전면 단절된 남북 관계 현실을 보면서 1990년대 초 교류1과장 시절에 남북 교류를 위해 동분서주했던 그때가 활황기였구나 하는 자평을 해본다. 하루빨리 북핵 문제 해결의 실마리가 풀리고 남북 교류도 재개되기를 희망한다. 우리의 통일을 위한 민족공동체 전략에 따라 남북 교류협력은 꾸준히 추진되어야 한다. 2023년 말 북한이 남북 관계를 '적대적 두 개의 국가관계'로 선언한 이후 모든 남북 관계가 완전히 단절된 현 상황을 직시하면 답답한 심정을 금할 길이 없다.

남북 이산가족 교류와 한계

한반도 분단으로 인해 천륜의 고통을 지속적으로 받고 있는 사람들은 남북한에 흩어져 살고 있는 이산가족들이다. 이산가족 문제는 국제적으로 인정되는 인도주의적인 문제일 뿐 아니라 천부적인 '가족 보호의 권리'에 관한 것이다. 따라서 우리 정부는 남북 관계 진전을 위한 노력 과정에서 항상 남북 이산가족 문제를 최우선적으로 해결하고자 다양한 노력을 하였다. 그러나 북한은 이산가족 문제를 인도주의적인 문제가 아니라 본질적으로 정치적 문제로 인식하고 있어 그 해결이 쉽지 않고 계속 미해결 과제로 남아 있다.

필자가 1991년 7월부터 통일원 교류1과장으로 남북 관계 업무를 본격적으로 시작한 이후 다양한 보직을 거치는 과정에서 이산가족 문제와 관련된 업무를 많이 하였다. 교류1과장 때는 민간 차원에서의 제3국을 통한 이산가족 교류 업무를 맡았고, 1994년 2월부터 1996년 4월까지 교육홍보국 기획과장 재직 시에는 이산가족 문제 해결을 위한 민간단체인 일천만이산가족재회추진위원회나 이북도민회와의 협력 업무를 하였다. 그 이후 1999년 12월부터 2001년 6월까지 인도지원국장으로 일하면서 민간 차원의 제3국을 통한 이산가족 교류 촉진 업무와 당국 차원의 남북 이산가족 상봉 업무를 담당하였다. 그리고 2006년 6월부터 2008년 2월까지 남북회담 상근대표로 근무할 때 남북적십자회담에 참여하여 남북 당국 간 회담을 통한 이산가족 문제 해결을 위해 노력하였다.

필자는 공직에서 통일 업무를 하기 전까지 남북 이산가족 문제에 대해서는 제대로 알지 못했고 별로 인식도 없었다. 집안이 실향민 가족이 아니라 어릴 때부터 사회진출을 하기 전까지 집안에서나 주변으로부터 이산가족의 애절한 사연이나 이산가족 문제에 대해서 들어보지 못했다. 공직에 들어와 통일 업무를 하면서 남북 이산가족 문제와 그 중요성에 대해 알게 되었다.

남북 간 이산가족 문제 논의의 시작

1970년대 초 남북 당국 간 대화를 처음 시작할 때 인도주의적인 남북 이산가족 문제 해결을 위한 적십자회담부터 시작하였다. 1971년 9월부터 1972년 8월까지 거의 1년간 25차례의 남북 적십자 예비회담을 거쳐 남북 이산가족 문제 협의를 위한 의제 5개항을 공식 채택하였다. 그 내용은 ① 이산가족들의 주소와 생사 확인 문제 ② 이산가족들의 자유 방문과 상봉 실현 문제 ③ 이산가족들의 자유로운 서신 거래 실시 문제 ④ 이산가족들의 자유의사에 의한 재결합 문제 ⑤ 기타 인도적으로 해결할 문제였다. 이 5개 항의 과제를 실천하기 위해 1972년 8월 말부터 제1차 남북 적십자 본회담을 개최하여 북한 측과 협의하였으나 북한이 이산가족 문제를 정치적으로 이용하려고 하여 1973년 7월 제7차 남북 적십자 본회담을 끝으로 남북 적십자 간 협의가 장기간 중단되었다. 북한 측은 이산가족 찾기 사업을 원활히 추진하기 위해서 남한의 법률적 조건과 사회적 환경을 개선할 것을 요구하였다. 즉, 반공법과 국가보안법을 폐지하고 반공 단체들을 해체할 것을 요구하였다. 그리고 '적십자 료해해설인원'을 상대 지역에 전국적으로 파견하고 이들에 대한 언론·출판·집회·통행 등 활동의 자유와 인신·휴대품의 불가침권 보장을 요구하였다. 당시 반공을 국시로 한 박정희 정부에서 북한 측의 요구는 도저히 수용할 수 없는 내용이었고 또한 전국 곳곳을 찾아다니면서 북한이 정치 선전을 하는 것을 용납할 수도 없었다. 실제 그러한 조치가 허용된다면 우리 내부에서 발생할 상당한 사회적 혼란과 이로 인한 정치적 부담도 고려했을 것이다.

'7.7 선언'과 민간 차원의 남북 이산가족 교류

남북 적십자 본회담이 중단된 이후 여러 차례 적십자 실무 협의가 있었으나 별 성과가 없었다. 이후 1985년 5월 제8차 적십자 본회담, 8월 제9차 본회담을 통해 '남북 이산가족 고향방문단 및 예술공연단 교환 방문 사업'이 합의되고 분단 이후 처음으로 남북 이산가족 상봉이 이루어졌다. 남북한 각각 50명씩의 이산가족이 선정되어 상대 지역을 방문하여 가족·친척들과 극적으로 상봉, 재회의 감격을 나누었다. 지학순 주교와 홍성철 황해도민회 회장(내무부·보건사회부·국토통일원 장관 역임)이 북에 있는 누이 등 가족을 만나 언론의 주목을 받았다. 그러나 충분한 사전 확인 작업이 없이 진행되다 보니 우리 측은 35명이 41명의 북측 가족·친척과 상봉했고 북측은 30명이 남측 가족·친척 51명과 상봉하였다. 이산가족 상봉 선정 대상자 중 남북한 합쳐 35명이 가족·친척을 만나지 못한 아쉬움을 남겼다.

그 이후 1990년 9월에 개최된 제1차 남북고위급회담(총리가 수석대표)에서 우리 측은 이산가족 문제의 해결이 분단의 상처를 아물게 하는 절박한 과업이라는 점을 강조하고 이 문제의 우선적 해결을 북한 측에 촉구하였다. 이후 1991년 제5차 남북고위급회담에서 채택된 남북기본합의서('남북 사이의 화해와 불가침 및 교류·협력에 관한 합의서') 제18조에 '남과 북은 흩어진 가족·친척들의 자유로운 서신 거래와 왕래와 상봉 및 방문을 실시하고 자유의사에 의한 재결합을 실현하며, 기타 인도적으로 해결할 문제에 대한 대책을 강구한다'로 합의하였다. 그러나 그 내용은 사실상 1972년 적십자 본회담에서 이미 합의한 내용을 그대로 되풀이한 것에 불과하였다. 이산가족 문제 해결이 시한을 둔 절박한 과제임에도 불구하고 남북 당국 간에 1970년대 초부터 협의가 시작되어 20년 동안에 실천된 것이라곤 1985년에 실시된 '남북 이산가족 고향방문단 사업'이 유일했다. 사실상 일회성 이벤트성 행사에 불과했다고 볼 수 있다.

이와 같은 상황에서 1988년 '7.7 선언'을 통해 민간의 남북 교류가 허용된 이후 이산가족들은 당국 차원의 해결 노력에 의존하지 않고 스스로 북한에 있는 가족을 찾는 노력을 백방으로 하였다. 그 결과 소수의 사례이지만 제3국을 통해 북한에 있는 가족의 생사·주소를 확인하고 서신을 교환하고 급기야 중국에서 가족을 비밀리 상봉하는 일도 생겼다. 이러한 때에 민간 차원의 이산가족 교류 업무도 담당한 교류협력국 교류1과의 과장을 맡으면서 마음의 부담이 가중되었다. 당시 정부가 민간 차원에서 추진하는 이산가족 교류를 직접적으로 도와줄 수 있는 조치라곤 아무 것도 없었다. 유일하게 남북교류협력법상 북한 주민 접촉 승인 조치를 하는 것이고 사전 승인 없이 이루어진 이산가족 교류에 대해서 사후적으로라도 법적 승인을 해주어 문제가 없도록 해주는 일이었다. 남북 이산가족들의 천륜에 바탕한 한 맺힌 부모, 처, 자식 그리고 형제, 자매 찾기는 그 누구도 막을 수가 없었다. 중국, 일본, 미국 등에 거주하는 해외 교포를 통하거나 이산가족 상봉 주선 단체를 이용하거나, 제3국 무역상 또는 문화·학술·예술 행사 참가자를 통하거나, 북한을 방문하는 사람이 있으면 그들을 통하거나, 일말의 가능성이라도 보인다면 모든 방법을 동원해서 북한에 있는 가족을 찾으려고 전력을 다 하였다. 그 결과 당시 1990년대 전후 3년 정도 기간 동안에 민간 차원에서 북한에 있는 이산가족 찾기를 위해 정부의 승인을 받아 추진한 것 중 37% 정도가 성사되었다. 북한이 이산가족 교류에 소극적이고 부담스러워하는 상황에서 결코 적은 성사 비율이 아니었다.

「북에서 온 편지」 발간

남북교류협력법상 북한 주민과 접촉(통신, 서신교환, 상봉 등)한 사람은 반드시 사후에 정부에 보고하도록 되어 있었다. 법 집행 확보 차원에서나, 이산가족 교류 실태 파악 및 정책 수립에 참고하기 위해서나, 또한 북한 실상을 파악하기 위해서 이산가족 교류를 한 사람들이 그 내용을 반드시 정부에 사후 보고하도록 담당 직원이 이산가족들에게 잘 안내하도록 하였다. 그리고 보고한 이산가족 교류의 내용은 민감한 가족사의 내용이 포함되어 있기 때문에 이산가족들에게 그 내용을 외부에 절대로 노출하지 않을 것이라고 안심을 시키도록 당부하였다. 당시에 언론에서는 이산가족들의 구체적인 교류 내용에 대해 관심이 높았고 취재 활동을 하고 있었다. 필자는 이산가족 담당 직원에게 이산가족들이 보고한 내용을 당신 혼자만 보고 교류1과 내에 다른 어떤 직원에게도 보여주지 말라고 지시하고 과내 다른 직원들에게도 일체 내용을 알려고 하지 말 것을 엄격히 주의를 주었다. 이렇게 조치를 취하고 나서 일체 이산가족 교류 내용이 외부에 노출되지 않자 이산가족들은 정부를 신뢰하고 이산가족 간 주고받은 서신이나 제3국 상봉 내용 등 이산가족 교류 내용을 교류1과에 자세히 보고하였다. 필자도 가능한 한 이산가족 교류 내용을 일일이 세세히 알려고 하지 않았으나 과장으로서 전체 흐름을 파악해야함으로 정기적으로 체크하였다.

북에서 온 편지들을 보니 질이 좋지 않은 누런 종이에 깨알같이 글을 써서 보냈으며 눈물 없이는 읽을 수 없는 애절한 사연들이 적혀 있었다. 그리고 6.25전쟁 이전이나 6.25전쟁 중 헤어져 생사도 모른 채 살아오면서 그리움과 원망에 지쳐 있는 심정과 하루 빨리 보고 싶어 하는 절박한 마음도 편지글 곳곳에 배어 있었다. 그리고 건강하게 오래 사실 것을 바라는 글로 대체로 마무리 지어졌다. 편지 외에도 옛날에 찍었던 빛바랜 흑백 가족사진도 보내왔고 오랫동안 간직한 추억의 손수건을 보낸 사례도 있었다. 이와 같은 서신이나 사진, 손수건을 받았거나 중국 등 제3국에서 상봉하였던 사람은 우선적으로 그동안 가슴에 맺혔던 한을 한 번 풀었다고 할 수 있으나 앞으로 계속 자유롭게 이산가족 교류를 할 수 없는 남북 관계 현실이 야속하고 답답했으리라 생각된다.

민간 차원의 제3국을 통한 이산가족 교류가 점차 확대되자 언론 등을 통해 그 내용들이 조금씩 알려지기 시작했다. 이산가족들과 국민들에게 이산가족 교류 실상과 그 절절한 내용을 알리고 이를 통해 이산가족 문제의 조속한 해결의 필요성이라는 국민적 공감대를 형성하기 위해 북한 가족들이 보내온 서신 모음집「북에서 온 편지」를 발간(1993.10)하였다. 이산가족 당사자의 의견도 구하면서 그 과정에서 편지 내용중 실명은 가명으로 하고 편지 당사자가 누구인지 추정할 수 있는 내용은 삭제하고 민감한 가족사도 일부 제외하였다. 총 92편의 서신을 선정하였는데 부모·자녀 간의 서신이 25편, 부부 간의 서신 3편, 형제·자매간의 서신 46편, 친척 간의 서신 18편으로 구성하였다. 부모·자녀 간 서신 내용은 "아들아! 너 어미다", "늙지 마시라!", "아버지 없는 설움을 안고", "40년 만에 불러보게 되는 아버님께!", "아버지 모습이 생각나지 않지만" 등이고, 부부 간의 서신 내용은 "오늘이 당신 생일날이지요?", "성희 할미! 이글은 당신 혼자만 보아주오", "아내여 힘을 내소서" 등 이다. 형제·자매간의 서신 내용은 "얼굴 모습도 기억되지 않는 누님에게!", "형! 소리 한 번 불러보지 못하고 40년!", "오빠가 미치게 보고 싶어요!", "자나 깨나 오매에도 그립던 사랑하는 내 동생에게!" 등이고, 친척 간의 서신 내용은 "뜨거운 친 혈육의 정을 나누고 싶습니다", "삼촌한테로 달려가고 싶은 이 마음!", "꿈에도 잊지 못할 고향소식!" 등이다. 「북에서 온 편지」가 발간된 이후 2년 뒤에 일천만이산가족재회추진위원회에서도 「단절의 벽을 넘어서」라는 제목으로 이산가족 서신 교환·상봉 사례집을 발간(1995.12)하여 민간 차원의 제3국을 통한 이산가족 교류 실상을 알리기도 하였다.

'이산가족의 날' 국가기념일 지정 시도

1994년 2월 교육홍보국 기획과장으로 전보되었는데 그 과에서 하는 업무 중에 민간 통일 유관 단체를 등록하고 관리하는 일이 있었다. 당시 통일원 허가 법인은 29개 단체였다. 이 중 규모가 비교적 크고 사회적 영향력이 있었던 통일운동 단체는 민족통일협의회, 일천만이산가족재회추진위원회, 한민족통일여성협의회, 경실련통일협회 등이 있었다. 필자는 이산가족 문제의 중요성 때문에 일천만이산가족재회추진위원회와 협력 업무를 많이 하였다. 일천만이산가족재회추진위원회는 이산가족 문제 해결을 위해 정부와 적십자사의 노력에만 의존하지 않고 당사자인 실향민 이산가족 스스로가 적극적으로 나서겠다는 목적으로 설립되었다. 1982년 12월 20일 우리 사회의 지도급 실향민 인사들 51명(강인덕, 김연준, 김재순, 선우휘, 장충식, 조영식, 주원, 한경직, 홍성철 등)으로 구성된 발기인 대회를 통해 출범하였다. 초대 위원장으로 당시 경희대학교 재단 이사장인 조영식 박사가 선출되었다. 동 위원회는 이산가족 문제 해결을 위한 다양한 노력을 하였는데, 그 중 해마다 '이산가족의 날' 기념행사를 개최하였다. '이산가족의 날'은 대한적십자사가 1971년 8월 12일 남북 이산가족 찾기 운동을 북한적십자사에 제의한 역사적인 날을 기념하기 위해 해마다 개최하였다. '이산가족의 날'에는 반드시 통일원(부) 장관이 참석하였다. 필자가 기획과장으로 있을 때 동 위원회에서는 '남북 이산가족 재회 촉구 범세계 서명 운동'을 전개하였다. 1995년 10월 7일 장충체육관에서 '제14회 이산가족의 날'에 153개국 2,100만명의 서명을 받아 북한 측에 남북 이산가족 재회를 촉구하는 결의 대회를 하였다. 그때 서명지의 양이 엄청나서 단상 앞에 가득 쌓여 있었는데 대단하였다.

필자는 동 위원회와 협력 업무를 하면서 단체 임원, 집행 간부들과 업무적으로도 인간적으로도 긴밀하고 가까운 관계가 되었다. 그러한 인연으로 공직을 퇴임한 후 동 단체(2007년에 일천만이산가족위원회로 개칭)의 고문으로 참여하여 이산가족들과 협력하며 마음의 유대를 갖고 있다. 2015년 4월 30일 국회 헌정관에서 이학재 의원과 동 위원회가 주관한 '이산가족정책 세미나'에서 필자는 동 위원회와 공동으로 작성한 '이산가족의 정체성과 권익제고 방안'을 발표하였다. 필자는 그 발표에서 이산가족 문제에 대한 국민적 관심을 제고시키기 위해 매년 개최되는 '이산가족의 날'을 국가 기념일로 제정하자고 제의하였다. '이산가족의 날'의 국가 기념일 제정 건에 대해 일부 정치인들과 통일부에서도 많은 관심을 가지고 그 추진을 위해 노력하였으나 오랫동안 성사되지 못했다. 그러다가 8년 만에 '이산가족의 날'을 국가 기념일로 제정하는 '남북 이산가족 생사 확인 및 교류 촉진에 관한 법률' 개정안이 2023년 2월 27일 국회를 통과하였다. 3월 28일에 정부에서 동 법률 개정안을 공포하고 추석 전전날인 음력 8월 13일에 국가 기념일 행사로 '이산가족의 날'을 개최하게 되었다. 국가 기념일로서 '제1회 이산가족의 날'은 2023년 9월 27일 '더 플라자 호텔'에서, '제2회 이산가족의 날'은 2024년 9월 15일 'KBS 아트홀'에서 개최되었다. 필자는 2015년 '이산가족 정책 세미나'에서 '이산가족의 날'을 국가 기념일로 제정할 것을 제안한 이후 그 성사 여부를 계속 지켜보았는데 두 차례의 국가 기념일 행사에 모두 참석하여 행사 진행을 지켜보니 가슴이 뭉클했다.

필자는 과장 시절에 어느 날 선친으로부터 의외의 말을 들었다. 휴일 날 부모님이 계시는 대구 본가에 들렀는데 선친이 갑자기 이런 말을 해야 될지 모르겠다고 하면서 말을 꺼냈다. "너가 공무원 하는데 어떨지 몰라 얘기하지 않았는데, 너의 작은 할아버지 가족들이 먹고 살기 위해서 인천으로 갔다가 그 뒤에 황해도 쪽으로 갔다. 그 후에 북쪽에서 계속 살았는지 아니면 중국쪽으로 갔는지 잘 모르겠다. 소식이 끊겨 그 가족들이 어디에 사는지 아무도 모른다."고 말씀하셨다. 반공의 시대에 살아온 선친이 아들이 고참 과장이 되었는데 혹시 북한에 친척이 있으면 공무원 승진 등에 문제가 되지 않을까 염려해서 불쑥 나온 말이라고 생각했다. 할아버지대와 그 윗대는 경북 군위, 선산, 칠곡 등에서 살았었는데 옛날에 작은 할아버지 가족들은 아마 먹고 살기 힘들어 과감하게 다른 지역으로 옮겨 가신 것 같다. 선친으로부터 이 이야기를 듣고 나니 순간적으로 이산가족 문제가 결코 남의 얘기가 아니구나 하는 생각이 들었다.

민간 차원의 남북 이산가족 교류 증가

필자가 본격적으로 이산가족 문제를 다루고 2000년 '6.15 공동선언' 이후 남북 이산가족 상봉을 담당하는 인도지원국장이 되면서 TV에 수시로 등장하자 고등학교 동기들이 필자에게 조용히 좀 만났으면 하는 연락이 왔다. 그 동기들을 개별적으로 만나보니 사연인즉 부모 모두, 아니면 그 중 한 분이 북한에서 내려온 실향민이었다. 정부 차원에서 이루어지고 있는 남북 이산가족 상봉의 신청 절차와 대상자 선정 방법 그리고 민간 차원에서의 제3국을 통한 북한 가족 찾기의 방법과 절차, 가족 찾기에 걸리는 대략적 기간과 비용이나 성사율 등과 같은 문의였다. 자식 입장에서 어릴 때부터 부모님의 애절한 사연을 들어왔기 때문에 가만히 앉아 있을 수 없어 필자를 만나자고 한 것이다. 고등학교 동기들 외에도 주변의 지인들로부터 이와 같은 문의를 많이 받았다. 필자의 선친 얘기 그리고 지인들의 문의 경험을 자주 겪으면서 필자는 이산가족 문제가 우리 모두의 문제라는 것과 그 절박함을 더욱 깨닫는 계기가 되었다. 이산가족 문제를 담당하는 중앙 정부의 주무 국장인 인도지원국장이 되었으니 더욱 더 마음의 각오가 새로워졌다.

김대중 정부 시절 1999년 12월 22일 임동원 통일부 장관으로부터 인도지원국장으로 임명을 받았다. 과거 교류1과장 때 통일부 차관으로 모셨는데 그때 많은 일을 하면서 필자를 좋게 평가하셨는지 인도지원국장으로 발탁해 주었다. 임명 이틀 뒤 임동원 장관은 국가정보원장으로 가고 박재규 경남대학교 총장이 통일부 장관으로 부임해와서 실제로는 박재규 장관 밑에서 주로 일하였다. 그러다가 2001년 3월에 임 원장이 통일부 장관으로 다시 오게 되어 그 밑에서 3개월 정도 인도지원국장으로 일하였다. 사람의 관계란 참 아이러니컬하다는 생각이 들었다. 김대중 정부는 임기 초반부터 이산가족 문제 해결을 위해 많은 노력을 하였다. 당시 임동원 외교안보수석이나 강인덕 통일부 장관 두 분 모두 실향민 출신이기 때문에 더욱 더 이산가족 문제 해결의 절박함을 몸소 느끼시는 분이기 때문에 이 문제 해결을 위해 실질적인 정책 수단을 마련해 다양한 노력을 하였다.

대북 비료 지원을 매개로 이산가족 문제 해결을 위해 1998년, 1999년 북경에서 여러 차례의 차관급 남북 당국 간 회담이 열렸다. 동 회담에서 북한 측은 대북 비료 지원을 우선적으로 요구하여 이산가족 문제에 대한 합의를 도출해 내지 못했다. 당국 간 차관급회담에서 우리가 원하는 성과는 이루지 못했지만 민간 차원에서의 이산가족 교류는 계속 증가 추세에 있었다. 과거 연평균 대비 생사 확인은 3.8배, 제3국 상봉은 8.5배에 달했다. 1998년에 생사 확인은 377건, 서신 교환은 469건, 제3국 상봉은 108건, 방북 상봉은 1건 이루어졌다. 1999년에는 생사 확인 481건, 서신 교환 637건, 제3국 상봉 195건, 방북 상봉 5건이 이루어졌다. 이러한 성사에는 당시 활동한 이산가족 교류 주선 단체의 역할이 많은 도움이 되었다. 그때 제3국을 통한 이산가족 교류 주선 단체로 20여개 단체가 활동하고 있었다. 1998년부터 정부는 민간 차원의 이산가족 교류를 뒷받침하기 위해 소요되는 경비를 지원했다. 이산가족이 생사 확인을 할 경우에 40만원, 상봉의 경우에 80만원의 경비를 지원하였는데 생활보호 대상자·국군포로 가족 등 특별 지원 대상자에 대해서는 2배 범위 내에서 지원하였다. 실적이 높은 주선 단체에 대해서는 적정 수준의 경비를 지원했는데 이것이 이들 단체를 활성화시키는데 어느 정도 도움이 되었다.

'이산가족 교류 촉진 지원 계획' 마련

2000년 연초부터 김대중 대통령은 NSC나 국무회의에서 이산가족 상봉을 최우선시 하여 모든 수단을 강구하여 만남의 형식에 구애받지 말고 비공식적인 이산가족 접촉도 늘리도록 지시하였다. 이를 위해 적극적으로 지원책을 마련하고 이산가족 1세대 명단을 교류 주선 단체에 주어서 추진해 보라고 하면서 박재규 장관에게 특별 대책 마련과 추진을 구체적으로 지시하였다. 담당 국장인 필자는 장관으로부터 "대통령 특별 지시라면서 수단, 방법을 가리지 말고 직을 걸고 추진해야 할 사항이라면서 지금보다 몇 배 성사를 시키고 예산도 대폭 확보해 지원하라"는 지시를 받았다. 인도지원국장이 된 지 얼마 되지 않았는데 대통령의 특별 지시를 수행해야 하는 상황에 직면해 필자는 심리적으로 상당히 부담이 되었다.

필자는 우선 민간 차원의 제3국에서의 이산가족 교류 실상을 구체적으로 파악하기 위해 성공적으로 교류 주선을 잘하는 단체 인사나 북한을 자주 방문하는 인사를 개별적으로 만나 실상을 들었다. 개별 단체마다 조금씩 차이는 있으나 북한에 들어가 생사·주소 확인을 하고 상봉을 중개해 줄 사람에게 사전에 여비조로 선금을 주거나, 성사될 경우에만 사후 사례비를 주기도 하였다. 중개인에게 사전 여비조로 200$을 주는 경우도 있고 사전 선금조로 1,000$ 까지 주는 단체도 있었다. 사전에 선금을 받고는 일을 제대로 하지 않는 중개인도 있고 노력했으나 북한의 가족을 못 찾는 경우는 선금은 돌려받지 못한다고 하였다. 어느 단체에 의하면 성사 사례비로 생사 확인이나 서신 교환은 지역별로 차이가 있는데 함경북도, 자강도, 양강도, 평안북도는 500$이고 그 이남 지역은 1,000~1,500$을 받는다고 했다. 중국에서의 상봉이 이루어질 경우에는 5,000 ~10,000$을 받는다고 했다. 함경북도 온성의 경우는 1,000$을 받는다고 했다. 상봉은 압록강 지역보다는 두만강 지역 쪽이 더 용이하다고 한다. 북한 가족이 먼저 요청하는 경우에는 중개인 사례비는 주지 않는다고 했다. 중개인으로 활동하는 사람들은 탈북자, 중국내 무역하는 북한인 무역업자, 북한에 친척이 있는 조선족, 북한과 무역하는 조선족이라고 하였다. 주선 단체에게 주는 사례비는 경제적으로 여유가 없는 이산가족은 감당하기가 어려운 비용이었다. 또한 중국에서 상봉하게 될 경우 중국까지의 항공비, 중국 현지 체류비, 북한가족 지원 경비 등을 합치면 큰 금액이 소요되었다. 남북 당국 차원에서 생사확인, 서신 교환과 상봉이 이루어지면 이러한 비용 부담과 시간 낭비 등을 한꺼번에 해소할 수 있는데 현실은 그렇지 못하니 답답하고 절박한 이산가족들은 비용이 들더라도 제3국을 통한 방법을 동원하여 죽기 전에 가족을 찾으려고 하였다. 이러한 상황 하에 필자는 이산가족들의 경비 부담을 줄이기 위해 현재 정부가 지원해주는 경비의 최소 두 배 이상을 올려야겠다고 생각하고 예산 당국과 직접 협의를 하였다. 마침 예산실에 고시 동기들이 많아 그리 어렵지 않게 현행보다 2배 이상 지원하는 예산을 확보하였다. 인도지원국과 교류협력국 관계자와 내부 협의를 통해 교류 승인 절차도 간소화하기로 하였다.

이산가족 교류 지원 대책을 종합 작성하여 장관에게 보고 드리고 최종적으로 '이산가족 교류 촉진 지원 계획' 으로 명명하여 대 언론 발표를 하였다. 핵심은 세

가지였는데, ① 이산가족 교류 절차 간소화 ② 이산가족 교류 지원 경비 인상 ③ 이산가족 교류 주선 단체 활용 및 지원이었다. 절차 간소화 내용은 접촉 승인 기간을 종래의 2년에서 5년으로 연장하고, 신고만으로 북한 방문이 가능한 자를 종래 60세 이상에서 이산 1세대 전체로 확대하였다. 지원 경비 인상 조치는 생사 확인은 종래의 40만원에서 80만원으로, 상봉은 80만원에서 180만원으로 대폭 상향하고 교류 지속 경비 40만원이 신설되었으며 경비 지원 회수도 종래의 1회에서 3회까지로 확대하였다. 그리고 이산가족 교류 주선 단체도 성과가 있을 경우 인센티브로 지원금을 종전보다 증액하였다. 그리고 생사 확인 건수를 높이기 위해 이산가족과에서 선정한 상당한 숫자의 이산가족 명단을 교류 주선 단체에 주어 직접 확인 작업을 하도록 하였다. 이와 같은 조치로 그전보다 성사 건수는 높아졌으나 북한에 있는 이산가족 찾기가 그리 쉽지 않아 아쉽게도 획기적으로 증가시키지는 못하였다. 그러나 이산가족 교류 지원 경비가 증액되어 이산가족들에게는 경제적 부담이 줄어들었고 그 결과 제3국을 통한 이산가족 찾기 노력이 좀 더 활성화되는 계기가 되었다.

1차 남북 이산가족 방문 행사의 성공적 개최

2000년 6월 남북정상회담에서 그해 8.15에 즈음하여 남북 이산가족 방문단 교환을 실시하기로 합의하였다. 역사적인 '6.15 남북공동선언'에서의 이산가족 관련 합의 사항을 실무적으로 이행해야 할 담당 국장으로서 이를 차질 없이 성공적으로 치러야겠다는 마음의 각오를 하였다. 박재규 장관은 이산가족 교환 행사의 기본틀은 통일부가 마련하고 그 이행은 대한적십자사가 하도록 지침을 주었다. 그리고 통일부는 행정적, 재정적 지원을 하도록 하였다. 필자는 우선적으로 이산가족 상봉 대상자를 공정하고 투명하게 선정하여 선정 결과에 대한 국민적 신뢰성을 확보하는 것이 무엇보다도 중요하다고 판단했다.

2000년도에 이산가족 정보통합센터에 이산가족 찾기 신청자는 11만명 정도였다. 이산가족의 한과 북한에 있는 가족을 만나는 일은 사회적 지위와 관계없이 이산가족 개인 누구에게나 똑같이 간절한 열망과 가치를 지니는 것이다. 차별 없이 기회가 누구에게나 균등하게 주어져 선정되는 것이 공정한 절차이므로 실무자와 협의하여 컴퓨터로 공개 추첨하는 것이 가장 합당한 일이라고 결론을 내렸다. 다만 연령, 가족 관계, 과거 신청 여부 등에 일정한 가중치를 주는 것이 합리적이었다. 예를 들면, 부모를 만나거나 자식을 만나는 일이 형제·자매나 친척을 만나는 것보다는 우선순위를 주어야 한다는 것이다. 가중치를 준 공개 추첨 방식에 대해 상부에서도 오케이였다. 상봉 대상자 선정을 위한 인선위원회의 구성은 이산가족 관련 단체 인사나 전문가들로 구성하여 편향되지 않고 종합적인 의사가 반영되도록 하였다. 인선위원회의 위원은 총 12명으로 위원장은 대한적십자사 사무총장이 맡고, 이북5도위원회·이북도민연합회·일천만이산가족재회추진위원회 등 이산가족 유관 단체 인사, 정부 관계자, 언론계·학계·여성계·법조계 전문가로 구성하였다.

제1차 남북 이산가족 방문단을 인선위원회 심의와 컴퓨터 공개 추첨 방식으로 선정하여 추진하였다. 제1차 방문 행사가 끝나고 나서 이북 도민사회의 지도층 인사 일부에서 선정 방식에 대해 불만이 표출되기 시작했다. 과거 1985년 남북 이산가족 방문단 인원 선정 시에는 이북 도민사회의 지도층 인사나 상징적 인사에 대해서는 배려가 있었던 모양이다. 그동안 이북 도민사회에 기여한 실향민 지도층 인사의 공로에 대해 일정한 배려가 있어야 하며 누구에게나 똑같이 하는 것은 부당하다며 관계 요로에 인원 선정 방식의 변경을 요청하였다. 상부에서 제기된 사안을 검토해 보라고 해서 필자는 개인적으로는 불만이 있었지만 인선위원회에서 선발 인원의 일정한 비율을 별도로 선정하는 방식을 논의하였다. 그런데 대한적십자사 회의장에서 회의가 끝나갈 무렵에 언론에서 '이산가족 상봉 대상자 선정 시 특별 배정 결정' 식의 특종 보도가 났다. 당시 적십자사 회의실은 방음 장치가 되어 있지 않아 기자들이 바깥에서 회의장 안의 회의 내용을 모두 들을 수 있었고 적십자 직원들의 대언론 관리가 취약해 회의장 바깥의 기자들을 관리하는 직원이 한명도 없었다. 무방비 상태로 안에서 논의하는 내용이 그대로 바깥에 전부 노출된 것이다. 그 이후 이 보도를 접하고 빗발치는 비판이 연이어 나왔다. 이 일을 책임지고 있는 담당 국장인 필자는 매우 당황했고 긴급히 상부에 자초지종을 보고하고 별도의 선정 방식은 없던 것으로 하였다. 필자는 기자들에게 일정 비율의 별도 선정 방식은 결론이 난 것이 아니고 종래의 공개 추첨 방식으로 하기로 최종 결론이 났다고 알렸다. 필자는 이 보도의 해프닝으로 인해 결과적으로 잘 되었다고 생각했다. 그 이후 이루어진 남북 이산가족 방문단 선정은 공개 추첨 방식으로 계속되었기 때문에 대상자 선발과 관련된 잡음은 일체 없었다.

필자는 제1차부터 제3차까지 있었던 남북 이산가족 방문단 행사를 담당하였는데 기억을 더듬어 회상해보고 이산가족 방문 행사 이면의 실상을 언급하고자 한다. 2000년 6월의 김대중 대통령과 김정일 위원장 간 남북정상회담이 대내외로 세계적인 뉴스였지만 제1차 남북 이산가족 교환 방문단 행사(2000.8.15~18, 3박 4일)도 눈물 없이는 볼 수 없는 감동적인 세계적 뉴스거리였다. 제1차 행사 때 COEX의 대형홀(제2차, 제3차 시는 센트럴시티에서 진행)에서 이산가족 전체가 한 장소에서 만나는 단체 상봉은 장관이었으며, 곳곳에서 터져 나오는 절규 소리는 눈물 없이는 볼 수 없는 가슴이 저리는 장면이었다. 그리고 단체 상봉뿐 아니라 가족 간 개별 상봉이나 송별 장면 등을 TV에서 생방송으로 생생하게 계속 중계했기 때문에 이산가족들의 애한을 전 국민들이 함께 느끼게 하였다.

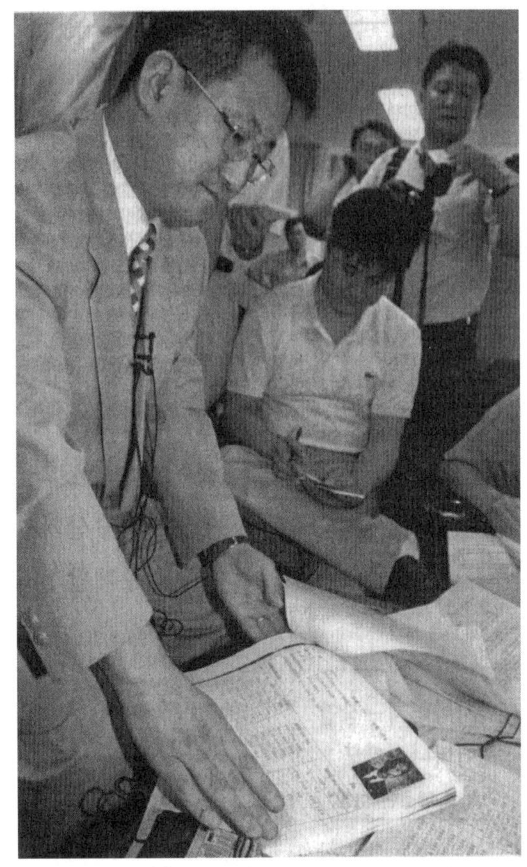

2000년 7월 16일 인도지원국장인 필자가 북한이 보내온 8·15 남북이산가족 상봉 대상자 명단에 대해 기자단에게 설명하는 모습

북한 당국, 달러 상한선(500$) 제시

제1차 방문이 끝나고 2000.11.30~12.2(2박 3일)간 개최되는 제2차 방문 행사를 준비하고 있는데 북한에서 문서 하나를 보내왔다. 그 내용의 핵심은 제1차 방문 행사때 순수한 이산가족들의 만남을 남한의 가족들이 북한의 가족에게 달러 공세를 취하여 돈으로 북한 가족들을 흔들려고 하는 불순한 정치적 행사로 만들었다는 것이다. 남한 가족들의 마음은 인정하지만 앞으로 가족 당 500$ 이상 주

게 되면 남북 이산가족 교환 방문 행사는 더 이상 진행하지 않겠다는 것이었다. 사실은 우리의 개별 이산가족들이 북한 가족에게 달러를 얼마나 주었는지 구체적으로 알지를 못했다. 북한의 가족에게 선물 꾸러미를 잔뜩 주는 것은 보았지만 구체적으로 돈은 얼마를 주었는지 알 수가 없었다. 상황을 파악해보니 개별 가족이 평균적으로 2,000~3,000$을 주었고 많게는 10,000$ 이상을 준 사람도 있었다. 당시 북한의 경제 사정으로 보아 받은 달러를 암시장의 환율로 바꾸면 2,000$ 정도만 되어도 평생 먹고 살 수 있는 돈이었다.

이산가족 방문단 초기 행사 때에는 북한에서 선발되어 남한에 온 사람들은 대체로 월북해서 북한에서 사회적 지위를 얻은 사람들로 구성되었다. 예를 들면, 교수, 작가, 단체 성원, 기업 지배인 등으로 북한 당국이 판단컨대 사상적으로도 튼튼하다고 생각한 사람들이었다. 그런 이들이 남한에 와서 남한의 경제 발전상을 목격하고 남한 가족들로부터 엄청난 액수의 달러와 선물을 받고 가족들과 개별적 대화를 하면서 심한 정신적 충격을 받아 마음이 많이 흔들렸던 모양이다. 북한이 사회주의 천국이고 남한은 미국의 식민지로 헐벗고 굶주리는 사회로 알고 있었는데 정반대로 남한이 북한보다 훨씬 더 부유한 나라로 발전해 있었다. 본인이 월북자라 남한에 남아 있는 가족은 반동 분자로 낙인 찍혀서 사회적으로 경제적으로 어려울 것이라 생각했는데 남한의 가족은 자유롭고 풍요로웠다. 북한 가족들에게 거리낌 없이 선물 꾸러미와 달러를 주고 있으니 놀라울 따름이었다. 정신적 충격을 받은 북한의 가족들이 평양으로 귀환해서 일주일 정도 집단 교육을 받고 개별 가정으로 귀환했다고 하니 북한 당국의 충격도 컸다고 본다. 그 결과로 달러 상한선을 제시한 것이다.

필자는 이같은 북한의 공식 입장을 전달받고 난감했다. 우리 이산가족들의 북한 가족에 대한 애틋한 마음과 정성을 무시할 수는 없었다. 그러나 상봉을 대기하고 있는 11만 명의 이산가족들이 앞으로 상봉 행사가 중단되지 않고 지속적으로 만날 수 있도록 북한의 공식 입장인 달러 상한선을 제2차 상봉자들에게 전달해야 했다. 제2차 방문 행사 개시일 하루 전에 이산가족 상봉 대상자들을 모두 집결시켜 북한의 입장을 알렸다. 달러 상한선을 바로 말씀드리기보다 우선 북한 가족들에게 드릴 선물로 적합한 물품을 소개하였다. 오래 전부터 제3국을 통해 이산가족 교류를 한 분들의 경험 사례와 제1차 방문 행사에 참가한 분들의 사례를 바탕으로 종합한 내용을 알려 드렸다. 비타민·구충제·소화제·영양 수액제·무좀 연고 등 의료 약품 종류, 두터운 내복과 속내의, 겨울용 방한 파카, 밍크 담요, 화장품·스타킹 등 여성용 필수품, 돋보기 등 안경, 작고 값나가는 것으로 금반지, 어린이 학용품, 볼펜 등 필기도구, 과자, 먹거리, 기타 선물 등등을 추천한 것 같다. 그리고 달러 전달 상한선을 언급하였다. 그러자 이산가족들 일부에서 수군대는 소리가 났다. 아마 제1차 상봉하신 분들로부터 들은 내용이 있는데 달러 상한선을 제시하니 난감하신 모양이었다. 필자는 달러 상한선을 권고하였지만 강제할 수 없는 사항이라 이산가족들의 개별적 판단에 맡길 수밖에 없었다.

제2차 방문단 행사를 마치고 나서 이산가족들에게 개별적으로 달러 전달액을 알아 보았다. 우리 측 가족이 500$ 이상 줄려고 했더니 북한 측 가족이 500$ 이상 못 받도록 당국 지침이 내려왔기 때문에 큰일 난다고 500$만 받은 사례도 있고, 우리 측이 북한 당국 입장 때문에 500$ 이상 주고 싶어도 못준다고 하니 북한 가족이 오히려 더 주어도 괜찮다면서 더 많이 받아간 사례도 있었다. 케이스별로 각자가 알아서 하는 영역인데 북한으로 돌아가 어떻게 처리되었는지 알 수가 없었다. 남북 이산가족 행사가 수차례 더 진행되고 나서 들리는 이야기는 남한 가족으로부터 받은 500$중 반 정도는 북한 당국에게 주고 반 정도는 이산가족 개인이 사용할 수 있다고 하였다. 북한 당국이 받아가는 이유는 선발된 북한 이산가족을 위해 당국이 소요한 비용, 즉 양복, 와이셔츠, 넥타이, 모자, 구두, 남한 가족에게 줄 선물, 평양에서 집결하여 지불할 호텔 체류비 등을 감당하기 때문이었다.

남북 이산가족 행사에 부담을 느끼는 북한 당국

제1차 이산가족 방문 행사를 끝내고 충격을 받은 북한은 제2차 방문 행사(2000.11.30~12.2)부터 행태가 좀 바뀌었다. 북한 이산가족 방문단이 김포공항에 도착해서 서울 숙소인 잠실 롯데호텔(제1차 때는 쉐라톤워커힐호텔)로 가기 위해 수송편은 한강변 도로를 타는데 제1차 때와는 달리 이동하는 버스의 창문 커튼을 모두 가리고 '김일성장군의 노래' 등 북한 노래를 부르면서 호텔까지 왔다. 한강변 주변의 높은 아파트 건물 등 남한의 경제 발전상을 못 보게 버스 창문 커튼을 닫았고, 북한 노래를 계속 부르게 한 것은 마음이 흔들리지 않게 사상 무장을 강화시키고자 하는 고육지책인 것 같았다. 단체 식사 시간이 되자 식사 중간 쯤 갑자기 북한의 이산가족 중 한 사람이 행사장 앞쪽의 연단으로 나갔다. 그 사람은 연단에 나가서 이렇게 남북 이산가족들이 뜻깊게 만나는 날에 그냥 식사만 할 수 있느냐면서 자기가 축하 서사시를 지어 왔는데 한 번 낭독해보겠다고 하였다. 그리고 장문의 서사시를 읽어 내려가는데 두루마리를 내려가면서 8~9분 정도 걸리는 것 같았는데 결론은 이 모든 것이 김정일 장군님의 배려로 이루어진 것으로 충성을 서약하는 시였다. 이러한 해프닝으로 남북한 당국의 실무자 간에 충돌이 있었다. 남북한 행사에는 사전에 합의된 사항 외에는 할 수가 없고 상대편의 안내에 따르도록 되어 있었다. 이후 제3차 방문 행사(2001.2.26~28)때도 동일하게 단체 식사 때 유사한 행위를 하기 위해 북한의 이산가족 중 한 사람이 연단으로 나오기에 우리 측이 막아 제지하였다. 연단에서 시 낭독을 하기 시작하면 바로 북한 이산가족들이 각 테이블별로 동시에 남한 측 사람들과 손을 잡고 일어나서 덩실덩실 춤을 추면서 노래를 하도록 사전에 각본이 되어 있었던 모양이었다. 앞에 나간 북한 측 이산가족이 저지되었음에도 불구하고 테이블별로 북한 사람들이 식사 도중에 남한 사람들을 손으로 잡고 일으켜 세우려고 하였다. 우리 측 사람들이 감을 잡고 북한 사람들에게 식사 중이라는 걸 환기시키며 도로 좌석에 앉게 하였다. 순간 분위기가 어색했고 북한 당국의 계획대로 되지 못했다. 또 북한 이산가족이 김일성화를 우리 가족들에게 전달해 주는 일도 있었다. 그만큼 북한 당국은 남북 이산가족 교환 방문 행사에 상당한 정치적 부담을 느끼고 있는 것을 반증하는 사례라고 생각한다.

제3차 행사가 끝나고 나서 북한은 9.11 테러로 남한 정세가 불안하다면서 금강산에서 이산가족 상봉 행사를 하자고 제의하였다. 금강산이 민족의 명산이고 이산가족들이 편안하게 상봉할 수 있는 장소라는 점을 부각시켰다. 금강산에서만 상봉 행사를 하는 것은 남북 간 합의 사항 위반이고, 고령의 이산가족은 우리 지역인 강원도 고성까지 가서 하루를 숙박하고 또 북한 지역으로 가고 다시 우리 지역으로 오는 것이 건강상 무리가 있어 적절하지 못한 점이 있었다. 이 점을 고려하여 우리는 당초 합의대로 남북한 교환 방문 방식으로 하자고 제의했는데 북한은 이산가족 상봉 행사를 못하겠다고 끝까지 고집하여 할 수 없이 제4차 행사부터는 금강산에서 진행하였다. 대안으로 우리 측은 북한 금강산에 이산가족 면회소를 설치하여 상시 이산가족 상봉이 이루어지게 해야 하고 남한에도 서쪽 지역에 이산가족 면회소를 설치하여 남북 이산가족이 거주하는 지역에 따라 편리하게 남한에서든 북한에서든 만남을 갖자고 제의하였다. 이러한 제안에 대해 북한은 훗날 남북 관계가 좋아지면 남한 쪽에도 이산가족 면회소를 설치해 보자고 구두로 동조하면서 금강산에서의 상봉 행사만 고집해 금강산 상봉 행사가 계속 진행되었다. 필자의 개인적인 판단에는 남한 방문 행사로 북한의 이산가족들이 남한의 발전상을 목격하는 등 여타의 사실로 정신적 충격을 받아 북한의 정치적 부담은 커져가고 이에 따라 북한 당국으로서는 남북한 교환 방문 행사를 계속 지속할 수 없는 다급함이 있었다. 그만큼 북한 체제는 겉으로 내비치는 것과는 달리 견고하지 않다는 반증이기도 하였다.

북한 당국이 남북 이산가족 행사를 지속한 이유

북한이 정치적 부담을 느껴가면서 남북 이산가족 행사를 계속한 이유를 분석해 보기로 한다. 남북장관급회담이나 남북적십자회담을 할 때 우리는 이산가족문제는 인도주의적인 문제이고 고령의 이산가족에게는 시한이 있는 절박한 문제이므로 하루빨리 전면적인 교류 재개를 요청하였다. 북한은 언제나 이산가족 문제는 정치적인 문제이고 통일만 되면 모두 해결되는 문제라고 되풀이하면서 소극적이고 방어적인 태도를 취하였다. 그럼에도 불구하고 북한은 어려운 경제난 때문에 남한으로부터 지원을 받기 위해 이산가족 문제를 협상의 카드로 사용하였다. 사실상 우리의 대북 비료 지원과 북한의 이산가족 상봉 허용은 연계되어 있었다. 1999년부터 북한에 비료 11.5만 톤을 지원한 이후 매년 평균 비료 30만 톤을 지원하였는데 이에 대한 대가로 북한은 매년 평균 두 차례 정도의 남북 이산가족 상봉 행사를 수용한 것이다. 또한 이산가족 상봉 행사를 하면 남측 가족으로부터 북측 가족에게 전달되는 달러나 선물도 북한 경제에는 상당한 도움이 되는 수준이었다. 그리고 남한의 가족을 만난 북한 이산가족들에게 장군님의 배려로 이루어졌다면서 충성을 유도하는 측면도 있었다. 북한은 이산가족 문제를 철저히 정치·경제적으로 이용하였다. 우리의 이산가족들과 국민들은 우리가 지원하는 경제적 지원액에 비해 북한의 상응하는 조치는 매우 부족하다면서 '퍼주기' 논란이 계속되었다.

2007년 10월 노무현 대통령과 김정일 위원장 간 남북정상회담에서 '남북 관계 발전과 평화 번영을 위한 선언(10.4 선언)'을 통해 남북 간에 많은 사업을 추진하기로 합의하였다. 그 사업을 추진하기 위해서는 우리 정부가 수십조의 돈을 투입해야 했다. 당시 기준으로 14조원 규모의 돈이 소요된다고 하였다. 어마어마한 대북 지원이 예상되는 상황에서 필자는 2007.11.28~30까지 금강산에서 개최된 제9차 남북적십자회담에 대표로 참가하였다. 북한 측에는 남북장관급회담의 대표로 상시 참가했던 최성익 대표가 수석대표로 참가했다. 아마 고령이 되어 장관급회담에서는 물러나고 예우로 적십자회담 대표로 참가시킨 것 같았다. 그는 융통성이 없고 강한 태도로 일관하는 사람이라 우리 측에서 별로 호감을 갖지 않는 사람이었다. 그러나 북한 측 입장에서는 북한의 방침을 충성스럽게 관철하려는 사람이라 북한의 회담 대표로는 적격자라고 생각했을 것이다.

회담이 시작되자 북한 측이 제의한 내용은 과거의 회담 때와 다르게 상당히 확대된 규모의 이산가족 교류를 제시하였다. 과거에는 연간 평균 200명의 상봉 규모였으나 연간 500명의 상봉 규모를 제시했고, 연간 화상 상봉 숫자도 늘리고, 영상 편지 교환도 제안하였다. '10.4선언'으로 고무된 남북 관계 상황과 남측으로부터 상응하는 많은 지원을 기대하며 이산가족 교류의 확대를 제시한 것으로 판단이 되었다. 필자를 비롯한 우리 측 대표단은 북한 측을 잘 설득하면 북한 측이 제시한 것보다 더 규모를 확대할 수 있으리라는 낙관적 기대 하에 북한 측을 지속 설득하였다. 그리고 북한 측이 규모를 더 확대하도록 우리 측이 상응해서 줄 협상 카드도 갖고 있었다. 그러나 북한 측은 자기들이 물리적으로 할 수 있는 최대한이라면서 더 이상 요구하지 말고 북한 측 제안을 받아들이라는 것이었다. 최성익 수석대표(북한에서는 단장이라고 호칭)는 북한 측이 내놓을 수 있는 최대치라면서 받든지 말든지 남한 측에 달려 있으며, 남한 측에서 수용하지 않으면 내일 평양으로 올라가겠다고 최후통첩식 발언을 하였다. 협상 전술로 말하면 '최선이자 최후의 제안(Best and Final Order)', '수용 아니면 손 떼기(Take it or Leave it)', '위협과 최후통첩(Threats and Ultimatums)'이었다. 북한 측의 최후통첩식 제의라도 과거보다는 훨씬 더 이산가족 교류 규모가 확대된 것이기 때문에 우리 측은 할 수 없이 받아들여 합의문을 작성하였다. 그러나 협상의 주도권이 북한 측에 있고 우리 측이 기선을 제압당한 꼴이 되었기 때문에 필자는 씁쓸할 기분으로 남한으로 귀환하였다.

규모 확대로 합의된 이산가족 교류도 이명박 정부 들어 남북 관계가 경색되면서 실행되지 못하였다. 이명박 정부 5년 동안 이산가족 상봉 행사는 총 두 차례, 박근혜 정부 동안 총 두 차례, 문재인 정부 5년 동안 한 차례만 추진된 매우 저조한 성과였다.

이산가족 문제 해결을 위한 노력과 관심 필요

1972년 '제1차 남북 적십자 본회담'에서 이산가족 문제 해결 5개 항의 의제를 채택, 이것의 해결을 위해 노력하기로 합의했다. 그 이후 50여 년의 세월이 흘렀지만 아직까지도 이산가족 문제가 근본적으로 해결되지 못하고 있는 답답한 현실이다. 이산가족 문제는 순수한 인도주의적 문제이고 시한을 두고 있는 절박한 문제이다. 2025년 7월 말 기준으로 이산가족 정보통합센터에 등록된 이산가족 찾기 신청자는 총 134,484명인데, 이 중 약 74%인 98,981명이 사망하여 생존자는 35,503명이다. 몹시도 안타까운 상황이다. 북한 측이 이산가족 문제를 정치적인 문제가 아니라 천륜에 바탕을 둔 인도주의적인 문제로 받아들이는 본질적인 인식의 변화가 없는 한 가까운 시일 내에 이산가족 문제의 획기적인 해결은 어려운 것이 사실이다. 그리고 우리 사회에서도 과거보다는 이산가족 문제에 대한 관심도가 저하되어 있다. 다행히 이산가족 문제에 대한 사회적 관심도를 제고하고 고령의 이산가족들을 위로하기 위하여 '이산가족의 날'을 국가기념일로 제정해 시행하고 있다. 고무적인 일이다. 한편 남북 이산가족 문제를 인도주의적 관점에서 북한의 선의에 의존하는 것이 아니라 '가족 보호의 권리'(세계인권선언 제16조, 전시에 있어서 제네바협약 제25조, 추가 제네바협약 제1의정서 제74조, UN인권위원회 국내 실향 문제 처리 지침)로서 국제 사회의 보편적 권리 요구 차원에서 이산가족 문제를 해결하는 노력에 대해 북한이 마이동풍으로 대하고 있어 출구가 없는 실정이다. 그럼에도 불구하고 이산가족 문제는 천륜의, 인도주의의 문제이고 '가족 보호의 권리'일 뿐 아니라 시한을 둔 절박한 문제이므로 우리 정부를 비롯하여 국민 모두가 남의 일로 간주하지 말고 관심을 집중하여 해결하고자 하는 노력을 지속적으로 해야 한다.

남북고위급회담, 합의 사항 이행의 무산

필자가 1991년 중반 교류협력국에서 민간 차원의 남북 교류협력 업무를 담당할 당시 전후로 남북 당국 차원에서는 쌍방 총리가 수석대표인 남북고위급회담이 진행되고 있었다. 우리 측에서는 강영훈 총리(4차부터 정원식 총리로 교체), 북한 측에서는 연형묵 총리가 수석대표(북한 측에서는 '단장'으로 호칭)로 하여 남북한이 각기 7명씩의 대표단을 구성하였다. 제1차 남북고위급회담 대표단을 보면 우리 측에서는 강영훈 총리, 홍성철 통일원 장관, 정호근 합참의장, 김종휘 외교안보 수석, 이진설 경제기획원 차관, 이병용 국가안전기획부장 특보, 임동원 외교안보연구원장이었고, 북한 측에서는 연형묵 총리, 김광진 인민무력부 부부장, 안병수(경호) 조평통 서기국장, 백남준(남순) 정무원 참사실장, 김정우 정무원 대외경제사업부 부부장, 최우진 외교부 순회대사, 김영철 인민군 소장(우리의 준장 계급에 해당)이었다. 대표단 구성 내용을 보면 정치, 외교, 통일, 군사, 경제 분야 등 국정 전반의 책임 있는 고위 관리들이 모두 참가하였다. 다만 북한 측에서는 군부에서 우리보다 1명 많은 2명으로 구성되었다. 그만큼 군사 분야를 중시한다는 의미로 해석할 수 있다. 남북한 모두 행정을 책임지고 있는 매머드급 고위급 당국 인사들이 남북 관계와 한반도 미래를 위해 회담을 진행하고 있으니 회담의 향방에 대해 대내외로 높은 관심하에 주목을 받고 있었다.

'남북기본합의서'와 '한반도 비핵화 공동선언'의 채택

1989년 2월 남북고위급회담 예비회담이 시작되어 거의 1년 반 동안 본회담의 명칭, 의제, 회담 형식, 대표단 구성 등을 협의하는 8차례의 예비회담을 거친 후 본회담인 남북고위급회담 제1차 회담이 1990년 9월 4일부터 7일까지 서울에서 개최되었다. 회담 의제는 '남북 간의 정치·군사적 대결 상태 해소와 다각적인 교류협력 실시 문제'였다. 1차 본회담에서 3차 본회담(2차: 1990.10.16~19 평양, 3차 : 1990.12.11~14 서울)까지는 남북 쌍방이 서로의 기본 입장을 탐색·조정하는데 시간을 보냈다. 제4차 본 회담은 1991.2.25~28까지 평양에서 개최될 예정이었으나 북한 측이 팀 스피리트 훈련 중단, 불법 방북자 석방, 국가보안법 철폐 등 전제조건과 우리 지역의 콜레라 발생 등을 이유로 계속 연기하다가 1991.10.22~25 평양에서 개최되었다. 이때부터 북한 측은 회담 의제와 관련하여 적극성을 보이기 시작하였다. 그리고 1991.12.10~13 서울에서 개최된 제5차 본회담에서 갑자기 합의서 타결을 적극 시도하였다. 북한 측은 김일성 주석으로부터 제5차 본회담에서 합의서를 타결하도록 지시를 받았다고 우리 측에 전달했다. 또한 북한 측 대표는 평양으로부터 조속한 타결의 훈령을 받았는지 12월 11일 새벽 1시~2시 사이에 심야 비공식 협상을 요청하였다. 평화 문제, 불가침 문제 등 주요 쟁점 사항을 우리 측에 많이 양보하면서 합의서 타결을 추진하였다. 제5차 본회담에서 두 차례의 대표접촉을 거쳐 '남북 사이의 화해와 불가침 및 교류·협력에 관한 합의서'(약칭 '남북기본합의서')에 서명하고 정식으로 채택하였다. 그리고 북핵 문제 협상도 진전이 있어 1991.12.31에 '한반도의 비핵화에 관한 공동선언'이 채택되었다. 이와 같이 채택된 두 합의서는 남북 쌍방의 내부 발효 절차를 거쳐 1992.2.18~21 평양에서 개최된 제6차 본회담에서 2월 19일에 서로 문본을 교환함으로써 정식으로 발효되었다. '남북기본합의서'와 '한반도 비핵화 공동선언'이 발효되자 대대적으로 언론에 보도되고 모두들 '통일의 장전'이 탄생되었다면서 매우 감격스러워했다. 국민들 대부분은 앞으로 '남북기본합의서'와 '한반도 비핵화 공동선언'대로 차질 없이 실천되면 빠른 속도로 남북 관계가 진전되고 평화가 정착되며 궁극적으로는 우리 시대에 통일한국을 볼 수 있을 것이라는 희망에 부풀었다.

북한, 남북회담 중단 선언

두 합의서의 내용을 차질 없이 추진하기 위한 후속 회담이 연속적으로 열렸다. '남북기본합의서'를 실천하기 위한 제7차 남북고위급회담(1992.5.5~8, 서울), 제8차 남북고위급회담(1992.9.16~17, 평양)과 산하의 '남북정치분과위원회', '남북군사분과위원회'와 '남북교류·협력분과위원회'가 연이어 개최되었다. 또한 분과위원회의 산하 이행기구로 '남북화해공동위원회', '남북군사공동위원회', '남북경제교류·협력공동위원회'와 '남북사회문화교류·협력공동위원회'를 두기로 하였다. 그리고 '한반도 비핵화 공동선언'을 실천하기 위한 '남북핵통제공동위원회'가 9차례 열렸고 수차례의 위원장과 위원 접촉이 있었다. 제8차 본회담에서 제9차 본회담을 1992.12.21~24 서울에서 개최하기로 합의하였으나 북한 측이 팀 스피리트 훈련 재개를 문제 삼아 제9차 본회담 중단을 선언하였다. 아울러 11월에 개최하기로 합의한 4개 공동위원회 개최도 중단하였다. 당시 제8차 본회담 이후 10월 6일 '남한 조선노동당 사건'이 터지고, 10월 8일 한미 연례 안보회의에서 남북 상호 핵사찰이 없는 한 '93년 팀 스피리트 훈련의 준비조치를 계속하겠다고 발표하였다. 이와 같은 상황이 발생하자 북한 측은 예정된 모든 남북회담에 불참하였다. '93 팀 스피리트 훈련의 실시가 확실해지자 1993년 1월 29일 남북 간의 모든 회담을 중단한다고 선언하였다. 이어서 김영삼 정부가 출범한 후 북한이 1993년 3월 12일 NPT(핵확산금지조약)의 탈퇴를 선언하여 제1차 북핵 위기가 발생함으로써 '남북기본합의서'와 '한반도 비핵화 공동선언'은 어느 것도 실천되지 못하고 사문화되는 결과를 초래하였다.

필자는 1990년 10월 3일 동서독의 통일을 목격하였다. 당시 우리는 민간 차원의 남북 교류협력이 활발히 점진적으로 진행되고 있었고 당국 차원에서는 남북고위급회담을 통해 역사적인 두 합의서가 탄생되었으니 우리 민족도 언젠가 통일하는 날을 맞이할 수 있겠구나 하고 희망적인 생각을 했었다. 이러한 것 때문에 필자는 담당하고 있는 민간 차원의 남북 교류협력 업무에 더욱 더 보람을 느꼈다. 그러나 정권이 바뀌고 상황이 예측과 달리 전개되면서 남북 관계와 통일 문제에 미치는 다양한 요인들을 검토하는 계기가 되었다. 그 이후 남북고위급회담에 참여한 분들의 저서나 언급을 통해 좀 더 구체적인 사정도 알게 되고 전문가들의 분석 자료도 두루 보았다.

'남북기본합의서'가 이행되지 않은 이유

북한이 남북기본합의서를 이행하지 않은 이유에 대해서 대체로 두 갈래로 의견이 나누어졌다. 하나는 북한이 남북고위급회담을 하고 남북기본합의서를 채택한 것은 1990년 전후에 전개된 불리한 대내외 정세로 체제 위기를 느껴 체제 방어적인 입장에서 애초부터 수단적인 것에 불과했다는 것이다. 당시 동구권에서 탈공산주의 민주화혁명 확산(1989.8~1990.6), 베를린장벽 붕괴(1989.11.9), 루마니아 유혈혁명으로 차우세스크 대통령 처형(1989.12), 몰타 미·소 정상회담에서 '냉전 종식' 선언(1989.12)이 있었다. 이어서 구소련에서 공산당 일당 독재 폐기 및 복수 정당제 채택(1990.2), 한·소수교(1990.9), 독일 통일(1990.10.3), 한·중 무역대표부 설치(1990.10, 그 후 1992.8 한·중 수교) 등 국제 질서가 북한에 매우 불리한 방향으로 급격하게 변화되었다. 체제위기 의식을 느낀 북한이 일단 남북고위급회담을 진행시키면서 사태 진전을 지켜보는 수단으로 활용했다. 따라서 북한 측이 남북고위급회담을 통해 체제 방어를 위한 시간을 벌고, 남북기본합의서 채택을 통해 남북한 공존과 불가침을 약속받아 본래의 체제방어를 위한 목적을 성공적으로 달성했기 때문에 더 이상의 이행에는 관심이 없었다. 또한 북한의 체제 유지를 위해 미국으로부터 체제 보장을 받는 한편 일본으로부터도 식민지 배상금을 받기 위해 '남북기본합의서'와 '한반도 비핵화 공동선언'을 미국과 일본으로 접근하기 위한 통로로 이용한 것이었다. 최종적으로는 미국·일본과의 교섭이 실패로 끝났기 때문에 남북한 간의 합의의 이행은 의미가 없었다. 그리고 남북기본합의서대로 이행되면 북한 체제에 미치는 부정적 영향이 매우 크기 때문에 그 이행에 소극적일 수밖에 없다는 것이다.

남북고위급회담에 참가한 분들의 전언에 따르면 북한이 남북고위급회담에서 달성하려는 핵심 목표는 '불가침'이다. 남한으로부터 '불가침'을 약속 받고 미국으로부터 '평화협정'을 받아내면 북한 체제 보장은 확보된다는 것이다. 따라서 북한은 이러한 입장을 남북고위급회담에서 여러 차례 밝혔고 궁극적으로 주한 미군 철수도 목표로 했다. 서울에서 개최된 제5차 남북고위급회담에서 '남북기본합의서'가 채택된 후 북한의 대표단 중 핵심 인원 9명은 개성에서 김일성 주석이 보낸 헬리콥터 편으로 평양 주석궁으로 바로 가 김일성 주석의 환대를 받았다고 전해졌다. 이때 김일성은 '남북기본합의서'에 대해 "이 문서는 천군만마보다 위력이 있다. 이로써 적들의 발목을 잡았다"고 언급했다고 한다. 북한은 이 문서가 앞으로 남한에 먹히지 않는 이제는 살았다는 안도의 의미라고 해석할 수 있다. 또한 남북기본합의서 채택 이후 남북군사분과위원회에 참가한 북한 측 인사는 "이 합의문은 당신들(남한) 것이지 남북 공동합의서가 아니다"라는 식으로 말했는데, 이러한 발언은 결국 남북합의서를 이행할 의지가 없는 것이었다.

이와 상반되는 의견은 북한 측이 '남북기본합의서'대로 추진하려고 했으나 그들이 원치 않는 상황이 조성되어 결국에는 추진할 수 없게 되었다는 것이다. 북한 측의 기본 입장이 아니라 외부 발생 요인으로 그렇게 되었다는 것이다. 북한 측은 1990년대 전후 대내외 정세로 체제 위기감을 강하게 느끼고 있었다. 남한과 불가침을 확보하고 미국하고는 북·미 수교, 평화협정을 맺어 제도적으로 체제 보장을 확실히 받으려고 했다. 그리고 당면해서는 남한과 미국이 병력과 군사 장비를 한반도에 집결해서 대규모 합동 군사 훈련을 하는 팀 스피리트 훈련을 두려워했고 이것의 중단을 절실하게 원했다는 것이다. 남한 측에서는 방어 훈련이라고 하지만 방어 훈련이 갑자기 공격으로 바뀔 수도 있기 때문에 안보 불안을 느끼는 북한 입장에서는 전군 대비 태세에 돌입할 수밖에 없었다. 그리고 이 상황하에서는 평양이 1년 동안 사용할 규모의 기름을 소모하게 된다. 이런 이유로 한미 합동 팀 스피리트 훈련을 중단해 달라는 것이다.

우리 측이 '남북기본합의서' 채택과 북핵 문제 해결을 위한 유인책으로 '92 팀 스피리트 훈련을 중단했는데 '93 팀 스피리트 훈련이 재개되는 것을 보고 북한 측은 군사적 신뢰를 할 수 없다고 판단하여 '남북기본합의서'를 이행하지 않게 되었다는 것이다. '93 팀 스피리트 훈련의 재개가 중단의 이유이며 따라서 동 훈련이 '93년에도 '92년처럼 계속 중단되었다면 '남북기본합의서'는 이행되었을 것으로 본다는 것이다. 또한 북한 측은 당시 어려운 경제난 극복을 위해 '남북기본합의서'틀에 따라 남한과 적극적인 경제 협력을 시도하려 했고 김달현 부총리 등 경제 시찰단을 남한에 보내 남북 경협 프로젝트를 추진하려고 했다는 것이다. 그러나 이것이 별 성과가 없어 실망하게 되고 북한의 실용파가 추방되는 결과를 초래하여 남한으로부터 기대를 접었다는 것이다. 그리고 김용순 비서를 미국에 보내 캔터 국무차관에게 북·미 수교를 요청하였으나 이것도 실현되지 못하였다. 일본으로부터의 식민지 배상금 확보도 어려워지자 궁극적인 목표가 실현되지 못하는 상황에서 '남북기본합의서'를 이행할 이유가 없어졌다. 국내 정치적 시각에서 본 분석은 당시 노태우 정권의 말기라 정국 장악력도 약화되고 정권 재창출이라는 국내 정치가 최우선 관심사이기 때문에 보수화되고 남북관계 추진력이 떨어졌다는 것이다. '남한 조선노동당 사건'과 '93 팀 스피리트 훈련 재개 발표가 이루어졌고 이로 인해 남북 관계가 경색되었다는 것이다. '93년 초 제1차 북핵 위기가 발생하면서 북핵 문제를 중심으로 새로운 남북 관계 국면이 전개되었다는 것이다.

북한의 협상 의도 파악이 중요

'남북기본합의서'와 '한반도 비핵화 공동선언'이 중단된 이유에 관한 위의 두 의견은 나름대로 충분히 고려해 볼 만 한 논거를 제공한다. 하지만 북한 측이 남북고위급회담에서 '남북기본합의서'와 '한반도 비핵화 공동선언'을 채택한 것은 '90년 전후에 전개된 불리한 대내외 정세를 맞아 심각한 체제 위기를 느끼고, 체제 방어를 위한 돌파구를 마련하기 위한 것이다. 사실상 북한 체제를 보장받는 것이 핵심 목표인 것이다. 북한 측은 종래의 공격적인 대남 공세에서 '88년 신년사를 통해 수세적으로 바뀌게 된다. 김일성은 "조국 통일 문제는 누가 누구를 먹거나 누구에게 먹히는 문제가 아니고 일방이 타방을 압도하고 우세를 차지하는 문제도 아니다"라고 발언하면서, "북과 남이 서로 상대방의 존재를 인정하는 기초위에서" 통일을 해야 한다면서 남북공존의 필요성을 언급하였다. 그 이후 김일성은 "제도 통일(하나의 체제로 통일하는 것을 말함)은 후계 세대에게 맡겨야 한다"고 하면서 "적화통일이나 승공통일의 생각은 서로 버려야 한다"고 강조하였다. 그리고 그해 11월 이근모 정무원 총리 명의로 단계적 미군 철수, 남북 군축, 대규모 군사 연습 중지, 상호 비방·중상 중지, 다방면적 합작·교류 실현 등 포괄적 평화 방안을 제시하면서 북남고위급 정치·군사회담을 남한 측에 제의하였다. 이것이 시발이 되어 우리 측이 호응하여 '남북고위급회담'으로 발전하였다.

필자는 박사 논문「탈냉전시대 북한의 협상행태에 관한 연구」(1998.2)를 작성하면서 북한의 협상사례 중 하나인 남북고위급회담을 검토한 적이 있다. 남북고위급회담에 나타난 북한의 협상전략·전술에 대한 필자의 분석은 북한의 당시 입장을 이해하는데 도움이 될 것 같아 소개하기로 한다. 북한이 남북고위급회담을 4년 간 지루하게 끌어온 것은 1980년대 후반부터 대내외적으로 그들에게 불리한 상황이 급진전되자 체제 위기 의식을 느끼고 위기를 모면하기 위한 방편으로 회담 자체를 다목적으로 이용한 것이다. 북한은 급속하게 변화하는 대외 상황을 주시하면서 남북고위급회담을 상황 진전에 맞추어 속도를 조절해 나가는 한편 체제 방어 목적으로 적절히 활용하였다. 따라서 북한은 남북고위급회담을 대내적으로는 체제 결속 및 최고 권력자의 통치 수단으로 대외적으로는 체제 방어 및 체제 위기 돌파구 수단으로 활용하였다. 대남 전략으로는 평화 공존 및 실리 추구와 병행하여 대남 통일전선 전술 수단으로 수행하였다. 숨은 목적 및 부수 효과를 노린 목적이 있는 의사 협상(협상 목적과 협상 의제가 다르고 다른 숨은 목적을 달성하기 위해서 협상을 전개하는 위장 협상으로서 합의 도출에 관심이 없거나 합의 사항을 이행하려고 하지 않는 협상) 행태와 정치회담으로서의 진의 협상(협상 목적과 협상 의제가 같고 쌍방 간 갈등을 조정한 합의 사항을 성실히 이행하는 협상) 행태가 병행되어 나타났다. 그러나 4년간 끌어 온 회담에서 합의된 '남북기본합의서', '한반도 비핵화 공동선언', '남북기본합의서 이행을 위한 부속합의서' 내용의 실천에는 전혀 관심을 보이지 않으면서 합의서 채택 자체를 선전하는 선에서 그쳤다. 이의 실천을 위한 '이행 기구'의

가동을 전면 거부하였다는 점에서 남북고위급회담은 의사(위장) 협상 행태적 성격이 더 강하다고 본다.

이와 같은 북한의 의사 협상 행태를 보면서 협상에서 신뢰에 바탕을 두고 합의된 사항을 준수하는 정상적인 국가 간의 성실한 태도를 북한 측으로부터 온전히 바라는 것은 과도한 기대이다. 북한은 자기가 바라는 목표(이익)를 추구할 수 있느냐의 여부에 따라 합의 사항을 준수하기도 하고 때로는 일방적으로 파기할 수 있다는 것을 우리는 알아야 한다. 앞으로 북한과 협상할 때는 진의 협상인지 아니면 의사(위장) 협상인지의 북한의 숨은 의도를 제대로 파악하여 현명한 대처를 하여야 한다.

북한의 협상 행태

필자가 1985~86년 2년 동안 유학한 미국 조지아대학(University of Georgia)에서 석사 학위를 받게 될 즈음 지도교수와 동료 대학원생들이 조지아대학에서 더 머물러 박사 학위를 계속하라고 지속적으로 권유하였다. 조지아대학은 쿼터제(Quarter System:1년에 4학기제, Semester System:1년에 2학기제)로 운영되는 학교였는데 필자는 summer school 까지 수업을 줄곧 수강해서 1년에 4학기 수업을 들었다. 2년 동안 그렇게 했기 때문에 학점을 비교적 많이 취득했다. 넉넉하게 1년 정도 학점을 더 취득하면 박사 과정 학점은 이수할 수 있었다. 그러나 필자는 원래부터 대학에서 학문을 연구하는 교수직을 생각해 본 적이 없었고 필자가 평생 하고자 하는 것은 정부에서 실천적 일을 하는 공직이었다. 상아탑에 있기보다는 정책을 수립하고 이를 직접 실행하는 현장에 보다 관심이 많았다. 그리고 오로지 공직자로서 맡은 업무를 잘 하기 위한 전문성을 높이기 위해 필요한 공부를 한다는 것이었다. 석사 학위를 받고 미련 없이 귀국하여 국토통일원으로 복귀하였다. 그리고 격동하는 통일 환경에 따라 정신없이 업무에 매진하였다. 그러다가 시간이 지나면서 평소 가까운 지인들이 통일 업무를 심화시킬 박사 과정을 반드시 이수하라고 강권하였다. 여러 지인들의 강권과 스스로의 판단이 작용하여 박사 과정을 할 만한 대학을 물색하였다. 모 대학교에서 장학금을 제공하는 좋은 조건을 제시했는데 최종적으로 인간적인 인연 때문(자세한 내용은 밝히기가 곤란)에 1994년 후기에 단국대학교 정치외교학과 박사 과정에 입학했다.

공산주의자들은 어떻게 협상하는가?

필자는 박사 과정에 들어갔지만 여전히 학문을 위한 공부보다는 통일 업무에 도움이 되는 공부를 해야겠다고 생각하였다. 직접 남북고위급회담에 참여하지는 않았지만 동 회담에 참여한 대표단의 활약 모습이 부럽기도 하고 간접적으로 남북고위급회담 과정과 남북 간 쟁점들을 살펴보면서 필자는 통일 업무에서 남북회담 업무가 중요하다고 생각했다. 앞으로 언젠가 필자도 남북회담 업무를 맡게 될 수 있으니 미래 준비 차원에서 박사 논문을 북한의 협상에 관해서 작성하기로 마음을 굳혔다. 박사 논문의 주제는 '탈냉전시기 북한의 협상행태에 관한 연구'였다. 당시 북한의 협상에 관한 연구나 정부 자료는 거의 대부분 공산주의 협상 이론이나 공산주의 협상 전술에 바탕을 둔 것이었다, 그리고 6.25전쟁의 정전협상에 수석대표로 참석했던 조이 제독(ADMIRAL C. TURNER JOY)이 정전협상 사례를 바탕으로 저술한 「How Communists Negotiate(공산주의는 어떻게 협상하는가?)」가 고전적 기본 텍스트였다. 이 책과 정전협상에 관한 글들에서 정전협상에서 나타난 공산주의자들의 협상 행태로 유리한 협상 장소(미국이 제시한 중립적 덴마크 병원선의 선상이 아닌 공산군이 통제하고 있는 개성) 요구, 결론이 포함된 의제(38선을 군사분계선으로 설정, 모든 외국군 철수) 제시, 심리전(개성 회담장에 들어오는 유엔군차에 '항복'을 의미하는 '백기' 게양 요구), 정치 선전전, '고장 난 레코드'처럼 반복 주장 전술, 지연 전술, 속임수, 진실 왜곡, 위협 공갈 등을 소개하였다. 재미있는 에피소드도 소개했다. 예를 들면 조이 제독이 개성 회담장에 와서 회담 테이블에 앉으려고 하니 보통 의자보다 낮은 의자가 있었고 북한 측 대표 의자는 보통보다 4인치 정도 높은 의자에 앉아 자기를 아래로 내려 보도록 하였다. 이와 비슷하게 회담 테이블에 UN기 보다 북한기가 6인치 정도 높게 배치되도록 조정했다. 그리고 북한군 대표 리상조 장군은 얼굴에 파리가 기어 다녀도 놀랍게도 꼼짝도 하지 않았다. 정전협상 자료 외에 그동안 남북회담 사례를 통해 나타난 북한의 협상전략·전술에 관한 자료가 대다수였다.

필자는 북한의 협상을 연구하는데 당시 지배적인 공산주의 협상 이론, 전략·전술에만 기초하기 보다는 박사 논문이기 때문에 좀 더 객관적인 방법으로 연구해보고자 하였다. 일종의 다요인 분석 방법으로 북한의 협상 행태를 결정하는 요인으로 무엇이 있을지를 종합적으로 검토해 보기로 하였다. 그리고 상수로 작용하는 요인과 변수로 작용하는 요인을 분류하였다. 그리고 냉전 시대와 탈냉전 시대에 있었던 각각의 북한의 회담 사례 검토를 통해 탈냉전 시대에 북한의 협상 행태 상에 본질적 변화가 있는지 분석해 보았다. 탈냉전 시대에 북한은 필요에 따라 부분적으로는 유연하면서 문제 해결적 변화는 보였으나 본질적으로는 기존의 공산주의 협상전략·전술 및 북한의 협상 스타일에 있어서는 변화하지 않았다. 이와 같은 사실을 통해 우리의 대북 협상 전략의 대비책을 모색해 보았다.

협상 관련 전문 서적 탐독

필자는 박사 논문을 준비하면서 일반 협상 이론, 공산주의 협상 이론 그리고 북한의 협상 행태 등에 관한 저서, 논문, 싱크탱크의 연구보고서, 정부 내 관련 자료 등을 수집해서 우선 닥치는 대로 읽어 보았다. 일반 협상 이론을 공부하면서 Fred C. Ikle의 「How Nations Negotiate(국가 간의 협상론)」(1972), Roy J. Lewicki 외 「Negotiation」(1994), 서울대 행정대학원 이달곤 교수의 「협상론 : 협상의 구조 그리고 전략」(1995) 등 협상에 관한 책들을 섭렵하였다. 그 과정에서 필자는 협상에 관한 지식은 통일 업무에만 필요한 것이 아니라 정치, 외교, 대외 통상, 노사 문제, 사회 갈등 문제, 일상 사회생활 등 모든 분야에서 필수적으로 알아야 할 기본적인 것이라는 것을 알게 되었다. 이렇게 기본적이고 필수적인 내용인데 국내 대학에서 강좌로 개설된 곳은 그리 많지 않았다. 협상 일반 이론에 관한 서적을 보면서 사회 복지를 얘기할 때 '요람에서 무덤까지'라고 하듯이 협상 분야도 인간사에서 '요람에서 무덤까지' 협상의 연속이라는 것을 알게 되었다. 갓 태어난 어린애가 젖을 달라거나 여러 가지 이유로 우는 것도 엄마와의 협상의 시작이라는 것이다. 사람이 죽으면서 유언을 남기거나 인생을 정리해 나가는 과정에서도 여러 이해 관계자들과 협상이 이루어지는 것이다. 물론 살아생전에 수많은 협상 과정은 인식하든 않든 이루어지고 있는 것이다.

필자가 미국에서 공부했고 영어 공부도 할 겸 협상에 관한 미국 자료를 많이 구하려고 노력하였다. 의외로 협상에 관해서 미국에는 서적으로도 논문으로도 많은 자료가 있었다. 하버드대학교 케네디스쿨에서는 1993~94년 미북 핵 협상을 케이스 스터디(case study)로 해서 수업을 하고 있었다. 수강생들에게 사실에 기초하고 등장인물도 실명으로 표시한 스터디 자료를 미리 나누어 주고 숙지하도록 해서 수업 시간에 서로 토론하는 방식으로 진행하였다. 그 수업자료는 「Carrots, Sticks, and Question Marks: Negotiating the North Korean Nuclear Crisis」(당근, 채찍, 그리고 물음표: 북한 핵 위기 협상) 이었다. 이 영문 자료는 1998년에 「한반도, 운명에 관한 보고서」(서재경 옮김, 김영사)라는 제목으로 번역되어 국내에 출판되었다. 미국은 역시 세계 문제를 다루는 국가라서 외국과의 협상을 원활히 하기 위해 다른 나라의 문화적 특성에 따른 국가별 협상 행태를 다룬 연구도 많았다. 미국 의회의 재정적 지원을 받으면서도 중립적인 싱크탱크인 평화연구소(USIP: the United States Institute of Peace)에서 시리즈로 이러한 저서를 내 놓았다.

「NEGOTIATING ACROSS CULTURES」(RAYMOND COHEN, 1991)를 시발로 러시아, 중국, 북한, 일본, 독일 등의 협상 행태에 관한 저서를 발간하였다. 나라별 협상 행태에 관한 책자는 필자가 박사 논문을 완성한 이후에 나온 것들이다.

미국의 관료들은 관직을 떠난 후 정부에서의 생생한 경험을 바탕으로 저술을 하는 것이 흔한 일인 것 같았다. 북한과의 협상 사례로 미북 제네바 협상에 참여했던 로버트 갈루치 대사, 조엘 위트 국무성 외교관 등이 공저한 「Going Critical: The First Korean Nuclear Crisis(2004)」나 '제네바 합의'(1994)의 후속 조치로 북한 함경남도 신포에 건설하는 경수로발전소 공사 부지에 미국 대표로 참여한 Richard Saccone씨의 「NEGOTIATING WITH NORTH KOREA(2003)」 저서는 북한 협상을 공부하려는 연구자에게는 유익한 저서라고 생각한다.

우선 협상 일반 이론을 공부하는 과정에서 필자는 몇 가지 중요한 것을 알게 되었다. 협상과 관련된 외교 이론으로 '무사(전사) 이론'과 '상인(무역업자) 이론'이 있다. '무사 이론'은 권력 정치의 경향을 보여주는 것으로 외교란 '또 다른 어떤 수단에 의한 전쟁'이라고 볼 수 있으며, 협상의 목표는 승리이며 완전한 승리를 얻지 못한다는 것은 곧 패배를 의미하는 것이다. 따라서 zero-sum적 협상이 되는 것이다. 이에 반해 '상인 이론'은 비즈니스의 경향을 보여주는 것으로 외교란 '평화적인 상업에 대한 도움'이라고 볼 수 있으며 상대방을 패배시키기보다 상호 타협을 통해 서로 평화로운 장기적 이익을 추구하는 것이다. 따라서 non zero-sum적 협상이 되는 것이다. 이러한 이론을 통해 보면 공산 국가는 협상을 '공산 혁명을 위한 다른 수단의 하나'로 보고 zero-sum적 협상을 주로 함으로 '무사 이론'에 입각한 협상을 한다고 볼 수 있다. 민주 국가의 협상은 '상호 타협을 통한 이해관계의 조정'으로 보고 non zero-sum적 협상을 주로 함으로 '상인 이론'에 입각한 협상을 한다고 볼 수 있다.

또한 협상의 유형에는 '진의 협상'과 '의사(위장) 협상'이 있다. '진의 협상'은 협상을 갈등 해결의 수단으로 간주하여 당사자가 협상 대상이 되는 협상 의제를 협상 목적과 일치시켜 추진하는 협상 유형이다. 반면에 '의사(위장) 협상'은 가짜 협상으로 협상 의제와 협상 목적이 일치하지 않고 다른 숨은 목적을 달성하기 위해서 협상을 위한 협상을 추진하는 유형이다. 숨은 목적으로 상대방으로부터 정보를 획득하려거나, 협상을 자기 입장의 선전장으로 활용하려거나, 시간을 벌기 위한 속임수로 사용하거나, 상대방 내부를 분열시키려고 하거나 등 협상 의제 해결이 아닌 제3의 목적을 달성하기 위한 것이다. 우리가 보통 협상을 정의할 때 '둘 이상의 당사자 간에 상충하는 이해관계가 존재할 때 대화를 통해 조정하는 과정'으로 이해하는데, 이러한 정의는 '상인 이론'이나 '진의 협상'에 해당되는 것이라고 본다. 따라서 협상을 '공산 혁명을 위한 다른 수단의 하나'라고 보는 공산 국가의 협상 행태는 '무사 이론'이나 '의사(위장) 협상'에 가까운 측면이 있다.

문화적 배경과 협상 스타일

협상 스타일은 그 나라의 문화적 배경에 많은 영향을 받는다. 미국은 협상을 문제 해결의 수단으로 보기 때문에 협상을 두려워하지 않고 솔직하게 협상하며 명시적인 직설적 토론을 선호한다. 러시아는 권위주의 문화 때문에 권위적이고 융통성이 부족하다. 협상 시한에 구애됨이 없이 시간을 무한정 이용하려는 경향을 보인다. 러시아어에는 영어의 타협(compromise)에 해당하는 단어가 없어서 'give and take' 원칙이 없고 'take and take' 원칙만을 관철하려고 한다. 중국은 단기적, 임기응변적 협상이 아니라 시간적 여유를 가지고 장기적 협상을 이끈다. 중화사상으로 인해 자기 식으로 협상하려는 의도를 강하게 나타낸다. 연회장의 요리, 만리장성 관광 등 중국식 분위기 조성을 통해 은연중에 중국의 위대한 전통을 느끼게 해 심리적 위압을 준다. 손자병법처럼 다양한 전술을 구사한다. 일본은 '조화'와 '마찰의 회피'를 선호한다. 가능하면 상대방과 직접적인 논쟁을 피하기 위해서 직설적인 표시보다는 우회적인 표현을 구사한다. 장기적인 안목으로 관계를 바라보기 때문에 관계 구축의 첫 단계에서는 상당히 조심한다. 프랑스는 문화, 예술, 언어에 대한 자존심이 강하다. 상당히 보수적인 태도를 보인다. 협상의 마지막을 문서화하기 좋아한다. 이는 오랜 외교 관습과 공식성에서 온 것이다. 사우디아라비아는 이슬람의 영향을 받아 전통적인 예의범절을 좋아하고 중시한다. 조직에 의한 관계보다 개인 친분 관계가 우선된다. 사교가 중시되며 협상의 상대는 남성이고 최종 결정은 왕족에 의해 이루어진다. 이처럼 나라마다 다른 문화적 차이로 인한 협상 스타일의 특징이 있으나 이슈나 계기에 따라 다르게 나타날 수도 있다. 그리고 세계화와 문화 간 소통으로 인해 좀 달라질 수 있다. 북한도 우리와 다른 정치 문화나 지역적 특성으로 협상 스타일이 다르다고 본다.

마지막으로 협상 구조의 요소 중 협상 과정에 강한 영향을 주는 것이 있다. 그 중 '협상 시한'이다. 협상을 마쳐야 하는 시한이 빠르냐 아니면 어느 정도 시간 여유가 있느냐에 따라 협상의 결론은 달라질 수 있다. '협상 시한'이 짧을수록 초조감이 높아져서 '막판 협상'에서 양보하게 된다. 또한 협상의 이해 관계자나 시비하면서 보고 있는 사람(audience, 방청자)이 많은 경우와 그렇지 않은 경우에도 협상 대표에 미치는 심리적 영향에 차이가 난다. 남북한을 비교하면 남한은 협상 시한이 상대적으로 북한보다 짧고, 정부, 국회, 언론, 전문가 등 방청자가 북한보다 상대적으로 많아 협상 대표의 심리적 부담이 크다고 할 수 있다.

다양한 협상 전술

협상 전략과 전술도 검토해보니 매우 다양했다. 특히 협상 전술은 매우 많았다. David Churchman은 그의 저서에서 51가지의 다양한 협상 전술을 소개하였다. 자세한 소개는 지면 제약으로 인해 몇 가지만 소개한다. 'Bad Guy/Good Guy(악인/호인)'는 우리 측 협상팀 중 한 사람은 나쁜 역할, 다른 사람은 좋은 역할을 하면서 협상을 하는 전술이다. 'Boulwarism'은 처음이자 마지막 제안으로 어떤 양보도 허용하지 않는 전술이다. 'Salami Slicing'은 짜고 마늘이 들어있는 이태리 소시지를 얇게 자르는 방법에서 따온 것으로 양보를 아주 작게 나누어 조금씩 하는 전술을 말한다. 북한이 흔히 사용하는 전술이다. 'Straw man(허수아비)'은 관심이 없는 문제를 제기하거나 장기간 이를 옹호하는 발언을 하고 결국에는 이를 포기하는 대신 상대방으로부터 실제로 중요한 양보를 얻어내는 전술이다. 'Preconditions(전제 조건)'은 협상이 시작되기 전부터 이득을 챙기기 위한 노력으로 전제 조건을 제시하는데 북한이 항상 자주 사용하는 전술이다. David Churchman이 소개하지 않았지만 북한이 핵협상에서 많이 사용했던 'Brinkmanship diplomacy(벼랑끝 외교)'등 위기 조성 전술도 있다. 고도의 위기감을 의도적으로 조성해 상대방으로부터 양보를 얻어내려는 전술이다.

북한의 협상 행태에 관한 연구 시각들

일반 협상 이론을 공부한 후 본격적으로 북한의 협상 행태에 관한 국내의 기존 연구들을 검토했는데(literature review) 대체로 4가지 방법으로 접근하고 있었다.

첫째, 국내에서 가장 많이 사용해 온 것으로 공산국가 협상 이론이나 공산국가 협상 스타일에 입각한 연구 방법이다. 북한의 협상 행위는 한반도 공산 혁명을 위한 정치적·전술적 수단으로 사용된다는 것이다. 그 행태는 투쟁적·공격적이며 비타협적인 zero-sum적인 특징을 보인다. 협상 목적이 외형상 협상 의제의 타결보다 숨은 목적의 획득에 치중하는 위장 협상 행태를 보인다. 북한의 협상 행태는 북한 공산 정권 초기에 정권의 수립과 유지에 결정적 역할을 해준 구소련과 중공의 영향력 때문에 이들 공산국가의 협상 스타일을 많이 닮고 있다는 것이다. 원칙 합의를 고집하거나, 강탈적 요구를 제시하여 상대방의 양보를 유도하거나, 계속적인 반복 제의를 하거나, 정치 선전에 치중하거나, 지연 전술, 책임전가 전술을 사용하는 것이 그 예이다.

둘째, 서구에서 고안된 협상 이론인 '비대칭적 협상 이론', '예기 이론', '게임이론' 등의 적용이다. 비대칭적 협상 이론(William Mark Habeeb의 이론)을 미북 핵협상에 적용한 연구에 의하면 약소국이라도 강대국에 비해 '총체적 힘(aggregate power)'은 열세이지만 '이슈 구체적 힘(issue-specific power)'이 우세하다면 협상에서 이길 수 있다는 것이다. 북한의 협상 행태는 '이슈 구체적 힘'을 총력적으로 구사하기 때문에 핵 협상에서 미국을 이길 수 있다. 여기서 '이슈 구체적 힘'은 '대안(alternative)', '의지(commitment)' 그리고 '통제력(control)'으로 구성되는데 북한은 정치 체제상 '이슈 구체적 힘'이 훨씬 강하며 북한은 사활적으로 덤빈다.

셋째, 문화적 접근 방법이다. 북한 주민의 결핵 치료 및 퇴치를 위해 대북 NGO활동을 하는 유진벨 대표인 미국인 린튼(Stephen W. Linton)씨에 의하면 북한의 전통적인 유교문화 때문에 인간관계, 체면(face-saving) 등을 중시한다. 그리고 권위주의 정치 문화는 북한의 협상 대표로 하여금 상부 권력자의 지시를 대변인처럼 충실히 따르는 경직적인 태도를 나타낸다.

넷째, 북한의 협상 행태를 체계화하여 고안한 북한 협상 모델을 적용한 것이다. 황진환의 연구(『북한 핵협상 전략의 동태적 분석과 대응정책 방향』, 1995)에 의하면 북한의 협상방식은 '흥정 모드(bargaining mode)', '거부 모드(blocking mode)' 및 '급진전 모드(breakthrough mode)'로 구분되고 각 모드별로 특징적인 협상전략·전술을 보인다. 협상의 전략에 국한해서 본다면 흥정 모드의 경우는 최초 협상 단계에서 '주도권 확보 전략', 협상 과정에서는 '최소양보·최다실리 전략', 합의 과정에서는 '합의의 폐해 최소화 전략'을 구사한다. 거부 모드의 경우에는 '직접 거부 전략' 또는 '간접 거부 전략'을 구사하며, 급진전 모드의 경우에는 '상대방 협상타결 의지 고무 전략'을 펼친다.

북한의 협상 행태

필자는 박사 논문 작성을 위해 공부하면서 얻은 지식, 그 이후 정부에서 북한과의 다양한 회담에서 겪은 경험, 그리고 북한과의 다양한 협상 경험자의 저술 등을 종합해 볼 때 필자 나름대로 종합적인 견해를 갖게 되었다.

첫째, 북한의 협상관은 이해관계가 충돌하는 문제가 발생했을 때 서구 사회의 '타협과 양보를 통한 이해관계의 조정과 이의 이행'이라는 일반론적 협상관이 아니라 공산 사회의 '혁명을 위한 다른 수단의 투쟁', 또는 '다른 목적을 위한 하나의 수단'이라는 특수 협상관을 갖고 있다는 것이다. 따라서 서구사회는, 물론 부수효과를 노린 협상이 없는 것은 아니지만 대체로 진의협상인 반면에 북한은 대체로 의사(위장)협상이 많다. 북한은 대화와 협상은 통일이라는 궁극적 목적에 충실해야 한다고 주장하고 있다.(「민족통일론의 새로운 전개」, 평양출판사, 1991). 또한 김일성은 "대화건 협상이건 ... 혁명의 적극적인 지류적 공격형태"(김부성, 「내가 판 땅굴」, 1976)라면서 진행되는 남북대화로 사상적 이완이 되어서는 안 된다고 강조하였다. 물론 북한도 경제적인 실리를 추구하거나 꼭 필요하다고 생각할 때는 진의협상을 할 때도 있지만 목표가 달성되면 언제든지 본래의 모습으로 돌아간다.

둘째, 북한의 협상관이 이처럼 목적을 달성하기 위한 수단에 불과하기 때문에 위협·협박, 위기 조성, 강탈적 요구, 속임수, 합의 사항 불이행 등 비합리적인 방법을 스스럼없이 사용한다. 원래 협상이란 대화와 타협이라는 평화적, 신사적 방식이기 때문에 정보 제공, 토론, 대안 제시, 설득, 공동 평가 등 합리적인 방법을 사용하는 것이 원칙이다. 그러나 북한은 기본적으로 협상관이 다르기 때문에 목적을 달성하기 위해서는 합리적이든 비합리적이든 모든 수단을 사용하는 것이다.

셋째, 북한은 당초 숨은 목적을 달성하기 위해서 회담 개시 이전부터 회담이 끝난 이후까지 다양한 협상 전략과 전술을 사용하고 있다. 북한은 기본적으로 회담 시작 전부터 자기가 주도해서 회담을 끌고 가서 목표를 달성하려고 한다. 회담 과정에서 다양한 전술로 상대방을 제어하려고 하며 회담이 무산될 때는 항상 상대방에게 책임 전가한다. 회담 종결 이후에도 북한 측에 불리한 합의사항이 있으면 이를 이행하지 않는 행태를 보이고 있다. 단계별로 자주 나타나는 북한의 협상 전술을 살펴보면 다음과 같다. 협상 전 단계에서는 북한에게 유리한 협상 환경과 의제 조성 시도를 한다. 초기 단계에서는 선 제의나 기습 제안 등 기선 제압으로 주도권 확보 시도, 선 원칙 합의 요구, 전제 조건 제시, 포괄적 의제 제시 등을 한다. 진행 단계에서는 시간 끌기, 동일 주장 반복, 새로운 의제 추가 제시, 다양한 압력 수단 동원, 협상 카드 세분화, 벼랑 끝 전술, 협상의 일방적 중단 등을 구사한다. 종결 단계에서는 포괄적 합의 주장, 일괄 타결 주장, 재량권 부재 주장, 회담 결렬 책임 전가 등을 한다. 회담이 끝나고 이행 단계에서는 합의 사항 이행에 소극적 반응, 합의 사항의 일방적 해석, 회담 중단 선언과 재개 조건 제시 등을 한다. 이처럼 북한은 회담의 주도권과 회담 목적 달성을 위해 수단·방법을 가리지 않고 필사적으로 협상을 한다.

필자는 북한의 협상 행태를 공부한 연구자의 입장에서 정부에 있을 때 다양한 북한과의 회담에 나가면 항상 이번에는 북한의 회담 목적이나 의도는 무엇일까 생각해 보고 회담 현장에 나가서 북한이 구사하는 전술을 면밀히 분석하곤 했다. 필자가 회담에 나갈 때 마다 북한은 회담 준비를 매우 철저히 하며 그때그때마다 필요한 협상 전술을 사용하는 것을 보고 놀랍기도 하고 한편으로 북한의 협상 행태에 관심이 높은 연구자로서 학문적 호기심이 지속적으로 유발되었다.

넷째, 북한은 그들의 독특한 정치 문화로 인한 특성을 보여준다. 북한은 김일성의 '항일 빨치산 혁명전투' 경험, '당의 유일사상(영도) 체계 확립의 10대 원칙', '군사 병영 체제적 문화'로 전사적 협상 행태를 보였으며 따라서 협상 대표는 회담장에서 강경하고 전투적이고 필사적인 모습을 자주 보였다. 또한 상부의 방침에 따라 획일적으로 움직이다 보니 협상 대표의 재량성이 거의 없었다. 그 결과 북한 측의 협상 대표는 매우 경직된 모습을 많이 보였다. 북한은 주체 문화와 유교 문화의 영향으로 자존심과 체면을 중시하였다. 이와 같은 독특한 북한 문화를 모르는 외부 사람이 북한 체제 자체나 협상 대표의 자존심과 체면을 손상하는 발언이나 행동을 하게 되면 즉각적으로 반발한다. 이것이 때로는 상당히 오랜 기간 협상에 장애 요소가 되기도 했다. 그런데 이러한 전투적이면서도 한편으로 경직된 정치 문화로 인해 북한 협상 대표 간에도 때로는 다른 방식으로 그 행태가 나타나기도 했다. 북한 지휘부에 의도적으로 잘 보이기 위해 더욱 강경한 태도를 취하는 북한 대표도 있고, 반대로 지휘부의 방침을 시키는 대로 충실히 이행하면서 소극적으로 사실상 문책되지 않으려는 대표도 있었다. 또 어떤 북한 협상 대표는 당초 목표보다 더 큰 성과로서 좋은 평가를 받기 위해 부풀려서 협상을 하려는 사람도 있고, 목표만 달성하면 된다는 생각으로 과잉 행동을 하지 않는 대표도 있었다. 그리고 어디든 사람마다 기질이 다르기 때문에 위압적이고 과시적인 사람도 있지만 친화적이고 소탈한 사람도 있었다. 그러나 지휘부의 방침을 벗어나서 이탈적 행동을 할 수는 없었다.

다섯째, 북한의 강경하고 전투적인 협상 행태도 필요에 따라서는 문제 해결적이고 합리적인 협상 행태를 보여주곤 한다. 공식적이고 공개적인 협상에서는 북한은 전통적인 공산주의 협상 행태와 북한식 협상 행태를 구사하지만 비공개적인 막후 협상에서는 솔직하고 문제 해결을 위한 유연한 태도로 접근한다. 그리고 북한의 협상 대표는 높은 차원의 정치군사회담보다는 경제적 실리를 확보해야 하는 회담이나 낮은 차원의 기술적 문제를 해결하는 회담에서는 합리적 대안을 놓고 실질적으로 조정해 나가는 모습을 자주 보인다.

여섯째, 북한은 기본적으로 '힘(power)'에 민감한 태도를 보였다. 상대방이 약해 보이거나 양보를 하면 무시하는 태도를 취했다. 그러나 상대방이 강한 '힘'을 보이면 북한은 양보하는 태도를 보였다. 예를 들어, 1976년 판문점 도끼 만행 사건, 1996년 김영삼 정부 때 강릉 무장 공비 침투 사건, 클린턴 행정부 때 영변 핵 시설 군사 공격 시도 등 사례에서 상대방이 매우 강력한 힘을 구사하고자 할 때는 북한은 사과하거나 양보 또는 굴복하는 태도를 보였다. 또한 남북회담에서도 우리가 강하게 밀어붙일 때는 북한이 물러서는 경우도 있었다.

일곱째, 협상 구조로 인한 북한의 협상 행태도 있다. 북한 정권은 종신 정권이고 수령 체제이기 때문에 협상 시한에 구애를 받지 않는다. 시간을 자유롭게 사용할 수 있어 지연 전술을 자주 사용한다. 또한 북한 체제는 여론 등 다양한 목소리를 들을 수 밖에 없는 민주 사회인 남한과 달리 여론 등에 신경 쓸 필요가 없기 때문에 상황에 따라 자유롭게 다양한 전술을 구사한다.

여덟째, 북한의 협상 행태의 특징으로 보아 북한의 협상 행태에 상수로 작용하는 요인은 공산주의의 특수 협상관, 북한의 독특한 정치군사 체제, 북한의 주체 문화 및 유교 문화, 그리고 협상 구조상 협상 시한 및 방청자의 부재 등을 들 수 있다. 변수로 작용하는 요인은 북한의 협상 목적, 힘의 격차, 협상 대표의 성향 등을 들 수 있다. 탈냉전 시대 때 북한이 협상 행태 상 일부 변화된 모습을 보이지만 이것은 실리적인 이익 추구나 불가피한 이유가 있을 경우에만 나타나며 본질적인 모습은 전혀 변화하지 않았다.

북한과의 협상에서 고려해야 할 사항

북한의 이러한 독특한 협상 행태를 종합적으로 검토하여 필자는 우리의 협상 전략을 수립할 때 기본적으로 고려해야 할 몇 가지 사항을 제시해 보고자 한다.

첫째, 북한의 협상 목적이 무엇인가를 우선 정확히 파악해야 한다. 북한의 협상 목적은 외형적으로 제시된 입장보다는 숨겨진 목적(의도) 즉, 실질적인 이해관계가 중요하므로 이것의 파악이 중요하다. 또한 북한의 속임수도 볼 수 있어야 하며 오판과 일방적인 희망적 사고를 해서는 안 된다.

둘째, 북한이 어떠한 방식으로든 우리를 혼란시키려고 해도 우리의 협상 목표와 기본 입장을 흔들림 없이 견지하면서 당당하고 의연한 모습을 보여야 한다.

셋째, 북한은 '힘의 차이'에 민감한 협상 행태를 보이고 있기 때문에 우리는 '총체적 힘'과 '이슈 구체적인 힘'도 함께 키워 나가는 협상 전략과 전술을 사용하여야 한다. 때로는 북한에 대해 '맞대응 전략'도 구사하고 우리 입장에 대한 내부의 강력한 여론의 지지를 받는 노력도 해 나가야 한다.

넷째, 지연 전술 등으로 장기화되어 가기 쉬운 북한과의 협상에서 우리는 초조한 모습을 보여서는 안 되며, 북한이 협상장으로 나올 수밖에 없는 다양한 유인책과 인센티브를 줄 수 있는 카드를 많이 개발해 두어야 한다.

다섯째, 북한이 합리적·비합리적 전술을 잘 배합하여 다양한 전술로 협상을 이끌어 가듯이 우리도 다양한 협상 전술 개발과 대표단 훈련을 통해 협상을 효과적으로 이끌어 가야 한다. 냉전 시대에는 남한과 북한이 공히 체제 대결적 입장에서 zero-sum적인 경성협상을 주로 하였으나 탈냉전 시대에는 우리가 경제력 등 국력이 우위에 있다는 약간의 자만감에 빠져 유연한 연성협상을 한 측면이 강하다. 냉전 시대이든 탈냉전 시대이든 북한의 협상 행태가 본질적으로 변한 것이 없는 이상 우리도 고위급 레벨이든 실무 레벨이든 상황에 따라 다양한 협상 전술을 구사하며 효과적으로 대응할 필요가 있다.

여섯째, 충돌 소지가 많은 의제보다는 충돌이 적으며 기술적인 의제의 협상을 통해 상호 문제해결적 협상을 해야 한다. 또한 신뢰 형성을 바탕으로 상호 합의사항이 잘 이행되어질 순행적인 협상 문화를 안착시켜나가야 한다.

필자는 1998년 2월 '북한의 협상 행태'에 관한 박사 논문을 제출했는데 당시에 보니 북한의 협상에 관한 박사 논문으로는 국내 1호였다. 학문적인 깊이로는 부끄럽지만 필자의 북한 협상 논문이 국내 첫 박사논문이라니 가슴이 뿌듯했고 그 뒤로 다른 연구자들이 북한 협상에 관한 논문 등 글을 쓰면서 필자의 박사 학위 논문을 인용하고 있어 보람이 컸다. 이 때 북한 협상에 관해 열심히 공부한 것이 그 뒤에 통일 업무를 하는데 많은 도움이 되었다. KEDO 협상, 다양한 분야의 남북회담, 개성공단 현장에서의 실무협상 등에 회담 대표나 지원 인원으로 참여하면서 나름대로 배운 북한 협상 공부를 적절히 활용하였다. 또한 남북회담 대표단을 위한 '북한의 협상행태 및 사례분석' 교육 자료, 각 부처 일반 공무원의 통일 역량 강화를 위한 「남북협상의 이해 및 실무」라는 8강의 실무 교육 자료를 만들기도 하였다. 8강의 실무 교육 자료는 서울역 부근의 스튜디오에 가서 많은 시간을 투입하여 영상 강의 자료로 만들었는데 여러 가지 사정으로 인해 관련 교육이 제대로 실시되지 못하여 매우 아쉽게 생각한다.

공직을 퇴직한 이후에는 대학원에서나 북한과 사업을 하거나 장차 하려는 사람들을 비롯하여 북한 및 통일 문제에 관심이 많은 일반 시민들에게 '북한 협상 행태'에 대한 강의를 많이 하였다. 특히 통일부 고위직들이 설립한 남북사회통합연구원(당시 이사장은 구본태 전 통일정책실장)에서 필자가 '대북 협상 아카데미' 강좌

프로그램을 제의하여 실행하였다. 민간 차원의 통일 및 대북 협상 역량 강화를 위해 퇴직한 통일부 차관 및 실·국장 출신들이 중심이 되어 강사로 참여하여 전국적으로 민간인 대상 1,000여명 이상에게 교육을 실시한 바 있다.

북한의 독특한 협상 행태는 우리가 생각하는 일반 협상 이론에서의 협상관과 매우 다르다. 공산주의 협상술과 북한의 정치군사적 문화로 인한 전사적 협상술 등으로 북한을 상대하기는 용이하지 않다. 따라서 북한을 상대로 일을 해야 하는 공직자나 민간 인사들은 북한 사업을 통해 소기의 목적을 달성하기 위해서는 북한의 협상 행태의 특성에 대해서 반드시 미리 공부해 볼 것을 권고한다. '지피지기면 백전백승(知彼知己百戰百勝)' 이라고 하지 않았나.

김영삼 정부에서의 남북 관계 딜레마

1993년 2월 25일 김영삼 정부가 출범한 지 한 달이 채 되지 않은 시점에 당시 상황으로 보아 남북 관계에 획기적 혹은 충격적인 세 가지 사건이 발생하였다. 김영삼 대통령의 취임사 중 남북 관계 부분의 내용, 비전향장기수 리인모의 전격적 북송 발표(3.11) 및 실행(3.19), 그리고 북한의 핵확산금지조약(NPT) 전격 탈퇴 발표(3.12)였다.

김영삼 정부 출범과 전향적인 대북 정책

김영삼 대통령의 취임사 내용 중 "어느 동맹국도 민족보다 더 나을 수는 없습니다. 어떤 이념이나 어떤 사상도 민족보다 더 큰 행복을 가져다주지 못합니다."라는 내용이었다. 당시에 많은 사람들에게는 이것을 우리나라의 동맹인 미국이나 일본보다 북한과의 관계를 더 중시하는 입장으로 받아들여졌다. 따라서 김영삼 정부의 통일정책 기조가 매우 전향적이라고 생각했고 심지어는 외세 배격적인 민족주의적 성격이 강하다고 여겼다. 그러다가 2주 정도 지나 정부가 비전향장기수 리인모를 인도적 차원에서 일방적으로 북송한다는 발표를 하였다. 이것도 탑 뉴스감이었다. 당시 남북 교류협력 분야의 일을 하고 있던 필자도 남북 관계에 다소 적극적인 입장을 가지고 있었지만 이 같은 내용이나 조치는 매우 전향적이었다. 리인모 북송을 발표한 하루 뒤에 북한 측이 NPT 탈퇴를 발표함으로써 큰 논란이 일어났고 정부의 전향적 조치에 대해 국회, 언론, 전문가그룹 등에서 북한의 실체도 제대로 모른 채 이루어진 비현실적 조치라는 비판이 들끓었다. 특히 진보적 성향의 한완상 통일부총리는 냉엄한 남북 관계 현실을 모르고 너무 감상적이고 순진하다고 집중 비판을 받았다.

이와 같은 세 가지 사건에 논란이 집중되다가 그 뒤 한완상 부총리가 대통령 취임사나 리인모 북송에 대한 해명 겸 과정을 언론 등을 통해 밝혔다. 대통령 취임사는 북한 당국자를 청중으로 둔 것으로 여기서 동맹은 소련과 중국을 언급한 것이라고 했다. 북한 측에게 같은 민족이라는 관점에서 남북 관계를 풀어 나가자는 취지였다는 것이다. 리인모 송환에 대해서는 새 정부의 도덕적 우월성, 인권존중 정책을 보여준다는 차원에서 검토하였지만 통일원에서 언론에 "현재 송환을 추진하지 않고 있다"(3.8)는 등 신중하게 접근하였다는 것이다. 그런데 3월 9일 밤 김영삼 대통령이 중앙일간지 편집국장들과의 만찬에서 '리인모 북송 허용'을 언급함으로써 사실상 불가역적인 방침으로 결정되었다는 것이다.

비전향장기수 리인모 송환 결정

대통령 발언의 권위를 위해 3월 11일에 통일원 차관이 '리인모의 조건 없는 북송 허용'을 발표하였다. 이때 '송환'이라는 표현을 사용하지 않은 것은 '송환'이 전쟁 포로의 신분을 의미하기 때문이라 남북교류협력법상 '장기 방북'으로 처리하였다. 남북교류협력법상 최장 1년 6개월간 방북할 수 있기 때문에 리인모는 실정법상으로 1년 6개월짜리 방북증명서를 발급 받아 북한을 장기 방문하는 것이었다. 눈 감고 아웅하는 식으로 사실상 영구히 북한으로 보내버린 것이다. 이러한 우리의 전향적인 조치와 별개로 북한은 IAEA(국제원자력기구) 특별사찰 회피

등 안보상 조치로 NPT를 탈퇴한 것이었다. 이와 같은 상황은 그 뒤 김영삼 정부의 '냉탕 온탕' 대북 정책의 모습이 되는 배경이 되지 않았나 판단된다. 김영삼 대통령은 "핵을 가진 자와 악수를 할 수 없다"는 입장 하에 핵과 경협을 연계하는 대북 정책을 견지하면서도 인도적 지원이라는 명분으로 전격적인 대북 식량 15만 톤 지원(1995년 6월 25일 개시)을 시행하였다. 필자는 김영삼 정부 때 리인모 북송 조치, 대북 식량 15만 톤 수송 행사, 북핵 문제 해결을 위한 '미·북 제네바 합의'(1994.10.21)에 따른 대북 경수로발전소 지원을 위한 KEDO(한반도에너지개발기구) 사업에서 집행적 업무를 맡았다.

리인모는 6.25전쟁 때 내려온 종군기자인데(실제는 정치 선전 선동원이라는 설도 있음) 인천상륙작전으로 북한으로 귀환하지 못하고 지리산에서 검거되어 7년 형기를 받고 출소했다. 그 이후 여러 죄목으로 두 차례 더 복역하여 총 34년간 옥살이하고 1988년에 석방되었다. 석방되면서 전향 각서에 서명하지 않아 '비전향장기수' 또는 '출소 공산주의자"라 칭하였다. 이와 같은 비전향장기수의 수가 꽤 많았는데 김대중 정부 때 '6.15 공동선언'에 따라 송환하기 위해 조사해 보니 출소 비전향장기수가 102명이나 되었다. 사상·이념이 무엇인지 끝까지 김일성에게 충성하려는 모습을 보이려는지 이유가 무엇이든지 간에 이념상 지독한 사람들이었다.

리인모는 1988년 월간 「말」지에 북한에 있는 어머니에게 드리는 편지를 싣고 북한에 있는 가족이 리인모에게 편지를 보내온 것이 언론에 보도되면서 세상에 알려졌다. 그리고 국내 재야인사들이 병환으로 앞으로 어떻게 될지 모르는 연로한 리인모 노인을 인도적 차원에서 가족이 있는 북한으로 보내주라고 하여 사회적으로 이슈가 되었다. 특히 리인모는 1992년 5월 서울에서 열린 제7차 남북고위급회담 북한 측 대표단을 만나기 위해 상경하다가 연행되었다. 그 해 9월 15일~18일 평양에서 개최된 제8차 남북고위급회담에서 북한 측이 공식적으로 리인모 송환을 우리 측에 요청하여 남북 당국 간에 협상 어젠다가 되었다. 그때 우리 대표단은 '1987년 어로 중 납북된 동진호 선원 12명 송환', '노부모 이산가족 방문단 교환', '판문점 이산가족 면회소 설치·운영'과 북한 측이 요청한 '리인모 송환'과 맞교환하자고 제의하여 남북 협상을 하였다. 당시 '훈령 조작 사건' 등 복잡한 일이 발생하여 타결되지는 못하였다.

당시 필자는 1992년 9월 1일~6일까지 북한에서 개최된 '평양 여성 세미나'에 행정지원 인원으로 참가하였다. 이때 리인모 노인과 관련된 일이 우연찮게 생겼다. 방북 일정 중 금강산을 가다가 중간 지점에서 잠깐 쉬는 시간이 있었다. 그때 북한 측 여성 몇몇이 필자한테 다가왔다. 그러면서 리인모 선생 잘 계시는지 질문하면서 한 여성을 소개하였다. 이 여성이 리인모의 딸이라면서 아버지를 간절히 보고 싶어한다는 것이었다. 그녀의 이름은 '리현옥'이었고 학교 선생이라는 것이었다. 그녀는 차분한 모습이었는데 기억컨대 필자에게 아버지를 살아서 정말로 볼 수 있겠는지 말하면서 가슴 아파하는 모습을 보인 것 같다. 필자는 순간적으로 당황했다. 필자가 리인모에 대한 우리 정부의 입장이 명확하지 않은 상황에서 무어라 함부로 말할 수 없는 민감한 문제였다. 리인모의 딸에게 그저 목례만 하는 정도로 하고 아버지가 남쪽에서 병환이 있지만 잘 보살펴주는 사람이 있어 크게 문제는 없을 것이라고 말해준 것 같다. 그런데 이러한 우연찮은 딸과의 만남으로 인한 것인지 모르겠지만 김영삼 정부 출범 후 리인모를 북송할 때 필자가 판문점 우리 측 지역에서 리씨를 호송하여 북한 측 지역인 통일각으로 넘어가 북한 측에 공식 인계하는 일을 담당하게 되었다. 체제·이념을 떠나 사람의 인연이라는 것이 묘했다. 당시 리인모는 부산대병원에서 뇌출혈로 수술을 받고 폐렴으로 입원해 있는 상태였다. 경남 진영에 사는 재야인사 김상원씨 부부가 보살피고 있었다. 김상원씨는 가끔 우리 사무실에 찾아 와서 우리 정부의 입장이 어떻게 되어

가는지 확인하곤 했다. 김상원씨의 인상은 순박한 시골사람 같아 보였다.

1993년 3월 19일 오전 11시에 판문점에서 리인모를 북한 측에 인도하기로 되어 있었다. 병환이 있는 리씨의 건강상 안전을 최우선적으로 고려하고 신속하게 북한 측에 인도하는 것이 목표였다. 부산 수영비행장에서 헬기로 전방 멸공관으로 수송하고 리씨의 건강 악화에 대비하여 주치의·마취의·간호사 각 1명이 동행하였다. 그리고 김상원씨도 헬기로 동행하였다. 필자는 김상원씨 부인을 서울 정부종합청사에서 만나 정부 지원 인원과 함께 전방으로 함께 가 거기서 리인모를 만나게 되어 있었다. 필자는 전방에서 헬기로 수송되어온 리씨를 만나 그를 호송해 판문점 중립국감독위원회를 지나 북한 측 지역에 있는 통일각으로 데려갔다. 통일각으로 함께 간 사람은 우리 측 지원 인원과 주치의, 마취의, 간호사와 김상원씨였다.(김상원씨 부인이 통일각으로 함께 갔는지는 기억이 정확하지 않아 잘 모르겠음) 통일각으로 들어서니 북한 측의 의료진과 지원인원이 보였다. 우선 리인모를 북한 측에 인계하였다. 그리고 리씨의 병상 일지와 소지품을 북한 측에 넘겨주었다. 북한 측 의료진이 리씨의 병상 일지를 살펴본 후 건강 체크를 하고 문제없음을 확인한 후 우리 측 의료진과 함께 상호 확인하는 문서에 서명하였다.

첫 북한 방문 시 만난 안내원과의 재회

필자가 리인모 노인을 통일각에 인도하러 갔을 때 그곳에서 순간적으로 깜짝 놀랄 일이 하나 생겼다. 필자가 1992년 9월 '평양 여성 세미나'에 참가하기 위해 방북했을 때 필자를 개인 안내했던 북한 측 인사를 그 자리에서 만났다. 그 북한 인사도 필자를 보고 흠칫 놀라는 표정이었다. 우리 둘 다 또 다시 이런 곳에서 만날지는 꿈에도 생각해보지 못했다. 아마 필자나 그나 인생에 있어서 북한 지역에서 처음으로 남북한 상대측 사람을 만났고 짧은 기간이었지만 약간의 정이 들었고 또 다시 만나기는 쉽지 않을 것이라고 생각하고 있었다. 그런데 6개월 뒤에 통일각에서 또 다시 만나게 되었으니 놀라지 않을 수 없었다. 그와 좀 애기를 나누고 싶었지만 그럴 상황이 되지 못해 어정쩡한 상태에서 헤어졌다. 필자는 그 이후로도 남북회담이나 남북 관계 일로 여러 북한 측 인사를 만났지만 그와는 더 이상 만나지 못했다. 남북 관계 현장에서 그가 더 이상 나타나지 않은 이유는 알 수 없는 일이다. 그는 당시에 처음으로 남북 행사에 차출되었다면서 김일성종합대 물리학연구소에 근무하고 있다고 하였다. 필자는 서로 말문을 트기 위해 우주의 생성 기원으로 알려진 '빅뱅 이론'을 언급했다. 그런데 그는 '빅뱅 이론'에 대하여 전혀 알지 못했다. 추측컨대, 이 사람은 물리학을 공부한 사람이 아니든가 북한 내에 아직 그런 내용이 소개되지 않았을 것이라고 속으로 추측했다.

리인모의 송환과 납북자 문제

리인모를 북한 측에 일방적으로 북송시킨 후에 납북자 문제를 민감하게 의식한 우리 정부는 3월 26일 한완상 부총리가 납북된 동진호의 어로장 최종석씨의 가족들(부산 거주)을 직접 만나 위로하였다. 이때 한 부총리가 만난 최종석씨의 딸 최우영씨는 그 후 2,000년에 '납북자가족모임'을 결성하여 납북자 문제에 대한 우리 사회의 관심을 제고하고 납북자 구출 활동에 적극 나섰다.

1994년 2월 2일 필자는 교류협력국 교류1과장에서 교육홍보국 기획과장으로 전보 이동하였다. 기획과장은 교육홍보국 주무과장 역할을 하면서 우리 사회의 민간 통일운동 단체를 지도 관리하고 지원하는 업무가 주 업무였다. 분야별로 다양한 민간 통일운동 단체가 있었는데 의욕만 앞선 간판뿐인 단체도 있었고, 순수한 열정으로 혼자 재정적 부담을 떠안으면서 사실상 1인 주역으로 열심히 노력하는 단체도 있었다. 그러나 제대로 역할을 하는 단체는 당시에 사회적 여건상 정부의 재정·행정적 지원을 받거나 사회적 관심도가 높은 활동에 사회 지도층 인사가 많이 참여하고 튼튼한 민간재정 후원이 확보되는 단체들이었다. 납북자 문제는 그 이슈의 중요성에 비해 이 문제를 제대로 다루는 민간단체는 사실상 없었다. 그 문제의 성격상 일차적으로는 우리 정부가 북한 당국과 직접 협상해서 풀어야 할 과제이며 그 과제 해결이 쉽지 않은 정치적 사안이라서 정부가 직접 나서도 제대로 해결하지 못하고 있었던 것이 당시의 상황이었다. 민간단체가 나서서 해결하기에는 북한이라는 상대가 있어 엄두도 못내는 이슈였다. 김영삼 정부가 인도적 차원이라 하지만 리인모를 일방적으로 북송시키고 나서 북한에 억류되어 있는 우리 국민인 납북자는 귀환시키지 못하니 곤욕스러운 문제였다. 사회적 비판 여론이 보수층에서 강하게 나왔다. 그 결과로 납북자 문제에 대해 국내외적으로 여론 조성을 통해 북한 측에 이 문제에 대한 환기와 압박을 가하였다. 당국 차원에서 남북 협상으로 풀어가기 위해 납북자 문제를 다루는 민간단체의 필요성이 정부 내 상층부에서 제기된 것 같았다.

1994년 9월경 납북자 문제를 다루는 민간단체 결성을 검토해 보라는 지시가 있었고 그 일을 민간 통일단체 업무를 담당하는 교육홍보국 기획과가 맡게 되었다. 새로운 민간단체를 만들거나 활동력이 있는 기존 민간 통일단체가 납북자 업무를 추가하여 맡거나 또는 납북자 문제와 연관성이 있다고 생각되는 법률 단체가 맡는 등 여러 대안이 검토되었다. 또한 몇몇 관련 단체의 전문가들의 의견도 수렴하였다. 결국은 새로운 단체 결성을 하는 것은 쉽지 않아서 기존 인권 단체가 주도하고 우리 과는 뒷받침해 주기로 하였다. 그리고 국제사회에서 쉽게 수용되고 부각시키기 위해서는 납북자 문제에만 국한할 것이 아니라 북한 인권 차원에서 접근하는 것이 좋다는 의견이 있어 북한 인권 단체 내에 '납북자 문제 위원회'를 만들어 활동하기로 하였다. 그해 12월에 해당 단체가 출범하여 나름대로 책자도 만들고 세미나 개최 등 국내외 활동을 하여 납북자 문제에 대한 국내외 여론 조성을 하고자 노력하였으나 실질적인 성과는 거두지 못했다.

결국은 북한에 억류되어 있는 납북자 문제의 직접적 피해자인 가족들이 직접 나서서 단체를 만들고 활동을 하는 것이 이슈 폭발성과 지속성이 높아지고 언론과 사회의 주목과 관심도를 높일 수 있어 문제 해결에 상당한 도움이 되는 것 같았다. 2,000년대 초에 결성한 '납북자가족모임', '납북자가족협의회'(대표: 최우영, 1987년 납북된 동진호 선장 최종석씨의 딸), '전후납북자피해가족연합회'(대표: 최성용, 1967년 납북된 풍북호 선장 최원모씨의 아들), '6.25전쟁납북인사가족협의회'(대표: 이미일, 6.25전쟁 때 북한군에 붙잡혀간 이성환씨의 딸) 등이 당시에 결성된 민간 단체이다.

대북 쌀 지원 추진

1995년 6월 20일경 윗선에서 북한에 '우리 쌀을 보내는 수송 출항 행사'를 준비하라는 지시가 떨어졌다. 극비라면서 북경 쌀 회담이 진행되어 6월 24일 낮 12시에 동해항에서 대북 쌀 수송을 위한 첫 선박이 출항하며 이 날 국무총리 주빈의 행사를 개최한다는 것이었다. 매우 중요한 행사이니 차질 없이 준비하도록 하라는 것이였다. 당시 통일원 내에서 불도저식 추진력이 있기로 소문난 강보대 교육홍보국장에게 이 임무가 하달되었다. 담당과는 주무과인 기획과에 맡겨졌고 그 과장이 필자였다. 필자는 순간적으로 매우 당황했고 이 큰 행사를 3~4일 내에 준비해야 한다니 물리적으로도 가능하지 않아 보여 당시에 안절부절한 상태였다. 그러나 직속상관인 강 국장은 원래 책임감이 강하고 임무 완수에 대한 도전적 정신이 강하신 분이라 결연한 자세였다. 이와 같은 직속상관의 자세 때문에 필자도 금방 안정이 되고 강 국장과 상의하여 출항 행사 기본 계획을 작성하였다. 강 국장은 통일원에서 큰 행사를 치러본 경험이 있었다. 필자도 초년 사무관 시절에 부산지방해운항만청에 근무할 때 해운항만청 출범 이후 처음으로 개최하는 대통령 행사(부산항 제5부두 컨테이너부두 준공행사)를 부산항 현지 차원에서의 총괄 기획을 해본 적이 있었다. 따라서 강 국장과 필자는 국무총리행사 계획을 수립하는데 업무 이해도가 높아 현실성 있는 계획을 비교적 신속하게 수립할 수 있었다. 보안을 유지하면서 신속하게 행사를 준비해야 하기 때문에 대통령 행사 전문 업체를 선정하였다. 작성한 기본 계획을 상부에 보고하니 체계적으로 수립되었다면서 일부만 수정하고 그대로 집행했다.

마침 현지 동해항에서 일을 추진하기 좋았던 것이 당시 동해지방해운항만청장이 필자가 1980년대 초에 부산지방해운항만청에 근무할 때 다른 과에 근무했던 사무관이었다. 필자보다는 나이가 훨씬 많았지만 테니스를 치면서 가까웠던 분이었다. 이 분도 본부인 해운항만청에서 출항행사 준비를 잘 지원하라는 지시를 받고 있었다. 그러나 행사계획과 실행은 통일원에서 하니 그 내용을 자세히 몰라 매우 궁금해 하던 차였다. 우리는 과거의 부산지방해운항만청에서의 인연으로 인해 쉽게 소통되어 업무 협의가 신속히 이루어졌다. 동해지방해운항만청장은 통일원이 현지에서 준비해야 할 것들에 대해 적극적으로 협력해주었다. 그런데 이 분이 결정적으로 빠뜨린 것이 있었다. 항만 부두에서 하는 행사에서는 반드시 단상의 주빈으로 항운노조 위원장의 자리를 마련하는 것이 철칙으로 되어 있는데 동해청장이 깜박한 것이었다. 문제는 행사장에 참가할 항만 부두노동자들이 사전 행사 예행연습에 참가하지 않았다. 화가 잔뜩 난 항운노조 위원장이 부두노동자들의 행사 참여를 허락하지 않은 것이었다.

항운노조 위원장은 부두에서는 사실상 왕이었고 필자는 그 사실을 그때 처음 알았다. 동해지방해운항만청장은 필자에게 항운노조 위원장에게 같이 찾아가서 그에게 본의 아니게 실수를 한 것에 대해 사과를 하고 행사 단상에 참석해줄 것을 설득할 수 밖에 없다는 것이었다. 다급한 것은 수송 행사의 실무 책임을 지고 있는 필자였기 때문에 자존심을 생각하지 않고 무조건 부두 한 구석에 있는 항운 노조 위원장의 사무실로 급히 찾아 갔다. 그를 만나 자초지종을 설명하고 이번 대북 쌀 지원 출항 행사의 격과 중요성을 계속 설명하고 출항 행사 단상에 내빈으로 참석하고 부두노동자들도 행사에 참여시켜 줄 것을 계속 요청하였다. 동해 지방해운항만청장도 자기 착오로 이루어진 것이라면서 그에게 사과를 하고 마음을 누그러뜨리고 정부의 주요 행사가 순조롭게 진행되도록 협조해 달라고 요청하였다. 오랫동안 노조위원장은 계속 불만스런 태도와 거부의 입장을 취하였다. 우리 두 사람이 계속하여 간곡한 부탁을 하니 시간이 한참 흐른 뒤에야 그는 감정을 누그러뜨리고는 자기는 행사 단상에는 참석하지 않겠다고 하면서도 부두노동자들이 수송 선박에 대북 지원 쌀을 선적하도록 하고 출항 행사에도 참석하도록 지시하겠다고 약속하였다. 현장에서의 돌발적인 큰 문제가 하나 해결되었다.

출항 행사가 당초 6월 24일 낮 12시에 예정되어 있었는데 동해항 현지에서 행사 준비를 하고 있는 중에 서울에서 급히 연락이 왔다. 하루가 연기되어 6월 25일 오후 5시에 출항 행사를 하는 것으로 변경되었다는 것이었다. 북한 측의 준비 부족으로 하루 늦어진 것으로 알려졌다. 당초 6월 24일은 날씨가 좋았는데 6월 25일 오후부터 먹구름이 끼고 빗방울이 떨어지기 시작했다. 이미 행사장에 집결해 있던 사람들(부두노동자, 여학생, 지역 인사 등)은 비를 피해 수송해 온 버스로 돌아가 탑승했다. 이후 출항 행사 시각인 오후 5시가 임박한 15분 전부터 비가 폭우로 변해 버렸다. 필자는 행사장에서 조금 떨어진 곳에 도착한 이홍구 국무총리를 영접해서 우산으로 행사장으로 안내해 도착해서 보니 순진한 여학생들만 억수같이 쏟아지는 비를 잔뜩 맞고 서 있었다. 다른 일반인들은 버스에 탑승한 채 행사장에 나오지 않았다. 비가 워낙 세차게 내릴 뿐 아니라 바람도 거세게 불어 무어라 강제할 수 없는 어쩔 수 없는 상황이었다. 어쨌든 출항 행사는 강보대 국장의 사회로 국무총리 격려사 등 순서대로 진행되었다. 당초 행사 계획은 식을 끝내고 나서 단상에 있는 내빈들이 내려와 부두노동자들도 격려하고 선박에도 승선해 본 후 출항하는 선박을 향해 행사 참가자 모두 손을 흔들면서 환송하기로 되어 있었다. 그런데 비바람이 워낙 거세어 단상의 내빈들이 단상 아래로 내려올 수가 없어서 단상 한 모퉁이에서 손을 흔들 수밖에 없었다.

동해항을 떠나 청진항으로

대북 지원 쌀을 실은 선박이 동해항 중앙부두에서 시간이 되어 출항하는 뱃고동 소리가 세 번 울리자 갑자기 하늘이 시커멓게 변하면서 천둥, 번개가 연속적으로 꽝 쳤다. 필자는 순간적으로 가슴이 찌릿했다. 비유가 맞을지 모르겠지만 모세가 바닷길을 갈라지게 하기 위해 그가 갖고 있는 지팡이를 하늘을 향해 치켜들 때 하늘에 구름이 몰려 오고 천둥, 번개가 갑자기 치는 영화 장면이 떠올랐다. 출항 행사 그 날은 1950년에 6.25 전쟁이 일어난 바로 그 날짜와 같은 6월 25일이었다. 6.25 전쟁으로 인해 우리 민족의 분단은 더욱 고착화되었고 남북한은 서로 적대와 대결로 살아 왔다. 우리 민족사에 있어 불행한 날들의 연속이었다. 식량난에 허덕이는 북한 동포를 돕기 위해 지원하는 우리 쌀이 남북한 화해와 협력으로 발전해 나가기를 기대하는 역사적 그 날에 내 나름의 해석으로 의미를 부여하자면 하늘도 무심치 않아 무언가 강렬한 메시지를 남기려고 비바람과 천둥, 번개를 보낸 것이 아닌가 추측해본다. 그런데 대북 쌀 수송의 첫 선박인 '씨 아펙스호'가 북한 청진항에 입항하는 과정에서 북한 측의 요청에 따라 선박에 게양된 태극기를 내리고 인공기를 게양하는 사건이 발생하였다. 또한 쌀 운송 15번째 선박인 '삼선 비너스호'에 탄 우리 측 선원이 청진항을 배경으로 사진을 찍다가 필름을 빼앗기고 연행되는 사건이 발생하였다. 이로 인해 당초 의도했던 대북 쌀 지원의 의미가 퇴색되고 우리 내부에서 쌀 주고 뺨 맞는다는 식의 비판이 일어나 대북 식량 지원에 대한 회의적 시각이 제기되었다. 이 사건으로 인해 당초 8월 10일까지 수송을 완료하기로 했으나 두 달 뒤인 10월 10일이 되어서야 수송이 완료되었다.

당시 갑작스러운 '우리 쌀 15만 톤 출항 행사'는 당시 강원도에서 치러지는 지방자치단체장 선거에서 여당의 승리를 이끌기 위해서 급조했다는 설도 있었다. 그러나 선거 결과는 여당이 패배했다. 당시에 일본이 북일 관계 정상화 협상을 추진하였고 그 일환으로 북한에 일본쌀을 지원하기로 되어 있었다. 이러한 내용을 파악한 우리 정부 특히, 김영삼 대통령이 일본이 먼저 북한에 식량을 지원하는 일은 있을 수 없다면서 민족 자존심 차원이나 남북 관계를 우리가 주도해야 한다는 차원에서 일본 측과 협의하여 우리 쌀 지원을 먼저 신속히 추진하였다는 것이다. 당시 이 사안을 잘 아는 청와대의 행정관으로 근무한 지인은 모두 사실이 아니며 본래의 목적은 김영삼 대통령의 노벨평화상 수상 추진을 염두에 둔 것이라고 했다. 믿겨지지 않는 내용이었다. 당시 대북 쌀 지원의 배경에 대해서는 필자로서는 어느 것이 정확한지 알 수 없는 노릇이다.

비전향장기수, 납북자·국군포로 문제

필자는 앞서 언급한 것처럼 김영삼 정부 시 통일원의 교류1과장일 때 1993년 3월 19일 비전향장기수 리인모 노인을 판문점 북한 지역에 있는 통일각에서 북한 측에 인도하는 일을 하였다. 김대중 정부 시 인도지원국장일 때는 2000년 9월 2일 비전향장기수 63인을 북한 측에 인도하는 총괄 업무를 담당하였다. 돌이켜보면 필자가 비전향장기수를 우리 정부의 방침에 따라 북한 측에 넘기는 일을 도맡아 했으니 이것도 운명인 것 같다. 비전향장기수는 6.25전쟁 때 인민군·빨치산 포로나 전쟁 이후 남파간첩으로 체포되어 장기 복역 후 출소되었으나 대한민국의 자유민주 이념으로 사상을 전향하지 않은 사람들을 말한다. 북한의 김일성·김정일에게 끝까지 충성하고 사상적으로 사회주의 이념을 그대로 고수하였기 때문에 '출소 공산주의자'라고 하였다. 남북한의 분단으로 인한 체제·이념 대결로 생긴 우리 민족사의 어두운 면이라 할 수 있다.

두 차례의 비전향장기수 송환

리인모 노인의 북송은 김영삼 정부 때 우리 측이 일방적으로 내린 결정이고 우리의 도덕적 우위와 인도적 결단을 보여주어 남북 관계의 물꼬를 트려는 시도였다. 그러나 북송 발표 바로 다음날 북한이 NPT 탈퇴를 선언하여 많은 논란이 되었다. 2000년 9월 63인의 비전향장기수 북송은 그 해 6월 김대중 대통령과 김정일 위원장간 남북정상회담에서 합의되어 이루어진 것이다. 6.15 남북공동선언 3항의 '남과 북은 올해 8.15에 즈음하여 흩어진 가족, 친척 방문단을 교환하며 비전향장기수 문제를 해결하는 등 인도적 문제를 조속히 풀어나가기로 하였다'는 내용이 합의 사항이었다. 당시 우리 정부 입장에서는 천륜의 문제인 간절한 이산가족 문제 해결이 가장 중요한 정책 과제 중의 하나였다. 이산가족 문제 해결을 협의하는 과정에 북한 측은 비전향장기수 송환을 요청한 것이다.

1993년 리인모가 북송되자 북한은 리인모를 당과 수령을 위해 끝까지 신념을 지킨 '불굴의 투사'로 칭송하면서 체제 결속에 최대한 활용하였다. 그런 의미에서 남한에 있는 비전향장기수들을 북한으로 또 데려온다면 체제 결속과 선전에 엄청난 도움이 되는 소재였다. 자세히는 모르겠으나 남북정상회담에서 김정일 위원장이 비전향장기수 송환 문제를 먼저 꺼냈고 김대중 대통령이 절박한 이산가족문제 해결이 필요하다고 강조하면서 3항이 합의되었다고 하는 설이 있었다.

북한 측은 비전향장기수 송환이 이산가족 상봉 행사보다 먼저 이루어지기를 원했으나 우리 측은 국민 정서상 그렇게 할 수는 없었다. 그 해 8월 15일~18일 이산가족 상봉 행사를 먼저 하고 나서 9월 2일 비전향장기수 63인을 북송하였다. 이산가족 상봉 행사와 비전향장기수 북송 업무가 모두 필자의 국 소관이라 엄청나게 바빴다. 당시 8월의 이산가족 상봉 행사는 남북정상회담 후 첫 번째 행사라는 점에서, 9월의 비전향장기수 63인 북송은 매우 민감한 문제라는 점에서 매일 긴장된 날의 연속이었다.

당시 비전향장기수 북송을 위해 먼저 비전향장기수의 현황과 당사자의 북송에 대한 자유의사를 확인하는 일이 선결되어져야 했다. 당시 관계 기관에서 조사해보니 비전향장기수는 102명이 확인되었다. 이 중 일부는 사망한 것으로 확인되었다. 비전향장기수 당사자의 자유의사를 공정하고 투명하게 확인하기 위하여 적십자사, 정부, 재야인사들로 구성된 민간단체인 '비전향장기수 송환추진위원회'가 합동으로 일일이 당사자를 방문하여 그들의 자유의사를 확인하고 문서로 확인서를 받았다. 마지막까지 당사자들의 자유의사가 반영되어 63명의 북송 대상자가 최종 결정되었다.

비전향장기수 북송 과정의 이야기

그 과정에서 다양한 스토리가 있었다. 출소 후 남한에서 결혼한 부인과 자식이 있고 행복한 가정생활을 하여 당사자는 북한으로 가지 않으려고 했으나 남한 가족들이 비전향장기수인 남편의 북쪽 가족이 있고 고향인 북한에서 여생을 보내게 해주는 것이 좋겠다고 결정하여 가게 된 경우가 있었다. 다른 경우로서 원래는 남한 출신인데 사회주의 사상 신념 때문에 북한으로 갔다가 간첩으로 남파된 사람이 출소 후 남한에 노모가 있음에도 불구하고 사회주의 이념을 여전히 고수하여 스스로 북한으로 가기로 결정한 사람도 있었다. 또한 가정 사정으로 인해 하루 전 북송을 결정한 사람도 있었다. 이미 전향한 사람 중에 전향 당시에 사정이 있어 불가피하게 전향서에 서명했는데 사실은 미전향이라면서 북한으로 가겠다는 사람도 있었다. 이것은 논쟁의 소지가 있어 정부가 공식적으로 승인할 수가 없어서 최종 대상자 선정에서는 제외됐다. 비전향장기수가 북송됨에 따라 새로운 이산가족이 발생하는 문제가 생겼다. 출소한 비전향장기수 중에는 남한에서 가정을 이룬 사람들이 있었는데 남한에 있는 가족과 졸지에 생이별하게 되었다. 우리 정부가 추구하는 궁극적인 이산가족 문제 해결은 '가족의 재결합'인데 가족의 결합을 보장하기 위해 남한의 가족들도 함께 북송해야 되는 것 아니냐는 문제가 제기되었다. 그러나 남북 관계 현실을 고려하여 최종적으로 비전향장기수 당사자만 북송하는 것으로 정리가 되었다. 비전향장기수가 그동안 남한에서 소유한 재산, 물품은 본인 의사에 따라 북한에 전부 가져갈 수 있도록 하였다. 다만 남북교류협력법상의 반출 금지 품목은 제외되었다.

북송되는 D-day(2000.9.2) 하루 전인 9월 1일 정오 12시까지 지금은 없어졌지만 평창동에 있는 북악파크호텔에 비전향장기수들을 집합시켰다. 호텔에 오기 전에 건강 체크를 위해 적십자사가 마련한 신체검사를 받도록 했다. 필자는 모든 준비를 점검하기 위해 그날 오전 일찍이 호텔에 갔다. 시간이 되니 비전향장기수들이 속속 도착하였다. 남한의 가족들, 비전향장기수 송환추진위원회의 재야인사들이 송별을 하러 함께 왔었다. 그리고 언론사의 취재 기자들이 북적북적하였다. 그 와중에 짐을 가득 실은 소형 트럭 한 대가 들어 왔다. 비전향장기수들 중에는 남한에 있는 모든 물품들을 하나도 남기지 않고 북한으로 가져가기 위해 소형 트럭에 전부 실어 오기도 했다. 선풍기, 냉장고, 책상, 의자 등 모든 것을 가져왔다. 심지어는 냉장고 안에 들어 있는 것도 전부 가져왔다. 어떤 비전향장기수들은 꼭 필요한 것만 추려서 단출하게 온 사람들도 있었다. 우리의 지원 요원은 가져 온 물품들을 개인별로 일일이 정확히 작성해 그 다음 날 북한 측에 물품들을 넘겨주면서 개인별 물품 내역서를 전달했다. 9월 1일 호텔에서의 숙박이 그들의 남한 지역에서의 마지막 밤이었다. 그동안 남한 사회에서의 삶, 남한 가족·지인들과의 이별 등으로 오만 가지의 착잡한 생각들, 그리고 앞으로 닥치게 될 북한에서의 그리운 가족들과의 만남과 새로운 생활에 대한 기대 등으로 만감이 교차했으리라 추측된다.

납북자와 국군포로 문제

9월 2일 오전에 평창 북악파크호텔에서 비전향장기수들이 판문점으로 떠나는 것을 보고 필자는 광화문에 있는 정부종합청사로 돌아 왔다. 그동안 긴장되었던 업무 피로감이 몰려 왔지만 한편으로는 큰 문제없이 민감한 문제를 처리했다는 안도감을 느꼈다. 남북 관계에서 한 번은 매듭을 지어야 하는 부분 중의 하나를 정리했다는 생각도 들었다. 비전향장기수들이 북송되고 나서 눈길을 끄는 소식들이 전해 왔다. 북한 당국의 대대적인 환영은 물론이고 비전향장기수 한 사람 한 사람에게 새로운 집을 지어 한 채씩 주었다는 소식이 전해 왔다. 소위 '사회주의 조국'으로 돌아온 비전향장기수들을 '신념의 화신', '공화국의 영웅' 등 이라고 칭송하면서 최대의 예우를 해주면서 체제 선전과 결속에 활용하였다. 놀라운 것은 이들의 '사회주의 신념' 고수에 감동을 받았는지 젊은 처녀가 노인인 비전향장기수에게 시집을 가겠다고 나서고 실제 결혼 생활을 한다는 소식도 전해 와 우리 상식으로는 도저히 이해가 되지 않았다. 비전향장기수와 결혼한 젊은 처녀는 자발적인 순수한 생각의 발로인지 아니면 북한 당국이 정치적 목적으로 인위적으로 맺어 준 것인지는 알 수가 없다.

비전향장기수 63인을 북송한 후 우리 정부 입장에 부담되는 일이 있었다. 엄밀하게 말하면 비전향장기수는 우리 체제를 위협하거나 전복하려는 '敵'이었다. '敵'은 북한에 보내주면서 정작 우리 체제를 위해 싸웠던 국군포로나 우리 국민이었던 납북자들의 송환을 위한 성과는 없었다. 2000년 4월 10일 '남북정상회담 개최 합의' 발표가 되자 우리 사회에서는 6월 개최되는 남북정상회담을 앞두고 납북자 가족들은 '납북자 송환' 해결을, '비전향장기수 송환추진위위원회'는 '비전향장기수 북송'을 촉구하는 목소리가 거세졌다. 납북자 송환 문제는 노태우 정부 말부터 1987년 납북된 동진호 선원의 송환 문제가 1992년 9월 제8차 남북고위급회담(평양 개최)에서 협의된 이후 납북자 가족을 중심으로 문제가 제기되고 언론을 통해 사회적 이슈화가 되었다. 6.15 남북정상회담이 끝난 후 한 달이 지나 북한을 탈출(1998년 8월 30일)한 납북 선원 이재근씨(1970년 납북된 봉산22호 선원)가 7월 23일 귀환하였다. 이 사건도 납북자 문제에 대한 사회적 관심에 더욱 불을 당겼다. 비전향장기수 송환 문제는 김영삼 정부 초 비전향장기수 리인모를 일방적으로 북송한 이후 우리 사회의 재야인사들 중심으로 아직 남아 있는 비전향장기수들의 북송을 계속 촉구하고 있었다. 1994년 국군포로인 조창호 소위가 북한을 탈출하여 한국에 귀환한 이후 국군포로 귀환이 계속 이루어지자(1997년 1명, 1998년 4명, 1999년 2명) 우리 정부(특히 국방부)와 국회에서 나라를 지키기 위해 싸운 국군포로의 송환은 국가의 기본 책무라는 인식의 공감대가 쌓여가기 시작했다. 敵인 비전향장기수는 북한에 먼저 북송 조치하고, 정작 우리가 반드시 해결해야 할 납북자 문제나 국군포로 문제의 성과를 얻어내지 못하면 정부로서는 큰 부담이 되는 사안이었다. 납북자 문제와 국군포로 문제를 좀 더 자세히 살펴볼 필요가 있다.

전후 납북자와 전시 납북자 문제

납북자는 북한에 의해 강제로 납북되어 북한에 억류 또는 거주하게 된 사람으로 6.25전쟁 중 납북자(전시 납북자)와 정전협정 체결 이후 납북자(전후 납북자)로 구분된다. 전후 납북자 문제가 먼저 이슈화되었다. 구체적으로 북한에 의해 납치된 유형은 ① 어선원에 대한 납치(3,729명) ② 민간항공기(KAL기) 납치(50명) ③ 군인·해경에 대한 납치(30명) ④ 국내외 민간인 납치(국내 6명, 해외 20명, 총26명)로 분류할 수 있다. 2020년 12월 말 기준(통일부 발간, 「2021 통일백서」)으로 보면 전후 납북자는 총 3,835명이며. 그 중 3,319명이 귀환하였다. 귀환자중 3,310명은 북한이 송환(어부 3,263명, KAL기 39명, 해외 납치 8명)하였으며, 9명(어선원)은 장기간 억류 중 자진 탈북해서 귀환하였다. 북한에 억류된 전후 납북자는 516명으로 추정되고 있다.

주로 어선원이 많이 납치된 것은 해상에서 고기를 잡다가 부지불식간에 북방한계선을 넘게 되어 발생한 경우이다. 1955년 5월 28일 대성호 납북(10명)이 최초였다. 1960년대에 납북이 가장 많이 발생했다. 고기를 잡다가 해상에서 북한에 납치될 경우 본인이 강하게 남한으로 돌아가겠다면 북한이 돌려보낸 것 같다. 그러나 본인이 생명에 대한 위협, 북한의 회유 등에 의해 북한에 체류하겠다면 남한으로 돌려보내지 않은 것 같다. 1960년대까지 북한이 남한보다 경제적으로 우위에 있었다. 당시 경제적으로 어려운 사람들이 돈을 벌기 위해 고깃배를 타고 일을 했다. 그러다가 북한에 납북되면 일부 어선원들은 북한에서의 보다 나은 경제적 삶에 대한 희망, 기대로 인해 북한의 회유에 현혹되어 북한에 체류 의사를 밝혔을 수도 있다. 경우에 따라서는 불법 월경한 선장이 책임 문제가 두려워 북한 체류 의사를 북한 측에 밝히면 나머지 어선원들도 함께 억류되었을 수도 있다.

KAL기 납북사건은 1969년 12월 21일 강릉발-서울행 KAL 여객기가 대관령 일대 상공에서 고정 간첩 조창희에 의해 납치되었다. 북한은 기장 유병하, 부기장 최석만의 기자 회견을 통해 자진 입북한 것으로 보도하였다. 승무원 4명과 승객 7명을 제외한 39명만 판문점을 통해 송환시켰다. 군인·해경 납치는 국내 어선 보호 및 해상 경비 활동 중 북한의 기습 공격으로 납북되었다. 국내 민간 인사 납치는 남파 간첩에 의해 이루어졌고 해외에서 민간 인사 납치는 북한의 공작원들에 의해 납치되었다. 국내에서 납치된 국민은 고교생들이었다. 북한에서 정보 가치가 있거나 활용 가치가 있는 사람들, 대남 선전전에 필요한 사람들을 강제적으로 납치했을 것으로 본다. 북한에 의해 납치되어 억류된 사람은 대남 간첩 훈련이나 대남 방송에 활용되고 그렇지 않은 경우는 강제 노동에 동원된 것으로 추정된다. 탈북 귀환한 어선원은 9명인데 2000년 7월 23일 봉산22호 이재근 선원이 처음으로 귀환하였다. 2023년 9월 4일 오대양호 전욱표 선원이 마지막 귀환한 사람이다. 귀환한 9명 중 세 사람(천대11호 진정팔 선원, 천왕호 윤종수 선원, 대영호 김병도 선원)이 사망하였다.

전후 납북자 문제의 사회 이슈화

전후 납북자 문제는 주로 납치된 어선원의 자식들이 중심이 되어 사회 이슈화하였다. 1987년 납북된 동진호 선장 최종석씨의 딸 최우영씨와 1967년 납북된 풍북호 선장 최원모씨의 아들 최성용씨가 중심적 역할을 하였다. 두 사람은 처음에는 '납북자가족모임'으로 같이 활동하다가 활동 방향에 의견 차이가 있었던지 나중에는 별도의 조직을 만들어 활동하였다. 최우영씨는 '납북자가족협의회' 대표로, 최성용씨는 '전후납북자피해가족연합회' 대표로 활동하였다. 물론 두 사람 모두 납북자 송환을 실현하는 것이 궁극적 목표였지만 최우영씨는 언론 인터뷰, 언론 보도 등을 통한 사회 이슈화에 중점을 두었다. 최성용씨는 정부의 송환 노력에 현실적 한계를 직시하고 민간 차원의 기획적인 납북자 귀환 활동과 귀환 납북자나 납북자 가족들에 대한 정부로부터의 실질적 경제적 보상 확보에 더 중점을 두었다. 최우영씨는 개인 사정 등으로 인해 납북자 송환 촉구 활동을 계속하지 못했지만 최성용씨는 뚝심으로 현재까지도 납북자 송환 노력 및 귀환 납북자·납북자 가족에 대한 실질적인 지원 활동을 하고 있다.

전시 납북자 문제의 사회 이슈화

전시 납북자 규모는 조사 시기와 주체에 따라 차이를 보이지만 대략 10만 명에 이를 것으로 추정된다. 전시 납북자는 일명 '모셔오기 작전'을 통해 6.25전쟁 중 북한 정권이 직접 개입한 조직적 납치로 이루어진 것이다. 북한 정권 기반 구축 및 선전에 이용하기 위해 당시 남한 사회의 국회의원, 정당인, 법조인, 언론인, 교수, 의사, 공무원 등 사회 지도층 인사 및 지식인을 계획적으로 납치했다. 그리고 인민군 충원을 위해 민간인을 '의용군'이라는 구실 하에 조직적으로 대규모 강제 편입시켰다. 전시 납북자 문제는 전후 납북자 문제가 사회적 이슈가 된 이후 전시 납북자들의 자식 등 가족들이 중심이 되어 문제 제기를 지속적으로 하여 정부의 정책 과제로 확정된 것이다. 6.25전쟁 때 북한군에 붙잡혀 간 이성환씨의 딸 이미일씨가 '6.25전쟁납북인사가족협의회' 대표가 되어 순수히 자율적으로 활동하였다. 참가 회원들이 정부의 재정적 도움을 일체 받지 않고 자비로 부담하여 단체를 운영하였다. 이들은 정부로부터의 재정적 지원이 목표가 아니었고 6.25전쟁 중 납북 피해 진상 규명과 납북자 및 납북자 가족의 명예를 회복하는데 초점을 두었다.

당시 필자는 담당 국장으로서 이분들과 자주 만나 간담회를 하면서 이분들의 순수성을 확인하고 머리가 숙여졌다. 이분들의 진지한 노력으로 결국 2010년 3월 26일 "6.25전쟁 납북 피해 진상 규명 및 납북 피해자 명예 회복에 관한 법률"이 제정되었다. 동법에 의해 2010년에 국무총리 소속 '6.25전쟁 납북진상규명위원회'가 구성되고 약 5년(2011년~2015년)간 신고 접수된 납북 피해 사건 5,505건을 심사하여 4,777명을 전시 납북자로 결정하였다.

북한, 미송환 국군포로를 자유 전향자라고 주장

6.25전쟁 정전협상 과정에서 유엔군과 공산군은 양측의 포로 교환 명부 규모 차이, 포로 송환 방식의 이견 등으로 포로 교환 문제에 난항이 있었다. 거듭된 난항을 거쳐 최종적으로 3차례의 포로 교환이 이루어졌다. 당시 유엔군 측은 국군 실종자의 수를 82,000명으로 추정하였으나 공산군 측으로부터 최종 인도된 국군 포로는 8,343명에 불과하였다. 국군포로의 상당수가 북한에 강제 억류된 것으로

추정하고 있다. 양측의 포로 교환에서 공산군은 약 83,000명(북한군 76,000명, 중공군 7,000명), 유엔군은 13,469명(한국군 8,343명, 유엔군 5,126명)이 본국으로 송환되었다. 공식적인 포로 교환이 이루어진 후 정전협정 체결 직전 7월에 강원도 철원 금화지구 등에서 중공군의 대공세가 있었는데 이때 국군포로의 수가 늘어났다. 이들은 공식적인 포로 교환 대상자에서 제외되기도 하였다. 북한은 우리 측에 송환하지 않은 국군포로들을 자유 전향자 등으로 주장하였으며 이들을 인민군에 편입하거나 전후 복구사업 등에 강제 노력 동원하였다.

1994년 조창호 소위가 탈북하여 귀환함으로써 국군포로의 억류 문제가 다시 사회적 이슈화가 되고 국가적 관심사가 되었다. 국군포로가 계속 탈북 귀환하면서 귀환 국군포로와 탈북자의 증언과 북한에서 찍은 단체 사진 등으로 500여명의 국군포로가 생존하고 있음을 추정할 수 있었다.(국가정보원에 의하면 미송환 국군포로 1,770명의 신원을 확인했고 생존자 560명, 사망자 910명, 행방불명 300명 확인) 그리고 국군포로의 북한에서의 삶의 실상이 밝혀지기 시작했다. 북한에 억류된 국군포로들은 주로 함경남·북도에서 탄광·광산(고건원, 아오지, 학포, 상화, 검덕, 용양 등), 임산, 제강, 농업 분야에 배치되어 중노동을 한 사실이 밝혀졌다. 평안남도 개천군 조양탄광에서 수많은 국군포로가 강제 노동하는 것을 목격한 탈북자의 증언이 있었다(조선일보 2021년 6월 5일자). 공산주의를 비판한 사람들은 국가보위부에 체포된 이후 행방을 알 수 없게 되었다. 그리고 북한에서의 국군포로들의 가족에 대한 사회적 차별, 감시·통제가 심했다. 그동안 탈북 귀환한 국군포로는 총 80명(1994년 1명, 1997년 1명, 1998년 4명, 1999년 2명, 2000년 9명, 2001년 6명, 2002년 6명, 2003년 5명, 2004년 14명, 2005년 11명, 2006년 7명, 2007년 4명, 2008년 6명, 2009년 3명, 2010년 1명)이 된다. 2025년 8월 기준 국내 귀환 국군포로 중 현재 74명이 이미 사망하였고 생존자는 6명만이 남았다.

탈북·귀환한 전후 납북자는 9명이고 탈북·귀환한 국군포로는 80명인데 이처럼 크게 수적인 차이가 나는 중요한 이유 중 하나는 귀환을 기획·주선한 브로커 사례비가 양자 간에 엄청난 격차가 있었기 때문이다. 초기에는 전후 납북자가 귀환하더라도 정부가 특별히 이들에게 경제적으로 지원할 법적 근거가 없어 탈북자 지원법에 따라 일반 탈북자를 지원하는 수준으로 경제적 지원을 하였다. 1인당 정착금으로 3~4천만원 정도 수준이었다. 이후 납북자의 귀환이 점차 증가하고 납북자 가족들의 생활 안정 등에 대한 정부의 책무 등을 고려하여 2007년도에 이르러 전후 납북자 보상법('군사정전에 관한 협정이 체결된 이후 납북 피해자의 보상 및 지원에 관한 법률')을 제정하여 일반 탈북자 정착 지원금에 피해 위로금, 보상금을 더해 총 7,000만~8,000만원 정도를 지원하였다. 그러나 국군포로에 대해서는 1999년에 '국군포로 대우 등에 관한 법률'(2006년에 '국군포로 송환 및 대우 등에 관한 법률'로 개정)을 시행하여 귀환한 국군포로에게는 정부가 4억~5억원 정도로 큰 액수의 경제적 지원을 하였다. 군인으로서의 복무에 대한 월급과 위로 지원금, 특별지원금 등을 포함한 것이다. 국군포로에 대한 정부 보상금이 매우 큰 액수인 것을 알게 된 브로커들은 국군포로 탈북 및 귀환에 더 관심을 두었다. 물론 국군포로에 대한 기획 탈북은 위험도가 더욱 크기도 하였다. 개별적으로 다르겠지만 국군포로 귀환 사례비는 많을 때는 1억원 정도가 되었다. 이에 반해 납북자 귀환 사례비는 탈북자 사례비 수준인 평균 500만원~1,000만원 정도였다. 귀환 국군포로가 귀환 전후 납북자보다 그 숫자가 많은 중요한 이유 중 하나는 이러한 브로커 사례비의 격차가 큰데 있다고 추측된다.

납북자 가족의 피해 상황 파악

납북자 문제와 국군포로 문제가 사회적으로 이슈화되고 그 해결이 국가적 책무이며 중요한 정책 과제가 되자 통일부에서 이 일을 담당하는 주무 국장으로서 필자는 어깨가 매우 무거워졌다. 납북자와 국군포로의 존재를 전면 부인하는 북한 측과 상대해서 풀어야 할 문제라 쉽지 않은 과제였다. 필자는 우선 국내적으로는 관련 단체 대표들과 만나 그들의 의견을 청취하고 북한에 억류된 납북자 가족들의 실상을 파악하기로 했다. 국군포로 문제는 국방부에서 전담하고 있어 납북자 관련 단체 인사 중심으로 만났다. 처음에는 전후 납북자 송환을 위해 활동하는 '납북자가족모임'의 중심적 인사인 최우영씨와 최성용씨 등을 주로 만났다. 그런데 최우영씨는 대언론 활동을 많이 하고 있어 만나도 조심스러워 공식적인 대화 정도 밖에 할 수 없었다. 최성용씨와 만나서는 좀 더 허심탄회한 대화를 많이 나눌 수 있었다. 서로 남자라 부담을 덜 느끼며 납북자 가족들의 실상이나 그들의 요구 사항 등을 솔직하게 주고받을 수가 있었다. 최성용씨와 여러 차례 대화도 하고 어느 정도 신뢰가 형성되자 필자는 최성용씨와 동반하여 납북자 가족들을 직접 찾아가 만나보고 그동안의 납북자 가족으로서의 피해 실상을 파악하는 활동을 하였다.

최우선적으로 최성용씨의 집이 있는 장항으로 가보았다. 1967년 풍북호의 선주였던 아버지 최원모씨(납북 당시 57세)가 납북되었을 당시에 최성용씨는 15세 소년이었다. 그때부터 홀로된 어머니는 필자가 직접 찾아뵈었을 때 정신도 또렷하고 단아한 모습이었던 것으로 기억된다. 최씨의 부인은 식당을 하고 있었는데 최씨가 납북자 송환 문제에 매달리면서 그가 다니던 수협도 그만두자 생계는 그녀의 몫이 되었다. 가정은 뒷전이고 납북자 문제로 허구한 날 서울로 올라가는 남편을 대신하여 부인은 불평불만하지 않고 가사를 책임지고 있었다. 최성용씨에 의하면 어머니가 리인모가 북송된다는 소식을 듣고 최성용씨에게 자신이 죽기 전에 납북된 아버지의 소식을 알아보고 유해라도 찾아오라고 해서 납북자 송환 문제에 매진하기로 했다는 것이다. 또한 1967년 납치된 풍북호에 당시 갓 고등학교를 졸업한 가정 사정이 어려운 동네 청년이 돈을 벌기 위해 처음으로 배를 탔는데 그만 북한에 의해 납치되어 그것이 정말 가슴 아프다고 말했다.

필자는 최성용씨와 함께 납북 어부들의 가족들을 일일이 직접 찾아뵈었다. 병환으로 고통받는 납북자의 형제가 입원한 병실에도 찾아가 보았다. 그 뒤에 경남 어느 지역에 납북자 가족이 있는 집을 찾아갔는데 뒷골목을 굽이굽이 돌아서 갔는데 매우 어려운 환경에 처해 있었다. 자식이 고등학교를 졸업하고 공군사관학교에 지원하였는데 필기·체력시험은 합격했는데 최종적으로 불합격하였다는 것이다. 그 이유는 아버지가 납북자였기 때문이다. 자식은 그 사실을 알지 못하고 살았단다. 공군사관학교에 불합격하면서 아버지가 납북된 사실을 알게 되고 망연자실하였다는 것이다. 젊은 사람 입장에서는 장래 희망을 앗아가게 하는 것이었기 때문이다. 납북자 가족에게는 사실상의 '연좌제'로 작용하였다. 어떤 납북자 가족을 만났더니 북한에서 무장 공비가 남파되거나 간첩 사건이 발생하면 반드시 경찰이 먼저 자기 집에 찾아온다는 것이다. 가족이 납북된 것도 통한한데 공기관으로부터 납북자 가족들이 이렇게 의심받고 감시를 받으니 미칠 것 같다고 했다. 필자는 이러한 공포와 두려움 때문에 만나기를 꺼려하는 사람들은 개별적으로 조심스럽게 만났고 그렇게 생각하지 않는 사람은 여러 사람들과 함께 만났다. 인천 지역은 단체로 어느 식당에서 함께 만났던 것으로 기억된다.

필자가 만나 뵈었던 납북자 가족들 대부분은 경제적으로나 정신적으로 어렵게 생활해 왔다는 것을 알게 되었다. 그들은 중앙 부처에서 담당 국장이 직접 찾아와 납북자 가족들을 만나고 애로 및 요구사항을 들어준 것은 처음이라면서 희망의 기대 때문에 오히려 반가워하기도 하고 고마워하기도 하였다. 필자는 납북자 가족들을 직접 만나 그들과 대화를 나누고 실태를 파악한 것이 업무적으로 매우 의미가 있고 한편으로는 보람이 있었다. 거듭 납북자 문제를 해결하는데 최선의 노력을 다해야겠다고 다짐했다. 함께 동행한 최성용씨와는 납북자 문제를 해결하기 위한 노력에 서로 긴밀히 협력하기로 하였다.

당시 납북자 업무를 담당한 배충남 사무관은 필자와 동행하여 주말이나 휴일마다 납북자 가족들을 만나러 다녔다. 지금 생각하면 배 사무관이 가족들과 즐겨야 할 시간을 빼앗은 것 같아 미안하기 그지없다. 당시에 필자는 평일에 처리해야 할 일들이 많아 정신이 없었다, 그리고 당시에는 기자들이 수시로 사무실을 들락날락하는 시절이라 국장이 사무실에 없으면 기자들의 감각으로 추적하기 때문에 민감한 납북자 문제가 사실과 달리 언론에 노출될까 우려하여 기자들의 눈을 피해 주말이나 휴일에 납북자 가족을 만나러 다닌 점도 있다.

전시 납북 피해자를 위한 법률 제정

전후 납북자 문제에 많은 신경을 쓰고 있었는데 전시 납북자 문제 해결을 위해 활동하려고 하는 이미일 대표가 어느 날 사무실에 찾아왔다. 당시 전후 납북자 문제도 해결이 어려운 일이었는데, 더 어려운 6.25전쟁 시 납북자 문제 제기라니 순간적으로 골이 띵했다. 그러나 이미일 대표가 필자를 만나 얘기를 하고자 하는 내용을 들으면서 차분하면서도 진지한 대화가 이어졌다. 6.25전쟁 때의 납북자를 우리 사회에서 자진 의용군 입대나 월북자로 오해하고 있는데 북한이 계획적으로 우리 사회의 지도층 인사나 지식인들을 납치해 갔다는 진상을 규명하고자 했다. 우리 사회에 사실을 제대로 알리고 그동안의 왜곡된 인식으로 불명예스러운 정신적 피해를 보고 있는데 명예를 반드시 회복하는 것이 소망이라는 것이다. 그리고 정부가 보관하고 있는 6.25전쟁 시 행불자 명단 확보 등 행정적 지원을 해달라는 것이었다. 전시 납북자 가족들은 정부로부터 일체의 경제적 보상을 바라지 않는다는 것을 빠뜨리지 않고 강조했다. 그 뒤 '6.25전쟁납북인사가족협의회'의 임원들과도 몇 차례 만나 간담회를 했는데 대부분 점잖은 분들이었다. 학식도 있고 사회적 지위도 어느 정도 확보하여 경제적으로 어려움이 없어 보이는 사람들이었다. 그런 연유로 정부의 재정적 도움 없이 임원, 회원들의 자부담으로 단체 활동을 하겠다는 의지가 분명했다. 물론 이미일 대표가 단체 활동에 필요한 재정적 부담을 상당히 많이 한 것으로 알고 있다. 어느 정도 시간이 지나 전시 납북자 명단이 포함된 의미 있는 자료집을 만들어내고 전시 납북자에 대한 사회적 공감대를 높여 나가는 성과를 거두었다. 종국에는 2010년에 '6.25전쟁 납북 피해 진상규명 및 납북피해자 명예 회복에 관한 법률'을 제정하도록 하였다.

이산가족 명단에 포함된 전후 납북자와 국군포로

2000년 9월 2일 비전향장기수 63인을 북한에 북송한 이후 우리 정부는 납북자 문제와 국군포로 문제를 해결하기 위해 이 문제들을 북한 당국과 협의하고 설득시켜 나가야 했다. 남북장관급회담, 남북국방장관회담, 남북적십자회담에서 집중적으로 이 문제를 북한 측에 계속 제기했으나 북한 측은 납북자와 국군포로의 존재 자체를 단호하게 계속 부인하는 태도를 보였다. 우리 정부는 일단 이 문제를 이산가족 문제의 범주에 포함시켜 현실적 접근을 해보기로 결정했다. 제1차 이산가족 상봉 행사(2000년 8월 15일~18일)를 성공적으로 마치고 나서 우리 정부는 그 해 11월 30일부터 12월 2일까지 개최되는 제2차 이산가족 상봉 행사에 전후 납북자와 국군포로 가족의 생사 확인 및 상봉을 시범적으로 추진해 보기로 하였다. 그러나 북한 측이 전후 납북자와 국군포로를 전면 부인하는 상황에서 북한 측과 공식 협의하거나, 공개적으로 이를 추진할 수가 없었다. 우선 시범적으로 추진해 볼 전후 납북자 선정은 통일부에서, 국군포로 선정은 국방부에서 담당하기로 정했다.

그때까지 귀환한 국군포로와 전후 납북자, 탈북자의 증언과 여러 가지 정보를 종합하여 북한에 그 대상이 생존해 있고 성사 가능성이 높은 사람을 대상으로 전후 납북자와 국군포로 각 1명씩 선정해 보기로 하였다. 필자는 실무자와 함께 전후 납북자 명단 리스트를 놓고 현재 북한에 생존할 가능성이 높고 상징적 스토리가 높은 1987년 1월 납북된 '동진27호' 갑판장 강희근씨를 선정하였다. 필자는 인천지역 전후 납북자 가족 간담회에서 강희근씨의 노모(김삼례, 2000년 당시 73세)가 홀로 강화도에서 어렵게 사신다는 것을 그때 알게 되었다. 또한 제8차 남북고위급회담(1992년 9월 16일~17일, 평양)에서 북한 측의 요구 사항인 리인모 송환과 우리 측의 요구 사항인 동진호 선원 12명 송환 등을 협상한 적이 있고 당시에 협상은 타결되지 않았지만 1993년 3월에 리인모씨를 우리가 북송하였기 때문에 우리 측도 동진호 선원 1명 정도를 북한 측에 정당하게 요구할 수 있다고 판단했다. 필자는 이산가족 생사 확인 및 상봉의 대상자에 전후 납북자 강희근씨를 선정해 윗선에 보고했더니 잘 선정되었다면서 승인이 났다.

언론사에 엠바고(보도 금지) 협조

국방부에서 추천된 국군포로 1명을 포함해 2명을 이산가족 생사 확인을 하는 대상자 명단에 포함해 북한 측에 통보하였다. 그런데 당시에 통일부에 출입하는 기자들이 전후 납북자 문제에 대해 취재를 지속적으로 하고 있었고 일부 기자들은 북한 측에 넘겨준 이산가족 명단을 취재하기 시작했다. 전후 납북자는 납북 당시마다 언론에 보도되었기 때문에 납북자 가족 명단은 쉽게 접할 수 있었다. 그러나 국군포로는 6.25 전쟁 때 발생한 것으로 누구인지 기자들도 알기 어려웠고 국방부의 기관 특성상 보안 유지가 철저히 되었기 때문에 누가 의도적으로 알려주지 않는 한 알 수가 없었다. 전후 납북자 문제를 담당하고 있는 필자로서는 상당히 초조해질 수밖에 없었다. 북한 측이 전후 납북자 존재를 부인하고 있고 우리 측이 일방적으로 전후 납북자 명단을 북한 측에 조용히 넘겼기 때문에 북한 측이 이를 알고 어떻게 나올지 조마조마한 상황이었다. 그리고 우리 정부의 윗선에서도 어떻게든 이번에 성사시켜야 한다는 의지도 있어서 담당 국장으로서 일을 성사시키기 위해 특단의 조치를 취해야겠다고 판단했다. 기자들이 언론에 보도하지 않도록 엠바고(embargo) 조치를 요청해야겠다고 생각했다. 기자들에게 엠바고 조치 협조 요청 시에 영향력이 있도록 장·차관이 나서주는 것이 좋겠다고 생각하였다. 장·차관에게 엠바고 필요성을 설명드렸더니 두 분 모두 필요성은 인정하면서도 다른 일로 바쁜지 선뜻 본인이 나서겠다고 하시지는 않았다. 장·차관실을 나와 어느 정도 시간이 지났는데 아무도 기자들에게 엠바고 조치하겠다는 말씀이 없었다. 초조한 것은 결국 담당 국장의 몫이 되었고 필자가 직접 나서기로 했다.

당시 통일부에는 출입 기자들 전용 사무실이 있었고 출입 기자단이 구성되어 있어 간사 1명, 부간사 2명(신문사 1명, 방송사 1명)이 있었다. 필자는 먼저 평소 잘 아는 출입 기자단 간사인 연합뉴스 주용성 차장을 별도로 만났다. 사정을 상세히 설명하고, 이번에 전후 납북자 강희근과 어머니 김삼례 할머니를 이산가족 생사 확인 및 상봉 대상자 명단에 넣어 북한 측에 통보했다고 설명했다. 현재로서는 북한 측이 어떻게 나올지 몰라 조심스럽게 기다리고 있는 상태이며, 이번 건을 성공적으로 성사시키기 위해 일체 보도를 하지 않도록 간곡히 협조 요청한다는 뜻을 전했다. 충분한 설명을 들은 주용성 기자는 이해한다면서 본인은 엠바고에 동의한다고 하였다. 그 다음에는 부간사에게 이어서 기자단 전체에게 똑같은 설명과 협조 요청을 했더니 모두들 흔쾌히 동의해 주었다. 필자는 안도의 한숨을 쉬면서 기자단들의 흔쾌한 엠바고 동의에 진심으로 고맙다는 생각이 들었다. 그러한 과정을 거치고 난 후에 북한 측에서 강희근씨가 생존해 있다는 것을 우리 측에 통보해 왔고 그리고 최종 이산가족 상봉 대상자에도 포함해서 통보해왔다. 필자는 이 사실을 기자단에게 그대로 알려주었더니 모두들 흥분하기 시작했다. 모든 기자들이 본사에 내부 보고는 하였지만 어떠한 언론사도 보도는 하지 않았다. 필자는 제2차 이산가족 상봉 행사에서 시범적 전후 납북자 상봉을 반드시 성공적으로 성사시키고 계속 다음 이산가족 상봉 행사에서도 이어 나가기 위해 기자단들에게 엠바고를 끝까지 유지해 줄 것을 다시 한 번 간곡히 부탁드렸다. 기자단 모두 그렇게 하겠다고 긍정적으로 확인해 주었다.

제2차 이산가족 상봉이 2000년 11월 30일~12월 2일에 실시되었는데, 필자는 행사 현장에서 진두지휘하였다. 북한에서 온 이산가족들이 남한 가족들과의 상봉이 이루어지는 서울의 한 호텔에서 행사 기간 내내 투숙해 있었다. 상봉 행사가 진행되는 중에 출입 기자단 간사인 주용성 차장으로부터 긴급 전화가 왔다. 내용인즉 북한 지역에서 진행되고 있는 이산가족 상봉행사장(고려호텔)에서 납북자인 강희근씨가 그의 처(김용화)와 아들(강현민)과 함께 어머니인 김삼례 할머니에게 절을 하면서 상봉하는 장면을 북한 측이 대대적으로 보도하고 있다는 것이었다. 북한 측이 먼저 보도를 했으니 우리가 더 이상 엠바고를 하는 것은 의미가 없다고 하면서 우리도 보도를 하는 것이 당연하지 않겠느냐고 필자에게 강하게 제기하였다. 그 소식을 주용성 차장한테 들은 필자는 일순간 당황했지만 언론의 특성상 보도할 수밖에 없다는 것을 직감하고 우리도 보도하기로 결정했다. 전후 납북자 상봉이 우리 언론을 타고 핫뉴스가 되고 다시 한 번 우리 사회에서 납북자 문제에 대한 사회적 관심의 불을 댕겼다. 북한의 방송 보도에 의하면 강희근씨는 동진호가 납치되었다는 것은 허황한 날조이며 자기 스스로 인민의 참된 정치가 실현되는 '공화국(북한)'에서 살기로 결심했다고 강조했다. 강희근씨는 평안북도 직물 공장에서 일하고 있으며 노동당에도 입당하였다는 사실을 밝혔다. 북한은 납북자 문제를 이산가족 상봉을 계기로 역으로 그들의 정치 선전장으로 활용하였다. 그러한 북한의 태도는 예측된 반응이지만 기분이 몹시 언짢았다. 일단은 이산가족 범주에서라도 전후 납북자 문제를 1단계에서 풀어내었다는 점에서 만족했다. 제2차 상봉에서 국군포로 1명도 생존해 있음을 확인했고 상봉도 이루어졌다.

제3차 이산가족 상봉 행사가 2001년 2월 26일부터 28일까지 실시되었다. 제2차 상봉행사 때처럼 이번에도 전후 납북자와 국군포로를 포함시키기로 했다. 제3차 때는 전후 납북자는 2명, 국군포로는 4명을 이산가족 생사 확인 및 상봉 후보 대상자로 선정해 북한 측에 넘겼다. 이때는 전후 납북자는 1명이 생존, 1명이 사망한 것으로 북한 측에서 통보해 와 1명만 상봉이 이루어졌다. 국군포로는 2명이 생존, 2명이 사망하고, 2명의 상봉이 이루어졌다. 제2차 상봉행사 때 북한 측이 먼저 납북자 강희근 씨의 어머니 김삼례 할머니와의 상봉을 먼저 보도했지만 아직까지는 제3차 상봉행사에서 납북자 상봉을 우리 측이 먼저 공개적으로 보도하는 것은 사안의 민감성으로 인해 조심스러웠다. 필자는 제3차 상봉 때도 언론 측에 엠바고를 다시 한 번 협조 요청하기로 마음을 먹었다. 간사인 주용성 차장을 만나 다시 한 번 간곡하게 엠바고 협조를 부탁드렸다. 주용성 차장은 처음에는 신중한 입장을 취하다가 필자의 읍소로 최종적으로 엠바고 동의를 해주었는데 기자단과 상의를 해봐야겠다고 토를 달았다. 부간사들을 우선 만나 엠바고 부탁을 했는데 반 정도는 동의해주는 듯 했지만 명쾌한 태도는 아니었다. 차례로 기자단 전체 모임에 필자가 직접 가서 간곡히 협조 요청을 했다. 일부 기자들이 제2차 상봉 행사 때 북한 측이 먼저 납북자 상봉을 보도했기 때문에 이제는 더 이상 납북자 상봉이 엠바고 대상이 될 수 없다고 주장했다. 필자는 거듭 엠바고 읍소 부탁을 하면서 북한이 보도하면 우리도 동시에 보도하되 북한 측이 공개하기 전까지는 엠바고를 유지하면 어떻겠느냐고 대안을 제시하면서 실무 담당 국장의 간절함을 표시하였다. 필자의 간절한 읍소가 이해되었는지 최종적으로 기자단에서 그렇게 하기로 결정이 되었다. 당시 이같이 기자단이 최종 결정하는데 간사인 주용성 기자가 분위기 조성을 해주었다. 제2차, 제3차 이산가족 상봉 행사에서 납북자 상봉의 엠바고 협조를 적극적으로 해준 연합뉴스 주용성 차장이 진심으로 고마웠다.

이산가족 상봉장에 나타난 납북자

제3차 이산가족 상봉 때는 1969년 납치된 KAL기 승무원 성경희씨와 남한의 그녀 어머니인 이후덕 할머니(당시 77세)의 상봉이 고려호텔에서 있었다. 어머니인 이후덕 할머니는 1969년 납치되어 북한에 억류된 딸 성경희와 북한에서 결혼한 사위 임영일(김일성대 교수), 손자, 손녀를 32년 만에 만났다. 아니나 다를까 북한 측은 대대적으로 보도하였고 이를 기회로 우리 측에서도 동시에 보도를 하였다. 성경희씨는 원래 목소리가 고왔는데 북한이 이를 포착했는지 '구국의 소리' 대남 방송 활동을 한 것으로 알려졌다. 필자는 강희근의 어머니인 김삼례 할머니는 거주지가 멀어 사전에 만나기가 쉽지 않았고 또한 평양 상봉을 하고 나서 바로 강화도로 귀가해서 결국 직접 만나지 못했다. 성경희씨의 어머니인 이후덕 할머니는 수원에 살았고 건강하셔서 사전에 필자와 만나 많은 이야기를 나누었고 딸과의 평양 상봉 이후에도 만나 많은 이야기를 했다. 마음속에야 말 못할 쓰라린 고

통이 계셨겠지만 겉으로는 내색하지 않고 담담하신 태도를 보여주셨다. 딸과의 평양 상봉이 이생에서 마지막이라 생각하고 딸, 사위, 손자, 손녀에게 줄 의미 있는 선물을 정성들여 준비하셨던 것 같다. 그러한 마음가짐을 가진 이후덕 할머니에 대해 경외심을 느꼈고 납북자 가족들의 쓰라린 마음의 고통, 고민, 인내를 직접 함께 느낄 수 있었다.

필자는 제2차, 제3차 이산가족 상봉 행사 때 전후 납북자와 국군포로의 생사 확인 및 상봉을 별 탈 없이 무사히 성사시켜 보람이 컸다. 그 이후로 필자는 다른 보직으로 자리를 옮겼기 때문에 그 이후의 상봉 스토리에 대해서는 자세히 모르나 납북자와 국군포로 문제에 계속 관심을 갖고 지켜보았다. 제21차 이산가족 상봉 때 까지 전후 납북자는 생사 확인은 총 64명(생존 22명, 사망 42명), 상봉은 총 19명이 이루어졌고, 국군포로는 생사 확인은 총 56명(생존 19명, 사망 37명), 상봉은 총 18명이 이루어졌다. 전시 납북자는 제13차 상봉 때부터 시작되었는데 생사 확인은 총 13명(사망 13명)이 이루어졌는데 모두 사망해서 상봉은 없었다.

넓은 의미의 이산가족 범주의 틀 내에서 현실적으로 접근

우리 정부는 북한 측에 대해 각종 회담을 통해 납북자 및 국군포로 문제에 대해 계속 문제를 제기하고 설득하고 해결을 위해 노력하였다. 그러나 북한 측은 매번 존재를 전면적으로 부인하는 태도를 취하였다. 이후로도 북한 측은 6.25전쟁 때 그 혼란스러운 와중에 행방불명자는 생길 수 있다고 합리화시키고 제4차 남북적십자회담(2002년 9월 6일~8일, 금강산)과 제8차 남북장관급회담(2002년 10월 19일~22일, 평양)에서 '전쟁 시기 소식을 알 수 없게 된 자들의 생사·주소 확인 문제를 협의·해결한다'로 합의함으로써 일단 양보하는 태도를 보였다. 그러나 여전히 전후 납북자 문제에 대해서는 요지부동이다. 우리 측의 지속적인 문제 제기로 제

7차 남북적십자회담(2006년 2월 21일~23일, 금강산), 제18차 남북장관급회담(2006년 4월 21일~24일, 평양)에서 '전쟁 시기 및 그 이후 소식을 알 수 없게 된 사람들에 대한 생사 확인 문제를 포함시켜 협의·해결해나가기로 한다'로 합의함으로써 전후 납북자 문제를 공식적으로 다루게 되었다. 그러나 이 모든 것도 넓은 의미의 이산가족 범주의 틀 내에서 현실적으로 접근한다는 의미에 불과한 것이었다. 북한 측의 완강한 태도 때문에 현실적으로 어쩔 수 없다고는 하지만 엄격한 의미에서의 전후 납북자 문제를 다루는 것은 아니라고 할 수 있다.

납북자 송환에 대한 국가적 노력 필요

비전향장기수, 납북자, 국군포로 문제에 대한 필자의 경험을 소개하면서 국가의 기본 책무에 대한 다른 국가의 사례를 참고해 소개한다. 미국은 북한에 의해 납치·억류된 자국민에 대해 개별적 납치 경위가 어떻든 간에 국가가 적극적으로 나서서 반드시 송환시켜 왔다. 전직 대통령('카터', '클린턴'), 전직 부대통령('엘 고어'), 현직 국무장관('폼페이오')이 직접 북한과 교섭하고 방북하여 억류된 미국인을 귀국시켰다. 일본도 정권이 바뀌더라도 북한에 의해 납치·억류된 '납치자 문제'를 정권의 최우선 정책 과제로 삼아 북한 측에 문제 해결을 위한 협상을 끊임없이 제기해 오고 있다. 물론 일본이 일제 식민지 시대에 우리 민족에게 저지른 수많은 인권 침해 사례를 생각하면 너무 심하지 않느냐는 생각도 들지만 어쨌든 자국민 구출을 위해 집요하게 협상하는 태도 자체는 존중해야 한다. 필자가 직무상 북한에 의한 일본인 납치자 송환 활동을 하는 일본의 담당 기구의 책임자를 만난 적이 있다. 책임자는 여성이었다. 처음 만났을 때는 우리 정부의 직급으로 보면 1급이었는데 그 다음 해에 만나니 차관급으로 격상되어 있었다. 동일한 인물이 그대로 있었다. 또 그 다음 해에 만나니 장관급으로 격상되어 있었다. 동일 인물이 그대로 있었다. 그만큼 일본은 납치자 문제를 중요시하였고, 동일 인물이 계속 담당함으로써 업무의 연속성을 유지하였다. 북한에 의한 일본인 납치자 명단(사진 게재) 팜플릿, '요코다 메구미'에 대한 만화책까지 만들어 국내외적 홍보와 국제적 협조를 요청하는 활동을 하고 있었다. 이와 같은 다른 국가의 활동을 보면서 우리나라도 나름대로 납북자 문제 해결을 위해 열심히 노력한 점은 인정하지만 그 노력의 강도가 과연 미국이나 일본처럼 강력한지 되묻게 된다. 납북자 가족들의 송환 활동이 활발하거나 언론에서 문제 제기를 활발하게 하면 뒤따라서 정부가 이 문제에 관심을 기울이며 노력하지만 사회적 관심과 열기가 식어지면 정부의 관심도 식고 그 해결을 위한 노력이 미미해지는 측면이 있었다.

납북자 문제나 국군포로 문제는 본질적으로 국가의 기본 책무라는 인식을 갖는 것이 중요하다. 그 해결을 위한 방법을 모색하고 성과를 내는 것은 정부의 몫이다. 납북자·국군포로 문제 해결을 위한 노력은 정권이 바뀌더라도 지속되어야 한다. 완강한 북한 때문에 해결이 어렵더라도 성과 여부와 관계없이 지속적으로 문제를 제기하고 송환 노력에 최선을 다해야 한다.

북한이탈주민 문제와 통일정책

우리는 남한 사회에 찾아온 북한이탈주민(이하 탈북민으로 약칭)에 대해 흔히 '먼저(다가) 온 통일'이라고 의미를 부여하고 남한 주민들과 탈북민들의 상호 이해와 적응 과정을 '통일(통합)의 사전 예행연습', '통일(통합) 실험'이라고 지칭하였다. 탈북민을 통일정책적, 통일 대비적 차원에서 의미를 본격적으로 부여하기 시작한 것은 1997년 7월 14일 '북한이탈주민의 보호 및 정착 지원에 관한 법률'을 제정·시행하고 통일부가 탈북민 업무를 총괄하고 담당하는 소관 부처가 되고 나서부터라고 할 수 있다.

탈북민 소관 부처의 변경

1962년 4월 '국가 유공자 및 월남 귀순자 특별 원호법'이 제정·시행되면서 탈북민을 '월남 귀순자'라고 하면서 국가 유공자와 함께 관리하면서 원호처가 주무 부서였다. 이후 탈북민을 국가 유공자와 동등한 지위를 부여하는 것이 국민 정서에 부합하지 않다고 판단하고 1978년 12월 '월남 귀순 용사 특별 보상법'을 제정·시행하고 '월남 귀순 용사'로 호칭하고 계속 원호처(1984년 국가보훈처로 개편)가 담당하였다. 그 이후 1990년대에 들어와 탈북 양상이 다양화되고 국내 입국 규모도 증가되면서 탈냉전 시대에 접어들어 여전히 탈북민에게 특권적 지위를 부여하는 것은 시대 흐름에 맞지 않는다는 여론이 있었다. 1993년 12월 '귀순 북한 동포 보호법'을 제정·시행하면서 탈북민을 '귀순 북한 동포'라고 호칭하고 난민 구호 차원과 사회 복지 차원으로 접근하면서 그 업무도 보건복지부로 이관되었다. 그 결과 탈북민에 대한 물질적 지원이 우리 국내의 영세민 지원 수준으로 하향 조정되었다.

김영삼 정부 들어서며 1995년~96년 통일안보정책 조정회의(의장: 통일부장관, 외교부·국방부·안기부 등 기관장이 참여)에서 탈북민 문제를 통일정책적 차원에서 재정립하기로 하였다. 1997년 7월 '북한이탈주민의 보호 및 정착 지원에 관한 법률'을 제정·시행하고 탈북민을 법적 중립 용어인 '북한이탈주민'으로 호칭하고 소관 업무도 통일부로 이관하였다. 탈북민이 우리 사회에 안정적 정착을 위한 사전 준비를 하도록 사회 적응 교육기관인 북한이탈주민정착지원사무소(일명 '하나원')를 1997년 12월 말 착공하여 1999년 7월 8일 경기도 안성에 건립하였다. 탈북민에 대한 물질적 지원도 대폭 상향 조정하고 전 부처적인 참여하에 종합적인 지원을 하기로 했다. 이처럼 탈북민 지원에 대한 의미는 시대의 흐름과 탈북민의 다양성, 규모의 증대에 따라 변화해 왔다. 보안 차원(1953~1961), 보훈 차원(1962~1978), 체제 선전 차원(1979~1992), 사회 복지 차원(1993~1996), 통일(대비)정책 차원(1997~)으로 그 의미가 변화하여 왔다.

탈북민 업무를 통일부가 통일정책의 차원에서 다루기 시작하면서 1996년 12월 말에 이 업무를 담당할 인도지원국이 신설되었다. 인도지원국은 대북 인도적 지원 업무, 남북 이산가족 업무와 탈북민 정착 지원 업무를 담당하였다. 제1대 담당 국장은 이종렬 국장이었고 필자가 1999년 12월 말에 제2대 국장(2001년 6월 말까지)으로 업무를 맡았다. 탈북민 업무를 통일정책의 차원에서 접근하였기 때문에 그러한 시각에서 바라보게 되었다. 그때의 흐름은 독일이 1990년에 통일된 후에 우리도 통일에 대한 기대와 열망이 강했다. 그러나 독일 통일에 따른 통일 비용이 천문학적 숫자였고 정치·경제적으로는 통일되었지만 서독 주민과 동독 주민 간에 심리적 갈등이 심하다는 내용이 전해졌다. 이러한 동서독 통일의 후유증이 전해오면서 앞으로 우리가 주도하는 미래의 통일을 위해서 '먼저(다가) 온 통일'인 탈북민 1,000여 명(1999년 12월 말 기준 총 입국탈북민은 1,095명)도 우리가 감당하지 못하면 통일이 되어 북한에 거주하는 2,000여만 명의 동포를 어떻게 감당하겠느냐는 문제 제기가 나왔다. 통일을 목소리로만 외칠 것이 아니라 탈북민들의 성공적인 정착과 남북 주민 간의 통합을 위해 노력해야 한다는 여론이 형성되었다. 우리가 그동안 이룩한 성공적인 경제 성장·발전으로 인해 이 정도 규모의 탈북민들의 정착을 위한 재정 능력은 충분하다고 판단했다. 탈북민들이 남한 사회에서 성공적으로 정착하는 모습을 보여주어야 북한 주민들이 우리와 동반하는 미래의 통일을 기대할 수가 있다.

통일정책적 시각에서 탈북민을 보자

한편 동서독 통일 이후 서독 주민과 동독 주민과의 심리적 갈등은 우리로 하여금 제도적 통일 못지않게 사람과 사람 간의 마음의 통합, 즉 심리적 통합이 중요하다는 것을 환기시켰다. 우리 사회에 온 탈북민들과 남한 주민들이 서로 갈등을 겪으며 남북한 주민 간의 마음의 통합을 위한 예행연습을 통해 미래의 통일을 대비하는 마음가짐을 가질 필요가 있다. 우리 사회에 찾아온 탈북민들을 통해 우리가 북한 사회의 실상을 좀 더 명확하게 알 수 있고 또한 탈북민들이 남한 사회의 실상을 북한 주민들에게 전달하는 창구 역할을 함으로써 상호 간의 이해도를 높이고 북한의 변화를 견인하는 작용도 할 수 있다. 나아가 남한 사회에서 남북한 사회의 양쪽을 경험한 탈북민들은 통일이 되면 통일 시대에 중요한 통일(통합)

의 일꾼이 될 수 있다. 이처럼 통일정책적 차원에서 탈북민을 바라보는 것은 관점만 분명히 하면 업무의 방향성을 유지하는 데 큰 어려움은 없는 것이다.

필자는 탈북민 담당 국장 재직 시절에 탈북민 업무를 하면서 이러한 통일정책적 시각에서 탈북민을 생각하는 기본 마음가짐을 가졌다. 이후 담당 국장에서 물러나 다른 업무를 할 때도 탈북민에 대해서는 인도주의적·동포애적 관점에서 현실에서의 탈북민 문제에 계속 관심을 갖고 탈북민 지원 단체나 탈북민과 교분을 유지했다. 이러한 과정에서 일부 탈북민들의 인성 불량이나 일탈 행위를 목격하였다. 함께 한 탈북민들로부터 뒤통수를 맞고 선의를 배신한 행태에 상심하고 분노하기도 했다. 그러나 필자는 통일정책적 시각에서 탈북민을 생각하면서 마음을 추스리기도 했다. 2000년대 초부터 2015년 사이에 다른 단체 3곳에서 중국 동북 3성에 나와 있는 탈북민이나 북한 주민을 대상으로 설문 조사를 실시한 적이 있었다. 질문 내용은 만약에 북한에서 큰 문제가 발생했을 때 당신은 어느 나라를 선택해서 살겠느냐는 것이었다. 선택 대상 나라로 남한, 북한, 중국을 제시했는데, 세 차례 설문 조사 모두 동일한 답변이 나왔다는 것이다. 1순위는 중국, 2순위는 북한이고, 3순위가 남한이라는 것이었다. 필자가 이러한 결과를 유추해 보면 중국 동북3성은 북한 주민이 자주 왕래해 익숙하고 조선족 친척들이 살고 있어 북한 주민들에게는 심리적으로 편할 수 있다. 또 중국의 경제적 부를 눈으로 목격하여 경제적으로도 살기 좋은 곳이라고 생각하기 때문에 북한 주민은 유사시 중국을 1순위로 선택한 것이라고 본다. 2순위로 북한을 선택한 것은 그래도 자기 가족이 있고 고향이 있는 곳에 머무르는 것이 마음 편하다고 생각했을 수 있다. 남한의 체제 밑에서 살면 북한 사람은 대접도 못 받고 하류층으로 전락할 수 있다는 불안감 때문에 자존심이 강한 북한 주민은 차라리 북한에서 그대로 사는 것이 속 편하고 못 살아도 북한이 좋다고 선택했을 수도 있다. 남한이 3순위로 밀린 것은 남북 통일을 간절히 원하는 우리에게는 씁쓸한 선택이고 정책적으로 생각할 것이 많다는 것을 시사한다. 그런 의미에서 탈북민을 단순한 사회복지적 차원으로 대응하기 보다는 이를 넘어서서 통일정책적 시각에서 접근해야 하는 의미와 중요성이 있다. 필자는 탈북민을 통일정책적 시각에서 바라보고 생각하는 마음가짐이 상당히 고정되었다.

탈북민의 복잡한 특성

구체적인 한 인간으로서의 탈북민들이 그들이 살아왔던 북한 사회와 이념적, 제도적으로 전혀 다른 남한 사회에서 안정적으로 적응하여 성공적인 정착을 하는 문제는 통일정책적 차원의 시각과는 다른 별도의 문제이다. 결코 쉬운 일이 아니었다. 이주민적 성격의 탈북민이 다른 사회에 적응하고 정착하는 문제는 그동안 남북 교류협력 업무에 비중을 두고 일해 왔던 필자에게는 새로운 과제였다. 또한 사람의 정신 심리에 대해서도 탐구해야 하는 문제였다. 필자는 이 분야의 전문가들의 의견을 듣고 관련 자료를 구해 공부를 하였다. 그리고 탈북민들과 직접 만나 심문을 하거나 상담을 하신 분들의 경험담도 듣고 탈북민들과 직접 만나 그들의 생각과 애로 사항이 무엇인지에 대해서도 파악하였다. 당시 국장으로서의 필자는 2000년 6월 남북정상회담 전후로 남북 간 현안 문제인 대북 인도적 지원 업무, 남북 이산가족 업무, 납북자·국군포로 문제, 비전향장기수 문제 등으로 정신이 없을 때였다. 그럼에도 불구하고 탈북민의 성공적 정착을 지원하는 업무는 인도주의적이고 동포애적이며 구체적인 한 인간의 삶의 문제이기 때문에 매우 보람 있는 일이라고 생각하여 시간을 할애하여 이 업무도 최선을 다해 노력하였다.

1년 반 정도 인도지원국장을 하는 동안 탈북민에 대한 필자의 공부와 현장 경험을 바탕으로 당시에 부족하지만 필자 나름대로 탈북민에 대한 몇 가지 정립된 특성을 정리해 본다. 첫째, 탈북민들은 우리 사회의 일반 사람들과는 다른 구조적 특성이 있다. 탈북민은 '북한인', '난민', 그리고 '이방인'이라는 다양한 특수 신분의 중첩으로 인해 사회적·정신적·심리적·신체적으로 일반 사람들과는 다른 복잡한 특성을 지니고 있다. 그들은 기본적으로 북한 사회주의 체제에서 오랫동안 생활해 온 '북한인'으로서의 특성과 생명의 위협을 무릅쓰고 불안감과 스트레스 속에서 방랑해 온 '난민'으로서의 특성을 갖고 있다. 그리고 남한 사회에 유입되어서는 이념과 체제가 전혀 다른 곳에서 적응해야 할 뿐 아니라 사회적 연계망이 없어 '이방인'으로서의 특성을 나타낸다.

'북한인'으로서의 특성은 폐쇄된 북한 사회의 통제된 집단주의로 인해 획일주의, 배타주의적 성향을 보이며 자율적 행동보다 타율적 행동에 익숙해져 있으며 권력에 복종하는 행태를 보인다. 한편 '90년대 중반 이후 극심한 식량난으로 인해 개인주의·이기주의·물질추구주의가 팽배해지자 외적인 태도와 내면이 다른 이중적 인성을 갖게 되었다. 즉, 생존 전략으로써 공식적·제도적인 영역에서는 불가피하게 공식적인 방침과 집단주의 윤리에 복종하는 행동을 보이지만, 비공식적·사적인 영역에서는 개인주의 및 경제적 이해관계가 행동을 지배하는 이중적인 태도를 보인다. 남한에 온 탈북민들은 물질적 성공에 대한 열망이 강하며 그로 인해 자기 능력을 벗어난 사업을 무리하게 하다가 실패하거나 남한 사람의 거짓 유혹에 속아 애써 모은 돈을 탕진하는 경우도 있었다.

'난민'으로서의 특성은 의심, 불안, 우울, 신체적 장애가 있으며 편집증적 행동(paranoid behavior), 북한에 두고 온 가족에 대한 죄책감 등이 내재되어 있다. 대부분 '외상후 스트레스 장애(PTSD)'를 겪고 있다. 탈북민들이 남한 사람들에 대해 의심과 경계를 하는 현상은 '난민'으로서의 정신적·심리적 불안 상태에 기인하는 것으로 여겨진다. 신체적 장애와 관련하여 국내 입국한 탈북민들의 진료 결과에 의하면 많은 사람들이 치아 손상, 위장 장애, 두통, 요통, 관절통, 치질 등을 앓고 있으며, 불면증, 신경 쇠약 증세, 정신 불안 증세의 비율도 높다.

'이방인'으로서의 특성은 자유민주주의에 대한 이해 부족 및 가치관 혼란, 사람 상호간의 연대감 및 사회성 부족, 언어 소통의 곤란, 직장 생활에서의 부적응과 소외감, 외로움, 무력감, 심한 감정적 기복 등 정서적 불안, 욕구 불만 등을 들 수 있다. 특히 남한 사회에서의 직장 생활 초기에 높은 기대 속에 열심히 일하게 되나 상대적인 업무 능력의 저조함으로 인한 한계, 남한 사람들의 무관심과 때로는 무시 등으로 인한 심리적 위축으로 '이방인', '주변인'으로 남게 되어 외로움, 무력감이 심화된다.

탈북민 정착에는 오랜 시간 소요

둘째, 이와 같이 3중적인 특성으로 어려운 상황에 처한 탈북민들이 우리 사회에 조속하게 적응하고 안정적으로 정착하는 것을 기대하는 것은 무리한 것이며 현실적이지도 않다. 안정적·성공적 정착을 위해 상당한 시간이 필요하다. 필자는 탈북민이 우리 사회에 안정적으로 정착하는데 소요되는 기간은 이주민(난민)의 정착 단계의 연구에 비추어 3~5년은 걸릴 것으로 판단했다. 결국은 우리 사회의 탈북민들에 대한 정착 지원 노력과 병행하여 탈북민들 스스로의 새로운 사회 적응과 극복 과정이 필요하며 여기에는 어느 정도 절대적인 시간이 필요한 것이다. 물론 이 절대적인 시간이 반드시 탈북민 모두를 성공적으로 안착시켜 준다는 것은 아니며 여러 가지 요인들이 순기능적으로 잘 작용해야 한다.

구엔(Nguyen)은 정착지에서 난민들의 적응 단계에 대해 3단계로 구분하였다. 제1단계(0~2개월)는 기분의 고양과 흥분단계, 제2단계(3~6개월)는 새로운 곳에서 기본적 생활 조건을 충족하는 것에 관심과 노력을 기울이는 단계, 제3단계(7개월

~3년)는 대부분이 새로운 상황을 인정하고 만족하는 단계이나 지나치게 높은 희망과 비현실적 기대를 지닌 사람들은 고통스러워하며 정서적인 문제를 겪게 된다는 것이다.

이장호 전 서울대 교수는 탈북민의 남한 사회 정착 단계를 5단계로 구분했는데 심리적 불안정을 거쳐 안정적으로 서서히 정착하게 된다고 지적하였다. 제1단계는 이질 문화 충격 단계로 공포와 불안감이 심한 시기이다. 제2단계는 기초 취업 준비 단계로 남한 사회에 대해 한편으로는 불만, 또 한편으로는 동조 등 복잡한 심리적 갈등을 겪는 시기이다. 제3단계는 생활 정착 단계로 어느 정도 적응이 이루어진 상태이며, 제4단계는 재사회화 단계로 남한 사회에 순응하고 동화하는 시기이다. 마지막 제5단계는 사회·문화적 통합 단계로 남한 사람으로서의 소속감을 가지고 정서적으로 안정감을 느끼게 되는 시기이다. 이와 같은 5단계 과정에 소요되는 시간은 대체로 5~6년이 걸리는 것으로 분석한다.

남한 사람이 미국에서 성공적으로 정착하려면 3년여 정도의 다양한 일자리와 이질적 문화 경험을 통해 본인에게 맞고 지속적으로 수입을 확보할 수 있는 일자리를 구해야 한다는 미국 생활 경험자의 말을 들은 적이 있다. 독일 통일 전 서독의 경우 이주 동독인의 서독 사회 적응에 필요한 기간을 5년으로 규정하여 이 기간 동안 사회보장 제도상의 지원 기준을 일반인에 비해 완화하여 적용하였다. 우리의 경우도 탈북민에 대한 신변 보호와 거주지 보호를 5년간 하고 있다. 이와 같은 내용들을 종합해보면 탈북민의 안정적 정착에 필요한 시간은 3~5년 정도로 보는 것이 적절한 것 같다. 그러나 이 기간을 거치면 자동적으로 성공적 안착과 더불어 남한 사회에 통합된다고 보는 것은 아니다. 사람에 따라 동화(assimilation)나 통합(integration)에 성공하기도 하고, 고립(isolation)이나 주변화(marginality)로 정착과 통합에 실패하는 경우도 있다.

연령별, 성별 정착 지원 제도 필요

셋째, 일반화할 수는 없지만 어느 자원봉사 단체의 관찰에 의하면 대체로 탈북민의 연령별 특성이 있는 것 같다. 10대는 비교적 정신적 충격이 적으며 대체로 남한 사회에 쉽게 동화한다. 20대는 매우 반항적이고 남한 사회에서 초기에 접촉하는 사람에 대해 불신하는 태도를 보이고 있으나 관계가 지속될수록 좋아지는 경향이 뚜렷하다. 30대는 심리적으로 갈등이 심하며 남한 사람과 가장 인간관계가 힘든 것 같다. 이들은 남한에서 새로운 기술을 배울 자신감은 10대나 20대에 비해 낮고 또 새로운 기술을 습득하는 것을 포기하기에는 아직 너무 젊다는 사실로 인해 남한 사회 적응에 있어 심리적으로 가장 큰 압박을 받는다. 이들 중 많은 수가 단독 탈북이어서 북한에 있는 가족에 대한 죄책감도 커서 심리적으로 불안정하다. 30대의 경우 40대나 50대와 같이 인생 경험이 풍부하지 않아 대인관계도 어렵다. 40대는 30대보다는 인생 경험이 풍부하여 자신의 감정을 쉽게 표현하지 않으며 가급적 좋은 대인 관계를 유지하려 한다. 50대는 북한에서 오래 살았던 세대여서 사회와 세상에 대해 좀 더 조심스러운 태도를 보인다. 자기가 살아온 경험을 바탕으로 자기식대로만 세상과 상황을 해석하려는 경향이 있어 그것을 극복하는데 어려움이 있다. 30~40대와 달리 새로운 기술 습득을 통한 취업 부담 등 사회적 압력이 비교적 적고 가족들과 함께 남한에 들어온 경우가 많아 가족의 도움을 받을 수 있어 인간관계와 정착이 용이하다. 60대는 인생경험이 많고 대인 관계를 맺는 것도 능숙하여 관계가 비교적 잘 형성된다. 새로운 기술이나 지식을 습득할 압력이 거의 없는 상태로 이미 형성된 사고방식에 고정되어 살아간다. 대체로 이상과 같이 탈북민들은 연령별로 정신적·심리적 차이가 뚜렷하므로 탈북민 전체에 일률적인 기준을 적용할 것이 아니라 연령별로 적합한 정착 지원책이 필요하다.

탈북 여성들이 선호한 직업

필자는 인도지원국장 시절에 가능한 한 시간을 내어 탈북민들이 살아가는 삶의 현장을 파악하고 그에 따른 대응책을 마련하고자 노력하였다. 탈북민들이 우리 사회에서 자생력을 키우고 성공적으로 정착하려면 적합한 직업을 찾는 것이 필수이다. 당시에 탈북민들 중 여성 비율이 높아지고 있어(1999년 36%, 2000년 40.4%, 2001년 46%, 2002년 56%) 여성의 직업 교육에 관심을 갖고 YWCA와 공동으로 탈북 여성 직업 훈련 프로그램을 운영하기로 하였다. 당시 YWCA에서는 우리 사회의 저소득 계층 여성들을 위해 미용 기술, 도배 기술, 집 블록 쌓기 기술 등을 교육했는데, 탈북 여성들이 쉽게 이 기술들을 터득할 수 있고 상당한 소득도 보장될 수 있어 권장할 만한 직업이라고 판단하였다. 모 탈북 여성 모임의 임원진을 초청하여 이와 같은 직업기술을 설명하였는데 이들은 설명을 듣고 나서 우리에게 불만을 표시하였다. 자기들에게 이러한 밑바닥의 노동일을 하라고 불렀냐면서 자기들이 원하는 것은 좋은 환경의 사무실에서 편안하게 일하는 사무직을 원한다는 것이었다. 우리의 생각과 그들의 생각의 격차가 너무나 컸다. 필자는 우리 사회에서 건축 붐이 일어나고 있던 시절에 여성들이 집 블록 쌓기나 도배 일을 통해 높은 소득을 얻고 있다는 사실을 파악하고 있었다. 고학력의 남한 주민과 겨루어 직업 경쟁력이 약한 탈북 여성들에게는 쉽게 기술을 터득할 수 있고 높은 소득도 보장되는 YWCA가 권장하는 직업 기술이 적합하다고 판단했다. 서로 간의 생각이 근본적으로 달라 결국에는 이 YWCA 직업 교육 프로그램의 추진은 무산되었다.

탈북 청년들에게 기술직, 영농 생활 조언

그럼에도 불구하고 필자는 탈북민이 우리 사회에 뿌리내려 성공적으로 정착하려면 사무직보다는 기술직을 추천한다. 남한 주민의 고학력 경쟁력에도 밀리지 않고 상당한 소득을 안정적으로 보장받을 수 있는 길이라고 생각한다. 하나원에 있는 탈북민들에게 강의를 할 때 직업 기술을 배울 것을 권장하였다. 그리고 일반 대학 입학을 지원하기보다는 폴리텍(기능)대학에 가기를 권장했다. 기술을 연마하여 자격증을 취득하면 더 큰 경쟁력과 소득도 보장된다고 주지시켰다. 개별적으로 만나는 탈북 청년들에게도 4년제의 일반 대학이 겉보기에는 당장에 좋아 보여도 경쟁이 심하니 긴 안목으로 보고 빠른 정착을 위해 2~3년제의 기능 대학을 가라고 강조했다. 일단 남한 사회에서 경제적 능력을 확보하여 안정적일 때 일반 대학이나 대학원은 언제든지 갈 수 있다고 조언해 주었다.

28세인 탈북 청년이 하나원 교육을 마치고 사회에 첫발을 디딘 2000년 1월 26일 경기도 산본 12평짜리 아파트에 입주하는 날 필자는 그와 함께 입주 아파트로 간 적이 있다. 입주한 아파트에 들어서니 아무것도 없었다. 교회에서 봉사 차원에서 갖다 준 식기뿐이었다. 함께 간 북한인권시민연합의 김영자 사무국장과 우리는 인근 중국집에서 짜장면을 배달시켜 아파트 거실 바닥에 신문지를 깔고 함께 식사를 하였다. 몽고를 거쳐 온 탈북 청년은 우리 사회에 아무런 연고도 없었다. 필자는 이 탈북 청년이 남한 사회에서 어떻게 헤쳐 나가 살아갈지 걱정이 많이 되었다. 필자는 그 자리에서 그 청년에게 다른 탈북 청년들처럼 일반 대학을 갈 생각을 하지 말고 폴리텍 대학에 가서 기술을 배워 빨리 직장을 갖는 것이 좋을 것이라고 조언했다. 그런데 그도 그런 생각 중이라고 말하였다. 그 탈북 청년은 판단력이 뛰어난 사람이었다. 그는 그의 말대로 폴리텍 대학을 갔고 졸업

후 바로 취직이 되어 안정적인 남한 생활을 시작하였다. 그는 머리도 아주 좋았고 매우 건실한 사람이라 독자적 사업을 창업하였다. 2007년에 강원도에 마이크로 부품 공장을 세워 미국에 수출하는 벤처 기업을 세웠다. 필자는 2000년 1월 그때의 만남으로 인해 지금까지 그 청년과 지속적인 교분을 갖고 있는데 이제는 세월이 흘러 그는 50대가 된 것 같다. 남한 출신 참한 여성과 결혼하여 1녀 1남의 자식을 둔 행복한 삶을 살고 있어 기쁘기 그지없다. 최근에 코로나19로 사업이 예전처럼 좋지는 못하다고 하나 별 문제없이 잘 꾸려가고 있다니 매우 다행이라고 생각한다. 그가 우리 사회에서 행복한 가정생활과 성공적인 기업 활동을 계속 해나가기를 기원한다.

필자는 당시에 탈북민들이 북한에서의 노동 경험과 청년들이 탈농하는 우리의 시골 사정을 감안하여 농업에 종사하는 것도 괜찮을 것이라고 생각하였다. 그러나 구체적으로 추진할 농업 프로그램은 갖고 있지 못했다. 그때 강원도 어느 농장에서 탈북민들을 위해 농업을 할 수 있도록 배려해주었는데 배우러 강원도에 간 탈북민들이 얼마 있지 않아 모두 다시 서울로 돌아갔다는 것이었다. 내용인즉, 북한에서 했던 노동일을 하고 싶지 않고 교회에 나가면 매달 지원금도 나오고 도시 생활이 편리하고 재미있고 기회의 장이 훨씬 많다는 이유였다. 정부에서 주는 기초생활 수급자에 대한 지원금과 교회에서의 정기 지원금, 그리고 강연 사례비를 합치면 일단 우선 먹고 사는 것은 해결되니 고생스러운 농촌보다는 편한 도시 생활이 좋다는 것이다. 그러한 그들의 생각이 무조건 잘못되었다고는 할 수 없으나 중장기적으로는 그들이 우리 사회에 제대로 뿌리 내리기 위해서는 이러한 식의 단견적인 생각은 옳지 않다고 본다. 농촌에서 사람이 빠져 나가는 우리 현실과 고가 농작물의 재배가 확산되어 고소득이 보장되는 엘리트 농업을 감안하면 탈북민들의 농촌 정착은 결코 나쁜 선택이 아니라고 필자는 줄곧 생각하였다.

이후 차관 시절(2008.3~2010.3)에 경기도(김문수 도지사)와 협력하여 탈북민을 위한 시범적인 농촌 정착 사업을 추진한 바 있었다. 농업을 희망하는 다섯 팀(명)의 탈북민을 선정하여 이들이 성공적으로 농촌 생활에 정착하도록 행정적으로 재정적으로 적극 지원하기로 하였다. 성공적인 농업 정착 모델을 통해 다른 탈북민들도 농업 활동에 관심을 갖도록 유인하기 위한 목적도 있었다. 그런데 정작 농업 활동을 출범하는 행사에 오기로 했던 다섯 팀 중 한 팀만 왔다. 부부였는데 그들도 그날 오기는 왔지만 과연 농업을 해서 성공할 수 있을지에 대해 자신이 없었다. 그래서 필자한테 물었다. 과연 선택이 옳은지 반신반의하였다. 필자는 남한의 농업은 북한에서 했던 농업과 질적으로 다르며 부가 가치가 높은 농업 작물을 선정하면 고소득을 올릴 수 있다고 말하였다. 그리고 경기도에서 농지도 주선해 주고 농업 기술 지원도 적극해 줄 것이라고 했다. 남한에서의 농촌 생활은 충분한 문화 생활을 누릴 수 있으며 주거 여건도 나쁘지않다고 했다. 통일부와 경기도의 시범적인 탈북민 농업 정착 사업도 결국 성과를 보지 못했다. 당시에 우리 정부의 생각과 당사자인 탈북민의 생각에는 괴리가 컸다. 정부 주도형의 농촌 정착 사업은 결실을 맺지 못했다. 상당한 시간이 지난 후에 탈북민 스스로가 영농 정착 사업을 하거나 하나재단이나 민간단체에서 지원한 영농 정착 사업이 성공적으로 결실을 맺은 소식을 들으면서 필자가 과거에 생각했던 것이 뒤늦게나마 결실을 보고 있어 매우 기뻤다. 표고·대왕버섯 재배 농사, 포도·복숭아 재배 농사, 벼 농사, 오리·돼지 사육 축산 등 다양하게 성공적으로 농축산 사업을 하고 있다. 최소 3년~5년 이상 농촌에서 힘들게 노력한 결과였다. 어느 분야나 절대적인 시간이 필요한데 탈북민들은 일확천금을 바라며 하루 빨리 큰돈을 벌어 성공하려는 조급함이 앞섰다.

탈북민 심신 질환 치료의 필요성

탈북민들이 우리 사회에서 정착하는 과정에서 신체적·정신적 장애나 질환을 치유하는 일이 우선적으로 중요한 과제 중의 하나이다. 안정적이고 지속 가능한 직업을 갖는 것이 매우 중요하지만 질병을 치료하고 건강해야만 우리 사회에서 여러 가지 어려움을 극복할 수 있는 체력과 의지가 생길 수 있다. 탈북민들만의 질병의 특성이 있는데 대부분의 탈북민들은 불규칙적인 식사, 부실한 치아 위생 관리 등으로 치아 질환이 공통적으로 있었다. 탈북민들이 하나원에 입소해서 1~3개월 있는 동안 불량한 치아를 치료하고 복원하는데 많은 시간을 보낸다. 하나원 창설 초기 단계에는 여러 가지 미비한 것이 많아 자원 봉사하는 치과 의사들이 와서 치료를 해주었다. 대부분의 탈북민들은 보철이 필요한데 예산이 확보되지 않아 해줄 수가 없었다. 급한 충치·잇몸 치료와 예외적으로 일부 사람들에게 자원 봉사 치과 의사들이 사회봉사 차원에서 부분적인 보철을 해주는 정도였다. 따라서 하나원에서 보철 예산을 확보하는 것이 숙원 사업이었다. 필자가 국장일 때는 이 문제를 해결하지 못했는데 차관 시절에 예산 당국과 협의하여 필요한 보철비 예산의 50% 정도를 확보하였다. 국회 예산 심의 과정에서 의사 출신 국회의원인 정의화 외교통일통상위원회 위원께서 주도적으로 나서서 100% 보철할 수 있는 예산을 확보하도록 도와주어서 문제가 말끔히 해결되었다. 정말로 고마운 일이다.

탈북민들의 여성 비율이 줄곧 높아지고 있었는데(2006년 74.6%, 2007년 77.6%, 2008년 78.3%, 2009년 77.3%, 2010년 75.4%) 대부분의 탈북 여성들이 산부인과 질환을 앓고 있었고 임산부들도 있었다. 하나원에 의원을 개설하여 진료과별로 공중의를 계속 확충해 나가고 있었는데 산부인과 공중의는 없었다. 하나원의 의료 실무자들도 산부인과 공중의가 반드시 필요하다는 것을 알고 보건복지부와 협의해 왔으나 해결하지 못했다. 해마다 나오는 의과대학 졸업생 중 산부인과 공중의는 몇 명 안 되었는데 우선적으로 배치해야 할 교도소 등에 보내면 하나원에 배정할 수 있는 인력은 없었기 때문이었다.

차관 시절에 필자는 하나원에 산부인과 공중의가 절대적으로 필요하다는 것을 인식하고 당시 보건복지부 유영학 차관에게 설명을 하고 협조를 부탁하였다. 유 차관은 필요성은 인정하면서도 제한된 숫자의 산부인과 공중의 때문에 처음에는 난감함을 표했다. 김하중 통일부 장관도 보건복지부 김성이 장관에게 별도로 협조를 요청하였다. 최종적으로 보건복지부로부터 하나원에 산부인과 공중의 1명이 배정되었다. 숙원 과제가 해결되자 하나원의 의사들과 의료 실무진들은 매우 기뻐하였다. 당시 하나원에는 양방, 한방 공중의와 통일부 직원으로서의 간호사들, 그리고 자원 봉사 의사들로 운영되고 있었다. 공중의들은 갓 의과대학을 졸업한 사람들로 모두 젊었다. 고작 교통비 수준의 봉급을 받고 일했지만 의무감에 그들은 묵묵히 충실히 일했다. 기억으로 필자는 두 차례 정도 하나원 공중의들과 간담회 명목으로 저녁 식사를 하였다. 젊어서인지 식성도 좋았고 차관과 직접 만나 저녁 식사와 반주를 겸해 함께 하니 너무 좋아했다. 그때 공중의 중 한 사람인 전진용 정신과 의사를 필자는 최근에 북한인권정보센터(NKDB) '통일사회복지 아카데미'에서 만났다. 그는 전문 강사로 왔었는데 우리는 오랜 세월이 흐른 뒤에 만나게 되어 서로 너무 반가워했다. 옛날에 같이 식사했던 얘기 등 허물없이 대화를 나누었다. 그는 보건복지부 국립정신건강센터 정신건강사업 과장을 거쳐 현재는 울산대학교병원에서 정신건강의학과 교수로 일하고 있었으며 계속 탈북민들에 대한 정신건강에 관심을 기울이며 업무를 하고 있었다.

탈북민들 대부분은 '외상 후 스트레스 장애(Post-Traumatic Stress Disorder)'에

시달리고 있었다. 정신적·심리적 장애라서 하루아침에 해결될 수 있는 문제가 아니었다. 지속적인 전문 심리 상담(치료)사와의 상담 그리고 자기 극복 노력이 있어야 했다. 하나원에는 심리 상담사가 배치되어 정기적인 상담을 하고 있었는데 짧은 기간 동안 하나원에서의 상담으로 해결될 문제가 아니었다. 또한 하나원에서 직원으로 일하고 있는 심리 상담사는 이 분야를 전공한 초심자들이라 숙련된 최상의 전문가 수준에 훨씬 미치지 못했다. 탈북민들이 하나원을 졸업하면 그나마도 심리 상담할 채널이 끊어지게 된다. 사회에 나오면 먹고 살기 바쁘고 어디서 심리 상담이나 정신 치료를 받을 수 있는지 정보도 없다. 전문가들은 그들이 하나원 졸업 후에 사회에 나와서도 지속적으로 정기적인 상담과 치료를 받아야 정신적·심리적 치료나 치유를 할 수 있다면서 걱정을 많이 하고 있었다. 나도 이 부분에 대해서는 전문성이 없어 방법을 찾을 수 없었다. 최근에 필자는 '외상 후 성장(PTG : Post-Traumatic Growth)'이라는 개념을 알게 되었는데 '외상 후 스트레스 장애'를 극복하여 인격의 성장을 가져온다는 것이다. PTSD 극복 과정을 통해 변화와 성장을 하며 더욱 강인해진다는 것이다. 탈북민들이 '외상후 장애'를 극복할 수 있도록 주변에서 따뜻한 마음과 격려를 해주고 본인이 극복해 나가면 부정적인 스트레스에서 벗어나 긍정적인 마음가짐으로 바뀌어 새로운 인생을 도전적으로 펼쳐나갈 수 있다는 것이다. 종교에 대입해 보면 고통스러운 인생살이에서 헤어나지 못하고 방황하는 사람이 종교를 접하고 신앙의 힘으로 거듭 태어나 긍정적으로 변화된 인생을 살아가는 것과 같다. 필자는 이런 저런 만남으로 다양한 부류의 탈북민들을 만났고 그들의 변화하는 모습을 지켜보았고 엄청나게 밝게 성장하고 있는 사례들을 여럿 보았다. 그러한 '외상 후 성장'을 한 사람들은 처음 필자가 보았던 사람이 아니고 완전히 달라진 사람들이었다. 어떨 때는 인간 역경의 극복 스토리이고 필자가 감동을 받고 존경심이 우러나는 경우도 있었다.

교육형 탈북의 증가

탈북민들이 탈북하는 동기를 보면 초기에는 배고픔과 경제적 어려움을 해결하기 위하여, 북한 당국의 감시와 위협을 피하기 위해서 등이 주류였다. 그 이후 북한 정치 체제에 대한 불만과 자유를 얻기 위한 탈북이 생겼다. 이어서 남한 사회에서 보다 나은 삶의 질을 얻기 위해서 탈북한다고도 했다. 먼저 탈북한 가족들이 북한에 남아있는 가족들을 '기획 탈북'시켜 온전한 가족을 이루기 위해서도 탈북이 이루어졌다. 이후에 자녀들의 장래를 걱정하여 남한에서 보다 나은 자녀교육을 위해 탈북해 온 사람도 있다. 소위 말하는 '교육형 탈북' 또는 '이민형 탈북'이다. 북한의 해외 외교관이 가족과 함께 남한이나 외국으로 망명한 경우도 그런 경우가 다수를 차지하였다.

필자가 차관 시절에 탈북 부모를 따라 온 초등학생들을 위한 방과 후 학습프로그램을 운영하는 모 사회복지관을 방문한 적이 있었다. 초등학생 두 남매를 데려 온 30대 중반으로 보이는 평양 출신의 탈북 여성이 당당하게 필자에게 본인은 저 두 자녀들을 서울대학교에 보내기 위해 남한에 왔다고 말했다. 그 어머니의 거리낌이 없는 단도직입적 말에 필자는 내심 순간적으로 흠칫했다. 더 가관인 것은 서울대학교에 보내려면 자기애들의 영어 실력이 뛰어나야 하는데 이 사회복지관에서 영어를 가르치는 선생의 실력이 만족스럽지 못해 걱정이라는 것이었다. 탈북민 초등학생에게 방과 후 학습 지도를 하는 선생들은 자원봉사 대학생들이었는데 영어 지도 대학생 선생의 실력이 떨어지므로 정부에서 별도로 예산을 지원해주어 실력 있는 영어 선생을 초빙할 수 있도록 해달라고 요청하였다. 그때 필자는 탈북 동기가 이 정도일까 하고 내심 놀랐다.

이명박 정부 때 연두 업무 보고를 할 때였다. 대통령 연두 업무 보고 때 관련 민간 인사를 참석시켜 국민의 목소리를 듣는다면서 발언의 기회를 준 것이 정부에서 관례로 굳어지고 있었다. 통일부 업무 보고 때는 상징적인 스토리가 있는 탈북민을 빠짐없이 참석시켜 그들의 의견을 들었다. 탈북민들은 발언하는 훈련이 덜 되었는지 간결하지 못하고 장황한 편이었다. 짧게 배당된 발언 시간을 잘 지키지 못해 대통령 행사를 진행하는 비서실 직원들이 안절부절못했다. 한 번은 탈북민을 연두 업무 보고 행사에 참석은 시키되 발언 순서에서 뺀 적이 있었다. 그때 여고생 탈북민이 참석했었다. 당시 이명박 대통령이 공식적으로 발언 순서에 빠져 있었던 그 여고생에게 자유스럽게 할 말을 해보라고 하였다. 그 여고생은 전혀 당황하지 않고 자기 할 말들을 다하였다. 발언 내용 중에 자기도 좋은 대학을 가고 싶은데 남한 출신 학생들에게 영어 실력이 딸려 고민이라고 솔직하게 이야기하면서 탈북민 학생들이 별도로 영어 실력을 향상시킬 수 있는 조치를 강구해 주면 좋겠다고 건의하였다. 필자는 그 여고생의 현실적인 고민을 들으면서 이전의 모 사회복지관에서 30대 중반의 탈북 여성이 자기 애들의 장래를 위해 실력 있는 영어 선생이 필요하다는 말의 간절함을 새삼 느낄 수 있었다. 자녀들의 보다 나은 교육과 장래를 위해 탈북한 '교육형 탈북'을 확인하는 계기였다.

탈북민의 성공적 정착 스토리 기대

또 하나의 새로운 현상은 역이민 탈북자 문제가 발생한 것이었다. 탈북민이 남한에 정착한 후 남한 사람들의 편견과 무시 등에 불만을 품고 탈남한 하여 해외에 정착을 한 것이다. 또한 먼저 해외에 이주한 탈북민들의 안내나 자녀들의 장래를 위한 교육 목적 때문에 도전적으로 해외로 이주한 경우도 있다. 남한에서 짧게는 2년 이상, 길게는 5년 이상 체류 경험을 한 탈북민들이 해외 정착을 추진한 것으로 조사되었다. 영국, 캐나다, 독일, 노르웨이, 네덜란드, 미국 등 여러

나라로 떠나간 것으로 파악되고 있다. 남한의 탈북민 정착 지원 제도가 다른 나라에 비해 가장 잘 되어 있지만 그들은 북한으로부터 멀리 떨어진 해외에서 신변 안전을 느끼고 남한 사람들로부터의 정서적 차별을 받지 않는 곳을 원했던 같다.

필자가 차관 시절(2008.3~2010.3)에는 탈북민들이 특히 영국으로 많이 이주하였다. 당시에 500여 명의 탈북민들이 영국에 거주하는 것으로 파악되었다. 영국은 인권을 중시하는 나라여서 난민을 잘 받아들이며 난민 체류자에게 매월 생활비도 지원하는 등 복지 제도도 잘 되어 있었다. 영국에는 '뉴 몰든(New Malden)'에 한인촌이 있어 한인들의 도움을 받아 정착할 여건도 좋아서 탈북민들이 영국으로 위장 망명을 많이 시도하고 있었다(탈북민 김성남 박사의 「탈북민의 영국 이주 생활 경험」, 이화여대 사회복지학과 박사 논문이 있음). 차관 시절 영국 정부가 한국 외교부에 영국에 난민 신청하는 탈북민들에 대해 그들이 한국 국적을 취득한 사람들인지 신원 확인 조회를 요청했다. 외교부는 탈북민을 관리하고 있는 통일부에 이러한 상황을 알리면서 의견을 물어 왔다. 특히 탈북민 신원을 확인할 수 있는 '지문'자료 협조를 할 수 있는가의 질의였다. 난감한 문제였다. 탈북민은 이미 한국 국적을 가진 사람이라 국민들의 '지문'을 외국 정부에 제공하는 것은 개인 정보 제공 등 민감한 문제였다. 일단은 응하지 않기로 했다. 당시 영국 정부는 밀려드는 탈북민 난민 심사 절차를 엄격히 적용함으로써 많은 사람들이 탈락했다. 당시 영국으로 간 탈북민들은 브로커 비용으로 상당한 금액을 지출했을 뿐 아니라 난민으로 위장해야 했으므로 한국 여권을 브로커에게 회수당해 파기되기도 하였다. 난민 심사에서 탈락한 탈북민들은 오갈 데 없는 사람이 되어 새로운 문제가 발생하기도 하였다.

우리 남한 사람들의 탈북민에 대한 이해 부족으로 인한 차별이나 무시 때문에 발생한 '탈남-탈북민'이 어느 나라서든 무사히 정착해서 잘 살아가면 좋겠다. 그들이 어디에 있든 한반도에 살고 있는 가족, 친척과 동포들을 잊지 않고 의지와 역량이 있으면 해외에서도 한반도의 평화와 평화통일을 위해 역할을 해주길 바라는 마음이다.

탈북민 업무를 처음 담당했던 인도지원국장 시절 이후 필자는 정부 내 어느 보직을 맡든 또한 공직을 퇴직하고 어디에 있든 탈북민 문제가 지니는 통일정책적 성격과 그들과의 개인적 친분, 정 때문에 지금까지 다양한 탈북민 관련 단체 혹은 탈북민들과 지속적으로 함께 하고 교분을 다져오고 있다. 일일이 구체적으로 언급은 않겠지만 좋든 나쁘든 모두들 의미 있는 정착 스토리를 만들어 가고 있고 '통일(통합)의 실험'을 진행하고 있으며 '먼저(다가) 온 통일의 시대'를 살고 있는 것이다. 바라건대 성공적인 탈북민들의 정착 스토리가 더욱 많이 탄생하고 남북한 동포들이 한반도 공간에서 자유롭고 풍요롭게 함께 살아가는 궁극적인 통일의 시대가 하루 빨리 오기를 진심으로 기대한다.

북핵 문제 해결을 위한 경수로 사업

남북한 당국 간에 1991.12.13 북한 핵 문제 해결을 위해 합의한 '한반도 비핵화 공동선언'(1992.2.13 발효)이 북한 측의 합의 불이행으로 사실상 무용지물이 되어 버렸다. 그 이후 북한 핵 문제 해결을 위해 미북 간에 고위급 협상이 진행되었다.

북한의 NPT 탈퇴에서 '미북 제네바 합의'로

미북 간에 핵 협상이 시작된 계기는 북한이 '93 한미 팀스피리트 훈련 재개 등을 이유로 1993년 3월 12일 핵확산금지조약(NPT, Nuclear Nonproliferation Treaty) 탈퇴를 전격적으로 선언함으로써 촉발되었다. 1995년 제5차 NPT 평가 회의에서 NPT 체제의 연장을 주도해야 하는 미국으로서는 북한의 NPT 탈퇴 선언이 다른 국가의 동조 탈퇴 가능성 및 NPT의 영구적 연장 장애 등 NPT 존속에 부정적인 영향을 줄 수 있어서 NPT 탈퇴를 선언한 북한과 직접 협상을 할 수 밖에 없었다. 1993년 6월 2일~12일 제1단계 미북 고위급회담을 시발로 미북 핵 협상이 시작되었다. 북한 핵 문제를 해결하기 위한 미북 핵 협상은 약 2년여 동안 32차례의 참사관 접촉 등 비공식 접촉과 수차례의 비밀 접촉 및 3차례의 고위급 회담 및 1차례의 준고위급 회담이 진행되었다. 북한 핵 문제 해결을 위한 미북 간 최종 합의인 '제네바 기본합의문(Agreed Framework)'이 1994년 10월 21일에 미국 로버트 갈루치 대사와 북한 외교부 강석주 제1부부장 간에 서명되었다.

'미북 제네바 합의'의 주요 내용은 ① 북한이 흑연 감속로 원자로 및 관련 시설을 동결·해체하는 대신 미국이 주도하여 경수로 원자로 발전소로 대체, ② 미북 간에 정치적, 경제적 관계의 완전 정상화 추구, ③ 미북은 핵이 없는 한반도의 평화와 안전을 위해 노력, ④ 북한이 핵확산금지조약(NPT) 당사국 잔류, 국제원자력기구(IAEA) 안전조치협정 이행 등 미국과 북한이 국제적 핵 비확산 체제 강화를 위해 노력한다는 것이었다.

'제네바 합의' 중 첫 번째 내용인 대북 경수로 발전소 지원 사업은 총비용의 70%를 한국 측이 부담, 일본이 22% 상당 부담, 그리고 미국이 나머지 재원을 확보하기로 한미일 간에 합의함으로써 한국 측이 이 사업을 사실상 주도하게 되었다. 물론 외형적으로는 미국이 주도하는 모양이었지만 실질적으로는 형식적인 것에 가까웠다. 당초 미북 핵 협상 과정에서 북한 측은 러시아형 경수로 제공을 선호한다는 입장을 밝혔다. 러시아형 경수로가 가격도 저렴하고 과거 러시아와 원자로 협력의 경험이 있다는 이유였다. 실제 우리가 대북 경수로 발전소 건설을 한 함경남도 신포지역에 1980년대 중반에 러시아가 러시아형 경수로 발전소(440MWe규모 원전 4기) 건설을 위해 추진하다가 중단한 바가 있었다. 그러나 미국은 러시아형 원자로가 제공될 경우 재정 지원자를 확보할 수가 없다는 점을 명확히 밝혔다. 북한은 독일형도 요구하였으나 최종적으로 주장을 접고 미국 측이 경수로 발전소 지원을 보장하고 주계약자가 되어 건설할 경우라면 모델은 무관하다고 유연한 태도를 보였다. 당시 한국은 북핵 문제 해결에 우리가 주도적인 역할을 하지 못하고 소외된 점을 아쉬워하면서 향후 한반도 평화와 안전, 그리고 남북 관계를 우리가 주도해야 한다는 점에서 대북 경수로 발전소 사업에 한국 표준형 경수로(울진 3,4호기)만 채택된다면 막대한 비용을 부담하는 한이 있더라도 추진할 만한 가치가 있다고 판단하였다. 대북 경수로 발전소 사업은 장기간의 사업이므로 그 과정에서 남북 관계 발전을 도모할 수 있으며 북핵 문제 해결 과정에서도 우리의 발언권을 확보할 수 있기 때문이었다. 또한 순수 우리 기술에 의해 설계·제작·시공되는 한국 표준형인 울진 3,4호기 경수로 발전소를 처음으로 외부 지역에 건설(사실상 해외 플랜트 수출)한다는 점에서 원전 기술자 입장에서 매우 의미가 큰 것이었으며 통일 이후를 대비한다는 측면도 있었다.

'경수로사업지원기획단' 설치

'제네바 합의'에 따른 대북 경수로 발전소 지원 사업을 위해 우리 정부 내에 '경수로사업지원기획단(이하 경수로기획단)'을 1995년 1월 23일 통일원의 별도 기관으로 설치하였다. 당시에 대북 경수로 사업을 정부 내에서 어느 부처가 주관할 것인가에 대한 물밑 경쟁이 있었다. 북핵 문제는 외교부가 대표 창구가 되어 미국과 협의했다면서 그 연장선상에서 대북 경수로 사업은 외교부가 주관해야 한다고 주장했다. 이에 반해 통일원은 대북 경수로 사업은 사실상 남북 관계 사업이며 그 비용도 통일원이 관장하는 남북협력기금에서 지출됨으로 통일부가 주관해야 한다고 주장하였다. 결국에는 양 부처의 입장을 절충하여 통일관계장관회의(의장 : 통일원 장관(부총리), 위원 : 외교부 장관 등 관련 부처 장관으로 구성) 산하에 경수로기획단을 두기로 하였다. 그리고 통일부총리의 직접 지휘를 받는 경수로기획단장에 외교부 대사가 임명되었다. 초대 단장은 최동진 대사였고 2대 단장은 장선섭 대사였다. 부단장은 통일부에서 맡았다. 그 산하에 정책조정부(통일부), 국제협력부(외교부), 재정지원부(재경부·기예처), 건설기술부(산자부·과기부)를 두고 관계 부처에서 파견된 공무원으로 구성하였다. 북한에서는 경수로 사업을 위해 평양에 경수로대상사업국을 설치하고 행정부, 기술부, 대외연락부를 두었다.

경수로 사업 현장에는 금호현지사업부를 두었다. 우리의 경수로기획단의 첫 정책조정부장은 박성훈 국장(부단장 겸임), 제2대 부장은 황하수 국장이었고, 필자는 3대 부장(단장은 장선섭 대사, 현재는 고인)으로 1997년 11월 1일~1999년 12월 21일까지 근무하고 통일원 본부로 복귀하여 인도지원국장이 되었다. 이후 국장급 해외연수자로 선발됨으로써 해외 파견 전까지 다시 정책조정부장으로 2001년 7월 1일~2002년 3월17일까지 일하게 되었다. 공무원 생활에서 흔치 않은 일인데 한 사람이 한 기관에 두 번 파견되는 특이한 근무 경험을 하게 되었다. 그런 의미 뿐 아니라 약 3년 정도 경수로 사업 업무를 담당하였기에 필자에게는 각별한 의미가 있었다.

필자는 약 3년 정도의 경수로기획단 업무를 통해 많은 것을 배우고 경험을 하였다. 핵 문제에 대한 국제정치·안보적 측면과 핵과학·기술에 대한 지식을 많이 습득하게 되었다. 또한 원자력 발전소의 작동 원리도 알게 되었고 핵물질의 이중 용도, 즉 군사 무기적 용도와 평화적 용도를 알게 되었다. 핵무기는 전자이고 원자력 발전소는 후자인 셈이다. 평화적인 용도에서 군사 무기적인 용도로 전환하는 것이 그렇게 어려운 것이 아니었다. 대학원 수준의 과학적·기술적 능력만 갖추고 있으면 조잡한 수준의 핵무기는 마음만 먹으면 얼마든지 만들 수 있다는 것도 알게 되었다.

한반도에너지개발기구(KEDO)와 협력

대북 경수로 발전소를 제공하기 위해 북한 측과 공식 협의 창구도 되면서 재정 조달과 사업 집행을 위해 미국·한국·일본(뒤에 EU 참가)이 중심이 되는 국제기구로서 KEDO(한반도에너지개발기구 : The Korean Peninsula Energy Development Organization)의 설치가 1995년 3월 9일에 확정되었다. 미국 뉴욕에 위치한

KEDO에는 미국, 한국, 일본, EU로 구성되는 집행이사회(의장은 미국이 주로 담당, 마지막에는 한국이 담당)가 있고, 실무적인 집행 업무를 하는 사무국(사무총장은 미국, 사무차장은 2명으로 한국과 일본이 담당)이 있었다. 필자는 업무가 있을 경우에 뉴욕에 있는 KEDO에 해외 출장을 가서 집행이사회 참가, KEDO 측과 북한 측 간 협상 참여, 사무국 직원들과 업무 협의 등을 하기도 하였다. 또한 집행이사국 중 하나인 일본에 국제협력부의 외교부 직원들과 함께 출장을 가서 일본 외무성 직원들과 업무 협의를 하면서 국제적인 시야를 넓히는 유익한 경험을 쌓게 되었다. 집행이사국 간 업무 협의도 국내에서도 자주 개최됨으로써 국제적 업무를 숙련할 기회가 되었다.

KEDO 측과 북한 측 간의 협상이 북한 지역에서도 자주 개최되었는데 북한 측은 회의 장소를 꼭 묘향산에 있는 향산호텔에서 개최하여 그 덕분에 필자는 묘향산에 수차례 가본 적도 있다. 남북회담이나 남북 행사는 북한이 꼭 평양에서 개최하는데 경수로 사업은 국제 사업적 성격이라고 규정했는지 원칙적으로 평양에서 개최하지 않는 것으로 정한 것 같았다. 남북한 간의 회담이나 행사시에는 평양 시내에 있는 고려호텔이나 양각도호텔에서 숙박하였는데 KEDO사업의 경우는 향산호텔에서 숙박하였다. 북한 원전 인력의 남한에서의 훈련을 위해 고려항공의 남한 출입을 위한 항공협상에 필자가 참여한 적이 있었는데 그때는 평양 외곽에 있는 외무성 관할의 고방산초대소(외국 정부 대표를 위한 초대소)에서 협상도 하고 숙박을 한 적이 있었다. 경수로 사업은 북한의 외무성 소관 사업이기 때문이다. 그때도 평양 시내에는 진입시키지 않았다. 북한 나름대로 기준을 정하면 융통성 없이 경직되게 집행하였다.

신포 금호지구 가는 길

대북 경수로 발전소 공사 현장은 함경남도 신포 금호지구에 있었기 때문에 업무차 그 지역을 많이 방문하였다. 방문 경로는 두 루트였다. 하나는 중국에서 비행기를 타고 평양 순안공항에 도착해 거기서 북한 전세 비행기로 선덕(함흥)공항을 가게 된다. 선덕공항은 군용 비행장인데 북한이 KEDO사업의 인원 출입을 위해 불가피하게 출입 경로로 만들었다. 선덕공항에서 내려 버스로 2~3시간 정도 가면 공사 현장인 금호지구에 도착하게 된다. 사업 초기에는 평양에서 금호지구 부근 강상리역까지 12시간 동안 기차를 타고 간 적도 있었다고 한다. 북한의 기차는 전력이 동력이기 때문에 정전이 되면 20시간도 걸렸다고 하고 겨울에는 열차 난방이 안 되어 고생이 많았다고들 한다. 필자는 비행기를 타고 가는 때였기 때문에 큰 어려움은 없었다. 그런데 북한이 '90년대 중반 '고난의 행군' 시절 어려운 경제 사정을 외부인에게 보여주지 않기 위해 선덕공항에서 경수로 공사 현장까지는 칠흑같이 어두운 야간에 이동시켰다. 비포장도로라서 덜컹거리면서 2~3시간 정도 참고 견디면서 가는 것이 여간 고역이 아니었던 것으로 기억된다. 시간이 지나 북한의 실상이 어느 정도 알려지고 경수로 사업이 일부분 진척이 되자 북한은 주간에 이동시켜 주었다. 필자는 야간이든 주간이든 다녀보면서 북한 지방의 모습을 눈으로 확인하면서 북한의 생생한 실상을 목격했다. 칠흑같이 어두운 밤길에 봇짐에 옥수수, 배추 등을 이고 가는 아낙네의 모습, 나무 땔감을 조그마한 수레에 실어 끌고 가는 어린 소년의 모습 등 밤늦게까지 북한 주민들이 먹을 것과 땔감을 구하기 위해 하염없이 걸어가는 모습이 수시로 보였다. 나무 장작불을 피워 얼어붙은 라디에이터를 녹이는 트럭의 모습도 보였다. 낮에 함흥 시내를 지나는데 필자가 어렸을 때 책으로 배웠던 북한의 큰 도시 함흥의 모습이 아니고 초라한 시골 도시 모습이었다. 가정집에 창문이 깨어져도 유리가 없어 구멍이 휑하니 뚫려 있거나 종이나 비닐로 가려 놓은 곳을 많이 목격하였다. 겨울철에 함흥에서 제일 크다는 신흥장여관(호텔)에서 점심 식사를 하게 되었는데 꽤 넓고 고급스러워 보이는 화장실이 추위에 관이 얼어붙었는지 물이 나오지 않았다. 밤에 북한이 자랑하는 해안가의 마전초대소에서 잠을 잤는데 추워서 혼이 났고 새벽에 아침 식사로 도시락을 주는데 음식이 싸늘하여 먹기가 불편했다.

겨울철에 함흥 선덕공항에서 평양으로 가기 위해 전세 비행기를 타려고 하는데 무슨 이유인지 계속 지체하였다. 알고 보니 활주로에 눈이 쌓였는데 눈을 녹이는 전기 코일이 설치가 안 되었는지 병사가 직접 활주로에 나가서 빗자루로 눈을 쓸고 한참 기다려 어느 정도 언 것이 녹을 때까지 기다려야만 했다. 그러고 나서 안전하다고 연락을 받은 뒤에야 비행기가 이륙할 수 있었다. 출발 예정 시간에서 2시간 정도 지체한 것으로 기억난다. 당시 북한을 관심 있게 들여다 본 필자에게 특이한 것 하나가 눈에 들어왔다. '90년대 후반에 밤에 북한의 도시나 마을에는 전기불이 켜진 집들이 거의 없어 칠흑같이 어두운데 반드시 딱 한 곳에는 전기 불빛이 있었다. '위대한 수령 김일성 주석은 우리와 함께 영원히 계신다'는 글귀가 새겨져 있는 영생탑에는 밤새도록 밑에서 위쪽으로 전기불을 비추고 있었다. 북한의 심각한 경제난, 에너지난에도 불구하고 수령 중심 체제와 수령 우상화를 위한 정치 선전이 최우선이라는 북한의 적나라한 실상을 볼 수 있었다.

경수로 공사 현장으로 가는 또 하나인 해상 루트도 있었다. 남한의 동해에 있는 항구에서 배를 타고 북한의 금호지구 가까이 있는 양화항으로 가는 루트이다. 필자는 해상으로 가는 첫 방북 길에 울산항에서 바지선을 타고 양화항으로 갔다. 초기에는 북한에서 야간에만 이동하도록 정해 놓아 저녁에 울산항에서 출발하면 자정에 해상 경계선을 넘어 북한 지역의 바다로 넘어가게 된다. 북한으로 넘어가기 한참 전에 바다가 환한 불빛으로 가득 찬 모습을 보게 되었다. 우리의 어선들이 밤에 오징어를 잡기 위해 배에서 강렬하게 전구 불을 밝혀 놓았기 때문이다. 야간 운동 경기장처럼 그렇게 환하게 밝혀진 수많은 불빛을 동해 바다에서 보니 장관이었다. 북한 쪽의 바다를 넘어가는 순간 칠흑같이 캄캄했다. 남북한이 적나라하게 비교되는 모습이었다. 그런데 남한 바다에서 올라올 때는 괜찮았는데 북한으로 넘어오니 뱃멀미가 심해 참기가 매우 어려웠다. 많은 고생을 했는데 드러누워 억지로 참고 견디었던 기억이 난다. 새벽 무렵이 되어 양화항에 도착하면 거기서 내려 버스를 타고 북한 시골을 거쳐 금호지구에 도착하게 된다. 꼬불꼬불 산길을 지나가게 되는데 모두 나무가 거의 없는 민둥산이고 떼가 없는 흙무덤들이 많이 보였다. 경수로 공사 현장에 인력 왕래가 많아지자 2001년부터 우리 인력의 수송 편의를 위해 속초항에서 양화항까지 4~5시간이 소요되는 쾌속선이 운항되었다. 필자는 쾌속선을 타고 북한에 가본 적도 있는데 배도 쾌적하고 빠르며 뱃멀미도 나지 않아 좋았던 기억이 있다.

북한의 지방 모습

금호지구의 공사 현장에서 발전소 건설에 필요한 골재를 북청군 가까이 있는 남대천에서 채취하여 공급하도록 북한 측과 합의하였다. 금호지구에 방문하여 필자는 업무 현장 파악을 위해 골재 채취 장소인 남대천에도 가보았다. 차량으로 1시간 반 이상 걸려 간 것 같다. 가는 도중에 북한의 농촌 모습을 생생히 볼 수 있었다. 집 주변 텃밭에는 옥수수, 채소 등이 풍성하게 자라고 있었는데 협동농장은 듬성듬성 하였다. 우리가 책에서 배운 사회주의 체제의 농촌 실상을 눈으로 확인하게 된 것이다. 국가 소유인 협동농장은 엉성하고 개인 소유인 텃밭은 비교적 풍성한 것은 사회주의 체제 내에서도 인간의 본질적 사적 욕구가 잘 나타나고 있는 증거이다.

필자는 경수로 사업 업무를 하면서 평양이 아닌 북한의 지방을 자주 가봄으로써 당시 북한의 어려운 경제 실상을 생생히 파악하는 계기가 되었고 또한 김일성·김정일 수령 중심의 우상화 정치 현실도 목격하였다. 북한은 인민의 경제가 극심히 어려워도 수령 중심의 정치가 최우선인 체제인 것을 확실히 확인했다. 경수로 공사 현장에서 북한 측이 우리 근로자가 김정일 사진이 인쇄된 노동신문을 구겨 쓰레기통에 버렸다고 강력하게 문제를 삼은 사건(1997.10 발생)도 바로 그러한 연유였다. 김일성·김정일 수령 중심의 '유일사상 체계 확립의 10대 원칙'(수령에 대한 절대 충성과 목숨으로 사수, 수령의 초상화·휘장 등을 정중히 모시고 철저히 보위 등)이 철저히 작동되고 있었다.

분야별 남북 의정서 협상의 진행과 쟁점

대북 경수로 사업은 최소 10년이 걸리는 사업이었기 때문에 그 과정에서 여러 가지 측면에서 남북 관계 발전을 계속 견인할 수 있는 사업으로 생각하고 한국이 주도하여 적극적으로 이 사업을 추진하고자 하였다. 경수로 사업을 위한 여러 가지 집행 절차, 즉 통행, 통신, 통관, 검역, 영사 보호, 육상·해상·항공 운송, 우편 서비스, 노무인력·물자 제공, 은행 서비스, 보험, 북한 인력 훈련 등에 관한 각종 절차가 향후 남북관계 사업의 준거가 될 수 있어 우리 정부는 적극적으로 사안별 안을 만들어 북한 측과 협상하였다. 형식적으로는 KEDO 측과 북한 측이 협상하는 형식이지만 실질적으로는 남북한 상호 간에 협상이 이루어졌다. KEDO 대표단의 주 구성원들이 한국 측 인원이었으며 경수로기획단의 직원을 중심으로 하여 관계 부처 공무원, 주계약자인 한전 직원들로 구성되었다. 북한 측은 북한 땅에서 이루어지는 사업이므로 그들의 주권과 정치 체제에 미치는 영향을 심각하게 고려하고 경제적 실리를 최대한 확보하고자 했다. 우리 측은 향후 남북 관계의 준거기준으로 작용할 수 있다는 점을 고려하여 우리 인력의 신변 안전 보장, 북한 문호 개방, 우리의 사업 주도권 확보 등을 중점적으로 추진하였다. 1996년 4월부터 분야별 협상이 시작되었는데, 초기 단계에 협상에 참여했던 우리 직원들의 증언에 따르면 남북한 간의 협상은 팽팽하게 진행되었으며 서로 처음해보는 사업의 협상이라 자기 측 입장을 관철시키기 위해 서로 강경한 자세를 취하였다. 경수로 현장 부지 조사가 1995년 8월~1997년 7월에 이루어지고 1997년 8월 19일 부지 조성 공사 착공식이 거행되었다. 필자가 1997년 11월에 경수로기획단 정책조정부장으로 갔을 때는 이미 상당 부분 많은 분야에서 합의서가 채택되어 시행되고 있었다. 물론 필자가 재직 중일 때도 미해결한 분야에 대해서는 계속 협상이 진행되었다.

구체적으로 '통행 의정서'(1996.7.11 발효), '통신 의정서'(1996.7.11 발효), '특권·면제 및 영사 보호 의정서'(1996.7.11 발효), '부지 인수 의정서'(1997.1.8 발효), '서비스 이용 의정서'(1997.1.8 발효), '미지급시 조치 의정서'(1997.6.24 발효)가 KEDO(남한) 측과 북한 측 간에 합의되어 시행되고 있었다. 이와 같은 의정서 협상 과정에 있어서 정치적·기술적·경제적 문제 등이 쟁점이 되었는데, 이 중 남북 관계 관점에서 중요한 쟁점은 다음과 같다.

'통행 의정서' 협상 시 항공로 분야에서 우리 측은 남북 직항로를 포함한 모든 가능한 항로를 요구하였으며 북한 측은 남북 직항로는 불가하며 북한-일본 간 항공로 이용을 제의하였다. 북한 측은 남북 직항로는 남북 관계 대치 상태와 관제 협정 체결, 통신 연결 등의 기술적 이유를 들어 수용이 불가하다고 하였다. 북일 관계 개선의 포석을 위한 정치적 의도로 북일 간 정기편을 고집하였다. 그러나 북일 간 항로는 일본이 반대하였다. 결국 사업 초기에는 북경 ⇄ 선덕 항로(고려항공 이용)를 사용하되 남북 직항로는 기초 굴착 공사 개시 이전에 협의하도록 절충하였다. 해상로 분야에서는 우리 측은 항공로가 불투명하므로 사람, 물자가 모두 해상로를 이용할 수 있도록 해야 한다고 주장하였다. 이에 대해 북한 측은 물자만 해상로의 이용이 가능하며 인원 수송은 절대 불가하다고 주장하였다. 또한 우리 측이 바지선은 연안 2-3마일 해로를 이용하며 소형 선박도 바지선 해로를 이용하고 일반 선박은 일정 지점을 통해 항구에 접근할 것을 제의하였다. 사용 항만은 물양장 설치 전에는 청진, 흥남, 나진, 선봉 등의 항만을 이용하며 물양장 설치 이후에는 양화항과 신포항을 이용할 것을 제의하였다. 이에 대해 북한 측은 바지선은 연안에서 30마일 해로를 이용하며 소형 선박 및 인원 수송의 바지선 해로 이용은 망원경 등을 통한 스파이 활동이 우려되므로 불가하다는 입장을 밝혔다. 사용 항만도 초기에는 양화항만 사용이 가능하다는 입장을 제시하였다. 북한 측의 이와 같은 입장은 안보를 중시하는 군부의 힘이 반영된 것으로 판단된다. 최종적으로 해상로를 통한 인원 및 물자 수송은 허용하되 바지선 해로는 우리 측 주장보다 거리가 먼 지점(동해 기점 153마일)으로 하며 일반 선박의 해로는 공로(동해 기점 200마일)를 이용하는 것으로 정리되었다. 사용 항만은 양화항만을 이용하되 양화항의 이용이 불가능할 때는 북한 측이 추가적인 항구를 지정하도록 절충하였다.

'통신 의정서' 협상에서 우리 측은 KEDO의 독자 통신망 설치·운영이 되어야 하며, 부지 내 유·무선 통신이 가능하도록 북한 측에 요구하였다. 이에 대해 북한 측은 KEDO 측의 독자적 위성 통신 보유는 곤란하다고 하면서 남한과의 통신은 통신협정의 미체결로 제3국을 경유하여 연결이 가능하다고 하였다. 부지 내에서는 첩보 활동이 우려된다면서 유선 통신만 사용이 가능하다는 입장을 밝혔다. 최종적으로 KEDO의 독자적인 위성 통신망은 부지 착공 후 24개월부터 설치·운영이 가능하며 무선 전화기는 사업부지 내 통신용으로만 사용이 가능하다고 합의를 보았다.

'특권·면제 및 영사 보호 의정서' 협상에서 우리 측은 기본적으로 KEDO가 국제기구이며 북한 지역에서의 신변 안전을 위해 외교관에 준하는 특권·면제 부여가 필요하다는 점을 강조하였다. KEDO 직원만이 아니라 회원국 대표에게도 UN 특권·면제협약의 경우처럼 특권·면제가 부여되어야 한다고 주장하였다. 이에 대해 북한 측은 KEDO는 '미북 제네바 합의' 실행을 위한 미국의 실무적 기구에 불과하며 이에 근거해서 미국에게 필요한 조치만 하면 된다면서 KEDO 회원국 정부 대표는 북한과 하등의 관계가 없으므로 필요한 조치의 대상이 아니라고 주장하였다. 우리 측은 경수로 사업을 위해 참여하는 인원의 신변 안전이 무엇보다 중요함으로 강력하게 요청하여 최종적으로 KEDO 직원과 회원국 정부 대표에게 외교관 수준의 특권·면제를 부여하기로 합의하였다.

'부지 의정서' 협상에서 우리 측은 부지의 일괄 인수 원칙을 주장하였으나 북한 측은 부지 내 농경지 등의 이용을 위해 단계적으로 부지를 인수해야 한다고 주장하였다. 결국 우리 측 주장대로 KEDO 측이 부지를 일괄 인수하되 공사 중 사용하지 않는 부지는 북한 측이 경작하여 사용하도록 조정하였다.

'서비스 이용 의정서' 협상 시 임금 분야에 있어서 우리 측은 나진·선봉 수준인 월 80$이 되어야 한다고 주장하였다. 북한 측은 나진·선봉 수준이나 북한 내 수준인 월 110$은 너무 저렴하며 해외 취업 인력 수준인 월 200~300$의 임금을 요구하였다. 북한 측은 북한 근로자 임금은 모든 생활비용이 국가에서 지원받는 상황에서의 임금이므로 자본주의 국가와는 상이하다고 설명하였다. 남한 근로자는 월 2,000~3,000$을 받고 북한 근로자는 월 100$ 이내로 받는 차별 대우는 작업 의욕을 저하시킨다면서 우리 측의 제시가 부당하다고 지적하였다. 결국 임금 기준은 북한 내 합영기업 및 외국인 투자기업에 적용되는 가격을 고려해서 산정하며 생산성, 기술 숙련도 및 기타 관련 사항에 따라 변동될 수 있다는 선에서 타협되었다. 실제 일반 북한 근로자의 임금은 월 110$로 책정되었으며 기술 숙련도에 따라 기능별로 차등적으로 상향 조치되었다.

대북 경수로 사업 추진 과정의 교훈

이와 같이 협상 과정에서 나타난 쟁점을 보면 북한 측의 정치·안보적 이유로 인해 우리 측의 주장을 받아들일 수 없는 내용이 주종이었다. 이는 남북 간의 오랫동안의 불신과 체제 경쟁 때문에 북한은 자기의 체제 안전을 우선시한 결과였다. 우리는 북한의 개방과 변화를 유도하기 위해 가능한 한 많은 교류와 접촉점을 확보하려고 노력하였으나 북한 측의 완강한 거부로 인해 우리가 처음 요구한 대로 성사되지 못했다. 그러나 KEDO라는 국제 틀 때문에 당시 경색된 남북 관계에서는 기대할 수 없는 통행·통신·통상 등의 분야에서 활발히 교류가 이루어지는 제도적 장치를 마련하는 계기가 되었다. 북한은 어려운 경제난 해결을 위해 KEDO 사업을 통해 최대한 많은 외화 획득을 위해 노력을 했지만 우리 측의 재정 부담 능력과 생산성에 입각한 경제적 논리를 이겨낼 수는 없었다.

경수로 사업을 추진하는 과정에서 북한 측이 보여준 태도는 우리가 북한 체제의 핵심을 이해하는데 많은 도움이 되었다. 그 이후의 다른 남북 교류협력 사업 추진 시에 유의해야 할 점을 많이 터득하게 했다. 북한 측은 그들 수뇌부와 체제를 모독하는 행위, 주권을 침해하거나 자존심을 상하게 하는 행위에 대해서는 즉각적이고 강경한 태도와 조치를 취하였다. 앞서 언급한 김정일 위원장의 사진이 실린 노동신문 폐기 사건, '김일성 주석'이 아닌 '김일성'이라고 명기된 한국 책자 반입 사건, 15대 대통령 선거의 부재자 투표 추진 사건 등이다. 부재자 투표 사건에 대해서는 뒤편에 자세히 별도로 설명하고자 한다. 또한 북한 체제나 안보를 약화시킬 수 있다고 판단한 일들도 금지되거나 억제되었다. 우리 측의 북한 근로자들에 대한 직접 작업 지시 금지(이 방침은 그 후의 모든 남북 경협 사업에 적용되었고 개성공단 생산 현장에서도 변함없이 적용), 옥외 방송 금지, 허가되지 않은 지역의 무단 촬영 금지, 항구 내에서 통신 장비의 봉인, 북한 관계자의 안내 없는 활동 금지 등이 그것이다. 이와 같은 사례들은 그 이후 남북 교류협력 사업에서도 동일하게 적용되었으며 발생 시에 남북 간의 갈등 소지로 작용하였다. 이것은 북한 정권의 체제 변화가 본질적으로 이루어지지 않는 한 남북 관계 현장에서 계속 부딪치는 일들이다.

경수로 공사 현장 한전 사무실 방문(뒷줄 중앙이 필자)

함경남도 북청군 인근 남대천 소재 경수로 공사 골재 채취원 지역 방문(오른쪽이 필자)

경수로 공사 현장 물양장(간이 부두) 방문(뒷줄 중앙 오른쪽이 필자)

경수로 공사 현장 근로 인원들을 위한 추석 선물 전달식(앞줄 중앙이 필자)

경수로 현장에서의 사건·사고의 사례들

그동안 남북 교류협력 사업 중 수시로 발생하는 사건·사고들은 북한의 정치 체제·문화와 충돌하여 발생하는 문제, 남북한 언어 차이로 인한 소통 문제로 발생하는 오해 문제, 남한 주민의 북한 지역에서의 종교 행위로 인한 문제, 교통사고, 산업 재해 사고, 남녀 간의 문제 등이다. 이러한 사건·사고가 발생할 때마다 원만한 처리를 위해 상당한 진통을 겪어야 했다. 어떤 경우에는 남북한 간 심각한 긴장 관계를 유발할 때도 있었고 어떤 경우에는 현지에서 힘은 들었지만 적당하게 봉합될 때도 있었고 어떤 경우에는 원만하게 해결될 때도 있었다. 남북 관계 일을 하는 사람들은 항상 긴장하고 매사 조심하면서 대처해야 한다는 의식을 저절로 갖게 되었다. 그리고 남북한 인원 간에 충돌이 발생할 때는 문제를 최소화하기 위해 제도적 장치를 마련하기 위해 노력했다. 예를 들어 북한 측이 우리 측 인원의 강제 구금 금지와 문제된 우리 측 인원의 남한으로의 강제 송환 조치 등이다. 핵심은 우리 측 인원의 신변 안전을 보장하는데 초점을 둔다.

'김일성 역도놈' 발언 사건

필자가 1997년 11월 1일 경수로기획단 정책조정부장으로 부임하기 전에 경수로 발전소 건설 현장에서는 이미 몇 차례 사건·사고가 발생하였다. 우리 측 인원이 지게차로 하역 작업 중 북한 측 인원을 치어 중상을 입힌 사고도 있었고 우리 측 인원이 음주 운전 중 북한 측 인원을 치는 사고도 발생하였다. 두 건 모두 교통 사고시 남북한의 합의서에 따라 사건 조사 후 보험 처리하고 남한 측 인원은 남한으로 송환 조치하였다. 남북한 인원 간의 폭행 사고도 있었다. 남북한 인원이 공동 작업 중에 우리 측 인원이 북한 측이 크게 틀어 놓은 김정일 찬양곡을 다른 곡으로 바꿔줄 것을 요구하자 북한 측 인원 2명이 우리 측 인원을 폭행하였고 그로 인해 북한 측 인원을 우리 측이 해고하는 것으로 정리되었다. 남북한 인원이 술자리에서 기분 좋게 술을 마시다가 북한 측 인원이 갑자기 소주병을 들고 우리 측 인원을 죽이겠다고 돌변하는 일도 발생하였다. 이유인즉 북한 뉴스에서 우리 대통령을 '김영삼 역도놈'이라고 욕하는 것에 대해 우리 측 인원이 대응하여 북한의 수령을 '김일성 역도놈'이라고 부르면 좋겠느냐면서 뉴스 내용이 너무 심한 것 아니냐고 반박하였다. 이 말을 들은 북한 측 인원은 우리 측 인원이 '김일성 역도놈'이라고 언급하는데 대해 즉각적인 반응을 보이면서 가만히 두지 않겠다고 해서 발생한 것이었다. 관계자들이 적극적으로 개입하고 말려서 가까스로 진정이 되었다. 남북한 사람들은 얼굴만 봐서는 서로 정확한 나이를 가늠할 수 없다. 얼굴 모습만으로 가늠하면 정확한 나이에서 서로 10살 정도 차이가 난다. 이로 인해 특히 여성들의 나이를 가늠할 수 없어 해프닝도 발생하였다. 또 다른 사례로는 우리 측 인원이 새벽에 조깅 중 심장마비로 사망해서 신포-평양-판문점-남한으로 긴급히 이송하는 일도 발생하였다. 처음 경험하는 일이라 비상 상황이 전개되기도 하였다.

김정일 사진 훼손 사건

가장 골치 아픈 사건이 1997년 10월 1일 발생하였는데 김정일 사진이 실린 노동신문 폐기 사건이었다. 신포(금호지구) 경수로 공사 부지에서 처음에는 KEDO와 한전 및 합동 시공사가 북한 측이 제공한 게스트하우스(guesthouse)를 임차하여 사무실과 숙소로 사용하였다. 경수로 현장 주택 부지에 임시 숙소 공사가 완공됨에 따라 1차로 합동 시공단이 게스트하우스 사무실에서 자체 사무실로 이전하였다. 합동 시공사의 이전 후 종전 사무실 휴지통에서 김정일 사진이 실린 노동신문이 찢어진 채 폐기되어 있는 것을 북한 측 청소부가 발견하고 북한 측 윗선으로 보고하였다. 수령의 사진이 찢겨진 것은 북한 사람 입장에서는 묵과할 수 없는 매우 중대한 죄인 것이었다. 북한 측은 그 날 오후에 '지도자의 초상'이 실린 노동신문이 찢어진 채로 휴지통에서 발견된 것은 '지도자에 대한 중대한 모독'이라고 우리(KEDO) 측에 강력히 항의하였다. 노동신문 훼손자의 색출을 요구하면서 이에 불응할 경우 내일(10월 2일)부터 공사를 중지하겠다고 반응했다. 이에 대해 우리 측은 북한 측의 민감한 입장에 대해 이해는 하지만 공사는 중지할 수 없다고 대응하였다. 아무리 체제의 상이함 때문이라지만 자유 사회에서는 하찮은 일인 신문을 찢은 행위를 마치 범죄를 행한 것처럼 당사자를 색출하고 북한 측에 통보하는 것은 있을 수 없는 일이었다. 앞으로도 이러한 유사한 일이 발생하면 북한 측으로부터 두고두고 괴롭힘을 당할 수 있다고 생각하여 원칙적 입장에서 대응하였다.

10월 2일 북한 측은 우리 측에게 당사자를 색출하고 당사자가 김정일 사진이 실린 노동신문 폐기 행위가 적대 행위임을 인정하고 북한 인민이 납득하도록 사과하고 당사자를 남한으로 귀환시키도록 요구하였다. 동 사태 해결 때까지 KEDO(우리)인원의 공사 현장에서의 자유로운 이동을 불허한다고 통보하였다. 경수로 현지에 있는 우리 측은 일단 모든 인원의 이동을 자제하도록 조치하고 이번 사건은 우리 측 잘못을 인정할 수 있는 사건이 아니므로 관계자 색출 및 사과 불가 입장을 정하고 KEDO 본부와 상의하였다. KEDO 본부는 북한 측의 일방적 조치는 신변 안전을 보장한 영사 보호 의정서의 내용을 위반하는 행위로 규정하였다. 북한 측의 부당한 행위에 대해 항의하고 시정을 촉구하는 KEDO 총장의 서한을 북한 측에 발송하였다. 뉴욕의 UN에 나와 있는 북한 측 관계자는 KEDO 측에 북한의 문화적 관습을 이해하고 동 문제 해결을 위해 KEDO 측이 적절한 조치를 취해줄 것을 제의하였다. 10월 3일 신포 현지에서 북한 측은 당초 강경 입장에서 조기 타결로 입장을 바꾸면서 합동 시공단 현장 대표가 사과하는 선에서 동 사건을 종결하자고 제의하였다. 북한 측은 다른 일은 참을 수 있으나 최고 지도자에 대한 것은 유의해야 한다는 것을 강조하였다. 그리고 이번 일이 남한 언론에 보도되지 않도록 요구하였다. 이에 대해 우리 측은 사과하는 것을 거부하면서 당초 정한 입장을 그대로 견지하였다. 10월 4일 북한 측은 사태 해결을 위한 최소한의 조건으로 KEDO 측에서라도 사과하고 재발 방지 약속을 요구하였다. 한국 정부는 KEDO 본부에 개인이 읽은 신문을 자유롭게 폐기하는 것은 서방 세계의 일반적 관행으로 사과를 할 수 없으며 사건이 조기 해결되지 않을 경우 국내 언론 보도를 막을 방법이 없다고 통보하였다. 결국 10월 5일자에 국내 언론에 동 사건 관련 내용이 보도되었다. 그 이후 KEDO 측과 북한 측간의 협의를 거쳐 북한 측이 경수로 부지 내 우리 측의 통행 제한을 해제함으로써 작업이 정상화되기 시작했다. 우리 정부 측은 북한 측에 사과하지 않는다는 입장을 견지하는 한편 현지에 있는 우리 측 인원에 대해 이후로 김정일 사진이 실린 노동신문 폐기 사건과 같은 유사 사태가 발생하지 않도록 재발 방지 교육을 실시하였다.

이와 같은 사건은 남북한의 정치 체제·문화의 차이로 발생한 충돌적인 사례로서 남북 관계 일을 하는데 중대한 시사점과 교훈을 남겼다. 이 사건을 계기로 북한의 최고 정치지도자인 '수령'의 위상과 북한 정치 체제를 보다 정확히 이해하는 계기가 되었고, 향후 남북 관계 업무에서 반드시 유의해야 할 사례로 되풀이 강조되기도 하였다. 북한의 헌법, 노동당 규약보다 사실상 상위에 있는 규범인 '유일사상 체계 확립의 10대 원칙'은 북한 사람들이 무조건 준수해야 할 철칙이기 때문이었다. 그렇다고 우리도 북한의 철칙 앞에 우리 자유 사회의 기본 원리를 굴복시킬 수는 없는 일이었다.

경수로 현장에서의 부재자 투표 문제

이처럼 경수로 공사 현장에서 민감한 사건·사고가 발생했기 때문에 북한 지역 현장에서의 일은 항상 긴장감을 가지고 주의를 기울여야 한다는 인식이 확대되고 있을 때에 필자는 경수로기획단 정책조정부장으로 일하게 되었다. 부임하고 얼마 되지 않아 민감한 일에 부닥치게 되었다. 당시 대통령 선거가 임박했는데 경수로 공사 현장에서 일하는 우리 근로자들의 부재자 투표 실시 문제였다. 해외에서 근무하는 우리 근로자들은 부재자 투표를 하고 있는데 북한 경수로 공사 현장에서 일하고 있는 우리 근로자도 당연히 부재자 투표를 할 수 있도록 해야 한다고 상부에서 논의된 후 결정되었다. 경수로 공사 현장 일을 직접 담당하고 있는 경수로기획단에서는 부재자 투표 실시 문제가 매우 민감한 문제이며 북한 측과 충돌 소지가 있어 처음에는 부정적 입장을 가졌다. 상부에 부재자 투표 실시 문제를 재고해 달라고 건의하였다. 그러나 상부의 입장은 견고했고 당시 권오기 통일부총리(현재는 고인)는 국민의 당연한 투표권 행사 권리를 북한 지역에 있다고 해서 못하게 해서는 안 된다고 했다. 앞으로 경수로 발전소 건설 공사는 10여년 정도 걸리는 장기간의 사업인데 국민의 투표권을 계속 행사하지 못하게 하는 것은 합당하지 않다고 본인의 의견을 강하게 피력하였다. 따라서 경수로기획단은 부재자 투표 실시 방침을 이행하기로 하고 문제없이 실시할 수 있는 방법을 모색하며 고민하게 되었다. 당시 경수로 공사 현장에서 우리 근로자를 총괄하는 경수로 사업의 주계약자인 한국전력(이하 한전)은 난감한 문제에 봉착하게 되었다. 한전은 자체 법률 검토를 거쳐 경수로기획단에 KEDO 측과 북한 측이 공식적으로 협의해 줄 것을 요청하였다. KEDO 측에서는 이 문제와 관련한 명확한 입장을 정하기가 어려웠다. 우리 정부의 입장은 부재자 투표는 우리 국민의 당연한 권리 행사이므로 그 실시 문제를 북한 측과 사전 협의해야 할 대상이 아니며 북한 측과 공식적으로 협의하는 것이 오히려 문제를 불러일으킬 수 있다는 점에서 북한 측과 협의하지 않고 실시한다는 것이었다. 그리고 미국도 해외에 주재하고 있는 미국 국민이 부재자 투표를 실시하고 있지 않느냐는 것이다. 그리고 현장에서 투표함에 투표하는 것이 아니라 서신으로 하는 것이기 때문에 노출되지 않는다는 것이다. 결국 KEDO 측의 양해 하에 북한 측과 사전 협의 없이 부재자 투표를 실시하는 것으로 방향이 결정되었다.

부재자 투표 실시는 절차상 두 단계로 진행되는데 첫 번째는 투표할 당사자가 부재자 투표를 하겠다는 입장을 서면으로 선거관리위원회에 신고를 한다. 그 이후에 부재자 투표 신고자가 체류하고 있는 현장에서 개인적으로 부재자 투표를 하여 선거관리위원회에 서신으로 접수하는 것이다. 그러면 이와 같은 선거 관리의 공무행위를 누가 할 것이냐는 문제에서 선거관리위원회가 북한의 경수로 공사 현장에 직접 들어가는 것은 곤란하므로 정부 기구인 경수로기획단이 선거관리위원회를 대행해서 일을 추진하는 것으로 결정되었다. 우리가 북한 측과 사전 협의 없이 부재자 투표를 실시하는 것으로 결정이 되었지만 사전에 언론에 노출되면 문제가 발생할 소지가 컸다. 부재자 투표 실시는 일체 보안을 유지하면서 불안한 가운데 추진되었다. 1단계인 부재자 투표 신고는 한전을 통해 이루어졌다. 경수로 공사 현장에 있는 121명 중에 110명이 부재자 투표 신고를 하였다. 2단계인 부재자 투표를 실시하기 위해 부재자 투표 용지를 경수로 공사 현장에 갖고 가야 하는데 투표 용지를 한전에 맡길 수는 없었다. 선거관리위원회와 협의하여 공무원인 경수로기획단의 직원이 가져가기로 하였다.

부재자 투표 문제는 너무나 민감한 문제라 업무 성격상 정책조정부장인 필자가 소지하고 북한의 경수로 공사 현장에 가기로 최종 결정되었다. 마침 1997년 12월 12일 외환은행 금호지구 출장소 개소식이 예정되어 있었다. 경수로 공사 현장에서의 북한 측 시설 이용과 북한 노동력 인건비의 지불은 달러로 이루어졌기 때문에 KEDO(한국) 측의 은행이 현장에 나가 외환 금융 업무를 해야 했다. 재정 금융 업무를 담당하는 경수로기획단의 진병화 재정지원부장이 개소식에 참석하기로 하였다. 외형상 외환은행 현장 출장소 개소식에 진병화 재정지원부장과 정책조정부장인 필자가 참석하기로 되어 있으나 필자의 경수로 공사 현장 방문의 주된 목적은 부재자 투표를 실시하는 업무였다.

12월 9일 북경으로 가서 하루 숙박하고 12월 10일 북한으로 들어가기로 되어 있었는데 그날 평양에서 비행기 이·착륙이 곤란해 하루 연기가 되었다. 그 와중에 모 언론이 우리의 부재자 투표 추진 사항을 사전에 보도하는 바람에 북한 측에서 알게 되었고 경수로 공사 현장이 발칵 뒤집어지는 일이 발생하였다. 북한 측 관계자가 KEDO 금호지구 영사사무소 대표인 한국과 미국의 대표(영사사무소에는 한국 측 대표 2명, 미국 측 대표 1명이 상주 근무하였고 일본 측 대표는 가끔 방문해서 1주일 정도 있다가 복귀하였다)에게 부재자 투표 실시와 관련하여 강력한 항의와 경고를 하였다. 북한 측은 남한 측의 부재자 투표 실시는 북한 주권을 침해하는 일로서 심각한 정치 문제가 되며 세관 검사 시 부재자 투표 용지를 압수하겠다고 경고하였다. 현장에서의 북한 측 경고 내용이 KEDO 측과 한국 정부에 긴급히 보고되었다. 이에 대해 한국 정부는 부재자 투표는 당초 방침대로 추진하기로 했다. 북한 측과 물리적 충돌은 하지 말고 압수나 거부당하면 모든 책임은 북한 측에 있다는 것을 명확히 한다는 입장이었다. 그러나 KEDO 측은 입장이 달랐다. 이미 언론에 노출되었고 북한 측이 강력히 항의와 경고를 한 마당에 무리하게 추진하면 현장에서 충돌이 발생하고 경수로 사업 추진에 장애를 줄 소지가 있다는 입장이었다. KEDO 측과 한국 정부는 서로 상이한 입장에서 어떻게 처리할지를 긴박히 협의를 하였다.

필자도 북경의 투숙한 호텔에서 우리 정부의 입장과 KEDO 측의 입장이 다르다는 것을 파악하고 우리 정부 측과 긴밀히 전화를 통해 진행 상황을 주시하였다. 처음에는 우리 정부에서 그대로 강행한다는 입장을 필자에게 전달해 왔다. 우리 정부의 방침을 따라야 하는 필자로서는 고민이 커졌다. 만약 북한 측이 부재자 투표 용지를 압수할 경우에 필자가 어떻게 행동해야 할지 등 여러 가지 발생할 수 있는 경우를 미리 가정해보았다. 각각의 경우에 필자가 어떻게 대처해야할지를 궁리하면서 호텔 방에서 초조해하며 고민에 빠졌다. 늦은 밤 시각에 최종적으로 우리 정부의 입장이 필자에게 하달되었다. 당시 북한으로 함께 들어갈 KEDO 금호지구 영사사무소 미국 측 대표에게 부재자 투표 용지를 넘기고 필자는 북한으로 들어가 외환은행 금호지구 출장소 개소식에 참석하라는 것이었다. 결론은 부재자 투표 추진을 중단한다는 것이었다. KEDO의 앤더슨(L. Desaix Anderson) 사무총장이 북한 측과의 충돌을 방지하고 경수로 사업을 안정적으로 끌고 가기 위해 한국 정부 측에 부재자 투표 추진의 중단을 강력히 요청하였다. 결국 한국 정부가 당초의 입장을 철회하고 KEDO 측의 입장을 받아들인 것이었다. 필자는 그 날 밤늦게 호텔에서 KEDO 금호지구 영사사무소 미국 측 대표인 존 호그(John Hoog)에게 부재자 투표 용지를 인계하고 그 다음 날 고려항공을 타고 북한으로 들어갔다. 부재자 투표 문제로 인한 심리적 부담이 없어지자 필자는 편안한 마음으로 북한 일정을 소화할 수 있었다.

금호지구로 가기 위해 함흥의 선덕공항에 내려 수속 절차를 밟는 과정에서 북한 측 안내원이 종래와 달리 우리 측의 소지품과 화물을 철저하게 검사하였다. 부재자 투표 용지를 찾기 위해 포장 박스도 뜯어 안에 있는 물품을 일일이 검사하면서 샅샅이 뒤졌다. 북경에서 미국 측 대표에게 인계했으니 부재자 투표 용지가 나올리 만무했다. 북한 측 안내원이 부재자 투표 용지가 없자 승합차에 타고 대기하고 있는 우리 측 인원 전부를 향해 "왜 이렇게 하는지 당신들은 알고 있지 않느냐. 자진 신고해라. 나중에 발각되면 그 후과는 만만치 않을 것이다."라는 위협적인 경고를 했다. 부재자 투표 용지 문제와 그 존재 여부에 관해서는 필자 혼자만 알고 있는 사항이라 동행한 일행들은 종전보다 검색을 까다롭게 하는구나 생각하면서 긴장하면서도 어리둥절할 뿐이었다. 비행기로 들어온 일행들의 짐에서 부재자 투표 용지가 없자 그 뒤에 동해 바다 해로로 들어오는 한전과 시공업체 직원 및 근로자 일행의 소지품과 화물도 샅샅이 뒤졌다고 한다. 필자는 12월 11일 밤늦게 금호지구 경수로 공사 현장에 도착하여 KEDO의 한국 측 이현주 영사대표와 한전의 박영철 금호 현장 건설본부장의 친절한 안내로 북한에서의 편안한 하룻밤을 보낼 수 있었다. 경수로 공사 현장에서는 부재자 투표 문제로 상당한 긴장감이 조성되어 있어서 필자는 이현주 대표에게 자초지종을 자세히 설명해주었다.

외환은행 금호출장소 김영우 소장과의 만남

12월 12일 오전에 외환은행 금호지구 출장소 김영우 소장 주재로 개소식은 원활히 진행되었다. 테이프 커팅, 은행 금고 확인 등 주요 행사에 진병화 재정지원부장과 함께 필자도 참가하였다. 개소식에 북한 측에서 경수로대상국 윤덕웅 부국장, 최계원 처장, 리장식 조선무역은행 금호지점장이 참가함으로써 남북한의 행사가 되었다. 당시 남북한 은행 간에 자동화 협력 시스템이 체결되지 않아 현장에서의 경수로 사업 소요자금을 서울에서 인편으로 달러를 찾아 금호 외환은행 출장소에 직접 이송하여 외환금융 거래를 처리하는 방식이었다. KEDO 측과 북한 측 간 합의에 따르면 금호지구에 조선국제무역은행 출장소를 개설하도록 되어 있었다. KEDO 측이 북한 측에 조속히 북한은행 출장소 개설을 촉구하였는데 그 때마다 북한 측은 조속히 개설하겠다고 말은 했으나 그 이행이 지체되었다. 그러다가 북한은 2003년도가 되어서야 동해원자력발전소(경수로가 완공되면 북한이 운영하는 발전소 명칭)앞에 조선무역은행 출장소 건물을 짓기 시작하다가 경수로 사업이 전면 중단됨으로써 결국에 경수로 공사 현장에서의 외환금융 거래는 우리의 외환은행이 폐쇄 시까지 담당하였다.

1997년 12월 경수로 공사 현장에서 만난 김영우 외환은행 출장소장은 이후에 외환은행 부행장으로 은퇴하였다. 그 당시의 인연으로 김영우 소장과 필자는 계속 인간적 교류를 해 왔다. 김영우 소장이 부행장으로 은퇴 후 여생을 사회봉사 활동에 헌신하기로 함으로써 필자와 많은 이야기를 나누었다. 결국 김영우 소장은 북한 사업에 발을 들여놓은 계기로 탈북민 정착 사업에 여생을 바치기로 하고 지금도 그 일을 꾸준히 하고 있다. 강원도 춘천에 '해솔직업사관학교'를 설립하여 주로 탈북민 청소년에 대한 직업 교육과 직장 알선 등을 통해 탈북민의 안정적 정착을 위해 노력하고 있다. 결코 쉽지 않은 일인데 이러한 일을 정말로 헌신적으로 하고 있는 김영우 이사장에게 지면에서라도 존경을 표하지 않을 수 없다.

북한 측과의 협상에 인내심과 단호함이 요구

부재자 투표 문제와 같은 민감한 문제는 필자가 경수로기획단 정책조정부장으로 일하는 동안에는 더 이상 일어나지 않았다. 그 이후 필자의 업무와 관련된 경수로 사업 추진을 위한 북한 측과의 밀고 당기는 협상에 필자는 계속 참가하였다. 이것들은 경수로 사업을 추진하기 위해 북한 측도 반드시 해결해야 할 과제에 대한 협의였다. 물론 시간이 소요되는 지난한 과정이었지만 결국에는 합의에 도달할 수밖에 없는 문제였다. 북한 측과 협상 시에는 때로는 인내심, 때로는 단호함이 요구되었다. 필자는 북한 측과의 협상 참여 외에도 경수로 공사 현장에서의 질서 유지 문제, 우리 측과 북한 측 인원의 남북한 출입 문제, 공사 현장에서 일하는 우리 측 근로자에 대한 복지 문제, 공사 현장에서의 외국(우즈벡) 노동력 활용 문제, 향후 북한 인원의 경수로 발전소 운전을 위한 훈련 문제 등에 관여했는데 정치적으로 북한 측과 심각하게 충돌하는 문제는 아니었다. 필자는 새로운 길을 개척하는 마음으로 매번 보람 있게 일했으며 그 과정에서 다양한 경험을 쌓는 귀중한 기회가 되었다.

묘향산 향산호텔 주변의 풍경

경수로 사업에 참여하면서 필자는 북한을 자주 방문하며 부분적이지만 북한의 실태를 파악하는 계기가 되었다. KEDO 경수로 사업의 협상이 북한 지역에서 개최될 경우에는 대부분 묘향산의 향산호텔에서 진행되었다. 처음 묘향산의 향산호텔에 갔을 때는 이등변 삼각형 모양의 호텔(15층) 외관과 호텔 앞쪽에 흐르는 맑은 냇물, 그리고 신선한 공기, 호텔 뒤편으로 묘향산 가는 길 쪽의 높은 소나무 군락 등의 풍경에 빠졌다. 그러다가 여러 번 향산호텔에 가게 되자 다른 모습들이 눈에 들어왔고 심리적 여유가 생겨서 주변에 관심을 두기 시작했다. 하루는 오전 협상이 끝나고 점심 식사 후 호텔 로비를 두리번거렸는데 호텔 내 기념품 등을 파는 매대 앞쪽에 소파가 놓인 꽤 넓은 공간이 있었다. 소파에 앉았는데 탁자 위에 조그마한 낡은 노트가 있었다. 누가 이런 것을 두고 갔나 싶어 겉표지를 넘겨보니 영어 회화 책자였다. 호텔 내에 근무하는 봉사원의 영어 회화 책이었다. 이곳 향산호텔에는 외국인과 재미동포들이 많이 투숙하니 봉사원들이 이들과 업무상 언어 소통과 안내를 위해 평소에 스스로 공부하는 영어 회화 책자였다. 순간 필자는 북한이 입만 열면 미국을 '원쑤'라고 하면서 '미 제국주의, 반미타도'를 외치면서도 필요하면 영어를 열심히 배우는 것이 모순이 아닌가라고 생각했다. 원래 북한은 과거에 공산주의 우호국가인 러시아어를 주로 많이 배웠는데 그 이후에는 영어가 제1외국어가 된 것을 보면 아이러니컬하다.

향산호텔 객실에서 창문을 열고 앞쪽을 보면 묘향산에서 내려오는 물들이 향산호텔 앞쪽 냇물로 쭉 흘러가고 있다. 냇물이 흘러가고 있는 상당한 거리의 왼쪽에 몇 층짜리 살림집이 보였다. 살림집 앞에 밭이 있는 것 같았는데 매일 젊은 사람들이 소를 끌고 일을 하고 있었다. 자세히 보니 군인인 것 같았다. 후방 지역이니 군인들이 농사를 지어 자급자족하는 듯 했다. 하루는 점심 식사를 일찍하고 호기심에 그 살림집 있는 곳으로 가보았다. 일하는 군인들이 안보여 냇가를 가로지르는 길을 지나서 호텔로 돌아가기로 했다. 냇가를 가로질러 가는데 중간에 큰 나무가 있었고 그 나무 밑에서 오전에 일하고 있었던 젊은 군인들 몇 명이 자고 있었다. 런닝 차림으로 늘어져 자고 있었다. 필자가 지나가도 그들이 노곤해서 그런지 기척도 없이 계속 자고 있었다. 여기는 후방 지역이라 적이나 외지인이 여기까지 올 일도 없을 것이고 매일 농사짓느라고 피곤해서 나무 밑에서 편안히 자고 있구나 하고 필자는 생각했다. 한편으로는 노동으로 피곤한 젊은 군인들의 이 모습이 이해되기도 했고 한편으로는 사람이 지나가는데 그대로 자고 있으니 군기가 빠져도 엄청나게 빠진 것 아닌가 생각하기도 했다. 한때 묘향산에서 북한 사병이 더블백을 지고 가다가 마주치게 되었을 때 필자가 인사하니 그가 주춤하지 않고 편하게 필자에게 답례를 해 준 적이 있다. 북한 사병이 외지인에게 의외로 경계심이 없이 필자에게 인사하는 것을 보고 향산호텔에 재미동포들이 오니 그는 필자를 재미동포 중 한 사람으로 생각하는구나라고 여겼다. 냇가를 가로질러 향산호텔쪽으로 돌아 올라가는 중에 필자는 빳빳이 다려진 군복을 입고 오는 군인을 만났다. 좀 말라 보였지만 강인해 보였고 눈초리가 매서워 보였다. 필자는 그 군인에게 "안녕하세요?"하고 인사를 건네고 그의 반응을 살펴보았다. 그 군인은 일체 대꾸도 하지 않고 앞만 보고 그대로 자기 가는 길을 갔었다. 그는 군관(장교)이었다. 역시 군관과 사병은 다르구나라고 생각했다. 북한의 사병은 보통 10년 정도 근무하니 노동자와 같다. 사병 스스로도 세월을 그냥 때우는지 모르겠다. 그러나 군관은 지휘관이고 실제 전투병이니 매서웠다. 눈길 한 번 주지 않는 눈매 매서운 군관을 보고 나서 필자는 만만하지 않구나 라고 생각했다.

향산호텔은 산골에 위치하고 있어 아침에 새소리가 들려서 일찍 눈이 떠지게 된다. 하루는 일찍 일어나서 아침 식사 시간까지 할 일도 없어 필자는 호텔 밖으로 나가 산책하기로 했다. 호텔 옆 뒤쪽으로 길이 있어 그 방향으로 걸어갔다. 조금 올라가니 몇 층짜리 살림집이 보였다. 살림집 베란다에는 땔감들이 가득 쌓여 있었다. 겨울철을 나기 위해 미리 준비해 둔 것 같았다. 그리고 돼지 소리도 나는 것 같았다. 키워서 잡아먹기 위해 살림집 베란다에 돼지우리를 만들어 키우는 모양이었다. 살림집을 보면서 더 올라 가니 집들이 꽤 있는 마을을 지나게 되었다. 아침 식사 시간까지는 아직도 시간이 많이 남아 있어 묘향산 쪽으로 더 올라갔다. 좀 더 올라가니 왼쪽에 큰 운동장이 있는 학교 건물 같은 곳이 있었다. 운동장을 가로 질러 가니 대리석으로 만든 가로로 된 큰 비석이 보였는데 어린아이 둘이 신발을 벗고 맨발로 올라가 천으로 그 비석을 깨끗이 닦고 있었다. 자세히 보니 김일성 주석이 여기에 왔다가 교시한 내용을 옮겨 새겨놓은 비석이었다. 이곳은 '묘향산 소년단 야영소'였다. 나중에 알게 되었는데 '묘향산 소년단 야영소'

는 북한 전역에서 매우 크고 비중있는 소년단 야영소였다. 기억컨대 비석에 새겨진 김일성 주석의 교시 내용을 세세하게 기록해 두었다. 어린아이들의 건강을 위해 매주 닭알(계란)과 물고기를 먹여야 한다고 했다.(닭알 몇 개, 물고기 몇 마리라고 했는데 그 숫자는 정확히 기억이 나지 않는다) 겨울철에 사용한 난로는 깨끗이 정비한 후 창고에 잘 보관해 두었다가 겨울철에 다시 사용해야 한다는 내용도 있었다. 김일성 주석이 이렇게 세세하게 언급했을까 라는 의구심과 함께 한편으로는 주석이 신경을 써야 할 나라 일이 많을 텐데 이런 세세한 일에 관여할 정도로 한가한가 라는 생각도 했다. 어린아이들이 신발 벗고 올라가서 비석을 깨끗하게 닦고 있으니 '유일사상 체계 확립의 10대 원칙'의 김일성 수령 체제가 무섭구나 라는 생각이 들었다.

북한 어디에나 있는 외지인의 허용 한계선

'묘향산 소년단 야영소'를 지나 좀 더 올라가 보았다. 올라가다 보니 그 전에 관람한 적이 있는 '국제친선전람관'(김일성과 김정일이 세계 각국으로부터 받은 선물을 전시하는 종합 전시관) 가는 길이 보였다. 왼쪽에는 묘향산 '보현사' 절이 위치했다. 보현사로 들어가 입구에 있는 팔만대장경을 소개하는 안내판을 보고 있는데 웬 여성이 다가왔다. 필자에게 "누구냐?, 어디서 왔느냐?"라고 물었다. 필자는 케도(KEDO) 일로 왔는데 향산호텔에 머무르고 있고 오늘 새벽에 산책 차 여기에 왔다고 얘기했다. 그녀는 케도가 무엇하는지는 자세히 모르는 것 같았고 아마 필자를 재미동포인 줄로 생각하는 것 같았다. 필자는 그녀에게 당신은 무엇하는 사람이냐고 물었다. 그녀는 보현사에 외부 사람들이 오면 설명해주는 안내원이라면서 사범대학 역사학과를 졸업하고 여기에 배치 받아 일을 하고 있다고 답했다. 필자가 지금 보현사에 대해 설명해 줄 수 있느냐고 물으니 지금은 일하는 시간이 아니니 업무가 시작되는 시간에 오면 자세히 설명해 주겠다면서 그 때 오라고 했다. 필자는 그녀에게 지금 스님이 계시느냐고 물었더니 스님은 지금 절에는 없고 아래쪽에 있는 살림집에 있다가 근무시간이 되면 올라온다고 했다. 낮에 오면 스님을 만날 수 있으니 필자에게 낮에 오라고 했다. 스님이라고는 말하지만 실상은 사찰 관리인에 더 가깝다고 보는 것이 맞는 듯했다. 그날 마침 KEDO 일정에 보현사 관람이 있어 낮에 보현사에 다시 왔더니 머리를 기르고 장삼을 입은 스님이 있었다. 보현사 북한 스님을 만나 이런저런 얘기를 하던 중에 그 스님에게 필자가 평소에 잘 아는 '법타 스님'(1990년 초에 '조국평화통일불교협회'를 설립하여 북한 측에 불교교리·의식을 가르쳐 주면서 남북 불교 공동법회 개최, 황해북도 사리원 북한 주민을 위한 식사용 국수 원료인 밀가루를 정기적 지원 등 남북 불교교류와 대북 인도적 지원 사업에서 개척자적인 일을 하신 큰스님, 현재 대한불교 조계종 원로위원)을 아느냐고 물어보니까 잘 안다고 했다. 일정이 끝난 후 남한에 귀환해서 법타 큰스님에게 전화를 드리고 보현사에서 만난 그 북한 스님을 거론했더니 법타 큰스님이 그에게 목탁 두드리는 법 등 불교 의식도 가르쳐 주고 법명도 지어 주었다는 말씀을 했다. 그를 제대로 공부하고 수도한 스님이 아니라는 뜻에서 '땡중'이라고 하였다.

보현사를 조금 지나 올라가니 군인이 지키고 있었다. 필자는 군인을 보고 다소 당황했다. 군인은 필자를 목격하고 "누구인데 여기까지 올라 왔느냐며 여기는 못 올라간다. 저 아래쪽에서 못 올라간다고 얘기 듣지 않았느냐?"고 고압적으로 말했다. 필자는 보현사 여성 안내원에게 얘기한대로 필자의 신상을 얘기하고 여기까지 올라오는데 아무도 올라가지 말라고 말해 준 사람이 없었다고 했더니 그 군인은 "당장 내려가라"고 위압적으로 말했다. 필자는 서둘러 호텔 쪽으로 내려왔는데 처음 지나간 마을쯤으로 내려오니 웬 북한 주민이 황급히 달려와서 필자에게 "여기서부터 올라가면 안 되는데 어떻게 올라갔느냐?"고 당황하면서 화를 내며 목청을 높였다. 나중에 알고 보니 북한 사람이 아닌 향산호텔에 투숙한 외지인이 안내 없이 다닐 수 있는 허용 한계선이 거기까지였고 이 사람은 그것을 통제하는 감시인이었다. 필자가 아침 일찍 올라가는 바람에 그 감시인이 설마 그렇게 이른 시간에 외지인이 오리라곤 생각하지 못해 감시하러 나오지 않았던 모양이었다. 나중에 군인한테서 연락받고 혼이 났던 모양이었다. 필자는 별 탈 없이 호텔로 내려왔고 객실에 들어와 세면을 하고 우리 측 일행들과 아침 식사를 하였다. 아침 식사를 하면서 우리 측 일행에게 필자가 새벽에 겪었던 일을 얘기하니 북한 측과 협상일로 묘향산에 여러 번 온 한 사람이 "허용 경계선이 어디까지인지는 자세히는 모르나 외지인이 자유롭게 다닐 수 있는 허용 한계선이 분명히 있으며 감시인이 있어 그것을 통제하는 것으로 알고 있다"고 말해 주었다. 그 얘기를 듣고 나니 아차 싶었다. 그 북한 감시인이 필자 때문에 졸지에 혼났겠구나 하는 생각이 들어 미안한 마음이 생겼다. 이미 저질러진 일이니 어쩔 수 없었다. 평양에 갔을 때도 그 비슷한 경험을 한 적이 있었다. 고려호텔에 투숙했을 때인데 아침에 조찬 식사 후 호텔 밖에 나와 앞거리를 거닐다가 호텔 건물을 조금 벗어나 왼쪽 방향으로 돌아 다리 쪽 거리로 나가면 어디선가 갑자기 감시인이 불쑥 나타나 더 이상 가지 못하도록 통제하였다. 유사한 묘향산 경험이 있어 얼른 호텔 안으로 들어온 적이 있었다. 북한 사회는 보이지 않는 곳에서 항상 감시인이 지켜보는 철저한 감시와 통제로 이루어진 사회라는 것을 체험한 일이었다. 조지 오웰의 「1984」가 실제로 존재하는 드문 지역이다.

경수로 사업의 촉진 요인과 억제 요인

대북 경수로 사업은 1990년대 초 발생한 제1차 북핵 위기를 해결하기 위한 미북 협상 과정에서 탄생한 국제적인 대규모 경협 사업이었다. 이것은 순수한 상업적 성격의 사업이 아니라 외교·안보적 성격, 국제적이면서도 동시에 남북 관계적 성격, 경협·기술적 성격 등 다양하고 복잡한 성격을 함의하고 있었다. 당시의 필자는 외교·안보적 측면보다는 남북 관계와 통일 문제에 더 관심을 쏟은 사업으로 대북 경수로 사업이 순탄하게 진행되어 남북 관계 진전, 남북 기술 교류 등 남북 경제공동체 형성, 나아가 궁극적인 통일에 이바지하기를 바랐다. 그러나 주요 관련 당사국(미국, 북한, 남한, 일본, EU)의 전략적 고려 및 국내 정치적 상황, 필요한 재원 부담 주체의 다양성(한국 70% 직접 부담, 일본 22% 상당 직접 부담, 미국 8% 조달책임 및 매년 대북 중유 50만 톤 제공 부담) 등으로 인해 대북 경수로 사업의 추진에 영향을 미치는 요인들은 다양하고 복잡하였다.

필자는 당시 경수로기획단에 근무하면서 과연 장기적 성격의 대북 경수로 사업이 성공적으로 진행되어 종국에 완료될 수 있을지, 또한 동 사업이 성공적으로 진행된다 하더라도 당초 공정 계획(2003년 완공 목표)대로 순조롭게 진행될 수 있을지에 대해 자주 되뇌이며 생각을 거듭한 적이 있다.

필자는 근무 중 경수로기획단 업무에 익숙해지고 북핵 문제 및 대북 경수로 사업에 관련된 여러 가지 자료들을 검토하면서 대북 경수로 사업의 촉진 요인과 억제(또는 지연) 요인을 분석해 보았다.

경수로 사업 촉진 요인

필자는 대북 경수로 사업의 촉진 요인을 6가지 정도로 정리해 보았다. 첫째, 대북 경수로 사업과 관련된 당사국들의 전략적 이익이 존재했다. 크게 보면 북한은 당시의 어려운 국제 및 대내 환경에서 체제 생존 전략의 일환으로 북핵 카드로 대미 관계 개선 및 정상화와 부족한 전력 확보를 기할 수 있었다. 미국의 클린턴 행정부는 핵 비확산 체제 확보와 '개입과 확장의 전략'에 의한 자유민주주의와 시장경제체제 확산과 동북아 지역에서의 영향력 확대를 기할 수 있었다. 남한은 안보전략 차원에서 한반도 평화 확보와 통일전략 차원에서 남북 관계 개선 및 남북 통합 대비를 기할 수 있었다. 일본은 자국의 안보 위협 저지와 정치 대국화 전략 차원에서 동북아 지역에서의 영향력 확보를 추구할 수 있었다. 관련 당사국 공히 대북 경수로 사업의 진전을 통해 각국마다 그 추구 방향은 상이하지만 전략적 이익을 향유하거나 확보할 수 있는 수단을 마련할 수 있다는 점이다. 즉 전략적 이익의 존재는 동 사업의 지속적 촉진 요인이 되는 것이었다. 전략적 이익 외에 경제적 실익의 존재, 즉 북한은 중유의 무상 획득과 미국의 대북 경제 제재의 완화, 남한·미국·일본은 원전 plant 수출도 경수로 사업의 촉진 요인이 되었다.

둘째, 대북 경수로 사업의 국제 공조 체제였다. 동 사업을 지원하는 국가는 특정 단일 국가가 아니라 남한·미국·일본 등 여러 국가가 관여하고 있었다. 따라서 북한과 특정 단일 국가 간에 추진되는 사업이라면 양국 관계가 악화되면 사업이 쉽게 중단될 수 있다. 그러나 여러 국가가 함께 추진하고 있기 때문에 북한과 특정 국가 간의 관계가 악화된다 하더라도 여타 국가의 이해관계가 있고 국제 공조 체제의 파기에 따른 비난 때문에 사업의 중단은 어렵다.

셋째, 대북 경수로 사업이 중단될 때 초래되는 위기였다. 만약에 동 사업이 중단될 경우는 상황에 따라서 국제적 긴장이나 군사적 충돌까지의 위기가 초래될 것으로 예상되었다. 최악의 시나리오라면 '미북 제네바 합의'의 파기가 공식 선언되고 이로 인해 북한의 핵 개발이 재개되는 것이다. 이에 대한 대응으로 대북 제재 재개, 군사적 충돌 등 한반도에 또 다시 위기 상황이 도래할 수 있는 것도 가정할 수 있었다. '제네바 합의'는 한반도의 위기 상황을 막기 위한 현실적 대안이었다. '제네바 합의' 이전 상태로 회귀하여 한반도에 또 다시 위기 상황이 재현된다는 것은 남한·북한·미국·일본은 물론이고 중국·러시아도 원하는 바가 아니었다. 필자는 관련 당사국이 동 사업의 중단이 초래할 위기의식을 공유하고 있다는 것은 일시적인 의견 대립과 경수로 사업의 지체가 있다 하더라도 동 사업 자체의 전면 중단에 대해서는 신중할 것으로 판단했다.

넷째, 국내 정치의 정책 수요였다. 미국의 클린턴 행정부는 '미북 제네바 합의'가 북핵 문제를 평화적으로 해결할 것으로 보았다. 1995년 개최되는 NPT 평가 회의에서 NPT 체제를 연장하는 한편 동북아전략 구도 하에 대북 영향력 확보의 기반을 구축한 외교적 성과로 보았다. 또한 대북 경수로 사업의 건설 비용은 다른 국가에게 분담시키면서 문제 해결사로서의 역할을 수행하였기 때문에 국제적 리더십을 과시한 것으로 평가하고 있었다. 이러한 외교적 성과를 클린턴 대통령의 민주당 재선 캠페인에도 최대한 활용하였다. 그러나 정권의 경쟁자인 공화당은 민주당 정부가 이루어낸 '미북 제네바 합의'가 실질적으로 당장 얻어낸 것은 없고 대신 일방적으로 양보만 한 실패한 외교로 공격했다. 이를 정권 차원의 정책 경쟁을 위한 이슈로 활용하고 있다고 비판하였다. 민주당 클린턴 행정부로서는 국내 정치적 차원에서 외교적 성과라고 주장한 '제네바 합의' 내용 중 하나인 대북 경수로 사업이 순조롭게 진행되어야 했다. 미국이 원하는 방향으로 북한의 핵 동결 및 해체가 이루어지도록 역할을 하려고 했다.

한국의 경우도 보수적인 김영삼 정부에서 대북 경수로 사업이 시작되었다. 정권 교체가 이루어진 김대중 정부가 햇볕정책(Sunshine Policy)을 추진하면서 대북 경수로 사업이 햇볕정책을 구현하는 하나의 사업임을 인정함으로써 동 사업의 계속적인 추진을 대내외에 표명하였다. 이에 따라 미국이나 한국의 집권 정부가 국내 정치상 정책 수요가 있어 동 사업은 계속 추진되었다. 이후 미국은 동 사업을 반대했던 공화당의 부시 행정부가 들어서면서 대북 경수로 사업은 중단되는 운명을 맞이하게 된다.

다섯째, 국제기구로서의 한반도에너지개발기구(KEDO)의 존재였다. 북한에서의 경수로 사업의 재원 조달과 공급을 위해 미국·한국·일본이 중심이 되어 재원 부담을 하여 설립된 KEDO가 국제기구로서 독자적인 법인체 자격으로 운영되었다. 독자적인 국제기구로서의 KEDO는 그 조직의 생명력을 유지·확장시켜 나가기 위해 북한에 제공되는 경수로 사업이 중단 없이 추진되도록 다각적인 노력을 기울여 나갈 수밖에 없었다. KEDO를 운영하는 책임자를 비롯한 직원들이 대북 경수로 사업이 계속 추진되는 것이 그들의 경력 관리나 경제적 이해관계에도 도움이 된다고 인식할 경우에는 그들의 개인적 동기가 동 사업의 추진 요인으로 일부 작용할 수 있다.

여섯째, 원전 업체의 이해관계였다. 대북 경수로 사업에는 주계약자인 한국전력공사를 비롯하여 한국·일본·미국은 물론이고 다른 국가들의 원전 업체들의 이해관계가 얽혀있었다. 세계적으로 많은 원전 관련 업체들이 북한 원전 건설에 참여하기 위해 치열한 경쟁을 하고 있다. 일단 본 공사가 시작되어 이들 원전 업체들이 공사에 본격적으로 참여하게 되면 경제적 이해관계 때문에 원전 업체들은 압력 단체가 되어 자국 정부 및 관련 정부에 대북 경수로 사업의 중단 없는 추진을 요구할 것이다. 또한 일단 본 공사가 시작되어 상당히 진전되어 가는 중에 공사가 중단될 경우에는 막대한 피해 발생과 복잡한 정산 과정이 뒤따르기 때문에 본 공사가 진전되기만 하면 대북 경수로 사업은 계속 추진될 가능성이 높다고 계산했다.

경수로 사업의 억제(지연) 요인

지금까지 살펴본 대로 대북 경수로 사업은 촉진 요인도 있지만, 그에 못지않게 억제(또는 지연) 요인도 있었다. 이것도 필자 나름대로 6가지 억제(또는 지연)요인을 정리해 보았다. 첫째, '미북 제네바 합의'의 상호 이행 구조였다. '제네바 합의'는 여러 가지 사안이 상호 연계 또는 병행 추진하도록 되어 있었다. 북한의 입장에서 보면 경수로 사업 자체와 연계된 것은 경수로 발전소 1호기가 완공될 때까지 매년 50만 톤의 중유를 제공받기로 되어 있었다. 미국이나 KEDO 측에서 보면 대북 경수로 사업과 연계되어 있는 것은 궁극적으로 북핵 관련 시설이 동결된 후 해체하기로 되어 있었다. 경수로 핵심 부품(key components)이 인도되기 전 국제원자력기구(IAEA)의 특별 사찰을 받게 되어 있었다. 또한 북한은 NPT에 잔류하고 IAEA의 임시 및 정기 핵사찰을 받아야 했다. 특히 한국의 입장으로는 '한반도 비핵화 공동선언' 이행이나 남북대화 재개 등을 북한으로부터 보장받도록 되어 있었다.

이와 같이 '제네바 합의'는 여러 가지 사안이 연계 또는 병행 추진하도록 되어 있었기 때문에 대북 경수로 사업 자체의 요인이 아니더라도 다른 사안의 이행 여부에 따라 영향을 받을 수밖에 없는 구조였다. 미국 측의 의무가 제대로 이행되지 않을 경우에 북한은 이에 대항하여 그들의 의무를 이행하지 않게 되고 그 반대의 경우도 마찬가지로 생각할 수 있었다. 미국의 대북 중유 제공이 제대로 이루어지지 않을 경우에 북한이 '제네바 합의'상 해야 할 일을 지체할 수 있다. 북한이 핵 동결이나 IAEA의 사찰을 받지 않을 경우 미국이나 관련 당사국은 대북 경수로 사업을 중단하거나 '제네바 합의' 이행을 중단할 수도 있다. 이처럼 '제네바 합의'의 상호 이행 구조로 인해 '제네바 합의'상의 여러 가지 사안이 순조롭게 연계 또는 병행 추진되지 않을 경우에 대북 경수로 사업 추진에 부정적 영향을 미칠 수 있는 분위기가 조성될 수 있었다.

둘째, 북한의 호전적 도발 행위였다. 북한이 호전적 도발 행위를 할 경우에 대북 경수로 사업에 상당한 자금과 기술을 제공하는 국가의 여론이 악화되어 대북 강경 정책이 유발될 수 있었다. 그 결과로 대북 경수로 사업의 이행이 지연 또는 중단되는 사태를 초래할 수 있었다. 실제로 1996년 9월 발생한 북한의 동해안 잠수함 침투 사건은 한국 내의 여론을 악화시키고 한국 정부의 강경 대응으로 경수로 부지의 타당성을 조사할 방북 조사단의 파견이 보류되었다. 나아가 '부지 인수 의정서'와 '서비스 이용 의정서'가 KEDO와 북한 간에 당시에 타결되었음에도 그 서명이 연기되었다. 한국·미국·일본의 고위 3자 협의회가 1996년 9월 26일 뉴욕에서 개최되어 북한의 잠수함 침투 사건을 규탄하였다. 이어서 11월 24일 한국과 미국의 정상이 '마닐라 공동선언문'에서 잠수함 사건의 해결 및 유사 행위 재발 방지를 위한 조치에 대한 요구가 있었다. 후속으로 미북 실무회담(1996.12.9~29)이 있었고 12월 29일 북한 외교부 대변인은 잠수함 사건을 시인·사과하고 재발 방지를 약속하였다. 북한 측의 사과가 있은 후 1997년 1월 8일 '부지 인수 의정서' 및 '서비스 이용 의정서'가 서명, 발효되었고 1997년 3월 1일 부지 조사단이 방북함으로써 대북 경수로 사업은 예정대로 추진되었다.

북한의 호전적 도발 행위로 대북 경수로 사업의 진전에 지장을 초래한 또 하나의 사례로 1998년 8월 31일 북한의 미사일 시험 발사(추후 미국은 궤도 진입에 실패한 인공위성 발사로 최종 확인 발표)건을 들 수 있다. 당시 1998년 7월 28일 KEDO 집행이사국 간에 잠정 합의된 '재원 분담 결의안'이 1998년 8월 31일 서면 결의 형식으로 정식 채택되기로 예정되어 있었다. 그러나 서명 당일에 북한 측이 미사일 시험 발사를 함으로써 이로 인해 일본이 '재원 분담 결의안'의 서명을 거부하여 결국 동 결의안의 채택은 무기 연기되었다. '재원 분담 결의안'의 서명은 대북 경수로 사업을 본격적으로 추진하기 위한 재정적 기반이 마련되는 것이다. 이를 바탕으로 KEDO와 한국전력공사 간의 주계약(turn-key contract)이 체결되고 본공사가 진행되도록 계획되어 있었다. 북한의 미사일 시험 발사는 '재원 분담 결의안'의 서명을 연기시킴으로써 결국 대북 경수로 사업의 진전을 가로막는 결과를 초래하였다. 그 이후 미북 고위급회담, 미일 정상회담, 한국·미국·일본 외무장관 회담을 거쳐서 일본의 대북 강경 조치가 완화되었다. 이와 같은 북한의 호전적 도발 행위는 대북 경수로 사업에 대한 여론의 악화와 대북 강경 조치를 거듭 유발함으로써 대북 경수로 사업 진전에 결정적인 억제 또는 지연 요인이 되었다.

셋째, 북한 체제의 특수성이었다. 북한은 일반적인 공산주의 체제 특성 이외에 별도의 독자적인 특수성을 내포한 체제였다. 북한은 김일성 수령 지배 체제이면서 군부중심 위기관리 체제로 운영되고 있었다. 철저한 사상 통제와 외부로부터의 정보 차단을 통해 정권을 유지하고 있었다. 따라서 북한은 체제 생존과 정권 유지에 위해로운 정치·안보적인 문제에 대해서는 매우 민감한 반응을 보였다. 북한 주민들의 사상 이완이나 체제로부터의 이탈을 조장할 수 있는 사안들이나 북한의 안보를 약화시킬 수 있다고 판단되는 사안에 대해서는 고도의 경계심을 나타냈다. 이와 같은 북한 정권·체제의 정치·안보적인 문제에 대한 민감성은 경제적 효율성·능률성이 바탕이 되어야 하는 경수로 사업의 진전에 상당히 부정적인 영향을 주었다. '김정일 사진이 실린 노동신문 폐기 사건'처럼 북한이 민감하게 여기는 정치적 문제 때문에 상당한 진통을 겪었다. 그 후라도 이와 같은 유사한 사건이 우연찮게 발생할 수 있는데 그때마다 문제 해결을 위해 소모적으로 상당한 시간과 노력을 기울일 수밖에 없었다.

또한 '통행 의정서'나 '통신 의정서' 협상 시 북한은 안보적인 측면에 지나친 경계를 함으로써 경제적이고 효율적인 통행 및 통신이 상당 기간 지연되었다. 북한은 군부 우위 체제라서 군부의 입김이 강하게 작용하여 경수로 사업의 원만한 진행에 장애가 되었다. 이러한 안보적 측면의 지나친 고려가 자유 국가의 해외 건설 공사에 비해 상대적으로 시간과 비용이 훨씬 더 소요되었다.

한편 북한은 사회주의 계획경제체제일 뿐 아니라 경제적으로 상당히 어려운 처지였다. 대북 경수로 사업은 북한 측으로부터 많은 인력과 물자를 공급받아야 하는데 생산성이 높은 인력과 물자를 적기에 공급받지 못하면 그만큼 경수로 공사는 늦어지게 된다. 이와 같은 북한 정권·체제의 고유한 정치·안보·경제적 특수성은 대북 경수로 사업의 진행에 지연 요인으로 작용하였다.

넷째, 집행이사국 의회의 지지 여부였다. 대북 경수로 사업은 미국의 클린턴 행정부가 주도하여 타결한 '제네바 합의'에 따라 한국·미국·일본·EU 등의 집행이사국의 행정부가 지원을 약속하여 추진되었다. 각 집행이사국 행정부가 공동 추진하고 있는 대북 경수로 사업은 정치적으로나 재정적으로 각국 의회의 적극적인 지지가 있어야 했다. 최소한 적극적인 반대는 없어야 했다. 그러나 각국의 의회 사정은 나라마다 정치적 사정이 상이하며 특히 북한의 호전적인 도발 행위가 발생하면 동 사업에 대한 의회의 입장은 부정적으로 변할 수밖에 없었다.

당시 상·하원을 공화당이 지배하고 있는 미국 의회의 경우 공화당 의원들은 민주당의 클린턴 행정부가 주도한 '제네바 합의'를 외교적 실패로 규정하여 공격하고 있었다. 1998년도에는 북한의 '사용 후 연료봉' 봉인 작업 협조 거부, 미사일 발사 등에 대응하여 상원은 '대북 규탄 결의안' 채택, 하원은 '99년 KEDO 예산(중유 비용 등) 전액 삭감 등으로 강경 대응하였다. 심지어 '제네바 합의' 재검토 주장도 나왔다. 일본 의회의 경우에도 북한의 일본인 납치 사건 등으로 대북 감정이 원래 좋지 않은데다 1998년 8월 말 북한 미사일 발사 사건으로 대북 강경 분위기가 고조되고 있었다. 한국 국회의 경우 1998년 9월 이후부터는 국민회의·자민련 연합 여당이 다수 의석을 차지하게 되어 대북 경수로 사업을 지속적으로 추진한다는 김대중 정부의 입장에 대해 당론으로 지지를 표명하고 있었다. 야당인 한나라당은 북한의 동해안 잠수정 사건(1998.6), 미사일 발사 사건(1998.8) 등에 대응하여 강경 조치로써 대북 경수로 사업을 즉각 중단하라고 요구하였다.

이와 같은 각국 의회의 북한에 대한 강경 조치 요구에 대해 각국 행정부는 북한의 핵 개발 저지 및 한반도 평화와 안정을 위해서는 '제네바 합의'를 파기하는 것은 바람직스럽지 못하며 또한 대북 경수로 사업을 계속 추진함으로써 북한에게 핵 개발 재개의 빌미를 줘서는 안 된다고 의회를 설득하였다. 북한의 도전적 도발 행위는 나름대로 계산하에 저지르는 일이겠지만 이것은 각국의 의회와 여론의 분위기를 악화시키고 결국은 대북 경수로 사업 추진에 불리하게 작동했다. 개개 집행이사국 의회의 동 사업에 대한 지속적 지지 여부는 정치적, 재정적 영향력으로 작용하여 대북 경수로 사업의 순조로운 추진 여부에 관건이 되었다.

경수로 사업의 복잡한 재원 조달 문제

다섯째, 재원 조달 문제였다. 집행이사국 간 1998년 7월 28일 잠정 합의된 내용에 의하면 경수로 사업비는 한국이 공사비의 70%, 일본이 10억$ 상당을 기여하기로 하였다. 부족분에 대해서는 미국이 주도적으로 조달할 책임을 진다(미국이 직접 부담한다는 것이 아니고 다른 나라 등으로부터 조달한다는 의미)고 함으로써 부족분 해결을 미래의 과제로 남겨두었다. 집행이사국 간 재원 분담 협상은 각국의 재정적 부담을 최소화하기 위한 밀고 당기는 과정 때문에 8개월이라는 기간 동안 7차례의 협상을 거쳐 타결되었다.

당시 재원 분담 협상 과정을 좀 더 상세히 검토하면 다음과 같다. '미북 제네바 합의' 채택 이전에 한국의 김영삼 대통령과 일본의 무라야마 수상은 대북 경수로 사업의 재원 분담에 대한 보장 서한을 1994년 9월에 미국의 클린턴 대통령에게 보냈다. 한국은 '중심적 역할(central role)'에 상응하는 경수로 사업비의 70%를, 일본은 '의미있는 역할(significant role)'에 걸맞는 재원을 분담하기로 미국에 약속하였다. 재원 분담 협상 초기에 한국은 경수로 사업비의 2/3를 부담하겠다는 입장을 발표했고, 일본은 '의미 있는' 기여 약속에 따라 1,000억 엔(약 8.3억$)을 기여하겠다고 제시했다. 미국은 북한에 제공할 중유(매년 50만 톤) 비용 및 폐연료봉 처리 비용 부담을 이유로 경수로 사업비는 일체 부담할 수 없다는 입장을 밝혔다. 각국이 제시한 부담 가능 비용은 각국이 상대 국가에게서 기대했던 액수보다 적은 것이었다. 한국은 70%보다 적은 2/3, 일본은 기대했던 10억$보다 훨씬 적은 약 8.3억$, 미국은 '상징적 역할(symbolic role)'뿐이라며 한 푼도 내지 않겠다고 했다. 한국은 1997년 말 닥쳐온 IMF 금융 위기 때문에 경수로 사업비를 부담할 수 있을지가 국내외의 주요 관심사가 되었다. 김대중 대통령이 당선된 후 대통령직 인수위원회에서는 IMF 사태로 한국 경제가 어려움을 겪고 있는 점을 감안하여 대북 경수로 사업비 경감 안을 검토하였다. 그러나 김대중 정부는 공식 출범한 후에 경제적 어려움에도 불구하고 국제적으로 약속한 경수로 비용의 70%를 지원하겠다고 미국과 일본에게 밝혔다.

재원 분담 협상 중반기에 들어서자 한국과 일본은 미국에게 '제네바 합의' 체결 당사자로서 경수로 사업비를 반드시 분담해야 한다고 강력 요청하였다. 미국은 중유 비용과 폐연료봉 처리 비용의 주도적 부담을 이유로 경수로 사업비는 일체 부담할 수 없다는 입장을 재확인하였다. 한편 한국과 미국은 일본이 제시한 1,000억 엔(약 8.3억$)을 10억$로 증액할 것을 촉구하였으며 일본은 1,000억 엔이 '의미 있는 역할'에 합당한 기여라고 대응하였다. 그러나 한국과 미국의 지속적인 증액 요청에 일본은 10억$이 마지막 상한선이라면서 10억$ 부담을 수용하였다. 한편 한국과 일본이 미국의 경수로 사업비 기여를 계속 요청하자 미국은 부족한 중유 비용을 한국과 일본이 제공하여 준다면 경수로 사업비에 기여하겠다는 조건부 제의를 하면서 중유 비용 부담 문제가 쟁점이 되었다. 미국은 일본이 무라야마 수상의 서한을 통해 이미 중유 비용을 제공하기로 약속했다고 주장하였다. 일본은 미국이 경수로 사업비에 기여한다는 것을 전제로 한 것이므로 일방적 중유 비용 부담은 부당하다면서 중유 비용 요청을 거부하였다. 한국과 일본의 중유 비용에 대한 단호한 거부로 중유 비용 조달이 어렵게 되자 미국은 경수로 사업비를 일체 제공할 수 없다고 재차 거듭 주장하였다.

KEDO로부터 중유 제공이 늦어지고 재원 분담 협상 타결이 늦어짐에 따라 경수로 사업이 지연될 것이 예상되자 북한은 불만을 표시하면서 폐연료봉 봉인 작업의 협조를 거부하였다. '제네바 합의'의 주요 목표인 북핵 동결의 추진 전망은 어두워졌다. 북한의 폐연료봉 봉인 작업 중단은 미국 의회의 다수 의석을 차지하고 있는 공화당이 '제네바 합의'를 주도한 클린턴 행정부를 공격하는 빌미가 되었다. 공화당은 민주당의 클린턴 행정부의 '제네바 합의' 자체를 유화 정책의 결과인 외교적 실책으로 평가하고 '제네바 합의' 파기도 무방하다는 입장이었다. 또한 공화당은 중유 비용 이외에 경수로 사업 비용을 미국의 예산에서 지출하는 것은 반대하는 입장이었다. 한국과 일본의 미국에 대한 경수로 사업비 부담 요구와 양국의 중유 비용 기여 거부, 북한의 폐연료봉 봉인 작업 중단 및 공화당이 주도하는 미국 의회의 강경한 분위기는 클린턴 행정부를 곤경에 빠뜨렸다.

이와 같은 상황에서 집행이사국은 재원 분담 협상의 타결이 지연되어 북한이 '제네바 합의' 이행을 거부하는 빌미를 주어서는 안 된다는 인식을 했다. 1998년 하반기를 목표로 하는 경수로 사업의 본 공사를 차질 없이 수행해야 한다는 공통 인식을 통해 막판 절충과 타협을 거쳐 1998년 7월 28일 재원 분담 협상을 종결지었다. 최종적으로 한국의 원화 가치 하락을 반영하여 예상 사업비 규모는 당초 결정된 51.785억$에서 46억$로 하향 조정되었다. 그리고 한국이 사업비의 70%(정율)를 원화로 일본은 10억$ 상당(정액)의 엔화로 미국은 구체적인 금액을 명시하지 않고 경수로 사업비 조달을 위해 노력하겠다는 선에서 타결되었다. 또한 부족분이 발생할 경우 미국이 주도적인 역할을 수행하기로 하였다. 이와 같이 막대한 자금이 소요되는 대북 경수로 사업비의 비용 분담에 있어서 각국의 입장이 첨예하게 대립된 것은 각국의 전략적 의도, 국내 경제 사정, 자국의 비용 부담 최소화를 위한 노력, 의회의 입장 등이 복합적으로 얽혀 있었다.

한국·미국·일본 등 집행이사국이 재원 분담을 최종 타결하였지만 구체적 내용으로 한국과 일본이 기여하고도 부족한 부분은 여전히 해결되지 않은 채로 남아 있었다. 향후에 경수로 사업비의 부족분에 대한 재원이 조달되지 않으면 대북 경수로 사업은 상응하여 지연되는 결과를 초래할 수 있었다.

여섯째, KEDO의 복잡한 의사 결정 구조였다. 계속 언급하지만 KEDO의 주요 의사 결정은 한국·미국·일본·EU 등 집행이사국 간의 합의에 의해 이루어지게 되었다. 따라서 집행이사국 간의 이해관계가 첨예하게 대립될 경우에는 신속한 의사 결정이 어려워져 대북 경수로 사업의 진전은 지연되게 된다. KEDO와 북한 간의 협상 시에도 KEDO 내부 집행이사국 간의 의견 조율 과정은 협상의 진행을 늦추게 된다.

필자는 당시 경수로기획단에서 근무하면서 위에서 검토한 대북 경수로 사업에 영향을 미치는 6개의 촉진 요인과 6개의 억제(또는 지연) 요인을 정리, 분석하여 필자 나름대로 동 사업의 전망과 관련하여 결론을 내려 보았다. 대북 경수로 사업은 전략적·정치적·경제적 요인의 다차원적 작용이라는 관점으로 봐야 한다. 동 사업의 향후 전망은 북한과 KEDO 및 집행이사국 간의 '제네바 합의' 사항의 상호 이행으로 인한 신뢰 회복과 전략적 이익의 향유 정도, 재원 조달 문제의 해결, 관련 당사국의 적극적인 추진 의지 여부가 경수로 사업의 장래와 순조로운 진행에 관건이 된다. 그 당시 개인적 생각으로는 대북 경수로 사업은 향후 여러 차례 장애가 발생하여 상당히 지체는 되겠지만 동 사업의 전면 중단은 쉽지 않을 것으로 보았다. 북핵 문제는 한반도 평화는 물론이고 동북아 및 세계 평화를 위협하는 중대한 안보 이슈이기 때문에 관련 당사국 모두가 공히 반드시 이를 해결해야 한다. 따라서 북한의 핵 개발 저지를 위한 수단인 경수로 사업을 계속 유지시켜 나갈 것으로 판단하였다. 필자는 동 사업은 장기성으로 인해 추진 과정에서 남북한 간에 교류와 협력이 증대될 것이며 이러한 과정을 통해 남북 관계의 진전, 남북 경제공동체 형성, 민족적 유대감 나아가 통일을 대비하는데도 기여할 수 있을 것이라는 바람이 담긴 희망적 전망을 했었다.

북핵 문제에 종속된 남북 관계

필자의 기대와 바람과는 달리 2003년부터 경수로 공사가 일시 중단되었다가 2006년 5월에는 완전히 중단되었다. 대북 경수로 사업이 완전히 종료되었다고 하는 것이 더욱 정확하다. 2002년 10월 북한의 '제네바 합의'를 위반한 비밀 핵 프로그램(우라늄 고농축) 의혹이 불거지고 이에 대응하여 원리주의적 보수(네오콘)

정권인 부시 행정부가 강력히 대응함으로써 결국에는 대북 경수로 사업은 우여곡절을 거쳐 완전히 중단되어 종말을 맞았다. 북한 측에 의해 북핵 문제 해결의 기반인 '제네바 합의'의 기본 틀이 무너졌다. 원래부터 '제네바 합의'에 비판적이었던 미국의 공화당 정부가 들어서면서 대충돌이 생긴 것이라 할 수 있다. 북핵 문제 해결과 남북 관계 진전을 기대하면서 많은 비용을 투입했던 한국 정부는 대북 경수로 사업이 재개되기를 희망하였다. 그러나 북핵 문제와 같은 민감한 안보 이슈에 대해서는 속수무책이었다. 당시에 필자는 남북 관계 진전과 미래의 통일을 희망하면서 대북 경수로 사업을 위해 동분서주하였다. 엄청난 자금을 투입하여 경수로 기자재가 제작되고 현장에 구조물 공사가 진행되었는데 이 모든 것이 무용지물이 되었으니 안타깝기 그지없었다. 그럼에도 불구하고 역시 국제사회의 핵심 가치(core value)인 안보 이슈, 특히 핵 문제와 같은 매우 민감한 이슈에 대해서는 쉽게 양보하고 적당히 넘어가지 않는 냉엄한 현실을 경험한 귀중한 기회도 되었다.

북핵 문제가 불거진 1990년대 초부터 35년이 지났다. 이제는 북한이 사실상 핵전력 보유국이 되어 더욱 심각한 상황이 되었다. 그동안 우리를 비롯하여 국제 사회에서 다양한 노력을 하였지만 문제 해결은 커녕 상황은 더욱 악화되었다. 북핵 문제 해결을 위해 정상회담을 통한 top-down 방식도 시도해보고 일괄타결 방식(grand bargain)도 시도해보고 대규모의 인센티브도 제시해 보았다. 때로는 강력한 군사 조치적 위협도 해 보았지만 그 어느 것도 결과적으로 성공하지 못했다. 북한은 결코 핵을 포기하지 않을 것이라는 생각만 견고하게 되었다. 문제는 남북 관계 입장에서 보면 한반도 안보 상황의 악화는 물론이고 고도화된 북핵 문제로 국제사회에서 강력한 대북제재 레짐이 구축되어 남북 관계의 실질적 교류의 숨통이 막혀있다는 현실이다. 북한의 비핵화 진전이 없으면 결코 국제사회의 대북 제재 완화나 해제가 어려우며 그에 따라 남북 관계도 고착화된다는 것이다. 북핵 문제가 남북 관계의 진전, 그리고 발전을 가로막는 최대의 장애물이 된 것이다. 남북 관계가 북핵 문제에 종속화된 것이다. 따라서 어떻게든 북핵 문제를 해결하기 위한 노력을 앞으로도 재개해 보지 않을 수 없는 것이 또한 우리의 현실이다.

나의 경수로 사업 마지막 활동, 사업 중단과 소회

필자는 1997년 11월 1일부터 1999년 12월 21일까지 경수로기획단에 파견 근무하다가 1999년 12월 22일자로 통일부 인도지원국장으로 발령이 났다. 인도지원국장으로 근무하면서 특히, 2000년 6월 남북정상회담 이후 그 후속 조치로 남북 이산가족 상봉 행사, 비전향장기수 북송, 납북자·국군포로 문제 해결, 대북 인도적 사업 등 관련하여 눈 코 뜰 새 없이 바빴다. 매우 보람 있는 나날이었다. 그러다가 2002년도 국장급 해외 연수자로 선정되면서 짧은 기간인 2001년 7월 1일부터 2002년 3월 17일까지 경수로기획단에 정책조정부장으로 재 파견되어 대북 경수로 사업 업무를 다시 하게 되었다. 대북 경수로 사업도 북한에서 실제 활발히 진행되고 있는 사업이었고 북핵 문제 해결을 위한 중요한 사업이었기 때문에 바쁘게 업무를 하였다. 형식적으로는 미국·한국·일본·EU 등이 참여하는 국제 사업이었지만, 실질적으로는 많은 부분에서 남북 관계 사업이었기 때문에 남북 관계의 새로운 길을 개척해 나간다는 측면에서 적극적으로 일을 하였다.

두 번째 근무로 경수로기획단에서 8개월 반 정도 일하면서 대북 협상 참여, 경수로부지 현장 관리, 경수로 발전소 운영을 위한 북한 인력의 사전 훈련 일환으로 북한 고위관리자의 남한 시찰 등 여러 가지 다양한 일들을 하게 되었다. 그 중 필자에게 크게 인상적으로 기억에 남은 중요한 사안, 본인이 직접 참여한 업무들 중 몇 가지 정도만 추려보기로 한다.

먼저 북한 측이 1999년 9월부터 비숙련공 임금을 갑자기 대폭 인상해 달라고 KEDO측에 요구하였다. 관철이 되지 않자 2000년 4월 두 차례에 걸쳐 북한 인력 102명을 철수시켰다. 우리 측이 대체 인력으로 처음에는 남한 노무 인력을, 이후에는 우즈베키스탄(이하 우즈벡으로 지칭) 인력을 투입시킨 과정을 기술하고자 한다.

북한, 비숙련 노동자 임금 인상 요구

사업 개시점에 북한의 비숙련공 임금은 1997년 7월에 KEDO-북한 간에 합의하여 월 110$로 정하였다. 이후 북한 측 보통 인부 180명 정도가 그해 8월부터 경수로 공사에 투입되었다. 2년이 조금 지난 시점에 북한 측은 1999.9.28~10.2 향산에서 개최된 제7차 KEDO-북한 간 고위전문가 회의에서 월 110$인 비숙련공 임금을 600$로 인상해 줄 것을 요구하였다. 북한 측은 임금 인상 요구 이유로 내각에서 1999년 5월 8일에 합영·합작회사 근무 노동자들의 임금 인상 추진이 결정되었다면서 주변국 외국투자업체의 임금을 참고하여 산정했다고 설명하였다. 그리고 현재의 임금으로는 어떠한 기관도 경수로 사업에 노동력 제공을 거부한다는 것이었다. 당시 회의에 참가한 북한의 현학봉 미주과장은 북한 내에서 합영·합작사업 확대로 노동력 확보가 경쟁이 되었고 이에 따라 임금이 낮은 기관은 노동력 확보에 어려움을 겪고 있다고 설명하였다. 이에 대해 KEDO 측은 임금 인상 요구를 수용할 수 없다는 입장을 북한 측에 밝혔다. 불합리한 임금의 급격한 인상은 합의 사항의 위반일 뿐 아니라 노무 비용의 증가는 경수로 공사비의 증액으로 귀결되기 때문에 용납할 수 없는 일이었다. 2000.2.22~26 향산에서 개최된 제8차 고위전문가 회의에서 북한 측은 북한 근로자의 자존심에 관한 문제라면서 노무 인력 차출에 현실적 어려움을 제기하면서 임금에 기업운영 비용, 사회보장 비용 등을 추가하여 줄 것을 요청하였다. KEDO 측이 북한의 임금 인상 요구에 대해 대안을 제시하지 않자 북한 측은 불만을 표시하면서 4.1 까지 타결되지 않으면 북한 측 인력을 철수하겠다고 언급하였다. 그리고 4.1 이후에는 KEDO 측이 인력 공급 문제를 자체적으로 해결하여 경수로 공사를 하라고 요구하였다. 이 회의에서 북한 측은 공식적으로 새로운 임금 인상액을 제시하지는 않았으나 200~300$ 정도 인상 선에서 타결하기를 기대하는 것으로 비공식적으로 파악되곤 하였다. KEDO 측은 1997.7 북한 측과 합의한 '일반 원칙 및 지침'에 따라 그 범위 내에서 인상이 이루어져야 한다는 입장을 고수하였다.

2000.12.9~12 향산에서 제9차 고위전문가 회의가 개최되었는데, 북한 측은 임금 인상을 수용하거나 대체 인력을 투입하여 공사하라는 기존 입장을 고수하였다. 이와 같은 북한 측의 임금 인상 요구와 북한 인력의 일방적 철수로 어려움을 겪게 되자 2000년 6월부터 2001년 2월까지 약 9개월간 남한 노무 인력을 투입하여 공사를 수행하였다. 그러나 남한 인력의 투입은 경수로 공사비의 과다 지출을 초래해 특단의 조치가 필요했다. 따라서 북한의 노무 인력 임금 수준으로 활용 가능한 제3국 노무 인력을 찾아보기로 했다. 북한 측은 2002.4.30~5.4 향산 제13차 고위전문가 회의에서 공식적으로 390$로 조정하여 인상을 요구하였다.

우즈베키스탄 노동자 대체 투입

오랜 외교관 경력의 장선섭 경수로기획단장(불란서 대사 등 역임)이 외국인 대체 인력 근로자를 물색하던 중 친분이 있는 주한 우즈벡 대사를 만나 이 문제를 상의하였다. 당시 우즈벡은 한국의 발전 경로를 그대로 모방하는 것이 그 나라의 목표였고 많은 우즈벡 사람들이 한국에서 일하는 것이 꿈이었다. 한국에 산업연수생으로 선발되는 것이 우즈벡 청년들의 1차 목표였다. 이러한 상황 하에서 주한 우즈벡 대사는 사실상 한국이 주도하는 대북 경수로 공사에 우즈벡 인력이 투입되는 것에 대해 흔쾌히 환영하였다. 우즈벡 정부는 KEDO 사업의 참여는 우즈벡의 국제적 위상 제고와 한국 내 건설 분야 진출을 위한 발판으로 여기는 것 같았다. 필자도 장선섭 단장의 주한 우즈벡 대사와의 오찬 모임에 동석한 적이 있는데 우즈벡 대사는 한국의 새마을운동 등 한국의 발전 모델이 우즈벡이 따라가야 할 교과서적인 발전 모델이라면서 한국에 대한 칭송이 대단하였다. 그리고 경수로 부지에 투입된 우즈벡 인력이 돌아오면 한국에서 산업연수생으로 활용해 줄 것을 은근히 희망하였다. 당시에 해외 근로자들의 한국 내 산업연수생 수는 우리 정부에서 적절한 관리를 위해 상한제(QUARTER)로 제한했기 때문에 산업연수생으로 들어오기가 쉽지 않았다. 북한의 경수로 공사 현장 투입에 적극 참여한 우즈벡 근로자들은 대부분 한국으로 돌아와 산업연수생으로 또 일할 수 있으리라는 기대를 갖고 있었다. 이러한 우즈벡 상황에서 경수로 공사의 대체 인력으로 유사시 우즈벡 인력을 투입한다는 복안을 갖고 우리는 북한 측과 협상에 임했다. 제9차 고위전문가 회의에서 북한 측이 계속 임금 인상을 요구하며 KEDO 측이 이를 받아주지 않으면 북한 인력을 철수하겠다는 강경책을 줄곧 고수했다. 필자와 우리 측은 그러면 해외 근로자를 투입해도 좋겠느냐고 역공하였다. 북한 측은 설마 우리 측이 해외 근로자를 데려올 수 있겠느냐고 회의적인 입장을 비치면서 어느 나라 인력을 투입하느냐고 물었다. 우리 측은 우즈벡 인력 투입 계획을 공식적으로 설명하였다.

이러한 협상 과정을 거쳐 대북 경수로 공사에 우즈벡 인력이 2001년 3월 20일 제1진 206명이 투입되었다. 그 이후 2001년 4월 24일부터 2002년 9월 3일까지 공사 단계별로 제2~7진(816명)이 추가로 투입되었다. 경수로 공사 현장에는 남한 측 인력, 북한 측 인력, 우즈벡 인력이 3자 공동으로 일을 하였다. 북한 측은 임금 인상 요구가 관철되지 않자 100명 정도만 투입하여 일을 시켰다. 2002년도에는 경수로 공사 현장에 우즈벡 인력이 가장 많았다. 우즈벡 인력은 북한 노무 인력과 같은 임금(110$)을 받는 것 이외에 왕복 항공료와 숙식을 제공받았다. 북한 노무 인력보다는 인건비가 조금 더 들었으나 북한 노동력보다 생산성이 높았고 추후 한국에 재취업하려는 희망을 품고 있었기 때문에 그들은 성실히 일하였다. 우즈벡 인력 투입은 북한 노무 인력 철수라는 어려운 상황에도 불구하고 경수로 공사가 지속될 수 있는 여건을 제공했다는 점에서 매우 긍정적인 대안으로 평가된다. 또한 북한과의 사업 과정에서 북한 측이 수시로 북한 인력을 철수하는데 대한 대비책이 항상 필요함을 깨닫게 하는 교훈을 주었다.

우즈벡 인력 선발 과정에서의 에피소드를 소개하고자 한다. 우즈벡 인력의 구체적인 선발은 경수로 사업의 주계약자인 한국전력이 맡아 했었다. 당시 한국전력의 변준연 처장(뒤에 한국전력의 부사장으로 재임)이 담당하고 있었다. 우즈벡 인력의 북한 출입과 부지 현지에서의 관리 등을 필자가 맡고 있는 정책조정부에서 담당하였기 때문에 우즈벡 인력을 선발하기 위해 우즈벡 수도 타슈켄트에 변준연 처장과 필자가 출장을 가기로 결정되었다. 그런데 필자는 갑자기 다른 급한 일이 생겨서 출장을 가지 못하게 되어 정책조정부의 과장이 대신 가게 되었다. 한 번도 가본 적 없는 타슈켄트의 상황을 볼 수 있는 좋은 기회이기도 하였고 경수로 공사에 지망한 우즈벡 사람들의 입장, 태도 등을 직접 파악하고도 싶었으나 불가피하게 가지 못하게 되어 무척 아쉬웠다. 이후 타슈켄트에 우즈벡 인력 선발을 마치고 온 변준연 처장으로부터 자세한 얘기를 들었다. 경수로 공사에 지망한 사람들은 우즈벡 노동부에서 우수한 인력들로 이미 선발해 놓았기 때문에 서류상으로는 우열을 가리기가 힘들 정도로 누구를 선발해도 괜찮은 수준이었다는 것이었다. 한정된 선발 숫자 때문에 처음에는 어떻게 선발해야 할지 난감했다는 것이었다. 결국에는 다소 코미디 같지만 운동장 한 바퀴(800m) 달리기, 쌀 포대 들기 등 체력 시험으로 60%를 탈락시킨 후 40%를 서류심사하여 최종10%의 합격자를 정했다는 것이었다. 이러한 방식으로 최종 선발한데 대해 지망생으로부터 불평불만을 듣지 못했으며 그 결과로 매우 쉽게 선발 과정이 끝났다는 것이었다. 변 처장의 우즈벡 인력 선발 과정에 대한 그 에피소드를 들으면서 필자는 기발하나 합리성도 있는 방법이라 실소를 하지 않을 수 없었다. 인간의 운명이 그렇게 결정되어지다니……

북한 고위 정책자의 해외·남한 연수 합의

대북 경수로 사업은 단순히 북한에 원전을 지어주는 것에 그치는 것이 아니라 북한이 스스로 경수로 발전소를 안전하게 운전하고 유지·보수를 할 수 있는 능력을 갖추어주는 일도 공급 범위에 포함되어 있었다. 이를 위한 훈련 의정서가 KEDO-북한 간 체결되어 2000년 10월 20일에 발효되었다. 이 의정서에 따르면 KEDO 측은 포괄적인 훈련 계획을 수립하고 북한 측은 훈련 계획에 참여할 자격 있는 후보자를 제공할 책임이 있었다. 훈련 계획은 강의실 교육, 실험실 교육, 작업실 교육, 전 범위 모의 제어반 훈련 및 현장 실무 훈련 등으로 이루어진 1단계와 경수로 부지에서의 현장 경험 훈련(On-the-Job Experience)을 포함하는 2단계로 진행하게 되어 있었다. KEDO가 북한에 제공하는 원전은 한국 표준형인 울진 원전 3·4호이기 때문에 북한의 훈련 인력이 남한에 와서 훈련을 받아야 하는 문제가 고위전문가 회의에서 논의되었다. 남한에는 훌륭한 원자력교육원이 있었고 실제 운영되는 원전 통제실과 똑같은 시설의 모의 제어반 훈련을 할 수 있는 시설도 있었다. 그리고 안전 규제 요원 훈련을 할 수 있는 원자력안전기술원(KINS)도 있었다. 그러나 북한은 처음에는 정치체제적 이유 때문에 남한에 와서 훈련받는 것에 부정적 태도를 보였다. 심지어 남한의 국가보안법을 이유로 남한에서의 훈련이 어렵다며 미국이나 유럽 등지에서 훈련을 하자고 주장하기도 했다. 원자력 발전소를 안전하게 운영하기 위해서는 실제 제공되는 원전 모델(한국 표준형이며 한국이 유일)에 맞게 훈련해야 하기 때문에 다른 나라에 가서 하는 것은 효과성도 떨어지고 다른 나라에서 장기간 훈련해 줄 수 있는 곳도 마땅치 않았다. 훈련비용도 당초 계획보다 증가되기 때문에 북한 측의 주장은 수용할 수 없는 것이었다.

2001.5.1~5 향산에서 개최된 제10차 고위전문가 회의에서 북한 측은 우리 측이 제시한 고리, 울진에서의 훈련 프로그램의 개요에 동의하면서도 제3국에서의 훈련 시설 시찰이 반드시 연계되어야 한다고 강조하였다. 북한은 여전히 남한에서의 훈련에 정치적 부담을 느끼고 있다는 반증이었다. KEDO 측은 현재로서는 제3국 중 북한 인력을 초청하여 훈련할 희망국이 없으므로 실현 가능성이 없다고 북한 측을 설득하면서 계속 협의하기로 하였다. 그 이후 우리는 북한의 입장을 고려하여 제3국 시찰 국가로 스웨덴, 스페인, 독일을 대상으로 검토하였다. 2001.8.21~24 마전에서 개최된 제11차 고위전문가 회의에서 KEDO 측은 북한의 고위정책자급 훈련을 위한 제3국 시찰을 위해 현재 EU 측과 협의 중이라고 설명하였다. 북한 측은 제3국 시찰에 원자력 부문의 상(장관)급 1명, 국장급 3-4명, 실무급 5-6명 등 총 10명이 참가할 계획이며 남한의 시찰에는 원자력 부문의 상·부상급 1-2명, 국장급 4-5명, 실무급 14-17명 등 총 20명이 참가할 계획이라면서 비공식적으로 명단을 제시하였다. 북한 내부적으로 입장이 정리가 된 것 같았다. 이 회의에서 북한 원자력 부문 고위정책자의 제3국 시찰 후 남한의 원전 및 훈련 시설을 시찰하는 것으로 하였다. 제3국은 1주일 정도, 남

한은 2주일 정도 시찰하는 것으로 정리가 되었다. 북한 측은 이 회의에서 경수로 부지 현장에서의 18주간 훈련 과정에 참가할 운영 인력 후보자도 선발을 시작하겠다면서 경수로 발전소 운영을 위한 훈련에 적극적인 태도를 보였다. 그 이후 2001.10.30~11.3 마전에서 개최된 제12차 고위전문가 회의에서 제3국 및 남한 훈련(시찰) 세부 일정이 최종 확정되었다.

북한 고위정책자의 2주간 남한 연수

2001년 11월 18일부터 9일 동안 북한 고위정책자 9명의 해외 훈련(시찰)이 이루어졌다. 북한 인력을 대상으로 한 KEDO 주관의 첫 훈련이 실시된 것이었다. 스페인의 알마라즈(Almaraz) 원전, 테크나톰(Tecnatom) 훈련센터, 엔레사(Enresa) 폐기물 공사와 스웨덴 환경청 및 포스마크스(Forsmarks) 원전을 시찰하였다. 해외 원전 시설 시찰 3주 후 2001년 12월 16일부터 30일까지 약 2주간 북한 고위정책자 19명의 남한 원전 및 훈련 시설 시찰이 이루어졌다.

남한에서의 훈련(시찰) 일정의 총괄 기획과 이행은 경수로기획단내에서 필자가 담당하고 있는 정책조정부의 소관이었다. 필자는 실무 총괄 담당 국장으로서 이번 북한 원전 부문 고위정책자들의 남한에서의 훈련(시찰) 일정을 불상사 없이 성공적으로 이행하고자 만반의 준비를 했다. 또한 북한 고위참가자들이 남한에서의 일정과 훈련 내용에 대해 만족스러운 평가를 내리도록 하여 후속으로 북한의 원전 운영 인력의 남한 내 훈련이 지속될 수 있는 기반을 확실히 구축해야겠다는 각오를 다졌다. 필자는 그동안 통일부에서 경험한 북한 인사의 남한 방문 사례나 필자가 직접 담당했던 서울에서의 남북 행사 사례(1991년 남북 여성 세미나, 2000~2001년 남북 이산가족 상봉 행사 등)를 참고하여 총괄적인 세부 집행 계획을 수립하였다. 그 과정에서 현장에서의 안내 및 설명을 담당할 한국전력이나 신변 안전과 교통 통제를 담당할 관계 기관과도 긴밀히 협의하고 공동 운영 체계를 구축하였다. KEDO 내에서는 이 일을 정책부가 맡았었는데 이준재 부장(외교부 출신, 후에 아랍에미리트 대사 역임)이 참가하였다. 사실상 KEDO의 이준재 부장과 경수로기획단의 정책조정부장인 본인이 함께 협의하여 처음부터 끝까지 공동 실무 책임국장의 역할을 수행하였다. 북한의 고위정책자 훈련(시찰)단(이하 북한 고위시찰단으로 지칭)이 12월 15일 북경에 도착하였는데 필자와 이준재 부장이 함께 북경에 가서 북한 고위훈련단을 맞이하였다. 숙식을 같이 하면서 남한에서의 훈련(시찰) 전과정을 상세히 설명하고 북한 측의 의견을 들어 조율도 하였다. 북한 고위시찰단 19명 중 1명만 빼고 나머지는 모두 남한을 처음 방문하는 사람들이었다. 모두들 긴장하는 모습을 보이면서도 한편으로는 남한을 처음 방문하고 또한 남한의 원전 시설을 직접 시찰한다는 것 때문에 흥분된 마음으로 들떠 있었다. 어떤 사람은 차분하게 구체적인 내용에 질문을 하면서 자신의 전문적 지식을 바탕으로 이것저것 자신있게 자기의 의견을 제시하기도 하였다.

북한은 처음에는 '경수로 대상 고위관리일군 참관 대표단 명단'이라면서 20명을 우리에게 통보하였다. 그러나 1명이 다른 회의 일정 때문에 참가하지 못하고 최종적으로 19명이 참가하였다. 참가한 19명의 명단을 소개하면 다음과 같다. 경수로대상사업국의 김희문 국장·안영환 기술처장·리영철 대외처장·박금성 기술처 부처장·리자혁 종합처 부처장, 금호현지사업부의 김성수 부장·김현철 부부장·리성근 부원, 원자력총국의 리만박 양성국장(모 부총리의 아들로 알려짐)·김주신 건설국장·고석철 기술국 부국장·김칠성 금호기술회사 사장·정인균 동해원자력발전소(북한은 향후 완공될 경수로발전소를 "동해원자력발전소"로 명명) 지배인·리성환 시험원자력발전소 기사장·류영수 동해원자력발전소 1호기장·리태환 원자력연구소 부소장, 외무성 김대길 일군, 민족경제협력련합회 리창원 참사, 민족화해협의회 김홍교 참사(유일한 남한 방문 경력자)였다. 일부를 제외하고는 북한의 원전 부문 핵심 관계자들로 구성된 것을 알 수 있다. 당초 방문단에 포함되었다가 빠진 사람은 김영일 국가핵안전감독위원회 감독국장이었는데 12월 중순 평양에서 개최된 KEDO-북한 간 원자력 안전 전문가 회의 때문에 불참하였는데 그가 회의에서 북한의 원전 규제 요원의 남한 훈련 시에도 고위급 훈련 과정의 필요성을 제기한 것으로 보아 남한 방문을 못한 아쉬움과 또한 규제 요원의 한국원자력안전기술원에서의 훈련의 필요성을 인식한 것으로 추측된다.

북한 고위시찰단의 남한 내 방문기관을 소개하면, 한국전력 본사(서울), 울진 원자력발전소, 울진 원자력훈련센터, 고리 원자력교육원, 두산중공업(창원), 전력연구원(대전), 한국원자력안전기술원(유성), 한국전력기술주식회사(용인), 한전기공(현재 한전KPS, 용인) 등 원전과 관련된 중요한 모든 기관과 시설을 방문하였다. 방문한 기관마다 기관 및 시설 소개 외에 원전에 관한 다양한 내용의 강의가 있었다. 원자력 이론, 원자력 발전의 필요성, 세계 원자력 산업 현황, 국제 원자력 관련 기구, IAEA 안전 조치, 원전의 안정성, 원자력 안전 규제, 원전 연료 관리, 방사성 폐기물 및 환경 관리, 원전 운영 기술, 발전소 정비, 방사선 방호, 품질 보증, 설계 등 원전에 관해 총망라한 내용으로서 북한에서 원전을 담당할 고위정책자와 실무 책임자들이 앞으로 원전 운영을 위해 반드시 숙지하고 준비해야 할 중요한 내용들이었다. 참가한 북한 고위시찰단은 열심히 메모하고 적극적으로 질문도 하였다.

남한에서의 2주간 시찰은 그들이 북한으로 복귀한 후 이어진 여러 차례의 KEDO-북한 간 회의에서 북한 측은 매우 만족스러운 평가를 하였다. 그리고 그전보다 입장이 확연히 달라져 남한에서의 북한 인력의 훈련 실시에 대해 긍정적이고 적극적인 태도를 보이기 시작했다. 아마 북한 고위시찰단에게 유익한 시찰의 내용, 만족스러운 숙박 및 식사, 적절한 일정 관리, 그리고 사전에 혹시나 우려했던 남한에서의 정치적 갈등 요인도 일체 발생하지 않아서 그와 같은 평가를 내린 것이 아닌가 생각된다. 필자는 남북 관계에서 정치적 요인으로 생긴 여러 남북 갈등·충돌 사례의 경험을 바탕으로 우리 준비단(정부와 한국전력)이 철저히 대비하고 긴장된 마음으로 일을 수행했던 결과라고도 생각한다. 필자는 북한 고위시찰단 전 일정을 관장하면서 함께 한 한국전력이 매우 체계적으로 일을 추진했으며 우수한 엘리트로 구성되어 일을 아주 잘 하는 기관이라는 것을 알게 되었다.

북한 시찰단 지나가는 길에 걸린 반공(反共) 현수막

북한 고위시찰단과 함께 하면서 생각나는 에피소드 하나를 소개해 보기로 한다. 북한 고위시찰단이 울진 원자력 발전소를 가는 도로상에 반공(反共)의 내용(간첩 신고 내용이 있었던 것 같은데 자세한 내용은 현재 생각나지 않음)이 담긴 현수막이 걸려 있었다. 우리 준비단은 혹시 북한 고위시찰단이 이 반공의 글이 실린 현수막을 보고 우리 측이 정치적인 목적으로 의도적으로 그 현수막을 걸어 놓았다고 시비를 걸면서 일체의 일정을 거부할 가능성이 있지 않을까 고민에 빠졌다. 이제 시찰이 시작된 지 얼마 안 된 시점이라 더욱 걱정이 많았다. 관계 기관과 협의해 북한 고위시찰단이 지나가는 시간에 현수막을 잠깐 내려놓을까도 생각해 보았으나 그럴 수는 없었다. 당시에 우리나라 해안 경계 지역에는 간첩 신고 같은 반공 포스터나 현수막이 곳곳에 걸려 있었고, 대적(對敵) 요소가 있는 안보 현실을 고려할 때 국가의 안위와 국민의 안보 의식 제고를 위해 당연한 조치였다. 현수막을 그대로 두면서 북한 고위시찰단이 볼 수 없도록 이동하는 버스의 창 커튼을 닫아 보자는 생각도 떠올랐고 현수막 앞에 큰 차량 2대를 일시적으로 세워 놓으면 현수막 글 내용이 보이지 않는다는 아이디어도 나왔다. 그러나 최종적으로 정공법을 사용하기로 했다. 그대로 이동하되 마침 현수막이 버스 정류장 바로 옆이라 우리가 북한 고위시찰단의 차량 운행 속도를 적절히 조절하여 버스 정류장에 일반 버스가 정차하고 있을 때 통과하기로 하였다. 자연스럽게 현수막이 있는 도로를 통과하면서도 문제가 발생하지 않도록 기민하게 움직였다. 그 현수막 앞을 통과하면서 당시에 얼마나 가슴 졸였는지...아찔한 순간이었다. 그 순간 이후에는 시찰 일정 과정에 정치적 요인으로 인한 문제가 발생할 일이 생기지 않아 별 탈 없이 성공적으로 잘 진행하였다.

그 이후 일정 중 한국원자력안전기술원(KINS)을 방문하기 위해 유성에서 하루 숙박을 했는데 그 날 밤에 함박눈이 펑펑 내렸다. 밤늦게 호텔 창밖으로 바깥을 보니 필자의 눈앞에 백설로 하얗게 덮인 풍경이 펼쳐졌고 밤의 어두움을 환하게 밝혀 주었다. 하늘이 세상을 축복해 주는 것 같았다. 필자의 마음도 아주 평온해지는 느낌을 받았다. 필자는 그때 며칠 남지 않은 북한 고위시찰단의 일정이 성공적으로 잘 마무리될 것 같은 낙관적인 생각이 들었고 앞으로 후속될 북한 인력의 남한에서의 훈련이 계속되어 대북 경수로 사업이 순행했으면 하는 소망을 하였다. 나아가서 대북 경수로 사업이 성공적으로 진행되면서 남북 관계도 발전하고, 언젠가는 우리 민족이 그렇게 바라는 통일이 반드시 이루어지기를 마음속 깊이 기도하였다. 인간의 정서는 환경의 산물이기도 한 것 같다.

남북 간 직항로 개설 합의

후속적인 북한 인력의 남한에서의 훈련을 위해 어떻게 수송 항로를 마련할 것인가가 당면한 실무적인 과제가 되었다. 대북 경수로 사업을 시작하면서 우리는 인력과 물자의 수송 편의를 위해 남북 간 직접 수송을 추진했다. 북한은 여러 가지 사정을 이유로 시기상조라면서 항공로는 제3국(중국)을 통해 북한으로 들어가고 주로 물자 수송을 위해 동해 해로를 허용하였다. 그러다가 부지에서 경수로 공사가 착착 진행되고 북한 인력의 남한에서의 훈련을 해야 할 시점이 다가오면서 KEDO 측은 2001.8.21~24 마전에서 개최된 제11차 고위전문가 회의에서 효율적이고 경제적인 남북한 간 직항로 개설의 필요성을 제기하였다. 2001.10.30~11.3 마전에서 개최된 제12차 고위전문가 회의에서 남북 간 직항로 문제가 다시 논의되었다. 필자는 이때부터 본격적으로 대북 협상에 참가하였다. 이 회의에서 북한 측은 서해 직항로는 남북한 당국 간 협정이 없고 운행 제한이 많아 곤란하다면서 동해 항로를 이용해 남북 직항로를 개설하자는 입장을 제안하였다. 북한 선덕(함흥)공항-KANSU-강릉 간 루트로 운행하며 현재의 선덕공항의 열악한 시설을 감안하여 북한 측 항공기만 운행이 가능하다는 입장을 고수하였다. 그리고 북한 항공기를 이용하는 것이 경제적일 것이라고 주장하였다. 북한의 현실적인 사정을 고려하여 기본적으로 북한의 입장을 받아들이는 방향으로 남북 간 직항로 개설을 합의하였다.

그 이후 남북 간 직항로 개설을 위한 전문가 회의가 2002.1.12~15 평양 고방산초대소에서 개최되었다. 남북 간 직항로 문제만 의제로 해서 실무적 타결을 위한 사실상 남북한 간 회의였다. 우리 측에서는 정책조정부장인 본인, 김진수 국제부장, 항공분야 실무자, 금호영사사무소의 Lambertson 대표(미국) 등 총 9명이 그리고 북한에서는 고청룡 경수로대상사업국 종합처장, 고려항공 관계자 등 총 12명이 참가하였다. 고방산초대소는 북한 외무성 관할로 외국 정부 대표단이 오면 투숙하는 초대소였다. 애국열사릉을 지나서 가게 되고 보통강변 기슭에 있었으며 경치도 좋고 외진 조용한 곳에 자리 잡고 있었다. 지하층이 있고 호텔식의 숙박 시설이 있는 3층(?) 건물이었던 것으로 기억된다. 2층에는 외국 원수급이 오면 숙박하는 스위트룸이 있었다. 피아노가 있었던 것 같았는데 접대실로 사용하는 거실 같은 큰 방이 하나 있었고 그 옆방에 넓은 침실이 있었다. 침실을 거쳐 옆에 별도로 큰 방 하나 정도 되는 규모의 화장실이 있었다. 이 스위트룸에 아프리카에서 온 모 대통령이 투숙한 적이 있었다고 하였다.

고방산초대소 남북 간 직항로 개설 회의에서 모든 실무적 문제가 타결되었다. 항로는 선덕(함흥)공항-SONDO-KANSU-INTOS-양양공항 간 동해 항공로 개설을 합의하였다. 당시에 강원도에 양양 국제공항이 곧 완공되어 3월중 개항할 예정이었다. 양양 국제공항은 새로운 시설의 공항인데다 항공 수요가 당장 그리 많지 않을 것이기 때문에 적절한 항로라고 생각하였다. 북한 입장에서는 서해 직항로인 김포공항보다는 남한에 오는 북한 인력들이 남한 사람들과 접촉할 일이 별로 없고 지방 소도시에 위치한 지역이라 정치적 부담이 적다고 생각했을 수도 있다. 항공기는 당분간 고려항공만 이용하기로 하였다. 항공기 관제는 인천-평양 관제소 간 합의된 지점에서 합의된 절차에 따라 수행하기로 하였다. 기존 남북한 간 체결된 1997년 10월 '관제 협정'과 1998년 2월 '양해 각서'를 적용하기로 하였다. 항공기 및 수행원의 안전은 국제 기준 및 관례에 따라 보장하고 필요시 KEDO가 추가적인 보장을 해주기로 하였다.

고려항공기 사용료 문제 합의

이 회의에서 가장 큰 쟁점은 고려 항공기 이용 비용이었다. 사전에 타진한 바에 의하면 북한 측에서 제시할 수송 요금 규모는 우리 측이 생각하는 것보다 훨씬 높은 비용이었다. 우리 측은 북한 측이 당시 어려운 외환 부족을 보충하기 위해 남한보다 훨씬 질이 떨어지는 북한 항공기를 활용하기 위한 것이 아닌가로 생각했다. 몇 차례 밀고 당기다가 최종적으로 북한 측이 제시한 수송 비용 안은 우리가 최종적으로 협상 카드로 생각하고 대비했던 요금 지불안보다 낮은 가격이었다. 우리는 속으로 반가워하면서 북한 측이 최종 제시한 수송 요금 안을 받아들였다. 북한 측의 반응을 보니 그들이 제시한 최종 요금 안을 우리 측이 혹시 받아들이지 않을까 걱정했던 것 같았다. 우리 측이 북한 측 제시안을 받아들이니 아주 만족스러워했다. 그때 필자는 순간 직감적으로 북한의 외환 사정이 어렵구나 그리고 당시 고려항공기 운항객 수요가 부족해 운휴 중인 항공기를 활용하려는 것이구나 라고 생각을 했다. 필자는 당시 협상에 참가했던 고려항공 실무자들이 만족해 하는 모습을 보았다. 회의가 끝나고 지하층에서 저녁 동석 식사 때 그들이 떡이 되도록 음주하고 happening(자세한 것은 밝히지 않으려고 함)을 벌인 일도 목격하였다. 그날 저녁 식사 때 수고해 준 여성 봉사원(지방 출신으로 음악 전공)이 자력갱생으로 배운 팝송 실력이 매우 뛰어나 놀라기도 하였다.

남북 간 직항로 개설에 관한 합의가 이루어지자 북한 측은 적극적으로 2월 하순경에 고려항공 관계자 10여 명이 6~7일 정도로 양양 국제공항 등 현장을 사전 답사하겠다고 했다. 그리고 3월 하순경에 첫 취항을 하고 싶다고 하였다. 이에 대해 그런 방향으로 잠정 정하되 우리가 남한에 가서 사전 점검한 후 추후 알려주겠다고 했다. 필자는 서울 사무실로 복귀한 뒤 2월에 직원 몇 명과 함께 비공개적으로 양양 국제공항을 사전 답사하였다. 공항은 거의 완공되었고 신설 공항이라 깨끗했다. 양양 국제공항 개항에 맞추어 북한 고려항공기가 취항하면 여러 가지로 홍보 효과도 매우 클 것 같았다. 양양 국제공항은 2002년 4월 3일 공식 개항하였다. 필자는 3월 중순에 미국 Washington, D.C.에 있는 Hudson Institute의 Visiting Fellow(객원 연구원)로 출국 예정이라 실제 북한 고려항공기 취항과 북한 인력의 남한 방문은 필자의 눈으로 보지 못했다. 아쉬운 마음은 있었지만 필자가 맡은 일은 마지막까지 최선을 다해 마무리해 주고 미국으로 떠나왔다고 자족했고 앞으로 모든 일들이 계획대로 순조롭게 되기를 바랐다.

경수로 사업의 중단과 소회

그러나 2002년 10월 초 미국 측에 의해 제기된 북한의 고농축 우라늄(HEU) 프로그램으로 야기된 미국의 대북 중유 공급 중단, 그리고 경수로 공사의 중단을 거쳐 2006년 1월 대북 경수로 사업은 완전 종료되었다. 북한의 제2차 북핵 위기로 생긴 문제이지만 대북 경수로 사업을 통해 북핵 문제 해결과 더불어 남북 관계의 발전, 남북 경제공동체 형성, 나아가 통일을 대비하고자 했던 우리의 꿈이 사라지자 필자는 3년여 대북 경수로 사업 현장에서 열성을 다해 뛰었던 나날들이 허사가 되어 매우 안타깝고 참 허망하였다.

대북 경수로 사업이 종료되자 경수로기획단에서는 대북 경수로 사업의 기록을 남기고 종합 평가와 교훈을 찾고자 「경수로사업지원백서」를 만들었다. 2006년 6월 19일부터 단장 대리를 맡은 통일부 문대근 정책조정부장이 총괄하여 2007년 7월 20일 발간하였다. 백서는 발간위원회를 구성하여 작성하였는데, 발간위원회 위원장은 경수로기획단 2대 단장으로 장기 재직(1996.2.26-2006.6.19)하였던 장선섭 대사가 맡고 발간위원으로 본인(당시 통일부 남북회담본부 상근회담대표)을 포함해 조규형(KEDO 집행이사, 외교부), 문대근(경수로기획단 단장 대리), 변준연(한국전력 사업처 처장)으로 구성하였다. 백서에 인터뷰란을 별도로 만들어 경수로 사업에 중요한 역할을 한 상징적 인물의 기고 6편이 실렸다. 장선섭 단장의 "지난 10년간의 경수로사업 추진 소회", 최동진 초대 단장(1995.1.25~1996.2.15, 외교부 차관보 역임)의 "KEDO 설립과 한국형 경수로 확정을 위한 고난의 행보", 홍양호(전 정책조정부장)의 "남북 관계 측면에서 본 경수로 사업의 성과와 경험", 박영철(초대 한전 금호현장 건설본부장)의 "금호 경수로 건설 현장의 초석을 다지기까지", 변준연(한전 경수로 사업 담당 처장)의 "주계약자로서 매진해 온 격랑의 10여 년을 되돌아보며", 최한권(KEDO Special Technical Advisor)의 "KEDO 사무국(뉴욕)에서 경험한 경수로 사업" 등이었다. 대부분 대북 경수로 사업의 시작부터 단계마다 성사를 위해 최선을 다해 노력했던 과정과 소회를 밝힌 것들이었다. 필자는 남북 관계 측면에서 일정한 성과와 소중한 경험을 밝히면서 '개인적 회상과 추억', '바램'으로 마무리하였는데 이 부분을 다시 회상해 본다.

"지금 조용히 눈을 감고 회상해 보니 다양한 장면들이 눈앞을 스쳐간다. '97년 대선 시 부재자 투표 용지를 아슬아슬한 순간에 KEDO 측 인사에게 인계했던 일, 금호 부지에 설립된 외환은행 출장소 개소식에 참석했던 일, 칠흑같이 어두운 함경남도 지역의 밤길을 버스로 이동했던 일, 겨울철 야밤에 바닷가 마전초대소에 도착하여 싸늘한 아침 식사를 했던 일, 부지 근무 우리 근로자의 추석 선물 전달 차 바지선을 타고 동해 바다를 항해했던 일, 함흥 선덕공항에서 고려항공기를 타려고 추운데 서성대면서 장시간 대기했던 일, 협상을 마치고 묘향산 계곡에서 북한 사람들과 함께 야채 쌈에 각종 불고기로 즐거운 오찬을 나누었던 일, 북한 관계자와 밤새워 얘기를 나누었던 일, 북한 고위 원자력 관계자 19명의 한국 방문 시 전 과정을 책임지고 수행했던 일, 남북 항공 협상을 성공적으로 타결하고 북한 관계자와 흥겹게 여흥을 즐기면서 벌어진 happening 건, 경수로 분담금 해결 등을 위해 수많은 당정 협의와 국회 상임위원회에 참석했던 일, 경수로 사업에 참여했던 북한 관계자를 남북 행사에서 만나 서로 반가워했던 일 등이 차례로 영화 필름처럼 스쳐간다. 모든 회상과 추억들은 미완의 경수로 사업에 대한 아쉬움과 미련으로 귀결되지 않을까…. 앞으로 언젠가 경수로 사업이 재개되어 오늘의 미완성품이 완성품으로 바뀌어 북한 땅에 우뚝 솟은 경수로 발전소를 볼 수 있기를 진심으로 바란다. 왜냐하면 그동안 이 사업에 땀 흘렸던 모든 사람들의 각고의 노력들이 헛되이 되어서는 안 되기 때문이다"

'KEDO 클럽' 결성과 장선섭 단장(대사)

필자처럼 미완(현재는 완전 종료)의 대북 경수로 사업에 대한 아쉬움과 미련을 함께 가졌던 여러 기관(통일부, 외교부, 재경부, 기획예산처, 산업자원부, 과학기술부, 법무부, 한국전력, 산업은행, 현대건설 등)에서의 참여자들은 2008년 5월 'KEDO 클럽'을 결성(회장 : 장선섭, 수석부회장 : 홍양호, 사무총장 : 변준연)하였다. 정기적으로 모여 과거 대북 경수로 사업의 현장 사진(영상)을 보면서 추억을 회상하고 서로 정담을 나누었다. 그러나 회장이신 장선섭 단장이 수년 전 지병으로 작고하시고 회원들도 뿔뿔이 흩어지고 시대 상황도 바뀌어 'KEDO 클럽'이 중단된 지 꽤 오래 되었다. 사람의 생(生)은 초월자만이 주관하시는지 장 대사가 유명을 달리하자 'KEDO 클럽' 회원들이 많이 안타까워하고 슬퍼하였다.

필자는 장선섭 단장(대사)을 항상 존경하는 상사로 모셨고 여러모로 배울 점이 많은 분으로 기억한다. 장 대사는 인품이 훌륭하고 업무 능력도 뛰어난 분이였다. 타인에게는 부드러우면서 본인에게는 엄격한 전형적인 외유내강형이었다. 필자가 보고나 상의를 하러 단장실로 들어가면 항상 책을 보고 계신 모습을 목격했는데 학구열도 높았다. 미국·일본·EU 대표 등과 원만하게 교섭하고 합의점을 도출해 내는 외교력도 뛰어났다. 그러한 인품과 능력이 인정되어 차관급인 경수로기획단장을 10여 년간 맡았으니 공직 사회에서 전무후무한 일이다. 당시 북핵 문제는 미국이 주도했기 때문에 KEDO 집행이사회 의장은 미국 측이 고정적으로 맡아 왔고 다른 나라 인사들에게 의장직을 넘겨주려고 하지 않았다. 그러나 장 대사의 오랜 외교관 경력과 장기간의 경수로 사업 전담으로 나중에는 미국·일본·EU 등 집행이사국이 흔쾌히 동의하여 장 대사가 집행이사회 의장직을 맡게 되었다. 우리나라 국가 위상이 높아지고 KEDO 내 입지가 더욱 높아졌다. 장선섭 대사가 대북 경수로 사업에 남긴 족적은 곳곳에 남아 있다. 여러 기관에서 참여했던 사람들은 각자의 원 소속기관으로 돌아가 나중에 장·차관이나 고위직, 각국 대(영)사, 그리고 CEO나 간부로 중요한 역할을 하였다. 돌이켜보면 당시 경수로기획단이나 KEDO에 파견 나왔던 사람들은 모두 우수한 사람들이었다. 그만큼 대북 경수로 사업은 당시 중요한 사업이었으며 업무 성격상 다양한 전문성이 요구되는 사업이었다.

위기관리의 남북 경협 사업 모델을 위한 고민 필요

제2차 북핵 문제로 대규모 경협 사업인 경수로 사업이 완전히 종결되었다. 2006년 말 기준 경수로 사업비는 총 15억 7,500만$로 한국은 11.46억$(1조 3,743억원), 일본은 4.11억$, EU는 1,800만$을 부담하였다. 우리의 경우 엄청난 비용을 투자하더라도 북핵 문제가 해결되고 북한에 우리의 한국 표준형 원전이 건설된다면 충분한 안보비용, 통일비용으로 지불할 만하다고 정당성을 부여하였다. 그런데 원래의 목표를 달성하지 못하고 엄청난 손실만 입게 되었다면 이것은 어떻게 평가해야 할 것인가에 대한 검토가 필요하다.

우리는 제3차 북핵 문제로 '남북 상생·평화·통일'의 상징이라고 했던 대규모 남북 경협 사업인 개성공단이 2016년 2월 완전 중단되었다. 벌써 9년이 흘렀다. 개성공단의 총 투자 규모는 1조 187억원이 된다. 정부가 2,587억원, 한국전력이 480억원, KT가 71억원, LH공사가 1,226억원, 한국산업단지공단이 210억원, 민간 기업이 5,613억원 투자했다. 개성공단도 엄청난 경제적 손실을 입게 되었다. 우리가 경수로 사업과 개성공단에 투자한 규모가 약 2조 4,000억원 정도이니 결코 적은 금액은 아니다.

우리는 한반도 평화, 남북 관계 발전, 한반도 통일을 지상 목표로 추구해 왔다. 앞으로도 이 목표를 추구해야 할 것이다. 그동안의 남북 관계 역사에서 모든 목표 추구에서 가장 큰 장애물이 북핵 문제였다는 것을 절실히 알게 되었다. 북핵 문제의 해결 없이는 어떠한 진전도 보장할 수 없다는 것을 냉철하게 직시하게 된다. 물론 북핵 문제를 해결하기 위한 방법론은 정부마다 전문가마다 다른 처방을 내놓았다. 결과적으로는 그 어떤 방법도 아직까지 성공하지 못했다. 'Grand Bargain(Big Deal)'도 '단계적·점진적 방법'도 '전략적 인내'도 성공하지 못했다. 'Top-down' 방식도 'Bottom-up' 방식도 성공하지 못했다. '햇볕(포용)정책'도 '강경(압박과 봉쇄)정책'도 '강·온 양면정책'도 '군사적 조치(코피전략)'도 성공하지 못했다. 어디에 근본적 문제가 있을까의 진단과 어떠한 Policy-Mix 정책을 사용할 것인가가 앞으로의 정책 과제인 것 같다. 앞으로 두 번 다시 경수로 사업이나 개성공단과 같은 대규모의 투자로 인한 엄청난 손실을 초래하지 않기 위해 어떤 방식으로 경협 사업의 위기를 관리해야 할지 깊이 고민해야 한다.

대북 인도적·경제적 지원과 정책 논쟁

남한과 북한은 한반도의 정통성에 관해 서로 상반된 입장을 취하고 팽팽히 대립하여 왔다. 남한은 한반도 전 지역에서 선거를 통해 단독 정부를 수립하라는 UN결의에 따라 UN 감시 하에 선거로 이루어진 한반도 내의 유일한 합법정부라는 정통성을 갖고 있다. 북한은 UN의 선거 실시 요청을 북한 지역에서 거부하였기 때문에 법적 정통성을 지닌 남한 정부의 시각으로는 불법으로 북한 지역을 점령한 정치 단체일 뿐이다. 이에 대해 북한은 김일성의 항일 혁명을 통해 일본으로부터 나라를 되찾은 정통성을 주장한다. 남한은 미제의 식민지로서 미국으로부터 해방시켜야 할 대상이라고 주장한다. 1948년 8월 15일 수립한 대한민국과 1948년 9월 9일 수립한 조선민주주의인민공화국은 한반도에서 각자의 정통성을 주장해 왔다. 북한 김일성 정권은 6.25전쟁을 통해 한반도 전체를 공산주의 체제의 단독 정부를 구축하려고 하였다. 반면에 이승만 정권은 북진통일을 통해 자유민주주의 체제의 단독 정부를 수립하려고 했다.

남북한 간의 체제 경쟁

남한과 북한은 한반도의 정통성 문제를 바탕에 두고 1960년대 말까지는 상호 대화 없는 대결의 시대를 유지했다. 그때까지는 북한이 남한보다 경제적으로 우위에 있었다. 북한은 대남 교류 공세를 적극 펼쳤고 이에 대해 남한은 방어적 입장이었다. 일체의 남북 교류가 법적으로 금지되었다. 이후 1972년 남한과 북한의 1인당 국민소득이 312$(한국은행 추계)로 같아지고 국제 정세는 미중 간 데탕트가 조성되었다. 남북한은 대화있는 대결의 시대로 전환하였다. 1972년 '7.4 공동성명'이 발표되고 남북조절위원회와 남북적십자회담이 개최되었다. 이때부터 현실적인 북한의 실체를 인정하고 남북한은 체제 경쟁에 돌입하였다. 북한은 사회주의 계획경제체제와 폐쇄경제체제의 비효율성으로 인해 경제 성장이 정체되고 하락하기 시작했다. 이에 반해 남한은 자유시장경제와 개방경제체제로 활력이 넘치면서 고도의 경제 성장을 하였다. 경제 분야에서 북한보다 훨씬 우위를 점하였다. 그럼에도 남한과 북한 간에는 한반도의 정통성 문제와 체제 대결 의식이 강해 여전히 대결적 양상을 취했다. 특히 북한은 남한에 밀려서는 안 된다는 체제 대결적 자존심이 강했다. 북한은 북한 주민들에게 자신의 사회주의 체제가 지상낙원이라고 선전해 왔고 남한은 미제의 식민지로 헐벗고 굶주리며 비참한 삶을 영위한다고 허위 선전을 하였다. 북한은 남한의 경제에 대해 거짓 선전을 해 왔기 때문에 남한이 북한보다 훨씬 더 잘 살고 있다는 것이 북한 주민들에게 알려지게 되면 크나큰 수모였다. 김일성 정권의 자존심에 심한 타격을 입히는 일이었다. 1980년대 들어 남한 경제는 북한 경제를 추월했고 그 격차는 시간이 갈수록 더 커졌다.

북한, 대남 수해 물자 지원(1984년)

1984년에 이르러 8월 20일 전두환 정부는 만성적으로 경제가 어려운 북한에 남북 간의 교역과 경제 협력을 실시할 용의가 있다고 발표하였다. 북한 동포의 생활 향상에 실질적으로 기여할 수 있는 기술과 물자를 무상으로 제공하겠다고 제의하였다. 이러한 남한의 제의를 북한은 체제 대결적 자존심 때문에 받아들일 수 없었다. 북한은 남한의 제의를 거부하고 오히려 9월 8일 남한에 수재 물자를 지원하겠다고 역제의를 하였다. 당시 8월 31일에서 9월 4일까지 서울과 중부권에 집중적으로 폭우가 쏟아져 물난리로 인한 인명과 재산 피해가 상당했다. 북한은 쌀 5만 석, 시멘트 10만 톤, 직물 50만 미터, 의약품을 수재 물자로 남한에 지원하겠다고 구체적으로 제시하였다. 당시 북한의 어려운 경제 사정을 감안하면 실제 남한을 지원할 경제적 여력이 없었다. 북한은 남한이 체제 대결적 자존심 때문에 거부할 것으로 판단하고 체제 선전적, 대남 공세적 차원에서 대남 수재 물자 지원을 제의하였다. 남한의 전두환 정부는 북한의 이 같은 제의를 처음에는 체제 선전적 차원으로 보고 부정적 입장이었으나 역발상으로 이것을 계기로 남북 관계의 연결 고리를 만들어 관계를 개선하고자 전격적으로 북한의 제의를 수용하는 역공세를 펼쳤다. 북한은 엄청나게 당황하였을 것으로 보이며 그렇다고 수재 물자 지원 제의를 파기할 수는 없었다. 북한은 지원 물자도 없는 상태에서 대남 제의를 했기 때문에 남한에 구체적으로 제의한 물자 규모만큼 생산하느라 초비상이 걸렸다.

필자는 당시 행정사무관으로 장충동에 있는 통일연수소(수유리에 있는 국립통일교육원 전신)에 진행계장으로 근무하고 있었다. 2년간 공무원 해외 유학 파견자로 확정되어 해외로 나가기 전까지 일시적으로 근무하고 있었다. 필자가 맡고 있었던 진행계에서는 통일 연수생들을 위한 시청각 교육 자료인 북한 실상을 보여주는 영상 자료를 담당했다. 북한의 조선중앙TV 등에서 방송하는 자료들을 편집하여 연수생들에게 생생한 북한 실상을 보여주었다. 당시 일반인들은 볼 수 없는 자료였고 공무원들조차도 업무 담당자 외에는 볼 수 없는 특수 보안 자료였다. 필자는 업무 담당자로서 북한 TV 자료를 자유롭게 볼 수 있었다. 필자는 북한 실상을 공부할 수 있는 좋은 기회라고 여기고 틈나는 대로 북한 영상 자료를 보았다. 그 때 북한의 대남 수재 물자의 생산 현장을 방송하는 북한 TV 영상 자료를 본 적이 있다. 남한에 제공하는 약품을 생산하는 제약 공장에서 흰 가운을 입은 북한 여성이 방송 진행자와 인터뷰를 하는 장면도 보았다. 기억컨대 이 여성은 큰물(홍수) 피해로 어려움을 겪고 있는 남녘 동포들을 도우고 북녘의 따뜻한 동포애를 전달하기 위해 정성을 다해 밤을 새워서라도 약품을 생산해 제때 전달하겠다는 결의에 찬 내용을 목청을 높여 말했던 것 같다. 북한이 제공한 물자는 9월 29일부터 10월 4일까지 우리 쪽에 전달이 되었다. 북한에서 제공된 물자는 우리 제품의 질에 비해 훨씬 떨어지는 것이었다. 북한의 경제·산업 수준을 파악할 수 있었다. 제공된 쌀은 밥으로 먹지 않고 떡을 만들어 먹었고 천은 질이 낮아 걸레로도 사용하였다. 약품도 효능을 의심해 안심하고 복용할 수 있을까 의문이 들 정도였다. 시멘트도 제대로 된 건물을 짓는 데는 사용할 수 없었다. 필자가 근무했던 통일연수소에는 교육용으로 수재 물자 샘플이 제공되었는데 질이 매우 떨어져 보였고 약품 박스는 조잡스러웠다. 그리고 기념용으로 천 조각, 약품 및 쌀 조금씩을 통일연수소에 근무하는 직원에게 나누어 주었다. 필자도 그것을 받아 가족이나 친지에게 북한에서 온 수재 물자라면서 보여주기도 했고 그것을 북한 수재 물자로서 역사적인 물건이라면서 서랍장에 넣어 보관했다. 여러 차례 이사하면서 어디서 잃어버렸는지 이제는 역사적인 물건이 사라져 버렸다. 남한은 북한이 제공한 수재 물자의 답례로 우리에게 수재 물자를 인도하러 온 북한 대표들에게 담요, 카세트, 라디오, 손목시계, 컬러텔레비전 등 남한의 높은 기술력을 자랑하는 18개 품목이 든 선물 가방 1,600개를 전달하였다. 북한은 우리가 전달한 이 물품을 보고 남한의 우수한 경제·산업 수준을 가늠했을 것이다. 이러한 과정은 북한과 남한의 체제 대결적 심리가 내재된 경쟁의 발로이다.

북한 김정일, 남한의 대북 쌀 15만 톤 지원 수락

1980년대 말 소련을 비롯한 동유럽이 붕괴되면서 북한의 경제는 더욱 어려워지게 되었고 1990년대 중반에 3년 연속 홍수·가뭄 등 자연 재해로 북한 주민이 대량 아사하는 사태가 발생하였다. 소위 말하는 북한의 '고난의 행군'이 시작되었다. 1997년 4월에 한국으로 망명한 황장엽 비서의 증언에 근거하면 당시 북한 주민 대략 300만 명이 사망하였다고 정설로 회자되었다. 이후에 북경에서 개최된 UN 산하기구에서 북한의 보건성 부상은 '고난의 행군' 시절에 68만명(?)이 사망하였다고 공식 인정했다. 68만 명이든 300만 명이든 경제난, 식량난으로 대규모의 주민이 사망했다는 것은 심각한 문제이며 나라의 근간을 흔드는 일이었다.

북한 경제는 기본적으로 사회주의 계획경제·폐쇄경제의 비효율성으로 1980년대부터 서서히 쇠락하기 시작했다. 기념비적인 대규모의 선전물 건축이나 '88년 서울올림픽에 대응해 개최한 '세계청년학생축전'으로 자원 낭비와 자금 출혈이 심해졌다. 1980년대 말부터 시작된 소련을 비롯한 동유럽의 몰락은 사회주의 국가 간 경제 연대로 버티어 온 북한 경제를 더욱 어렵게 했다. 1990년대 들어서면서부터 사실상 북한 경제는 파산 상태에 직면했다.

당시 북일 정상화 교섭을 추진한 일본이 북한에 쌀을 지원하기로 했다. 이러한 흐름 속에서 김영삼 정부는 남북 관계를 주도한다는 차원에서 먼저 대북 식량 15만 톤을 지원하였다. 주체 경제라면서 자존심이 강했던 북한이 항일의 대상인 일본과 체제대결의 대상인 남한에게 쌀 지원을 요청하고 수락하는 것은 식량난이 매우 심각하다는 사실을 반증하는 것이었다.

필자는 북한의 경제적 어려움을 1990년대 초반 교류협력국 교류1과장으로 근무할 때부터 느끼기 시작했다. 북한 측과 다양한 분야에서 접촉하거나 교류하는 우리 측 사람들이 전하는 내용은 북한 주민들이 경제적 어려움 때문에 고통을 받고 있다는 것이었다. 해외에서 근무하는 북한의 외교관도 외환 부족으로 외교 활동이나 경제적 활동에 어려움을 겪고 있다는 것이었다. 제3국에서 만난 북한의 이산가족 만남, 북한의 이산가족이 전해 온 편지 내용을 통해 밑바닥 북한 주민의 생활이 궁핍하다는 것을 실감했다. 필자의 대학원 지도교수인 조지아 대학의 박한식 교수가 서울 방문 때 북한의 병원 사정이 열악해서 규격형 수액제병이 없어서 맥주병이나 사이다병을 씻어서 사용한다고 말을 했다. 그리고 수액제병을 연결하는 호스도 없어서 북한 측이 자기에게 외부에서 좀 구해달라는 부탁을 했다는 것이다. 그는 필자에게 북한에 수액제 호스를 지원하는데 필요한 비용을 후원해 줄 회사나 기관을 추천해 줄 수 있는지를 타진하였다. 당시 필자는 마땅히 편하게 부탁할 만한 채널이 없어 도와주지 못했다. 나중에 소식을 들으니 다행히도 큰 회사의 도움을 받아 호스를 구매해 북한 측에 제공해주었다고 한다.

국제사회의 대북 인도적 지원

1995년 8월 23일 북한이 공식적으로 UN 인도지원국(UNDHA)에 긴급 구호 요청을 하였다. 유엔아동기금(UNICEF)에도 5만 달러 상당의 콩을 원조해 줄 것을 요청한 이후 국제사회와 우리 사회에서 대북 지원 활동이 본격적으로 시작되었다. 탈북한 북한 외교관과 비공개로 세미나를 한 적이 있었는데 그의 발표에 의하면 북한이 심각한 식량난에 처하자 외무성에서 해외로부터의 인도적 식량 지원 확보를 최고 상부에 건의하였다. 처음에는 상부로부터 거부당했다고 한다. 이유인즉 외부로부터 식량 등 경제적 지원을 받으면 외부 의존도가 높아지며 국제사회에 예속되어 북한 체제를 약화시켜 주체경제에 어긋난다는 것이었다. 북한의 식량난이 계속 가중되자 외무성은 국제기구로부터 지원을 받으면 특정 국가의 영향력을 최소화할 수 있고 북한이 통제를 할 수 있기 때문에 체제에 크게 문제가 없을 것이라고 피력하였다. 북한의 어려운 식량난을 완화하기 위해 국제기구로부터 인도적 지원을 요청할 것을 최상부에 재 건의하였다고 한다. 이러한 조치로 어려운 식량난도 완화하고 북한 체제에 미치는 부정적 영향도 통제할 수 있다고 판단되자 최상부에서 국제기구에 인도적 지원 요청을 수락하였다는 것이다. 1995년 9월 12일 UN의 제1차 대북지원 Appeal(95.9~96.6, 2,032만$), 1996년 6월 6일 제2차 Appeal(96.7~97.3, 4,364만$), 1997년 4월 7일 제3차 Appeal(97.4~12, 1억 8,439만$), 1998년 1월 22일 제4차 Appeal(98.1~12, 4억 1,565만$), 1998년 12월 16일 제5차 Appeal(99.1~12, 3억 7,611만$), 1999년 11월 제6차 Appeal(2000.1~12, 3억 1,375만$), 2000년 11월 제7차 Appeal(2001.1~12, 3억 8,398만$)이 해마다 연속적으로 발표되었다. 또한 국제적십자연맹(IFRC)도 대북지원 Appeal을 연속적으로 실시하였다. 이와 같은 UN과 IFRC의 국제적 대북 지원 호소에 부응하여 우리 정부와 대한적십자사는 국제기구를 통해 대북 지원을 시작하였다.

국제사회의 대북 지원 흐름과 병행하여 국내에서도 종교계를 중심으로 대북 지원 호소 활동이 시작되었다. 기존의 구호 NGO 단체들 외에도 새롭게 대북 지원 민간단체들이 다양하게 결성되어 활발한 대북 지원 활동이 가속화 되었다. 그러나 김영삼 정부에서는 민간 차원의 대북 지원 활동을 규제하자는 입장이었다. 김영삼 정부는 민간 차원의 무질서한 대북 지원 활동에 부정적이었다. 그동안 대북 인도적 지원의 공식 창구인 적십자사로 창구를 일원화하였다. 또한 대북 정책의 중요한 과제인 이산가족 문제의 해결을 위해 적십자사가 전면에 나설 필요가 있다고 전략적 판단을 하였다. 민간 차원의 대북 지원 활동은 적십자사 창구로 일원화되었고 북한의 도발로 인해 대북 지원 활동을 안보 정세와 연계하여 조정하기도 하였다.

김대중 정부의 대북 지원 활성화 정책

김대중 정부 들어 햇볕정책을 추진하면서 1998년 3월 18일 '대북 지원 활성화 조치'가 발표되었다. 1999년 2월 10일 적십자사 외에 민간단체의 독자적 창구 개설을 허용하는 '민간 대북 지원 창구 다원화 조치'를 발표하였다. 이러한 조치들로 민간의 다양한 대북 지원 활동이 활성화되어 남북 간 당국 접촉보다 많은 접촉을 허용함으로써 남북 관계 개선에도 도움을 준다는 근거였다. 또한 우리의 따뜻한 동포애가 북한 주민에게 전달되어 대남 적대감 완화에도 도움이 될 것으로 판단하였다. 김대중 정부의 햇볕정책에도 부합한다는 것이었다. 대북 지원 창구의 다원화를 통한 개별 단체의 독자성을 인정한 것은 그동안 민간 차원의 대북 지원 활동을 해 온 각 단체별 특화 분야의 전문성과 효율성을 인정한 것이다. 우리의 대북 창구 다원화 조치에 대해 북한은 4월 1일 "북남 경제협력을 제한하고 있으며 북남대화의 선행 실천 사항의 일부를 위임하는 것처럼 위장하는 책동"이라고 비난하였다. 여기서 언급한 '북남대화의 선행 실천 사항'은 당시 당국 차원의 대북 비료 지원을 거론하는 것으로 보인다. 김대중 정부는 민간 차원의 대북 지원 활동에 대한 이전 정부의 규제 조치를 폐지하고 적극 지원하는 활성화 방향으로 전환하였다. 1999년 10월 27일 '인도적 대북 지원 사업 처리에 관한 규정'을 제정하여 민간의 대북 지원 사업에 남북협력기금을 지원하는 근거와 지원 절차도 마련하였다. 정부 차원에서도 이산가족 문제 해결을 위한 노력의 일환으로 1998년, 1999년에 남북 차관급 북경회담을 개최하여 대북 비료 지원 문제를 협의하였으며 1999년 회담에서 20만 톤의 비료를 북한에 지원하기로 합의하였다. 남북 합의에 따라 1단계로 10만 톤의 비료가 북한에 제공되었으나 이산가족 문제 해결을 위한 남북 간의 후속 논의가 이루어지지 않아 추가 10만 톤 지원은 유보되었다.

통일부 인도지원국장으로 업무 개시

북한의 만성적인 식량난, 경제난으로 인한 정부 차원이나 민간 차원의 대북 지원 활동의 상시화가 예상되고 남북 이산가족 문제, 탈북자 문제, 북한 인권 문제 등 대북 정책의 과제를 전략적으로 판단하고 또한 관련 업무를 효율적으로 집행하기 위하여 1996년 12월 17일 김영삼 정부 때 통일원에 전담부서인 '인도지원국'이 신설되었다. 초대 국장으로 주로 남북회담 업무를 오랫동안 담당해 온 이종렬 국장이 임명되었다. 필자는 당시 1997년 8월 13일 과장에서 국장급으로 승진하여 교류협력국 심의관으로 발령이 났다. 당시 권오기 통일부총리 시절이었는데 권 부총리는 통일부에 부임한 후 통일 업무의 국제화를 줄곧 강조하였다. 그러면서 신설된 인도지원국을 보강하는 측면에서 필자를 직제상 없는 인도지원국의 심의관으로 일하도록 지시를 내렸다. 교류협력국은 이제 기반이 튼튼한 조직으로 원활하게 운영되니 신설된 부서인 인도지원국이 조기 정착될 수 있도록 돕고 인도지원국에서 국제적 업무를 발굴하여 국제 업무 담당 심의관으로 일하라는 취지였다. 공무원은 이럴 때 가장 괴로운 일이고 어정쩡한 상황에 놓이게 된다. 공식적인 직책과 실제적인 직책이 다르니 교류협력국의 직원들도 인도지원국의 직원들도 필자와의 관계에서 애매모호하고 불편하게 되는 것이다. 권 부총리의 지시가 워낙 강해서 필자는 나름대로 입장을 정리하였다.

공식적 직책 소관인 교류협력국에서 기본적인 보고를 해주면 필자 의견을 제시하는 정도로 하고 실질적 직책 소관인 인도지원국에서는 전 부서의 보고를 받지 않고 국제적 업무에 관해서만 전담하기로 했다. 특히 대북 인도적 지원이나 개발 협력과 관계되는 국제기구들과 그 업무 내용을 파악하고 우리 정부가 남북 관계에 효과적으로 기여할 수 있는 영역을 검토해서 참여할 수 있는 방안을 모색해 보고자 하였다. 국제기구 근무 경험자나 관련 분야 전문가들을 만나 자료도 구하고 자문을 받아보기 시작했다. 당시 북한의 만성적인 식량난을 해결하기 위해 일시적인 구호보다는 농업 분야의 개발을 지원하기 위한 사업이 필요하다고 보고 국제기구로 IFAD(국제농업개발기금)의 효용성에 관해 검토하였다. IFAD는 1976년 개발도상국의 농업 개발 자금 지원을 위해 설립된 기구로서 우리나라도 이 기구에 기금을 기여하였다. 북한이 외부로부터 인도적 지원을 처음 요청할 당시에는 남북 간 체제 대결적 자존심이 있어 남한으로부터 직접적 지원은 거부하였다. 우리 정부도 WFP(유엔세계식량계획), UNICEF(유엔아동기금), WMO(유엔세계기상기구), WHO(세계보건기구), UNDP(유엔개발계획), FAO(유엔식량농업기구) 등을 통해, 대한적십자사도 IFRC(국제적십자연맹)을 통해 북한에 지원하였다. 우리 정부가 기여하여 관여할 수 있는 국제기구를 물색하였는데 그중 IFAD가 적합하다고 판단하였다. IFAD을 통한 북한 농업 개발 지원에 대한 검토 보고서를 최종 작성하는 과정에 1997년 11월 1일에 대북 경수로 사업을 담당하는 경수로기획단으로 파견 발령이 나버렸다. 제대로 마무리도 못하고 어정쩡한 교류협력국 심의관과 인도지원국 심의관을 병행하는 2개월 반을 지냈다.

어정쩡한 인도지원국 심의관을 한 연유인지 1999년 12월 22일 제2대 인도지원국장으로 발령이 나 본격적인 대북 인도 지원 업무를 담당하게 되었다. 어정쩡했지만 짧은 기간의 대북 인도적 업무 경험 덕분에 새롭게 맡은 인도지원국장 보직에 비교적 쉽게 안착할 수 있었다. 필자가 인도지원국장을 맡았을 때는 업무 여건이 좋아 크게 어려움 없이 보람 있게 즐거운 마음으로 일을 할 수가 있었다. 정부 차원에서도 대북 식량 및 비료 지원이 이미 추진된 바 있었고 민간 차원에서도 창구 다원화 조치와 남북협력기금 지원 등 활성화 여건이 구축되었기 때문이었다. 정부 차원의 지원은 남북당국 간에 합의한 내용을 일정에 맞게 차질 없이 추진하면 되었다. 물론 일정에 맞추어 물자를 생산하거나 확보하고 수송 선박을 물색하여 북한에 보내는 일이 쉬운 일은 아니었다. 돌발적 변수가 생기지 않는 한 관계 기관과 협의하여 최선의 노력을 하면 되었다. 민간 차원의 대북 지원 활동은 민간단체들과 원활하게 소통하고 합리적으로 판단하여 행정적으로 지원하면 되는 일이었다.

대북 지원용 비료와 쌀 포장재 북한 전역 확산

정부 차원의 대북 비료 지원은 우리나라의 비료 생산 설비 능력에 다소 여유가 있어 비료를 적기에 생산하여 북한에 제공하는데 큰 문제는 없었다. 처음에 국내의 몇몇 비료 공장에서 비료를 생산해 북한에 보냈는데 북한에서 불만의 소리가 나왔다. 한국의 비료 회사명이 찍힌 포장재에 비료를 담아 북한에 그대로 전달했는데 이것이 북한 체제상 부담스러웠던 모양이었다. 우리가 제공한 비료가 북한 전역에 배분되어 북한 주민에게 비료가 남한에서 제공된 것이 알려지면 북한 체제에 미치는 부정적 영향을 우려한 것이었다. 북한의 불만에 대해 우리는 비료 포장재를 새로 제작하면 비용이 더 들고 그만큼 시간도 더뎌져 북한의 시비 적기에 맞추어 비료 제공을 할 수 없다고 설명하였다. 북한 입장에서 보면 비료는 시비 적기에 반드시 뿌려야 하기 때문에 우리의 입장을 반박할 수가 없었다. 대북 쌀 지원과 관련해서는 우리에게는 창고에 재고미가 많이 비축되어 있고 우루과이라운드로 인해 해외로부터 의무 수입쌀을 계속 확대할 수밖에 없어 재고미 과잉 문제가 있었다. 국내의 쌀 소비가 증가해야 하는데 주식 문화의 다변화로 쌀 소비를 늘릴 수도 없는 상황이었다. 대북 쌀 지원은 대북 정책의 추진에도 도움이 되고 수급 안정화를 위한 국내 재고미 적정 관리에도 도움이 되어 윈-윈

하는 시책이었다. 농림부는 대북 쌀 지원을 내심 적극적으로 환영하는 입장이었다. 대북 비료 포장재에 대한 북한의 우려를 감안하여 쌀 포장재는 새로 제작했으나 우리가 지원한다는 것을 북한 주민에게 정책적으로 알릴 필요가 있었기 때문에 쌀 포장재에 '대한민국' 표기는 반드시 하였다. 매년 비료와 쌀을 북한에 지원하였고 이 포장재가 튼튼하고 재질이 좋아 물자가 부족한 북한에서는 포장재를 재활용하여 사용하였다. 비료 포장재 1,000만개, 쌀 포장재 1,000만개 정도가 북한 전역에 배포되어 북한 주민들이 사용한 것으로 파악되었다. 대북 비료와 쌀 지원의 부수적 효과인 것이다.

민간 대북 지원 단체들의 성공적인 경험 사례

민간 차원의 대북 지원이 활성화되면서 처음에는 15개 정도의 단체가 활동하였으나 점차 늘어나 50여 개 단체가 활동하였다. 필자가 인도지원국장을 할 때 만났던 대북 지원 민간 단체와 교류가 되어 인도지원국장직을 떠난 뒤에도 지속적으로 교분을 갖고 그들의 활동에 대해 자주 확인을 하고 관심을 가져왔다. 필자도 인도지원국장직을 맡으면서 식량난 등 열악한 인도적 위기에 처한 북한 주민들에 대해서는 인간적으로나 동포애적으로나 여력이 되는 한 도와주어야 한다고 생각했다. 대북 인도적 지원 활동을 하는 인사들을 만나서 얘기를 나누다 보면 그들의 순수성, 동포애적 열정, 그리고 창의적 노력을 매번 느낄 수 있었다.

북한의 결핵 퇴치를 위해 1997년부터 지속적으로 노력한 유진벨재단은 우리나라 사람이 아닌 미국인 스테판 윈 린턴(Stephen Winn Linton, 한국명: 인세반)에 의해 운영되고 있었다. 인세반의 할아버지 윌리엄 린턴, 아버지 휴 린턴 모두 한국에서 선교와 봉사 활동을 한 분이었다. 외증조 할아버지가 유진 벨이다. 인세반은 북한 전역을 돌며 북한 결핵 퇴치 활동을 열정적으로 하고 있었다. 그는 북한 사람들은 유교 문화에 익숙해 있고 자존심이 강해 우선적으로 이에 거슬리는 언행은 삼가면서 북한에 접근해야 한다고 언급하곤 했었다. 인세반은 북한 결핵 환자에게 치료약을 지속적으로 공급해주고 있는데 결핵약 외에 환자들의 영양 증진도 함께 병행해야 한다고 말했다. 북한의 실상은 결핵 환자들을 집단적으로 격리해서 거주시키고 있는데 먹는 문제도 스스로 해결해야 해서 자급자족할 수 있도록 식량 생산을 위한 농자재도 지원해 주어야 한다는 것이다. 결핵 환자는 영양 보충과 더불어 결핵약을 먹어야 치료가 되며 영양 부실 상태에서 결핵약만 먹으면 몸이 이겨낼 수 없다는 것이다. 북한에는 X-ray 필름이 심히 부족하여 결핵 환자들의 폐 사진을 정기적으로 촬영하기도 힘들고 의사들이 방사선에 노출된 상태로 사진을 촬영할 정도로 보건 의료 시스템이 열악하다. 따라서 X-ray 기계가 장착된 이동식 검진차를 우리나라에서 제작하여 X-ray 필름과 차량 소모품을 패키지하여 북한에 제공하였다. 국내에서 제작된 결핵 검진차를 필자는 인세반의 동생인 인요한 박사(John A. Linton, 연세대 의대 국제진료센터 소장, 현 국민의힘 국회의원)의 안내로 차 내부도 둘러보고 설명도 들은 적이 있었다. 유진벨재단은 북한의 구체적 현실에 기초하여 문제 해결을 위한 창의적 노력을 하며 실제로 효과적으로 대북 인도적 지원을 하는 단체라는 것을 확인했다.

1994년부터 대북 인도적 활동을 하고 있었던 월드비전(World Vision Korea)은 특히 농업 분야 개발 협력 사업을 적극적으로 추진하고 있었다. 월드비전 대북사업의 일환으로 호주 해외동포인 농업전문가가 북한에 가서 농업 기술 지원을 하고 있었다. 이분의 초기 일화를 월드비전 관계자로부터 들었는데 감동적이었다. 호주 교포 농업전문가를 북한에서 관례에 따라 초대소에 숙박을 시켰는데 북한의 열악한 전기 사정으로 그는 혹한의 냉방에서 자야 했다. 그는 추워서 도저히 잠을 잘 수가 없어 있는 옷을 모두 껴입고 이불을 덮어 쓰고 사실상 뜬눈으로 밤을 지새웠다고 한다. 그 다음날 이를 알아차린 북한 안내인이 당황하면서 방이 춥다는 말을 했으면 호텔로 옮길 수 있었는데 라고 말하였다고 한다. 호주 교포 농업전문가는 북한 동포들이 어려운 가운데 살아가고 있는데 어려운 동포를 도우려고 온 자기가 편안하게 지낼 수 있겠느냐고 하면서 괜찮다고 답변을 했다고 한다. 그 말을 들은 북한 측은 감동을 하고 이 농업전문가를 전적으로 신뢰하고 그가 요구하는 대로 협조를 하고 일에 필요하다면 북한 지역을 어디든지 다닐 수 있도록 하였다는 얘기를 필자는 전해들은 바 있다. 월드비전은 농업 분야에 성공적인 실적을 남겨 수경 재배를 통한 채소 생산과 바이러스 없는 씨감자 생산에 기여하였다.

1990년초부터 일찍이 대북 지원 사업을 시작한 남북나눔운동은 다양한 분야에서 대북 지원 사업을 지속적으로 전개하였다. 특히 황해도 봉산군 천덕리에 북한 농촌 시범마을 조성 사업을 성공적으로 완수하였다. 천덕리 북한 주민 800여 세대 및 어린이들을 위해 다양한 용도의 건물 및 시설을 건축해 주었다. 개량된 부엌이 설치된 깔끔한 농촌 주택, 탁아소·유치원 등 어린이 시설, 리 관리위원회 사무소, 병원, 편의 시설, 마을길 정비 등 마을 전체를 완전히 새롭게 정비해 주었다. 천덕리 주민은 완전히 뒤바뀐 주거 환경에서 만족하며 살게 되었다. 감동을 받은 북한 측은 농촌 마을 조성 사업을 더 확대해 줄 것을 요청할 정도가 되었다. 이 일을 성공적으로 추진했던 홍정길 목사, 신명철 장로에 의하면 북한 측의 부당하거나 비합리적인 요구는 단호하게 거절을 하고 눈치 보지 않고 일을 추진하였다고 한다. 한 푼이라도 엉뚱하게 돈이나 물자를 사용하는 행위는 일체 용납하지 않았고 오로지 북한 사업에 필요한 일에만 투입하였다고 한다. 남북나눔운동 측은 만약 북한 측이 자기들의 부당한 요구를 들어주지 않아 비협조적이면 북한 사업에 연연하지 않겠다는 단호한 모습을 보여주었다는 것이었다. 이와 같은 남북나눔운동 측의 당당한 태도에 북한 측이 이 단체의 진정성을 알고 그 후로는 일체의 부당한 요구를 입 밖에도 내지 않고 적극적으로 협조해 주었다고 한다. 이와 같은 각 단체별 대북 지원 경험 사례는 무수히 많아 지면관계상 일일이 언급하지 않기로 한다.

정부 차원 대북 지원의 딜레마

민간 차원의 대북 지원 활동에 대해 이 활동을 하는 사람들은 다음과 같은 의미를 부여하고 있었다. 우선 식량난으로 고통 받고 있는 북한 주민의 생명을 살리는 것은 사상과 이념을 떠나 인간의 양심에 기초한 문제로 순수한 인도주의 운동이라는 것이었다. 둘째, 대북 인도적 지원 활동은 평화운동이라는 것이었다. 분단으로 불신과 대결로 상대해 왔던 남한과 북한이 도움을 주고받는 과정에서 민족 화해와 신뢰를 구축해 평화 정착 분위기의 조성에 기여한다는 것이었다. 셋째, 통일운동이라는 것이었다. 대북 인도적 지원 활동은 남북 간 신뢰를 구축하고 평화로운 민족 통합에 기여한다는 것이었다. 즉, 대북 지원 사업은 인도주의 운동, 평화운동, 통일운동의 의미를 함축하고 있다는 것이었다. 이와 같은 의미는 그 어느 누구도 부인할 수 없는 내용이라고 할 수 있다. 이러한 의미 때문에 민간 차원의 대북 지원 활동가들은 순수성, 동포애적 열정, 창의적 노력을 몸속에 내재화한 것이 아닌가라는 생각이 든다.

정부 차원에서도 민간단체에서 생각하는 대북 인도적 지원 활동의 세 가지 의미를 물론 함께 공유하였다. 또한 대북 정책에서 해결해야 할 정책 과제를 달성하는 정책 수단으로 대북 인도적 지원 또는 경제 협력을 유용하게 레버리지(leverage)로 사용하려 한 점을 부인할 수 없다. 남북 이산가족 문제 해결, 남북대화의 활성화, 남북 교류협력의 범위 확대, 남북 간 군사적 긴장 완화, 북한의 본질적 변화 등을 위해 정부 차원의 대규모 인도적·경제적 대북 지원 사업을 추진하였다.

남북한 간에 문서상으로 명기하지는 않았지만 매년 30만 톤 규모의 비료 지원은 남북 이산가족 상봉 등 이산가족 문제 해결과 사실상 연계되어 있는 것이었다. 매년 약 800~900억원 정도 소요되는 비료 30만 톤과 평균적으로 두 차례 정도의 남북 이산가족 상봉이 맞교환 거래된 셈이라 할 수 있다. 우리는 남북 이산가족 상봉 횟수의 확대와 이산가족 전면 생사 확인, 고령 이산가족의 고향 방문 등을 북한 측에 지속적으로 촉구하면서 매년 비료를 북한에 지원하였다. 그러나 북한은 이산가족 교류가 그들의 체제에 미치는 부정적 영향에 대한 우려와 자체 행정 능력의 한계 등으로 2~3차례 정도(2003년과 2007년만 3차례)의 이산가족 상봉 행사를 마지노선으로 정한 것 같았다. 우리의 대북 쌀 지원도 다른 분야의 남북 관계 진전을 위한 레버리지로 사용하였다. 매년 약 1,500억원 정도 소요되는 쌀 40만 톤을 북한에 지원하였다. 물론 이로 인해 당국 간 남북대화가 활성화되고, 남북 교류협력의 범위가 확대되고, 남북 간 화해 분위기 조성에 기여한 측면이 있지만 북한은 상황에 따라 대남 군사적 도발을 하거나 북핵 및 미사일 개발을 은밀히 추진하였다.

우리 사회 일부에서는 우리의 선의의 대북 인도적·경제적 지원에 대해 부정적 인식이 확산되었다. 우리가 원하는 대북 정책의 목표에 북한이 기대처럼 부응하지 않고 북한 내부의 바람직한 변화도 미미하며 오히려 북한은 대남 도발로 우리에게 악의로 보답하고 있다는 비판이 일면서 '퍼주기 논쟁'이 불붙었다. 우리는 북한에 인도적·경제적 지원을 하면서 국민들의 부정적 여론에 다소 민감할 수밖에 없었다. 필자가 인도지원국장 재임 시절인 2001년도에 정부 차원에서 46억원 상당의 내의 150만벌을 북한에 직접 지원한 바 있었다. 당시 북한의 열악한 전력 사정으로 북한 주민들이 추운 겨울을 보내고 있는 현실을 보고 민간 차원에서 북한에 내복을 보내고 있었는데 북한 측의 호응이 있었고 대북 인도적 지원의 실질적인 성과를 보고 있었다. 그러나 민간 차원에서 지원하는 내복의 규모는 모금액의 한계로 그 규모가 적을 수밖에 없어 정부 차원에서 북한에 대규모로 내복을 보내주면 좋겠다는 건의를 민간단체 인사들이 정부 측에 하였다. 적은 비용으로 지원의 실질적 성과가 상대적으로 높은 대북 내의 지원을 정부 차원에서 추진하기로 결정하였다. 정부가 비료 30만 톤 뿐 아니라 내의까지 정부 돈으로 북한에 퍼준다는 부정적 여론을 의식하여 그 해는 비료 20만 톤만 북한에 지원하였다. 비료 30만 톤 규모를 축소하여 20만 톤으로 하향하여 대북 지원을 하기로 최종 결정하기까지 정부 내의 기관끼리 약간의 갈등이 있었다. 막후에서 비공개적으로 북한과 접촉했던 기관에서는 비료는 종래처럼 30만 톤 규모로 지원하고 내의는 내의대로 지원하자고 통일부에 제의했다. 그러나 공개적으로 북한과 회담하고 국민과 직접 소통해야 하는 통일부로서는 국민의 정서를 의식하지 않을 수 없었다. 최종적으로 2001년도에는 정부 차원에서 비료 20만 톤과 내의 150만 벌을 북한에 지원하는 것으로 정리되었다.

대북 인도적 지원 지속성 필요

이명박 정부와 박근혜 정부에서는 이산가족 상봉 행사가 각각 두 차례 개최되었다. 이들 정부에서는 일체의 대북 비료 지원이 없었다. 북한이 핵 실험, 미사일 발사, 천안함 피격 침몰, 연평도 포격, DMZ 목함지뢰 매설 등을 하면서 한반도 안보 위기를 고조시키고 있는 상황에서 이들 정부의 대북 정책의 보수적 기조도 그렇지만 국민 정서를 무시할 수도 없는 상황이었다. 역대 정부에서 대북 인도적·경제적 지원을 가장 많이 한 진보적인 노무현 정부조차도 2006년도에 북한의 대포동 2호 미사일 발사, 제1차 핵 실험으로 한반도 안보 위기가 고조되자 그 해에는 그동안 매년 북한에 쌀 40만 톤을 지원해 오던 것을 10만 톤으로 축소 지원하였다.

민간 차원에서는 일반 구호, 농업 개발, 보건 의료, 복지 분야, 환경 분야 등 다양한 분야에서 대북 인도적 지원이나 개발 협력을 해 왔다. 북한 체제의 정치적 경직성과 안보 여건의 고려 때문에 그 활동이 실질적 성과를 거두는 데는 항상 문제점과 한계가 있었다. 일반적으로 국제적 인도주의 원칙에는 인도적 위기 상황에 대한 정확한 산정, 인도적 위기 대상자에게 지원 물자의 정확한 전달 보장, 분배 투명성의 모니터링을 위한 해당 지역에 대한 접근 보장, 지원 계획의 수립 및 집행 단계에서 지속적 성과를 제고하기 위한 수혜자의 참여 및 협의 보장, 인도주의 기구 및 인원들에 대한 신변 안전 보장 등이 수반된다. 그러나 북한은 분배 투명성과 모니터링은 주권 침해 행위로 인식하고 또한 외부의 정탐 활동으로 경계하면서 인도주의 단체의 북한 내 활동에 대해 소극적이거나 비협조적이었다. 북한 방문이나 북한 내 지역 접근은 항상 통제적이고 제한적이었다. 인도주의 단체들은 지원 물자가 제대로 전달되었는지, 지원 설비가 정상적으로 작동하고 있는지 매우 궁금한 상태였다. 인도주의 단체 인사들의 북한 출입이 자유롭지 못하고 북한 측과 후속적인 협의나 기술 지도가 제대로 이루어지지 않아서 기존에 지원된 설비들이 제대로 작동되지 않은 채 방치되는 사례가 허다하였다. 이는 우리 사회의 대북 인도적 지원의 성과에 대한 회의적 시각을 확산시키고 비판적 여론을 고조시키는 원인이 되었다.

필자가 2000년 초 인도지원국장이던 시절에는 대북 인도적 지원이 활성화되는 초기 단계이었기 때문에 우리 사회에서 심각히 양분되어 논쟁이 폭발될 정도는 아니었다. 당시 정부는 독일이 통일 전까지 서독이 동독을 경제적으로 지원했던 사례를 들면서 연간 우리 국민의 1인당 대북 지원 규모(3000~4,000원 정도)는 서독 국민의 1인당 동독 지원 규모(52$)의 12분의 1정도 밖에 되지 않는다고 설명했다. 자장면 한 그릇 값 수준밖에 안된다고 하였다. 그리고 연간 대북 지원 총 규모가 우리 국민들이 1년 동안 버린 음식물 쓰레기 처리 비용(연간 1조원 수준)보다도 적다고 했다. 식품영양학자들은 아이들이 어릴 때 제대로 영양 공급이 되지 않으면 성인이 되어 체격은 물론이고 지능까지도 저하된다고 하였다. 앞으로 통일해서 북한 주민이 함께 살아야 할 대상인데 특히, 영유아와 산모에 대한 영양 지원이 절실하고 시급하다고 논리적으로 설명하곤 했다. 이와 같은 대북 인도적 지원의 정당성에 대한 설득 논리는 국민들에게 감성적으로 거부감 없이 받아들여졌다.

대북 지원은 '퍼 주기'보다 '잘 주기' 필요

북한이 핵 실험과 미사일 발사로 한반도 안보 위기를 고조시키고 대북 지원의 효율성과 성과에 대한 문제점과 한계가 노출되었다. 이로써 우리 사회의 '퍼주기 논쟁'이 폭발하였다. 특히 노무현 정부에서 심각한 정치적·사회적 갈등의 소재가 되었다. 그 이후 대북 인도적·경제적 지원에 관한 새로운 시각이 등장했는데 그것은 '잘 주기' 시각이었다. 북한에 그냥 많이 주는 것이 능사가 아니고 제대로 성과가 나타나도록 잘 주어야 한다는 것이었다. '잘 주기' 시각은 밑 빠진 독에 계속 물을 붓는 성과 없는 식의 지원은 중단하고 제대로 성과가 나타나도록 적절한 대상을 선택하여 모니터링 및 기술 지도가 뒤따르는 지원을 해야 한다는 의미가 내포되어 있었다. 대북 인도적 지원 업무를 담당했던 필자가 생각하기에 '잘 주기' 시각은 바람직한 제언이었지만 우리 사회에 인식이 널리 확산되지는 못했던 것으로 판단된다. 오로지 북한을 지원해야 한다와 지원하지 말아야 한다는 양분법으로만 대립한 것이 정치적 상황과 맞물려 전반적인 사회적 분위기였던 것 같다.

필자는 인도지원국장 경험을 통해 기본적으로 순수한 인도적 지원은 정치군사적 상황과 관계없이 지속되어야 한다는 입장을 갖고 있다. 그러나 '순수성'을 어떻게 규정해야 할 것인가에 대해서는 좀 더 고민할 필요가 있다. 가장 좋은 것은 인도적 위기에 놓인 북한 주민이 절실히 필요한 분야에 민간 차원의 모금 활동을 통해 지속적으로 지원하는 것이라고 할 수 있다. 북한 정권 그 자체를 돕는 일이거나 북한 고위 관료의 이해관계에 충실하거나 북한 관료의 배를 불려주는 지원은 막아야 한다고 본다. 그리고 '순수성'이 있다 하더라도 '잘 주기' 노력이 뒤따라야 한다. 모니터링과 기술 지도가 지속적으로 이루어질 수 있는 적절한 분야와 대상, 지역을 선택해야 한다. 후원자들의 소중한 지원금이 밑 빠진 독에 낭비되는 식이 아닌 실질적인 성과를 거두도록 노력해야 한다.

향후 남북 관계, '전략적 상호주의' 유념해야

국민의 세금이 들어간 정부 차원의 대규모 대북 인도적·경제적 지원은 '순수성' 외에 '정책 효과성'이 포함되어야 한다. 국제사회를 통한 소규모의 정부 지원이나 정부기금의 매칭 펀드로 지원되는 민간 차원의 대북 지원은 '순수성'을 우선해야 한다. 그러나 정부 차원의 대규모 대북 직접 지원은 대북 정책의 해결 과제인 남북 이산가족 문제 해결, 억류자·납북자·국군포로 문제 해결, 남북대화의 활성화, 남북 교류협력 범위의 확대, 한반도 군사적 긴장 완화와 북핵·미사일 문제 해결, 북한의 바람직한 변화 등을 위한 레버리지로 사용되어야 한다.

우리는 그동안 서독의 대 동독 경제 지원을 인용하면서 서독 정부가 '전략적 상호주의'하에 대 동독 경제 지원을 한 것을 통찰하지 못한 점이 있다. 서독은 동방정책을 통해 '접근을 통한 변화'를 추구하였는데 이를 위해 달성해야 할 과제에 대해서는 대 동독 경제 지원과 반드시 연계하여 성사시켰다. 또한 인권 문제도 중시하였다. 김대중 정부의 '햇볕정책'의 모델인 서독의 '동방정책'을 추진한 브란트 수상은 서베를린 시장 시절에 서베를린으로 탈출하려는 동독 주민이 동독 경비병에 의해 총격당하는 등 인권 침해 사례들을 기록한 '잘츠기터 인권 침해 기록 보관소'를 설립하였다. 브란트 수상은 교류협력 문제와 인권 문제를 동시에 중시한 것이었다. 서독은 Freikauf방식('돈으로 자유를 사다'라는 의미)으로 동독의 정치범 석방 및 서독으로의 송환을 성사시켰다. 독일 통일 때까지 서독은 34억 6,400만 DM를 동독에 주고 33,755명의 동독 정치범을 석방·송환시켰다. 1983년 서독은 동독에게 10억 DM 차관 보증을 하면서 동독 국경지대 탈출자 살상용 지뢰와 자동사격장치를 동독이 제거하도록 하였다. 그리고 서독의 대 동독 경제 지원을 통해 동서독 간 여행 자유 확대, 문화협정 체결, 동서독 도시 간 자매결연, 25만 명의 이산가족 재결합 등을 성사시켰다. 1990년 2월 동독의 한스 모드로우(Hans Modrow) 총리가 서독 콜 총리에게 100억~150억 DM의 연대지원금을 요청했을 때 콜 총리는 민주적으로 선출된 새로운 합법적인 동독 정부 출범을 요구하면서 재정적 지원을 거절하였다. 서독은 단순히 일방적으로 동독을 지원한 것이 아니라 동독의 본질적 변화를 견인하는 '전략적 상호주의'를 추구하였다. 우리는 서독의 대 동독 정책 목표에 충실한 '전략적 상호주의'를 깊이 유념할 필요가 있다.

최근 몇 년 전부터 북한 측은 우리 측에게 과거에 구호성으로 주는 물자 수준은 앞으로 받지 않을 것이며 대규모 프로젝트 사업을 해야 할 수 있다고 통보하였다. 또한 북한 사정이 과거와 달라져 일방적으로 받는 것보다는 남북의 공동사업을 통해 성과를 서로 배분하자고 하였다. 나아가서 과거의 인도주의적 사업은 남북 관계의 본질적 문제가 아니라서 더 이상 추진하지 않겠다고 했다. 현재 여러 가지 정세로 인해 북한은 자력갱생 방식으로 북한 경제 체제를 이끌어 가고 있다. 따라서 상당기간 우리의 대북 인도적·경제적 지원 사업은 소강이나 단절 상태가 지속될 것 같다. 현재 북한의 통치자인 김정은이 젊기 때문에 남북한 간 체제 대결적 자존심으로 인해 더 이상 대북 인도주의적 활동은 진행될 수 없을 것이다.

향후 남북 관계 상황이 좋아져 우리의 대북 인도적·경제적 지원 사업이 재개될 경우에 과거 20여 년의 경험과 교훈을 바탕으로 새로운 시각으로 접근했으면 한다. 민간 차원의 대북 인도적 사업이나 개발 협력 사업은 '순수성'과 '잘 주기'로 접근해야 한다. 정부 차원의 대규모 인도적·경제적 지원 사업은 '잘 주기'와 '정책 효과성'을 중시해야 한다. 그리고 인권 문제도 중시해야 한다. '순수성', '정책 효과성', '잘 주기', '인권 향상' 등을 종합적으로 균형 있게 고려해야 한다.

워싱턴 D.C.에서의 객원연구원 생활

필자는 국장급 해외 연수차 미국 Washington, D.C.에 있는 허드슨연구소(Hudson Institute)에 객원연구원(Visiting Fellow)으로 1년 간(2002.3.28~2003.3.27) 연구 활동을 하였다. 필자는 국장급 해외 연수생으로 선발되고 나서 처음에는 미국 대학교에 있는 연구소로 갈까 아니면 싱크탱크 역할을 하는 일반 연구소에 갈까를 고민하였다. 최종적으로 필자는 실질적으로 업무에 도움이 되고 보다 폭넓은 식견을 터득할 수 있는 미국 정치의 1번지인 Washington, D.C.에 있는 싱크탱크로 가기로 결정하였다. Washington, D.C.에는 많은 연구소가 있었다. 필자는 업무적으로 평소에 많이 들었거나 통일부 직원이 이미 연수차 가본 적이 있는 연구소나 평소 잘 아는 지인들이 연구 활동을 한 바 있는 연구소들을 찾아보았다. 국제전략문제연구소(CSIS, Center for Strategic & International Institute), 브루킹스연구소(Brookings Institute), 해리티지재단(Heritage Foundation), 평화연구소(USIP, United States Institute of Peace), 허드슨연구소, 윌슨 국제센터(Woodrow Wilson International Center for Scholars) 등을 선정하여 객원연구원 지원이 가능한지 타진하였다. 그런데 객원연구원 지원이 의외로 만만하지 않았다. 세계적으로 명성 있는 연구소는 세계 여러 나라에서 지원하는 사람들이 많아 경쟁이 치열했고 또한 연구실 사용 비용도 부담이 되었다. 연구실을 사용할 수 있다 하더라도 한 연구실을 2~3명이 함께 사용해야 할 정도로 연구실 공간이 넉넉하지 않았다. 다른 국가 객원연구원을 기본적으로 받지 않는 연구소도 있었다.

'허드슨연구소(Hudson Institute)' 에서의 객원연구원 생활 시작

당시 허드슨연구소에 해외 연수 활동 차 객원연구원으로 있었던 통일부의 황부기 과장(박근혜 정부 때 통일부 차관 역임)이 필자에게 연락을 해서 이 연구소로 오면 여러 가지 면에서 좋은 점이 많다면서 적극 권유하였다. 허드슨연구소는 통일부에서 오면 독방을 주며 연구실 사용 비용도 저렴하고 위치도 시내 중심가에 있어서 활동하기가 매우 편리하다는 것이다. 허드슨연구소 맞은편에 CSIS가 있고 멀지 않은 곳에 싱크탱크 연구소들이 많이 있었다. 연구소에서 조금만 걸어가면 백악관도 있었다. 그리고 허드슨연구소에서는 매월 1회 꼴로 동북아 문제에 관한 lunch forum이 개최되어 배울 것도 많다는 것이다. 황부기 과장 이전에는 필자가 개인적으로 잘 아는 사람들이 허드슨연구소에서 객원연구원 활동을 한 것도 알았다. 짧은 기간이었지만 제일 먼저 온 사람은 통일연구원의 박영호 박사였고 그 뒤에 통일부 조명균 국장(문재인 정부 때 통일부 장관 역임), 이어서 총리실의 홍윤식 과장(박근혜 정부 때 행정안전부 장관 역임)이 공무원 해외 연수 활동의 일환으로 이 연구소를 거쳐 갔는데 모두 연구 활동을 열심히 하였다고 들었다.

허드슨연구소는 미래학자로 유명한 허먼 칸(Herman Kahn)이 1961년에 설립한 연구소였다. 1970~80년대 초에는 미래 세계에 대한 예측 보고서를 발표하여 영향력 있는 연구소로 정평이 나 있었다. 이 연구소 출신들이 미국 행정부에 고위직으로 진출(부시 행정부 때 Mitchell Daniels 소장이 예산관리국(OMB) 국장, John Shaw 선임 연구원이 국방부 부차관, Elliot Abrams 선임연구원이 NSC 보좌관 등)하기도 하고 고위직을 지낸 사람들이 퇴직 후 이 연구소에서 활동(레이건 행정부 때 Alexander Haig 국무장관이 명예이사, 아버지 부시 행정부 때 Lamar Alexander 교육부 장관이 연구원, William Odom NSA국장이 선임연구원)하고 있었다.

로버트 듀자릭(Robert Dujarric) 연구원과의 만남

필자는 해외 연수가 시작되는 시점에 객원연구원으로 활동이 가능하고 여러 가지로 장점이 많은 허드슨연구소로 가기로 하고 절차를 밟았다. 필자가 처음 허드슨연구소(1015 18th street, N.W., Suite 300, Washington, D.C. 소재)에 입소했을 때 필자를 친절히 안내해 준 사람은 이 연구소의 연구원인 로버트 듀자릭이었다. 필자가 느낀 그에 대한 첫인상은 얼굴이 아주 맑아 보이고 머리는 삭발에 가까워 마음이 밝은 구도자 같았다. 나중에 알고 보니 그는 채식주의자였다. 그는 프랑스계 미국인이었는데 하버드대학에서 정치학을 공부하고 예일대학에서 MBA를 한 우수한 사람이었다. 그는 연구소의 Department of National Securities에서 근무하고 있었고 동북아시아 안보와 유럽 문제를 주 분야로 연구하고 있었다.

그는 필자에게 그의 저서 두 권을 주었다. 「Korea Security Pivot in Northeast Asia(1998, 공저)」와 「Korean Unification and After : The Challenge for U.S. Strategy(2000)」이었다. 전자의 책 내용의 요지는 한국은 지정학적으로 동북아시아의 안보축이라고 규정하고 향후에 한반도에 세 가지 시나리오가 전개될 수 있다고 전망하였다. 첫째 시나리오는 한반도의 분단이 지속되지만 북한에서 시스템 변화가 있다는 것이다. 북한은 중국식으로 변한다는 것이다. 정치 체제는 전체주의 독재체제이되 경제는 준시장경제와 특정 지역에 해외 투자가 이루어지는 형태가 될 것이라는 것이다. 미래의 언젠가에 남북한은 미국과 캐나다 간 관계처럼 발전할 수 있다는 것이다. 둘째 시나리오는 북한 정권의 점진적 전환이나 붕괴된 후에 한국이 지배하는 완전한 통일이 이루어진다는 것이다. 셋째 시나리오는 한반도는 변하지 않고 분단도, 북한 체제도 이대로 지속된다는 것이다. 저자는 첫 번째와 두 번째 시나리오가 세 번째 시나리오보다 가능성이 높다고 전망하면서 한반도 통일 이후에 미국이 전략을 어떻게 구축할지에 관심을 두었다. 후자의 책 내용은 가까운 시일 내 한반도 통일의 가능성은 낮다고 하면서도 전자 책의 관점의 연장선상에서 한반도 통일 이후에 동북아시아에서 미국의 안보 전략 구축 방향을 논하는 것이었다. 한반도 통일 이후의 동북아시아의 안보상 불안정을 막기 위해 여전히 미군은 한반도에 주둔해야 하며 미국-한국-일본의 안보상 3자 연대가 필요하다고 강조하였다.

당시 필자는 로버트 듀자릭이 집필한 두 권의 책을 읽고 나서 미국인은 역시 미국의 국익과 세계 및 동북아 안보 질서를 관리하는 관점에서 한반도 문제를 본다는 느낌을 받았다. 그리고 한반도 통일 이후에 동북아시아 안보 상황을 미리 예측, 고민하면서 미국의 안보 전략과 관련하여 다양한 방안을 검토하는 것을 보고 놀랍기도 하고 한편 배울 점도 많았다. 물론 보다 가능성이 높다고 본 시나리오인 한반도의 통일은 아직까지도 이루어지지 않아 그의 예측이 틀렸다고 본다. 통일부에서 근무하고 있는 필자로서는 한반도의 통일 문제를 미국인이 이렇게 진지하게 분석, 연구하고 있는 것을 보고 한반도 미래 상황에 대한 여러 시나리오를 가정해 보고 미리 대비책을 마련할 필요가 있다는 것을 새삼 깨닫게 되었다.

허드슨연구소에는 로버트 듀자릭 외에 동북아 외교·안보 연구자로 군 장성 출신(육군 중장 예편)인 William E. Odom 박사가 있었다. 그는 카터 행정부 때 브레진스키 안보보좌관의 군사보좌역(1977~1981)으로 일했고 국가안보국(NSA : The National Security Agency) 소장(1981~85)을 역임하였다. 그는 정보 분야 전문가일 뿐 아니라 특히 러시아 전문가였다. 러시아 군부에 대해 정통했으며 「The Collapse of the Soviet Military(1998)」, 「Commonwealth or Empire? :

Russia, Central Asia, and the Transcaucasus(1995, 공저)」라는 저서가 있었다. 그는 조지타운대학에서 강의도 하고 있었다. 중국 문제를 주로 연구하는 연구원으로 Charles Horner가 있었다. 그 외 북한 인권 문제가 주관심사인 Michael Horowitz가 있었다. Horowitz는 나중에 미국 의회에서 통과한 북한인권법 초안을 그 당시에 만들고 있었다.

워싱턴 내 다양한 세미나·포럼 참석

객원연구원인 필자를 직접 담당하는 사람은 로버트 듀자릭이었다. Washington, D.C. 내의 연구소들이 어떻게 돌아가는지 전혀 모르는 필자에게 그는 메일을 통해 각 연구소에서 개최되는 세미나, 포럼, 강의 등에 대한 내용을 알려주었다. 그는 해외에 일이 있어서 나가는 경우에도 메일로 링크를 해 자동적으로 필자에게 각 연구소의 행사 일정을 알려주었다. 참으로 고마웠다. 필자는 그것을 보고 필자가 듣고 싶은 내용의 세미나 등을 하는 연구소를 찾아 다녔다. 대체로 허드슨연구소에서 걸어 다닐 정도의 거리에 있는 연구소가 많았고 좀 거리가 있는 연구소는 메트로(metro)를 타고 다녔다. 조찬 세미나, 런치 포럼, 일과 시간중 강의, 저녁 만찬 포럼 등 다양한 시간에 개최되었다. 기관에 따라 무료인 곳도 있고 정식으로 식사비를 받는 곳도 있으며 샌드위치 값 수준인 5~10$ 정도 참석자가 알아서 스스로 함에 넣도록 하는 곳도 있었다. 다양한 이슈의 발표와 토론이 자유롭게 곳곳에서 이루어지고 있었다. 자유로움과 전략적 사고, 논리적 설득력으로 무장한 토론이 미국의 튼튼한 지적 저력이구나 하는 생각이 들었다. 필자는 Washington, D.C.의 지리도 파악하고, 필자가 듣기만 했던 연구소들을 직접 찾아가서 한국에서 자료나 사람들을 통해 지득했던 한반도 전문가들을 직접 만나서 대화도 나누고 싶어 각 연구소에서 개최되는 세미나에 부지런히 참가하였다.

우선은 필자가 있는 허드슨연구소에서 매월 1회 꼴로 개최되는 Korea-Japan Study Group이 개최하는 lunch forum을 거의 빠지지 않고 참석하였다. 동북아 문제, 특히 한반도 문제나 일본 문제에 관심이 있는 한국, 일본, 중국, 미국 등의 민간 전문가, 학자, 미국 정부 관리, 언론인, 대학원생, 주미 한국대사관 직원들이 참가하였다. 특히 포럼 주제가 핫 이슈이거나 발표자가 저명인사일 경우에는 발 디딜 틈 없이 많이 참가하였다. 점심용의 샌드위치와 탄산음료나 물이 제공되는데 포럼 참가자는 5$이나 10$을 각자 알아서 함에 넣으면 되었다. 누가 지켜보는 사람도 없었다. 오로지 서로 믿고 자율적으로 운영되었다. 포럼은 1시간~1시간 20분 정도 발제와 토론, 질의·응답식으로 진행이 되었다. 점심시간을 이용해 공부하는 프로그램이라 사람들이 밀물처럼 들어 왔다가 썰물처럼 빠져 나가는 모양새였다. 원래 이 포럼은 존스홉킨스대학 국제관계대학원(SAIS)에 수학한 일본 방위청의 Tanaka Yoshiko라는 사람이 한국인과 일본인 사이의 이해를 도모하고자 모임을 만든 것이 발전된 것으로 그가 일본으로 귀국한 후에는 동경에서도 별도로 이와 같은 포럼을 운영했다고 한다.

필자가 객원연구원으로 있었던 2002년도에 한반도 문제와 관련되어 개최된 lunch forum은 다음과 같다. 그해 6월에 한국 정부의 대북 포용정책 평가에 관한 논의가 있었다. 세종연구소의 정옥임 박사, IIE(Institute for International Economics, 국제경제연구소)의 Marcus Noland, CRS(Congressional Research Service, 의회조사국)의 Larry Niksch, IDA(Institute for Defense Analyses)의 오공단(Katy Oh) 박사 등이 참여하였다. 7월에는 탈북자 문제가 논의되었다. 관동대학교의 이원웅 교수, 공화당 전문위원인 Chuck Downs, 허드슨연구소의 Michael Horowitz 등이 참여하였다. 8월에는 한국 정부 햇볕정책의 한미 관계 파급 영향에 관한 논의가 있었다. 외교부 이장춘 전 대사, Mark Manyin, USIP의 William Drennon,

Robert Dujarric 등이 참여하였다. 11월에는 일본·북한 관계에 대하여 논의가 있었다. 일본 방위연구소의 Takesada Hideshi, Atlantic Council의 Stephen Costello, Robert Dujarric, Mansfield Center의 Weston Konishi 등이 참여하였다. 12월에는 북핵 문제에 대해 논의가 있었다. 비확산정책교육센터의 Henry Sokolski, 허드슨연구소의 Bradley Babson 등이 참여하였다. 필자는 이 lunch forum에 참석하면서 미국의 한반도 전문가들을 많이 만나게 되었고 또한 한국에서 온 학자·전문가나 언론사의 워싱턴 한국 특파원들도 많이 만났다. 정옥임 박사는 필자가 박사 논문을 작성할 때 참고했던 북핵의 전개 상황을 잘 정리한 책인 「북핵 588일!, 클린턴 행정부의 대응과 전략(1995)」의 저자였다. 그녀가 브루킹스연구소에 객원연구원으로 있을 때 필자가 한 번 만난 적도 있어 lunch forum에서 만나게 되어 반가웠다. 그리고 관동대학교 이원웅 교수는 통일원(부)이 서강대학교 동아연구소와 공동으로 학술세미나 등 일을 많이 할 때 연구소 소장인 이상우 교수의 조교로서 통일원(부)을 왔다 갔다 하면서 실무적으로 일을 많이 해서 오래전부터 잘 아는 사람이었다. 미국 땅에서 필자가 있는 허드슨연구소에서 만나게 되다니 참으로 반가웠다. 허드슨연구소에 온 이원웅 교수를 통해 필자는 Horowitz가 북한인권법 초안을 작성하고 있다는 것을 전해 들었다.

필자가 Washington, D.C.에서 세미나·포럼에 많이 참석했던 연구소나 기관은 CSIS, Heritage Foundation, Woodrow Willson Center, Brookings Institution, Stimson Center, KEI(Korea Economic Institute of America, 한미경제연구소, 대외경제정책연구원이 지원), Carnegie Endowment for International Peace, Korea Club(오공단 박사와 그의 남편 R. Ben Weber이 주관), 존스홉킨스대 SAIS, 조지워싱턴대의 Sigur Center, 미국 의회 청문회 등이었다. 이들 기관에서는 정기적 또는 부정기적으로 세미나, 포럼, 강연, 청문회 등이 개최되었다. 허

드슨연구소의 Robert Dujarric 연구원이 알려주는 예정된 세미나 개최 일정을 체크해 초기에는 한 주에 평균 2-3 곳을 다녔고 후반부에 들어서는 필자가 작성해야 할 연구 보고서 때문에 한 주에 평균 1곳 정도를 다녔다. 세미나를 다닐 때는 당시 한국에서 워싱턴의 여러 연구소에 객원연구원으로 온 사람들과 같이 자주 다녔다. 주로 CSIS에 있었던 통일부의 박광호과장과 전 한미연합사 부사령관이었던 이종옥 장군(나중에 성우회 회장 역임), SAIS에 있었던 통일연구원의 정영태 박사, 경향신문의 조호연 기자(나중에 편집국장 역임), 주미 한국대사관의 통일연구관인 이덕행 과장(통일부 파견 직원, 후에 기획조정실장 역임) 등과 같이 많이 다녔다.

동북아시아 및 한반도 문제 전문가들과의 만남

필자는 CSIS에서 북핵 문제나 한반도 이슈와 관련된 미국의 행정부에서 근무한 적이 있는 사람들을 많이 만났다. 한국에서 언론 보도나 책, 논문 등을 통해 알았던 제네바 북핵 협상 참가자나 한반도 이슈 관련 전문가들을 이곳에서 대부분 만났다. 1994년 미북 제네바 협상 대표인 갈루치(Robert L. Gallucci) 대사와 조엘 위트(Joel S. Wit), Robert J. Einhorn(미국 국무성에서 비확산분야 차관보), Wendy Sherman 조정관, Kurt Campbell CSIS 부소장(바이든 행정부에서 아시아·태평양 조정관), Michael J. Green(부시 행정부에서 NSC 아시아담당 국장), Victor Cha 조지타운대학 교수(부시 행정부에서 NSC 아시아 담당, 'hawkish engagement(매파적 관여)' 제시) 등이었다. CSIS에서는 주로 외교·안보전략가들을 많이 초청하여 국제 문제를 많이 다루고 있었다. 필자는 헤리티지재단에서 연구원인 발비나 황(Balbina Y. Hwang, 한국계 미국인)의 한반도 문제 관련 발표를 몇 차례 들었는데 그녀는 지극히 교과서적인 보수적 입장이었다. 어쩌면 보수적인 미국인보다 더 보수적이라는 느낌을 받았다. 필자는 다른 연구소에서 우리 통일부와 비교적 친숙했던 오공단 박사(서강대 출신으로 한국에 오면 통일부에서 초청해 미국 내 동향을 브리핑 받고 자문도 받고 한 바 있음), 스콧 스나이더(Scott Snyder, 당시 Asia Foundation 소속, 북한의 협상 행태를 분석한 「Negotiating On Tne Edge(1999)」 저술), 고든 플레이크(Gordon Flake, 당시 Mansfield Foundation 소속), 피터 백(Peter M. Beck, 당시 KEI 소속)도 만났다. 그들은 한국말로 대화할 수 있어 만나면 편했고 필자가 궁금했던 것을 이들에게 많이 물어 보기도 했다. 필자는 이덕행 통일연구관을 통해 국무성의 정보조사국 소속인 로버트 칼린(Robert Carlin), 존 메릴(John Merrill), 글렌 백(Glenn Baek) 등도 만났다. 존 메릴 동북아과장과 여러 차례 만났다. 그의 업무가 동북아에 관한 정보 조사 및 분석 업무이었기 때문에 북한 실상에 관해 서로 얘기를 많이 나누었다. 그는 자기가 알고 있는 것과 그의 견해를 비교적 자유롭게 이야기를 해 주어 유익한 만남이 되기도 했다. 한국에서는 미국의 의회조사국 보고서를 많이 접할 수 있었는데 그 작성자인 래리 닉시(Larry Niksch, 아시아담당관)를 만나 잠깐 얘기해 본 적이 있었는데 그는 매우 분석적인 사고를 가졌으며 적극적이고 열심히 노력하는 사람이라는 느낌을 받았다. 아마 그때 그는 퇴직할 연령이 되었는지 후임자로 역할을 할 젊은 조사관인 마크 매닌(Mark Manyin)도 만나 보았다. 당시에는 의회조사국의 분석 보고서가 공개되었기 때문에 당시 우리는 이 자료들을 많이 보곤 했다. 그 외에도 워싱턴에서 「The Two Koreas」의 저자인 Don Oberdorfer(당시 SAIS 교수), 전 국무성 과장인 David G. Brown(당시 SAIS 학장)과 W. David Straub, Stephen Costello, Bruce E. Bechtol(해군쪽 학교 근무), Bruce Klinger, Kenneth C. Quinones(국무성 전 북한담당관), Marcus Noland(당시 Peterson Institute for International Economics 소속), Nicholas Eberstadt(당시 AEI 소속), Tony Namkung(북한과 긴밀한 관계), David Kang, Andrew Natsios(당시 USAID 처장, 「The Great North Korea Famine(2001)」의 저자), Dennis Halpin(하원 외교위 자문위원) 등의 한반도 전문가들도 만나보게 되었다. 한국에서 언론 보도나 논문 자료 등을 통해 알려진 미국의 한반도 관련 전문가가 대부분 워싱턴에 있었다. 한국의 정치인, 학자, 언론인들이 워싱턴에 오는 이유를 알 수 있었다. 워싱턴에 오게 되면 이들을 한꺼번에 만날 수 있기 때문이었다. 필자도 Washington, D.C.에 온 것에 만족했다.

미국 한반도 문제 전문가들의 인적 특성

필자가 한반도 문제에 관심을 두고 연구하는 미국 전문가들을 두루 만나보면서 이들의 인적 특성을 어렴풋이 파악하게 되었다. 첫째, 한국계 미국인들(1세대, 2세대 포함)이 한반도 문제를 많이 연구하고 있었다. 둘째, 부인이 한국 사람인 미국인들이 한반도 문제에 관심을 두고 그 분야에 활동하고 있었다. 셋째, 한국에서 근무한 적이 있는 주한 미국대사관·정보기관·군인 출신들이 한반도 문제에 계속 관여하고 있었다. 넷째, 북핵·미사일 문제 해결을 위해 국무성·국방성·정보기관 그리고 관련 기관에서 직무상 일한 사람들이 한반도 문제를 지속적으로 관심을 가지고 관찰하고 있었다. 다섯째, 대북 인도적 지원을 하는 기관이나 NGO 인사들이 북한 실상에 관심을 많이 두고 있었다. 대북 인도적 지원 관련 인사들을 제외한 대부분의 전문가들은 주로 동북아시아 안보 전략 관점에서 한반도 문제를 바라보았다. 그리고 한국이 주 전공이 아니라 일본에 더 비중을 두고 다루면서 한국을 비롯한 한반도 문제도 함께 관심을 두고 있다는 것을 알게 되었다. 이것은 미국 입장에서는 미일 관계를 한미 관계보다 정책적으로 더 비중을 둔다는 것이다. 이렇게 된 이유 중 하나는 일본이 미국의 여러 싱크탱크에 기부를 많이 하는 것도 영향을 미친 것으로 본다. 재정적 기부를 적극적으로 해주는 나라에 더 많은 관심과 비중을 두는 것은 자연스러운 현상이다. 그런 의미에서 우리나라도 정부이든 기업이든 미국의 여러 싱크탱크에 재정적 기부를 지속적으로 해서 친한적인 싱크탱크를 많이 구축할 필요가 있다.

미국 내 주요 싱크탱크들

미국 내 싱크탱크의 숫자는 정확히 알 수 없으나 조지타운대학 켄트 위브 교수에 의하면 2003년 기준 1,200여 개로 추산된다.(2003.6.8자 중앙일보 인용. 현재는 2,000여 개로 추산) 이 중 대학에 있는 연구 기관을 제하면 약 600여 개 정도 된다. 이중 100여 개가 Washington, D.C.에 있다. 최초의 싱크탱크는 1910년에 설립된 카네기재단이다. 1916년에 브루킹스연구소, 1919년에 후버연구소가 설립되었다. 현대적 의미의 싱크탱크는 국방과학기술을 개발하는 RAND연구소(1948년 설립)이다. 정책 대안을 적극적으로 개발하기 위해 1961년 허드슨연구소, 1968년 도시문제연구소(Urban Institute)가 설립되었다. 1970년대 이후 적극적으로 정치적 영향력을 행사할 목적으로 CSIS(1962), 헤리티지재단(1973), CATO연구소(1977)가 설립되었다. 싱크탱크들이 워싱턴 D.C.에 많이 몰려 있는 이유는 국가정책에 영향력을 미치기 쉽고 의회 증언 등을 통해 자신들의 주장을 펼 수 있으며 주요 언론들이 워싱턴 D.C. 주변에 포진해 있어 홍보하기가 좋기 때문이다. 또한 정부에서 근무한 실무 경험이 풍부한 고위직 출신들이 워싱턴 D.C.에 소재하는 연구소에서 일하기를 선호하고 이들을 통해 정부 정보를 공유하고 정책 결정에 영향력을 키울 수 있기 때문인 것으로 생각된다. 그리고 세계 각국의 주요 인사들이 미국의 수도인 워싱턴 D.C.에 오며 이들을 통해 각국의 정책 동향을 쉽게 접할 수 있는 이점도 있다.

싱크탱크는 설립 배경과 목적에 따라 정책 성향에 차이가 있다. 보수주의 성향의 연구소는 해리티지재단, 미국기업연구소(AEI, American Enterprise Institute),

후버연구소, 허드슨연구소 등이다. 이 중 해리티지재단은 브루킹스연구소 등 친민주당계 싱크탱크에 맞서 공화당을 지지하고 보수주의를 대변하기 위하여 공화당 의원 보좌관 출신 인사들이 조셉 쿠어스(Coors 맥주 사장)의 자금 지원으로 설립한 연구소이다, 1983년에 '아시아연구센터(Asian Studies Center)'를 창설해 한반도 문제를 포함한 아시아 문제를 집중 연구하면서 한국·일본 등과의 협력을 적극적으로 하고자 하였다. 해리티지재단에 한국 기업들도 기부금을 내었으며 건물 내에 이병철룸, 정주영룸이 있다. 진보주의 성향의 연구소는 브루킹스연구소, 외교관계협의회(CFR, Council on Foreign Relations, 뉴욕시 소재), 카네기재단 등이다. 브루킹스연구소는 역대 민주당 정부의 정책 개발을 지원하는 핵심 싱크탱크로 성장하였다. 브루킹스연구소는 전통적 보수 성향의 해리티지재단, AEI와 함께 미국 내 3대 싱크탱크로 발전하였다. 1998년에 '동북아정책 연구센터(Center for Northeast Asian Policy)'를 설립하여 한국·중국·일본을 중심으로 한 동북아시아 지역의 정치·경제·안보를 집중 연구하였다. 중도주의 성향의 연구소는 CSIS, RAND연구소, USIP, CRS 등이다. CSIS는 초당파적인 미국 내 최고의 외교·안보문제 전문 싱크탱크로 명성을 얻고 있다. 1975년에 하와이 호놀룰루에 'Pacific Forum'을 설립하여 한반도 문제를 집중 연구하였다. 자유주의 성향(모든 분야의 정부 개입 반대)의 연구소로 CATO연구소가 있다. CATO연구소는 미국의 해외 군사 개입과 원조 정책에 반대한다는 입장을 견지했는데, 주한 미군 철수를 지속적으로 주장하였다.

이들 싱크탱크들은 역대 미국 행정부에 따라 부침 현상이 나타났다. 민주당의 케네디 행정부에서는 브루킹스연구소와 RAND연구소가 부상했고 공화당의 레이건 행정부에서는 헤리티지재단이 급상승했다. 민주당의 클린턴 행정부에서는 브루킹스연구소가 부상했고 공화당의 신보수주의 성향의 부시행정부에서는

AEI가 활약하였다. 헤리티지재단은 레이건 대통령 당선자에게 800개의 정책 과제를 보냈는데 이중 600개가 정책에 반영되었다. '별들의 전쟁'이라는 우주방어 구상(SDI)도 그때 나왔다. 브루킹스연구소는 클린턴 대통령 당선 직후에 '정부 개혁 지침서'를 제공했다. AEI는 부시 행정부때 신보수주의 '네오콘(neocon, neo-conservatism)'인 딕 체니 부대통령, 존 볼튼 국무부 차관, 리차드 펄 국방부 국방정책 자문위원장 등 강경파들이 다수 진출하였다. 부시 대통령의 '악의 축' 발언이 언급된 연설문을 작성한 데이비드 프럼도 있다. 싱크탱크는 미국 정부에 막강한 영향력을 발휘하기도 하기 때문에 미국을 움직이는 '제5부'로 불리기도 한다. '제4부'는 언론을 말한다.

유료 정보지 '넬슨 리포트(The Nelson Report)'

필자는 Washington, D.C.에 체류하면서 싱크탱크들을 통해 많은 견문을 넓혔고 정치·외교 관련 고급 사설 정보지가 있다는 것을 알게 되었다. 허드슨연구소에 안착한지 얼마 되지 않아 Atlantic Council of the United States에 있는 Stephen Costello 연구위원을 인사 겸해서 그의 사무실을 방문하였다. 그는 한국에 널리 알려진 사람은 아니나 김대중 대통령이 야인 시절에 미국에 체류할 때 도움을 준 인연이 있었다. 대통령이 되고 나서 미국 방문 때 그를 특별히 챙겼다는 애기도 있어 그가 어떤 사람인가 싶어 호기심 겸 그를 만나 보았다. 그와 인사를 한 후 서로 가벼운 이야기를 하다가 그가 미국 국무성 내 돌아가는 동향을 이야기하였다. 아직 언론에 보도도 되지 않은 내용이어서 필자는 그가 말한 내용이 사실일까 의문을 가지면서 당신이 그 내용을 어떻게 알게 되었는가 라고 물었다. 그는 워싱턴 D.C. 내에 유통되는 고급 사설 정보지인 '넬슨 리포트'에 그 내용이 실려 있다는 것이다. 워싱턴 내 전문가들이 유로로 구독하는 사설 정보지였다.

필자는 호기심에 그 '넬슨 리포트'를 좀 볼 수 있겠느냐고 요청하니 그는 원칙적으로 구독자 외에는 유포하면 안 되는데 필자가 '넬슨 리포트'가 무엇인지도 모르고 있으니 이번에 한해 잠깐 보여주겠다면서 복사해 주었다. '넬슨 리포트'는 워싱턴 정가의 각종 가십(gossip)이나 현재 미국 정부 내에서 내부적으로 진행되고 있는 따끈따끈한 정보들이 담겨있는 정보지였다. 나중에 알고 보니 싱크탱크에 있는 많은 전문가들이 이 리포트를 구독하고 있었다. 주미 한국대사관의 직원들도 이 리포트를 유료로 구독하여 업무상 미국 내 동향을 파악하는데 참고로 하고 있었다. 그날 Costello 연구위원이 필자에게 말한 '넬슨 리포트'의 내용이 그 다음 날 사실인 것으로 확인이 되었다. 필자도 '넬슨 리포트'를 구독할 방법이 있을까 알아보는 중에 주미 한국대사관에 근무하는 이덕행 통일연구관이 구독해서 보고 있다고 해서 가끔 대사관에 들러 리포트의 내용을 귀동냥하기도 했다. '넬슨 리포트'는 1983년부터 크리스토퍼 넬슨(Christopher Nelson) 편집장이 직접 작성해 만든 정보지로 2019년 폐쇄될 때까지 36년간 워싱턴 내에서 명성 있는 사설 정보지로 유통되었다. 여기에는 특히 북한 문제 등 아시아 지역 현안에 대한 내용이 많아 이 분야에 관심이 있는 사람들이 많이 구독했다고 한다.

KEI(한미경제연구소)와의 미팅

필자가 워싱턴 D.C. 내 지리를 제대로 파악하지 않은 시기였다. KEI(한미경제연구소)에 근무하는 Peter Beck 연구원이 자기 사무실을 한 번 방문해서 KEI 소장과 인사도 하고 차나 한잔 하자고 연락이 왔다. 피터 백은 부인이 한국 사람이라 한국말을 잘 할뿐 아니라 한국 역사에도 해박한 사람이었다. 필자가 워싱턴 오기 전에 한국에서 여러 차례 만난 적이 있어 이미 구면인 사람이고 KEI가 대외경제정책연구원에서 지원하는 기관이라 편한 마음으로 방문하기로 하였다. 피터 백이 알려준 KEI 위치를 지도를 보고 약속 시간에 늦지 않게 찾아 갔다. 소장은 Joseph A.B. Winder이라는 사람이었다, 국무성에서도 근무한 것 같았다. Winder 소장은 가벼운 인사를 주고받다가 필자에게 한국 정부에서 어떤 일을 했느냐고 물었다. 필자의 커리어를 이야기하면서 '미북 제네바 합의'의 후속 조치로 북한에 경수로 발전소를 건설하는 업무를 하였다고 하니 소장은 높은 관심을 가지면서 이것저것 질문을 하였다. 그가 필자에게 질문한 내용들은 필자가 업무적으로 잘 아는 내용이라 생각을 정리해가며 유창하지 않은 영어 실력이지만 머리로 정리해가며 영어로 답변하였다. 소장이 필자가 답변하는 내용이 최근 진행되고 있는 대북 경수로 사업 내용이고 또한 자기 관심 분야라 갑자기 예정에 없었던 점심 식사를 요청하며 자기와 더 얘기를 나눌 수 있겠느냐고 물었다. 가벼운 마음으로 인사 겸 차 한 잔 하러 갔다가 점심을 먹으면서 유창하지 못한 영어 speaking으로 답변해야 하는 불편한 상황이 된 것이었다. 필자를 초청한 그의 직원인 피터 백의 체면도 생각해야 하고 한편으로는 어차피 워싱턴에 왔으니 싱크탱크 사람들과 가깝게 지내는 것이 좋겠다고 생각했다. Winder 소장, 피터 백 연구원과 함께 레스토랑으로 옮겨 양식으로 점심 식사를 하면서 식사는 뒷전이고 진땀을 빼며 짧은 영어로 답변하느라 애를 먹었다. Winder 소장은 자기의 관심사항을 필자를 통해 잘 알게 되었는지 만족스러워 했다. 피터 백 연구원도 자기 소장의 궁금 사항을 필자가 정확한 정보로 해소해 주었기 때문에 자기도 기분이 좋아 보였다. 점심이 끝난 후 필자가 피터 백 연구원에게 한국말로 가벼운 마음으로 KEI에 방문했는데 갑자기 점심하자면서 질문 공세를 해 모자란 영어로 답변하느라 애를 먹었다는 말을 했다. 그리고 나서 필자가 영어로 답변한 내용이 제대로 전달되었는지 궁금하다고 물었다. 피터 백 연구원은 웃으면서 자기들이 필자가 말한 내용을 전부 알아들었으며 유익한 정보였다고 답했다. 필자가 영어로 전달한 내용은 모두 이해했고 전혀 문제가 없었다고 하였다. 필자가 생각하건대 기본 지식이 있는 그들에게는 상대방의 화려한 영어 실력보다는 정확한 상황과 실태 파악이 중요했던 것이라고 본다.

'넬슨 리포트'나 Winder 소장이 궁금해 하는 내용이나 사안은 모두 정보에 관한 내용이었다. 특히 외교·안보 분야에서 일하는 사람들은 관련 정보를 보다 빨리 정확하게 아는 것이 중요한 일이다. 이와 같은 정보를 지속적으로 많이 축적한 사람이 전문가가 될 수 있는 요건을 갖추게 되는 것이다. 정보는 일방적으로만 얻을 수 있는 것이 아니고 개인 간이든 기관 간이든 국가 간이든 서로 필요한 정보를 주고받을 수 있는 관계가 되어야 상호 관계가 충실히 지속될 수 있는 것이다. 그런 점에서 싱크탱크들을 통해 지속적으로 상호 정보 교류, 정책 대안의 논의가 이루어지고 있는 워싱턴 D.C. 내의 활발한 지적 인프라의 가동은 아주 중요한 미국의 힘이라고 할 수 있다.

'마크 모어(Mark Mohr)' 선생과의 만남

필자는 Washington, D.C.에 가서 아주 반가운 한 분을 만나게 되었다. 당시 주미 한국대사관에 근무하고 있었던 중·고등학교 동기인 이수화 농무관(이명박 정부 때 농촌진흥청장 역임)을 만났더니 우리가 중학교 때 미국 평화봉사단(Peace Corps)으로 와서 영어를 가르쳤던 마크 모어(Mark Mohr) 선생이 미국 행정부에 근무하고 있는데 두 차례 만난 적이 있다는 것이었다. 우리가 같이 마크 모어 선생을 만나면 그가 아주 좋아할 것이라고 했다. 얼마 지나지 않아 마크 모어 선생과 약속 날짜를 잡아 점심 때 시내 식당에서 이수화 농무관과 같이 만났다. 우리를 본 마크 모아 선생은 아주 기뻐했고 1960년대 말 대구중학교에서 근무하면서 추운 겨울날 밤에 가정집 마당에 있는 화장실에서 벌벌 떨면서 볼 일을 보았던 추억을 웃으면서 얘기하였다. 서로 하는 일들을 얘기하는 과정에 그는 에너지부에서 KEDO 사업을 담당했다는 것이었다. 필자도 미국에 오기 전에 우리 정부에서 KEDO 사업을 담당했는데 같은 일을 하고 있었다니 정말로 신기했다. 필자와 그의 대화는 자연스럽게 KEDO 사업으로 화제가 바뀌었다. 그런 이야기를 하다가 훌쩍 점심시간이 지나갔다. 옛날 중학교 시절 평화봉사단 스승과 학생이 나중에 동일한 업무를 하고 있었다니 우연의 일치치고는 참으로 신기했다. 그 이후 워싱턴 D.C.에 머무르는 동안에 두 차례 더 마크 모어 선생을 만났다. 그와 만나 얘기하는 중에 필자는 미국 행정부에서 직업 공무원의 권한이 상당하다는 것을 느꼈다. 미국 행정부 내에서도 부처 간 업무 조정이 쉽지 않다는 것도 알게 되었다. 여러 부처 간에 관련된 이슈가 생길 경우에 모든 기관의 실무자들이 수차례 모여 회의를 거듭해도 조정이 잘 안되어 결론이 쉽게 나지 않는다는 것이었다. 어느 나라나 기관 간 할거주의가 있기 마련인 모양이다.

필자가 워싱턴 D.C.의 허드슨연구소에서 1년 체류를 끝내고 한국으로 돌아온 이후 많은 세월이 흘렀는데 외교부 산하 한국국제교류재단에서 필자에게 연락이 왔다. 그 재단에서 과거 한국에서 수고한 평화봉사단원을 초청해 행사를 하는데 그 행사에 참여하는 마크 모어씨가 필자를 꼭 만나보고 싶다고 재단 측에 요청하였다는 것이었다. 필자는 한국에서 다시 마크 모어 선생을 볼 수 있다는 설렘으로 행사 날이 빨리 오기를 고대했다. 그러면서 필자 혼자 마크 모어 선생을 만날 것이 아니라 중학교 동기 몇 명에게 연락해서 같이 만나는 것이 좋겠다고 생각했다. 모두 다섯 명 정도 중학교 동기생들이 행사장에서 마크 모어 선생을 만났다. 그는 워싱턴 D.C.에서 만났던 필자를 한국에서 다시 만난 것도 기쁜데 다른 제자들을 같이 만나게 되어 너무 좋아했다. 우리는 옛날을 회상하며 흥분된 마음으로 옛날 얘기를 하면서 즐거운 시간을 보냈다. 이것이 사제지간의 뜨거운

정은 물론이고 나아가 한미 간의 돈독한 유대를 이어가는 동력이 될 수 있다고 감히 말해 본다.

William Odom 장군의 걱정과 애정

워싱턴 D.C.에 체류하며 필자에게 강한 기억으로 남아있는 일화 중 하나는 2002년 말경에 허드슨연구소에서 선임연구원인 Odom 장군과 복도에서 우연히 만난 일이다. Odom 장군이 필자에게 최근 한국에서 번지는 반미 시위가 걱정이라는 것이었다. 그해 경기도 양주군에서 여중생 두 명이 주한 미군 장갑차에 깔려 숨진 사고로 '효순이, 미선이 사건'이 발생하고 이것의 촉발로 한국에서 전 국민적인 반미 시위가 강하게 번지고 있었다. 군인 출신인 Odom 장군 입장에서는 6.25전쟁 때 미국의 젊은 청년들이 태평양을 건너가 목숨 바쳐 한국을 지켜주었고 그 이후로 튼튼한 한미 군사동맹으로 한국의 안보가 문제없도록 방어하고 있는데 훈련 중 우연찮게 발생한 사고를 쟁점화하여 한국에서 일어나는 반미 시위는 지나치다는 것이었다. 자기가 보기에 정부가 냉정하게 사태를 진정시키도록 주력해야 하는데 한국에서 그러한 노력이 안 보인다는 것이었다. 한국에서의 반미 시위가 확산되면 미국 국민들에게 한국에 대한 부정적인 여론이 형성되어 역풍이 불 수 있으며 미국과 한국 양국 모두에게 도움이 되지 않는다는 것이었다. Odom 장군은 진정성을 가지고 한국을 위하는 마음으로 필자에게 얘기해 주었다. 그는 한국에 대한 애정이 있는 사람이었다. Mark Mohr 선생이나 Odom 장군같은 한국과 유대관계를 갖고 있거나 마음의 애정을 가지고 있는 사람들이 많으면 많을수록 우리에게는 큰 자산이 될 수 있다고 생각한다.

우리 사회의 지적 인프라 강화 필요

2016년 10월에 평화한국(상임대표 : 허문영 박사, 전 통일연구원 선임연구위원)이 추진하여 Woodrow Wilson Center와 공동 주최하는 한반도 문제 세미나에 참여한 적이 있다. 정운찬 전 총리가 기조연설을 하고 허문영 박사, 이규영 교수(서강대), 조윤영 교수(중앙대), 안인해 교수(고려대), 마인섭 교수(성균관대 부총장), 김민기 원장(숭실대 평화통일연구원), 필자 이렇게 8명이 참가하였다. 2002년도에 필자가 열심히 Wilson Center에 세미나, 강의를 들으러 분주히 다녔는데 14년이 지나 다시 오게 되어 옛날을 회상하니 감회가 새로웠다. 우리 일행은 안호영 주미 대사와도 조찬 간담회를 하였다. 저녁에는 대사관에 근무하는 구병삼 통일연구관(현재 통일부 대변인)과도 반갑게 만나 워싱턴 사정을 많이 듣게 되었다. 미국 정치, 아니 세계 정치의 1번지 Washington, D.C.의 싱크탱크들은 여전히 변함없이 활발하게 활동하고 있었다. 이것이 미국의 힘이다. 우리나라도 이와 같은 싱크탱크의 지적 인프라가 많이 구축되어 더욱 강화되어야겠다는 것을 절실히 느꼈다. 진영으로 갈라져 이분법으로 다투는 것이 아닌 자유로움, 전략적 사고, 객관성과 설득력으로 토론하고 창의적 아이디어를 생산해내는 그런 싱크탱크들의 모습을 진정으로 보고 싶다.

국장때 미국 연수 시절, 가족과 함께(2002년 8월)

미국 클린턴 행정부와 부시 행정부의 대북 정책 기조

필자는 Washington, D.C. 허드슨연구소에서 2002.3.28~2003.3.27 1년간 객원연구원으로 체류하면서 민주당의 클린턴 행정부와 공화당의 부시 행정부의 대북 정책의 상이한 이념적, 전략적 배경에 관심을 두고 연구하였다. 그 이유는 필자가 김대중 정부 시절에 국장으로 일하면서 김대중 정부가 추진한 햇볕정책(포용정책)이 클린턴 행정부에서는 비교적 호흡이 맞아 순탄하게 잘 진행되었는데 부시 행정부 들어와서는 의견 충돌이 생겨 자주 부조화 현상이 생기는 것을 목격하였기 때문이었다. 미국은 어느 정당이 정권을 잡느냐에 따라 대외 정책의 기조와 그에 따른 정책 수단이 뚜렷하게 달라졌다. 민주당과 공화당의 양당 제도가 발달되어 있는 미국에서 민주당은 대외 정책에서 기본적으로 대화와 외교를 중시하는 반면 공화당은 힘(군사력)의 구사를 중시하였다. 민주당은 다자주의를 선호했고 공화당은 일방주의를 선호하는 경향이 있었다. 민주당은 이상주의(자유주의)적 성향이 강한 반면 공화당은 현실주의적 성향이 강했다. 그에 따라 대북 정책도 영향을 받기 마련이었다. 김대중 정부 기간 중 1998년~2000년까지는 미국의 민주당 클린턴 행정부와 비교적 호흡이 맞았고 2001년~2002년까지의 공화당의 부시 행정부와는 의견 충돌이 자주 생겼다.

미국의 외교 이념 뿌리

필자는 미국의 외교정책 이념의 뿌리를 찾아보았다. 미국인은 미국의 국가 형성 과정을 통해 다른 국가와 차별성을 가진 선민의식이나 우월적 심리가 깔려 있었다. 미국은 유럽의 종교적 박해로부터 벗어나 이주한 사람들이 개척한 신세계로서 미국인에게는 신으로부터 선택된 땅, 국가라는 종교적 신념이 밑바탕에 깔려 있었다. 예외주의, 도덕주의, 이상주의 의식이 강하였다. 이것은 미국의 국제정치적 역할에 있어서 혼탁한 다른 나라와 휩쓸리지 않으려는 '고립주의'로 나타나기도 하였다. 때로는 미국의 도덕적 이상을 전 세계에 구현하려는 '국제주의'로도 나타나기도 하였다. 고립주의는 미국은 유럽 문제에 관여하지 않는다는 먼로주의(Monroe Doctrine)나 신고립주의 등으로 나타났으며 국제주의는 팽창주의, 제국주의, 개입주의 등으로 나타났다.

미국의 외교사학자 헌트(Michael Hunt)는 미국의 건국 초기 단계에 두 가지의 상이한 외교 이념이 나타났다고 했다. 그 하나는 해외에서 미국의 국가적 위대성과 민족적 우월성을 실현하는 것을 목표로 해야 한다고 했는데 그 대표적 인물은 연방주의자 해밀턴(Alexander Hamilton)이었다. 해밀턴주의자는 해외에서 미국 국력의 효과적 실행을 주장하였다. 현대적 관점에서 현실주의, 국제주의의 원형이 된 것으로 추정되었다. 해밀턴주의자는 전 세계에 미국의 산업을 전파하는 것을 외교정책의 주목적으로 삼았다. 다른 하나는 미국의 일차적 목표는 미국 내 자유의 유지와 민주주의의 완성과 보호, 미국민의 복리 증진에 두어야 한다고 주장했다. 제퍼슨(Thomas Jefferson)이 대표적 인물이었다. 제퍼슨주의자들은 고립주의적 성향과 이상주의의 이념의 토대가 되었다. 미국 건국 초기에 나타난 이러한 논쟁은 그 이후 미국 외교의 거대한 뿌리로 남게 되면서 미국 외교를 주도해 나가게 되었다. 외교협의회(Council on Foreign Relations)의 월트 러셀 미드(Walter Russell Mead)는 미국의 외교 이념을 분류하면서 해밀턴주의자와 제퍼슨주의자 외에 윌슨주의자(Wilsonians)와 잭슨주의자(Jacksonians)를 추가하였다. 윌슨주의자는 미국의 자유와 민주주의 이념을 다른 나라에 전파하는 것을 미국의 도덕이자 의무로 여겼다. 잭슨주의자는 이념보다는 행동을 중시하며 악의 무리를 징벌하는 스타일이었다. 정의와 불의, 선과 악의 경계를 분명히 나누고 행동하였다. 레이건 대통령이나 부시 대통령이 전형적인 잭슨주의자에 속하며 클린턴 대통령은 윌슨주의자이자 부분적으로 해밀턴주의자였다.

이상주의와 현실주의

이와 같은 외교 이념의 뿌리를 바탕으로 타국과의 국제적 역할과 관련하여 고립주의와 국제주의, 국제 관계 및 국가의 행위에 관한 인식의 차이와 이에 따른 국익 추구에 관한 방법론으로 이상주의와 현실주의로 구분할 수 있다. 이상주의의 연장선에서 자유주의가 있다. 자유주의는 국제적 제도·기능을 중시한 반면 현실주의는 미국 중심의 안보 체제를 중시한다. 고립주의는 국제 관계에 있어서 미국의 개입 범위를 줄이고 대신 미국의 가치를 공고화하는데 치중하였다. 국제주의는 국제 관계에 있어서 미국이 주도적 역할을 하면서 이를 통해 적극적인 국익을 추구하고자 한다. 이상주의(자유주의)는 미국의 국제적 리더십 속에 새로운 세계질서를 구축하고자 하였다. 민주주의, 인권, 분쟁의 평화적 해결에 상대적 무게를 두면서 국제연맹, 국제연합과 같은 다자 기구나 국제법 등을 중시하였다. 이에 반해 현실주의는 국제 관계의 현실은 만인의 만인에 대한 투쟁이라는 무정부적인 성격에 가깝다는 것을 전제로 하였다. 이와 같은 현실에서 국가의 생존과 국익을 추구하기 위해 힘(군사력)을 사용해야 하며 국제기구에 의존해서는 안 되며 동맹을 체결해야 한다는 입장이었다.

고립주의는 20세기 초반 이전에 고려되었던 이념이었다. 제2차 세계대전 이후 미국은 강한 국력을 바탕으로 세계 질서 재편과 관리에 주도적으로 참여하여 국제 관계에 적극적으로 개입함으로써 국제주의가 미국의 외교 이념의 주류가 되었다. 고립주의는 미국의 외교 이념에서 퇴조하였다. 이제는 이상주의(자유주의)적 국제주의냐 현실주의적 국제주의냐가 기본적인 외교 이념의 선택점이 되었다. 민주당의 외교정책은 전자에 가깝고 공화당의 외교정책은 후자에 가까웠다. 이와 같은 대립적인 외교 이념의 바탕 속에 미국은 선거를 통해 국민으로부터 선택받은 대통령이 당시의 대내외 정세 하에서 당의 외교정책 이념과 최고 리더십의 정책 성향에 따라 차별적인 외교정책 기조와 스타일을 시현하였다.

필자는 2002년 당시 미국의 외교 이념과 접근 방법에 관한 문헌 자료를 읽었다. 외교안보연구원의 김성한 교수(이후에 고려대 국제대학원 교수로 재직, 이명박 정부에서 외교통상부 제2차관, 윤석열 정부에서 NSC 국가안보실장 역임)가 미국의 외교정책 이념을 네 가지로 분류한 것을 살펴보았다. John J. Mearsheimer가 명명한 방어적 현실주의와 공세적 현실주의를 발전시킨 방어적 현실주의, 공세적 현실주의, 방어적 자유주의, 공세적 자유주의가 그것이었다. 방어적 현실주의는 무정부적인 국제 관계 현실 속에서 국가는 방어적으로 행동하며 세력 균형을 파괴하기 보다는 유지하기를 원한다는 것이다. 공세적 현실주의는 힘을 통한 평화를 추구하며 필요하다면 미국이 일방적으로 행동을 취해야 한다는 것이다. 방어적 자유주의는 다자 간 또는 지역 기구를 통해 문제를 해결해야 하며 미국의 일방적인 군사행동은 피하려고 한다. 공세적 자유주의는 자유민주주의 가치를 전 세계에 확산시켜 민주적 평화(democratic peace)를 실현시켜 나가려고 한다. 이러한 분류에 따르면 클린턴 행정부 1기 시절은 방어적 자유주의, 2기 시절은 공세적 자유주의에 속하고 9.11 테러 사태 이전 부시 행정부는 방어적 현실주의, 9.11 테러 사태 이후는 공세적인 현실주의에 속한다고 할 수 있다.

미 클린턴 행정부 초기 대북 정책

앞서 살펴본 것처럼 미국의 외교 이념, 접근 방법의 분류에 따라 클린턴 행정부와 부시 행정부의 대외정책 이념, 접근 방법을 비교해 보았다. 김대중 정부가 취하고 있는 북한과의 대화, 남북 교류협력과 대북 경제적 지원을 중시하는 햇볕정책(포용정책)은 클린턴 행정부의 대외 정책과 대체로 부합하고 부시 행정부의 대외 정책에는 부합하지 않는다. 따라서 부시 행정부 들어서 김대중 정부와 의견충돌이 자주 생겼다.

미국이 구사하는 대외 정책의 접근 방법이나 수단으로는 협상(negotiation), 개입(engagement), 봉쇄(containment), 선제공격(preemptive attack), 격퇴(rollback) 등이 있다. 클린턴 행정부에서는 협상이나 개입을 주로 시도한 반면에 부시 행정부에서는 봉쇄, 선제공격, 격퇴를 주로 시도하였다. 이와 같은 미국의 양 정부 간의 대외 정책의 구체적인 수단의 차이가 김대중 정부의 대북 정책 기조나 수단과 부합하거나 충돌이 일어나는 것이었다.

필자는 이러한 미국의 외교정책 이념, 접근 방법에 대한 기본적인 이해를 통해서 전반적인 미국의 대북 정책의 변화 과정을 살펴보았다. 냉전 시대 때는 미국의 대북 정책은 전반적으로 현실주의에 바탕한 봉쇄 정책을 기조로 하였다. 탈냉전 시대 때는 현실주의와 이상주의(자유주의)가 병행되는 봉쇄 정책과 포용 정책(협상과 개입)을 적절히 혼합 구사하였다. 그러다가 2001년 9.11 테러 사태로 인해 공세적 현실주의로 바뀌어 봉쇄 정책은 물론 선제공격까지도 고려하였다. 미국의 전반적인 대북 정책의 흐름을 파악한 후에 필자는 클린턴 행정부와 부시 행정부의 대북 정책의 구체적인 전개 과정을 살펴보았다.

민주당의 클린턴 행정부의 대북 정책은 '제네바 기본 합의(Agreed Framework)' 이전과 이후로 구분해 보면 명확해졌다. '제네바 기본 합의' 이전에는 클린턴 행정부는 대북 억지와 병행하여 협상을 추진하였다. 미국은 한반도에서 북한의 군사적 위협과 핵무기 개발에 대한 대북 억지력을 확보하기 위해 주한 미군의 역할과 한미 군사안보 협력 체제의 강화에 주력했다. 한편으로는 핵 개발을 저지하기 위해 대북 협상을 적극적으로 추진하였다. 당시 미국으로서는 1995년도에 개최되는 NPT 체제 평가 회의(5년마다 개최하여 NPT 체제 유지 여부 결정)에서 NPT 체제를 계속 유지하여 국제 핵무기 비확산을 추구하여야 하는 입장에서 북한의 핵 문제는 반드시 해결해야 할 과제였다. 미국은 북한의 NPT 탈퇴(1993.3.12) 번복을 위해 북한과의 협상에 직접 나서게 되었다. 1993년 6월 2일~11일까지 뉴욕에서 제1단계 미북 고위급 회담을, 7월 14일~19일까지 제네바에서 제2단계 고위급 회담을 개최하였다. 제1단계 회담에서 미국은 북한의 NPT 탈퇴 효력 발생을 임시 정지시키는 성과를 거두었다. 제2단계 회담에서 미국은 IAEA(국제원자력기구)의 대북 사찰 문제 해결에 주력하여 IAEA 대북 사찰단 파견 근거를 마련하였다. 그러나 IAEA의 대북 사찰에 있어서 진전이 없자 1993년 9월로 예정된 제3단계 고위급 회담이 개최되지 않았다.

1994년 5월 북한이 영변 핵단지에서 폐연료봉을 추출하자 미국은 UN 안보리 제재 등을 추진하였다. 이에 북한은 6월 14일 IAEA 탈퇴를 선언함으로써 한반도에 위기 상황이 조성되었다. 당시 클린턴 행정부는 북한의 영변 핵시설을 군사적으로 공격(surgical strike)하는 방안을 검토하고 주한 미국인들을 한국에서 대피시키는 계획을 세웠다. 이러한 미국의 군사적 조치 계획은 한반도에서의 전쟁 발발을 막고자 하는 당시 김영삼 정부의 강경한 입장과 배치되어 한미 간의 갈

등 요인이 되었다. 당시의 한반도 안보 위기 상황은 카터 대통령이 북한을 방문(1994.6.15~18)하여 김일성과의 회담을 통해 해소되었다. 김일성 사망(1994.7.8) 전후(7월~10월)에 제네바에서 개최된 제3단계 미북 고위급 회담에서 1994년 10월 21일 '제네바 기본 합의'가 서명됨으로써 북한 핵 문제는 일단 해결 국면으로 접어들게 되었다.

'제네바 기본 합의' 이후의 클린턴 행정부 대북 정책

'제네바 기본 합의' 이후 클린턴 행정부의 대북 정책은 탈 냉전기 미국이 새로운 안보 전략으로 제시한 '개입과 확대의 국가안보전략(A National Security Strategy of Engagement and Enlargement)'의 틀에 입각하여 추진하였다. 방어적 또는 공세적 자유주의 기조였다. 소련을 비롯한 동구 공산권이 무너지고 미국이 세계에서 Super Power(미국 단극 지배 체제)가 되면서 새로운 전략의 핵심은 미국의 국가 이익을 극대화하는 것이었다. 강력한 군사력의 뒷받침 하에 전 세계적인 개입(engagement)을 추진하고 자유시장경제와 민주주의를 전 세계적으로 확대(enlargement)한다는 것이었다. 클린턴 행정부는 냉전 시기 소련에 대한 봉쇄 정책의 일환으로 유지해 온 북한과의 적대 관계와 봉쇄 정책을 '제네바 기본 합의'를 계기로 점차 해소하거나 완화하기 시작했다. 이러한 미국의 대북 개입(포용)정책은 단기적으로는 북한과의 관계 개선을 통해 동북아시아에서 북한이 안보적 불안 요인으로 작용하는 것을 방지하는 것이었다. 중·장기적으로는 급성장하고 있는 중국을 견제하기 위해 가능하다면 북한을 미국의 영향권으로 편입시키려는 전략적 의도가 깔려있다. '제네바 기본 합의' 이후 클린턴 행정부는 정치, 군사, 경제, 인도적 지원 등 다양한 분야에서 개입(포용)정책의 방향 하에 당근 위주의 전술을 적절히 구사하였다. 이를 통해 북핵 및 미사일 문제의 해결, 한반도 안정,

접촉을 통한 북한의 변화, 미북 관계 개선 등 궁극적으로 미국의 새로운 국가안보전략과 국익에 도움이 되는 방향으로 북한을 유도하려고 노력하였다.

그러나 1996년부터 시작된 '미북 미사일 회담'과 '4자(남한, 북한, 미국, 중국) 회담'에서 군사 안보 분야의 협상은 정체되었다. 북한의 핵 개발 의혹과 미사일 개발이 지속되자 클린턴 행정부의 대북 개입(포용)정책은 미국 내 특히 의회 내 다수를 차지하고 있는 보수적인 공화당 의원들로부터 강한 비판을 받게 되었다. 이러한 비판에 대응하여 공화당과 친화적인 William J. Perry 전 국방부 장관을 대북정책조정관으로 임명하고 '페리 보고서'를 작성하게 하여 기존의 대북 개입(포용)정책을 그대로 지속하였다. '페리 보고서'가 공개된 직후 행정 부처가 재량으로 결정할 수 있는 범위 내에서 대북 경제 제재 완화 조치를 취하였다. 2000년 7월 방콕에서의 미북 외무장관 회담, 9월 뉴욕에서의 북핵·미사일 문제, 미북 관계 정상화 등 포괄적 이슈를 다룬 미북회담, 9월 하순 북한의 조명록 특사의 워싱턴 방문과 10월 울브라이트 국무장관의 평양 방문 등 북한에 대한 접근과 협상을 가속화하였다. 울브라이트 국무장관은 김정일 위원장과 2차례 회담을 통하여 북한에 대한 테러지원국 해제, 미사일 개발 문제, 외교대표부 개설, 한반도 긴장 완화 등 양국 간 현안 문제들을 폭넓게 논의하였다. 그 이후 클린턴 대통령의 방북이 예정되어 있었으나 11월 7일 실시된 미국 대통령 선거에서 당선자를 확정하지 못하고 혼란을 겪게 되자 클린턴 대통령의 방북이 취소되었다. 그 결과 클린턴 행정부의 대북 개입(포용)정책의 마무리가 중단되었다.

민주당의 클린턴 행정부는 대북 정책을 효과적으로 달성하기 위하여 외교적 압력, 경제 제재, 군사적 대응과 같은 강압적 수단(coercive means)보다는 경제 제재 완화와 경제 지원, 미북 관계 개선 등과 같은 보상적 수단을 활용하는 포용 정책을 추진하였다. 클린턴 행정부는 북한에 대한 개입(포용)정책이 진전되면서 북한의 변화를 유도하고자 하였다. 이에 따라 개혁·개방이 이루어지고 북한을 국제사회의 규범으로 편입시킬 수 있다고 판단했다. 이는 결국 한반도 및 동북아시아의 안정을 기하며 미국의 국익에도 도움이 될 것이라고 보았다.

미 부시 행정부와 네오콘

민주당의 클린턴 행정부와 다른 대외 정책 기조나 정책 수단을 구사하는 공화당의 부시 행정부는 기본적으로 클린턴 행정부의 대북 정책에 대해 부정적 입장으로 출범하였다. 클린턴 행정부 시절 공화당은 '제네바 기본 합의'가 잘못된 것이며 북한은 변화가 없는데 선 보상 조치한 것이라 했다. 북한으로 하여금 핵 및 미사일을 개발하도록 시간만 벌게 해주었다고 비판하였다. 대통령 선거 시 부시 후보는 중국, 러시아, 북한, 이라크, 쿠바 등 적대 국가에 대해 미국의 힘을 바탕으로 한 단호한 대처를 강조하였다. 현실주의적 국제주의, 공세적 현실주의 성향을 가지고 있었다. 부시 후보는 북한을 불신하였으며 북한의 변화 가능성에 대해 회의적이었다. 부시 행정부가 새롭게 출범하면서 주로 네오콘의 신보수주의자들로 외교안보팀을 구성함으로써 북한에 대해 강경 보수적 입장을 취하였다. 기독교 원리주의적 성향의 네오콘은 미국적 가치가 최선이며 이를 반대하는 세력을 불량 세력으로 보고 이들에 대해 무력 사용을 불사한다는 공격적 태도를 취했다. 네오콘은 북한을 불량 국가로 규정하였다. 보수중도 성향의 콜린 파월 국무장관을 제외한 리차드 체니 부통령, 콘돌리자 라이스 국가안보보좌관, 도날드 럼스펠드 국방장관, 폴 월포위츠 국방 부장관 등이 모두 네오콘 인사였다. 부시 행정부의 대북 정책은 불량 국가인 북한의 핵, 생화학 무기, 미사일, 심지어 재래식 무기 등 모든 안보 위협을 제거하는데 초점을 두었으며 그 방식은 일방주의적, 공세적 현실주의였다.

공화당의 부시 행정부가 출범하면서 민주당의 클린턴 행정부의 대북 정책을 파기하고 비판하는 입장(ABC, Anything But Clinton, 클린턴 행정부에서 추진한 모든 대북 정책은 배제)에서 전임 행정부의 대북 정책을 재검토하기 시작했다. 재검토 기간 중에 북한과의 대화를 전면적으로 단절시켰다. 콜린 파월 국무장관은 2001년 1월 인사 청문회에서 적절한 때에 북한과의 대화를 재개할 의도를 비치기도 하였다. 2001년 3월 개최된 한미 정상회담 하루 전 "대북 협상을 클린턴 행정부 때 이룬 바탕 위에서 곧 재개하겠다"고 밝혔으나 네오콘 강경파에 의해 거부되어 바로 다음 날 "북한과 대화를 즉각 재개하지는 않을 것"이라고 입장을 수정했다. 부시 대통령은 한미 정상회담에서 북한 및 김정일에 대한 불신과 철저한 검증의 필요성을 강조했다.

2001년 6월 6일 대북 정책의 검토를 완료하고 부시 대통령은 대북 정책의 기본 입장을 발표하였다. 미국이 북한에 대해 '북한의 핵 활동 관련 제네바 기본 합의의 이행 개선', '북한 미사일 개발에 대한 검증 가능한 규제 및 미사일 수출 금지', '재래식 무기 관련 위협 축소' 등의 세 가지 문제를 포함한 포괄적 접근(a comprehensive approach)을 하겠다고 발표하였다. 북한과 이후로는 사안별로 접근하지 않겠다는 의미였다. 그리고 북한이 이에 대해 긍정적으로 반응하고 적절한 조치를 취한다면 경제 제재 조치 완화 등 여러 정치적 조치를 확대해 나가겠다고 발표하였다. 이것은 클린턴 행정부와 북한과의 합의 변경, 새로운 조건 제시, 북한의 선 행동 요구 등 미국의 힘을 바탕으로 한 일방주의적 성격의 대북 강경책이었다. 이는 북한의 입장에서는 받아들일 수 없는 요구였다. 이에 대해 북한은 무장 해제시키려는 의도라면서 미국이 이러한 요구를 철회하지 않는 한 미북 대화를 재개하지 않겠으며 '제네바 기본 합의'가 파기의 갈림길에 있다고 강력 반발하였다. 초기 단계의 부시 행정부는 이와 같은 강경한 대북 정책 기조를 되풀이 강조하였으며 북한이 이에 따르지 않는 한 미북 대화에 소극적이거나 무시하는 태도로 일관했다.

9.11 테러 사태 이후의 대북 정책

2001년 9.11 테러 사태 후 부시 행정부는 더욱 더 강경한 대북 정책을 구사하였다. 9.11 테러 사태 후 부시 행정부는 대외 정책의 중점을 미국의 안보를 위해 세계의 반미 테러 세력을 척결하는 대테러 전쟁에 올인하는데 두었다. 부시 행정부는 북한의 대량 살상 무기를 한반도나 동북아의 문제를 넘어서서 미국의 안보 문제와 직결되는 것으로 판단했다. 불량 국가인 북한의 핵·미사일·생화학 무기 등이 세계의 테러 국가나 테러리스트들에게 넘어가는 것을 심히 우려하여 북한에 대해 더욱 강경한 태도를 취하였다. 부시 행정부의 북한에 대한 이와 같은 우려와 강경한 태도는 2002년 1월 29일 연두교서 연설에서 북한을 이란, 이라크와 함께 '악의 축(axis of evil)'을 구성하는 국가로 지칭함으로써 극명하게 나타났다. 2002년 3월 언론에 공개된 국방성의 '핵 태세 검토 보고서(Nuclear Posture Review)'에서 미국이 유사시 핵무기를 사용할 수 있는 대상국으로 핵보유국인 러시아와 중국 외에도 북한, 이라크, 이란, 리비아, 시리아 등 총 7개국을 지목하였다. 부시 행정부의 북한에 대한 핵 공격 대상 지목은 북한에 핵 공격을 하지 않는다는 클린턴 행정부의 '제네바 기본 합의' 정신에 벗어나는 대북 강경 조치였다. 부시 행정부는 북한의 WMD 확산 중단, 재래식 무기 후방 이동, 북한 측의 약속 이행 등을 강력히 촉구하였다. 부시 행정부는 2002년 9월에 발표한 '국가안보전략 보고서'에서 세계적인 테러 및 대량살상 무기의 위협 제거를 국가 안보 정책의 최우선 목표로 두었다. 이를 위한 공세적인 안보 전략으로 필요시 단독 행동 및 선제공격(preemptive attack)을 취하겠다고 밝혔다. 이 보고서에서 북한은 영향력 있는 탄도미사일 수출국으로 성장해 왔을 뿐 아니라 스스로도 끊임없이 대량살상 무기의 개발과 실험을 실행함으로써 모든 국가에 대한 잠재적인 위협이 되어 왔다고 지적하였다. 북한에 대한 선제공격의 가능성을 열어두었다. 9.11 테러 사태 후 부시 행정부는 북한을 최고조로 '악의 축', '핵 공격 대상', '선제공격 대상'으로 지목하면서 더욱 강경한 대북 정책 기조를 이어 나갔다. 이러한 부시 행정부의 강경 기조에 대해 북한은 "사실상 선전 포고"이며 미국과 전쟁을 치를 충분한 능력을 가지고 있다고 강력 반발하였다. 그리고 이러한 힘으로 밀어 붙이는 "부시 행정부와 상종할 생각이 없다"고 대응하였다.

2002년 10월 3일~5일까지 제임스 켈리(James Kelley) 국무성 동아태 차관보가 미대통령의 특사로 평양에 파견되어 북한이 비밀리에 추진한 우라늄 고농축 프로그램의 증거를 제시하였다. 북한으로부터 이에 대한 시인을 얻어냄으로써(북한이 시인하지 않았다는 상반된 견해가 있으나 당시 부시 행정부가 북한이 시인한 것으로 발표) '미북 제네바 기본 합의'는 파국의 길로 점차 들어서게 되었고 미북 관계는 더욱 악화의 길로 가게 되었다. 미국의 대북 중유 공급이 2002년 말에 중단되고 함경남도에 건설 중인 경수로 사업은 속도 조절(2003.2~11) 및 일시 중단(2003.12~2005.11)를 거쳐 완전 종료(2006.5 총 공정율 34.54%, 총사업비 15.75억$ 투입)되는 운명을 맞게 되었다. 이에 대해 북한은 핵 동결 해제 선언(2002.12.12), IAEA 사찰 단원 추방(2002.12.31), NPT 탈퇴 선언(2003.1.10), 미사일 발사 실험(2003.2.24, 3.10), 핵 원자로 재가동 선언(2003.2.26) 등 맞대응하면서 '벼랑끝 전술', '위기 외교'를 구사하여 미국에게 '강 대 강'으로 대항하였다.

대미 협력 관계의 중요성

지금까지 민주당의 클린턴 행정부와 공화당의 부시 행정부의 대북 정책 기조와 전개 과정을 살펴보았다. 두 정부의 대북 정책 목표를 실현하기 위한 정책 수단이 완전히 다르다는 것을 알 수 있다. 여기에는 양 정부의 정당 배경인 외교 이념의 뿌리가 다르고 양 정부가 당시에 직면한 국제 안보 정세도 작용하였다. 클린턴 행정부에서는 소련을 비롯한 공산권이 무너짐으로써 미국이 단극 지배 체제의 Super Power가 된 자신감으로 자유민주주의와 시장경제체제를 전 세계에 확산시켜 미국의 국익을 극대화하고자 하였다. 이것은 '개입(Engagement)과 확대(Enlargement)의 국가안보전략'으로 나타났다. 윌슨주의자와 해밀턴주의자 유형이며 이상주의(자유주의)적 국제주의로 접근하였다. 이러한 대외 정책의 기본 기조와 접근 방법은 대북 정책에 있어서도 강압적 조치보다는 보상적 수단으로 접근하여 점진적으로 목표를 달성하고자 하였다. 이러한 방식은 김대중 정부의 햇볕정책과 호흡이 잘 맞는 구조였다.

클린턴 행정부의 대북 정책에 비판적인 태세로 출범했던 공화당의 부시 행정부는 특히 네오콘 중심의 외교안보팀으로 인해 ABC(Anything But Clinton) 입장하에 일방적인 대북 강경 정책을 취하였다. 특히 2001년 9.11 테러 사태로 미국의 안보가 최고조로 위기를 맞게 되자 부시 행정부는 세계를 '선'과 '악'의 이분법 개념으로 분류하여 '악'을 일방적으로 징벌·제거하여 미국의 안보와 국익을 확보하고자 대테러 전쟁에 올인하는 국가안보 전략을 수립하였다. 잭슨주의자 유형이며 현실주의적 국제주의, 도덕적 현실주의, 공세적 현실주의로 접근하였다. 그 결과 핵·미사일을 지속적으로 개발·실험하고 생화학 무기와 강력한 재래식 무기를 보유한 북한을 '불량 국가', '악의 축', '핵 공격 대상', '선제공격 대상'으로 지목하고 일방적인 대북 강압 정책을 추진하였다. 이러한 방식은 김대중 정부의 햇볕정책과 충돌할 수밖에 없는 구조였다.

미국은 세계에서 가장 군사력이 강하고 경제력도 풍부하며 자유민주주의적 이념도 튼튼해 앞으로도 오랜 기간 세계 및 동북아 질서에 영향력을 가지고 있는 강대국임을 부인할 수 없다. 미국은 우리에게는 6.25전쟁 이후 오래 동안 튼튼한 한미 안보동맹으로 우리의 안보와 경제 성장에 도움을 주었고 앞으로도 그렇게 굳건한 동맹국이라고 생각한다. 나아가 한국이 이제는 세계 10위권으로 경제 성장한 중견국가가 되었기 때문에 우리와 미국은 앞으로 다양한 측면에서 상호 호혜적인 관계로 발전할 수 있는 잠재력을 지니고 있다. 우리와 미국은 특히 자유민주주의와 시장경제체제라는 공통의 가치와 이념을 추구하기 때문에 함께 가치·이념동맹을 견고히 해 나갈 필요가 있다. 우리나라가 한미 정상회담을 통해 포괄적 전략 동맹으로 발전시킨 것은 우리의 미래와 국가 이익을 위해 바람직한 것이다. 이와 같은 입장에서 우리는 대북 정책을 추진함에 있어서 미국과 상호 협의하고 조율하고 공조해 나가야 한다. 그러나 구체적인 사안에 따라서는 우리의 입장과 미국의 입장이 달라 상호 의견 차이가 있을 수도 있고 때로는 충돌이나 갈등도 발생할 수 있다. 미국이 제시한 대북 정책 우선순위나 정책 수단이 우리가 세운 대북 정책 우선순위나 정책 수단과 불균형이 발생할 수도 있다. 미국은 기본적으로 세계 및 동북아 안보 관점에서 한반도 정책이나 대북 정책을 고려하며 우리는 남북 관계와 한반도 통일 관점에서 대북 정책을 수립하기 때문이다. 김대중 정부의 대북 정책과 부시 행정부의 대북 정책의 극명한 차이에서 잘 알 수 있다. 우리나 미국은 국민들의 자유로운 선거를 통해 정권이 교체되고 교체된 정권의 이념적·정책적 성향에 따라서 대북 정책도 달라지기 마련이다. 물론 새로운 정권이 직면하게 되는 대외 정세 상황도 대북 정책 방향이나 구체적인 정책 수단을 선택하는데 영향을 준다.

미국의 대 한반도 정책 흐름을 파악해야

돌이켜보면 역대 한국 정부와 미국 정부의 대북 정책 추진 방향이 서로 일치할 때도 있었고 그렇지 않을 때도 있었다. 또한 부분적으로는 일치하는데 어긋나는 부분도 있었다. 따라서 한미 간의 대북 정책 추진에 있어서 순조로울 때도 있었고 갈등이 생길 때도 있었다. 그러나 상호 갈등이 생기더라도 서로 완전히 결별하지는 않고 시간을 갖고 상호 관망하거나 설득하는 과정을 거쳤다. 국익을 우선시하고 이를 뒷받침한 오랜 기간의 견고한 한미 안보동맹이 있었기 때문이다. 문제는 한미 간의 상호 갈등이 지속될 경우에는 대북 정책의 추진력이 떨어지고 정책 효과의 타이밍을 놓치게 된다. 북한이 이를 악용하여 한미 간의 균열을 유도해 북한에게 유리한 상황으로 몰고 가게 된다. 따라서 한미 간의 양 정부가 정책적으로 일치하는 상황을 거치는 것이 가장 좋으나 반대의 경우에는 한미 간에 신속한 설득과 조율 과정을 거쳐 대북 정책의 공조 체제를 구축하는 것이 필요하다.

필자는 1년 동안 워싱턴 D.C. 허드슨연구소의 객원연구원 근무를 통해 미국의 외교정책의 이념적 뿌리, 민주당과 공회당의 외교 노선 및 정책 수단의 차이, 집권 행정부의 외교정책팀의 인적 성향, 그리고 집권 행정부가 직면한 안보 정세가 미국의 대북 정책에 영향을 준다고 분석했다. 미국은 세계의 초강대국, 세계 경찰국가로서 세계 및 동북아 안보 질서 관점 하에서 그 하위 개념으로 대북 정책을 취급한다. 우리가 남북 관계와 한반도 통일을 위해 중시하는 상위개념으로서의 대북 정책과는 본질적으로 정책의 우선순위와 관심도가 다르다. 미국의 대외 정책은 기본적으로 각 행정부마다 백악관이 발표하는 '국가안보 전략(The National Security Strategy of The United States of America)'에 잘 나타나 있다. 그리고 '국가안보 전략'의 후속으로 발표되는 국방성이 작성한 '4개년 국방 검토 보고서(Quadrennial Defense Review Report)'와 '핵 검토 보고서(Nuclear Posture Review)'에 구체적인 안보 정책이 기술되어 있다. 그리고 국무성이 새로운 행정부 출범 후 초기 단계에 검토 과정을 거쳐 발표하는 '대북 정책 기본 방향'이 있다. 이 4개의 전략 및 정책 방침만 잘 숙지하고 이해하면 미국의 대외 및 대북 정책의 큰 틀과 구체적인 정책을 파악할 수 있다. 북한 동향이나 남북 교류협력에 관심을 두고 있었던 필자에게는 허드슨연구소에서의 1년간의 객원연구원 근무가 국제 관계의 큰 틀에서 남북 관계를 다각도로 보는 시각을 키운 것이 소중한 소득의 하나이다.

필자는 우리의 대북 정책을 효과적으로 추진하기 위해서는 미국 정계의 흐름과 정책 노선을 사전에 파악하여 대비하는 것이 필수적이라고 생각한다. 아울러 미국뿐만 아니라 한반도 상황에 영향을 미치거나 높은 관심을 보이는 중국, 일본, 러시아 등의 정책 동향도 더불어 파악해야 한다. 한반도 이슈는 남북한 당사자의 이슈이기도 하지만 국제적인 이슈의 성격도 강하기 때문에 남북 및 국제적인 동향 파악과 국제적 협력을 도모하는 통일외교의 중요성을 간과해서는 안 될 것이다.

상근회담대표로서의 활동

필자가 국장급 연수로서 워싱턴 D.C. 허드슨연구소에서 객원연구원으로 1년간의 근무를 마치고 귀국을 앞둔 2003년 3월 말경이었다. 2002년 대선에서 노무현 대통령 후보가 당선되어 2003년 2월 말 노무현 정부가 출범한지 한 달이 되어가던 때였다. 김대중 정부 마지막 통일부 장관이었던 정세현 장관이 노무현 정부 초대 통일부 장관이 되었다. 공무원은 대부분 자기의 보직이 어떻게 될까가 초미의 관심사이다. 특히 새 정부가 출범하였기에 필자의 보직이 어디로 정해지느냐에 따라서 향후 5년간 필자의 통일부 내에서의 역할, 필자가 해야 할 업무 영역을 예상할 수 있기 때문이었다.

남북회담사무국 상근회담대표로 발령

미국에서 귀국을 앞둔 며칠 전 쯤이었던 것으로 기억된다. 통일부 인사 부서에서 필자에게 전화가 왔다. 간단한 인사와 더불어 귀국 준비를 잘 하고 있느냐고 물어보면서 필자의 인사 문제를 전달했다. 이번에 1급으로 승진하여 남북회담사무국(후에 남북회담본부로 명칭 변경) 상근위원(후에 상근회담대표로 명칭 변경)으로 발령이 난다는 것이었다. 이번에 두 명이 1급으로 승진하는데 필자의 고시 동기(21기로서 당시 통일부에 2명)인 황하수 국장이 승진하여 기획관리실장이 된다는 것이었다. 필자가 1급으로 승진한다고 하니 우선 매우 기뻤다. 대체로 해외 연수중인 사람에게는 승진을 시켜주지 않는데 해외 연수를 마치고 곧 귀국하여 통일부에 복귀하는 상황이라지만 해외 연수중인 사람을 승진시켜주니 필자에게는 큰 행운이었다. 필자가 1983년 5월 국토통일원(지금은 통일부)에 전입하여 첫 근무 부서로 조사연구실 제5연구관실에 배치 받았을 때 필자의 첫 직속상관이 정세현 제5연구관이었다. 그런 인연이 작용하여 정세현 장관이 필자에게 승진을 배려해주지 않았나 내심 생각하면서 정 장관에게 고마운 마음을 가졌다. 한편 이제 직업 공무원으로서 실무 관료의 마지막 정점인 1급이 된다고 생각하니 어쩔 수 없이 세월 따라 필자도 공무원 생활의 피날레를 장식하고 황혼기로 접어들었구나 하는 숙연한 마음이 들었다. 통일부에 복귀해서 최선을 다해 보자고 마음 다짐을 하였다.

통일부의 기획관리실장은 장·차관 다음의 서열 3인자였다. 필자는 통일부 소속기관인 남북회담사무국장(1급)의 참모 조직인 상근회담대표였다. 상근회담대표는 남북회담사무국장과 계급상 같은 1급이었지만 남북회담사무국장의 참모적 성격이었다. 일부 직원들은 같은 동기생 중 누구는 서열 3위인 기획관리실장으로 발령 났고 누구는 참모인 상근회담대표가 되었으니 장래에 누가 더 잘 될 것인가가 관심 사항이 되었다. 필자는 상근회담대표가 되어 그토록 해보고 싶었던 남북회담 업무를 할 수 있게 되었으니 내심 만족스러웠다. 당시 통일부 직원들은 남북 교류협력 업무나 남북회담 업무를 선호하였다. 이 두 가지 업무는 남북 관계의 현장에서 뛸 수 있는, 남북 관계의 진전을 위한 다이내믹하고 생생한 업무로서 피부에 와 닿는 실천적 일이었기 때문이었다. 또한 언론에 자주 노출되고 스포트라이트도 받을 수 있는 일이기도 했다. 통일부 남북회담 업무는 과거부터 대통령의 관심 사항이었고 때로는 통치권적 영역이라고 생각하기도 하였다. 그리고 남북회담사무국에는 과거에 전략적 마인드와 분석적 능력을 갖춘 쟁쟁한 상근회담대표(과거에는 '자문위원'과 '상근대표'라는 직책으로 다수가 근무)들이 있어서 존경의 마음을 갖기도 했다. 어떤 분은 남북정상회담 준비를 위해 북한의 김정일 역할을 하는 카게무샤(대역)를 하기도 하였고 어떤 분은 남북회담 시 북한 측의 예상되는 입장·태도를 정확히 맞추는 분도 있었다. 그리고 어떤 분은 문장력이 뛰어나 우리 측 수석대표의 발언문을 작성하기도 하였다.

상근회담대표의 업무

상근회담대표는 기본적으로 남북회담 전략반의 일원으로서 남북회담 준비 단계에서 회담 대책 수립, 북한 측의 예상되는 입장·태도 분석, 남북한 간 쟁점 검토, 우리 측 대표단의 발언문 검토, 회담 대표단의 모의회의 참여 또는 운영 등을 다루었다. 남북회담 진행 단계에서는 회담 진행 상황 체크 및 대응책 검토, 회담 운영 지원, 홍보 대책 검토 등을 다루었다. 남북회담 종결 이후 단계에서는 회담 평가에 참여하였다. 물론 상당 부분은 남북회담사무국의 해당 실무 부서에서 기본적인 자료 작성과 실무담당을 하였다. 필자가 2003년 3월 말 남북회담사무국에 첫 출근하였을 때 당시에 남북회담사무국장은 이종렬 초대 인도지원국장을 역임한 분이었다. 필자가 교류협력국 심의관이 된 후 2개월 반 정도 임시적으로 인도지원국 심의관으로 근무했을 때 인도지원국장이 이 국장이었고 그 후임 인도지원국장이 필자였기 때문에 서로 편하게 허물없이 대화할 수 있는 관계였다. 필자가 박사 논문으로 북한의 협상 행태를 분석하였고 통일부 내 다른 부서에서 근무할 때 북한 측과 협상에 관여한 바 있었지만 전적으로 남북회담 업무에만 주력하는 것은 이번이 처음이었다. 당시에 남북회담사무국에는 직제 상 3명의 상근회담대표가 있었다. 이 국장과 필자가 맡을 업무에 관해 서로 상의하는 과정에 필자의 그동안 업무 경력 등을 고려하여 남북 경제회담 분야 담당 상근회담대표 역할을 맡기로 하였다. 상근회담대표 세 사람은 기본적으로 모든 남북회담에 관여하지만 각자가 전문 분야를 나누어 정치·군사 회담 분야, 경제 회담 분야 그리고 사회·문화 회담(적십자회담 포함) 분야에 하나씩 특화 담당하였다. 상근회담대표는 남북회담의 급에 맞추어 회담대표로도 참가하거나 장관급 남북회담의 하위 회담이 북한에서 개최되거나 남한의 서울 외 지역에서 개최될 때는 현지에 파견되어 회담 지원(통제)단장의 역할을 맡았다.

김대중 정부 때 2000년 6월 남북정상회담 이후 남북회담은 남북장관급회담이 중심적 총괄 회담의 역할을 하면서 그 하위로 분야별로 다양한 회담이 개최되었다. 경제 분야에서는 차관급이 수석대표인 남북경제협력추진위원회(약칭 경추위)가 있었고 경추위 산하에 금강산 관광 회담, 남북철도·도로 연결 실무협의회, 임진강 수해 방지 실무협의회, 개성공단 건설 실무협의회, 남북 전력 협력 실무협의회, 남북 경제협력 제도 실무협의회, 남북 해운 협력 실무접촉 등 다양한 남북경제회담이 진행되고 있었다. 김대중 정부의 대북 정책을 계승한 노무현 정부에서도 남북회담을 적극적으로 추진하고자 하였다.

제5차 남북경제협력추진위원회의 비하인드 스토리

필자가 남북회담사무국 상근회담대표가 된 이후 처음 개최된 회담은 2003년 4월 27일부터 29일까지 평양에서 개최된 제10차 남북장관급회담이었다. 우리 측은 정세현장관이 수석대표였고 북한 측은 김령성 내각 책임참사가 수석대표(북한 측은 '단장'으로 호칭)였다. 북핵 문제가 주요 쟁점이었으며 남북 경협 사업, 이산가족 문제, 대구 하계 유니버시아드('03년 8월 개최) 등에 관한 6개 항의 공동보도문을 채택하고 종료하였다. 여기에서 제5차 남북경제협력추진위원회를 5.19~22간 평양에서 개최하는 것으로 합의하였다. 필자는 서울에서 제10차 남북장관급회담을 모니터링하면서 남북회담 운영의 큰 흐름, 남북 간의 현안 사항, 민감한 북핵 문제에 대한 남북한 간의 기본 입장 등을 파악하였다. 제10차 남북장관급회담에 이어 평양에서 개최되는 제5차 경추위에 필자는 지원(통제)단장으로 우리 측 회담 대표단 일원으로 참가하게 되었다. 제5차 경추위 우리 측 위원장(수석대표)은 김광림 재정경제부 차관이었고 위원(대표)들은 조명균(통일부 교류협력국장), 강교식(건설교통부 국토정책국장), 김창세(건설교통부 수자원국장), 김해종(국무총리실 심의관)이었다. 건설교통부에서 두 명의 대표가 참여한 것은 남북한 철도·도로 연결 문제, 임진강 수해 방지 문제가 당시 남북한 간에 협의되고 있는 현안 문제였기 때문이었다. 북한 측의 위원장은 박창련 국가계획위원회 1부위원장이었고, 위원들은 박정성(철도성 대외철도협조국장), 최현구(삼천리총회사 사장), 박성희(전기석탄공업성 부국장), 조현주(민족경제협력연합회 참사)였다.

2003년 12월, 경제분야 남북회담을 위해 북한 순안공항에 도착한 우리 측 회담 대표단(앞줄 오른쪽에서 두 번째가 필자)

남북회담은 보통 회담 대표단이 처음 모두 참가하는 개회적 성격의 전체 회의가 열리고 그 이후로 현안 문제를 타결하기 위한 위원장 접촉이나 위원 접촉이 수시로 열리고 마지막에 종결 회의적 성격의 전체 회의를 열어 마무리하였다. 5월 20일 오전에 개최된 전체 회의에서 북한 측은 기본 발언을 통해 한미 공동 성명(2003.5.15)에서 북핵 문제 관련 한미 간에 "추가적 조치" 명시와 관련하여 "반북 대결 시 남북 관계가 령으로 되고... 재난을 당하게 될 것"이라는 위협적인 발언을 하였다. 당시 한미 정상회담 이전에 개최되었던 미일 정상회담의 공동성명에서는 북핵 문제 관련 "추가적 조치를 취한다"고 했고, 한미 정상회담에서는 남북관계를 고려하여 미국 측을 설득하여 "추가적 조치를 검토한다"고 수위를 낮추어 발표하였다. 필자는 회담 지원(통제)단장으로 상황실에서 회담 진행 상황을 모니터링 하던 중 이와 같은 북한 측의 "령", "재난"과 같은 위협적인 발언을 듣고 불현듯 1994년 3월 판문점에서 열린 남북 특사교환 실무접촉에서 북한 측의 박영수 대표가 우리 측 송영대 대표(당시 통일원 차관)에게 "서울 불바다"라고 위협적 발언을 한 것이 생각났다. 순간적으로 필자는 우리 측이 대북 경제적 지원을 통해 남북 관계를 진척하기 위해 노력하고 있는데 이와 달리 북한 측이 우리 측에게 대결적, 위협적 태도를 취한데 대해 강력한 조치를 해야겠다고 판단했다. 필자는 북한 측의 위협적 발언에 대해 이대로 넘어가서는 안 되는 중대한 문제라고 보고 북한 측에 항의하고 바로 잡기로 했다. 전체 회의를 마치고 온 수석대표를 비롯한 회담 대표단과 지원단의 핵심 인원은 평가 모임을 가졌다. 필자가 먼저 북한 측의 위협적인 발언에 대해 문제를 제기하고 이에 대해 북한 측에 강력한 조치를 취해야 한다고 주장하였다. 수석대표를 비롯한 대부분의 회담 대표들은 북한 측의 발언에 중대한 문제가 있다고 공감하였다. 후속으로 서울상황실과 이 문제에 대한 협의를 하였는데 서울 본부 측에서도 북한 측의 발언이 문제가 심각하며 이에 대해 강력히 항의해야 한다는 입장을 통보해 왔다. 따라서 평양 현지에서 우리 측 연락관이 북한 측 연락관에게 북한 측의 발언의 문제점을 강하게 제기하였다. 북한 측의 1차 반응은 심각하게 생각하지 않는 태도였다. 시간을 두고 재차 북한 측에게 강하게 문제 제기를 하였다. 북한 측은 남북 관계 상황을 고려하여 과거의 발언보다 발언 수위를 낮추었는데 남한 측이 지나치게 과민 반응하는 것 아니냐고 대응했다. 우리 측은 북한 측에게 강한 메시지를 보낸다는 입장에서 오후 남북한 간 회의를 개최하지 않았다.

저녁 무렵에 남북한 간 위원장 접촉을 통해서 우리 측 위원장이 북한 측 위원장에게 다시 강하게 문제를 제기하였다. 이에 대한 북한 측의 태도는 이전과 달라진 것이 없었다. 5월 20일 전체 회의가 있은 다음 날인 21일에는 우리 측이 이 문제를 심각하게 여긴다는 것을 보이기 위해 하루 종일 일체의 남북한 접촉을 하지 않았다. 그러자 북한 측이 심각함을 감지한 것 같았다. 22일 점심 식사 후 이루어진 위원 접촉에서 북한 측은 회담 첫날 전체 회의에서의 자기 측 발언에 대한 해명을 해왔다. "남쪽에서 재난을 당하게 될 것이라고 한 것은 미국이 항시적으로 우리에 대한 군사적 선택권을 배제하지 않고 있다고 하는 조건에서 이제 조선반도에서 전쟁이 일어나는 경우 어차피 북과 남이 다 같이 전쟁에 말려들게 되고 그렇게 되면 남측이 피해를 입게 될 것은 당연한 사실입니다. 다시금 강조하지만 우리의 근본 취지는 대결이 격화되어 북남 관계가 령으로 되고 재난이 닥쳐와 북이나 남이나 불행하게 되지 않고 다 같이 잘 되기를 기대하는 의미에서 한 말이었음을 명백히 하게 됩니다"라고 해명하였다. 우리 측은 북한 측의 이와 같은 해명이 우리 측의 강력한 문제 제기에 대한 사실상 '사과'를 해온 것으로 보고 경추위 회담을 재개하였다. 남북회담 사상 처음으로 북한 측으로부터 '사과'를 받은 것이 아닐까 생각된다. 또한 남북회담 사상 처음으로 회담 기간 중 50시간 동안 회담을 하지 않은 사례로 여겨진다. 회담이 재개되면서 북한 측은 이틀 전 위협적인 발언으로 회담이 난항을 거친 상황에는 관심이 없었고 우리 측에게 북한의 식량 사정이 좋지 않은 상황을 솔직하게 말하면서 대북 식량 제공을 요청하였다. 23일 밤늦게 쌀 40만 톤을 차관 방식으로 제공하는 등 7개 항(경의선·동해선 철도·도로 연결 공사, 개성공단 건설, 임진강 수해 방지 사업, 경협 제도적 장치 마련, 금강산 관광 활성화 등)의 합의문을 채택하고 23일 밤늦게 종결 회의인 전체 회의를 마쳤다.

필자는 평양 개최 제5차 경추위에 회담 대표단 일원으로 참가하면서 생생한 회담의 현장 체험은 물론 다양한 남북회담의 이모저모를 경험하였다.

북한의 지속적인 전력 지원 요청

필자는 제5차 경추위 회담 이후 개최된 다양한 남북 경제회담에 지원(통제)단장으로 매번 참가해서 필자가 그토록 하고 싶어 했던 남북회담의 일꾼으로 보람있게 활동하였다. 그 외에도 남북장관급회담, 남북 군사회담, 남북 적십자회담 등에 전략반원으로 참가해서 모든 남북회담에 직·간접적으로 관여하였다. 남북회담의 전체 흐름과 진행되는 남북한 간의 현안 문제를 꿰뚫어 볼 수 있는 경험을 하였다. 필자는 노무현 정부 시절 5년 간 전반부(2003.3.28~2005.2.4)는 상근회담대표, 중반부(2005.2.5~2006.6.11)는 기획관리실장, 후반부는 다시 상근회담대표(2006.6.12~2008.2.29)로 일하였다. 전반부에서의 상근회담대표 시절에서는 남북 경제회담 분야를 맡았으나 후반부의 상근회담대표 시절에서는 남북 사회·문화회담(남북 적십자회담 포함) 분야를 맡았었다. 우선적으로 전반부에서의 상근회담대표 시절부터 언급하고자 한다. 필자가 다양한 남북 경제회담에 참가하면서 관심을 갖고 관찰하거나 목격한 특이한 사례 등을 정리해 본다.

2004년 5월 18일에서 19일까지 서울 고속터미널 옆의 JW메리어트호텔에서

'동북아 전력 계통 연계' 주제의 국제 심포지움이 개최되고, 20일에서 21일까지는 창원에 있는 한국전기연구원에서 남한·북한·러시아 3자 회의가 개최되었다. 국제 심포지움에는 국내에서 130여 명, 북한 측에서 7명, 러시아를 비롯한 해외에서 24명 등 총 160여 명이 참가하였다. 북한 측에서는 경추위 위원장인 최영건 건설건재공업성 부상, 김정삼 국가계획위원회 참사, 박성희 전기석탄공업성 국장, 김준홍 전력 및 원격조종연구소장, 신문태 전력 및 원격조종연구소 3급 연구사, 량정모 민화협 참사, 배웅 민경련 부원이 참석하였다.

북한 측은 2000년 6월 남북정상회담 이후 남북장관급회담, 남북경제협력추진위원회, 남북 전력협력 실무협의회 등을 통해 우리 측에게 전력 제공을 계속 요구하고 압박하였으나 우리 측은 이에 대해 소극적이거나 부정적인 입장·태도로 대응하였다. 북한 측은 동북아 전력 계통 연계 관련 다자간 국제회의에 참가해 간접적으로 우리 측에게 전력 제공을 요구하거나 압박하기 위한 의도로 참가한 것이었다. 동북아 전력 계통 연계와 관련하여 UNESCAP(유엔경제사회이사회) 주관으로 2003.4.8~11 블라디보스톡에서 동북아 에너지 협력회의 제1차 실무협의회가 개최되었는데 이때 남한, 북한, 러시아, 몽골 등 4개국 정부 대표와 전문가 70여명이 참가한 적이 있었다. 러시아는 전력 판매를 위해 적극적이었고 북한은 경제적 이익 확보 차원에서 높은 관심을 보였고 우리는 민간 차원에서 중·장기적 과제로 연구한다는 차원이었다. 필자는 남북 경제회담 담당으로서 경추위를 비롯해 실무급 경제 회담에도 참가하였고 북한 측에서 국제 심포지움에 참가한 대표들과 면면이 익숙한 사람들이었기 때문에 업무의 일환으로 서울에서 개최되는 국제 심포지움에 참석하였다. 국제 심포지움에 참가한 북한 측 대표들과 인사도 나누고 그들의 동정과 관심사를 살피면서 심포지움 내용도 청취하였다. 북한 대표단으로 참가한 박성희 국장은 "우리나라(북한)에서의 에네르기 해결 전망과 그 실현을 위한 과업"을 발표하였고, 김준홍 소장은 "동북아 지역 전력망 형성을 위한 나라들 사이의 협력을 강화할데 대하여"를 발표하였다.

국제 심포지움 중간에 coffee break가 있었는데 필자가 커피를 따르려고 하는데 순간적으로 북한 측 최영건 부상과 조우하게 되었다. 필자와 그 단둘이 만나게 되었다. 필자가 거의 모든 남북 경제회담에 참가하였기 때문에 그와 안면을 익힌 사이라 단둘이 이야기를 나눌 수 있었다. 서로 가벼운 의례적인 인사가 끝나자 그는 대뜸 필자에게 북한 경제는 도저히 살아날 수가 없다고 하면서 근본적 이유는 전력 사정 때문이라고 말하였다. 북한 측이 남한 측에 수차례 전력 제공을 요청했는데도 불구하고 전력 제공을 해주지 않는 이유를 모르겠다고 강한 불만을 토로하였다. 필자는 전력 제공과 관련해서는 복잡한 문제가 있어서 쉽지 않다고 말하였다. 이에 대해 그는 바로 "미국이 주지 말라고 해서 못 주는거지"라면서 필자에게 직설적으로 말하였다. 필자는 "그런 것이 아니다. 전력 문제는 다른 경제 문제와 달리 기술적 문제 등 어려운 것이 많다"고 대응하였다. 곧 이어 국제 심포지움이 재개됨으로써 필자와 최 부상과는 더 이상 얘기를 나누지 못했다. 북한 사람은 남한 사람과 1:1로 만남이 금지되고 말도 조심해야 하는데 우연찮게 필자와 1:1로 만나게 되어 북한 측의 감시가 없자 그가 솔직하게 북한 사정을 얘기한 것 같았다. 또한 필자를 통해 남한 당국의 입장을 간접적으로 파악해 보려고 했던 것 아닌가라는 생각이 든다.

필자는 북한의 전력 사정이 심각하다는 것을 여러 가지의 사례를 통해 잘 알고 있었다. 필자가 대북 경수로 사업을 담당하면서 북한 측 전력 관계자와 편안한 자리에서 만나 이야기를 나눈 적이 있었다. 그 북한 측 관계자는 KEDO가 약속한 공사 일정대로 경수로 발전소가 완공되어 북한 곳곳의 공장에 전력을 하루 빨리 공급해주는 날이 오기를 고대한다고 하였다. 그와 개인적으로 가까운 북한 공장 지배인들은 경수로 발전소가 완공되면 자기 공장부터 우선 전력을 공급해달라고 간절히 요청하기도 한다고 말하였다. 그는 우리 측이 제공한 경수로 발전소 운영 자료를 완전히 모두 숙독하였다. 더 추가적으로 계속 자료를 주었으면 좋겠다고 하는 등 경수로 발전소 사업에 매우 적극적이고 열정적인 모습을 보였다. 2000년 6월 13일부터 15일까지 남북정상회담이 개최되기 전에 임동원 국정원장이 대통령 특사로 6월 3일 북한을 방문하여 신의주 부근에 있는 김정일 특각에서 김정일 위원장을 만난 일이 있었다. 이때 김정일 위원장이 5.29~31간 중국을 방문했던 기록 영화를 보자고 하면서 북쪽이 전력 사정이 좋지 않아 전압이 고르지 못해 영화 보는데 지장이 될 때가 있으니 양해해 달라고 임동원 특사단에게 얘기한 적이 있었다. 그리고 김정일 위원장이 현대 측에게 개성공단을 건설할 것을 제안하면서 전력은 남쪽에서 제공해야 한다고 단정 짓는 일도 있었다. 북한의 최고 지도자가 북한의 어려운 전력 사정에 대해 솔직히 시인하는 사례였다.

김정일 위원장이 90년대 중반 김일성이 사망하고 '고난의 행군'을 겪으면서 심각한 북한의 경제난을 타개하기 위해 나름대로 전략적 판단을 한 것 같다. 대내적인 경제관리 개선 조치로 경제 현실에 맞게 조정(임금 인상, 환율·가격 현실화, 독립채산제 확대, 부분적으로 배급제 폐지 등)하고, 중국식의 경제특구 방식(신의주 특별행정지구, 나진선봉 경제지구, 금강산 관광지구, 개성 공업지구)을 추진하였다. 그리고 내부의 만성적인 경제난을 해소하기 위해 남한과의 관계 개선을 통해 경제적 실리를 확보하고자 하였다. 쌀, 비료, 전력, 건설 원자재, 농업 기자재, 경공업 원자재, 묘목 등을 남한으로부터 확보하고자 하였다. 전력을 제외하고는 대부분 남한으로부터 제공받을 수 있었다. 우리도 어려운 북한 동포를 돕는 인도적 지원이라는 명분도 있고 남북 공동 경제 발전이라는 측면도 있고 상호 호혜적인 측면도 있었다. 우리의 경제적 지원이나 협력을 통해 군사적 문제 해결 등을 위한 레버리지 측면도 있어서 전력을 제외하고는 우리의 부담 능력 범위 내에서 북한 측에 지원하였다. 물론 우리가 원하는 북핵 문제 해결이나 남북한 군사 문제 해결에 제대로 기여를 했는지에 대한 따가운 비판은 물론 뒤따랐다. 북한이 2002년 '7·1 경제관리 개선 조치' 이후 은밀히 '선군경제 건설 노선'을 마련하여 내부 자원을 총동원하여 핵·미사일 능력 향상 등 무력 증강에 집중한 점을 간과한 측면이 분명히 있다. 남북한 간에 동상이몽의 머리싸움을 한 것이라고 평가한다.

대북 전력 지원의 문제점

북한에 전력을 제공하는 문제는 매우 복잡한 어려운 사안이었다. 전력 제공은 북핵 문제 해결과 직접 연계된 문제이기도 했다. 그리고 기술적 문제로 남북한 간의 전력 계통의 구조가 서로 상이하여 직접 연결 시 쌍방의 전기 품질 저하 및 갑작스러운 송전 중단 가능성이 있었다. 별도의 변환 설비(교류 → 직류 → 교류)가 필요한데 공사 기간이 3년여 소요되며 공사비는 당시 기준으로 2,000억 원 정도 드는 것으로 추산되었다. 그리고 북한에 대규모 송전 시 남한의 예비율 하락을 가져오고 전압, 주파수에도 영향을 미쳐 남한 자체 수급에도 차질이 발생할 수 있는 문제점이 있었다. 마지막으로 우리가 북한에 제공하는 전력이 군사적으로 전용될 가능성도 우려하지 않을 수 없었다.

북한 측이 공식적으로 우리 측에 전력 제공을 요청한 것은 2000.12.12~16 평양에서 개최된 제4차 남북장관급회담에서였다. 북한 측은 우리 측에게 총 200만 KW 제공을 요청하면서 우선적으로 50만 KW를 제공해달라고 요청하였다. 원래는 제3차 남북장관급회담(2000.9.27~30, 제주)에서 북한 측이 전력 제공 문제를 제기하려고 하는 것을 우리 측이 간파하여 강력히 제지하여 제3차 회담에서는 제기하지 않았다. 제4차 남북장관급회담 때부터 북한 측은 우리 측에 전력 제공을 처음 공식적으로 요청한 이후 여러 후속 회담에서 지속적으로 요청하고 압박을 가하기도 하고 다른 사안과의 연계도 시도하였다. 우리 측은 북한 측의 전력 제공 요청에 대해 실태 조사가 선행되어야 한다고 대응하였다. 이에 대해 북한 측은 우선 전력 지원의 규모, 방법, 시기를 우선 확정한 후 이에 따른 후속 조치로 실태 조사를 하자고 주장하였다. 북한 측은 전력 협력 사업이 김정일 위원장의 지시라면서 전력 사업 문제를 우선적으로 협의하지 않으면 다른 사안은 논의할 수 없다고 압박하였다. 전력 협력 문제가 해결되어야 남북 철도 및 도로 연결과 개성공단 건설이 원만히 추진될 것이라고 연계 제안을 하였다. 북한 측은 우리 측의 전력 지원 약속을 대가로 북한 측이 무엇을 해주면 되겠느냐고 설득 노력도 했다. 국제적인 동북아 전력 계통 연계의 일환으로 전력 확보를 위한 노력을 시도하기도 하였다. 이처럼 북한 측이 전력 확보를 위해 다양한 시도를 하였지만 앞서 설명한 것처럼 전력 제공 문제는 간단한 사안이 아니기 때문에 북한 측이 강하게 압박한다고 쉽사리 제공할 수는 없었다.

돈 문제에 민감한 북한 대표단

북한은 어려운 경제난 해소를 위해 남북회담을 통해 경제적 실리를 확보하고자 다양한 시도를 하였다. 필자가 실무 분야의 남북 경제회담의 지원(통제)단장으로 참가했을 때였다. 필자가 경제 회담의 회담 대표로 전면에 나서지는 않으면서 모든 경제 회담에 참가하는 것을 북한 측이 간파하고 필자를 막후에서 지휘명령 계통에 있는 지휘부 인원으로 판단한 것 같았다. 두 차례의 경제 실무회담(2004년 4월 개최, 제3차 임진강 수해 방지 실무협의회와 제3차 남북 청산 결제 실무협의)에서 북한 측 지휘 인원이 비공식적으로 필자를 만났으면 하는 연락이 왔다. 공식 회담은 아니고 서로 편하게 앉아 비공식적으로 서로의 속내를 이야기하는 자리였다. 북한 측 인사는 경추위 우리 측 수석대표, 그리고 대표에게 별도로 부탁한 사안인데 답신이 없다고 하면서 진행 상황과 결과를 향후 남북장관급회담과 경추위에서 알려주고 마무리되었으면 좋겠다고 말했다.

그 내용인즉, 벼 종합 수확기(콤바인) 2,000대 지원, 농산물 가공 토산품(들깨, 참기름, 고춧가루, 고추장, 감자·고구마 전분 등)의 남한 반입, 평양 양묘장 건설 지원(종자, 기자재 등) 등 3가지 요청 사항이었다. 북한은 벼 수확 시 보통 30%의 유실이 발생하는데 민간 NGO인 우리민족서로돕기운동에서 3차례 보내준 중고산 콤바인(2001년 15대, 2002년 50대, 2003년 100대)으로 벼 수확 시 많은 성과를 보았던 모양이었다. 이번에도 민간 차원이든 정부 차원이든 방법에 구애받지 말고 지원해주었으면 좋겠다고 했다. 그러나 민간단체에서 중고품이더라도 대량 보내기에는 부담 능력의 한계를 훨씬 벗어나는 규모였다. 정부 차원에서 보내기도 부담되는 금액이었다. 당시 기준으로 콤바인 2,000대 지원은 중고품은 150억원 내외, 신제품은 400억원이 소요되는 큰 금액이었다. 신제품은 국내 연간 생산 능력을 감안해 보면 즉시 시행할 수도 없고 북한 측의 요구는 쉽사리 들어줄 수 없는 사안이었다. 농산물 가공 토산품은 해외 수입 물량의 한도, 국내의 해당 농산물 가격 문제, 관세 문제 등으로 대부분 반입이 어려운 품목이었다. 다만 들깨는 반입 물량 한도 범위 내에서 500톤을 증량해 주었는데 북한 측 관계 인사가 고맙다는 뜻을 우리 측에게 전해왔다. 평양 양묘장은 민간 차원에서 지원해 줄 수 있는 사항이었다. 그밖에 북한 측의 민원 처리를 부탁하기도 하였다. 북한 측의 무역기관 인사가 북한의 회담 대표단에게 부탁한 내용인 것 같았다. 북한의 물품을 구입한 남한 업체가 북한 업체에게 장기간 대금 결제를 해주지 않아 골치 아프다고 말했다. 우리 정부가 나서서 그 남한 불량 기업인들을 찾아 북한 측에 대금 결제를 해주도록 하든지 아니면 우리 정부가 대납해주고 그 불량 기업인들로부터 대금을 추징하면 안되겠느냐는 것이었다. 북한 측의 어려운 사정은 이해하지만 민간 차원에서 상업적 거래가 이루어진 것에 정부가 나서기는 쉽지 않고 남한 전역에서 그 기업인들을 찾아 낼 방도도 마땅치 않은 문제였다.

북한은 경제 사정이 어렵고 특히 외환 사정이 좋지 않아서 돈에 관한 문제가 발생하면 철저히 챙기려는 것을 남북 관계 일을 하면서 가끔 목격하기도 하였다. 2003년 10월 23일부터 27일까지 제주도에서 남북한 인원이 참가하는 제주민족평화축전이 개최되었다. 남북한이 축구, 마라톤, 탁구, 씨름, 태권도 등 7개 종목 시합과 미술, 수공예품, 도자기 등을 전시하면서 남북한 화합과 평화 분위기를 조성하고자 하였다. 주최는 '제주민족평화축전 남측 조직위원회(위원장 : 김원웅)'가 MBC의 후원을 받아 추진하였다. 우리 측은 125명이 참가하였고 북한 측은 당초 예술단·취주악단을 포함하여 400여 명을 파견할 예정이었으나 정세를 이유로 예술단·취주악단 참가를 취소하고 171명(체육단 110명, 대표단 및 보장성원 61명)만이 참가하였다. 필자는 당시 경제 분야를 담당하고 있었고 이 행사는 사회문화 분야라 제주행사 현장에 참가하지 않았는데 북한 측 대표단에 대남 사업 관계자들이 참석한지라 축전 행사 마지막 날에 통일부 지원단을 방문하였다. 축전 행사 자체는 비교적 예정대로 잘 진행되었다. 북한 대표단이 북한으로 귀환해야 할 시간이 되었는데 우리 측 조직위 측과 해결해야 할 일이 마무리되지 않아 북한으로의 출발이 지연되고 있었다. 분위기가 어수선하였다. 필자는 순간 남북 관계 행사에서 흔히 발생하는 정치적인 문제가 발생한 것으로 처음에는 생각했다. 시간이 좀 지났는데도 여전히 문제는 해결되지 않았는지 직원들이 분주히 왔다 갔다 했다. 필자가 나서서 상황을 파악해보니 우리 측 조직위가 북한 측에게 지불할 대가 규모로 논쟁이 오가고 있었다. 당초 우리 측 조직위는 현금 100만 불과 행사 관련 물품 120만$을 제공하기로 합의하였다. MBC 측이 조직위와 100만$ 후원 계약을 체결했으나 북한 측이 일방적으로 예술단·취주악단 불참 등 참가 규모를 축소하자 MBC 측은 후원 계약을 해지하였다. MBC 측은 조직위 측에 선지급한 50만$을 반환할 것을 요구하였다. 그러나 조직위 측은 MBC로부터 받은 선금 50만$을 북한 측에 행사 준비금으로 이미 지불한 상태였다. 이러한 상황에서 우리 측 조직위는 MBC의 후원 계약 해지와 후원 기업 감소로 북한 측에 제공할 대가를 축소할 수밖에 없었다. 우리 측 조직위는 북한 측에게 현물 지원 축소를 통보하였으며 이에 대해 북한 측이 강하게 반발하면서 귀환을 지연시키고 있었다. 북한 측은 축전 조직위 측에서 당초 약속한 대가를 지불해야 한다고 주장했다. 당초 약속한 참가단 규모를 북한 측이 일방적으로 축소하여 생긴 합의 불이행으로 발생한 일인데도 우리 측 조직위원회가 전액 지불할 것을 끈질기게 고집하였다. 북한 측은 돈과 관련된 문제에 대해서는 양보가 없었다. 당초 10월 27일 오후 5시에 북한 참가단이 귀환할 예정이었으나 대가 문제로 난항이 생겼고 결국에는 오후 8시가 훨씬 지나서야 고려항공에 탑승하였다. 그러나 평양 지역의 기상 악화로 북한 참가단은 비행기에서 내려 한참 기다렸다가 자정이 거의 되어서야 비행기가 이륙하였다. 당시 대가 문제의 협상(남 : 김원웅 대 북 : 전금진)이 어떻게 타결되었는지 자세히 알 수 없었으나 나중에 들어보니 서로 논쟁만 하다가 해결을 하지 못한 채 유야무야되었다고 한다.

남북한의 동상이몽

2005년 7월 9일부터 12일까지 서울에서 개최된 제10차 경추위에서 북한 측은 우리에게 2006년부터 5년 동안 매년 화학섬유 3만 톤, 6천만 켤레의 신발 생산 자재, 종려유 2만 톤을 제공해줄 것을 요청하였다. 북한 주민의 생필품인 의복, 신발, 비누 등 경공업 원자재를 제공해달라는 것이었다. 북한은 김일성 생일인 4·15 태양절, 김정일 생일인 2·16 광명성절 등 국가 명절에 북한 주민들에게 수령, 나라의 하사품(특별 공급)으로 생필품을 지급하였다. 어린이들에게는 교복, 책가방, 학예용품 등, 일반 주민들에게는 돼지고기, 식음료, 생필품 등을 지급하였다. 이러한 물품 중 일부는 중국에서 수입하여 북한 주민들에게 나누어준다고 알려졌다. 북한은 외환이 부족하고 경제 사정이 어려워 남한에 생필품 생산을 위한 원자재를 제공해 달라고 요청한 것이다. 처음에 북한 측은 최대 3억$ 정도의 규모를 요청하였다. 우리 측은 최대 4,000만$ 정도를 생각했다. 남북한 간의 여러 차례 협상을 거쳐 최종적으로 2006년부터 8,000만$ 상당의 경공업 원자재를 북한 측에 제공하기로 했다. 북한 측이 당해 연도에 3%를 상환하고 잔여분은 5년 거치 10년 분할 상환하는 상업적 방식으로 추진하기로 타결하였다. 이와 연계하여 남한의 투자 하에 함경남도 검덕지구의 지하자원 공동 개발을 추진하기로 했다.

필자가 상근회담대표로서 남북 경제 회담에 참여하면서 북한 측은 남북회담을 경제적 실리 확보 차원에서 일관되게 이용하였다. 물론 장관급 회담이나 사회·문화 회담, 적십자 회담, 군사 회담도 심지어 남북 행사까지도 북한 측은 경제적 실리 확보를 위해 관련 사안과 연계하여 활용하였다. 결국 북한의 김정일 위원장은 당면한 어려운 경제난을 해결하기 위한 실리적 차원에서 남북 관계를 전략적으로 이용한 것이다. 더불어 북한 측에게 유리한 정치군사적 목적도 추구하였다. 우리는 북한보다 훨씬 우위에 있는 경제력을 레버리지로 사용하여 우리의 대북 정책의 목표를 추구하고자 하였다. 남북 관계의 촉진, 한반도 군사 긴장 완화 등 평화 정착, 북한의 바람직한 변화, 그리고 궁극적인 민족공동체 통일 기반 조성이라는 중·장기적 목표를 추구하였다. 외형적으로 나타나는 다양한 남북대화와 남북 교류협력의 증대 이면에는 이와 같은 남한과 북한 각자의 전략적 목표가 깔려있는 것이었다. 과연 어느 쪽이 자기의 전략적 목표를 더 잘 실현하였는지는 냉정히 평가해 볼 필요가 있다. 북한은 남북 교류협력을 통해 남한으로부터 경제적 실리를 확보해 나가면서 한편으로는 은밀하게 핵·미사일 개발 등 비대칭 군사력 강화에 힘쓰고 있었다. 우리는 남북 교류협력을 증대해 나가면 북한이 변화할 것이고 한반도 평화 조성에 성과를 가져올 것이라고 낙관적 기대를 하면서 우리가 남북 관계를 견인해 나갈 수 있다고 생각하였다. 이것도 또한 동상이몽이었다. 남북한은 각자의 전략 목표를 달성하기 위해 서로 고도의 머리싸움을 한 것이었다. 결국은 우리의 대북·통일정책의 목표를 남북회담 등 남북 관계 현장에서 구현해 내는 것은 최고 리더십을 비롯한 통일·외교·안보팀의 냉철한 현실 진단과 전략적 구상, 그리고 지혜롭고 능숙한 대북 협상력에 달려있다고 본다.

남북 군사회담의 이슈들

노무현 정부 때 남북회담사무국에서 상근회담대표로 근무하면서 필자의 직접 담당 업무는 아니었지만 전략반원의 일원으로서 남북 군사회담의 기본 대책 수립과 군사회담 진행 과정의 모니터링 및 대응책 마련을 위한 회의에 참여하였다. 그 과정에서 남북 군사회담의 남북한 간 쟁점과 그 타결 과정을 좀 더 정확히 알게 되는 계기가 되었다. 우리의 대북 정책은 다양한 분야의 남북 교류협력을 통해 남북 관계를 진전시키고 민족공동체를 형성해 나가면서 한편으로는 남북한 간 군사적 긴장 완화와 신뢰 구축을 통해 평화 통일 기반을 구축해 나가는 것이라고 할 수 있다. 1992년 발효된 남북기본합의서 제2장 '남북 불가침'의 여러 조항을 통해 남북한 간 군사적 긴장 완화와 한반도 평화 정착을 위해 필요한 군사적 조치들을 합의하였다. 그러나 남북기본합의서가 북한 측에 의해 사실상 사문화됨으로써 실제 이행된 것은 전혀 없었다. 오히려 남북한 간에는 군사적 충돌이 수시로 발생하여 군사적 긴장이 고조되곤 하였다. 특히 서해 북방한계선(NLL) 남쪽의 연평도 인근에서 우리의 해군 함정과 북한 경비정 간에 해상 전투가 발생하였다. 서해는 4~6월 꽃게 철에 북한 어선이 NLL 남쪽에 많이 서식하는 꽃게를 잡기 위해 남하하는 일이 자주 발생하였다. NLL를 절대 사수하고자하는 우리 해군과 NLL를 무력화하려는 북한 해군 간에 군사적 충돌이 항상 예상되는 위험한 지역이었다. 1999년 6월 15일 발생한 제1차 서해교전과 2002년 6월 29일에 발생한 제2차 서해교전(2008년에 '연평해전'으로 명명)이 그것을 말해 준다. 이와 같은 남북한 간의 군사적 위기를 초래하는 전투 발생을 사전에 방지하고자 하는 조치 마련은 물론이고 향후 한반도 군사적 신뢰 구축 조치를 통한 군비 통제를 위해 우리 정부로서는 적극적으로 남북 군사회담을 개최할 필요가 있었다.

남북한 간 군사적 문제 해결과 남북국방장관회담

2000년 6월 김대중 대통령과 김정일 위원장이 합의한 '6.15 남북 공동선언' 발표 이후 우리 정부는 남북한 간 군사적 긴장 완화와 신뢰 구축을 위해 노력하였다. 그 결과 제1차 남북국방장관회담이 2000.9.24~26 제주도에서 개최되었다. 여기서 남북한은 민간인들의 남북 왕래와 교류협력을 보장하기 위한 군사적 문제 해결과 군사적 긴장 완화 및 전쟁 위험 제거를 위한 노력하기로 합의하였다. 그리고 제2차 남북국방장관회담을 2000년 11월 중순에 북한 지역에서 개최하기로 합의하였다. 그러나 남북한은 군사 문제에 대한 기본 입장의 차이 때문에 제2차 남북국방장관회담 개최는 계속 지연된 채 개최되지 못하였다. 우리 측은 쉬운 문제부터 시작해서 어려운 문제 해결로의 방향(先易後難)인 반면에 북한 측은 자기들이 항상 주장해 온 본질적인 문제 해결을 우선적으로 강조하였다. 북한은 새로운 서해 해상 경계선 설정 문제, 군사분계선 지역(북한은 '전연지대'라 함)에서 선전 활동 중지 및 선전 수단 제거 문제, 영해 통과 해주항 출입항 문제, 외국과의 합동 군사 연습 중지 문제, 북미 간 평화협정 체결 문제 등을 우선적으로 협의해야 한다고 주장했다. 우리 측은 NLL의 재설정 논의는 절대 불가한 것이고 다른 문제들은 남북 관계 진전과 군사적 신뢰가 형성됨에 따라 점진적으로 해결해 나가자는 입장이었다. 이와 같은 입장은 1970년대 남북 대화가 시작된 이래 일관되게 남북한이 견지해 온 기본 방향의 연장이라고 할 수 있다. 김대중 정부 때 7차례의 남북 군사실무회담(남측 수석대표 : 김경덕 국방부 군비통제관실 차장(준장), 북측 단장 : 유영철 인민무력부 부국장(대좌))과 7차례의 남북 군사실무접촉(남측 수석대표 : 1~3차 김경덕 준장, 4~7차 문성묵 대령, 북측 단장 : 유영철 대좌)을 통해 남북한 연결 도로·철도 작업을 위한 지뢰 및 폭발물 제거, 공사 자재 전달, 남북관리구역 설정 등에 관해서만 군사적 보장 조치가 이행되었다.

남북 장성급 군사회담 개최

노무현 정부 출범 후 김대중 정부 때 개최된 남북 군사회담의 연장선상에서 남북 군사실무회담과 남북 군사실무접촉이 이어져 개최되었다. 노무현 정부는 김대중 정부에서 시행된 남북 교류협력 분야에서는 많은 진전이 있었다. 반면에 군사 분야에서는 상대적으로 진전이 없었다고 평가하고 군사 분야의 더 많은 진전을 위해 남북 군사회담의 '급'을 한 단계 높이려고 시도하였다. 제13차 남북장관급회담(2004.2.3~6, 서울)과 제14차 남북장관급회담(2004.5.4~7, 평양)을 통해 우리 측이 남북 장성급 군사회담 개최를 강력히 주장하여 동 회담이 개최되었다. 원래는 제13차 남북장관급회담에서 남북 군사당국자회담을 개최하기로 합의하였으나 그 이후 우리 측이 남북 장성급 군사회담을 2004년 2월 23일 '평화의 집'에서 개최하자고 북한 측에 제의하였으나 이에 대해 북한 측은 무응답이었다. 제14차 남북장관급회담에서 우리 측(수석대표 : 정세현 통일부 장관)이 남북 장성급 군사회담 개최 약속 이행을 촉구하자 북한 측(단장 : 권호웅 내각 책임참사)은 남북 장성급 군사회담은 남북장관급회담의 소관 밖이라면서 끝까지 남북 장성급 군사회담 개최를 거부하였다.

이러한 북한의 입장에 대해 두 가지 견해가 있다. 북한은 선군정치라서 북한 군부의 파워가 세기 때문에 독자적 결정 권한이 있다. 당의 통일전선부가 관장하는 남북장관급회담 결정에 구속을 받지 않기 때문에 그러한 입장이 나올 수밖에 없다는 견해가 있다. 반면에 북한은 당 우위 체제이기 때문에 그 누구도 당의 입장을 거역할 수 없기 때문에 북한의 협상 전술이라는 또 다른 견해도 있다. 어쨌든 북한 측의 이와 같은 거부 태도에 우리 측은 '원칙과 신뢰', 국민 여론을 고려하여 제14차 남북장관급회담이 성과 없이 끝나더라도 향후 대북 협상을 위해 북한 측에 우리 측의 분명한 입장을 전달하기 위해 회담을 종료하고 남한으로 귀환을 준비하였다. 우리 측 대표단의 귀환 시간 20분 전에 북한 측이 긴급 회담을 제의하면서 남북 장성급 군사회담 개최에 동의한다는 입장을 전달해 왔다. 아마 북한 측도 내부적으로 긴급한 논의를 거쳐 상황 판단을 하고 결정한 것으로 보인다. 이와 같은 북한의 긴급한 태도 변화에 대해 우리 측은 사후 평가를 하면서 우리도 북한 측과 협상을 하면서 원칙에 따라 때로는 강한 입장·태도를 보일 필요가 있다는 공감대가 형성되었다.

이와 같은 우여곡절을 거쳐 제1차 남북 장성급 군사회담이 2004년 5월 26일 금강산에서 개최되었다. 필자는 제1차 남북 장성급 군사회담 준비를 위한 정부 내 회의 때부터 참가하여 그 진행 상황을 소상히 알 수 있었다. 쌍방 대표단은 우리 측이 수석대표로 박정화 해군 준장과 4명의 대표(배광복 통일부 과장, 임인수 국방부 대령, 문성묵 대령, 정영도 대령), 북한 측의 단장으로 안익산 인민무력부 소장(우리의 준장과 계급 동일)과 4명의 대표(유영철 인민무력부 대좌, 김상남 대좌, 배경삼 상좌, 박기용 상좌)로 구성되었다. 노무현 정부에서는 남북한 간 군사적 위기 발생을 방지하고 한반도를 평화적으로 관리하기 위해 우선적으로 1999년과 2002년 발생한 서해교전과 같은 서해상의 무력 충돌이 더 이상 발생하지 않도록 하는데 역점을 두었다. 우리 측은 제1차 남북 장성급 군사회담에서 서해상에서 남북 함정 간에 우발적 충돌을 방지하기 위한 방안으로 4가지 구체적 조치들을 제안하였다. 남북의 서해 함대사 간 직통전화 조속 설치·운영, 해상에서 긴급 상황 발생 경우 상선 공통망(156.8Mhz)을 공용 주파수로 지정·활용, 유·무선 통신망 문제 발생 대비 남북 경비함정 간 시각신호 제정·활용, 쌍방 간 불법 어로 행위 단속 활동과 관련 정보 교환 등을 제시하였다.

이에 대해 북한 측은 서해상에서 우발적 충돌 방지 조치와 관련해서는 언급하지 않은 채 군사분계선 지역에서 선전 활동을 중지하고 그 수단들을 제거할 것을 제의하였다. 이를 위한 구체적 일정을 제시하면서 6월 15일부터 '전연 일대'에서의 모든 선전 활동을 완전히 중지하고 8월 15일까지 확성기, 구호, 전광판 등 모든 선전 수단을 전면 제거하자고 우리 측에 요구하였다. 북한 측은 회담에서 선전 중지와 수단 제거가 '절박한 과제'라고 하였다. 필자는 이때 우리 측의 군사분계선에서의 대북 심리전 활동이 북한 군인들에게 상당한 심리적 영향을 주고 있다고 판단하였다. 과거 '70~'80년대에는 전방 군사분계선상에서 북한 측의 체제 선전과 우리 군인의 월북 유인 등 대남 심리전 활동이 많았다. 그러나 남한이 북한보다 경제력이 훨씬 앞서게 되고 선전 장비 등의 기술력 우위로 북한의 대남 심리전보다 우리 측의 대북 심리전의 위력이 더 커져갔다. 북한 측이 우리 측의 대북 심리전 활동을 막아야 하는 것이 긴급한 과제가 된 것이었다. 제1차 남북 장성급 군사회담에서 남북 쌍방이 제의한 중요 해결 과제에 대한 우선순위가 달라 각자 돌아가서 검토하기로 하였다. 제2차 남북 장성급 군사회담은 6월 3일 설악산에서 개최하기로 하였다.

서해상 우발적 충돌 방지와 군사분계선 선전 활동 중지 합의

제2차 남북 장성급 군사회담이 개최되는 기간에 필자는 2004년 6월 2일부터

5일까지 평양에서 개최된 제9차 경추위에 우리 측 대표단의 일원으로 참가하였다. 필자는 남한에서 개최된 제2차 남북 장성급 군사회담의 자세한 진행 상황은 알 수 없었으나 경추위의 지원(통제)단장이었기 때문에 남북 장성급 군사회담의 개략적인 진행 상황은 우리 측의 상황본부로부터 통보받아 알 수 있었다. 서울의 상황본부에서는 경추위와 장성급 군사회담을 연계해 두 회담의 상황 관리와 지휘를 하였다. 두 회담은 동일한 기간에 남한과 북한 지역에서 동시 개최됨에 따라 두 회담이 서로 영향을 주고받는 '쌍끌이 회담'이 된 것이었다.

필자는 6월 4일 새벽에 설악산에서 진행 중인 제2차 남북 장성급 군사회담에서 '서해 해상에서의 우발적 충돌 방지와 군사분계선 지역에서의 선전 활동 중지 및 선전 수단 제거에 관한 합의서('6.4 합의서'로 지칭)'가 채택되었다는 극적인 소식을 평양에서 전해 들었다. 필자는 경추위에서 논의되고 있는 개성공단 등 남북 경제 협력과 쌀 40만 톤 대북 지원 등이 극적 타결을 이끌어내는데 영향력을 미친 것으로 판단하였다.

제1차 남북 장성급 군사회담에서 남북한이 제시한 서로 우선순위가 다른 사안에 대해 필자는 당시 쉽게 타결되기가 어렵다고 파악했다. 적어도 몇 차례 회담을 거쳐야 타결이 가능한 사안이라고 생각하였다. 왜냐하면 우리 측이 제시한 서해상에서의 무력 충돌 방지와 관련하여 북한 측은 근본적으로 새로운 해상 경계선(NLL 문제)의 설정을 주장하며 충돌 방지책에 대해서도 우리 측 제시안과 다른 안을 제시하였다. 북한 측은 군사분계선에서 선전 중지와 선전 수단 제거 문제가 먼저 해결되어야 한다고 주장하였다. 그리고 우리 측의 국방부 심리전 담당 부서에서도 북한 측에서 제시한 군사분계선에서의 심리전 활동 중지에 대해 강하게 반대하는 입장이었다. 대북 군사력 우위를 점하기 위해 첨단 무기를 구매하는 데는 천문학적 예산이 소요된다. 심리전은 크게 비용을 들이지 않으면서 북한에 강력한 위협 요소가 되기 때문에 심리전을 중단하는 것은 군사적 관점에서 잘못된 판단이라는 것이었다. 당시 국방부에서 남북 군사회담을 총괄했던 김국헌 정책기획관(소장)은 상당히 곤욕스러운 처지에 놓여 있었다. 정부 전체적으로는 우리 측이 제시한 '서해상 우발적 충돌 방지'를 위해 북한 측이 제시한 '군사분계선상의 선전 중지와 선전 수단 제거'를 받아들여 동시에 타결하자는 입장이지만 김국헌 장군이 소속된 국방부 내 심리전 담당 부서에서는 강력히 반발하고 있었다. 김 장군은 국방부의 대북 심리전 책임자에게 그의 입장을 충분히 이해한다면서도 정부 전체의 입장을 그에게 설명하면서 설득해야 하는 힘든 위치에 있었다. 당시 이러한 상황에 처한 김국헌 장군을 옆에서 지켜보고 있었던 필자로서는 김 장군의 고충을 관료적인 입장에서 충분히 이해할 수 있었다. 김국헌 장군이 2008년 발간한 그의 저서 「國家戰略의 理解, 一軍人 四十年의 志向」에는 김 장군의 평소 국가관·군인관과 대북 협상에 관한 입장이 잘 기술되어 있다. 나의 예상과 달리 제1차 회담에 이어 일주일이 지나 바로 개최된 제2차 회담에서 극적으로 타결되었다. 그만큼 남북한 쌍방이 제시한 협상 과제가 각자 자기 측 입장에서는 하루빨리 해결되어야 할 절실한 안보 과제로 판단하고 있었기 때문이다.

구체적 조치에 대한 합의 진행

제2차 남북 장성급 군사회담에서 군사분계선 지역에서의 선전 활동 중지 및 선전 수단 제거를 위해 다음과 같이 조치하기로 합의하였다. 2004년 6월 15일부터 군사분계선 지역에서 방송과 게시물, 전단 등을 통한 모든 선전 활동을 중지한다. 8월 15일까지 군사분계선 지역에서 모든 선전 수단을 3단계(1단계 : 6.16~6.30, 군사 분계선 표식물 제0001호~제0100호, 2단계 : 7.1~7.20, 제0100호~제0640호, 3단계 : 7.21~8.15, 제0640호~제1292호)로 나누어 제거한다. 상대측의 선전 수단 제거 결과를 자기 측 지역에서 감시하여 확인하되 필요에 따라 상호 검증한다. 어떠한 경우에도 선전 수단들을 다시 설치하지 않으며 선전 활동도 재개하지 않는다는 것이었다.

이와 같이 남북한이 합의한 내용대로 차질 없이 진행되는 과정에 민감한 문제가 쟁점이 되었다. 북한 측은 우리 지역의 종교 시설물(석탑, 석등, 크리스마스 나무 등)도 철거해야 한다는 것이었다. 우리 측은 북한 지역의 김일성 관련 시설물을 철거해야 한다고 주장하였다. 우리 측은 북한 측이 철거를 주장한 종교 시설물은 북한 측을 향한 시설이 아니라 내부 선교용이므로 합의 대상의 선전물이 아니라고 전달했다. 우리 체제상 민간 종교 단체에서 설치한 시설물을 철거할 경우에 우리 내부의 반발을 초래할 수 있으므로 곤란하다는 입장을 강조하였다. 북한 측 지역에 김일성 관련 시설물은 황해남도 연안군, 배천군에 "위대한 수령 김일성 동지 혁명사상 만세" 구호가 있었고 개성시 판문군에는 "위대한 수령 김일성 동지는 영원히 우리와 함께 계신다"는 김일성 영생탑의 구호가 있었다. 이 구호들은 우리 장병들에게 보이도록 되어 있었다. 우리 측은 북한 측에게 이것은 선전물이라고 철거를 요청하였다. 이에 대해 북한 측은 이 구호들이 남한 측 지역에서 육안으로는 보이지 않으며 북한의 모든 군·리 소재지에 있는 내부용으로 남한 측을 대상으로 한 것이 아니므로 철거 대상이 아니라고 주장하였다. 나아가 남한 측의 소위 '존함 구호'의 철거 요구는 정치적 도발이라면서 북한 측은 강력히 반발하였다. 결국 남한 측의 종교 시설물과 북한 측의 김일성 관련 시설물은 각자 체제상의 민감한 문제이므로 상호 양해 하에 존치하는 것으로 합의했다.

북한 측은 우리 민간단체들의 계기별 대북 전단 살포에 대해서 '6.4 합의서'를 근거로 남한 측이 위배하고 있다고 우리 측을 압박하였다. 북한 측은 우리 측이 모든 선전 활동을 중지한다고 약속했다면서 그 내용에는 민간단체를 포함한 모든 선전 활동이 포함된다고 주장하였다. 이에 대해 우리 측은 남북 장성급 군사회담에서 합의한 내용은 정부 차원 특히 군사분계선상에서의 군사적 선전 활동의 중지에 한정된다고 답하였다. 우리의 자유민주주의 체제상 민간단체의 활동은 정부가 함부로 관여할 수 없다는 것을 누차 설명하였다. 그럼에도 불구하고 북한 측이 우리의 자유민주체제의 속성을 잘 알면서도 계속 이러한 주장을 하는 것은 대북 심리전 활동이 북한 군인이나 주민에게 미치는 영향력이 크다는 것을 의미한다. 또한 수령 중심의 유일 영도 체제하에서 북한의 최고 지도자인 소위 '존엄'의 권위, '영상(이미지)'을 훼손하는 행위는 북한 측이 절대 용납할 수 없는 일이기 때문에 즉각적인 반발이 나온 것으로 판단된다.

서해상의 우발적 충돌 방지를 위해서는 2004년 6월 15일부터 다음과 같은 조치를 하기로 합의하였다. 국제 상선 통신망(156.8Mhz, 156.6Mhz) 활용, 보조 수단으로 기류 및 발광 신호 규정 제정, 불법 조업 선박의 동향 정보 상호 교환 등이었다. 그러나 실제로 이 합의 내용은 그 이후 제대로 이행이 되지 않았다. 북한 측이 필요하면 우리 측에게 국제 상선 통신망을 통해 연락이 왔으나 우리 측이 필요해 국제 상선 통신망을 통해 북한 측에 연락하면 전혀 응신이 없었다. 그리고 북한 측의 어선 및 경비정이 NLL을 넘어오는 경우가 계속 반복되었다. 결국 '6.4 합의서'는 북한 측이 원하는 것만 이행되었다. 우리 측이 원한 것은 제대로 이행이 되지 않았다. 물론 남북한 간 군사적 위기 해소와 군사적 신뢰 구축을 위한 우리들의 노력이라고 볼 수 있지만 굳이 손익 계산을 해보자면 결과적으로는 북한 측이 이득을 본 결과라고 평가할 수 있다.

'10.4 선언'

노무현 정부에서는 서해상의 우발적 충돌 방지와 평화 정착을 위해 그 이후에도 여러 가지 정책 대안을 검토하였다. 남북 군사회담(장성급회담, 실무회담 등)도 계속 추진하였다. 서해 바다를 '경제의 바다'로 설정해서 안보 문제를 해결해 나가면서 '평화의 바다'로 만들어간다는 발상 하에 제시된 하나의 안은 서해 해상에서 평화수역을 지정하고 그 안에 남북 공동 어로 구역을 운영하는 것이었다. 공동 어로 구역에서는 남북한의 선박이 자유롭게 조업을 하며 이 구역 안으로는 남북한의 해군 경비함정의 출입을 금지시킨다는 것이었다. 초기에 공동 어로 구역안을 검토할 때는 해양수산부가 부정적인 입장을 취했다. 서해 해상에서의 꽃게가 대부분 NLL 남쪽에 집중 서식하고 있고 당시 꽃게 어자원의 부족 현상이 생겨 우리 측 어업인들의 불만이 예상된다는 것이었다. 2000년 현지 어업인 여론조사 시 NLL 인근 서해상의 어종 자원 고갈 등을 이유로 남북 공동 어로 구역 설정에 대해 반대 의사를 표명했다. 또한 중국 어선들이 NLL 이남으로 불법 남하하여 조업하고 있는 사례가 빈번한데 단속해서 보면 상당수 중국 어선이 북한 비표를 소지하고 조업하고 있었다.

해양수산부의 부정적인 의견이 있음에도 불구하고 서해 해상의 우발적 무력 충돌 방지와 평화 유지를 위해 남북 군사회담에서 평화수역과 공동 어로 구역 설정 문제를 북한 측과 협의하기 시작하였다. 군사적으로는 2004년 제1·2차 남북 장성급 군사회담 때 서해상의 우발적 무력 충돌 방지를 위해 우리 측이 제안했으나 '6.4 합의서' 채택 때 제외되었던 남북한의 서해 함대사(남 : 평택, 북 : 남포)간 직통 전화(Hot-Line) 설치를 북한 측에 재 요구하였다. 그리고 평화수역과 남북 공동 어로 구역 문제를 북한 측과 협의했다. 북한 측은 서해상의 군사분계선을 새로운 시대에 맞게 새롭게 설정해야 본질적인 평화를 구축할 수 있다면서 NLL 문제를 다시 제기했다. 우리 측은 NLL 기선으로부터 시작하여 평화수역과 공동 어로 구역을 균등하게 설정하자는 입장이었다. 북한 측은 우리 측이 고수하고 있는 NLL과 그들이 NLL 이남에 제시한 '해상 경비 계선' 사이 지역에 설정해야 한다는 주장을 했다. 결국 우리 측이 서해 해상의 평화를 위해 제시한 평화수역과 공동 어로 구역 설정 의제를 북한 측은 NLL을 무력화하고 새로운 해상 군사분계선 설정을 위한 의제로 악용하였다. 이밖에도 남북 군사회담에서는 한강 하구의 공동 이용, 영해를 통과하는 해주 직항 문제도 다루었으나 서로의 현격한 입장 차이로 인해 합의를 이끌어내지는 못했다.

그러나 남북 군사회담을 통해 숙성된 논의들은 2007년 10월 2일부터 4일까지 개최된 노무현 대통령과 김정일 위원장 간 남북정상회담을 통해 도출된 '남북관계 발전과 평화 번영을 위한 선언('10.4 선언')'에서 합의점이 발표되었다. 서해 해상의 평화를 위해 '경제'로 '평화'를 확보하는 방안으로 '10.4 선언'의 제5항 내용 중에 해주 지역과 주변 해역을 포괄하는 '서해 평화협력 특별지대'를 설치하기로 한 것이었다. '서해 평화협력 특별지대'에 공동 어로 구역과 평화수역 설정, 경제특구 건설과 해주항 활용, 민간 선박의 해주 직항로 통과, 한강 하구 공동 이용 등을 적극 추진해 나가기로 합의하였다. 그동안 남북 군사회담에서 논의된 것이 남북정상회담에서 한꺼번에 일괄 타결되었다. 최고 정상 간에 합의된 사항이니 이제는 이를 차질 없이 실천하는 일이 정부 내 해당 장관의 주요 임무가 되었다.

김장수 국방장관, NLL 사수 의지 관철

'10.4 선언'중 군사 분야의 구체적 이행을 위해 2007년 11월 27일부터 29일까지 평양에서 제2차 남북국방장관회담이 개최되었다. 2000년 11월 중순에 개최하기로 남북한 간에 합의한 바 있는 제2차 남북국방장관회담이 7년 만에 개최되었다. 남북국방장관회담에서 다른 이슈들은 합리적으로 처리해 나가면 되는데 가장 골치 아픈 의제는 NLL 문제에 대한 대처였다. 2007년 남북정상회담 개최 이전부터 NLL 문제는 우리 사회에서 핫 이슈였다. 언론을 통해 고위 군 출신, 국제법 학자, 전문가, 언론인, 정부 관료 등으로부터 다양한 주장이 제기되었다. 크게 대별하면 NLL은 절대적인 해상 군사분계선이어서 기본적으로 북한 측과의 협상 대상이 아니라는 입장이 있었다. 이에 대해 NLL이 정전협정 협상 과정에 UN군 사령관이 일방적으로 지정한 것이기 때문에 북한 측과 협상 가능하며 필요하다면 새로운 해상 군사분계선을 설정할 수 있다는 입장도 있었다. 그동안의 학계의 다수설, 국방부의 입장 그리고 다수의 국민 여론은 전자의 입장이었는데 일부 진보적인 학자와 정치인은 후자의 입장을 견지하였다.

남북정상회담 전에 노무현 대통령이 김정일 위원장으로부터 제기가 예상되는 NLL 문제에 어떻게 대처할지를 놓고 국제법 학자 등 전문가들과의 간담회를 통해 의견을 청취하기도 하였다. 당시 학계의 다수설(90% 이상)은 앞서의 전자인데 노 대통령과의 간담회에 보수학자와 진보학자가 동일 비율로 참여하게 되면 진보의 입장이 실제보다 더 많이 반영될 수 있는 문제가 발생할 수 있었다. 필자는 당시 자세히 알 수 있는 위치에 있지 않았기 때문에 정확하지 않지만 노 대통령이 NLL 문제에 대해 신축적인 입장을 취한다는 소문이 나돌았다.

이와 같은 분위기 속에서 제2차 남북국방장관회담의 수석대표인 김장수 국방부 장관은 마음의 고심이 매우 많았으리라 생각되었다. 당시 우리 측 대표단은 수석대표인 김장수 국방장관과 4명의 대표로 구성되었다. 대표로 정승조 국방부 중장, 박찬봉 통일부 상근회담대표, 조병제 외교통상부 북미국장, 문성묵 국방부 대령이었다. 필자는 전략반의 일원으로서 제2차 남북국방장관회담 준비를 위한 모든 회의에 참석하였다. 다른 이슈들은 충분히 검토하고 우리 측의 제안과 북한 측의 예상되는 입장에 대한 대응 등 충분한 대응 준비를 하였지만 NLL 문제는 국군 통수권자인 대통령의 결심사항이었다. 제2차 남북국방장관회담이 개최되기 하루 전 회담 대표단과 전략반은 삼청동 남북회담본부 회담장 3층 회의실에서 회담 마무리 준비를 하면서 노무현 대통령에게 최종 방침을 수명하러 간 김장수 국방부 장관(정승조 장군, 문성묵 대령 배석)이 돌아올 때까지 회의실에서 모두들 초조하게 기다리고 있었다. 대통령이 NLL 문제에 관해 어떤 방침을 하달하느냐에 따라 제2차 남북국방장관회담에 임하는 우리 대표단의 태도가 달라질 수 있기 때문이었다.

당시 태생적으로 NLL을 절대 고수할 수밖에 없는 평생 군 출신으로서의 김장수 국방부 장관은 만약 노무현 대통령이 NLL 문제에 대해 협상 가능한 입장으로 최종 지시를 한다면 사표를 낼 각오로 비장한 마음으로 임했던 것으로 알려졌다. 3층 회의실에서 모두들 오랫동안 기다리고 있었는데 김장수 장관이 회의실에 밝은 얼굴로 들어오는 것을 목격하였다. 모두들 대통령과의 면담에서 일이 잘 풀린 모양이구나 하고 직감하였다. 김장수 장관은 노무현 대통령이 본인에게 NLL 문제에 관해서 별다른 구체적 지시 없이 전권을 위임했다는 것이었다. 평소 김장수 장관의 'NLL 절대 사수'라는 확고한 소신을 잘 알고 있는 노무현 대통령이 김 장관의 입장을 헤아려 그에게 협상 전권을 준 것이었다. NLL을 절대 사수하고자 하는 김 장관의 소신을 승인해 준 것이었다. 회의실에 있었던 우리 모두는 김 장관의 전달에 즉각 모두 환호성을 외치며 열렬한 박수를 쳤다. 이제 내일 제2차 남북국방장관회담을 위해 평양으로 출발할 우리 회담 대표단은 한결 마음이 가벼워졌다. 이번에 평양에 가서 NLL은 절대 사수하면서도 다른 이슈에 대해서는 좋은 성과를 도출하기로 각오를 단단히 다졌다.

회의를 마치고 필자는 제2차 남북국방장관회담 대표로 평양에 가는 군사 분야 담당인 박찬봉 상근회담대표에게 NLL을 반드시 지키고 돌아오라고 주문했다. 그는 걱정하지 말라면서 국제법 등 타당성 있는 논리로 북한 측을 확실히 제압할 자신이 있다고 말하였다. 북한 군부의 초대소인 송전각에서 개최된 제2차 남북국방장관회담에서 NLL에 대해서는 우리 측 입장을 그대로 고수하였고 다른 분야에서는 '10.4 선언'을 구체적으로 이행하기 위한 후속 조치들을 합의하였다. 성과 있는 제2차 남북국방장관회담이 되었다. 회담을 마치고 돌아온 박찬봉 대표는 평양에서의 제2차 남북국방장관회담의 이모저모를 무용담을 곁들여 가면서 필자에게 자세히 전달했다.

제2차 남북국방장관회담 이후 단합 만찬 모임

그 해 연말에 김장수 국방부 장관 주재로 국방부 옆의 육군회관에서 제2차 남북국방장관회담 대표단과 전략반원 등이 참석한 만찬 모임이 개최되었다. 한 사람도 빠짐없이 모두 기쁜 마음으로 참석했다. 필자도 전략반의 일원으로서 이 모임에 참석하였다. 수석대표인 김장수 장관이 대표단과 전략반원들이 그동안 수고했다고 격려하는 모임이면서도 국방장관회담 결과를 평가하는 비공식적인 모임의 성격이었다. 참석자 각자 자유롭게 소감을 밝혔다. 그날 참석한 모두는 우리가 NLL을 사수했다, 우리가 나라를 지켰다면서 뿌듯한 긍지감과 애국심으로 가득 찼다. 그런 분위기로 인해 그날 만찬 모임은 일심동체가 되어 훈훈한 단합의 시간을 보냈다. 안보를 위해서는 확고한 원칙과 이를 지키기 위한 결연한 의지가 뒷받침되어야 한다는 사실을 다시 한 번 깨닫는 계기가 되었다. 나라의 수호와 평화를 지키기 위한 안보는 국가의 핵심 가치이기 때문이다.

필자가 만난 국방 분야의 대북 협상 전문가들

필자는 노무현 정부 때 상근회담대표를 하면서 전략반원의 일원으로 남북 군사회담업무에 참여하였다. 국방부의 대북 업무 담당 군인들과 교분을 가지게 되었다. 국방부에서 대북 업무 담당 군인들은 정책통으로 전문화되어 대체로 장기 근무하고 있었다. 당시에 김국헌 정책기획관(소장), 문성묵 북한정책과장(대령) 등이 대표적인 핵심 인물이었다. 김국헌 장군은 학구열이 높은 영국 군사학 박사로서 국방부의 대표적인 북한 정책통으로 필자가 옆에서 지켜보니 무게감이 있으면서 종합적인 판단력을 지닌 자기 철학(국가관·군인관)이 분명한 군인이었다. 문성묵 대령도 국제정치학 박사로서 정책통이며 국방부 내에서 가장 많이 남북 군사회담에 참여한 군인이었다. 문성묵 회담대표는 북한 측과 회담을 할 때 북한 측의 어떠한 협박이나 기습적인 왜곡된 논리 주장에 대해서도 전혀 흔들리지 않았다. 또한 감정의 기복이 없이 차분하게 또박또박 우리의 입장을 펼쳐 나갔다. 필자는 남북 군사회담 때마다 문성묵 회담 대표의 태도와 발언을 계속 지켜보면서 어떻게 저렇게 마음의 평정심을 잃지 않고 우리 입장을 하나도 빠뜨리지 않고 발언하는지 놀랍다는 생각을 자주 했다. 대북 협상꾼으로서 적격의 모델이었다. 문성묵 대령은 그 뒤 준장으로 진급하여 군비통제차장으로 근무하다가 퇴직하였다. 이 두 사람 외에도 필자가 만난 이상철 대령, 문상균 중령도 대북 업무 전문가로서 국방부 북한정책과에서 계속 일했으며 그 뒤 장군으로 진급하여 정부 내에서 중요한 업무를 맡은 후 퇴직하였다. 이와 같이 국방부 내에서 대북 정책통, 협상꾼의 군인이 계속 육성되고 전문가로서의 긍지와 그 역할이 발휘될 수 있기를 기대한다. 북한 측에서는 김영철(당 정치국 위원, 국무위원회 위원, 당 통일전선부장 등 고위직으로 승진), 리선권(당 정치국 후보위원, 국무위원회 위원, 외무상, 당 통일전선부장 등 고위직으로 승진), 안익산, 유영철(남북군사회담 중 쓰러진 후 미 출현), 박림수, 엄창남, 박기용 등의 군부 인물들이 장기간 전적으로 남북 군사회담 대표로 활동한 사람들이다. 북한 측 인물들은 체제 특성상 특별한 사유가 발생하지 않는 한 평생 대남 업무에 종사하기 때문에 과거의 남북 군사회담의 히스토리와 남북한 간 쟁점을 꿰뚫고 있어서 나름대로 전문성과 일관성 그리고 협상력을 갖추고 있었다. 결국 남북 군사회담에서의 협상은 민감한 안보 이슈를 다루기 때문에 우리 측 남북 군사회담의 대표는 업무 전문성을 바탕으로 오랫동안의 경험을 통한 실전적 협상능력이 구비되어 있어야 한다.

나의 기획관리실장 시절 3대 업무 과제

노무현 정부 때 차기 대권의 꿈을 가진 정동영 통일부 장관(2004.7.1~2006.2.9)이 남북장관급회담, 대통령 특사로 김정일 위원장 단독 면담(2005.6.17) 등을 통해 북핵 문제 해결의 돌파구를 마련하고 남북 관계를 획기적으로 진전시키기 위해 다양한 노력을 하고 있었다. 북핵 문제 해결을 위해 남한이 북한에 2백만 KW의 전력을 공급하겠다는 '중대 제안'을 특사 면담을 통해 김정일 위원장에게 전달하기도 하였다. 필자는 남북회담본부에서 경제 분야의 회담을 주 담당으로 하면서 남북회담 전반에 참여하고 있던 중에 갑자기 2005년 2월 5일 기획관리실장으로 발령이 났다. 전혀 예상하지도 않았는데 기획관리실장으로 발령이 나서 다소 긴장이 되고 심리적 부담을 갖게 되었다. 정동영 장관이 남북 관계 및 통일 문제에 큰 업적을 이루어 대권 도전에 도움이 되도록 통일부를 활용하는 측면이 있다는 얘기가 복도 통신을 통해 나돌았다. 정 장관이 통일부에 요구하는 목표 과제나 업무 수준이 높았기 때문이었다.

정동영 장관이 제시한 세 가지 과제

기획관리실장으로 업무의 인수인계를 받으면서 정 장관으로부터 기획관리실에 이미 지시되었던 중요한 과제는 세 가지였다. 첫째, 2005년 광복 60주년을 맞아 우리나라가 분단 이후 통일을 위한 정부와 민간의 총체적 노력을 집대성한 '통일 노력 60년사'를 발간하는 일이었다. 둘째, 통일부 내에 통일 문제 전문가를 양성하는 석사 과정의 통일대학원을 설치하는 일이었다. 셋째, 남북 관계의 기본법적 성격이라 할 수 있는 국회에 계류 중인 '남북 관계 발전에 관한 법률'을 국회에서 통과시켜 제정하는 일이었다. 이와 같은 세 가지의 장관 지시 과제는 모두 쉽지 않은 것들이었다. 필자가 기획관리실장으로 갔을 때는 이제 해당 과에서 검토를 하거나 아니면 아직 손도 못 대고 있는 상황이었다. 정동영 장관이 크게 관심을 가지고 지시한 과제라 당시 이봉조 차관(통일부 출신으로 통일 문제에 열정이 많은 훌륭한 전문가이었는데 가족력의 지병으로 안타깝게도 일찍이 고인이 됨)도 여기에 상당한 업무 비중을 두고 있었다. 이 차관은 필자에게 이 세 가지에 대해 기획관리실장이 직접 관심을 가지고 책임감을 가지고 잘 해 줄 것을 특별히 당부하기도 하였다.

필자는 혼자 조용히 이 세 가지 과제를 어떻게 추진할 것인지 필자가 노력해서 될 일인지를 생각해 보았다. 첫 번째 과제인 '통일 노력 60년사'는 필자가 과장 시절 때 '국토통일원 20년사'를 발간한 실무 총괄 책임자로 일한 바 있었기 때문에 그때 경험을 바탕으로 추진하면 되겠다고 생각했다. 다만 내용에 있어서 정부와 민간의 통일 노력을 종합적으로 균형 있게 충실하게 담아낼 방도를 찾아야 하며 또한 높아진 국민들의 감각 수준에 맞추어 책 디자인 등 가독성을 높일 방안을 고민해야 했다. 두 번째 과제인 석사 과정의 통일대학원 설치 문제는 결코 쉬운 과제가 아니었다. 그동안 통일부 내에서나 외부의 전문가들이 간혹 필요성을 제기한 바 있으나 대학교육법상으로도 현실적으로도 실현시키기가 무리한 과제였다. 통일부 내에 통일대학원을 설치할 수 있다고 주장하는 사람들은 국가안전기획부 산하의 석사 과정인 국가정보대학원 설치 선례를 들면서 통일부 직원들이 안일한 자세로 의지가 없어서 추진하지 못한다고 비판하였다. 필자는 안기부에 국가정보대학원이 설치된 것을 보고 역시 안기부는 힘이 세긴 세구나하고 부러워하기도 하였다. 필자도 평소에 우리의 통일 역량 강화를 위해 통일교육원에 통일 문제 전문가 양성을 위한 장기 교육 과정이 있어야 한다고 생각하고 있었다. 국장급 공무원들이 가고 싶어 하는 1년 기간 안보과정이 국방대학교에 개설되어 있는데 북한과 군사적 대결 구도에 있는 현실을 볼 때 안보 문제도 물론 중요하다고 생각하였다. 안기부의 국가정보대학원도 사실상 안보과정이라 할 수 있다. 그러나 필자는 분단국가로서 헌법상 통일을 최고의 목표 가치로 두고 대통령도 평화통일의 성실한 의무가 있다고 규정하면서 우리 민족의 숙원 과제인 통일 문제에 대해 정부 내 장기 교육 과정이 없다는 것은 통일 역량 강화를 소홀히 하는 것이라 생각하였다. 필자의 평소 생각도 있었고 대권의 꿈을 가진 힘 있는 정동영 장관이 높은 관심을 두고 있는 일이니 장관의 힘을 빌려 통일대학원 개설을 위해 한 번 시도해 보자고 생각하였다. 세 번째, '남북 관계 발전에 관한 법률'은 국회에 계류되어 있고 전혀 진척이 없었다. 이는 정치적 영역의 일이라 필자가 실무적으로 처리 할 수 있는 업무는 모두 하겠지만 당·정 간의 우선순위 입법 과제가 되어야 하고 국회의원과 직접 상대할 수 있는 장·차관이 직접 나서지 않으면 안 되는 문제라고 파악했다. 필자는 세 가지 과제에 대한 일의 우선순위로 첫 번째와 두 번째의 과제를 우선적으로 추진하고 세 번째는 국회 상황, 당·정 간의 논의 상황 등을 보아가면서 실무적으로 뒷받침하기로 정했다.

'통일 노력 60년사 발간위원회' 구성

'통일 노력 60년사'를 발간하면서 필자는 나름대로 기본 방향을 설정하였다. 첫째, 통일 문제는 보수, 진보 구별 없이 국민 통합적 차원에서 추진해야 함으로 다양한 의견을 가진 통일 관련 사회 원로나 전문가들로 구성된 '통일 노력 60

년사 발간위원회'를 구성하여 추진하는 것으로 정했다. '민족공동체 통일방안'이 여·야 4당 총재들의 의견 수렴 과정을 거쳐 성안되었기 때문에 이후에 정치적 논란과 시빗거리가 없었던 점을 착안하여 보수, 중도 및 진보 인사를 함께 참여시켜 특정 진영으로부터 비판을 차단하고자 하였다. 또한 정부가 일방적으로 만들어낸 것이 아니라 다양한 시각을 가진 사람들이 공동 참여한 결과물로서의 '통일노력 60년사'는 통합적인 사회적 권위를 확보할 수 있을 것이라고 판단했다. 둘째, 통일 문제에 대한 논쟁이나 공과를 따지기보다는 있는 그대로의 사실을 기술하는데 역점을 두어 가능한 중립성을 확보하기로 했다. 또한 기록물로서의 활용도를 높이기 위해 중요한 역사적 사실을 빠짐없이 수록하며 이 분야 연구자들에게 유익한 자료로서의 가치를 인정받아야 한다는데 중점을 두었다. 셋째, 비록 정부 주도의 발간물이지만 주로 정부 관료나 관련 전문가만이 참고하는 정부 간행물의 성격이 아닌 국민 모두가 누구나 볼 수 있도록 가독성이 높은 일반 책자로 제작하기로 하였다. 책자가 발간되면 국민들이 일반 서점에서 구매해 볼 수 있도록 상업적 방식으로 추진하는 것이 바람직하다고 판단하였다. 가독성을 높이도록 책의 편집, 표지 디자인은 전문가의 도움을 받기로 했고 역사적 상징성이 있는 사진 자료들을 많이 게재하기로 했다. 통일 문제와 관련하여 상징성 있는 인물들의 인터뷰도 싣기로 했다.

상징성 있는 인터뷰 대상 인물(당시 직책으로 명기)로는 '7·4 남북 공동성명'의 정홍진 국장, '7·7선언'과 북방정책의 박철언 특보, '한민족공동체 통일방안'의 이홍구 국토통일원 장관, '2000년 남북정상회담'의 임동원 국정원장, '개성공단사업'의 조명균 통일부 국장(문재인 정부 때 통일부 장관 역임), '남북 예술인 교류'의 황병기 이화여대 교수(국악인), '우리민족 서로 돕기 운동'의 이용선 사무총장 등을 선정하였다. 이와 같은 상업적 편집 방식은 그때 당시로서는 정부가 발간하는 책자로서는 진취적인 것이었다. 이러한 기본 방향이 포함된 '통일 노력 60년사' 발간 계획을 장·차관에게 보고했더니 모두 기본적으로 잘되었다고 하면서 필자가 책임지고 추진해보라고 일임하였다. 당시에 장·차관은 남북회담 등 남북 관계와 북핵 문제에 최우선 관심을 두었기 때문에 통일부 내부, 특히 기획관리실의 일에 대해서는 필자에게 대체로 일임할 수밖에 없는 상황이었다. 필자로서는 더욱 책임감을 가지고 일해야 했다. 한편으로는 윗선과 일일이 상의할 수 없어 필자의 구상대로 소신껏 업무를 추진하였다.

'통일 노력 60년 발간위원회' 구성을 추진하면서 통일 분야의 전문성을 지닌 사회 저명인사들을 미리 선정하여 일일이 직접 찾아뵙고 참여 의사를 타진하였다. '통일 노력 60년사' 발간 취지와 내용, 그리고 발간위원회 구성 원칙과 대상 명단을 직접 투명하게 설명드리고 선정자들의 생각을 들어 보았다. 본인의 불가피한 개인 사정으로 참여할 수 없다고 양해를 구하는 분은 있었지만 대부분 모두 흔쾌히 참여하겠다고 답을 주었다. 한 분 정도가 평소 통일 문제에 대해 서로 입장 차가 큰 사람이 함께 참여하고 있어 심정 상 다소 불편한 점이 있지만 '통일 노력 60년사'의 발간 취지가 좋고 책자 내용이 편향되지 않고 자유민주적 가치가 훼손되지 않는다는 전제하에 참여하겠다고 말씀하였다. 평소 필자와의 친분 관계와 본인이 판단한 필자의 성향 등을 고려하여 필자가 직접 찾아가 정중히 참여를 요청한 점을 감안하여 수락한 것으로 짐작이 될 뿐이었다. 최종적으로 열세 분을 발간위원회 위원으로 구성하였다. 노무현 정부 때라 발간위원장은 노무현 정부 측 인사를 선정하고 명분상 역사학자가 하는 것이 타당하다고 판단하여 강만길 역사학자를 발간위원장으로 하였다. 당시 강만길 위원장은 정부의 '광복 60년 기념사업 추진위원회 공동위원장'으로 활동하고 있어서 여러 면에서 적합하였고 모든 발간위원들이 대체로 동의하였다. 발간위원으로 모신 분들은 다음과 같았다

(괄호 속의 직책은 당시의 직책). 강인덕(극동문제연구소 소장), 김영희(중앙일보 국제문제 대기자), 박재규(경남대학교 총장), 백낙청(서울대학교 명예교수), 오재식(월드비전 전 회장), 이경숙(숙명여자대학교 총장), 이호철(소설가), 이홍구(서울국제포럼 이사장), 이재정(민주평화통일자문회의 수석부회장), 임동원(세종재단 이사장), 정세현(민화협 대표상임의장), 한완상(대한적십자사 총재) 등이었다. 모두들 정책적 성향은 조금씩 달랐지만 다양한 분야에서 통일 문제에 대해 높은 관심과 식견을 갖추신 분들이었다.

「하늘길 땅길 바닷길 열어 통일로」 발간

'통일 노력 60년사' 발간 작업을 하면서 이원적으로 일을 추진하였다. 책자의 내용은 통일 문제 국책연구기관인 통일연구원에 용역 위탁하여 연구원에서 책임지고 집필진을 구성하여 원고를 작성하기로 하였다. 그리고 사진 자료와 인터뷰 대상자 선정, 최종적인 책자 발간은 통일부에서 전담하기로 하였다. 통일연구원에서 집필 책임자로 최진욱 박사(선임연구위원)가 선정되었고 집필진(괄호안은 당시 소속)으로 김계동(국가정보대학원 교수), 김귀옥(한성대 교수), 김근식(경남대 교수), 김병로(아세아연합신학대 교수), 박종철(통일연구원 선임연구위원), 우승지(경희대 교수), 이대근(경향신문 국제부장), 이석(통일연구원 연구위원), 이진영(인하대 교수), 정영철(서울대 연구교수), 정현백(성균관대 교수), 홍용표(한양대 교수) 등 통일연구원 박사, 대학 교수, 언론계 인사 등이 전문 분야별로 참여하여 원고를 작성하였다. 그런데 전문 분야별로 나누어 집필한 내용을 종합해 보니 각자가 집필한 분량도 편차가 너무 크고 시각차도 다소 나타나서 이것을 균형있게 통일시켜 종합하는 것도 큰 난제였다.

통일연구원의 집필 책임자인 최진욱 박사가 직접 종합 조정하는 한편 통일부 내부의 태스크 포스(T/F) 팀장인 필자와 팀원들이 분야별 전문가들이 집필한 내용을 직접 모두 읽어 보고 통일적 시각에서 조정하고 빠뜨린 사실은 기록 차원에서 보완하기도 하였다. 기록으로 남겨놓기 위해 당시 참여했던 통일부 내 T/F 팀원을 소개하면(괄호속의 직책은 당시 직책), 김웅희(남북회담사무국 회담운영부장), 박갑수(통일교육원 교수), 이정옥(정책참여담당관), 김진구(지원기획과장), 김종욱(정책보좌관), 황정주(서기관), 윤민호(사무관), 홍미루(사무관), 하경희(사무관)이었다. 내용 검토 시 남북회담사무국의 배광복·심용창 과장도 참여하였다. '통일 노력 60년사'가 최종 발간되면 그 내용에 대한 책임은 통일부에 있기 때문에 모두들 꼼꼼히 정독하고 서로 토론도 하였다. 아무래도 정부 관료이기 때문에 실정법을 고려한 정부의 공식적인 입장에 충실할 수밖에 없고 북한 측과 현장에서 부딪친 현실적 경험으로 인해 내용 중 일부는 다소 보수적인 입장으로 정리되기도 하였다. 그리고 나서 최진욱 박사와 필자가 서로 만나 어느 정도 조율해서 원고 초안을 완성하였다. 필자가 마지막 정독을 하면서 최종 수정, 보완하여 감수자인 필자의 선에서 원고가 완성되었다.

최종 원고를 장·차관에게 보고하였다. 앞서 언급한 것처럼 두 분은 당시에 남북 관계 일에 바쁘다 보니 일일이 꼼꼼히 볼 수가 없었다. 이봉조 차관은 중요한 내용 중심으로 읽어보고 필자에게 의견을 주어 조정 후에 최종 원고에 반영하였다. 정동영 장관은 당시에 워낙 바빠 김연철 정책보좌관(문재인 정부 때 통일부 장관 역임)에게 검토를 해보라고 지시하였다. 김 정책보좌관이 검토한 내용을 필자에게 전달하면서 수정·보완을 요청하였다. 김 정책보좌관이 검토한 내용 중 상당수는 우리 내부적으로 T/F 팀원들이 상당한 논쟁을 거쳐 정리한 내용들이었다. 핵심은 우리 팀원들의 생각은 정부의 공식적 입장을 중시하거나 다소 보수적인 입장이었으며 김 정책보좌관의 검토 의견은 진보적이거나 민간 차원의 재야인사들의 통일 활동을 중시하는 입장이었다. 특히 실정법을 어긴 문익환 목사나 임수경 학생의 방북 활동을 통일 노력사에 중요한 의미를 부여하고자 하는 것이었다. 당시 정동영 장관이 그러한 생각을 강하게 가지고 있는 것 같았다. 김 정책보좌관의 검토 의견서를 받아 들고 필자는 많은 고민에 빠지게 되었다. 원고 내용에 어떻게, 어느 수준으로 반영할지였다. 당시에 모두들 자기 직무에 바빠 누구하고 일일이 상의할 형편도 되지 못했다. 필자가 책임지고 소신껏 균형적 입장을 가지고 최종 원고를 정리하기로 하였다. 정부의 공식적 입장과 자유민주적 가치에 바탕을 둔 '민족공동체 통일방안'의 범위 내에서 정리하되 불법적인 재야인사들의 통일 활동은 역사의 기록 차원에서 정리하는 것으로 하고 내용에 반영하였다. 최종 원고를 정리하는 과정에 '통일 노력 60년 발간위원회'의 발간위원들에게도 원고 내용 전체를 전달해주어 검토 의견을 받기도 했다. 일부 발간위원은 원고를 일일이 읽어 보고 구체적 의견을 주신 분들도 있었고 중요한 큰 내용만 보시고 의견을 주신 분도 있었다. 자유민주적 가치가 훼손되지 않았는지 여부만 확인하고 원고 내용안을 동의해 주신 분도 있었다.

최종 원고를 완성하는데 예상보다 많은 시간이 소요되어 2005년 내로 책자를 발간할 수 있을지 걱정이 되었다. 따라서 사진 자료 선정과 설명문은 필자가 직접 책임지고 하였다. 퇴근 후나 휴일 때 집에서 며칠 동안 밤을 새웠다. 그 결과 제 때에 '통일 노력 60년사'가 발간될 수 있도록 내용은 완성되었다. 최종적으로 책 제목이 문제였다. 상업적 방식으로 일반 대중에게 가독성 있는 책자로 제작하기로 했기 때문에 정부 간행물 냄새가 나지 않도록 책자 디자인을 세련되게 만들고자 했다. 정부 간행물 냄새가 나지 않는 책자 제목을 간부 및 직원들로부터 의견 수렴하는 중에 장관실로부터 '하늘길 땅길 바닷길 열어 통일로'를 책자 제목으로 하면 좋겠다고 제시하였다. 정동영 장관의 개인적 아이디어인지 아니면 외부의 전문가가 제시한 아이디어인지는 알 수가 없었다. 간부들 사이에서 처음에는 아무리 상업적이라지만 제목이 정부 간행물로서 너무 나간 것이 아닌가 하는 의견도 있었고 참신한 제목이라면서도 그동안 남북 관계에서 이루어진 순서로 보아 '땅길 바닷길 하늘길 열어 통일로'로 해야 하지 않나 라는 의견도 있었다. 모두 오랫동안의 공무원적 사고의 경직성 때문에 나타난 의견이라고 생각이 되었다. 최종적으로 참신하면서도 일반 대중에게 감성을 자극하는 「하늘길 땅길 바닷길 열어 통일로」로 책자 제목을 결정하였다. 한편으로 생각하면 장관의 의견이기 때문에 이의 없이 그대로 따르는 공무원 조직 위계의 습성, 편의주의가 작용한 것이라고도 볼 수 있다.

2005년 말에 책자는 발간되어 정부 내부에도 배부하였지만 일반 대중을 위해 교보문고에서 시판하였다. 교보문고에서 책자가 팔리면서 정부 간행물 냄새가 전혀 나지 않는다면서 사진 자료도 많고 상징성 있는 인물들의 인터뷰 내용도 있어 가독성이 높을 것이라는 긍정적인 평가가 나오곤 했다. 실제로 몇 부가 팔렸는지 현재로서는 정확히 기억이 나지 않는다. 필자는 짧은 시간에 최선을 다한 '통일노력 60년사'를 발간하면서 항상 책 내용에 대한 평가가 어떻게 나올까에 대해 걱정이 많았다. 책 발간 당시는 진보적 시각을 가진 노무현 정부였고 1945년 분단 이후 그동안 남북 관계는 보수적 정부에서 더 많은 세월동안 이루어져서 각자의 시각에 따라 통일 문제의 구체적 이슈는 항상 첨예한 논쟁의 대상이 될 수 있기 때문이었다. 그런데 다행스럽게도 책이 발간된 이후 책 내용에 대해서는 별다른 논란이 없었다. 필자가 생각하기에 아마도 발간위원회 위원이나 집필진들 구성에 보수, 중도 및 진보 인사들이 고루 균형있게 참여하였고 그들의 의견을 충실히 반영한 통합적 결과물이었기 때문이라고 본다. 구체적인 내용에 있어서 논란이 있을 수 있겠지만 우리의 정서상 다양한 시각을 가진 사회 저명인사나 전문가들이 함께 참여했기 때문에 직접 드러내며 시비하지 않고 자제한 것으로 판단한다. 앞서 언급한 것처럼 우리 정부의 '한민족공동체 통일방안'이 물론 국내외 및 남북한 사정을 종합적으로 고려한 합리적인 내용이기는 했지만 정치적으로 힘이 있는 여·야 4당 총재(당시 야당의 김영삼, 김대중, 김종필 등)의 의견을 수렴한 통합적 결과물이었다. 따라서 그 어떤 정치인도 시비하지 않았고 오랫동안 지금까지 우리의 통일방안으로 권위를 갖고 지속되고 있지 않나 생각한다. 통일 문제는 그 내용이 무엇보다 중요하지만 다소 시간이 걸리더라도 시각이 다른 사람들의 의견 수렴과 조정을 거쳐 나온 통합적 결과물이 되어야 지속력이 확보된다는 시사점, 교훈을 준 것으로 생각한다.

통일대학원 설치의 난관

통일부 내 석사 과정의 통일대학원 설치를 위해 정부 내 핵심 부처인 교육부, 국무총리실, 중앙인사위원회, 행정자치부의 관계 국장들을 만나 타진해 보았다. 모든 기관이 전혀 고려 대상으로 여기지 않았다. 한때 국무총리가 나선 사례도 있었지만 정부 부처 내 대학원 설치는 성사되지 않았다는 것이었다. 그런 의미에서 안기부 내 국가정보대학원이 허용된 것은 당시 시대 상황상 안기부의 힘과 특수 상황이 고려된 지극히 예외적인 사례였다. 이렇게 설치된 국가정보대학원의 석사 과정은 그 후 제대로 운영되지 못하고 폐지되었다.

남북 관계 발전과 통일을 이루는 과정에서 핵심적 중요 역할을 하게 될 간부급 공직자의 정책적 리더십과 실무 능력을 평소에 강화시켜야 한다는 것이 필자의 판단이었다. 필자가 평소 생각하고 있었던 통일교육원 내에 정부와 공공기관의 간부를 대상으로 할 1년간의 장기 통일교육 과정(국방대학교의 1년간의 안보과정 모델)의 추진을 관계 기관에 타진해 보았다. 당시 노무현 정부 때 국무총리실에서 정부기관의 모든 교육프로그램을 전면 검토하고 있었다. 정부 내 교육프로그램 검토를 담당하고 있었던 국장은 평소 업무적으로 잘 알고 있었던 박기종 총괄

심의관이었다. 박 심의관은 정부 전체의 교육프로그램을 공급자 입장이 아닌 수요자 입장에서 필요한지 여부를 전면 검토하고 있는 중이었다. 많은 정부의 교육프로그램이 폐지되거나 보완되어야 할 것이라면서 신규로 교육프로그램을 개설하는 것은 기본적으로 어려울 것이라고 말해주었다. 필자는 통일 분야 장기 교육프로그램의 필요성을 언급하면서 그 교육프로그램에는 북한 현지 방문과 해외 사례연구 출장도 있을 것이라고 박 총괄심의관에게 설명해 주었다. 박 심의관은 흥미롭다고 하면서 다른 교육프로그램과 차별화되는 교육 수요로 경쟁력이 있는 교육프로그램이 될 수 있겠다고 긍정적인 입장을 표명하였다. 필자는 당시 기획관리실장이었기 때문에 예산 당국의 관계 실·국장과도 자주 만날 수 있는 기회들이 있어 장기 과정의 통일교육 프로그램 신설에 대해 설명을 하고 예산 협조를 해줄 것을 설득하였다. 이들은 처음에는 항상 그렇듯이 부정적인 태도를 보였으나 필자가 계속 만나 설득을 하니 마지막에는 예산 소요가 크게 많지 않으면 긍정적으로 검토해 보겠다고 했다. 필자는 기존의 통일교육원 내 시설을 활용하니 예산이 추가로 소요되지는 않을 것이며 북한이나 해외 출장 예산이 필요한 정도라고 설명하였다. 만약에 필요하면 통일부 내 다른 예산을 돌려서라도 이 장기 교육프로그램은 꼭 신설하고 싶다고 강조하면서 예산 당국의 관계 실·국장에게 협조를 요청하였다. 행정자치부의 조직국장은 평소 친분이 있었던 사람이라 그는 다른 관계 부처에서 동의하면 협조하겠다는 의사를 표명하였다. 관건은 정부 내 교육생 T/O를 관리하는 중앙인사위원회였다. 중앙인사위원회의 안양호 인사정책국장(이명박 정부 때 행정안전부 제2차관 역임)을 만났다. 그와는 어느 정도 친분이 있었으며 젠틀한 사람이었다. 그는 정부 내 간부급 장기과정 통일교육의 필요성은 어느 정도 이해하지만 문제는 1년에 30~40여 명의 국장급 인원이 교육을 받으려면 해당 부처에 별도 정원을 인정해 주어야 하는데 이는 고위직 공무원의 신규 증원이 유발되기 때문에 곤란하다는 것이었다. 이 문제는 쉽게 해결할 수 없는 과제였다.

'통일 미래지도자 과정' 신설

필자는 정동영 장관에게 통일대학원과 1년간의 장기 통일교육 과정에 대해 그동안의 진행 상황을 전혀 보고하지 않았다. 필자 혼자 관계 부처와 협의하고 있었는데 이제는 장관에게 상황을 보고하고 이해와 협조를 구해야겠다고 판단했다. 필자는 장관에게 그동안 관계 부처와의 협의 결과 통일대학원 설치의 불가능성과 장기 통일교육 과정의 신설 가능성에 대해 보고하였다. 정 장관은 이미 통일대학원 설치가 현실적으로 어렵다는 것을 알고 있었다. 필자가 어느 정도 가능성을 열어놓은 1년간의 장기 통일교육 과정에 적극적인 관심을 표명하였다. 필자는 정 장관에게 중앙인사위원회 위원장과 상의하여 별도 정원 문제를 해결해 주면 장기 교육과정은 신설될 수 있다고 말하고 장관이 나서 줄 것을 요청하였다. 그 후 정 장관은 중앙인사위원회 위원장에게 협조를 부탁했는데 위원장은 인사정책국장의 보고를 받고 대안을 제시하였다. 정 장관이 정부 내 NSC 위원장이니 관계 부처 장관과 협의하여 1년 장기 과정인 국방대학교 안보 과정과 세종연구소의 세계화 과정이 비슷하니 통일교육 과정을 포함하여 통합교육 과정을 만들어 볼 것을 제안하였다. 혹은 국방대학교 안보 과정의 교육 정원의 일부를 조정하여 통일교육원의 장기 통일교육 과정의 교육 정원으로 전환(시범적으로 국방대학교 : 통일교육원 교육 정원으로 7 : 3으로 조정)하면 어떻겠느냐고 대안을 제시하였다. 결국 중앙인사위원회 입장에서는 정부의 고위급 인력 신규 증원은 곤란하니 그 원칙 하에서 통일부에서 적절한 대안을 모색해 보는 것이 좋겠다는 것이었다. 새로운 어려운 과제가 대두되었다.

그 이후 필자는 여러 차례 인사정책국장과 밀고 당기는 협의를 하여 최종적으로 통일교육원 내 정부 및 공공기관의 중간 간부급을 대상으로 1년간의 장기 통일교육 과정을 별도 정원 없이 2006년부터 신설하여 운영하기로 하였다. 중간 간부는 정부의 국장급이 아니라 3·4급 과장, 공공기관의 임원급이 아니라 부장급이 통일교육 대상이었다. 장기 과정 통일교육은 미래를 대비하기 위한 공직자의 통일 역량을 사전에 구축해 놓자는 것이기 때문에 정년이 얼마 남지 않은 국장급보다는 공직에 더 오랫동안 근무할 과장급을 대상으로 하는 것이 효과적이라고 판단한 결과이다. 결국 중앙인사위원회의 정부 내 고위직 신규 증원 곤란이라는 원칙과 통일부의 1년간의 장기 통일교육 과정 신설이라는 의지가 타협된 결과였다. 필자는 통일부에서 과장 시절부터 정부나 우리 사회의 통일 역량이 강화되어야 한다고 줄곧 생각해 왔기 때문에 이번 통일교육원 내 1년 장기 교육과정 신설이라는 결실을 맺은 것도 이와 같은 필자의 의지가 강하게 작용한 것이다. 필자는 과장 시절부터 조직 문제를 많이 다루어 온 실무적 경험 때문에 통일대학원이나 장기 통일교육 과정 신설은 결코 쉽지 않은 과제라서 하부의 실무자에게 맡겨서는 해결할 수 있는 사안이 아니라고 판단하였다. 따라서 필자가 직접 나서서 관계 부처의 실·국장과 구체적 협의를 하여 담판을 지어 타결했기에 기획관리실 실무 직원은 물론 통일부 내 다른 부서의 간부들도 그 구체적인 진행 상황을 일체 자세히 알 수가 없었다. 오로지 최종 결과물만 알게 되었다. 2006년 초부터 통일교육원에서 갑자기 신설된 공직자 대상 1년 장기 교육과정을 촉박한 기한 내 시작해야 했기 때문에 통일교육원장을 비롯해 실무 책임자들은 교과 편성, 교수 확보, 정부와 공공기관 교육생 모집, 예산 편성 등으로 정신없이 바쁘게 준비할 수밖에 없었다. 교육과정명은 '통일 미래지도자 과정'으로 결정되었다. 제1기 과정은 2006.2.15~12.14까지 10개월간이었다. 교수 요원은 통일교육원 교수, 통일연구원 박사들이 중심이 되고 외부 전문가들이 초빙되었다. 교육 내용은 통일

정책, 북한 이해, 국제관계, 통일 과정, 다양한 남북 사업의 성공·실패 사례, 남북교류 현장 및 북한 방문, 해외사례 연구 등으로 편성되었다. 1기 교육생은 총 29명이었는데 10개 중앙부처, 5개 지방자치단체, 8개 공기업에서 교육생 파견을 하였다. 2007년 2기 때는 총 36명, 2008년 3기 때는 총 35명이 교육을 받았다. 2014년부터는 '통일정책 지도자 과정'으로 개칭되어 운영되고 있으며 2021년에는 총 65명이 교육을 받았고 2022년에는 총 62명이 교육을 받았다. 필자가 2005년도에 심혈을 기울여 신설한 공직자 대상 장기 통일교육 과정이 이렇게 계속 지속되고 발전되어 왔으니 크나큰 자부심도 가지며 노력의 보람을 느낀다.

'남북 관계 발전에 관한 법률(안)' 통과

2005년 가을 정기국회가 되니 국회 업무를 전담하고 있는 기획관리실은 정신없이 바빴다. 국정감사, 국회 결산과 차년도 예산 편성, 정책 질의 등 당연한 기본적인 대국회 업무로 정신없이 시간을 보냈다. 그러나 항상 필자의 어깨에 드리워진 무거운 짐은 국회에 계류 중인 신설 법률인 '남북 관계 발전에 관한 법률(안)'의 통과라는 숙제였다. 동 법은 남북 관계의 기본 원칙, 남한과 북한의 관계, 남북회담 대표 임명, 남북 합의서 체결 등 남북 관계의 기본적인 성격 규정, 남북관계 발전을 위한 정부의 책무, 남북회담 대표의 대북 활동상 공식성·투명성 확립, 남북 합의서의 법적 효력 확보 등을 위한 것이었다. 이 신설 법률(안)의 통과가 사실상 가망이 없다고 생각하였는지 그 어느 누구도 별로 관심을 기울이지 않고 있었다.

필자는 기획관리실장을 맡으면서 기획관리실에 맡겨진 3대 과제를 반드시 해결하기로 결심하였기 때문에 이 법률(안)의 통과 문제는 항상 필자의 마음 한구석에 맴돌고 있었다. 필자는 우선 법률(안)의 핵심 통과 관문인 국회 법사위원회의 동정을 살피고 법사위 전문위원과 만나 통과 가능성 여부를 알아보기로 시도하였다. 마침 법사위원회에 전문위원으로서 법무부에서 파견 나온 박기준 부장검사가 필자의 고등학교 후배였다. 그는 통일부 소관 법률 담당 전문위원은 아니었지만 법사위의 분위기를 알아볼 겸 필자는 우선 그를 만나보기로 하였다. 박기준 전문위원은 필자가 고등학교 선배라 친절하게 안내 겸 법사위의 분위기를 설명해 주었다. 필자는 그에게 '남북 관계 발전에 관한 법률(안)'의 입법 취지와 필요성을 우선 설명한 후 법사위의 이 법률(안) 담당 전문위원과 충분히 상의할 수 있도록 주선해 줄 것을 협조 요청하였다. 법사위 내부 전문위원들 사이이니 쉽게 서로 연락이 되어서 얼마 지나지 않아 담당 전문위원과 만나 충분한 대화의 시간을 가졌다. 그는 필자의 설명을 모두 듣고는 지금은 다른 법률(안)들 일로 무척 바쁘니 따로 시간을 잡아 다시 검토할 시간을 갖자고 하였다. 다행이었다. 정기 국회 철에 정신없이 바쁜 담당 전문위원과 재검토 시간을 재차 갖게 되는 것은 진일보한 상황이었다. 엄청나게 바쁠 때는 법사위 전문위원은 한 번 만나 얘기하고 바로 정리해 버리는데 박기준 전문위원의 도움으로 담당 전문위원은 다시 한 번 시간을 내주기로 하였다. 고교 후배인 박기준 전문위원이 매우 고마웠다.

두 번째로 담당 전문위원과 만나 '남북 관계 발전에 관한 법률(안)'의 내용에 관해 구체적으로 의견을 나누게 되었다. 담당 전문위원은 동 법률(안)에 위헌적인 요소가 있을 수 있어 충분한 법률 검토가 필요하여 이번 회기 중에는 다루기가 어렵겠다고 했다. 남북한 간에 체결한 합의서를 국가 간에 체결하는 조약과 같은 효력을 발생하게 하는 것은 헌법상 우리의 영토에 북한도 포함되며 북한을 이적단체로 규정하는 국가보안법에도 위배되는 것이라고 하였다. 이에 대해 필자는 담당 전문위원이 규정하는 북한의 성격에 기본적으로 동의한다고 하면서 우리의 통일방안인 '민족공동체 통일방안'이나 기 시행되고 있는 '남북 교류협력에 관한 법률'은 남북 관계의 이중성(대 북한 관계가 대적 관계와 통일을 향한 동반자 관계라는 이중성격)에 바탕을 두고 있고 우리의 헌법에 위배되지 않고 시행되고 있다는 현실을 설명하였다. 그리고 이 법률(안)에 남북한은 국가와 국가 간의 관계가 분명히 아니라고 명시되었음을 강조하였다. 담당 전문위원은 헌법상 위배되지 않는지 좀 더 법률적 검토를 해보겠다고 하면서 추후 다시 한 번 만나 협의해 보자고 말하였다. 그 뒤 다시 한 번 담당 전문위원과 만났더니 그는 여러 법률 전문가들의 법률적 자문을 받고 의견 수렴을 해 보았는데 헌법에 배치되지 않는다는 결론을 내렸다면서 '남북 관계 발전에 관한 법률(안)'에 대한 전문위원 법률 검토 보고서를 작성한 것을 필자에게 보여주었다. 그러면서 본인이 조만간 법사위원장에게 보고를 드리고 승인을 득하면 법사위에서 통과시킬 법안 리스트에 올릴 계획이니 필자에게 통일부에서 철저한 대비를 하라고 당부하였다.

담당 전문위원은 다음 날 오전 일찍이 필자에게 긴급히 전화를 해서 오늘 법사위원회에 '남북 관계 발전에 관한 법률(안)'을 통과 심의 안건으로 올린다면서 통일부 장관이 법사위원회에 출석해 줄 것을 공식 요청하였다. 당황스럽게도 일사천리로 진행되었다. 필자는 순간 아찔하였다. 모든 것이 너무 급박하게 진행되는 바람에 필자는 장·차관에게 '남북 관계 발전에 관한 법률(안)'에 대해 법사위원회 측과의 협의 및 진행 과정에 대해 직접 대면으로 자세히 보고하지 못했다. 어쩔 수 없었다. 긴급히 장관에게 전화로 법사위 진행 상황을 보고하고 오늘 법사위원회에 반드시 출석해 줄 것을 요청했다. 보통 법률(안)이 통과 심의될 때는 해당 부처 장관이 출석하지 않고 차관이 대신 출석할 경우에는 그 부처의 법률(안) 통과 순서는 장관이 참석한 부처의 법률(안) 통과 다음 순으로 자동적으로 밀리는 것이 법사위의 원칙이었다. 정동영 장관은 국회의원 의정 활동을 하였기 때문에 국회 사정을 잘 알고 있어 다른 일정을 취소하고 법사위원회에 시간 맞추어 출석하였다.

법사위원장은 해당 부처의 법률(안)을 통과시키기 전에 해당 부처 장관에게 소감 한마디씩 간단하게 발언하라고 요청하는데 장관들은 대체로 법사위원장과 법사위원에게 해당 법률(안)을 통과시켜 주어 '감사하다' 그리고 '열심히 하겠다' 고 하는 식으로 간단한 인사말을 하고 마치는 것이 통상적인 관례였다. 그런데 그날 정동영 장관은 본인의 평소 정치적 소신 발언을 하였다. 즉, 오늘 법사위원회에서 '남북 관계 발전에 관한 법률(안)'이 통과됨으로써 국가보안법은 이 시간부터 사실상 폐지되었다고 정치적 발언을 하였다. 필자는 순간 아찔하였다. 혹시라도 정 장관의 이와 같은 정치적 발언이 법사위원과의 정치적·법적 논쟁을 유발시켜 동 법률(안)의 통과가 보류되지 않을까 필자는 조마조마하였다. 정동영 장관은 평소 정치적 소신으로 국가보안법 폐지론자였다. 그는 당시 대권에 도전하는 꿈을 키워왔기에 그날 법사위에서 진보적 소신 발언을 마음먹고 하였는지도 모르겠다. 당시 법사위에서 별다른 반응이 없었다. 그해 12월 29일 법률 제7763호로 '남북 관계 발전에 관한 법률'이 제정되었다. 필자는 동 법률이 그해에 통과되리라고는 생각지도 못했고 또한 이렇게 일사천리로 순식간에 진행될지는 상상도 하지 못했다. 국회에서의 일은 안 되면 부지하세월이고 되면 일사천리로 통과된다는 것을 확인한 사안이다. 어쨌든 필자의 지속적 관심과 노력에 따른 행운이었다.

남북회담본부 상근회담대표로 복귀

기획관리실장을 맡아 주어진 세 가지 중요 과제들을 전부 완수하였으니 필자는 그해 연말에 마음의 짐을 시원하게 모두 내려놓을 수 있었다. 한편으로는 2005년도에 우리 정부와 사회의 통일 역량을 강화하는 큰 과제를 해결하는데 일조하였다고 생각하니 필자는 공무원 경력 중 매우 큰 뿌듯함과 보람된 한해를 보낸 기간이기도 하였다. 자화자찬이 된 것 같아 송구스러운 마음이 있지만 세상 살아가면서 최선을 다하여 노력하면 하늘의 행운도 따르고 도모하는 일이 성사될 수 있다는 것을 깨닫는 한해이기도 하였다. 필자는 2006년 6월이 되어 내부 인사 사정으로 인해 앞서 근무한 바 있는 남북회담본부 상근회담대표로 복귀하였다. 필자가 오래 전부터 꼭 해 보고 싶어 했던 남북회담 업무였기 때문에 즐거운 마음으로 업무를 지속할 수가 있었다. 남북회담 업무가 북한 측과 직접 접촉하여 협상하는 일이라 문제 해결을 위한 도전적인 일이며 또한 생생한 현장 체험 업무라 재미도 있는 일이었다.

상근회담대표는 참모 직책이라 직접 집행하는 라인에 있는 직책보다는 상대적으로 시간 여유가 있어 2006년도 가을에는 지인의 강한 권유로 야간 강좌로 진행되는 서울대학교 행정대학원 국가정책과정에 입교하여 나라 전반의 중요한 국정과제를 공부할 수 있었다. 남북 관계에 국한된 일만 평생 하다가 국정 전반의 정책 과제를 공부하게 되니 정책 시야가 넓어지게 되어 매우 유익한 시간이었다. 서울대 행정대학원에서는 다른 대학교의 유사 과정과 달리 반드시 졸업 논문을 제출해야 졸업할 수 있도록 의무화되어 있었다. 필자가 인도지원국장 시절 양영식 차관이 남북 관계를 제대로 알고 일을 하려면 군사 문제를 알아야 한다는 말씀이 생각나 졸업 논문으로 '한반도 평화정착 구현 전략'을 작성해 보았다. 논문을 작성하는 과정에 평화안보 이론, 군비통제 이론을 공부하게 되고 유럽에서의 동서 진영 간의 '헬싱키 협정' 내용도 자세히 알게 되었다. 상대방과 상호 군비통제(군축 포함)를 본격적으로 진행하기 위해서는 사전에 상호 정치적·군사적 신뢰 구축이 있어야 한다. 상호 군비통제를 실행하게 될 때도 '상대방을 신뢰하되 반드시 검증하라'는 철칙을 준수하여야 한다는 것을 알게 되었다. 남북한 간 군사 문제를 다룸에 있어서 반드시 필요한 준칙이었다.

남북 체육회담 대표

2006년 6월 12일 상근회담대표직을 다시 맡고 나서 얼마 되지 않아 제2차 남북체육회담이 6월 29일 개성시 자남산여관에서 개최될 예정이었다. 우리 측은 이 회담에서 2006년 12월 개최되는 '도하 아시아경기대회'와 2008년 8월 개최되는 '북경 올림픽대회'에 남북 단일팀을 구성하여 참가하는 것을 추진하고 있었다. 필자의 전담 분야 중 하나인 제2차 남북체육회담에 본격 관여하게 되었다.

제2차 남북체육회담부터 관여

남북한 간에 상호 체육 경기 교환 개최나 국제 경기에 남북한 공동 입장이나 단일팀으로 참가하는 것은 남북한 간 화합과 단결을 도모할 수 있고, 남북한 간 평화분위기를 조성하는데도 기여할 수 있는 분야였다. 그리고 이념을 초월해서 스포츠정신으로 뭉칠 수 있기 때문에 남북한은 모두 다른 분야에 비해 덜 민감하게 접근할 수 있는 영역이었다. 냉전 시대였던 1963년에도 1964년에 개최되는 '동경 올림픽대회'에 남북 단일팀 구성을 위한 회담이 스위스 로잔느, 홍콩, 판문점 등에서 개최되었다. 정치적 문제로 성사는 되지 못했다. 그 뒤 1970년대, 1980년대, 1990년대, 2000년대에 매번 계기별로 남북 체육회담이 개최되었다. 그러한 과정을 통해 1991년도에 개별 종목이지만 제41회 세계 탁구선수권 대회와 제6회 세계 청소년 축구선수권 대회에 남북 단일팀을 구성하여 참가하였다. 선수단 호칭은 코리아(KOREA, KOR)였고 선수단 단기는 흰색 바탕에 하늘색 우리나라 지도(제주도는 포함, 독도는 생략)가 그려진 한반도기였다. 국제 종합경기대회로 2000년 9월 개최된 '시드니 올림픽대회'에서 남북한 공동 입장을 하였다. 선수단 단기는 1991년도에 사용한 한반도기와 동일하였다. 그 이후 국제 종합경기 대회에서 남북한은 공동 입장을 하는 관례가 형성되었다. 그러나 국제 종합경기 대회에 남북 단일팀을 구성하여 참가하기 위해 남북 체육회담이 계기별로 개최되었으나 성사는 되지 못했다. 남북한 간 화합과 단결의 정신은 좋았으나 국제대회에 참가하는 선수단의 경기력이 우선 중요했기 때문에 남북 단일팀 구성이 결코 쉬운 문제는 아니었다. 남북한은 꾸준히 남북 단일팀 구성을 위해 지속적으로 협의를 하였고 2006년 6월 말에 개최되는 제2차 남북체육회담도 그러한 노력의 하나였다.

당시 남북체육회담은 남북한이 2004년 '아시아올림픽위원회' 총회에서 만나 2008년도에 개최되는 '북경 올림픽대회'에 남북 단일팀을 구성하는 전향적 검토를 하기로 합의하여 시작되었다. 우리 국회에서도 남북 단일팀 구성을 지지하였고 국제올림픽위원회(IOC)가 남북 단일팀 구성에 지원 의사를 표명하였다. IOC 입장에서는 남북 단일팀 구성은 평화와 화합의 상징 등 빅 이벤트가 될 수 있는 소재였다. IOC 실무 대표단이 북한을 방문하여 북한 측과 협의도 하였다. 그 이후 북한 측이 2005년 10월 21일 대한올림픽위원회 위원장 앞으로 그 해 10.29~11.6 마카오에서 개최되는 제4회 동아시아경기대회 기간 중에 남북 단일팀 구성을 위한 실무 협의를 하자고 제의했다. 11월 1일 마카오 남북 실무접촉에서 제1차 남북체육회담을 12월 7일에 개성에서 개최하기로 합의하였다. 제1차 남북체육회담은 남북한 양측의 올림픽위원회 부위원장(우리 측 : 박성인, 북한 측 : 리동호)을 수석대표로 하여 각각 5명의 대표단이 참가하였다. 여기서 남북한은 단일팀 명칭, 단기, 단가, 선수 선발 원칙 및 임원 구성, 훈련 등에 대해 구체적인 대안을 제시하였으나 의견 차이가 있어 추후에 계속 협의하기로 하고 회담을 마쳤다.

제1차 회담에서 남북한 간의 주요 차이점은 선수 선발에 있어서 우리 측은 공개 선발전을 원칙으로 한 반면 북한 측은 남북 5 : 5 원칙으로 균등 선발해야 한다는 것이었다. 즉, 우리 측의 '경기력 우선 원칙'과 북한 측의 '균등 배분 원칙'의 대립이었다. 그 외 단일팀 명칭은 우리 측은 KOREA(약칭 : KOR)를 제시한 반면 북한 측은 KORYO(약칭 : KRY)를 제시하였다. 단기에 있어서 북한 측은 독도가 포함된 한반도기를 주장하였고 우리 측은 일본과의 외교적 문제 때문에 종전처럼 독도를 뺀 한반도기를 사용하자는 입장이었다. 단가로는 우리 측은 '1920년대 아리랑'을 제시했고 북한 측은 상호 협의하여 창작할 것을 제시하였다. 임원 구성에 있어서 우리 측은 남북 공동 단장으로 하고 본부 임원은 양측 선수 비율에 따라 배분하자는 입장이었다. 북한 측은 모두 공동 균등 배분을 제안하였다.

남북한 간 선수 선발 원칙의 이견과 팽팽한 대립

2006년 6월 29일 개성 자남산여관에서 개최된 제2차 남북체육회담(수석대표로 우리 측은 박성인 부위원장, 북한 측은 손광호 부위원장)에서 제1차 회담 때 남북한 양측이 제시한 내용을 바탕으로 협의하였다. 단일팀 명칭은 우리 측이 1차 회담에서 제안한대로 우리말로 코리아, 영문으로 KOREA, 약칭으로 KOR로 합의하였다. 단가는 제1차 회담 때 우리 측이 제안한 '1920년대 아리랑'으로 하기로 하였다. 임원 선정에 있어서 단일팀 공동 단장과 종목별 공동 조장(팀장)을 각각 1명씩 두는 것으로 우리 측이 북한 측안에 동의하였다. 그러나 단기, 선수 선발 원칙에서 1차 회담 때 양측이 주장한대로 평행선을 유지했다. 선수 선발 원칙이 가장 대립되었는데 북한 측은 경기력 우선 선발 원칙보다는 민족의 동등한 권한과 자격, 민족의 우월성과 단합 등을 지속적으로 강조하였다. 경기력도 중요하지만 절대적인 선발 기준은 아니며 1991년도 탁구 및 축구 단일팀과 같은 과거의 선례처럼 상호 양보해야 한다고 주장하였다.

선수 선발 원칙에서 양측이 좀 더 구체적인 대안을 제시했는데 우리 측은 공개 선발전을 원칙으로 하되 일방만 선수를 보유하고 있는 경우, 국제연맹 랭킹이 있는 경우 등은 예외를 인정할 수 있다는 입장이었다. 북한 측은 1차 회담 때보다는 좀 더 구체화하여 집단(단체) 경기와 개별 및 기록 종목을 구분하여 이중적 선발 원칙을 제안하였다. 축구, 배구 등 집단 경기는 선수 선발전 없이 5 ; 5 동수 원칙을 주장하였다. 개별 및 기록 종목은 예선전 등 자격 경기전에서 개별적으로 참가하여 자격을 획득한 남북한 선수 모두를 참가시키자고 제안하였다. 그리고 선수 선발 후 단일팀 선수단 규모의 균형을 맞추는 문제는 남북한 쌍방이 국제기구와 협의할 것을 제시하였다. 이에 대해 우리 측은 기계적으로 5 : 5 배분을 주장할 것이 아니라 남북한 간 경기력이 상당히 차이가 나는 종목이 있으니 경기력을 바탕으로 한 균형 있는 선발 원칙을 적용해야 한다고 북한 측을 설득하였다. 제2차 회담에서 남북한 간의 의견 차이가 여전히 있었지만 '2008년 북경 올림픽대회'에 남북 단일팀을 구성하여 참가하겠다는 의지는 남북한 쌍방이 모두 강했다. 7월 중순에 금강산에서 제3차 남북체육회담을 개최하여 계속 협의하기로 합의하였다. 그러나 실제 제3차 회담은 그 해 말에 카타르 도하에서 개최되었다.

카타르 도하에서 개최된 제3차 남북체육회담

2006년 9월 5일 남북한 올림픽위원회 측은 IOC 본부가 있는 스위스 로잔느에서 차례로 IOC 자크 로게 위원장을 면담한 후 3자 회동을 하였다. 3자 회동에서 우리 측은 대한올림픽위원회 김정길 위원장과 김상우 명예총무가 참가하였고 북한 측은 민족올림픽위원회 문재덕 위원장, 문서송 서기장과 장웅 IOC 위원이 참가하였다. 이 자리에서 3자는 2008년 북경 올림픽 남북 단일팀 구성 참가를 재확인하였다. 남북한은 단일팀 구성과 관련하여 종목별 엔트리 확대의 필요성을 IOC에 제의하였다. IOC 자크 로게 위원장은 남북한 양측이 합의하여 종목별 확대 인원 등 구체적인 사항을 요청할 경우 몇몇 종목에 대해 국제경기연맹과 협의하여 엔트리 확대를 적극 지원하겠다며 긍정적인 의사를 표시하였다. IOC 측의 긍정적 입장에 남북한 양측은 고무되어 남북 단일팀 구성에 희망을 가지게 되었다.

제3차 남북체육회담은 '2006년 도하 아시아경기대회'가 개최되는 카타르에서 개최되었다. 남북 단일팀 구성에 더욱 박차를 가하기 위해 우리 측이 제의하여 수석대표급을 양측의 올림픽위원회 위원장으로 격상하기로 합의하였다. '도하 아시아경기대회'에 양측의 올림픽위원회 책임자가 참가할 뿐 아니라 또한 한반도 지역에서 만나기 보다는 제3국에서 회담을 하는 것이 더 자유롭게 편하게 협상을 할 수 있는 장점이 부각되었다. 제3차 남북체육회담에 우리 측은 대한올림픽위원회 김정길 위원장을 수석대표로 총 5명(대표 : 박성인 부위원장, 김상우 명예총무, 이성원 통일부 사회문화교류2팀장, 오영우 문화관광부 국제체육팀장)으로 회담대표를 구성하였다. 필자는 회담을 지원하는 단장으로 참가하였다. 북한 측은 민족올림픽위원회 문재덕 위원장을 수석대표로 총 6명(대표 : 손광호 부위원장, 정해만 상무위원, 박일남 위원, 박천일 위원, 김영철 위원)으로 회담 대표를 구성하였다. 우리는 남북 단일팀을 성사시키기 위해 경기력을 우선 하되 북한 측의 제안도 어느 정도 반영하면서 단일팀을 구성할 수 있는 여러 가지 대안들을 내부적으로 검토하였다. 우리가 메달을 딸 수 있는 것은 공개 선발전을 거치도록 하고 메달 획득 가능성이 희박한 종목은 유연하게 배분하자는 안도 나왔다. 종목별 엔트리를 반드시 확대하여 균형 배분을 통해 남북 단일팀을 성사시키자는 의견도 있었다. 체육계의 현실을 잘 아는 어느 대표는 IOC 자크 로게 위원장의 엔트리 확대 의사는 현실적으로 보장력이 없으며 따라서 이를 전제로 한 남북 단일팀 구성은 기대를 하지 않는 것이 타당하다는 의견을 제시하기도 하였다. 경기력을 도외시한 남북 균등 배분은 국내 체육계를 설득할 수 없다고도 하였다. 당시 대한올림픽위원회 김정길 위원장은 남북 단일팀 구성 의지가 강했다. 그도 기본적으로는 경기력 우선이라는 입장이었다. 남북 단일팀이라는 명분 때문에 예선전도 통과하지 못하면 곤란하다고 했다. 경기력을 우선하면서 북한 측의 균등 배분이라는 모양새를 갖춘 남북 단일팀을 구성하기 위해 아이디어를 내보자고 하였다. 그는 본선에 올라가지 못하는 종목은 남북한 5 : 5로 구성하고 메달 가능 종목은 경기력을 우선하고 단체 종목은 남북 각각의 엔트리 멤버로 합동 선수단을 만들어 합동 훈련 후 우수 선수를 선발하자고 하였다.

우리 남북 체육회담 대표단은 2006년 11월 28일 '도하 아시아경기대회'에 참가하는 우리 선수단과 KAL기에 동승하여 카타르 도하에 오후 4시 10분에 도착하였다. 숙소는 도하에 있는 'Retaj Residence'였다. 11월 29일은 우리 대표단 자체 준비 회의를 하고 남북 체육회담장을 준비하였다. 11월 30일 오후부터 남북 체육회담을 시작해서 12월 2일까지 회담을 하였다. 전체 회의 3회, 실무대표 접촉 2회, 수석대표 접촉이 수시로 있었으나 최종적으로 남북 단일팀 구성에 합의를 이루어내지 못하였다. 그러나 남북체육회담을 위한 사전 실무접촉시 '도하 아시아경기대회'에서 남북한 선수단이 공동 입장하기로 합의하였다. 12월 1일 오후 6시 개막식 때 남북한 선수단이 각국의 선수단과 수많은 관람객이 보는 가운데 KOREA 호칭과 한반도기를 들고 단합된 한민족의 모습으로 공동 입장하였다.

우리 측은 제3차 남북체육회담에서 우수 선수로 단일팀을 구성하여 좋은 성적을 거두어 우리 민족의 우수성을 보여주는 것이 단일팀의 중요한 의미라고 재강조하였다. 따라서 경기력 위주로 선수를 선발하는 것을 원칙으로 하되 엔트리가 확대될 경우 종목별로 남북한 간에 균형 있게 구성하자고 제의하였다. 이에 대해 북한 측은 처음부터 5 : 5 균등 배분을 전제로 하고 엔트리 확대를 위해 노력하자고 주장하였다, 우리 측은 회담 2일차부터 북한 측의 입장을 일부 고려한 수정안을 제시하였다. 남북한 각기 동수로 선수단을 구성하여 합동 훈련을 시작하고 최종 선수단은 엔트리 확대 결과를 보아가며 경기력 중심으로 선발하는 방안을 집중 설명하였다. 또한 북한 측에 우수한 선수가 많을 경우에 북한 측이 다수 참석할 수 있다고 했다. 이에 대해 북한 측이 이해한다고 하면서 어느 정도 동의를 표하였다. 남북한 양측의 수석대표는 엔트리 확대를 위해 12월 1일 IOC 엔트리 담당 P. Miro 국장을 만나 협조를 구했다. IOC 담당국장은 "엔트리 확보를 위해 노력은 하겠으나 종목별 경기연맹과의 협의가 필요한 문제이므로 보장하기는 어렵다"는 다소 부정적인 입장을 표시하였다. 그 해 9월 스위스 로잔느에서 만났던 자크 로게 IOC 위원장은 긍정적인 의견을 주었는데 12월에 만난 P. Miro 국장은 부정적인 의견을 주어 북한 측 문재덕 위원장은 당황스러운 모습을 보였다. 우리 측은 12월 2일 다시 담당 국장을 만나 남북 단일팀의 의의와 엔트리 확대 필요성을 설명해 보자고 북한 측에 얘기했으나 북한 측은 다시 안 만나겠다고 거부 의사를 표시하였다. 북한 측은 도하에서 아무 것도 결정할 수 없고 가장 가까운 시일 내에 다시 만나 협의하는 것이 좋겠다고 하였다. 북한 측으로서는 평양에 돌아가 확실한 지침을 받아야 한다고 생각하는 모양이었다. 결과적으로 도하에서 최종 합의는 도출해 내지 못했다. 우리 측이 제4차 남북체육회담을 2006년 내에 개최하자고 제의했고 북한 측도 가까운 시일 내에 개최하자고 동의하였다. 북한 측은 다음 회담 때는 북한 측의 입장을 반영해서 타결되기를 희망했고 우리 측에 남북 공동기구 운영에 대한 복안을 준비해 올 것을 요청하기도 했다. 남북한 대표단이 헤어질 때 북한 측 실무자인 김영철 위원(보위부 추정)은 우리 측 이성원 팀장에게 12월 20일경 2박 3일 동안 금강산에서 회담하자고 제의하였다. 남북한 양측은 여전히 남북 단일팀 구성에 의지를 가진 채 헤어졌다.

필자는 제3차 남북체육회담을 계기로 개인적으로 카타르를 처음 방문했다. 평소 카타르를 잘 몰랐는데 가서 보니 국토 면적이 좁고 인구가 적으나 원유 생산 덕분에 엄청나게 부유한 나라였다. 1인당 국민소득 규모가 세계 10위권 안에 드는 나라였다. 아시아경기대회를 치르면서 교통 안내, 환경 정비 등 많은 기능 인력들은 대부분 방글라데시 등 제3국 인원들로 고용하여 일을 시키고 있었다. 올림픽대회 개·폐막식 기획과 운영도 프랑스의 최고 전문가에게 용역을 맡겨 진행한다고 했다. 카타르가 가진 경제력, 즉 돈 잔치로 아시아경기대회를 치른다고 할 정도였다. 카타르에 건설 분야 등에 북한 노동력도 진출해 일을 하고 있다는 얘기도 들었다. 카타르는 연평균 강수량이 적고 비는 주로 겨울철에 오는데 마침 개막식 직전부터 비가 오기 시작했다. 필자는 개막식 때 특별 초대되어 메인스탠드에서 우의를 입고 앉아 찬란한 불빛 속에 가랑비를 맞으면서 입장하는 각국 선수단의 모습을 보았다. 특히 남북한 선수단이 단일기를 들고 공동 입장하는 모습을 감동적으로 바라보았다. '2008년 북경 올림픽대회' 때도 남북한 선수단이 공동으로 입장하고 나아가 단일팀으로 참가하면 좋겠다는 희망을 품었다.

개성 자남산여관에서 개최된 제4차 남북체육회담

제4차 남북체육회담은 2006년 말에 열리지 못했다. 해를 넘겨 2007년 2월 13일 개성 자남산여관에서 개최되었다. 시기적으로 2007년 초부터 단체 경기 종목별로 예선전(자격전)이 시작됨으로 제4차 회담에서 남북 단일팀 구성이 타결되지 못하면 물리적으로 사실상 어렵게 되는 급박한 시한이 되었다. 이러한 상황에서 필자는 지원단장이 아닌 회담대표로 제4차 남북체육회담에 참가하였다. 수석대표인 김정길 위원장은 정치인으로서 남북 단일팀 구성에 강한 의지와 추진력으로 성사시켜 보려고 노력하였다. 그는 국내 개별 종목별 경기연맹 임원들을 만나 남북 단일팀의 중요한 의미를 이해시키고 경기연맹의 대승적 협조(일종의 양보)를 요청하였다. 그러나 각 연맹들의 명예와 경기력 및 출전 선수들의 장래가 걸린 문제라서 이들로부터 쉽사리 동의를 얻기가 어려운 상황이었다.

제4차 남북체육회담 대표단 구성은 우리 측은 김정길 수석대표와 홍양호, 박성인, 김상우, 오양우 대표 총 5명이었고, 북한 측은 문재덕 수석대표와 손광호, 정해만, 박일남, 김영철 대표 총 5명이었다. 매우 추운 겨울철이었고 북한의 열악한 에너지 사정 때문에 자남산여관 회담장은 몸이 떨릴 정도의 냉골이라 우리는 두터운 외투를 입고 회담을 진행하였다. 필자는 남북회담 업무 차 개성 자남산여관에 많이 가본 적이 있어서 북한의 열악한 에너지 사정에 익숙해서 단단히 준비를 해서 견딜 수 있었다. 그러나 처음 와 본 우리 대표단은 매서운 추위에 매우 힘들어 하는 것 같았다. 낮인데도 회담장의 전기불이 밝지 못해 불편하였다. 회담에서 우리 측은 경기 예선전 개시 등 현실적 측면을 고려하여 우선 예선전에 남북한이 개별적으로 참가하고 난 후 결과에 따라 경기력 위주로 단일팀을 구성해보자고 제안하였다. 이에 대해 북한 측은 종래의 입장인 5 ; 5 동수 구성 원칙을 되풀이 주장하였다. 우리 측은 북한 측 입장과 예선전 일정 개시 등 현실적 측면을 고려하여 예선전에 개별 참가한 후 참가 자격 획득팀을 중심으로 단일팀을 구성하는 방안과 엔트리 2배수 범위 내에서 5 : 5 동수로 단일팀을 1차로 구성한 후 우수 선수를 뽑아 단일팀을 최종 구성하는 방안 등 2가지 대안을 제시하였다. 그러나 북한 측은 여전히 단체 종목에 동수 구성 원칙을 주장하면서 일체의 양보안을 제시하지 않았다. 제4차 남북체육회담도 아무런 결실을 얻지 못했고 서로 차기 회담을 개최하자고는 했지만 현실적 시한으로 더 이상 남북 체육회담은 개최되지 못했다. 결국 '2008 북경 올림픽대회'에 단일팀 구성 참가는 무산되었다.

'경기력 우선 원칙'과 '균등 배분 원칙'의 난제

필자가 관여했던 3차례의 남북 체육회담 경험을 정리해 본다. 당시에 경기력을 위주로 남북 단일팀을 구성하면 전반적으로 남한보다 열세에 있는 북한이 상대적으로 위축된다. 이는 남북한의 체제 경쟁심이 여전히 작동하는 상황에서 북한 체제의 자존심을 훼손하는 일이라 북한의 상층 지도부에서는 용납할 수 없는 일이었다.

북한은 남북 단일팀 구성에 마지막까지 의지를 가지고 시도한 이유에 대해 필자 개인적으로 생각해 보면 다음과 같다. 당시의 남북 관계 상황에서 체육 분야에서 남북 단일팀 구성은 북한이 주장하는 '우리민족끼리' 정신 과시와 평화 분위기 조성 등 남북 관계 상황을 호전시켜서 다른 분야에서 북한이 원하는 전략적, 실리적 이익을 확보하기 위한 수단으로 활용하기 위한 것으로 본다. 다른 측면에서 보면 북한에 지리적으로 바로 이웃하고 혈맹인 중국 땅에서 개최되는 세계 올림픽대회에서 북한이 남한보다 전체 성적이 훨씬 떨어질 것은 자명한 일이었다. 당시 경기력 수준으로 보아 남한은 상위 순위에 올라갈 것이다. 이는 중국 땅에서 국제적으로 북한 체제의 위상을 추락시키고 이것이 북한 주민들에게 알려지면 북한 정권의 자존심을 실추시키는 일이기 때문에 이를 방지하기 위함이라 본다. 남북 단일팀이 성사되면 김정일 정권이 계속 구호로 외쳤던 '우리민족끼리'를 과시하여 정권의 업적으로 치켜세워 김정일의 최고 리더십 강화에 활용할 수 있기 때문이다.

우리의 경우에도 남북 단일팀 구성은 민족의 화합과 단합, 평화 분위기 조성 그리고 남북한 교류협력 촉진 및 통일에 기여할 수 있는 일이었다. 그러나 나라 전체의 명분도 중요했지만 개인의 권리를 존중하는 자유사회에서 출전 선수 개인들을 쉽사리 희생시킬 수는 없는 일이었다. 출전 선수들은 오랫동안 피나는 연습을 통해 경기력을 향상시켜 왔고 이를 통해 출전 선수 개인의 영광스러운 명예, 장래의 인생과 관련되어 있는 문제였다. 소속된 단체, 가족의 영광과 명예도 걸려있는 문제이고 국민들이 원하는 국위 선양이나 나라에 대한 자긍심 고취에도 기여할 수 있는 중요한 사안이었다. 남북 단일팀 명분도 중요했지만 본질적으로 '경기력'을 도외시하고 전략적으로만 처리할 수는 없는 문제였다.

남북회담 장소인 개성 자남산여관 부근에 있는 선죽교에서 필자

'2018 평창 동계 올림픽대회' 때 여자 아이스하키 남북 단일팀을 출전 선수 당사자와 소통 없이 급하게 구성하여 참가하였다. 이에 대해 공정성 문제 등 국내

의 격렬한 비판적 여론으로 논란이 인 적이 있었다. 특히 젊은 사람들로부터 비판을 많이 받았다. 우리 측의 '경기력 우선 원칙'과 북한 측의 '균등 배분 원칙'이 조화롭게 되어 남북 단일팀이 성사되려면 양측의 경기력이 비슷하여 서로 크게 손해 보지 않을 정도가 되어야 가능할 것이다. 종목별 남북 단일팀 구성은 사정에 따라 가능할지는 모르겠으나 아시아경기대회나 세계올림픽대회 같은 종합경기대회에 남북 단일팀을 구성해서 참가하는 것은 결코 쉽지 않은 난제이다. 남북 단일팀 구성은 남북 관계 발전이나 통일의 여정에 있어서 그 의미가 매우 크므로 앞으로도 이러한 시도를 성사시키기 위해 계속 접촉해야겠지만 다양한 대안의 검토와 남북한 간의 합리적 절충을 통한 대타협의 결단이 필요하다.

노무현 정부 말, '남북정상회담'과 '적십자회담' 등 경험

2007년도에 남북 관계에서 가장 큰 이벤트는 10월 2일부터 4일까지 평양에서 개최된 남북정상회담이었다. 김대중 정부에서 2000년 6월 13일부터 15일까지 처음으로 남북정상회담이 개최된 후 7년 만에 노무현 정부에서 다시 남북정상회담이 개최된 것이다. 당초 2007년 남북정상회담은 8월 28일부터 30일까지 개최하기로 남북한 간에 합의하였다. 그러나 북한 측이 심각한 홍수 피해를 이유로 남북정상회담을 부득이하게 10월 초로 연기해 줄 것을 우리 측에게 요청해 와 결국 10월 2일부터 개최되었다.

오랫동안의 남북회담 경험 사례와 북한 정치 체제의 특성상 남북관계의 획기적인 돌파구를 열고 확실한 실행력을 확보하기 위해서는 남북정상회담이 필요한 것이 사실이었다. 북한 정치 체제의 특성상 북한 측의 하위 레벨에서는 근본적이거나 중요한 현안을 타결할 수 있는 권한이 없는 한계가 있어 우리의 역대 정부에서는 남북정상회담 성사를 위해 노력을 하였다. 박정희 정부 때는 남북한 양측의 최고지도자의 뜻에 따라 남북 고위급 비밀접촉(이후락 중앙정보부장-김영주 노동당 조직지도부장, 뒤에 박성철 제2부수상)이 있었고 '7.4 남북 공동선언'을 발표하였다. 전두환 정부 때는 박철언 안기부장 특보와 한시해 노동당 부부장간 비밀회담, 허담 노동당 비서의 서울 방문과 장세동 안기부장의 평양 방문 등을 통해 남북정상회담을 추진하였으나 여러 가지 정세로 중단되었다. 노태우 정부 때는 박철언 정책 보좌관이 대통령 특사 자격으로 비밀리에 평양을 방문하여 허담 비서에게 남북 정상회담 뜻이 담긴 노 대통령의 친서를 전달하였다. 그 이후 서동권 안기부장이 평양을 방문하고 이어서 윤기복 노동당 비서가 서울을 방문하여 상대측의 정상을 만나 남북정상회담 개최 문제를 협의하였으나 실패하였다. 당시 기업인인 김우중 대우 회장이 남북한 간의 메신저 역할도 하였다. 김영삼 정부 때는 Jimmy Carter 전 미국 대통령의 방북을 계기로 남북정상회담이 합의되었으나 회담을 앞두고 김일성 주석이 갑자기 심근경색으로 사망하여 남북정상회담이 무산되었다. 김대중 정부 때는 대규모 남북경협을 추진하였던 현대그룹 측의 주선에 의해 재일동포 출신 '요시다 다케시'를 통해 북한 측에 남북정상회담 의사를 타진하였고 북한 측 수뇌부의 긍정적 반응이 있었다. 제3국에서 박지원 문화부 장관과 송호경 조선아시아태평양평화위원회 부위원장 간 3차례의 특사 접촉을 통해 남북정상회담의 개최를 합의하고 실제 성사되었다.

2007 남북정상회담 성사 과정

노무현 정부 때 남북정상회담 성사를 위해 여러 차례 시도가 있었다. 2005년 6월 정동영 통일부 장관이 대통령 특사로 북한을 방문하여 김정일 위원장에게 노무현 대통령의 남북정상회담에 관한 의중을 전달했고 김 위원장도 좋은 시기가 되면 날을 잡자는 긍정적 반응을 보였다. 본격적으로 남북정상회담을 기획, 추진하였던 사람은 김만복 국가정보원장이었다. 그의 글(김만복 등, 「노무현의 한반도 평화구상, 10.4 남북정상선언」, 통일, 2015)에 의하면 2007년 5월 30일~6월 3일간 서울 그랜드힐튼 호텔에서 개최된 '제21차 남북장관급회담'에서 김만복 국정원장은 북한 측 통일전선부 요원을 만나 김양건 통일전선부장에게 비공개 접촉을 제안하는 편지를 전달하였다. 북한 측은 7월 29일 김양건 부장 명의로 8월 2일부터 3일까지 국정원장의 비공개 평양 방문을 공식 요청하는 답장을 보내왔다. 김 원장은 8월 2일 대통령 특사 자격으로 평양을 방문하여 백화원초대소에서 김양건 부장을 만나 남북정상회담 문제를 협의하고 기본적인 방향에 공감대를 이루었다. 8월 3일 새벽에 김 원장은 서울로 돌아와 노 대통령에게 협상 결과를 보고했고 노 대통령은 북한 측 제의를 수용하였다. 김 원장은 8월 4일 다시 북한을 방문하여 남북정상회담 개최를 수용하는 노무현 대통령의 친서를 김 부장을 통해 김정일 위원장에게 전달하였다. 그리고 북한 측과 구체적인 협상을 진전시켜 8월 5일 새벽에 '노무현 대통령의 평양 방문에 관한 남북 합의서'를 채택하여 '2007 남북정상회담'이 이루어지게 되었다.

남북정상회담이 개최되면 준비 단계부터 범정부적으로 비상이 걸린다. 남북정상회담이 개최되면 대통령 비서실을 중심으로 통일부, 국가정보원 3자 협업 체제로 추진된다. 물론 남북정상회담에서 포괄적으로 모든 이슈들을 다루기 때문에 다른 부처에서도 관계 장관과 해당 부서도 참여하였다. 그러나 통일부는 남북 관계를 전담하는 부처이기 때문에 사실상 통일부 내 모든 부서가 관여하여 매진하였다. 2000년 남북정상회담 때는 통일부 장관(박재규)이 '남북정상회담 추진위원회' 위원장이었는데 2007년 남북정상회담 때는 대통령 비서실장(문재인)이 '남북정상회담 추진위원회' 위원장 그리고 통일부 장관(이재정)이 '남북정상회담 준비기획단' 단장을 맡았다.

방북 안내교육 담당

당시 필자는 남북회담본부 상근회담대표로 근무하고 있었기 때문에 각계 저명인사로 구성된 특별 수행원(49명)과 일반 수행원, 지원 인원, 기자단, 경호 요원 등에게 방북 안내교육을 담당하였다. 특별 수행원들은 정치, 경제, 사회단체, 언론, 문화, 예술, 학계, 종교, 여성 분야의 원로급이나 단체 대표, 저명인사들로 구성되었다. 그분들에 대해 예의를 갖추면서도 방북 시 반드시 숙지하고 유의해야 할 사항들을 빠뜨리지 않고 일일이 알려드리는 일이 쉽지 않으리라 생각했다. 그러나 모든 분들이 남북정상회담에 참여한다는 무게감과 평소에 북한 체제의 특수성을 익히 알고 있는지라 그룹별 방북 안내교육에 진지하게 응해주었다. 북한 지도자에 대한 호칭('국방위원장', '윗분')을 부를 때 조심할 것과 북한에 대해 지칭할 때 '북한'이나 '북한 측'이 아니고, '북측' 또는 '귀측', 그리고 우리는 '남한'이나 '남한 측'이 아니고 '남측' 또는 '우리 측'으로 지칭하는 것이 남북 관례라는 것을 알려주었다. 그 외 언행이나 보안, 사진 촬영, 소지품 등에 주의해 줄 것을 요청했다. 그동안 남북 관계에서 발생한 여러 가지 사건·사고 사례들을 예시해 주었다. 이러한 방북 안내교육이 실제로 효과가 있었는지는 알 수 없으나 남북정상회담 기간 동안에 특별히 물의를 빚은 사건은 발생하지 않았다.

서울 종합상황실장 수행

필자는 남북정상회담 기간 중에는 서울 종합상황실장을 맡았다. 2000년 남북정상회담 때는 양영식 통일부 차관이 서울 종합상황실장을 맡았다. 2007년 남북정상회담 때는 종래 사례처럼 이관세 통일부 차관이 서울 종합상황실장을 맡는 것으로 모두 생각하고 있었는데 이 차관이 평양의 남북정상회담에 참가하는 바람에 필자가 통일부 내 1급으로서 가장 고참이고 남북회담 업무를 담당하고 있어서 서울 종합상황실장이라는 중책을 맡게 되었다. 상당히 긴장되는 직책이었다. 당시 서울 종합상황실은 롯데호텔에 설치되었는데 24시간 빈틈없이 상황을 처리해야 하므로 간이침대를 상황실에 비치해 놓고 그곳에서 먹고 자고 했다. 롯데호텔 내에 내·외신 기자단의 부스도 설치되어 있어 대 언론 서비스와 보도 내용 파악을 하느라 긴장감을 늦출 수가 없었다. 2000년 양영식 차관이 서울 종합상황실장을 수행할 때 당시 필자는 본부 국장으로서 매일 서울 종합상황실에 나가 양 차관을 보좌한 적이 있어 서울 종합상황실 업무가 어떻게 돌아가는지는 상당 부분 파악하고 있었다. 평양에서 남북정상회담이 진행되는 동안에 관련 상황을 종합 파악해 국무총리에게도 서면 보고를 드리고 필요하면 총리 주재 회의에도 직접 참석하기도 하였다. 또한 관련 부처나 부서에 상황 공유를 하기도 하였다. 평양 현지에서 우리 대표단이 요청하는 자료도 보내고 남북정상회담 관련 우리 언론의 보도 내용도 평양 종합상황실로 전달했다. 그리고 평양에서도 수행 기자단에게 보도 조치하지만 국내 호텔에 상주하는 기자단의 취재진에게도 관련 조치를 취했다.

필자는 서울 종합상황실장으로 근무하면서 일반 행정 부서와 대통령 비서실이나 공보처와 같은 정무 부서에서 일하는 사람들의 근본적 차이를 느끼게 되었다. 우리같이 일반 행정 부서에서 오랫동안 정통관료로 일해 온 '늘공'(늘 공무원인 직업관료 지칭)과 대통령 비서실이나 공보처의 정무적, 홍보적 마인드에 익숙한 '어공'(어쩌다 공무원이 된 한시적인 정무직 관료 지칭)과는 근본적으로 생각하는 바가 다르다는 것을 느꼈다. 남북정상회담 기간 중 어느 날 아침에 대통령 비서실에서 홍보수석 주재 회의를 한다고 서울 종합상황실장이 참석하라고 연락이 왔다. 원칙적으로 상황실장은 만약을 대비해 항상 자리를 지키고 있어야 하기 때문에 밑의 팀장을 회의에 보냈다. 그런데 그쪽에서 반드시 상황실장이 와야 한다고 재촉하였다. 필자는 매우 중요한 일이 있는 모양이구나라고 판단하고 참석하였다. 홍보기획비서관, 국정홍보처장도 참석하고 있었다. 회의를 시작하자마자 홍보수석은 서울 종합상황실장이 종합적으로 상황을 보고해 달라고 요청했다. 필자는 전반적인 상황을 회의에 참가한 사람들에게 설명해 주었다. 필자의 보고가 있은 후에는 상황 보고와는 전혀 관계없는 내용의 얘기들을 자기들끼리 주고받고 했다. 참석한 필자를 전혀 의식하지 않고 정권적 차원에서 남북정상회담을 어떻게 홍보하고 대응할 것인가에 관한 것이었다. 평생 통일업무를 한 직업관료로서 필자는 남북 관계 역사의 전반적 흐름에서 남북정상회담을 생각하고 있었다면 노무현 정부의 '어공'들은 남북정상회담을 우선적으로 정권적 차원에서 생각을 하고 접근하였다. 필자는 속으로 그런 대화를 할 것이면 자기들끼리 내밀하게 얘기를 나누면 되지 직책상 자리를 비울 수 없는 상황실장을 불러 놓고 상황실장과 아무런 관련이 없는 대화를 오랫동안 나누는지 이해가 되지 않았다. 필자는 그때 비로소 '늘공'과 '어공'의 본질적 차이를 직접적으로 체험했다.

남북 정상 '10.4 선언' 합의

2007년 10월 남북정상회담에서 '남북 관계 발전과 평화 번영을 위한 선언'('10.4 선언')이 합의되고 발표되었다. '10.4 선언'은 정치·화해, 평화, 경제협력, 사회문화, 인도 분야 등 40여 개의 의제를 합의한 포괄적이고 구체적인 내용으로 구성되었다. '서해 평화협력 특별지대' 사업, 한반도 종전 선언과 평화 체제 구축 문제 협의의 추진 등이 핵심적 합의 사안이라 할 수 있다. '서해 평화협력 특별지대'는 서해 지역을 군사적 충돌 지대가 아닌 포괄적인 평화 번영 벨트로 조성한다는 것이다. 해주 지역 경제특구 건설과 해주항 개발, 서해 공동 어로 구역과 평화수역 설정, 한강 하구 공동 이용, 북한 민간 선박의 해주 직항로 통과 등을 남북한이 적극 추진해 나가기로 하였다. 노무현 정부에서는 한반도 평화와 번영을 위해 '경제'와 '평화'의 선순환 접근을 기본 구도로 하고 있었다.

'10.4 선언'은 노무현 정부 임기 말에 이루어졌고 합의 의제가 40여 개가 될 정도로 너무 많았고 14조 3천억원의 재원(2007.11 '정상선언 이행 기획단' 추계, 2009.6 KIEP는 16조 8,506억원 추계)이 필요한 사업들이었다. 따라서 '10.4 선언'에서 합의한 의제들은 실제적으로는 다음 정부가 떠맡아 해야 할 일들이었다. 노무현 정부는 합의 사항 이행의 동력을 잃지 않기 위해 임기 말에 바쁜 발걸음을 재촉하였다.

'2007 남북정상선언' 이행을 위한 총리회담이 11월 14일~16일 서울에서 개최되었다. 이때 북한 측 인사들이 좋아하는 서울의 갈비집으로 유명한 삼원가든에서 남북총리회담 대표단의 만찬이 있었다. 여기서 필자가 2011년 10월 개성공업지구관리위원장으로 부임해서 개성공단 내 필자의 사무실에서 만난 북한의 중앙특구개발지도총국(개성공단 담당)의 박철수 부총국장을 만찬장에서 만나 옆자리에 앉아 소주잔을 주고 받은 일이 있었다. 4년 후에 그를 개성공단에서 다시 만나게 되어 3여 년간 같이 일할 줄은 그 당시에는 전혀 알지 못했다. 남북총리회담에 이어 제2차 남북국방장관회담이 11월 27일~29일 평양에서 개최되었다. 기존 차관급이 수석대표인 남북경제협력추진위원회에서 한 단계 격상된 부총리급이 수석대표인 남북경제협력공동위원회는 12월 4일~6일 서울에서 개최되었다. 서해 평화협력 특별지대 추진위원회가 12월 28일~29일 개성공단 내 남북경제협력협의사무소에서 개최되었다. 이외에도 다른 분야의 남북회담도 많이 개최되었다. 이렇게 빈번하고 다양한 남북회담 업무를 뒷받침하기 위해 통일부 남북회담본부의 직원들은 눈코 뜰 새 없이 바빴다. 필자도 상근회담대표로서 필자의 직접 담당인 남북 적십자회담에 대표로도 참가하면서 각종 남북회담의 '전략 및 운영지원단'으로도 빠짐없이 참가하느라 정신이 없었다.

'10.4 선언'에서 이산가족 문제에 대해서 다음과 같이 합의하였다. "남과 북은 흩어진 가족과 친척들의 상봉을 확대하며 영상편지 교환 사업을 추진하기로 하였다. 이를 위해 금강산면회소가 완공되면 쌍방 대표를 상주시키고 흩어진 가족과 친척의 상봉을 상시적으로 진행하기로 하였다"로 합의하였다. 그동안 우리 정부는 이산가족 문제의 천륜적 측면, 간절함, 시한성을 고려하여 전면 생사 확인, 상시 상봉, 고향 방문 등을 위해 다양한 노력을 기울였다. 북한 측은 이러한 합의 사항에 대해 기본적으로 소극적이고 방어적인 태도를 보여주어 우리의 기대만큼 만족할 만한 성과를 얻지 못했다. 북한 측을 견인하기 위해 매년 비료 평균 30만 톤 지원, 화상 상봉 설비 지원, 조선적십자병원 현대화 사업 지원, '금강산 이산가족면회소' 건설 등 다양한 노력을 하였다. 그럼에도 불구하고 이산가족 상봉 행사는 1년에 두 차례 정도 실시되었고 시범적인 수준의 생사 확인, 서신 교환, 화상 상봉만 이루어졌다. 북한 측은 이산가족 상봉 확대에는 그들의 행정 능력의 한계를 거론하였다. 이산가족 교류의 확대가 북한 사회에 미치는 정치적 부작용을 우려하여 통일이 되면 이산가족 문제는 완전히 해결된다고 강변하였다. 한편으로는 우리 측의 이산가족 교류 확대 견인을 위한 대북 경제적 지원 카드를 역이용하여 그들의 경제적 실리를 확보하는데 활용하였다. 필자가 2007년 4월 10일~13일 금강산에서 개최된 제8차 남북적십자회담의 대표로 참여했을 때도 북한 측에게 이산가족 교류 확대의 시급성을 강력하게 설득하였으나 여전히 북한은 종래의 입장을 고수하였다. 과거 수준 정도의 이산가족 교류 규모에 합의하는데 그쳤다. 다만 새로운 방식인 이산가족 간 영상편지 교환 사업을 추석을 계기로 시범적으로 추진하기로 한 것이 성과라면 성과라 할 수 있었다.

'제9차 남북적십자회담' 대표

남북한 정상 간 '10.4 선언'에서 대규모의 대북 경협 추진이 약속되고 '금강산 이산가족면회소'가 2008년 초에 완공될 예정이었다. 우리 측은 이러한 긍정적인 여건을 활용해 2007년 11월 28일~11월 30일(실제는 하루 연장되어 12월 1일까지 개최) 금강산에서 개최되는 제9차 남북적십자회담에서 이산가족 교류의 획기적 확대 달성을 목표로 회담에 임했다. 우리 측 수석대표는 장석준(대한적십자사 사무총장), 대표로는 홍양호(필자, 대한적십자사 남북교류전문위원 자격으로 참가), 유광수(대한적십자사 실행위원), 정소운(대한적십자사 실행위원)이었다. 북한 측 수석대표는 최성익(조선적십자회 중앙위원회 부위원장), 대표로는 리호림(조선적십자회 중앙위원회 위원), 김영철(조선적십자회 중앙위원회 위원)이었다. 제8차 회담 때 북한 측 대표단인 최성익 수석대표 외에는 대표 2명(박용일, 김은철)이 전면 교체되었다. 제8차 회담 때 북한 측 대표로 참가한 박용일(조선적십자회 중앙위원회 위원)은 필자와 대표접촉시 논리적 말싸움에 밀리는지 최성익 수석대표가 다시 필자와 남북한 논리 다툼을 진행한 적이 있었다. 북한 측 최성익 수석대표는 남북회담에 산전수전 모두 겪은 사람으로서 남북장관급회담 대표로 상시 참여한 베테랑 회담꾼이었다. 그는 융통성이 없고 강성 발언으로 일관하는 사람이라 우리 측에게는 대화 상대로 별로 적합하지 않은 사람이었다. 그러나 북한 측 입장에서는 북한의 방침을 충성스럽게 관철하려는 사람이라 북한의 회담대표로는 적합했을 것이다. 최성익은 이러한 기질을 인정받아 고령으로 남북장관급회담 대표에서 퇴진하고도 남북적십자회담 수석대표로 등판된 것이 아닌가 판단하였다. 박용일 대표는 유한 편이었는데 필자가 북한 측 인사에게 박용일 대표가 계속 회담에 나오는 이유를 물었더니 박 대표는 문장력이 좋아 필요한 사람이라 회담에 계속 나온다고 하였다. 북한 측의 발언문이나 합의문 작성시 유능한 사람으로 인정된 것 같았다. 그의 능력이 인정되었는지 2019년 8월에 조선사회민주당 중앙위원회 위원장과 최고인민회의 상임위원회 부위원장인 고위직으로 올라갔다. 그러나 2022년 9월에 56세의 나이로 사망했다. 한때 남북회담을 통해 자주 만났던 사람인데 인간적으로 생각하면 젊은 나이에 사망하여 안타까운 마음도 들었다.

제9차 남북적십자회담을 개최하기 전에 회담의 성과를 높이기 위해 우리 측이 먼저 11월 24일 남북적십자회담 합의서 초안과 '금강산 이산가족면회소 구성·운영' 등 부속합의서 3건을 북한 측에 전달하였다. 북한 측이 11월 26일 자기 측의 합의서 초안을 우리 측에 송부하여 왔다. 우리 측은 이산가족 상봉 확대, '금강산 이산가족면회소'를 통한 '상시 상봉'의 틀 마련과 국군포로·납북자 문제의 실질적 해결과 별도 논의 기반 구축 등을 회담 목표로 정하였다. 남북정상회담·총리회담의 분위기가 우호적이었고 또한 10월 30일~11월 2일 대한적십자사 한완상 총재 방북 대표단(제약업계, 의료업계, 사회후원 협력위원 등 총 75명으로 구성, 필자도 당초 동행하기로 했으나 여의치 못해 불참)의 평양 방문을 통해 먼저 이산가족의 상봉 확대와 '상시 상봉'의 필요성을 강조해 놓은 상태였다. 북한 측은 한완상 총재에게 조용기 목사가 추진 중인 평양 심장전문병원 설립과 관련하여 대한적십자사에서도 설비 지원 등을 해 줄 것을 요청하기도 하였다. '조용기 심장전문병원'은 2007년 6월에 조용기 목사와 조선기독교도연맹 강영섭 위원장과 합의한 것으로 지하 1층, 지상 7층의 병원을 건립하는 것으로 약 200억원의 자금이 소요되는 사업이었다.

이러한 상황이 작용했는지 북한 측이 적십자회담 전 우리 측에 전달해 준 북한 측 합의서안은 과거 북한 측이 보여 주었던 입장보다는 이산가족 상봉 규모가 확대된 내용이었다. 총 400명 대면 상봉(년 4회, 분기별 100명씩. 종래는 1년에 2회 정도 총 200명), 총 160가족 화상 상봉(년 4회, 분기별 40가족씩), 시범적 20가족(새해)에 이어 분기별 기상봉자 30가족 영상편지 교환 등이었다. 아마 북한 측도 '10.4 선언'을 통해 남한으로부터 실리적으로 많은 경제협력 사업을 확보해 놓은 상황이고 그들이 높은 관심을 갖고 있는 병원 현대화 사업에 우리의 지원을 촉진하기 위해 최대한 성의를 보인 것으로 판단되었다. 우리 측은 북한 측이 종래보다 확대된 규모의 이산가족 교류 규모를 제시한데 대해 고무되어 북한 측을 지속적으로 설득시켜 우리 측이 목표하는 '상시 상봉' 수준의 이산가족 교류를 달성하고자 하였다. 우리 측은 남북적십자회담 첫날에 북한 측에 월1회 100명씩 대면 상봉, 월 40가족 화상 상봉, 3월부터 각 50가족 영상편지 교환을 하자고 제안하였다. 북한 측은 우리 측이 제시한 규모가 북한의 행정력으로는 감당하기 어려운 제안이라고 단번에 거부하였다. 북한 측은 그들이 제시한 규모가 북한이 할 수 있는 최대치라고 강조하였다. '10.4 선언'에서 합의한 '상시 상봉'의 우리 측 의미는 '원하면 언제든지 만날 수 있다'는 뜻이라고 얘기한 반면 북한 측은 '분기별·반기별로 정례적'으로 만나면 '상시 상봉'이라고 설명하였다. '상시 상봉'에 대한 개념이 남북한 간에 근본적인 차이가 있었다. 우리 측은 북한 측이 제시한 안이 '상시 상봉'의 취지에 미치지 못한다고 주장하면서 상봉 규모가 더욱 확대되어야 한다고 계속 요구하였다. 북한 측은 회담 첫날 밤늦게 북한 측의 안을 받아들이지 않을 경우 남측 대표단이 회담을 하지 않고 돌아가도 좋다는 최후 통첩식 통보를 우리 측에 하였다.

이산가족 상봉 규모를 둘러싼 이견

북한 측의 최후통첩식 태도에도 불구하고 우리 측은 상봉 규모를 늘리고자 회담 이튿날도 북한 측을 계속 설득하였다. 북한 측의 현실적 어려움은 이해하지만 이산가족들의 절박함을 감안하여 서로 성의 있게 협력하자고 북한 측에 요청하였다. 또한 북한 측이 제시한 안으로 하면 우리 측에 이산가족 상봉을 신청한 사람들(2007년 10월 현재 이산가족 정보통합센터에 등록한 사람은 126,308명. 이중 33,297명이 사망. 생존자는 93,011명) 전원이 북한에 있는 가족들을 단계적으로 상봉하려면 160여 년이 걸린다고 구체적으로 예시하기도 하였다. 북한 측은 하지 못할 것을 약속할 수 없다면서 앞으로 계속해 나가면서 발전시켜 나가자며 전날 밤의 최후 통첩성 태도와는 달리 다소 부드러운 모습을 보였다. 그 이후 북한 측은 '6.15'(2000년 남북정상회담 때 합의문을 발표한 6월 15일을 의미)를 계기로 특별 상봉을 한 차례 더 하겠다고 전향적인 입장을 보였다. 우리 측은 '6.15'뿐 아니라 '10.4'(2007년 남북정상회담 때에 합의문을 발표한 10월 4일을 의미)에도 특별 상봉을 하자고 제의하였다. 이에 대해 북한 측은 특별 상봉 1회 추가 안은 그들의 최대의 아량이며 최종안이라고 하면서 이를 받아들이지 않으면 회담을 끝내자고 또 최후통첩성 발언을 하였다. 남북한 양측은 수석대표접촉 8회, 대표접촉 2회 등(종래 회담보다 더 많은 남북한 간 접촉)을 통해 계속 밀고 당기는 논리적 설전을 하다가 북한 측은 당초 회담기일인 11월 30일 저녁에 우리 측에 마지막 최후통첩을 하였다. 그리고 북한 측 대표단은 다음날(12월 1일) 아침 첫 시간에 평양으로 떠나야 한다고 말했다. 서울에서 개최되는 남북경제협력공동위원회(12월 4일~6일)에 참가하는 사람이 여러 명이 된다면서 북한 측의 최종안으로 합의를 하지 않으면 회담 개최 사실만 적시한 공동보도문을 기자단에게 알리고 회담을 종료하자고 최후통첩 결정을 우리 측에 통보하였다. 우리 측은 '10.4 선언'의 '상시 상봉'의 취지도 살리고 절박한 이산가족 문제를 해결하기 위해 마지막까지 이산가족 교류 규모를 더 확대하고자 하였다. 그러나 북한 측의 최종안이 종래 남북한 간에 합의한 규모보다는 훨씬 많이 확대된 내용이었기 때문에 북한 측의 행정력의 한계를 이해하고 북한 측의 최후통첩 안을 받아들일 수밖에 없었다. 당초 남북적십자회담 기일인 11월 30일을 넘겨 12월 1일 새벽 2시가 지나서 최종 합의문을 채택하고 제9차 남북적십자회담은 종결되었다. 자정을 넘겨서 합의되어 회담은 하루 더 연장된 것이다.

일반 이산가족 문제와 달리 국군포로·납북자의 특수 이산가족 문제에 대해서 북한 측은 회담 초반에 일체 언급하지 않았다. 우리 측이 강하게 북한 측에 이 문제를 제기하고 국군포로·납북자의 전면적 생사 확인과 상봉 확대를 촉구하였다. 그리고 특수 이산가족의 상봉 규모를 남북 이산가족 상봉 시 일정 비율(5%)을 포함시킬 것을 요구하였다. 그리고 이 문제를 실질적으로 논의하기 위해 별도의 협의 기구를 만들자고 요청하였다. 이에 대해 북한 측은 납북자 존재 자체를 부정하였으며 종래처럼 일반이산가족 범주 내에서 다루자고 하였다. 우리 측은 이 문제를 지속적으로 해결하기 위하여 일단 그렇게 합의하였다. 그 외에 12월 7일 '금강산 이산가족면회소 사무소' 준공식에 남북한 대표가 함께 참가하는 것도 합의하였다.

한편 북한 측은 회담을 통해 대북 비료 지원과 조선적십자병원 현대화 사업의 지원에도 많은 관심을 표명하면서 우리 측에 협력을 요청하였다. 조선적십자병원 현대화사업은 2005년 6월 24일 대한적십자사 한완상 총재와 조선적십자회 장재언 위원장 간에 합의한 것이다. 의약품과 의료 장비를 단계적으로 지원하는 것이었다. 그동안 대한적십자사는 북한 측에 약품과 장비를 지원하여 왔는데 조선적십자병원 현대화에 필요한 약품과 장비를 계속 지원하기로 한 것이었다. 이와 별도로 북한 측은 회담기간 중에 우리 측에 평양 제1·2·3 병원에 필요한 의료 설비 및 소모물품 지원도 요구하였다. 한완상 총재의 10월 방북 시에 '조용기 심장전문병원'사업에 대한적십자사가 의료 설비 지원을 해줄 것을 요청한 적도 있어 북한의 열악한 보건의료 실상을 파악할 수 있었다. 이러한 사업은 북한의 고위층에서 높은 관심을 갖고 있는 것이었다.

제9차 남북적십자회담에서 북한 측은 최후 통첩식 협상 행태를 보였다. 협상 전술로 말하면 '수용 아니면 손 떼기(Take it or Leave it)', '위협과 최후통첩(Threats and Ultimatums)', '최선이자 최후의 제안(Best and Final Order)' 방식이었다. 우리 측은 모든 방법을 강구하여 절박한 이산가족 문제를 해결하기 위해 이산가족 상봉 규모를 최대한 확대해 보려고 많은 노력을 했다. 협상의 모양새는 북한 측이 주도권을 잡는 식이라 필자는 회담을 마치고 남한으로 돌아오면서 씁쓸한 느낌이 들었다. 필자는 금번 남북적십자회담에서 전체 회의, 수석대표접촉, 대표접촉에 모두 참가하였고 기자단에게 회담 진행 상황을 수시로 브리핑해주는 대변인 역할도 맡았기 때문에 회담기간 내내 바빠서 피곤한 상태였다. 그러나 이번 제9차 남북적십자회담의 결과는 과거의 남북 간 적십자회담에서 합의한 내용보다 상봉 규모가 훨씬 많이 확대되었기 때문에 필자는 매우 피곤함에도 불구하고 군사분계선을 넘어 남한으로 돌아올 때 깊은 성취감을 느낄 수 있었고 보람도 있었다. 이처럼 규모가 확대된 이산가족 교류도 이명박 정부 들어 남북 관계가 경색되면서 실행되지 못했다. 안타깝게도 이명박 정부 5년 동안 이산가족 상봉 행사는 총 두 차례, 박근혜 정부 4여 년 동안 총 두 차례, 문재인 정부 5년 동안 아이러니컬하게도 총 한 차례로 매우 저조한 모습을 보였다.

북한 측 인사들의 남한 대통령 선거에 대한 높은 관심

우리 국내의 정치 일정으로는 '10.4 선언' 이후 두 달 반 뒤인 12월 19일에 대통령 선거가 예정되어 있었다. 당시 여당인 대통합민주신당 정동영 후보와 야당인 한나라당 이명박 후보 간에 대선 경쟁이 열기를 더해 가고 있었다. 11월 말 개최된 제9차 남북적십자회담 때 북한 측 인사가 필자에게 남한의 대통령 선거에서 누가 당선될 것 같은가 라고 은밀하게 물어 왔다. 필자는 그때 순간적 느낌으로 깜짝 놀라며 북한 측 그 인사가 남한의 정치 상황에 매우 관심이 많은 자라고 생각했다. 필자는 정치적 중립의 의무가 있는 공무원일 뿐 아니라 북한 측 인사에게 우리의 국내 정치 문제를 언급하는 것이 적절하지 않다고 생각하고 "잘 모르겠다"고 잘라 말하고 더 이상 대화를 진행하지 않았다. 그런데 남북한 대표단이 저녁 식사를 함께 하는 자리에서 북한 측 다른 인사가 필자에게 "이대로 가면 이명박이 되는 것 아닌가? 북남 관계가 어려워지는 것 아닌가? 수뇌 상봉도 해주었는데…"라고 말하였다. 필자는 또 다시 한 번 속으로 깜짝 놀랐다. 북한 측이 우리의 국내 정치에 영향을 미치려고 남북정상회담을 의도적으로 한 측면도 있겠구나라는 생각이 들었다. 우리의 대통령 선거 결과의 향방에 따라 '10.4 선언'에서 합의한 사업이 제대로 이행될 것인지 여부에 촉각을 곤두세우고 있었다. 아마 여당 후보가 당선되면 '10.4 선언'은 잘 이행될 것이고 야당 후보가 당선되면 이행이 어려울 것으로 판단하고 있는 모양 같았다.

필자는 제9차 남북 적십자회담을 마치고 서울로 돌아와 회담에 함께 참가했던 다른 직원들에게 북한 측 인사가 우리의 대통령 선거에 관해 궁금해 하더냐고 물어보았다. 모든 직원은 아니고 일부 몇 명 직원에게 북한 측이 물어본 것으로 확인이 되었다. 또한 그 시기에 북한 측과 접촉한 우리 측 민간 인사들에게도 북한 측이 그러한 질문을 하고 있는 것이 파악이 되었다. 북한의 대남 사업 부서에서 우리의 대통령 선거 결과가 어떻게 나올지를 판단하기 위해 그 시기에 집중적으로 남한 측 인사들을 통해 정탐하고 있는 상황이었다. 그 일이 있은 후 어느 남북회담 혹은 행사인지 정확히 기억이 나지 않지만 우리의 대통령 선거일을 대강 일주일 정도 남겨놓은 시점에서 북한 측 인사가 또 필자에게 누가 대통령이 당선될 것 같으냐고 물어왔다. 필자는 "마지막까지 가봐야 알 수 있지 않겠느냐"고 답변하였다. 그랬더니 북한 측 인사가 대뜸 "이명박이 된다"고 확신에 찬 듯이 말하였다. 그러면서 그는 필자에게 "이명박이 대통령이 되면 남북 관계를 잘할 것 같으냐"고 물어왔다. 필자는 "누가 대통령이 되든 우리 대통령은 헌법상 평화통일 추진 의무가 있기 때문에 남북 관계를 발전시켜 나가려고 할 것"이라는 원론적 답변을 하였다. 필자는 그때 북한의 정보 수집력과 판단력이 대단하구나 생각하면서 섬찟했다. 12월 17일 대선에서 한나라당 이명박 후보가 대통령으로 당선된 후 한참 뒤에 만났던 북한 측 인사가 이명박 대통령이 남북 관계 사업을 이어갈지 모르겠다면서 필자의 의견을 물었다. 필자는 북한 측이 집요하게 관심이 많구나하고 느꼈다. 필자는 이명박이라는 분은 세계를 다니면서 많은 경제 사업을 직접 한 기업가 출신이기 때문에 남북 관계에서도 실용적으로 남북한에 서로 도움이 되는 경제 사업을 잘 할 것으로 본다는 식으로 답변하였다. 그때 북한 측은 남북 관계 일을 하는 남한 당국자나 민간 인사에게 집중적으로 이러한 질문을 하는 등 정보 수집을 하고 있었다. 북한 측은 남한의 정권이 교체되면서 남북 관계가 어떻게 될 것인지에 대해서 판단을 하고 대비를 하는 것 같았다. 특히 이명박 대통령의 성향과 대북관, 이에 따른 남북 관계 사업 전망 등에 대해 집중적으로 분석하고 대비하는 것 같았다.

당시 북한 내부에서 남한의 정권 말기에 남북정상회담을 하는 것이 적절한지에 대한 논쟁이 있었다고 한다. 통일전선부에서는 추진하지는 입장이었고 국가보위부나 군부쪽은 반대하는 입장이었다고 한다. 북한의 수뇌부에서 통일전선부의 입장이 우세하여 남북정상회담이 개최된 것이었다고 한다. 우리 측도 정권 말에 남북정상회담을 추진하는 것에 대해 고민이 많았던 것 같다. 당시 남북정상회담을 추진했던 분들은 정권을 초월해서 민족통일의 긴 여정에 조금이라도 더 남북 관계를 발전시키고 평화통일의 기반을 구축해놓겠다는 정당성을 강조했을 것이다. 우리의 대의민주주의 정치 체제에서는 정당 간에 서로 다른 정책 공약을 제시하고 선거를 통해 국민의 선택을 받은 정권이 임기 중에 정책을 집행하고 또 국민의 심판을 받는 것이 기본적 원칙이다. 임기를 얼마 남겨놓지 않은 전임 정권이 후속 정권 임기 동안 떠맡아 진행할 수많은 남북 합의사업을 물려주는 것은 지나치지 않았나 생각이 든다. 같은 정당이 정권을 재창출하더라도 새로운 정부가 정책의 기조는 지속한다 하더라도 구체적인 사업의 우선순위나 강조점은 다를 수 있다. 하물며 다른 정당이 정권을 잡았을 때는 정책 기조가 당연히 달라질 것이며 국민으로부터 선택받은 새로운 정책 공약 사업을 추진할 것이다. 정책 성향이 다른 전임 정부가 넘겨준 사업을 후임 정부가 임기 내내 처리하는 것은 상식적으로 불합리하며 대의민주주의의 정당정치 이치에도 맞지 않는 것이다.

당시 가치 기준으로 14조 3천억 원의 재원이 소요될 뿐 아니라 40여 개나 되는 많은 의제 사업을 후속 정부에 고스란히 넘겨주는 것은 지나치다고 생각한다. 필자는 사정에 따라 남북정상회담을 임기 말에도 할 수는 있다고 본다. 그러나 임기 말의 남북정상회담에서는 후속 정부에 부담이 되지 않는, 도움이 되는 방향으로 적절한 수준에서 합의 사항을 도출하는 것이 합리적이다. 임기 말의 남북정상회담이 초래할 수 있는 우려 사항을 피하기 위해 가능한 한 임기 초반이나 늦어도 중반 전후에 남북정상회담을 하고 합의사항을 임기 내 잘 이행하는 것이 바람직하다고 본다. 임기 말 남북정상회담을 함으로써 국내 정치에 이용한다는 오해를 불식시킬 필요도 있다. 남북 관계를 국내 정치의 선거에 이용하려는 시도는 그 결과가 거의 실패로 귀결되었다는 교훈을 되새길 필요가 있다. 우리 국민은 매우 현명한 판단을 하고 있다는 것을 직시해야 한다. 물론 어느 나라나 대외 정책과 국내 정치 간의 Linkage Politics가 있다는 것을 모르는 바는 아니다.

통일부 차관으로서의 첫 한 달

2008년 초 이명박 정부가 출범하면서 운이 좋게도 첫 통일부 차관(2008년 3월 1일자)이 되었다. 1977년 10월 제21회 행정고등고시에 합격하고 1978년 5월 5급(당시는 3을) 공무원으로 시작해 30년 만이었다. 우리 민족의 통일 과업에 청춘을 바쳐보겠다고 마음먹고 1983년 5월 국토통일원(통일부)에 입부한지 25년만이다. 필자는 그저 순수한 마음으로 우리 민족의 역사적 과제인 남북통일을 위해 통일부에서 일한다는 것이 보람 있는 삶이라고 생각했지 장치 필지기 공직에서 어디까지 올라가겠다는 야망은 솔직히 없었다.

이명박 정부 첫 통일부 차관으로 발탁

퇴직을 고려하던 시점에 정부 내 고위급 정무직 공무원이 된 것이 현실이 되자 차관이라는 자리의 무게와 책임감 때문에 어깨가 무거워졌다. 필자는 당시 대통령 선거에서 이명박 후보 캠프의 문전에도 가보지 않은 사람이라 직업 관료로서 통일 업무의 경력과 전문성이 인정되어 차관으로 발탁된 것으로 판단했다. 새 정부에서 전문 관료로서 통일 업무에 책임감을 느끼며 최선을 다해야겠다고 다짐했다.

이명박 정부의 첫 차관이 되면서 당장 필자의 머릿속에 당면 과제로 떠오른 것이 몇 가지 있었다. 첫째, 이명박 대통령 후보가 당선되고 인수위원회에서 정부 조직의 효율성을 높일 '작은 정부' 실현이라는 차원에서 통일부의 폐지 문제(외교부와 통일부의 통합)가 거론되었다. 통일부에 대한 '대북 퍼주기 부서'라는 항간의 비판적 여론도 작용하였다. 당시 전직 통일부 장관들(허문도·이홍구·임동원·박재규·정세현 등)과 한나라당 이한구 정책위 의장, 김용갑 의원 등이 근시안적인 통일부 폐지의 문제점을 지적하고 존치 필요성을 주장하였다. 나아가 통일 문제 전문가들과 통일 단체들의 통일부 폐지가 부당하다는 여론 조성에도 힘입어 최종적으로 통일부는 존치하게 되었다. 통일부 폐지 논란 끝에 존치하게 된 통일부의 신임 차관으로서 필자는 통일부가 우리 사회로부터 전문성과 독자적 존재감을 인정받도록 최선을 다 해 업무를 행함으로써 통일부 폐지 문제가 두 번 다시 거론되지 않도록 해야겠다는 각오를 다졌다.

두 번째, 통일부가 존치하는 것으로 결론이 났지만 통일부 조직의 인원은 엄청나게 감축되는 시련을 겪게 되었다. 2007년도에는 통일부 정원이 550명이었으나 2008년도에는 이중 약 15% 정도인 80명의 인원을 감축하도록 되어 있었다. 감축된 인원을 어떻게든 해결해야 하는 것이 차관의 몫이었다. 새 정부의 정책 기조에 맞추어 업무를 수행하는 것도 어깨가 무거운데 80명이라는 대규모의 인원을 감축하는 일은 필자에게는 가혹한 일이었고 매우 부담이 되는 일이었다.

세 번째, 이명박 정부의 대북 정책 기본 방향은 선거 공약에서 발표되었던 '비핵·개방·3000'이었다. 북한이 핵을 폐기하고 개방을 하면 한국과 국제사회가 지원하여 10년 내 북한 경제를 1인당 국민소득 3천 달러 수준으로 상향시킨다는 것이었다. 이명박 정부 이전 역대 정부가 북한 핵 문제를 해결하려고 나름대로 노력하였지만 오히려 북한은 2006년 10월 1차 핵실험을 감행하여 한반도 안보는 심각한 위기 상황으로 전개되었다. 이명박 정부는 북핵 위기의 심각성을 깊이 인식하고 이 문제 해결에 대북 정책의 중점을 두었다. 또한 역대 정부가 북한의 변화를 유도하였지만 이명박 정부는 북한이 제대로 변화되기 위해서는 개방이 우선적으로 이루어져야 한다고 보았다. 따라서 '비핵·개방·3000'에서 '비핵'과 '개방'은 남북 관계에서 선결 과제이자 사실상 조건과 같은 것이었다. 과거 역대 정부에서 김영삼 정부는 '핵과 경협의 연계' 기조였지만 지나치게 경직되지는 않았다. 김대중 정부와 노무현 정부는 '핵과 경협의 병행' 기조였다. 남북 경협의 진전을 통해 북핵 문제 해결의 환경을 조성하고 이를 통해 북핵 문제를 해결한다는 입장이었다. 그러나 북한은 우리의 '핵과 경협 병행 전략'을 역이용하여 남한으로부터 쌀, 비료, 원자재, 달러 등 경제적 실리를 확보하면서 핵 개발은 은밀히 추진하여 핵실험까지 단행하였다. 이러한 상황에서 한반도 안보의 심각한 위기를 해소하기 위해 북핵 문제 해결이 대북 정책의 당면 과제이자 최우선 중점 과제가 되어야 함은 당연한 것이었다. 그러나 '비핵'과 '개방'이 선결 조건이 되어 남북 관계를 조정하게 되면 우리가 대북 정책을 통해 해결하고자 했던 이산가족·납북자·국군포로 문제나 남북 교류협력을 통한 북한의 변화, 6자회담을 통해 2005년 체결된 '9.19 공동성명'의 이행 등에 난관이 될 수 있었다. 새 정부의 선거 공약인 '비핵·개방·3000'이라는 대북 정책 기조와 그동안의 대북 정책을 통해 해결하고자 했던 정책 과제나 궁극적 통일 기반 조성 노력 등을 연계시키는 방법을 모색해야 했다. 지난 정부에서 정치·사회적 이슈가 되었던 '대북 퍼주기' 논란도 조정이 불가피했다.

네 번째, 당초 통일부 장관으로 내정되었던 남주홍 교수가 개인사로 인해 낙마하자 김하중 주중 대사가 재 내정되었다. 필자가 차관으로 임명되었던 시기에 김하중 대사는 국회에서의 장관 인사청문회를 거치지 않았기 때문에 통일부 장관은 일시적으로 공백 상태가 되었다. 김하중 장관이 3월 11일 공식 취임하였기 때문에 필자가 불가피하게 열흘간 장관 대행을 하였다. 심리적 부담감으로 열흘간은 긴장된 날의 연속이었다. 신임 장관의 청문회 준비를 위한 행정적 뒷받침과 장관 대행의 역할을 차질 없이 수행해야 했다. 또한 통일부 폐지 논란과 조직의 감축에 따른 통일부 직원들의 저하된 사기를 북돋우며 새 정부의 정책 기조에 부합한 통일부 조직의 조속한 전환을 이끌어가야 했다.

2008년 3월 3일 이명박 대통령으로부터 통일부 차관 임명장을 수여받는 필자

3월 3일(월) 오전 8시에 국무회의가 있었다. 오후 4시에 차관 임명장 수여식이 있었으며, 오후 6시에 차관 취임식이 있었다. 하루 종일 바쁜 시간의 연속이었다. 통일부 장관 대행 자격으로 국무회의에 참석하였다. 국무회의 때나 임명장 수여식 때 이명박 대통령이 강조했던 것은 2007년 말 미국의 금융 위기로 발생한 세계 경제 위기에 직면하여 우리가 이를 잘 극복해서 경제를 살려야 하니 내각 전체가 책임감을 가지고 도전적 자세로 일해 달라는 당부였다. 국정 수행 원

칙으로 '창의적 실용주의'를 제시하였다. 과거의 관례, 관습, 전통, 형식에 억매이지 말고 끊임없이 변화해야 한다고 강조하였다. 국민의 목소리를 듣기 위해 현장 방문 행정을 반드시 병행해야 한다는 언급과 국민들을 잘 섬기고 국민들로부터 일 잘한다는 평가를 받도록 최선의 노력을 다해 줄 것을 당부하였다. 핵심 키워드는 '창의'와 '실용'이었다.

차관 취임사의 감회

25년 동안 통일부에서의 필자의 경험을 바탕으로 한 솔직한 생각이 담긴 취임사를 작성하기 위해 일요일 밤 자정을 넘겨서 취임사 원고를 여러 번 수정하며 작성하였다. 필자는 통일부에 근무하면서 통일부 직원들을 가족처럼 느끼고 있었다. 조직의 규모가 작아 비교적 서로 잘 알고 있을 뿐 아니라 직원들 누구나 할 것 없이 계급의 높낮이를 떠나 통일 업무에 대해 순수한 마음으로 열심히 일하는 모습을 오랫동안 지켜보아 왔기 때문이었다. 통일부 직원들은 '통일 가족'이라고 스스럼없이 말하였다. 필자의 취임사 첫마디도 "그동안 동고동락했던 존경하는 통일 가족 여러분!"으로 시작하였다. 당시 필자의 혼과 마음을 담아 취임사를 작성했기에 중요한 부분의 전문을 일부 발췌해 다시 되새겨보기로 한다.

> "저는 오늘 취임을 즈음하여 통일부에서 공직생활을 하면서 스스로 느껴왔던 저의 개인적 생각을 말씀드리고자 합니다.
>
> 첫째, 우리가 구현해야 할 미래 통일국가상은 인간의 존엄성, 자유, 복지가 구현되는 '선진 민주 복지국가'가 되어야 한다고 생각합니다. 우리가 지향해야 할 목표는 미래 지향적이고 발전적이어야 하지, 과거 지향적이고 퇴보적이어서는 곤란합니다. 상향 평준화가 되어야지 하향 평준화가 되어서도 안됩니다. 인류의 보편적 가치와 미래 가치가 구현되어져야 합니다.

둘째, 남북 관계 일을 하면서 판단과 집행의 기준은 일관성, 유연성, 균형을 지키는 일입니다. 원칙을 지키고 일관성을 유지하면서, 상황에 따라 유연성을 발휘하고 항상 균형을 지켜나가는 일입니다. 그러나 유연성이 강조되어 원칙이 근본적으로 훼손되어서는 안 된다고 생각합니다. 일관성과 유연성을 조화롭게 운용하기 위해 균형적 판단을 가져야 한다고 봅니다.

셋째, 그동안 우리는 '보다 많은 접촉, 보다 많은 대화, 보다 많은 협력'을 위해 노력하여 왔습니다. 남북 관계 발전을 위한 목표이기도 하고, 평화통일을 위한 수단이기도 하였습니다. 그러나 오로지 목표 가치인 것으로 생각하여, 숫자적 성과에 자족하고 자화자찬한 점은 없는지 생각해 볼 필요가 있습니다. 물론 '보다 많은 접촉, 보다 많은 대화, 보다 많은 협력'을 계속 추진해야 하지만, 한 단계 더 나아가 이제는 '보다 많은 내실있는 접촉, 보다 많은 내실있는 대화, 보다 많은 내실있는 협력'을 해나가야 한다고 봅니다.

넷째, 통일부 직원들이 가져야 할 자질, 덕목으로 저는 다섯 가지를 생각해 보았습니다. 전문성, 창조성, 친화력(인성), 책임성, 용기입니다. 통일부의 업무는 기본적으로 종합적이고 전략적이면서도, 구체적이고 다양하며, 또한 새로운 역사를 만들어가는 일이기 때문에 전문성과 창조성이 요구됩니다. 통일부의 일은 단독으로 할 수 없고 국민, 관계 부처, 전문가, NGO, 그리고 국제사회와 함께 하는 일이기 때문에 친화력이 요구됩니다. 주위의 사람·단체·국가를 우리와 함께 가도록 하고, 또한 그들이 스스로 우리와 함께 하고 싶다는 태도를 갖도록 하는 것이 친화력이라고 생각합니다. 그리고 우리가 하는 일은 극복해야 할 어려운 일들이 많기 때문에 책임성과 용기가 있어야 한다고 생각합니다. 이와 같은 덕목을 모두 가지는 일은 쉬운 일은 아닙니다. 저를 비롯한 대부분의 분들이 이와 같은 덕목을 부분적으로 갖고 있을 것입니다. 그러나 서로 갖고 있는 좋은 덕목을 배우고 실천하며, 또한 조직 전체가 서로 보완하고 결집한다면 총체적으로 이와 같은 덕목들이 구현될 수 있으리라 봅니다."

위의 취임사 내용은 필자가 오랫동안 통일 업무를 수행하면서 체득한 것으로 내심 강조하고자 했던 내용이었다. 통일국가의 미래상으로 미래 지향적, 발전적이어야 한다는 것은 어떠한 통일도 좋다는 통일지상주의는 곤란하다는 것이다.

더구나 폐쇄적 전체주의, 왕조세습체제, 계획경제체제 등 스탈린식 사회주의 체제와 같은 역사의 흐름에 퇴행하는 체제로 가서는 안 된다는 것이었다. 우리가 지향하는 통일은 보편적 가치와 미래 가치가 구현되는 올바른 통일을 해야 한다는 것을 강조한 것이었다. 일관성, 유연성, 균형의 조화를 언급했지만 원칙이 훼손되는 유연성은 곤란하다는 것을 강조한 것이었다. 상황에 따라 유연성이 필요하겠지만, 그러나 우리가 견지하는 원칙은 흔들리지 않고 꿋꿋이 견지해야 한다는 것이었다.

'보다 내실있는 접촉, 대화, 협력'을 강조한 것은 외형적인 수치상의 양적인 성과에 만족할 것이 아니라 우리가 추구하는 정책 목표에 부합하는 질적인 성과를 실현해야 한다는 것이었다. '접촉을 위한 접촉', '대화를 위한 대화', '협력을 위한 협력'에 단순히 그칠 것이 아니라 우리가 추진하고자 하는 대북·통일정책의 목표를 실현시키는 것이 중요하다는 것을 강조한 것이었다. 신뢰를 통한 남북 합의 사항의 이행, 상호 호혜적인 남북 관계, 북한 비핵화, 북한의 올바른 변화, 북한의 정상국가화, 한반도 현상 유지(분단)가 아닌 통일로의 접근 등 우리가 지향하는 목표를 실현하는데 충실해야 한다는 것이었다. 실례로 서독의 대 동독 정책의 근간인 '접근을 통한 변화'는 '전략적 상호주의'를 통해 이루어낸 것이었다. 서독이 대 동독 경제 지원과 동서독 교류협력을 많이 하였지만 일방적으로 동독에 지원한 것은 아니었다. 서독은 동독의 정치범 석방·동독의 인권유린 실태 기록 등 동독 주민의 인권을 강조하였다. 이산가족 재결합, 인적 교류의 확대, 상호 TV 시청, 지방자치단체 간 자매결연 등 내실 있는 동서독 간 교류협력을 추진하였다. 그리고 동독 정치의 민주화도 요구하였다. 대 동독 접근을 통해 서독이 추구하고자 했던 동독의 변화를 견인하려 했고 이러한 원칙을 당당히 견지함으로써 상당한 성과도 이루어내었다.

필자가 제시했던 통일부 직원으로서 갖추어야 할 자질·덕목 5가지 즉, 전문성·창조성·친화력·책임감·용기 모두 필요한 것이라 생각했지만 필자는 이 중에서 쉽지는 않지만 창조성, 친화력, 용기를 갖는 것이 더 필요한 것이라고 내심 강조하고 싶었다. 남북 관계를 풀어내고 통일로 가기 위해서는 다양한 창의적인 아이디어가 필요하다. 현실의 분단을 파괴하고 새로운 탄생인 통일을 위해 창조적인 마인드가 필요하다고 생각했다. 남북 관계와 통일 문제의 성격상 통일행정은 단순한 법 집행 행위가 아니고 새롭게 무엇을 만들어내는 창조(창의)적인 행위라고 생각했다. 친화력을 강조한 것은 통일부 직원들은 대부분 북한하고 일하는데 몰두하고 있었지만 통일 문제는 국내의 다양한 이해 관계자 즉, 국회, 언론, 다른 행정 기관, 시민사회 단체 뿐 아니라 국제사회와도 소통하고 지지를 얻어내는 활동도 매우 중요하다는 것을 강조한 것이었다. 용기를 강조한 것은 일제 강점기 때 빼앗긴 나라를 되찾기 위해 독립투사들이 목숨을 바쳐가면서 용기 있게 활동했듯이 통일을 실현하기 위해서도 그 정도의 용기가 우리에게는 필요하다는 것을 강조한 것이었다.

필자는 통일부 차관이 되면서 앞으로 불가피한 통일부의 대량 인원 감축을 해야 하기 때문에 취임사에서 이것을 미리 언급하지 않을 수 없었다. 취임사에서 언급한 내용을 발췌해 보면 다음과 같다.

> "아시는 바와 같이 우리 조직이 많이 축소되었습니다. 여러 가지로 불안하게 생각하는 분들이 많이 있으리라 생각합니다. 저는 우리 부가 그동안 동고동락하면서 그 어느 부서보다도 가족 의식을 갖고 모두가 하나가 되어 일해 온 전통을 알고 있습니다. 현재 어려운 상황이지만, 저는 통일 가족 여러분 모두와 함께 가려고 합니다. 그러나 여러분들이 불가피하게 이해를 해주셔야 할 부분도 있습니다. 앞으로 견장을 계속 다는 분도 계실 것이고 백의종군하는 분도 계실 것입니

> 다. 견장을 다는 분들은 더욱 책임감을 크게 가져야 할 것이며, 백의종군하는 분들은 존경을 받을 수도 있을 것입니다. 우리 모두 선의의 경쟁을 해 나갑시다. 실력으로 서로 인정을 받읍시다. 저는 여러분의 역량과 인격을 믿습니다."

필자는 통일부 직원의 대량 감축을 앞두고 그동안 정서적으로 구축되어온 '통일 가족'이라는 전통을 가슴 깊이 되뇌었다. 평생 순수하게 통일에 대한 열정으로 일해 오신 분들을 강제적으로 신상에 큰 피해를 주어서는 안 되겠다고 생각하였다. 시간을 갖고 순리적으로 해결하기로 했다. 어려운 조직 내부 사정을 잘 아는 간부들 중에 필자를 직접 찾아와 어려운 조직 문제를 해소하는데 조금이라도 도움을 주고 후배들의 장래를 위해 용퇴하겠다는 분들도 더러 있었다. 필자는 그때 그들의 용퇴 의사를 말리면서 퇴직 후 아무런 계획 없이 나가는 것은 무모한 일이라면서 기다려 달라고 요청하였다. 산하 기관이나 외부 기관의 자리 확보, 해외 파견 인력 확보, 다른 부처로의 전출, 1계급 특진 후 명예퇴직 등 다양한 방법을 통해 2008년 한 해 동안 감축 인원을 대체로 원민히 처리하였다. 그때 조직의 고통을 함께 감내해 준 직원들에게 진심으로 감사할 따름이다.

'상생공영(相生共榮)'의 대북정책

이명박 정부가 출범하고 난 후 각 부처 대통령 연두 업무보고 일정이 정해졌다. 당초 통일부는 3월 중 전반부에 보고 일정이 잡혀있었다. 그러나 남주홍 장관 후보자가 낙마하는 바람에 후반부로 밀리게 되었다. 김하중 장관이 3월 11일자로 부임하면서 대통령 업무보고 자료 준비가 본격적으로 진행되었다. 3월 26일로 보고 일정이 최종 확정되었다. 내부 업무보고 작성 T/F팀이 실무적으로 작성한 것을 바탕으로 다듬어가면서 신임 장관 주재 회의에서 완성도를 높여 나갔다.

필자는 연두 업무보고 자료를 준비하면서 역대 정부가 대북·통일정책에 명칭

(노태우 정부: 북방정책, 한민족공동체 통일방안, 김영삼 정부: 3단계 민족공동체 통일방안, 김대중 정부: 햇볕정책·화해협력정책, 노무현 정부: 평화번영정책)이 있었듯이 이명박 정부에서의 대북·통일정책의 명칭을 무엇으로 지칭하는 것이 좋을지를 이것저것 생각하고 있었다. 이명박 정부의 대북 정책의 핵심은 '비핵·개방·3000'인데 이와 같은 핵심적 내용도 포함하면서 미래 지향적인 통일에 대한 비전도 제시할 명칭이 무엇일까를 고민하고 있었다. 그러던 중 김하중 장관에게 업무에 관해 협의하던 중 김 장관은 대북 정책의 명칭을 '상생공영(相生共榮) 정책'으로 하면 어떻겠느냐고 필자에게 물었다. 순간적으로 필자는 이 대북 정책의 명칭이 '비핵·개방·3000'의 메시지와는 상치되는 방향성의 느낌을 준다고 생각하였다. 한편으로 대북·통일정책의 메시지는 대내외적으로 negative한 느낌보다는 positive한 방향성의 느낌을 주는 것이 오히려 우리의 남북 관계 발전과 통일의 의지를 표방할 수 있다는 차원에서 '상생공영 정책'이 괜찮겠다는 생각이 들었다. 그러면서 '북한의 비핵화와 개방화'를 실제 대북 정책의 집행상 핵심 목표로 하면 되지 않겠나고 생각했다. 필자는 미래 지향적인 방향성을 제시한다는 차원에서 괜찮은 명칭 같다고 답하였다. 김 장관은 이미 청와대 측과도 조율을 거쳤는데 청와대 측도 '상생공영 정책'에 대해 좋다는 반응이 나왔다는 것이었다. 이렇게 되어 이명박 정부의 대북 정책의 명칭으로 '상생공영 정책'이 탄생하였다. 대통령 연두 업무보고에서 '실용과 생산성에 기초한 상생·공영의 남북관계 발전'이 통일부 그리고 이명박 정부의 대북·통일정책의 기본 방향이 되었다.

통일부는 연두 업무보고에서 과거 정부는 대북 시혜 위주이고 안정적 관리에 치중한 유화적 포용정책이라고 평가하고 앞으로는 북핵 문제 해결과 북한의 개방·변화를 유도하는 전략적 접근을 해야 한다고 보고하였다. '상생공영 정책"의 4대 원칙으로 ① 남북 관계를 이념이 아닌 실용과 생산성에 기초, ② 원칙에는 철저하되 유연한 방식으로 접근, ③ 국민적 합의를 최우선, ④ 남북 협력과 국제 협력의 조화로 설정하였다. '실용과 생산성'을 판단하는 구체적 기준으로 ① 북한 주민의 삶의 질 향상에 실질적으로 기여하는가, ② 비용 대비 성과가 있는가, ③ 북한의 발전을 촉진하는가, ④ 북한의 핵 문제 해결에 기여하는가, ⑤ 평화통일에 기여하는가 등 5가지를 설정하였다. 그리고 2008년도 실행계획 목표로 ① '비핵·개방·3000' 이행 준비(북한의 비핵화), ② 상생의 경제 협력 확대(한반도 경제 선진화), ③ 호혜적 인도 협력 추진(남북 주민의 행복)을 제시하였다. '상생공영 정책'은 남북 관계의 궁극적 비전을 말하는 것이고 '비핵·개방·3000'은 그 비전으로 나아가기 위한 구체적 전략이라고 할 수 있다.

2008년 3월 26일 통일부 연두 업무보고 직전 이명박 대통령과의 차담회에서 김하중 통일부 장관(오른쪽에서 두번째)과 필자(왼쪽에서 두 번째)

북한, 김하중 장관의 개성공단 기업인 간담회 발언 반발

대통령 연두 업무보고 자료를 준비하는 과정에 남북 관계에 불길한 조짐이 하나 발생하였다. 3월 23일 일요일에 간부들이 모여 연두 업무보고 자료 검토를 위한 회의가 열렸었다. 검토 회의가 끝난 후에 개성공단에 위치한 남북경협협의사무소 김웅희 소장이 필자에게 다가와서 북한 측에서 연락이 왔는데 내일 월요일 오전에 '남북 공동 소장회의'를 개최하고자 하니 남측 소장이 오전에 일찍이 개성공단으로 들어오라는 요구가 있었다는 것이다. 김웅희 소장은 이명박 정부 들어와 3월 17일 발령받아 부임했다가 두 번째 되는 주간이었다. 매주 월요일 오전에 장관 주재 간부 회의가 정례적으로 개최되기 때문에 김 소장은 오전에 간부 회의에 참석하고 오후에 개성공단에 들어가기로 예정되어 있었다. 필자는 그 보고를 받고 좀 불길한 느낌이 들었다. 당시 북한 측이 이명박 정부의 '비핵·개방·3000'에 대하여 비방을 하고 있었다. 또한 인수위원회 시절에 노무현 대통령과 김정일 위원장이 합의하고 발표한 '10.4 선언'(2007년)을 검토하면서 이 중 추진할 사업, 검토·보완할 사업, 추진해서는 안 될 사업으로 분류한 것이 언론 보도되어 이에 대해 북한 측이 우리 측에 강하게 불만을 표시하고 '10.4 선언'의 전면 이행을 촉구하였다. 이러한 상황에서 필자는 이명박 정부 출범 후 북한의 공식적인 입장을 파악할 수 있는 기회라 생각하고 김 소장에게 내일 간부 회의에 참석하지 말고 오전에 개성공단에 즉각 들어가라고 했다. '남북 공동 소장회의'에서 북한 측의 동향을 신속히 필자에게 보고해 달라고 지시하였다. 당시에 김 소장 밑에 남북경협협의사무소에 새로 발령받아 처음으로 개성공단에 김 소장과 함께 출근하게 된 강기찬 서기관이 있었다. 통일부의 공무원들 대부분은 북한 현지에서 근무하고 싶은 꿈을 갖고 있었다. 내일 북한 현지인 개성공단으로 첫 출근한다고 들떠 있었던 강 서기관에게 필자는 즉시 연락해서 내일 개성공단으로 들어가지 말고 서울 사무실로 출근해서 대기하라고 지시했다. 강 서기관은 영문도 모른 채 어리둥절해 했다. 월요일 아침에 출근하여 필자는 강 서기관을 불러 상황을 설명해 주고 사무실에 상시 대기하며 개성공단 현지 상황을 신속하게 필자에게 보고하고 필자의 지시를 따를 것을 주의시켰다. 그리고 그 어떤 누구에게도 상황을 얘기하지 말고 보안을 유지할 것을 지시하였다.

3월 24일 월요일 점심시간이 되어 갈 무렵에 개성공단 현지에서의 상황 보고가 들어왔다. 오전에 개성공단 현지의 '남북 공동 소장회의'에서 북한 측 소장이 통일부 장관이 3월 19일 '개성공단 입주기업 간담회'에서 "북한 핵 문제가 타결되지 않으면 개성공단의 확대가 어렵다"고 언급한 언론 보도된 내용을 문제 삼으면서 우리 측에 강하게 항의를 하였다. 그리고 개성공단을 핵 문제와 연계시키는 것은 잘못된 것이라면서 남측 당국과 대화나 경협을 하지 않겠다면서 남북경협협의사무소에 근무하는 남측 당국 인원 11명 모두는 3일 내로 전원 철수하라고 요구하였다. 남북경협협의사무소에는 당국 인원 외에 민간 기관 즉, 한국수출입은행, 한국무역협회, 중소기업진흥공단, 한국무역진흥공사에서 각 1명씩 총 4명이 파견 나와 있었다. 이들 민간 기관에서 나온 인원을 제외하고 당국에서 나온 인원만 전원 철수하라는 것이었다. 일단 남북경협협의사무소를 폐쇄하는 것은 아니었고 남한 측 당국에 대한 강한 항의의 표시로 해석되었다.

보통 신임 통일부 장관이 취임하면 관례에 따라 종교계 지도자, 언론계 인사, 통일단체 대표, 대북지원단체협의회 임원진, 개성공단 입주기업 대표단 등과 상견례 겸 가벼운 의견을 교환하는 간담회를 개최하여 왔다. 여기서는 대북 정책에 관한 깊은 논의를 하는 자리는 아니었다. 김하중 장관도 그러한 일환으로 '개성공단 입주기업 간담회'를 개최하였다. 이명박 정부 초기라 민감성을 감안하여 비공개로 개최하였다. 그런데 기자들이 간담회에서 어떤 내용이 얘기되었는지 궁금해서 간담회가 끝난 후에 참가한 기업인을 개별 취재하였고 언론 보도의 민감성을 제대로 이해하지 못하는 기업인이 정제되지 않은 내용을 전달한 모양이었다. 뉴스의 특성상 보도는 종종 선정적 제목을 뽑는데 "이명박 정부, 개성공단과 북핵 문제 연계"라는 식으로 보도되었다. 실제 간담회에서는 김하중 장관은 남북 상생의 길을 걷기 위해 개성공단과 같은 호혜적 남북 경협이 확대되어야 한다고 많이 언급하였다. 간담회에 참석한 한 기업인이 북핵 문제에 진전이 없으면 개성공단 2단계 사업은 어떻게 되는지에 대해 김 장관에게 질문을 했다고 한다. 이에 대해 김 장관은 국익을 기반으로 한 기본적 답변으로서 원론적으로 북핵 문제에 진전이 없으면 현실적으로 2단계 사업을 추진하는 것이 힘들지 않겠는가라는 취지로 답변하였던 것 같았다. 북한 측이 간담회 때 김 장관이 발언한 전체 맥락에 대한 이해가 없이 보도된 내용만 보고 반발한 것이었다.

북한, '남북경협협의사무소' 근무 남한 당국 인원 강제 추방

북한 측 소장의 남한 측 당국 인원의 전원 철수 요구에 대해 김웅희 소장은 당신의 구두 요구에 따라 우리가 철수할 수는 없다고 항변하였다. 김 소장은 북한 측 소장에게 구체적으로 누구의 지시인지를 밝혀주고 북한 측 입장을 공식 문서로 전달해 주면 자신도 남한 측 상부 당국에 보고를 드리고 우리 당국의 지침에 따라 행동하겠다고 강하게 대응하였다. 필자는 김 소장에게 그와 같은 입장을 계속 견지하고 버티라고 지시하고 서울 당국의 별도 방침이 없는 한 기본 방침에 어긋나는 행동을 하지 말 것을 지시하였다. 그날 3월 24일 월요일부터 3월 26일 수요일 새벽까지 필자와 강기찬 서기관은 사무실에서 취침하면서 개성공단에서 진행되고 있는 상황을 철저히 파악하고 대처해 나갔다. 필자와 강 서기관이 이틀 간 밤을 새운 것은 아무도 몰랐다. 보안 관리가 철저히 되어 장관과 외교안보수석실 관계자 외에는 개성공단 남북경협협의사무소 사태에 대해서는 아무도 몰랐다. 언론도 일체 눈치를 채지 못했다.

3월 26일 오전에 통일부의 대통령 연두 업무보고가 있었다. 차관인 필자가 대통령에게 업무보고를 하였다. 당시에 연두 업무보고는 각 부처 공히 장관이 하지 않고 차관이 보고하게 되어 있었다. 대통령 업무보고는 잘 되었고, 오후에 필자가 통일부 기자단에게 업무보고 내용을 직접 브리핑하였다. 이명박 정부의 대북정책인 '상생공영 정책'이 보도를 타고 전 국민들에게 알려졌다. 그 날 저녁 TV 뉴스도 '상생공영 정책'이 시청자들에게 보도되었다. 남북 관계의 긍정적 미래 비전이 국민들에게 전파되었다.

당시 개성공단의 출입 규칙은 오후 5시에 출입 시간이 마감되는 것이었다. 북한 측이 3일 내에 철수하라는 것은 이 규칙에 따라 남측 당국 인원이 최종적으로 3월 26일 오후 5시까지는 남한 지역으로 나가야 했다. 그러나 김 소장을 비롯하여 모든 남측 당국 인원은 기본 방침에 따라 오후 5시를 넘겨서 개성공단 현지에 계속 체류하였다. 밤이 되니 북한 측이 빨리 철수할 것을 되풀이 강요하였다. 북한 측의 방침이 3일 내에 철수시키는 것이므로 이를 집행하는 북한 측 실무요원은 3월 26일까지는 반드시 남한 측 당국 인원을 개성공단에서 남한 쪽으로 내보내야 했었다. 밤 11시경에 남북경협협의사무소의 우리 측 소장실로 무장한 북한군인 10여 명이 들이닥쳤다. 그들은 들이닥치면서 북한 측 소장이 우리 측에게 전달한 북한 방침 내용을 그대로 낭독하였다. 오늘 중으로 남한 측 당국 인원이 철수하지 않으면 가만히 두지 않겠다고 기세등등하여 위협했다. 김 소장을 비롯한 우리 측 인원은 신변의 위협을 느꼈다. 김 소장은 이와 같은 위험한 상황을 필자에게 직접 유선으로 보고하면서 버티기가 힘들 것 같다고 현지 상황을 전해

왔다. 필자는 그러한 위험한 상황에서 우리 측이 물리적으로 대응하기에는 한계가 있다고 판단하여 김 소장에게 개성공단에서 전원 철수할 것을 지시하였다. 김 소장은 마지막으로 북한 측에게 북한의 이와 같은 행위는 남북 합의 사항을 정면 위반하는 것이며 정상적으로 근무를 할 수가 없어 철수할 것이나 이 모든 책임은 전적으로 북한 측에 있음을 공식적으로 구두 전달하였다. 우리 측 당국 인원 11명 전원은 3월 27일 오전 1시 30분경 칠흑 같은 밤에 군사분계선을 지나 우리 측 지역으로 넘어 왔다. 27일 아침 뉴스에는 개성공단 남북경협협의사무소 당국 인원 '전원 철수' 또는 '강제 추방' 등으로 도배를 하였다. 전날 26일 오후에 남북관계가 '상생과 공영'이라는 긍정적 비전이 제시되었으나 다음날 27일 오전부터 남북관계는 '강제 추방'이라는 부정적 현실로 180도 다른 국면으로 바뀌었다. 남북관계의 경색 분위기가 조성되었다.

차관 취임 후 한 달, 무거운 책임감과 긴장된 날의 연속

이어서 또 하나의 남북 관계 경색 사태가 발생하였다. 김태영 합참의장이 국회 인사 청문회에서 언급한 '북한 핵시설 선제 타격' 발언 내용을 3월 29일 북한 측이 남북 장성급 군사회담 단장 명의의 전화통지문과 조선중앙TV 등 언론매체를 통해 문제 삼았다. 당시 국회에서 3월 26일 공개적으로 개최된 인사 청문회에서 한나라당 김학송 의원이 "북한이 소형 핵무기를 개발해 남한을 공격할 경우 어떻게 대처하겠느냐"고 김 합참의장에게 질의를 하였다. 이에 대해 김 합참의장은 "중요한 것은 적이 핵을 가지고 있을 만한 장소를 확인해 적이 그것을 사용하기 전에 타격하는 것"이라고 답변하였다. 북한 측은 김 합참의장의 발언은 "공개적인 선전포고와 다름없는 도발 행위"라고 비난하였다. 그리고 남북 당국 간 대화와 접촉의 중단을 언급하면서 우리 측 당국 인원의 군사분계선 통과를 전면 차단하는 조치를 취해 나갈 것이라고 경고하였다. 그 이후 실제로 남북회담과 우리 측 당국 인원의 군사분계선 통과를 전면 차단하는 조치를 일방적으로 취하였다. 이와 같은 북한 측의 대남 강경 조치는 4월 1일부터 우리 대통령의 실명까지 직접 거명하면서 격렬하게 비난하는 것으로 이어졌다. 이명박 정부 출범 후 겨우 한 달을 넘길 무렵부터 북한 측의 이와 같은 일방적인 대남 강경 조치로 남북 관계는 경색과 대결 국면으로 급변하게 되었다.

북한 측이 이명박 정부 초기부터 대남 강경 조치를 조기에 취한 것은 이명박 보수정부의 대북 정책 기조를 탐색하다가 우리 언론 보도 내용에 근거하여 이명박 정부가 기본적으로 대북 대결 정책을 바탕으로 하고 있다고 판단한 것 같았다. 인수위원회 시절 '10.4 선언의 재검토', 김하중 장관의 '개성공단과 북핵 문제의 연계', 김태영 합참의장의 '북한 핵시설 선제 타격' 등의 언론 보도 내용이 북한 측, 특히 군부를 자극한 것으로 보인다. 북한의 관점으로는 '10.4 선언'은 '절대 수령'인 김정일 위원장이 이루어낸 것으로 이를 이명박 정부가 재검토한다는 것은 북한 체제 특성상 있을 수 없는 일이며 심하게 자존심이 상하는 일이라고 생각했던 것 같다. 또한 실리적 차원에서 '10.4 선언'의 내용은 남한 측으로부터 엄청난 경제적 이득을 취할 수 있는 것이었다. 이를 놓친다고 생각하니 불만이 고조된 것이다. 이러한 이유로 북한 측은 연이은 대남 비방과 강경 조치를 취함으로써 이명박 정부를 길들이기에 돌입하였다. 대북 정책 기조를 과거의 햇볕정책으로 전환시켜 북한 측에 유리한 남북 관계로 이끌어 가고 경제적 실리를 확보하고자 시도한 것으로 분석된다.

필자는 이명박 정부의 첫 차관으로 임명되어 무거운 책임감을 느끼며 한 달 동안 새 정부의 대북 정책의 기본 전략과 구체적 실행 계획을 마련하는데 집중하는 한편 조직의 인원 감축으로 인한 직원들의 사기 저하를 추스르면서 조직의 조속한 안정을 위해 노력하였다. 대통령 연두 업무보고도 만족스럽게 잘 마쳤는데 그때부터 북한 측이 대남 위협적 강경 조치를 연이어 취하면서 매우 긴장된 시간을 보내게 되었다. 돌이켜보면 2008년 3월 통일부 차관 취임 한 달 동안은 흥분과 분주, 무거운 책임감과 긴장된 날의 연속이었던 것 같다.

통일부 폐지론

통일부에 근무한 이래로 필자는 헌법상 역사적 과제인 평화통일을 실현하기 위해서는 국가적인 차원에서 통일부의 조직 역량이 강화되어야 한다고 여겼다. 통일부에서 우수한 인재를 유치하여 이들의 역량이 백분 발휘되어야 한다고 평소 생각했다. 임무가 주어지면 이를 해결할 역량이 제대로 갖추어져야 주어진 과제를 잘 완수할 수 있다는 논리이다. 잘 아는 바대로 우리 민족의 역사적 과제인 평화통일의 사명을 완수하기 위해 국회에서 발의하여 1969년 3월 1일 국토통일원(통일부의 전신)이 행정부 내에 설치되었다. 삼권 분립과 법적 구조로 보아 국가의 국정 과제를 실제적으로 추진하는 기관은 행정부의 각 부처를 통해서 이루어지게 되어 있다. 우리 민족의 역사적 과제인 평화통일을 추진하는 업무는 행정부 내에서 통일부의 역할이며 국가가 통일부에게 맡긴 중차대한 사명이자 의무인 것이다. 모든 부처는 그 기관에게 맡겨진 소정의 국가 업무를 가장 중요한 것으로 스스로 생각하며 소관 업무를 원활히 추진하기 위해 조직 역량의 강화와 우수한 인재 유치를 위해 노력하는 것이 관계의 공통적인 현상이다. 통일부는 다른 부처보다 뒤늦게 설립되어 처음에는 매우 작은 규모로 출범하였다. 조직과 manpower가 약하였다. 그러다가 한반도 정세가 바뀌고 평화통일 목표가 '말'에서 '행동'으로 이행되면서 조직과 인적 역량이 강화되었다. 필자는 과장(행정관리담당관) 그리고 기획관리실장 시절에 평소 소신에 따라 통일부의 조직 역량과 manpower를 강화하는데 열심히 노력하였다. 그 결과 상당한 성과를 거두면서 나름대로 보람을 느끼고 통일에 대한 희망을 기대하기도 하였다.

통일 문제 접근 방법에 대한 통일부와 외교부의 시각 차이

2008년 2월 말 이명박 정부가 출범하기 전 가동된 인수위원회에서 통일부 폐지가 검토되고 확정적이라는 소식이 전해졌다. 나라의 통일 의지를 진정으로 구현하려면 이 일을 실제로 추진하는 통일부의 조직 역량을 강화해야 한다는 소신을 가져온 필자로서는 가슴이 쿵 내려앉는 느낌을 받았다. 또한 통일부가 외교부로 통합된다는 공공연한 언급도 있어 필자를 비롯한 통일부 직원들의 마음은 몹시 불편하였다. 당시 통일부 직원들은 통일부의 폐지 언급에 대해서 큰 충격을 받았을 뿐 아니라 외교부에 통합된다는 언급이나 보도에 정책적 자존심이 크게 손상되어 강한 불만을 가지고 있었다. 내막으로는 통일부와 외교부는 남북 관계와 통일 문제에 접근하는 시각이 근본적으로 달랐다. 외교부는 남북 관계를 국제 관계의 틀 속에서 보게 되며 남북 관계의 독자성은 상대적으로 약하다는 입장이었다. 이에 반해 통일부는 남북 관계를 남북 당사자의 입장에서 접근하면서 국제 관계를 활용해야 한다는 입장이었다. 외교부는 국제 관계가 독립 변수이고 남북 관계는 종속 변수라는 입장이 강했고 반면에 통일부는 남북 관계가 독립변수가 되도록 하여야 하며 국제 관계는 매개변수라는 입장이었다. 단순화시키면 외교부는 국제파이고 통일부는 자주파이다. 이러한 기본 입장의 차이가 양 부처 직원들 간에 상대 부처를 폄하하기도 하였다. 외교부는 통일부가 강대국의 힘이 작용하는 국제 현실을 모르는 좁은 시각에 사로잡혀 있는 부처로서 좋게 얘기하면 순수하고 나쁘게 얘기하면 무지하다고 생각하였다. 반면에 통일부는 외교부가 강대국, 특히 미국의 입장을 추종하는 부서로서 좋게 얘기하면 현실주의적이고 나쁘게 얘기하면 강대국에 영합하는 자주성이 결여되었다고 생각하였다. 이러한 근본적인 시각의 차이는 정부에 따라 아니면 양 부처 장관의 성향에 따라 어떤 때는 양 부처 간의 입장이 팽팽해져 상호 경쟁과 갈등이 표출되기도 하였다. 어떤 때는 통일부와 외교부 간에 사안에 따라 상호 입장을 잘 조율하여 갈등을 최소화하려고 노력하기도 하였다.

통일부가 외교부로 통합된다는 인수위원회의 방침이 외부로 조금씩 알려지자 외교부나 외교부의 전직 관료들은 통일 업무와 외교 업무가 통합되어 한 부처 장관의 지휘 하에 양 업무가 유기적 연계 하에 추진되는 것이 바람직하다면서 현실적 효율성을 강조하였다. 이에 반해 통일부나 통일부의 전직 관료들은 통일부 폐지 방침이 통일 업무의 역사적 중차대성, 독자성과 분단국가에서의 통일부 존재의 상징성을 무시한 것이라고 강한 비판을 하면서 당위적 필요성을 강조하였다. 양 부처는 이와 같은 대립적 입장에서 언론 플레이와 물밑 홍보전을 전개하였다.

통일부 폐지론에 대한 다른 부처의 입장

당시에 통일부 폐지론에 대한 다른 부처들의 입장은 미묘했다. 국가정보원은 통일부의 존치를 내심 바라는 입장이었다. 원래 남북 대화가 처음 시작되었던 1970년대 초에는 중앙정보부가 남북 관계 업무를 관장하였다. 반공법·국가보안법 체제 하에서 남북 관계 업무는 대통령의 통치행위로서 간주되었다. 이에 따라 대통령 직속 기관인 중앙정보부가 남북 대화를 주도하였다. 국토통일원은 미래의 통일을 대비한 정책 연구나 통일 문제에 대한 대국민 교육·홍보활동에 주력하였다. 그 후 전두환 정부 출범 후 중앙정보부의 권한을 약화시키기 위한 일환으로 1980년 10월 중앙정보부의 남북대화사무국을 국토통일원으로 이관하면서 남북 대화 업무는 국토통일원이 법적 주관 부처가 되었고 중앙정보부의 후신인 국가안전기획부와 협의하여 공동으로 추진하였다. 그러면서 남북 관계 업무 추진 구도는 청와대, 통일부, 안기부 3자 협의 체제로 구축되었다. 그러는 와중에 대통령 직속 기관인 안기부는 권력 기관으로서의 파워를 활용하여 남북 관계 업무를 추진함에 있어서 통일부보다 우위에 서서 조정하려고 시도하기도 하였다. 통일부는 법적 주무 기관으로서의 위치를 확고히 견지하면서 그 역량을 키워 왔고 국정원과 대등한 관계에서 협조 체제를 유지하려고 했다. 양 기관은 상황에 따라 갈등 관계나 경쟁 관계로 그리고 협력 관계로 발전되어 왔다. 그러다가 통일부가 남북협력기금을 운용하게 됨에 따라 안기부는 남북협력기금 사용의 필요성 때문에 양 기관은 협력 관계적 측면이 보다 강화되었다. 양 기관이 오랜 기간 숱한 과정을 거쳐 상호 협력 관계로 발전하고 양 기관의 직원들 간에는 파트너십이 형성되었다. 국가정보원(김대중 정부 때 국가안전기획부는 국가정보원으로 기관 명칭 변경) 입장에서는 외교부가 주도하는 외교·통일 통합 부처와 남북 관계 업무를 새롭게 협의하며 양 기관의 원활한 협력 관계를 구축해 나간다는 것이 부담되는 측면이 있었다. 따라서 통일부가 그대로 존속되는 것이 편하고 유리하다고 판단한 것 같았다.

재정경제부 등 경제 부처는 당시 통일부 입장에 우호적이지 않았으며 통일부 폐지를 지지하는 편이었다. 경제 부처가 이러한 입장을 갖게 된 배경은 노무현 정부 때 남북회담이 활발히 개최되고 특히 2007년 10월 남북정상회담 때나 그 이후 빈번하게 개최된 남북회담 추진 과정에서 경제 부처가 소외되고 통일부가 일방적으로 주도한다는 인식을 갖고 있었다. 특히 엘리트 의식으로 프라이드가 높았던 재경부가 그러한 인식을 강하게 지니고 있었다. 통일부의 남북 관계 일처리 방식에 불만이 많았던 것 같았다. 남북 경협 분야에 있어서는 경제적 전문성이 있는 재경부가 주도적으로 참여하고 리드해야 한다는 생각을 강하게 가지고 있었다. 재경부의 이러한 인식은 1990년대 초부터 남북 교류협력이 진전되면서 남북 경협 분야는 통일부가 아니라 경제기획원(뒤에 재정경제원, 재정경제부로 기관 명칭 변경)이 총괄 조정해서 정부 방침을 최종 결정한다는 입장을 지속적으로 견지하였다. 이와 같은 입장에서 계기별로 통일부와 주도권 시비가 있었다. 필자가 1990년대 초 교류협력국 교류1과장 시절에 있었던 일인데 경제기획원에서는 경제적 전문성을 바탕으로 검토한 남북 경협 분야 사안의 결정을 통일부가 그대로 따르라고 지속적으로 요구하였다. 그러나 통일부는 남북 관계의 주무 부처는 정부조직법상 통일부이고 한반도 안보 현실, 남북 관계 진전 상황, 그리고 전략적 판단에 따른 남북 관계의 우선순위 등을 종합적으로 고려하여 통일부가 총괄 조정하는 권한이 있다고 재경부에 맞대응하였다. 경제적 측면만 보는 것이 아니라 남북 관계 현실을 바탕으로 통일정책의 차원에서 종합적으로 판단해야 한다는 논리를 폈다. 또한 통일부가 재경부보다 광범위하고 세밀한 북한 전 분야의 현실을 실질적으로 파악하고 있고 남북 경협 분야의 전문성도 확보했다고 대응하였다. 당시 필자는 이와 같은 내용을 3페이지 정도의 공문으로 직접 작성하여 경제기획원으로 보냈더니 더 이상 시비를 하지 않은 적이 있었다. 그러나 그 이후에도 재경부는 남북 경협 분야는 자기들이 주도하고 관장해야 한다는 주장을 지속적으로 하였다. 그러한 연장선상에서 통일부가 외교부로 통합되면 남북 경협 분야는 재경부가 주도할 수 있다고 판단한 것 같았다. 그리고 이명박 정부 출범 전 인수위원회에서 정부 조직 검토를 총괄 지휘했던 인사가 재경부 출신이라 이러한 재경부 입장이 더욱 우세하게 작용하고 있었던 것 같았다.

당시 국방부의 입장은 필자가 판단해 보니 중간자적 입장인 것 같았다. 남북회담은 통일부가 주무 부처이고 총괄 조정하기 때문에 군사 분야 남북회담 진행은 통일부가 총괄적으로 관장하였다. 그러나 안보 문제의 민감성과 군사 분야의 전문성을 고려하여 국방부의 의견을 존중하면서 통일부와 국방부가 긴밀한 공동 협력 체제로 운영되었다. 통일부와 국방부의 담당자들 간에는 상호 이해와 신뢰가 형성되어 특별한 문제가 없었다. 그런데 군사 분야 회담이 자주 열리게 되고 통일부가 관장하는 기존의 남북한 간 통신 연락 체계 외에 별도로 남북한 군사 당국 간의 통신 연락 체계가 생기면서 국방부가 군사 분야에 있어서 독자성을 가지려고 하는 상황이 자주 나타나기도 하였다. 그러한 상황에서 인수위원회에서 통일부 폐지가 거론되었다. 국방부는 그동안 통일부와 신뢰 관계 속에 구축된 공동 협력 체제의 상당한 조직적 연계를 생각하지 않을 수 없는 측면도 있었고 또한 국방부가 내심 원하는 남북 군사 분야에 있어서 독자성 확보를 생각해야 하는 측면도 동시에 있었다. 따라서 통일부 폐지 문제에 대해 국방부가 앞장서서 어떤 입장을 명확히 밝힐 수는 없는 애매한 위치에 있었다.

통일부 폐지에 대한 외교부의 생각

부처마다 통일부 폐지 문제에 대한 이해관계가 이와 같이 서로 다른 상황이었다. 당시에 외교부로 통일부를 통합하여 한 부처로 탄생되면 거기에 두 명의 차관을 두려고 했다. 신설되는 제2차관의 소관에 기존의 통일 업무와 외교 업무 일부를 배치하며 제2차관은 통일부 출신을 임명한다는 소식이 흘러 나왔다. 외교부 쪽으로 이관된 통일 업무를 외교부 현역이 아닌 통일부 출신이 여전히 관장하며 더구나 종래에 외교부가 맡았던 업무 일부를 통일부 출신의 제2차관이 담당하게 되니 통일 업무를 직접 관장하고 싶은 외교부 현역에게는 유쾌한 전언은 아니었다. 외교 업무 일부를 통일부 출신에게 빼앗기는 판세가 되었다. 또한 외교·통일 통합부처로 넘어오게 된 통일부 출신들 상당수가 과거 외교부 공무원들만이 사실상 독점적으로 차지했던 해외 공관 자리를 중·장기적으로 차지하게 될 가능성도 있었다. 외교부 현역들에게는 개인적으로 인사상 손해를 보는 결과를 초래할 수도 있었다. 일부 통일부 직원들은 외교부와 통일부가 통합되면 장래에 해외 공관으로 나갈 수 있다는 이점이 있어 내심으로 두 부처의 통합을 원하기도 하였다. 막상 외교부 현역에게 인사상 불리한 상황이 예측되자 외교부와 통일부를 통합해야 한다는 외교부쪽의 목소리가 어느 날 갑자기 잠잠해졌다. 나라 전체의 정책적 필요성보다는 공무원들의 개인적 이해관계가 더욱 민감하게 작용한 결과로 여겨졌다.

통일부 폐지 문제에 대한 정치적·정책적·사회적 논란 과정을 심각하게 거치면서 최종적으로는 통일부는 존치하는 것으로 정리가 되었다. 다행히 통일부가 존속은 되었지만 그 대신에 종래에 통일부 장관이 맡았던 통일·외교·안보 장관협의체(김영삼 정부 때는 통일안보정책조정회의, 김대중 정부 때는 NSC 상임위원회) 의장을 이명박 정부 때는 외교부 장관이 맡는 것으로 변경이 되었다. 그리고 통일부 조직과 인원이 대규모로 감축이 되었다. 이와 같이 이명박 정부 출범을 맞아 부처 위상이 저하되고 조직·인원이 대규모로 감축된 통일부의 차관이 된 필자로서는 마음이 착잡했다. 통일부의 실추된 명예와 사기를 회복해야겠다는 각오를 다졌다. 필자는 통일부가 오랜 기간 나름대로 축적한 전문성을 바탕으로 맡겨진 통일 업무를 차질 없이 추진해서 상부로부터나 주변으로부터 전문성을 인정받도록 노력하고자 다짐했다. 또한 통일부가 주도적으로 통일 업무를 관장해 나감으로써 통일부의 존재감을 부각시키기로 생각하였다. 나아가 노무현 정부 때 남북회담 등 남북 관계 일을 추진하는 과정에서 타 부처들이 통일부에 대해 누적된 불만을 완화시키기 위해 다른 부처의 의견을 보다 많이 청취하고 소통을 강화하기로 했다. 타 부처와의 소통과정에서 남북 관계 현실과 남북 관계 업무 추진 구도에 대한 이해를 높이는 노력을 다각도로 행하기로 했다. 한편 통일부의 조직과 인원 감축에 따른 직원들의 저하된 사기를 높여 나가면서도 직원들이 일당백으로 일하고 특히 과장급 이상의 간부들이 자기 역량을 발휘하여 대외 정책홍보 활동을 열심히 하도록 권장하기로 했다.

통일·외교·안보 부처 합동 워크숍

필자는 이명박 정부 출범 후 각 부처의 연두 업무보고가 끝난 후 통일·외교·안보 부처들의 원팀으로서의 일체감 조성과 관련 부처 간부들의 새로운 통일·외교·안보 정책 기조에 대한 이해 도모를 위해 '유관 부처 합동 워크숍'이 필요하다고 생각하였다. 필자는 이 아이디어를 외교안보수석과 통일비서관에게 순차적으로 얘기했더니 모두 좋은 구상이라고 긍정적인 답을 주었다. 이후 통일부가 주도적으로 나서서 합동 워크숍을 추진하였다. 삼청동에 있는 남북회담본부 회담장 3층에서 청와대 외교안보실·통일부·외교부·국방부·국무조정실·국정원의 실·국장급 간부들이 모여 합동 워크숍을 진행하였다. 각 부처별로 연두 업무보고 핵심 내용과 중점 사업 등을 설명하고 질의 응답 및 토론이 있었다. 이후 워크숍 현장에서 도시락 오찬이 있었다. 이명박 정부 출범 후 새로운 진용의 간부들이 대부분 모였기 때문에 진지함이 있었다. 그리고 참석한 간부들은 타 부처들의 관련 정책 설명을 한 자리에서 한꺼번에 듣게 됨으로써 새로운 통일·외교·안보 정책 기조를 종합적으로 이해하는데 많은 도움이 되었다는 반응이었다. 그리고 모두들 각자 바쁜 업무 처리 때문에 서로 만나지 못했는데 한 자리에서 평소 업무 파트너였던 타 부처 간부들을 한꺼번에 만나 스킨십을 높일 수 있어서 모두 반가운 표정들이었다. 이명박 정부가 출범한 2008년도 상반기에 필자가 제안해서 처음으로 추진된 통일·외교·안보부처 합동 워크숍은 좋은 평가를 받았다.

이러한 합동 워크숍은 필자가 이명박 정부 출범 후 초기에 개최된 신임 장·차관 합동 워크숍에 참석하고 나서 착상을 하게 되었다. 참석하신 모든 장·차관들이 의욕이 넘치면서 새로운 정부가 지향해야 할 정책 방향들을 서로 진솔 되게 발표하고 토론하였다. 참석자 간 일체감을 통해 새 정부의 한 팀이 되려는 모습이 너무나 보기가 좋았다. 평소 통일·외교·안보 부처 간에는 보이지 않는 경쟁의식이 있고 이로 인해 주도권 다툼으로 갈등 소지가 항상 있어 왔다. 새롭게 출범한 이명박 정부에서는 관련 부처 핵심 실·국장급 간부들이 원팀이 되어 새 통일·외교·안보 정책 기조의 조속한 이해를 바탕으로 일체감을 통해 범정부적으로 일사분란하게 정책 추진력을 높일 필요가 있다고 필자는 판단하였다. 이러한 국가적 차원에서의 합동 워크숍의 필요성과 더불어 이러한 것을 통일부가 먼저 나서서 추진함으로써 통일부의 업무 추진력과 존재감을 인정받고자 하는 필자 자신의 의도도 다소 있었음을 솔직하게 밝힌다. 2008년도 상반기에 개최된 합동워크숍이 좋은 평가를 받은 덕분에 필자가 차관으로 계속 재임했던 2009년도 상반기에도 통일·외교·안보부처 합동워크숍이 개최되었다.

필자는 통일·외교·안보 부처 간의 긴밀한 소통과 협력 체제를 구축하기 위해 관련 부처의 차관들과도 가능한 자주 대화를 나누려고 노력하였다. 특히 오래 전부터 관례적으로 운영되어 온 남북 관계 업무 추진 구도인 청와대·통일부·국정원 3자 협의 체제를 조속히 마련하고자 하였으나 바람대로 잘 되지 않았다. 청와대 외교안보수석도 정기적 3자 협의 체제의 운영 필요성에 대해 공감을 하면서도 워낙 바쁜 업무와 시간적 제약 때문에 제대로 실행할 수가 없었다. 따라서 3자가 간헐적으로 만나 그때그때의 상황에 대해 의견 교환을 하였으나 제대로 된 깊이 있는 의견 교환은 할 수 없었다. 당시에 참 아쉬웠던 점이었다.

통일부 업무 외부 협력 체제 마련

필자는 통일 및 남북 관계 문제와 관련된 타 기관과의 소통과 협력 체제를 구축하고 통일부의 외연을 확장하기 위해 나름대로는 최선의 노력을 다하였다. 보통 모든 부처는 집권 여당에 실·국장급 공무원을 전문위원으로 파견하여 부처와 여당 간의 소통 창구로 활용하면서 긴밀한 협력 체제를 구축하였다. 당시에 통일부는 상당히 오랜 기간 동안 여당에 전문위원을 파견하지 않는 상황이 지속되었다. 필자는 이명박 정부 출범을 계기로 통일부 간부를 반드시 당에 파견해야겠다고 결심하였다. 총리실의 정무조정실과 당의 사무처와 협의하여 통일부 공무원의 당 전문위원 파견에 대해 공감대를 이루고 그렇게 추진하기로 약속하였다. 그런데 나중에 당에 전문위원을 파견하는 부처 명단에 통일부가 최종적으로는 빠져있는 것을 알게 되었다. 필자는 부리나케 재협의를 하면서 통일부 공무원의 당 파견의 필요성을 재차 강조하였다. 당에서는 외교부에서 파견 오는 것은 해외 업무, 외교적 의전 업무를 위해 실제적 필요성이 있다고 보나 통일부에서 파견 오는 것은 별로 실제적 수요를 느끼지 못한다고 하였다. 필자는 통일 문제의 중요성과 남북 관계의 민감한 쟁점에 대한 당과 정부 간의 상호 이해를 높이기 위해 통일부 공무원의 당 파견의 필요성을 거듭 강조하였다. 최종적으로 당료와 상호 1:1 교류를 전제로 통일부 공무원의 당 파견을 성사시켰다. 그 이후 통일부는 집권 여당에 전문위원을 계속 파견해서 당정 간의 실무적 협조 체제를 구축했다. 또한 필자는 남북 관계 업무와 관련하여 남북 교류 사업을 적극적으로 추진해 온 접경 지역의 지방자치단체, 즉 경기도, 강원도와 통일부 간의 긴밀한 협력 체제를 구축하고자 시도하였다. 통일부와 해당 지방자치단체 간 과장급을 1 : 1 로 상호 인사교류를 추진하였다. 다른 지방자치단체와도 상호 인사교류를 추진하고자 하였으나 대부분 지방자치단체에서는 남북 관계에 대한 큰 행정 수요가 없어 이루어지지 못했다.

'통(통일부)-통(통일연구원) 정책 포럼' 운영

필자가 차관 때 당시 특별히 이루어내고자 했던 또 다른 구상은 통일부와 통일연구원의 유기적 협력 체제의 구축이었다. 원래 통일연구원은 통일부의 정책 역량 강화를 뒷받침하기 위해서 1991년 4월에 창설한 통일원(부) 산하 국책연구기관이었으나 2005년 7월에 국무총리실 산하 경제·인문사회연구회 소관으로 변경되었다. 그 이후 통일연구원은 법적으로 통일부 산하 국책연구기관이 아닌 별도의 독자적 연구기관이 됨으로써 종래의 통일부와의 유기적 관계가 점차 약화되었다. 경우에 따라서는 통일부와 통일연구원은 정책과 연구가 따로 행해지는 현상도 나타났다. 정부 내 경제·인문사회연구회 체제가 등장했더라도 외교부는 산하에 외교안보연구원, 국방부는 산하에 국방연구원, 국정원은 산하에 국가정보대학원과 국가안보전략연구원이 그대로 존속되었다. 외교·안보부처에서 유독 통일부만 산하의 통일연구원이 경제·인문사회연구회 소속으로 별도로 분리되었다. 당시의 통일부가 제대로 강력하게 대처하지 못했고 통일부의 부처 파워가 약해서 그렇게 된 것이 아닌가 판단된다. 필자는 평소 통일 업무를 원활히 수행하기 위해서는 이를 뒷받침하기 위한 조직 역량이 강화되어야 한다고 생각하고 있었다. 1991년 통일원 산하로 통일연구원을 창설한 것도 그러한 의미가 있었다. 통일연구원이 통일부와 직접적 연계가 없는 독자적 기관으로 운영되는 것은 그만큼 정부조직법상 통일 업무를 수행해야 하는 통일부의 조직 역량이 약화되는 결과를 초래하는 것이었다. 또한 국가가 많은 예산을 투입하여 통일 업무를 추진함에 있어서 비효율적인 체제가 되도록 방치함으로써 예산 낭비적인 요소가 되고 있었다.

통일연구원이 창설 당시의 통일부 산하 연구기관으로 환원하는 것은 입법사항이었기 때문에 결코 쉬운 일은 아니었다. 필자는 우선 통일부와 통일연구원이 유기적인 협력 체제가 되도록 시도하였다. 2008년도 당시 통일연구원장은 이봉조 전 통일부 차관이었기 때문에 이와 같은 내용을 잘 아는 사람이었다. 필자는 이 원장에게 통일부와 통일연구원과의 협력 체제를 만들자고 제의했더니 이 원장도 흔쾌히 동의하면서 빠른 시일 내 가동시키자고 하였다. 우리는 양 기관의 협력 체제로 '통-통 정책 포럼'을 운영하기로 하였다. 정기적으로 양 기관의 핵심 간부들이 모여 통일부에서는 정책 설명을 하고 통일연구원에서는 정세 분석 발표를 하면서 평소 서로 궁금한 것을 질의하고 토론도 하였다. 양 기관에서 참석한 간부들이 모두 유익하다는 반응이었다. 그 후로도 정기적으로 '통-통 정책 포럼'이 개최되었다. 그리고 통일연구원에서는 계기별로 통일부 장관을 만나 정세 분석 보고와 정책 건의도 하였다. 통일부는 통일연구원에 정책 연구 용역을 종전보다 더 많이 의뢰하였다.

통일연구원의 통일부 산하 기관 추진 무산

'통-통 정책 포럼'이 순조롭게 안착되고 정기적 모임이 진행되면서 필자는 마음 한 구석에 통일연구원이 과거처럼 통일부 산하 기관으로 환원되었으면 하는 생각을 줄곧 하였다. 2009년 2월에 통일부 장관으로 현인택 고려대 교수가 부임하였다. 현 장관과 호흡을 맞추어 일을 하던 과정에 어느 날 현 장관이 통일연구원은 통일부 산하 기관이 되는 것이 합리적이라고 필자에게 얘기하면서 청와대 외교안보비서실도 같은 생각이라고 전하였다. 현 장관은 통일연구원을 통일부 산하 기관화로 추진하는 방침을 외교안보비서실에서 정했다면서 필자에게 실무적으로 추진하라고 지시하였다. 쉬운 일은 아니지만 필자도 그렇게 되어야 한다는 것이 평소 소신이었기 때문에 장관이 확실한 의지를 갖고 추진을 지시하여 속으로는 마음이 편하고 반가웠다. 차관인 필자가 장관에게 건의하여 무엇을 추진하고자 할 때 장관이 부담을 느끼고 소극적인 태도를 보이면 차관은 일의 추진에 주저할 수밖에 없게 된다. 특히 통일연구원의 통일부 산하 기관화는 입법사항이기 때문에 추진 과정에 관련 기관의 설득이 필요했고 여러 단계 과정과 오랜 시간의 소요 등으로 난관이 많아 장관의 의지와 힘이 실리지 않으면 성사되기가 매우 어려운 과제였다.

필자는 우선 통일연구원 원장과 이 과제를 상의하였다. 2009년도에 통일연구원장은 동 연구원 출신인 서재진 박사였다. 서재진 원장은 합리적인 학자로서 성품도 부드러운 인사이고 평소 필자와 친근한 사이라 솔직하게 이 과제에 대하여 논의하였다. 서 원장도 통일연구원의 통일부 산하 연구기관화의 의미를 잘 안다면서 연구원 내부의 의견을 파악해 보겠다고 하였다. 그 뒤 서 원장은 통일연구원이 통일부 산하로 들어가는 문제에 대해 내부의 의견은 반반이라는 것이었다. 국책 연구기관의 성격상 당연히 통일부 산하로 들어가야 한다는 입장과 별도 독립 연구기관으로 있는 것이 자유로운 연구를 할 수 있고 연구원들이 활동하기에 편하다는 입장이 반반으로 갈린다는 것이었다. 그러나 통일연구원이 국책 연구기관 중 가장 처우 수준이 낮기 때문에 통일부가 이 문제를 앞장서서 해결해 준다면 많은 연구원들이 통일부 산하로 들어가는 것을 찬성할 것이라고도 하였다. 필자는 서 원장에게 통일연구원이 통일부 산하 연구기관이 되면 당연히 통일부가 통일연구원의 처우 수준을 재정 당국과 협의하여 향상시켜야 되지 않겠느냐고 답하였다.

일차적으로 통일연구원 내부의 분위기를 파악한 후 이 일을 어떻게 추진하는 것이 좋을지 궁리하던 중에 총리실의 권태신 국무실장으로부터 좀 만나자는 연락이 왔다. 국무실장 사무실로 갔더니 국무실장이 대뜸 필자에게 통일부가 총리실과 상의하지 않고 마음대로 통일연구원을 통일부 산하 연구기관화를 시도하느냐면서 당장 중단하라는 것이었다. 필자는 이 문제는 청와대에서 방침을 결정하여 추진하는 것으로 통일부가 마음대로 하는 것이 아니라고 대응하였다. 국무실장은 현재 총리실 소관 사항인 국책 연구기관 전체의 관리 운영 틀을 새로 재정비 중이라고 하였다. 통일부가 시도하고자 하는 일이 총리실이 추진하는 일에 전혀 도움이 안 되고 오히려 방해가 된다는 것이었다. 통일부가 통일연구원을 산하 연구기관화하려고 시도하면 다른 부처도 해당 분야 국책 연구기관을 산하 연구기관화하기 위해 모두 추진한다고 할 것인데 문제가 확산된다는 것이었다. 만약에 통일부가 꼭 통일연구원을 산하 기관화로 하려면 총리실에서 새로운 전체 국책 연구기관 관리 운영 틀을 구축한 이후에 해보라는 것이었다. 국무실장이 아주 강한 태도로 반감을 표해서 필자는 즉시 현 장관에게 이 상황을 보고하였다. 현 장관은 그러면 일단 총리실 추진 상황을 좀 더 지켜보자고 하였다. 그러나 총리실이 추진하고자 했던 일은 그해 가을(11월경?) 국회 정무위원회에서 수용 되지 않아 무산되었다. 이로 인해 상당한 시간이 흘러갔기 때문에 통일연구원의 통일부 산하 기관화 추진 동력은 떨어져 이 일은 유야무야되었다. 제대로 시도해 보지도 못하고 무산되어 참으로 안타까운 사안이었다.

통일부 직원의 대외 활동 권장

2008년도에 정원 80명이 감축된 통일부를 맡아 차관으로 일하게 된 필자는 통일부 직원들이 일당백의 자세로 일한다면 못할 일이 없을 것이라는 믿음이 있었다. 직원들의 잠재된 역량을 충분히 가동한다면 가능하리라고 판단하였다. 통일부는 특히 남북 관계의 민감한 업무를 많이 다루어 보안을 특별히 강조하는 바람에 직원들이 쓸데없는 논란에 휘말리지 않기 위해 대외 활동을 최대한 자제하는 분위기였다. 직원들 각자의 높은 역량을 충분히 발휘하지 못하고 있었다. 통일부 직원들은 그 성향상 순수성이 있었고 업무 성격상 학구적이었다. 필자는 이러한 점에 착안하여 통일부 직원들의 잠재된 지적 역량을 충분히 발휘하도록 하여 미래의 업무 역량을 키우고자 하였다. 통일부가 추진하는 일을 적극적으로 대외적으로 홍보하여 국민적 공감대를 확보하는 구상을 했다. 통일부의 존재감을 높이기 위해 직원들의 대외 정책홍보 활동을 적극 장려하였다. 공무원들은 특성상 자발적으로는 움직이지 않는 성향이 있기 때문에 필자는 약간 강제성을 띠는 독려를 하였다. 특히 과장급 이상 간부들은 의무적으로 대외 기고 활동을 하도록 하였다. 그 결과 강제성이 있어서 그런지 과장급 이상 간부들이 자기 업무에 대해 적절한 매체를 찾아 열심히 기고 활동을 하였다. 나중에 필자는 정책홍보과에 지시해 그동안의 모든 기고 내용을 모아 책자로 만들어 보도록 하였다. 기고 내용을 모아 보니 통일·대북정책, 북한 동향, 남북 교류협력, 개성공단, 인도적 문제, 통일교육 등 6개 카테고리로 나눌 수 있었다. 당시 통일부의 정책 방향과 추진하는 일들을 종합적으로 알 수 있는 유익한 내용들로 구성되었다. 필자는 이 한 권의 책자가 좋은 정책홍보 자료집이 될 수 있겠다고 판단하였다. 내부 직원들에게는 업무 참고용으로 외부 인사들에게는 정부의 정책 이해용으로 충분히 활용될 수 있을 내용이었다. 책자 제목은 필자가 취임사에서 강조했던 내용 중 일부를 발췌해서 「원칙과 유연성의 조화」로 정하고 가독성을 좀 높일 수 있도록 책자 디자인도 깔끔하게 만들어서 대내외에 배포하였다.

차관 재임시 남북 관계 전개 과정과 분석

필자는 2008년 3월 이명박 정부의 첫 통일부 차관으로 임명되어 무거운 책임감을 느끼면서도 젊을 때 필자의 꿈인 우리나라의 통일 실현에 인생을 바칠 만한 가치가 있다고 생각했던 초심을 되새기면서 마음의 각오를 새롭게 다졌다. 또한 이명박 정부의 '실용과 생산성에 기초한 상생·공영의 남북관계 발전'이라는 새로운 대북정책 기조에 부합하는 내실 있고 질적인 성과를 거두는 노력을 시도해 보겠다고도 생각하였다. 필자는 2008년 3월 1일부터 2010년 3월 22일까지 2년 이상 재임하였는데, 당시 다른 부처 차관의 재임 기간이 1년~1년 6개월 정도인데 비해 비교적 장수하였다. 감사하게 생각하면서 이명박 정부에서 2년여 동안 원칙 있는 포용정책을 견지하면서 남북관계 현장에서 다양한 경험을 하고 문제 해결을 위해 최선을 다한 보람 있는 공직생활을 한 것 같다. 그러나 돌이켜보면 필자의 통일부 차관 재임 중에 남북 관계에 있어서 획기적 진전과 내실 있는 발전은 이루어지지 못하고 당시의 상황에서 발생한 남북 관계의 여러 가지 긴장과 위기 극복, 그리고 안정적 관리에 그친 것 같아 아쉽기 그지없다. 필자가 차관 재임 중 남북 관계 현장에서 직접 보고 겪으면서 일을 처리한 경험을 바탕으로 남북 관계 전개 과정을 검토해 보고 나름대로 분석하고 평가해보고자 한다.

통일부 차관 취임과 함께 시작된 북한의 대남 비방

통일부 차관으로 임명된 그해 3월 한 달 동안은 통일부 사무실의 외교부 청사로 이사, 조직·인원 축소에 따른 정비, 대통령 연두업무보고 등으로 매우 분주하고 정신이 없었다. 그런데 차관 취임 한 달도 안 되어 남북 관계에 불길한 조짐이 나타났고 급기야 북한 측이 3월 말부터 개성공단 지역에 소재한 '남북경협협의사무소'에 근무하는 남한 당국 인원 11명을 강제 추방하는 사태가 발생하였다. 그 후 우리 측 당국 인원의 군사분계선 통과를 전면 차단할 것이라고 경고하고 실제 그러한 조치를 취해 나갔다. 4월 1일부터는 노동신문을 필두로 우리 대통령의 실명까지 거명하면서 비방하기 시작했고 여러 매체를 통해 대통령을 향한 비방이 끊임없이 지속되었다.

북한 측이 이명박 정부 초기부터 대남 강경 노선을 취한 것은 우리 측의 언론 보도에 나타난 내용을 보고 이명박 정부가 대북 강경 노선을 취했다고 판단하고 이에 대한 맞대응과 더불어 대남 기선 제압과 길들이기 모드에 들어간 것으로 판단하였다. 대통령 인수위원회 시절 '10.4 선언의 재검토', 김하중 통일부 장관의 '개성공단과 북핵 문제 연계' 그리고 김태영 합참의장의 '북한 핵시설 선제 타격' 등의 보도 내용을 보고 북한 측은 이명박 정부의 대북정책이 과거 정부와 달리 강경 노선으로 전환한 것으로 판단한 것 같았다. 북한 측은 김정일 위원장이 노무현 대통령과 합의한 '10.4 선언'을 통해 경제적 실리를 얻을 수 있을 것으로 기대했는데 '10.4 선언' 이행의 불확실성에 따른 불만이 고조된 것으로도 보였다. 그 이후 첩보 상으로 파악되었는데 북한 측은 2008년도 초반에 통일전선부 등 대남 사업 관계자에 대해 남한 정세 오판, 부패, 사상 이완 등을 이유로 전면 검열 작업이 진행되었다고 한다. 검열 작업 결과 그동안 대남 사업에 종사했던 고위급 인사, 대표적으로 최승철 통일전선부 부부장, 권호웅 장관급회담 단장, 정운업 경제 책임자 등이 철직, 숙청되었다고 전해졌다. 심지어 대남 사업 실세였던 최승철 부부장은 닭치는 곳에서 일하고 있다고 까지 자세히 전해져 오기도 했다. 대남 사업을 담당하는 통일전선부의 힘이 위축되었고 군부 등 체제 보위 세력의 힘이 상대적으로 커져가면서 이들이 대남 관계를 장악해가는 상황이었다. 대남 사업에 대한 군부의 영향력이 커지면 특성상 대체로 강경화 될 가능성이 높아질 수밖에 없었다. 당시 북한은 내부적으로도 2007년 말에 자본주의 사상·문화의 침투, 서구 날라리풍·남한풍 발생, 불순 녹화물·출판물 열람 행위 등 비사회주의 현상에 대한 단속과 사상 교양 사업을 전개하는 등 체제 정비를 강화하고 있었다. 이와 같은 분위기 속에서 북한 측은 군부 등 대남 강경론자들에 의해 이명박 정부에 대해 강경과 압박 기조를 행동으로 보여주었다.

3월 말을 전후하여 북한 측과 만난 남한 측 인사들의 전언을 들어보면 향후 남북 관계는 남한 측의 '6.15 선언'과 '10.4 선언'의 전면 이행에 달려 있다고 북한 측 인사가 강조했다는 것이다. 심지어는 김정일 위원장과 군부는 남한 측과의 사업을 단절하기로 결정했다는 얘기도 들렸다. 그러면서도 다른 경로의 북한 측 인사를 통해 시기가 문제이지 남북 관계는 좋아질 것이라는 희망적 얘기도 들렸다. 또한 식량 사정이 어렵기는 하나 아사자가 발생할 사정은 아니다. 미국 쌀과 국제기구의 지원이 있으면 문제가 해결되고 남한 측으로부터 식량 지원을 받을 필요가 없다는 소식도 있었다.

이명박 정부는 공식적으로 '상생공영 정책'으로 남북 관계를 발전시켜 나가겠다고 천명하였다. 다만 과거 정부의 '유화적 대북 포용정책'에 대한 국민적 비판에 따라 '원칙 있는 대북 포용정책'을 펼쳐나가겠다는 것이었다. 남북 관계를 의도적으로 악화시키거나 강경하게 몰아갈려는 것은 아니었다. 북한 측의 이해 부족과 오판에 따른 대남 강경 정책에 대해 이명박 정부는 한반도 상황을 안정적으로 관리하면서 시간을 갖고 북한 측에 긍정적 메시지를 보내면서 점진적으로 원칙 있는 남북 관계로 발전시켜 나간다는 입장을 견지하였다. 이에 따라 통일부 장관은 4월 말부터 계기별로 '6.15 선언' 및 '10.4 선언'을 포함하여 과거 남북한 간 합의사항에 대해 실천 가능한 이행 방안을 협의하자고 북한 측에 제의하였다. 그리고 우리 측은 국제기구와 국내 NGO단체의 대북 지원 촉구 활동을 감안하여 노무현 정부 말에 북한 측과 합의한 대북 옥수수 5만톤 지원을 하겠다고 5월 1일과 6월 30일 두 차례 북한 측에 제안하였다. 6월 15일~16일 금강산에서 '6.15 선언 공동행사'개최도 허용하였다. 최종적으로 대통령이 7월 11일 오후 2시 국회 개원 시정연설에서 "7.4 공동성명, 남북기본합의서, 한반도비핵화공동선언, 6.15 공동선언, 10.4 선언을 어떻게 이행해 나갈 것인지에 대하여 북한과 진지하게 협의할 용의가 있다"고 밝히면서 북한에 '전면적인 대화 재개'를 제의하였다. 이처럼 북한 측과 남북 대화와 협력을 위한 환경 조성 마련을 하나 둘씩 해나갔다.

'금강산 여성 관광객 피격 사건' 발생

대통령 국회 시정연설을 하는 그날 새벽에 금강산으로 관광을 간 여성 관광객이 북한 군인의 총격을 맞고 사망하는 사건이 발생하였다. 대통령의 시정연설문에 이 사건을 언급해야 한다는 참모들의 의견에도 불구하고 이 대통령은 남북 관계를 풀어나가겠다는 진정성을 가지고 이 사건을 언급하지 않고 당초 작성된 남북 관계 내용 그대로 연설하였다. 이 대통령이 북한 군인에 의한 우리 국민의 사망 사건에 대해 일체 언급하지 않은데 대해 그 이후 우리 사회로부터 비판이 나오기도 하였다.

'금강산 여성 관광객 총격 사망 사건'은 사건 당일 필자가 점심 식사하러 나가기 위해 서류를 정리하던 중에 담당 부서로부터 보고가 들어 왔다. 순간적으로 이런 일이! 하고 깜짝 놀랐다. 점심은 뒷전이고 긴급하게 상황을 상부에 보고하고 담당 국장, 실무진과 대처방안을 논의하였다. 필자는 지금까지 진전이 없는 남북 관계를 풀어가려고 다양한 노력을 해 나가고 있는데 '금강산 여성 관광객 총격 사망사건'이 남북 관계에 악재가 되어 지금까지의 점진적 노력이 물거품이 되지 않을까 걱정이 되었다. 돌발적인 변수는 사람의 인력으로는 어찌할 수 없는 일이었다. 동 사건으로 인해 향후 우리 관광객의 신변 안전을 위해 그 다음 날 개최된 관계 부처 협의를 거쳐 금강산 관광 중단조치가 취해졌다. 관광객 신변 안전책에 대한 남북한의 입장 차이가 크고 쉽게 해소되지 않아 남북 관계는 갈등관계로 지속되었다. 우리 측은 동 사망 사건에 대한 진상 규명, 신변 안전 보장, 재발 방지 대책 등 3대 조건이 해결된 후에 금강산 관광을 재개한다는 입장이었다. 이에 대해 북한 측은 민간 여성이 사망한 것은 유감이나 사건의 직접 책임은 남한 여성에게 있고 금강산 관광 중단 책임은 남한 당국에 있다는 입장이었다. 이러한 남북한 간의 팽팽한 입장 대립은 북한 측 군부가 금강산에 있는 우리 측 인원을 8월 10일부터 일방적으로 추방하는 것으로 전개되었다. 3월 말 남북경협 협의사무소의 우리 측 당국 인원을 강제 추방한 사건의 재판이었다. 남북 관계는 더욱 경색되어 갔다. 모두가 북한 측 군부가 조치하는 행위였다. 새로운 위기가 조성되기 시작하였다. 당시 과거 햇볕정책에 익숙했던 사람은 사건은 사건대로 처리하면서 금강산 관광은 관광대로 진행하는 유연성을 가져야 한다고 주장했지만, 여성 관광객이 북한 군인의 정조준 사격에 의해 사망했는데 즉, 국민의 생명과 관련되는 일인데 그럴 수는 없는 일이었다. 이 사건의 대처 방법은 유연성보다 원칙이 더욱 중요한 사안이라고 판단하였다.

그러다가 8월 말에 북한의 수령인 1인 지배 체제의 김정일 위원장이 뇌졸중(stroke)으로 쓰러졌다는 급보가 들어왔다. 한반도에 위기가 올지도 모른다는 불안감이 엄습하여 왔다. 필자는 그때 상당기간 우리가 원하는 남북 관계의 발전 방향으로 가기 힘들겠구나라고 직감적으로 느꼈다. 왜 하필 대통령의 국회 시정연설 날 '금강산 여성 관광객 총격 사망 사건'이 일어나고, 또 김정일 위원장이 갑자기 8월 말 뇌졸중이 발생하여 남북 관계가 불확실성의 국면으로 접어들게 되는지 속으로 답답함이 커져갔다.

탈북자 단체의 대북 삐라 살포와 남북 관계 급냉

가을로 접어들면서 또 하나의 문제가 발생하였다. 우리의 탈북자 단체('자유북한운동연합')와 납북자가족모임이 북한 체제를 비판하는 대북 삐라를 살포하기 시작했다. 대북 심리전 활동에 대해서는 노무현 정부 때 북한 측이 아주 민감하게 반응하며 우리 측에 강하게 문제를 제기해서 남북한 당국 상호 간에 신진 활동을 하지 않기로 합의(2004.6.4, 제2차 남북 장성급 군사회담)한 바가 있었다. 우리 민간단체의 대북 삐라 살포에 대해 북한 측 군부가 나서서 남북 군사 실무회담(10.2)을 통해 우리 측에 강한 경고를 하였다. 삐라 내용에는 김정일 위원장의 여러 명의 처가 적시되어 있었던 모양이다. 김정일 위원장이 뇌졸중으로 병환 중인데 김정일의 여자들을 공개하는 것은 북한 측의 화를 더욱 돋우는 형국이 되었다. 과거 정부에서는 대북 삐라를 보내는 단체들이 정부에서 상황에 따라 자제를 요청하면 협조하였는데 이제는 정부 측 인사가 그들을 만나려고 하면 피하였고 겨우 만나도 이명박 보수정부가 대북 삐라를 보내는 것을 막는 것은 합당하지 않다고 도리어 항의를 하였다. 정부 측의 설득과 통제력이 먹혀들지 않는 시대가 되어가고 있었다. 북한 측은 대북 삐라 살포에 대해 11월에 판문점 적십자 연락대표부 폐쇄 및 직통전화 단절로 대응하였다.

급기야 연말에 가서는 김영철 국방위원회 정책국장(김정은 취임 후 당 정치국 위원, 당 중앙군사위원회 위원, 통일전선부장으로 승격, 대미·대남 사업 총괄)이 개성공단에 11월 6일, 12월 17일에 두 차례 방문하였다. 12월 17일 2차 방문 시 김영철 정책국장은 개성공단 기업인들을 불러 놓고 남북 관계 경색이 남측 당국에게 책임이 있다면서 대남 강경 조치를 취할 수 있다고 위협적인 발언을 하였다. 그해 말 12월 1일 북한 측은 군사분계선 통행 제한, 개성관광 중단, 남북 열차 운행 중단, 남북 육로 통행 제한 조치(개성공단 남한 측 체류 상주 인원 880명으로 제한) 등 강경 조치를 실행하였다. 이제 개성공단을 대남 압박 카드로 사용하기 시작했다. 이것도 북한 군부가 나서서 하는 것이었다. 개성공단의 업무는 그동안 북한 내각의 중앙특구개발지도총국에서 관할해 왔는데 이제는 국방위원회 즉, 군부가 나서서 좌지우지하는 양상이 되었다. 이는 남북 관계가 과거와 다르게 노동당 통일전선부, 내각이 아니라 군부의 주도하에 관리되고 있다는 사실이 더욱 확실해졌다. 또한 특기할 것은 김정일 위원장이 2008년 8월말 경 건강 이상이 발생하면서 대남 관계가 더욱 강경해진 것도 특이하게 주목해 볼만한 일이라고 생각하였다. 김정일 위원장의 건강 악화는 3대 후계 체제 구축 과정을 앞당기는 동인이 되었으며, 당·군부·국가보위부의 체제 보위 세력을 중심으로 김정일 정권을 보위하면서 셋째 아들 김정은을 후계자로 옹립하는 작업을 내부적으로 진행하였다. 김정일의 치료 및 후계 체제 구축 기간 중 권력세가 강해진 체제 보위세력이 내정 및 대남 관계를 관리하게 되고, 그 결과 강경 세력의 성향과 체제 보위 차원에서 대남 관계를 더욱 강경하게 몰고 갔을 것으로 판단한다.

2009년에도 지속된 남북 관계 악재들

2008년도는 북한 내에서 북한 군부 등 강경파가 남북 관계를 주도했다. 연속적인 대남 위협 등 강경 조치를 취하며 이명박 정부가 과거 정부처럼 유화적인 태세로 전환되기를 기다리는 듯 보였다. 2008년 말쯤 대북 사업을 하고 있는 남측 민간 관계자와 접촉하고 있는 북한 측의 대남 관계 실무자들로부터 "과거 같으면 이 정도로 강경하게 압박하면 남측 당국이 북측에 끌려 올 때가 되었는데", "앞으로도 남측 당국이 계속 버티면 이명박 정부 5년 동안 남북 관계는 아무것도 없다"라고 하면서도 "북측 지휘부가 너무 강하게 남측을 다루어 남측과 아무 일도 할 수 없다"는 식의 불만도 들려오는 등 협박과 초조감의 이중적 태도를 보였다.

이명박 정부가 출범했던 2008년도 그 해는 우리 정부의 내실 있는 남북 관계 발전 노력 의지와 달리 북한 측의 오판, 북한 군부의 영향력 증대, 금강산 여성 관광객 총격 사망 사건, 김정일 위원장의 뇌졸중, 설득되지 않는 탈북자 단체 등의 대북 삐라 살포와 이에 대한 북한 군부의 경고와 후속 강경 조치 등으로 남북 관계는 급속도로 악화되었다.

이러한 상황이 2009년에 들어서도 계속되었다. 북한 측은 2009년 초반부터 대남 전면 대결 태세 진입 및 남북 간 정치·군사 합의사항 무효화 선언(1월), 남북 간 군 통신선 및 육로 통행 차단(3월) 등 대남 강경 조치를 연이어 취했다. 그 후 개성공단의 우리 측 근로자가 3월 30일 연행되어 억류되는 사건이 발생하였다. 우리 측 근로자에 대한 북한 측의 억류는 또 다시 우리 국민의 신변 안전 보장 문제로 국내외적으로 큰 이슈가 되었다. 북한 측은 이 근로자가 개성공단에 근무하는 북한 여성에게 접근하여 탈북을 유도하였다면서 남한 당국의 요원이라고 주장하였다. 그 근로자는 남한 당국의 요원이 전혀 아니었고 개인적인 차원에서 벌어진 일이었다. 당시 우리 정부는 우리 국민의 신변 안전 보장 차원에서 변호인의 조력과 가족의 접근을 북한 측에 여러 차례 요청하였다. 이에 대해 북한 측은 우리 측의 최소한의 신변 안전 조치 요구를 묵살하고 일방적으로 구금하였다. 당시에 구금된 그 근로자가 어디에 있는지도 알 수 없었다. 나중에 알게 되었지만 그는 선죽교 부근에 있는 자남산여관에 구금되어 취조를 받았다. 당시 현인택 통일부 장관과 필자는 억류된 그 근로자를 송환시키기 위해 백방의 노력을 하였다.

북한은 4월이 되어 장거리 미사일 발사(4.5)를 하고, 급기야 제2차 핵 실험을 단행(5.25)하였다. 한반도의 안보 위기가 한층 더 고조되었다. 그러는 와중에 북한 측은 5월에 개성공단 법규 및 기 합의한 남북한 간 계약의 무효화 선언을 하였다. 개성공단 개발 초기에 남북한 간 충분한 협의를 통해 이미 1,600만$로 지급이 끝난 토지 임대료를 추가로 5억$ 내놓으라고 일방적으로 요구하였다. 또한 월 50$로 합의한 북한 근로자 노임을 300$로 인상해 줄 것을 요구하였다. 이는 남북한 간 공동으로 경제협력 사업을 해나가는데 있어서 신뢰와 안정성을 저해하는 것일 뿐 아니라 이미 개성공단에 진출해 사업을 하고 있는 기업들이 도저히 용인할 수 없는 일이었다. 따라서 우리 측은 신뢰와 원칙을 중시하고 규범 확립 원칙, 경제원리 추구 원칙, 미래지향적 발전 원칙 등 3대 원칙으로 북한 측의 부당한 토지 임대료·노임 인상 요구에 일체 응하지 않았다.

유화적 태도로 돌아선 북한

강경 일변도의 북한 측의 태도가 2009년 8월부터 일부 변화하는 양상이 나타나기 시작하였다. 주변 국가에 대한 유화적인 조치들을 취하기 시작했는데 미국과는 김정일-클린턴 전 대통령 면담 및 억류 미국 여기자 2명 석방(8월), 일본에 대해서는 김영남 최고인민회의 상임위원장이 일본 신정부와의 관계 개선을 시사하는 발언을 하였다. 남북 관계에 있어서도 현정은 현대회장을 초청(8.10~17)하고 현대-아태평화위원회와 금강산·개성관광 재개, 백두산 관광 개시 및 이산가족 상봉 실시 등 공동보도문을 체결하고 개성공단 억류 근로자를 136일 만에 석방(8.13)하는 등 유화적인 태도를 보이기 시작했다. 그리고 북한 측은 7월 이후부터 이명박 대통령에 대한 직접 비난을 줄이고, 김대중 前대통령 장례식(국장)에 특사조의방문단을 파견(8.21~23)하였다. 현인택 통일부 장관과 북한의 김양건 통일전선부장 간의 면담에서 남북 관계 관련 상호 관심사에 대한 의견이 교환되고, 북한 대표단은 이명박 대통령 예방 시 남북 협력의 진전에 관한 김정일 위원장의 구두 메시지를 전달하였다. 이명박 대통령은 남북 문제를 진정성을 갖고 대화로 풀어가면 안될 일이 없다고 강조하였고, 우리 정부의 일관되고 확고한 대북 원칙을 설명하고 이를 김정일 위원장에게 전달해 줄 것을 요청하였다. 이 과정에서 북한 측이 먼저 남북정상회담을 언급하였고 그 이후 남북정상회담에 관해 남북한 당국자 간에 비공개적으로 공식 협의가 진행되었다. 북한 측은 그동안 이명박 대통령에 대한 비방을 4,000여회 해 왔는데 특사조의방문단을 계기로 일체 비난을 하지 않았다. 그 이후 판문점 적십자연락사무소 운영 재개(8.25), 남북 적십자회담 개최(8.26~28), 군사분계선 육로 통행 제한 조치 및 판문점 직통전화 단절 등 북한 측이 취했던 일방적 조치의 철회(8월말), 북한 억류 연안호 선박·선원 4명 송환(8.29), 개성공단 근로자 최저임금 인상률을 종전 수준인 5%로 합의(9.16), 추석 계기 이산가족 상봉(9.26~10.1), 임진강 상류댐 무단 방류로 인한 남측의 피해에 대해 유감 및 유가족에 대한 조의 표명(10.14) 등 유화적인 조치를 계속 취해 나갔다.

북한 측이 2009년 하반기부터 대외·대남 관계에서 유화적인 태도를 취하게 된 배경은 그 동안 일방적 강경 조치로 아무런 실익이 없었고, 김정일 위원장의 건강이 회복되어가면서 정책 결정에 적극 관여하면서 당면한 북핵 문제, 어려운 경제난으로 인한 외부 지원 문제를 해결하기 위해 유화적인 방향으로 전술적 변화를 결정한 것으로 판단했다. 군부에서 노동당의 통일전선부로 대남 관계 일을 맡겨 남북 대화를 재개하는 등 협력을 시도한 것으로 보였다. 북한 측은 2009년 10월~11월에는 남북 관계 개선 필요성을 적극 표명하면서 남측 당국이 남북 관계 개선을 조속히 결단하라고 촉구하였는데, 이는 남북의 고위급회담 개최를 통해 스스로 조성한 불리한 경색 국면을 타개하고 과거처럼 남한으로부터 경제적인 지원을 확보하기 위한 시도라고 판단되었다.

북한, 남북정상회담에 선 대가 요구

북한 측의 전술적 변화에 대해 당시 이명박 정부는 북한 측의 북핵 폐기 결단, 진정성 있는 상호 호혜의 남북 협력 등 근본적 변화가 없음을 지적하였다. 이명박 정부의 대북 정책 기조에 따라 원칙을 가지고 일관성 있게 대응하면서도 남북 대화 개최 등 유연한 집행을 하였다. 특히 남북정상회담에 대해서는 북핵 문제 해결과 납북자·국군포로 문제 해결에 도움이 된다면 이전 남북 합의에 따라 김정일 위원장이 남한을 방문하여야 함에도 불구하고 장소에 구애받지 않고 굳이 서울 회담을 요구하지 않는 등 융통성을 두었다. 그리고 2009년 12월에 신종 플루 치료제 50만 명분(178억 원 상당) 지원 등 순수한 대북 인도적 지원을 적극적으로 추진하였다. 남북정상회담 협의가 진행되면서 북한 측은 과거처럼 남북정상회담 전에 선 대가를 요구하였다. 우리 측은 특히, 이명박 대통령은 과거의 잘못된 관행인 남북정상회담 전의 선 대가는 일체 없다는 입장을 견지하였다. 당시에 북한 측이 요구한 선 대가는 옥수수 10만 톤, 쌀 40만 톤, 비료 30만 톤,

아스팔트 건설용 피치 1억$ 어치와 북한 측의 국가개발은행 설립 자본금 100억$ 제공(보증)이었다. 원칙을 중시하는 이명박 정부에서는 선 대가는 배제하였다. 남북정상회담을 개최하여 합의된 사항을 성실히 이행하는 과정에서 북한 측에 여러 가지 지원을 할 수 있다는 입장이었다.

2010년도에 접어들면서 북한 측은 강·온 이중적인 대남 전략을 구사하였다. 남북 대화 및 관계 개선 입장을 강조하면서도 한편으로 대남 강경 조치와 도발적 태세를 취하는 등 이중적 양상을 지속적으로 보였다. 북한 측의 유화적인 자세로는 신년 공동사설(2010.1.1)에서 남북 관계 개선 입장은 확고하다고 하였다. 이어서 금강산·개성 관광 재개 실무접촉 제의(1.14), 옥수수 1만 톤 지원 제의 수용(1.15), 해외공단 남북 공동시찰 평가회의(1.19~21), 군사 실무회담 제의(1.22), 개성공단 3통 남북 실무접촉(3.2) 등으로 나타났다. 강경 위협 및 도발 태세로는 한국의 비상대비계획 관련 국방위원회 대변인의 '보복 성전' 성명(1.15), 서해 NLL 인근 해안포 사격(1.27~29), 국가보위부·인민보안성의 '대남 전면적 강력 조치 취할 것' 연합성명(2.8), '불법 입국 남한 주민 4명 단속·조사 중' 중앙통신 보도(2.26). 아태평화위원회 대변인의 "금강산 관광길을 계속 막을 경우 특단의 조치 취할 것" 담화(3.4) 등이었다. 또한 2009년 8월 이후 중단되었던 이명박 대통령에 대한 비방을 재개하기 시작하였다.

북한 측이 강·온 이중적 태도를 취한 것은 이명박 정부가 북한 측이 의도한 대로 유화적인 대북 정책으로의 전환을 보이지 않는 데 대한 불만 표시와 더불어 조속한 대북 정책 전환을 유도하기 위한 전술이었다. 노동당의 통일전선부에서 남북 간 대화와 협력을 통해 남한으로부터 대북 지원과 협력을 유도하려는 노력을 시도하면서 한편으로는 군부 입장에서 체제 보위 차원에서 대남 강경 정책을 취하는 이중적인 태세를 취한 것이었다.

지금까지가 필자가 2010년 3월 22일 통일부 차관에서 물러날 때까지의 남북 관계 전개 과정이었다. 2년여 동안 통일부 차관으로 근무하면서 남북 관계는 긴장과 위기의 연속이었고 이 과정에서 원칙을 견지하려고 노력하였다. 물론 상황에 따라 유연성을 보이지만 기본적으로 남북 관계의 상호 호혜적 원칙을 고수했다. 북한 측은 자기들이 남북 관계를 주도해 나가면서 남한 측으로부터 경제적 실리를 확보하기 위해 대남 강경책을 구사하고 안되면 유화적인 태도로 변모하고 시종 강·온 양면 전술을 구사하였다. 이에 대해 이명박 정부는 북한 측의 위협·압박에 굴복하지 않고 의연히 대처하였다. 원칙을 고수하며 대처하였다. 당시 이명박 대통령은 조금 늦더라도 제대로 된 남북 관계를 정립하면 이후 남북 관계가 지속적으로 발전할 수 있다는 신념을 가지고 있었다. 필자는 당시 남북 관계를 주도한 북한 실세는 군부 강경 세력이었으며 대남 위협·압박전술을 구사하면 남한 측의 굴복을 유도할 수 있을 것으로 오판한 것이라 본다. 한편으로 '금강산 여성 관광객 총격 사망 사건', '김정일 위원장의 뇌졸중', '탈북자 단체의 대북 삐라 살포 건', '개성공단 근로자 억류 사건' 등 돌발적인 변수가 또한 남북 관계를 악화시킨 변수로 작용했다고 본다. 필자는 남북 관계를 내실 있게 발전시켜 보겠다는 의지와 소망도 컸지만 사람의 인력으로 어찌할 수 없는 돌발적 변수들이 항시 있음을 냉철히 깨달았다.

'천안함 폭침 사건'과 '5.24 조치' 발표

필자가 차관 직에서 물러난 지 며칠 후 2010년 3월 26일에 군인 46명이 사망한 천안함 폭침 사건이 발생하였다. 이 사건으로 인해 5대 남북 교류협력을 중단하는 '5.24 대북 조치'가 시행되었다. 그 내용은 ① 북한 선박의 남한 해역 운항 전면 불허, ② 남북 교역 중단, ③ 우리 국민의 개성공단과 금강산을 제외한 북한 방문 일체 불허, ④ 북한에 대한 신규 투자 불허 및 기 진행 중인 사업의 투자 확대 금지, ⑤ 영유아 등 취약 계층 지원은 제외하고 대북 지원 사업은 원칙적으로 보류 등이었다. 천안함 폭침 사건 이후 한미 연합 군사 훈련이 계속되자 북한은 이례적으로 최고 국방지도기관인 '국방위원회 대변인 성명'을 통해 '보복성전' 등 강경한 입장을 천명하였다. 이후 계속 우리에 대해 위협적인 발언을 하였다. 11월 23일 우리 측 영해에 있는 연평도 포격을 감행하였고 군인 2명 사망 및 16명의 중경상 그리고 민간인까지도 중경상을 입는 사태가 발생했다. 연평도 포격 이후 이명박 대통령은 대국민 담화(11.29)에서 "앞으로 북의 도발에는 응분의 대가를 치르게 할 것"이라면서 단호한 응징을 강조했다. 남북 관계가 더욱 악화되어 가고 군사적으로 충돌하는 모습을 보면서 마음이 답답하였다. 남북 관계는 상호 맞대응, 즉 작용-반작용(action and reaction)구도가 현실적 작동 원리로 구체화 되어 가고 있었다. 남북 관계에서 악순환이 시작되면 상당 기간 악순환으로 지속되며 이를 역전시켜 선순환 구도로 가려면 수많은 노력과 계기가 있어야 한다. 이럴 때는 인내심과 담대함이 요구된다.

차관 재임 시 발생한 잊을 수 없는 사례들

필자가 통일부 차관으로서 재임 중에 매우 긴장된 중요한 국면이 다양하게 발생하였다. 이 중 필자에게 지금까지 항상 머릿속에 강하게 각인되어 잊을 수 없는 사안들 중 몇 가지 사례를 검토해 보고 그 의미를 되새겨 보고자 한다.

필자가 재임 기간에 남북 교류협력 과정에서 민간인이 사망하거나 장기간 억류되는 사건이 두 건 발생하였다. 첫 사건은 2008년 7월 11일 금강산 여성 관광객 박왕자씨가 북한 군인에 의해 정조준 사격되어 사망한 사건이었다. 다른 사건은 2009년 3월 30일 개성공단에 근무하는 현대아산 직원 유성진씨가 북한 측에 연행되어 136일간 억류된 사건이었다. 물론 그 이전에도 남북 교류협력 과정에서 여러 차례 사건·사고가 발생했지만 사망하거나 장기간 억류된 사례(납북 사례는 제외)는 거의 없었다. 국민의 생명과 신체를 보호해야 할 정부의 고위직으로서 이와 같은 사건에 대해 무척 안타깝고 사망자에 대해서는 애도를 표하지 않을 수 없다.

금강산 여성 관광객 피격 사건

전자의 사건에 대해서는 당시의 구체적인 상황을 기억해 보면 고인이 된 박왕자씨는 평소 일출을 보는 것을 좋아했기 때문에 금강산 관광 마지막 날인 11

일 새벽에 일찍 일어나 바닷가 모래사장으로 나갔다. 남한 관광객이 자유롭게 다닐 수 있는 모래사장에서는 앞쪽 바다에 바위돌산이 있어서 일출을 볼 수가 없었다고 한다. 박씨는 일출을 잘 볼 수 있는 지역으로 가기 위해 북한의 군사 지역 경계선인 모래 언덕을 넘어 갔다. 경계 철조망이 없는 모래 언덕이라 박씨는 그것이 군사 경계 지역인지 모르고 넘어간 것으로 판단되었다. 원래 현대아산에서 바닷가까지 경계 철조망을 설치했는데 파도가 밀려와 자꾸 무너져서 바닷가에서 일정 거리는 모래 언덕으로 경계를 표시하였다. 파도의 영향을 받지 않는 곳에는 철조망을 설치하여 경계선으로 정하였다. 금강산에 처음 오는 관광객은 새벽 어두운 시간에 주의를 기울이지 않으면 모래 언덕이 군사경계선인 줄 모를 수밖에 없다. 박씨는 북한의 군사 경계 지역으로 700~800m(?) 정도 걸어가서 일출을 보았다. 그때 경계 근무 중이던 북한 군인은 북한 측 인사의 말에 의하면 갓 입대한 19세의 여군이었다고 한다. 바닷가 모래사장에 사람이 보이니 초소에서 뛰어나와 박씨를 잡으려고 시도하였다. 그때 박씨는 겁이 나서 뛰었고 북한 군인은 뛰는 박씨를 잡으려고 공포탄을 쏘았다고 한다. 공포탄을 듣고 겁이 난 박씨는 더욱 빨리 뛰었고 북한 군인은 그대로 서 있지 않고 계속 뛰어가는 박씨에 대해 정조준 해 두 발의 총탄을 쏘았으며 두 발 모두 몸에 명중하여 박씨는 모래사장에 쓰러져 사망하게 되었다.

금강산을 관광하러 간 우리 국민이 특히, 여성이 북한 군인에 의해 총격을 입고 사망하자 당시 국민의 생명을 책임지는 정부로서는 일단 금강산 관광을 중단시키는 조치를 신속히 취했다. 진상 규명과 책임 소재를 분명히 밝히고 신변 안전 조치를 강화한 후에 금강산 관광을 재개한다는 입장을 정하였다. 그 이후 우리 측의 입장을 북한 측에 전달해 이 문제를 협의하고 해결하고자 하였다. 그러나 북한 측과 근본적인 입장 차이로 인해서 결국 문제를 해결하지 못하였다. 북한 측은 북한의 군사 경계 지역으로 들어 온 남한 여성에게 책임이 있고 모든 진상은 사업자인 현대아산에 자세히 전달했다는 것이었다. 북한 군부 측은 관광객을 사격한 군인은 갓 입대한 신입 처녀 군인으로서 규정대로 한 것이라 잘못이 없다는 입장을 고수하였다. 결국 이 문제는 남북한 간의 팽팽한 입장 차이로 인해 금강산 관광은 계속 중단되었다. 그러다가 급기야 2009년 8월 16일 현대아산의 현정은 회장과 김정일 위원장 간의 면담을 통해 풀리는 듯하였다. 남북한의 상이한 체제로 인한 사건 처리 방법에 대한 상호 이견으로 금강산 관광 재개 문제는 결국 해결되지 못하였다. 김정일 위원장은 현정은 회장에게 군부에 단단히 주의를 주었으니 앞으로는 이와 같은 불상사는 절대 발생하지 않을 것이라고 하면서 신변 안전을 확실히 담보한다는 말을 했다고 한다. 북한 당국은 최고 지도자인 김정일 위원장이 직접 약속했기 때문에 북한 체제 특성상 그 이상의 보장은 없다면서 신변 안전 문제는 그것으로 해결되었으니 이제 금강산 관광을 재개하면 된다는 입장이었다. 이에 반해 법치주의 국가인 남한 당국에서는 김정일 위원장이 직접 보장 약속을 했다면 남북한 당국이 직접 만나 명시적으로 보장하는 문서를 작성하여 상호 서명해야 구속력이 있다는 입장이었다.

이와 같이 여성 관광객 사망 사건과 그 해결 과정에서 남북한 당국 간의 입장 차이를 보면서 필자는 여러 가지 생각이 들었다. 오랫동안 남북 관계 진전과 발전을 위해 노력해 왔던 필자로서는 우발적인 사건과 남북한의 정치 체제상의 본질적 차이로 어렵게 쌓아왔던 공든 탑이 한꺼번에 무너질 수도 있다는 것이 남북 관계의 현실이라는 생각이 들었다. 남북 관계 전문가들이 논평을 자유롭게 할 수는 있으나 현장에서 남북 관계를 직접 담당하는 사람들 입장에서는 하나하나의 일들이 진땀을 빼고 피를 말리는 것이었다. 그때 우발적인 여성 관광객 사망 사건이 발생하지 않았다면 금강산 관광 사업, 개성 관광 사업이 그대로 진행되고 백두산 관광 사업도 새로 시작되었을 수도 있었다고 본다. 물론 결과론적으로는 그 이후 북한의 연속적인 핵실험으로 인한 UN 대북 경제 제재 조치로 모든 북한 관광 사업이 중단되었겠지만 안보상의 이유로 북한 관광이 중단되는 것과 박왕자씨 사례처럼 돌발적인 사건으로 중단되는 것은 차원이 다른 문제이다. 금강산, 개성, 백두산 등 제한된 지역에서의 관광이지만 이를 통해 남한의 여러 가지 바람이 부지불식간에 스며들 수 있는 계기가 될 수 있다는 점에서 의미가 크다고 본다. 남한의 다양한 바람이 들어갈 수 있는 공간이 북한 지역에서 점차 확대될수록 우리가 목표하는 자유·평화통일로 조금씩 다가갈 수 있다.

개성공단 남성 근무자 억류 사건

후자의 사건인 유성진씨 억류 사건은 2009년 3월 30일 개성공단 소재 북한의 출입국사업부 사무실로 불려간 유성진씨가 그 자리에서 북한의 조사관에 의해 체포되어 개성시 자남산여관으로 이송되면서 시작된 일이었다. 체포 당시 북한 측이 제시한 죄목은 북한의 최고 지도자 비난, 북한 체제 비난, 북한 측 근로자 탈북 책동 등이었다. 유씨가 체포되어 자남산여관에 억류되어 조사를 받고 최종 풀려난 것은 136일이 지난 8월 13일이었다. 136일 동안 가족들의 접견, 변호인의 조력 없이 깜깜 무소식으로 유씨가 북한 측에 의해 조사 및 억류되는 상황은 우리 국민의 신변 안전 문제로 국내외적으로 큰 이슈가 되었다. 북한 측은 유씨가 남한 당국의 요원이라면서 개성공단 북한 여성 근로자 뿐 아니라 해외에서도 북한 여성을 탈북시킬려고 했던 것은 남북합의서상의 문제가 아니라 북한 형법상의 죄를 지은 것이라고 했다.

이와 관련하여 당시 국내의 언론 보도와 유씨가 북한 측으로부터 풀려난 이후 면담을 통해 파악된 내용을 보면 대충 다음과 같다. 유성진씨는 보일러 등 설비를 담당하는 기술직이었다. 현대아산에서 근무하기 전에는 리비아 건설 현장에서 일하였다. 1990년대 말 리비아의 한 병원에 북한의 의사, 간호사 등 의료진이 대량 파견되어 있었다. 유씨는 이 병원에서 북한 여성 간호원 1명(사리원 출신)을 알게 되었고 이 여성에게 선물, 남한 서적 등을 전해주면서 친하게 지내게 되었다. 그러던 와중에 그 간호원이 유씨와 함께 남한으로 가겠다고 하자 유씨는 부담이 되어 헤어지고 귀국하였다는 것이었다. 그때 북한 여성은 다른 일로 북한에 강제 송환되었는데 유씨는 그것을 모르고 있었다.

유씨는 한국에 돌아와서 2003년부터 현대아산 금강산사업소에서 설비 반장으로 근무하였다. 이때 금강산호텔에 근무하는 사리원 출신 여자 봉사원에게 과거 리비아에서 만났던 북한 여성 간호원의 근황과 소재를 알아봐 달라고 부탁을 하였고 그녀를 통해 간호원의 근황을 알게 되었다. 그 이후 유씨는 개성공단 사업소가 봉급이 더 많다는 것을 알고 2005년에 개성공단 사업소 설비주임으로 직장을 옮겼다. 개성공단 내 직원 숙소에 함께 근무 중인 북한 여자 청소부에게 빵, 다리미 등을 선물하면서 가까이 지내며 북한 체제를 비판하고 사랑의 편지도 여러 차례 전달하였다고 한다. 그러면서 유씨가 여성 청소부에게 탈북을 얘기하게 되고 그녀도 탈북을 하고 싶다고 방법을 알려달라는 정도로 진전되었다. 그러다가 유씨는 겁이나 그 여성과 관계를 멀리하던 중에 2009년 3월 30일 북한 측의 조사관에 체포되었다는 것이었다.

북한 측 조사관은 유씨에게 모든 죄를 자백하라고 요구하였고, 유씨가 끝까지 자백을 거부하자 조사관은 북한 여성에게 준 편지 등 모든 증거물을 유씨에게 제시하였다. 그리고 조사관이 리비아 건까지 이야기하자 유씨는 순간적으로 함정에 빠졌구나 생각하면서 사실대로 이야기할 수밖에 없었다. 문제는 북한 조사관은 유씨가 남한 당국의 요원으로 활동하였다면서 배후를 끝까지 밝히겠다고 자백을 집요하게 강요하였다. 유씨는 남한 당국의 요원이 아니었으며 사건은 개인적인 차원에서의 일탈 행위로 발생한 것이었다. 나중에 유씨가 풀려나 남한으로 돌아왔을 때 필자가 그를 만나 일탈 행위를 저지른 추이를 알아보았다. 그는 북한 여성들이 그에게 생활용품 등 무엇을 달라고 계속 요구하는 것은 북한 지도부가 나라를 망쳐 북한 주민들이 경제적으로 못 먹고 못 살게 만든 결과라고 말하였다. 자기 생각에 북한 지도부는 제거되어져야 하고 북한이라는 나라가 망해야 문제가 해결될 수 있다는 자기 식대로의 소신을 밝혔다. 유씨 억류 사건에 대한 진상 조사를 위한 국회 외교통일위원회에 참석한 유씨는 필자에게 언급한 그대로 소신에 찬 발언을 했다.

이유 여하를 막론하고 우리 국민이 북한 측에 의해 가족의 접견, 변호인의 조력도 차단된 채 소식도 알 수 없이 무작정 억류되는 것은 있을 수 없는 일이었다. 국민의 생명과 안전을 책임져야 할 정부 입장에서는 유씨의 석방을 위해 백방으로 노력하여 우리 땅으로 안전하게 데려와야 했다. 미국은 북한에 억류된 미국 시민을 송환하기 위해 다양한 노력을 하고 종국에는 전직 대통령이나 부통령이 직접 북한을 방문해 송환해 오는 시도를 여러 차례 보아 왔기 때문에 우리 정부도 비장한 마음으로 최선의 노력을 다해야 했다. 당시 이 문제를 해결해야 할 주무 부처의 수장으로서 현인택 통일부 장관은 결연한 마음으로 유씨의 조속한 석방을 위해 할 수 있는 방법은 모두 검토하였다. 필자는 차관으로서 현인택 장관과 머리를 맞대고 이 문제 해결을 위한 방법을 서로 상의하였고 현 장관의 지침이 차질 없이 잘 이행되도록 실무적인 노력을 다하였다. 우선 정부 차원에서 남북 당국 간 실무 회담을 열어 북한 측에게 유성진 씨의 조속한 인도를 계속 촉구하였다.

개성공단에 소재한 개성공업지구관리위원회(당시 위원장 : 문무홍, 통일부 장관이 임명)를 통해 북한 측에 우리 정부의 입장을 전달하고 북한 측의 입장을 타진하도록 조치했다. 그리고 관리위원회에 유성진씨의 신변 상태 등 근황을 현장에서 최대한 파악하도록 하였다. 필자는 유씨 문제를 해결하기 위해 현대아산의 조건식 사장(전 통일부 차관)과도 수시로 만나 허심탄회하게 의견 교환을 하였다. 정부와 현대아산이 유씨 문제 해결을 위해 공동 협력하기로 하였다. 유씨를 직원으로 둔 현대아산도 자체 직원 문제를 해결해야 하는 회사 측 입장도 있었다. 유씨 문제로 남북 당국 간에 갈등 국면이 확대되지 않도록 하기 위해 나름대로 최선의 노력을 다하였다. 현정은 회장, 조건식 사장을 비롯하여 현대아산 측도 열심히 유씨 문제 해결을 위해 적극적으로 노력하였다. 한편 북한 측과 활발히 교류하고 있었던 한 민간단체도 우회적으로 노력하였다. 현인택 장관과 필자도 공개적으로 밝힐 수 없는 은밀한 노력도 하였다. 현 회장은 김정일 위원장, 김양건 부장 등을 직접 만나 유씨를 석방해 줄 것을 요청하였다. 이와 같은 노력들의 결과로 결국 8월 13일, 136일 만에 유성진 씨는 북한 측으로부터 풀려나 남한의 가족들과 만날 수 있었다, 유씨 문제로 인해 무거운 부담감을 가졌던 정부나 현대아산도 큰 짐을 덜게 되었다.

필자는 남한 사람은 자유 사회에서 개인적 판단에 따라 생각하고 행동하는데 익숙하여 북한과 같은 특수한 체제에서 특별한 주의 없이 일탈 행동을 하게 되면 유씨 억류 사건처럼 반드시 사건·사고가 발생할 수밖에 없다는 것이 남북 관계의 현실이라는 것을 다시 한 번 확인하였다. 남북 교류협력 과정에서 남북한 간 체제 차이와 특히, 북한의 독특한 정치 체제와 그로 인한 북한 사람의 의식 구조로 인해 그 이전에도 사건·사고들이 많이 발생하였다. 북한 체제가 본질적으로 바뀌지 않으면 앞으로도 어쩔 수 없이 이와 같은 사건이 되풀이되어 발생할 수밖에 없겠다는 생각이 들었다. 돌이켜 생각하면 남북 교류협력 활동이 일상화처럼 되니 간소화했던 '방북 시 유의사항' 안내를 정부나 해당 기관·단체에서 더욱 철저히 사전 교육해야 할 필요성을 느꼈다. 앞으로도 이와 같은 사건·사고가 발생할 때 일단 남북한 간의 갈등을 최소화할 수 있도록 사안별로 다양한 노력을 통해 위기관리를 해 나갈 수밖에 없다고 본다. 나아가 제도적으로 이미 남북한 간에 합의된 신변 안전 보장 조치의 부족한 부분을 보완·강화하여 보다 제도화된 매뉴얼에 따라 안정적으로 문제를 해결할 수 있도록 구축하여야 한다. 박왕자씨 사망사건으로 인해 금강산 관광이 중단된 것과 달리 유성진씨 억류 사건으로 다행히 개성공단이 중단되지는 않았다. 그러나 이와 같은 우발적 사건이나 일탈 행위가 개인의 신변상 위험은 물론이고 남북 관계에 갈등과 위기, 나아가 단절을 초래할 수 있다는 점에서 사전 예방과 후속 안전조치를 위한 노력을 끊임없이 기울여야 한다는 교훈을 남겼다.

김정일 위원장 뇌졸중과 김정은 후계 작업

필자는 2008년 8월 말경에 김정일이 갑자기 뇌졸중으로 쓰러졌다는 정보를 접했다. 실제로는 8월 중순경에 뇌졸중이 발생한 것으로 그 뒤 파악이 되었다. 북한은 '1인 수령 지배 체제'로서 한 사람에게 절대 권력이 집중되어 있었기 때문에 그의 심각한 건강 상태는 북한의 체제 운영의 안정성 여부, 그리고 권력 구도의 변화와 유사시 후계 권력의 안정적 승계 여부에 크게 영향을 미치는 중대한 문제였다 그리고 이것들이 어떻게 전개될지 여부에 따라 남북 관계와 한반도 안보에 미치는 영향이 매우 크므로 이를 면밀히 분석하고 대비책을 마련하는 일은 당면한 과제가 되었다.

1980년대 후반 소련과 동구권이 몰락할 당시에는 북한의 붕괴 가능성을 우리 사회에서 심각하게 검토하지는 않았다. 1990년대 중반 북한에서 수많은 아사자가 발생한 '고난의 행군'시절에는 북한의 붕괴 가능성을 우리와 국제사회에서 심각하게 검토한 적이 있었다. 급변 사태에 따른 긴급 대비책이다. 그러나 200~300만 명의 북한 주민이 아사했다는 북한은 붕괴되지 않고 그럭저럭 버텨냈다. 김정일 정권이 선군정치라는 기치 하에 북한 체제의 위기를 극복했다. 김정일은 국방위원장이라는 직책 하에 강력한 힘에 의한 대내 결속을 바탕으로 대내적 경제 개선 조치와 대중·대러시아·대남 활동을 통해 체제 안전과 실리를 추구하면서 북한 체제를 나름대로 유지, 운영해 나갔다. 필자는 이러한 상황을 지켜보면서 외부 정보가 차단되고 시민사회가 형성되어 있지 않은 북한에서 강력한 1인 지배하의 철저한 통제 체제 특성상 동독이나 루마니아와 같은 급변사태는 쉽게 발생하지 않을 것이라고 판단했다. 물론 경우에 따라 권력 변동이나 교체가 이루어지겠지만 그 과정에서 세력 간 대립과 절충을 통해 체제 유지는 가능할 것으로 분석했다. 시나리오 상 새로운 정권의 성향에 따라 현 체제를 고수하거나, 개혁·개방 체제로 가거나, 아니면 체제 전환 과정을 거쳐서 새로운 체제로 갈 것이라고 예측했다. 급변 사태가 발생하면 북한 내부의 무정부 상태로 인한 대혼란이나 남북한 전체의 대격변보다는 새로운 북한 정권으로의 전환이 현실적으로 더 높아 보였다.

필자는 평소 그렇게 생각했음에도 불구하고 2008년 8월 하순경 김정일이 갑자기 뇌졸중으로 쓰러졌다는 정보를 접하자 현실적으로 정부의 책임 있는 고위 직책자로서 다양한 경우에 대비한다는 차원에서 순간적으로 급변 사태라는 위기감이 다가왔다. 뇌졸중으로 쓰러진 김정일이 빠른 시일 내에 회복되어 정상적으로 활동을 재개할지, 아니면 회복이 지연되어 정상적인 활동이 어려울지, 아니면 회복 불능으로 갑자기 사망하게 될지 등 여러 가지 경우의 수에 따라 북한의 권력 향방이 요동칠 수 있고 급변사태가 발생할 수도 있었다.

우선 김정일의 후계 구도부터 점검하였다. 당시 김정일의 자식인 후계 대상자로 해외에 거주하고 있는 김정남은 30대 후반이고 평양에서 살고 있는 김정철과 김정은(당시 이름을 '김정운'으로 파악)은 20대 중·후반의 청년들이었다. 북한 체제를 이끌어 가기에는 나이나 경험으로 보아 역부족인 것으로 평가하였다. 특히 김정남은 2001년 5월 일본 여행 시 위조 여권으로 체포된 적도 있어 후계자로는 오래전부터 김정일의 눈 밖에 났다고 알려졌다. 20대 중·후반의 아들들인 정철, 정은은 나이도 어리고 그들에 대한 정보가 없어서 김정일의 유고시에 후계 권력 구도의 향방에 대해 국내외 전문가들 사이에 다양한 의견이 표출되었다. 특히 북한 체제의 특성상 외부에서 최고 지도자인 김정일의 건강 상태를 제대로 파악하기 힘든 상황에서 북한 정치 체제의 고유한 특성, 다른 공산국가에서의 권력승계 선례 등을 바탕으로 국내외의 북한 전문가들은 각자의 추론에 의해 다양한 주장을 했다.

대체로 김정일의 후계 체제로 세습 체제, 집단 지도 체제, 제3자 승계 체제 등으로 대별되었다. 세습 체제를 주장한 전문가군은 평소에 북한은 언론 매체를 통해 '백두 혈통', '대를 이어가며' 등으로 혁명 계승을 위한 세습을 암시했기 때문에 세습으로 갈 것이라고 주장하였다. 또한 백두 혈통의 김씨 세습 체제로 가는 것이 상대적으로 북한 정치 체제의 안정을 도모할 수 있다는 것이었다. 김일성, 김정일이 권력을 유지하면서 거짓말로 북한 주민을 많이 속여 왔기 때문에 그 거짓이 탄로 나지 않도록 김씨 정권의 영속성을 위해 세습 체제를 선택한다는 것이었다. 내재적 접근으로 북한을 연구한 국내학자나 중국학자, 그리고 북한의 내부 사정을 잘 아는 일본학자들이 주장하였다. 집단 지도 체제를 주장하는 전문가군은 사회주의는 권력의 세습을 인정하지 않으며 특히 어떤 사회주의 국가에서도 3대 세습은 없었다는 논거를 제시하였다. 또한 평소에 김정일이 자기 이후에는 3

대 권력 세습은 없다고 언급해 왔다는 것이었다. 일본의 와다 하루키 교수, 미국의 전문가 등이 주장하였다. 제3자 승계 체제를 주장하는 학자군은 김정일이 후계자 지명 없이 갑자기 사망할 경우에 반 김정일 세력이 쿠데타를 일으킬 가능성이 높다고 하였다. 중앙에서 정변 등을 통해 새로운 지도자가 등장할 가능성이 있다고 보았다. 일부 중국학자들의 주장이었다.

김정일의 진료 상황과 관련해서 초기에 중국 의사들이 급파되었다거나 프랑스 의사들이 급파되었다는 소식이 들려왔다. 국내외 정보기관에서 김정일의 뇌 CT 사진을 입수했다는 첩보도 들리고 심지어 김정일이 칫솔질을 하고 있다는 국내 정보기관의 보고도 있었다. 그러나 상당기간 김정일은 공개적으로 등장하지 않았다. 김정일이 항상 참가했던 북한 정권 수립 기념일인 9.9절 행사(2008년은 60주년 꺾어지는 해)에도 나타나지 않았다. 김정일의 건강 상태에 대한 다양한 추측 속에 더욱 북한의 향후 권력 향방에 대한 추측성 논의가 확산되었다. 김정일의 가장 지근거리에 있는 기술서기(비서 겸 건강을 보살피는 직책)인 김옥의 파워가 세다거나, 장성택, 오극렬, 이제강, 이용철, 김영춘, 현철해, 이명수 등의 파워가 세다거나 하는 등의 갖가지 추측이 있었다. 장성택, 오극렬이 후계 권력이나 집단 지도 체제의 중심 세력으로 거론되었다. 세습 체제와 특정 세력의 후견을 받는 세습 체제, 그리고 집단 지도 체제 중 하나가 유력한 것으로 논의되었다. 2008년 11월 중순부터 김정일이 군부대나 현지 기업소를 방문한다는 첩보가 들려 왔고, 노동신문에 "혁명 위업 계승", "역사의 주인공 평균 나이 25세"라고 보도(2008.11.6)되면서 3대 후계 세습론이 급부상하였다.

오래 전에 김정일의 눈 밖에 난 김정남은 제외하고 김정철과 김정은이 후계자의 대상으로 초점이 되었다. 김정철은 생모인 고용희(2004.6 사망)가 생전에 김정일의 후계자가 되기를 희망했다. 2004년도에 전문가들은 김정철을 유력한 후계자로 많이 거론하기도 하였다. 그러나 그는 여성호르몬 과다 분비증으로 유약한 이미지가 있었다. 김정일의 요리사 후지모토 겐지에 의하면 김정일은 김정철에 대해 "여자 같다"고 부정적으로 평가했다. 김정은은 아버지인 김정일이 좋아한다고 하였다. 후지모토 겐지는 김정은이 과단성이 있어 김정일이 가장 마음에 들어 했다고 한다. 2008년도에는 김정은이 유력한 후계자로 부각되었다.

2008년 후반에 김정일의 건강이 갑자기 악화되자 그의 권력 승계는 급속도로 전개되었다. 그의 자식에게 물려주는 것이 김일성·김정일 정권의 연속성과 안정적 계승을 위해 필요하다고 판단한 것 같았다. 2009년 초부터 북한에서 특이한 동향이 포착되었다. '발걸음'이라는 노래가 북한 사회에 유포되기 시작했다. '발걸음'이라는 노래는 "척척 척척 발걸음 우리 김대장 발걸음 2월의 정기 뿌리며 앞으로 척척척......"이라는 가사로 이루어졌으며 3절로 구성되었다. 그리고 "청년대장", "친애하는 김대장 동지"라는 말이 등장하기 시작하였다. 필자는 이것을 보고 김정일 3대 세습 체제를 위한 사전 분위기 조성과 상징 조작이 이루어지는 것으로 판단했다. 그 이후 우리의 정보기관에서 2008년 12월부터 군부에서 후계자로 김정은 지지 궐기 모임이 비공개로 시작되었고 2009년 1월에는 국가안전보위부, 인민보안성 등에서 김정은 지지모임이 결성된 것을 확인하였다. 이제 "영명하신 김정은 대장 동지" 라는 말이 등장하기 시작하였다. 김정은을 후계자로 옹립하는 움직임은 군이나 보위기관에서부터 먼저 시작하였다. 이어서 일반 주민을 대상으로 한 후계 작업을 위해 선전선동부장에 최익규를 임명(2009.3.22)하여 본격적인 김정은 후계자 옹립 활동을 전개하였다.

김정일은 2009년부터 건강 회복을 위한 노력의 하나인지 군부대 방문, 지방기업 현지 지도 등 대외 활동을 과거보다 더 빈번하게 활발히 하였다. 이때 김정은을 대동하였고 아마 후계자 수업을 강화하는 것으로 추정했다. 또한 김정일은 후계자 구축 작업의 일환으로 후견 국가인 중국과 러시아를 방문하기도 하였다. 여러 경로를 통해 파악된 것으로 북한은 '존경하는 김정은 동지의 위대성 교양자료'를 제작하여 북한 주민과 해외 공관 직원을 대상으로 적극적인 세뇌 교육을 시키고 있었다. 이 자료에 의하면 김정은은 김일성과 김정일을 빼닮은 선군 영장이며, 천재적 영지와 지략을 갖춘 군사의 영재이고, 다재다능하고 현대 군사 과학과 기술에 정통한 천재이며, 비범하고 자애가 넘치며 상냥한 인민적 품성을 가진 위인이라고 묘사하였다. 후계 승계는 수령의 혁명 위업을 대를 이어서 굳건히 지켜내고 빛내기 위함이며, 혁명으로 획득한 것들을 확실하게 지키기 위함이며, 조국과 민족의 무한한 번영과 행복을 위한 담보이기 때문이라고 정당성의 이유를 들었다. 그리고 김정은의 권위와 위신을 결사 옹위해야 하며 김정은 주도 사업을 무조건 철저히 관철해야 한다고 주지시켰다. 이러한 근거를 바탕으로 김정은은 확실히 후계자로 선택되었고 김정일이 앞장서서 김정은 후계자 수업을 시키며 후계자 구축 작업을 주도하고 있는 것이 분명하였다.

김정일이 과거보다 몸이 홀쭉해지고 서 있을 때도 한쪽으로 기울어지며 구두 대신에 운동화 타입의 슈즈를 신고 있었으나 대외 활동을 열심히 하는 것으로 보아 업무를 보는 데는 큰 지장이 없는 것으로 판단되었다. 2009년 8월 21일~23일간 김대중 전 대통령 장례식에 특사조의방문단을 남한에 파견한 이후 북한은 남북정상회담을 적극 추진하였다. 그리고 당시 북한을 방문한 사람의 전언에 의하면 김정일은 대체로 건강한 모습이었다는 것이었다. 악수할 때 손아귀 힘이 있었고 다리 저는 것도 거의 표시가 나지 않았다는 것이었다. 새는 발음 없이 정상적으로 발음하고 가끔 힘있게 말하기도 하였다는 것이다.

이러한 것으로 유추해 보아 필자는 북한 내부는 안정적 국면으로 가고 있고 후계자 작업은 절차대로 진행되고 있는 것으로 추정했다. 북한에서 권력 충돌의

소용돌이나 급변 사태는 상당기간 없을 것으로 일단 결론을 내렸다. 북한이 권력 안정을 도모하는 가운데 권력 승계를 위해 계획대로 순차적으로 실천하는 것을 확인하였다. 김일성 때는 오랜 기간을 통해 김정일로, 김정일 때는 급속하게 김정은으로 권력이 승계되었다는 것이 차이가 있다. 그러나 북한이 계획적으로 권력 분점과 후계자 훈련, 그러면서 상징 조작(김정일은 '당중앙', 김정은은 '청년대장')을 통해 후계 권력 승계를 단계적으로 구축해 나가는 과정은 같다고 할 수 있다.

남북정상회담 추진 관여

필자가 이명박 정부 때 통일부 차관으로 재직 중 남북정상회담에 관여하게 된 것은 2009년 8월 21일~23일간 김대중 전 대통령의 서거(8월 18일)에 따른 북한의 특사조의방문단이 남한에 오게 되면서 시작되었다. 김대중 전 대통령이 서거하자 유가족을 대신하여 김대중평화센터 이사 임동원·박지원 명의로 북한의 조선아시아태평양평화위원회(이하 '아태'로 지칭) 앞으로 부음을 전하였다. 북한의 아태로부터 김대중평화센터 이사 앞으로 김정일 위원장의 조전과 화환을 전달할 특사조의방문단을 파견한다는 연락이 왔다. 체류 일정은 당일로 하며 필요하면 1박 2일도 하겠다고 연락이 왔다. 김대중평화센터(임동원·박지원·정세현 명의)는 아태에게 8월 21일~22일간 조문단 방문을 제시하였다. 북한 측은 이에 동의하면서 6명의 특사조의방문단 명단을 보내왔다. 6명은 김기남 노동당 비서(단장), 김양건 통일전선부장, 원동연 아태 실장, 맹경일 아태 참사, 리현 아태 참사, 김은주(여) 국방위원회 기술 일꾼으로 구성되었다. 북한 측은 조문 방문기간 동안에 남한 당국자를 포함하여 남한 측 인사가 희망한다면 만나겠다고 하면서 시간이 부족하면 체류 일정을 좀 늦출 수도 있다고 연락이 왔다.

김포공항에서 북한 특사조의방문단을 맞이하는 필자. 왼쪽부터 김양건 통일전선부장, 김기남 비서.

북한 특사조의방문단 안내

김대중 전 대통령의 서거로 정부는 관례에 따라 국장(國葬)으로 결정하게 됨에 따라 북한 특사조의방문단(이하 '북한특사조문단'으로 지칭)의 남한 체류 일정도 국가장의위원회에서 조치하게 되었다. 장의 위원장은 한승수 국무총리였고 집행위원장은 이달곤 행정안전부 장관이었으며 장의 위원으로서는 정·관·언론·종교계 등 각계의 사회 지도층 인사들로 구성되었다. 정부에서는 각 부처 장·차관들이 당연직으로 구성되었다. 북한특사조문단의 남한 체류 일정과 관련해서는 남북 관계 주무 부서인 통일부가 주도하면서 김대중평화센터 측과 협력하여 진행하였다.

당시 김대중평화센터에서는 임동원, 박지원, 정세현 등이 장의 위원이었다. 북한특사조문단에 대한 김포공항 영접은 정부 측에서 통일부 차관이, 김대중평화센터에서 정세현 이사(전 통일부 장관)가 담당하기로 하였다. 김기남 비서는 정세현 이사가, 김양건 부장은 통일부 차관인 필자가 별도의 승용차에 타고 이동하면서 안내 겸 환담을 나누었다.

북한특사조문단은 8월 21일 오후 3시에 김포공항에 도착하여 빈소가 있는 국회로 조문을 갔다. 북한특사조문단은 김정일 위원장이 보낸 조화를 진상한 후 국회의장실에서 김형오 국회의장, 문희상 부의장, 정세균 민주당 대표, 박진 외교통일위원장 등과 면담하였다. 김 국회의장은 이 자리에서 연안호 선원들의 조속한 귀환을 촉구하였다. 이어서 김대중평화센터를 방문하여 이희호 여사와 센터측 주요 관계자들과 면담하였다. 이 자리에서 김기남 비서는 유가족들에게 보내는 김정일 위원장 명의의 위로 서한과 조전을 낭독하고 이희호 여사에게 전달하였다. 이 때 특이한 것은 낭독 시 김기남 비서는 꼿꼿이 기립하여 두 손을 모아 낭독하였다. 김정일 위원장의 권위가 대단하다는 것을 확인하는 순간이었다. 김기남 비서는 배석한 필자에게 이번에 많은 사람을 만나기를 희망한다면서 통일부에서 노력해 줄 것을 요청하였다. 김양건 부장도 김포공항에서 빈소로 이동하며 승용차 안에서 필자와 대화시 이번에 많은 사람들을 만나고 싶다고 언급하였다. 그 날 저녁에는 방문단 숙박 장소인 홍은동에 위치한 그랜드 힐튼 호텔에서 김대중평화센터 측 인사들과 만찬이 있었다, 여기에 김남식 교류협력국장(박근혜 정부 때 통일부 차관 역임)이 배석했는데 북한 측은 남한 방문의 주목적은 조문이지만 이 기회를 최대한 활용하여 거듭 많은 사람을 만나기를 희망하며 통일부가 노력해 줄 것을 또 요청하였다.

그 날 만찬이 있은 후 필자는 호텔 객실에서 원동연 아태 실장과 별도로 만났다. 원 실장은 이번에 대남 관계 사업의 최고 책임자가 전부 내려왔다면서 남측이 원한다면 대통령을 비롯하여 청와대 비서관, 통일부 장관, 국정원장 등 모든 당국 수뇌부를 모두 만나겠다고 언급하였다. 남측 인사를 만나게 되면 무엇이든지 터놓고 서로 대화하고 싶다고 하였다. 김기남 비서, 김양건 부장, 원동연 실장 모두 동일하게 우리 측 고위급 인사들을 많이 만나겠다고 발언한 점을 보아 조문 기회를 계기로 남한 당국의 남북 관계에 대한 입장을 타진하고 북한 측의 입장을 전달하고자 하는 것이 분명한 것 같았다. 필자는 원 실장에게 북한특사조문단이 우리 대통령을 접견하려면 김정일 위원장의 친서가 필요할 것 같은데 가져왔느냐고 물었다. 원 실장은 가져오지는 않았지만 이명박 대통령을 만나게 되면 김정일 위원장의 메시지를 구두로 전달하려고 한다고 답하였다.

북한특사조문단, 남북정상회담 제의

둘째 날 조찬은 김대중평화센터 측 관계자 등과 있었고 이어서 민주당 대표 등과의 면담이 이어졌다. 오전에 현인택 통일부 장관과 김양건 통전부장, 즉 통-통(통일부와 통일전선부) 라인 책임자끼리의 상견례 겸 면담이 있었다. 이 자리에서 김 부장은 막혀있는 남북 관계를 풀고 싶고 이를 위해 이명박 대통령을 접견하여 김정일 위원장의 인사를 전하고 싶다고 하였다. 그리고 수뇌부 사이의 상봉(남북정상회담)이 이루어지도록 하자고 제안하였다. 이에 대해 현 장관은 남북 관계를 진정으로 잘 발전시켜보자는 것이 이명박 대통령의 뜻이라면서 남북이 진정으로 공영 발전할 수 있는 길을 찾기 위해 북핵 문제 등 모든 문제를 허심탄회하게 남북 대화 테이블에서 논의하여야 한다고 강조하였다. 여기서도 김정일 위원장의 친서 얘기가 나왔는데 북한 측은 급하게 조문하러 오느라 친서를 준비하지 못했는데 마음이 중요한 것 아니냐면서 대통령의 접견을 거듭 요청하였다. 그 날

통－통(통일부와 통일전선부)라인 책임자들끼리의 상견례와 면담(2009.8.22). 왼쪽 첫 번째부터 현인택 통일부 장관, 통일부 차관인 필자, 김남식 국장. 오른쪽 첫 번째부터 김기남 비서, 김양건 통전부장, 원동연 실장.

북한특사조문단의 오찬과 만찬은 통일부 측과 함께 하면서 많은 이야기를 나누었다. 체류 이틀 간 북한 측은 위축된 남북 경제협력, 사회문화 교류가 활발히 추진되도록 해야 한다고 강조하였다. 그리고 이산가족 상봉도 준비하겠다, 북한에서 조사 중인 연안호 선원도 풀어주겠다, 북한 측이 그동안 제한했던 대남 조치를 모두 풀려고 한다는 등 유화적인 발언을 하였다. 북한 측은 그동안 견지해 왔던 대남 강경 조치가 별로 실효성이 없자 이를 해제하여 실리를 확보하고자 방향을 유화적으로 전환한 것 같았다. 그리고 최종적으로 남북정상회담을 통해 돌파구를 만들어 가려고 방침을 정한 것으로 판단되었다. 당시 김정일 위원장은 한 해 전 2008년 8월 뇌졸중으로 쓰러졌고 그 해 말부터 그의 아들인 김정은으로의 권력 승계를 진행하면서 후계자를 위해 나름대로 튼튼한 기반을 만들어 주려는 의도도 있는 것으로 나중에 필자 나름대로 추론하였다.

북한 측은 남북 관계의 주무부서인 통일부 장관 등 관계자에게 대통령 접견을 거듭 요청하면서 다른 쪽과도 접촉을 통해 대통령과의 접견을 요청하였다. 임태희 한나라당 정책위원회 의장을 통해 대통령 접견을 요청하였다(이명박 대통령 회고록,

「대통령의 시간, 2008-2013」, 2015, p. 326). 필자는 북한특사조문단이 오기 이전에는 임태희 의장이 북한 측과 접촉선을 가지고 있었던 사실을 전혀 몰랐다. 나중에 어느 정도 알게 되었지만 임 정책위 의장은 대북 경협 사업을 하는 국내 기업인을 통해 북한 측과 긴밀히 경협 사업을 하는 조선족 기업가인 박철수 대풍그룹 회장과 연락선을 가지고 있었다.

북한특사조문단 이명박 대통령 면담

북한특사조문단은 예정보다 하루 더 체류하여 방문 3일 차인 23일 오전 9시에 30분간 이명박 대통령과 면담하였다. 특별 우대 없이 당시 예정된 각국의 조문단 면담 일정 중 하나로 이루어졌다. 이명박 대통령은 북한특사조문단이 우리 정부와 정식 협의하여 방문한 것도 아니었고 북한 측이 불쑥 대통령 면담을 신청했다고 해서 기다렸다는 듯이 그들을 만나주는 것은 북한의 착각을 더욱 견고히 한다고 생각하였다. 이 대통령은 북한의 잘못된 사고를 바로 잡을 필요가 있다고 판단하였다(이명박 대통령 회고록, p. 327). 북한 측 김기남 비서는 이 대통령과의 면담 자리에서 "저희 장군님께서는 6·15 공동선언과 10·4 정상선언이 잘 실천되면 앞으로 북남 수뇌들이 만나는 것도 어렵지 않다고 말씀하셨습니다"면서 남북정상회담을 언급하였다. 이 대통령은 남북한 간에는 그동안 '6·15 선언'과 '10·4 선언' 외에도 그 이전에 많은 합의가 있었다면서 특히 한반도 비핵화를 합의한 '한반도 비핵화 공동선언'을 환기시켰다. 남북정상회담이 이루어지면 북핵 문제를 반드시 논의하여야 함을 강조하였다. 남한의 일방적인 대북 지원만 논의하는 남북정상회담은 필요가 없음을 분명히 하였다(이명박 대통령 회고록, pp. 327-330). 이명박 대통령과의 면담을 마치고 나서 북한특사조문단은 정오가 조금 지나 김포공항을 이륙하였다. 필자는 마지막까지 이들과 함께 동행하면서 배웅하였다. 마지막

날 필자와 승용차에서 동승한 김양건 부장은 추석을 맞아 금강산 이산가족 상봉을 준비하겠다고 유화적인 발언을 하면서 쌀·비료를 지원해줄 것을 요청하였다. 그리고 앞으로 자기와 통일부 장관 간의 긴밀한 대화를 해나겠다고 언급하였다.

남북정상회담 추진

북한특사조문단이 남한을 방문하여 남북정상회담을 제의한 후에 남북한 간에는 복수의 채널이 가동되었다. 하나는 공식적인 통-통 라인(통일부와 통일전선부)이 판문점 등 한반도 지역에서 진행되었고 일종의 비선 라인인 임태희-김양건 라인(이하 '임-김 라인' 지칭)이 중국, 동남아 등 제3국에서 진행되었다. 임-김 라인은 청와대의 지침을 받아 진행되었다.

북한특사조문단이 귀환하는 날 필자는 원동연 실장에게 우리 대통령이 김정일 위원장에게 전달하는 메시지에 대한 김 위원장의 반응(답신)을 판문점을 통해 전달해 줄 것을 요청하였고 원 실장은 그렇게 하겠다고 답변하였다. 북한 측은 귀환 후 닷새 만에 김양건 부장이 현인택 통일부 장관에게 남북정상회담을 원한다는 메시지를 전해왔다. 그러나 북한 측은 쌀과 비료 등 상당량의 경제 지원을 전제 조건으로 제시하고 있었다.

당시 이명박 정부의 입장은 남북정상회담을 위해 선 지원을 대가로 하지 않는다는 것이었다. 더구나 과거에는 우리 정부가 먼저 남북정상회담을 제의하였지만 이번에는 북한 측이 필요에 의해 남북정상회담을 제의하였다. 이명박 정부는 남북정상회담을 하고 합의사항을 이행하는 과정에서 대북 지원 등 남북 경제 협력을 내실 있게 추진해 나가겠다는 입장이었다. 이명박 정부는 남북정상회담에서 북핵 문제를 의제로 논의하여 실질적인 진전이 있어야 하고 또한 납북자·국군포로 문제의 해결을 위해 실질적인 성과가 있어야 한다는 입장이었다. 남북정상회담 장소는 그동안 두 차례에 걸쳐 평양에서 개최되었기 때문에 이번에는 서울에서 개최되어야 한다는 입장이었다. 다만 북핵 문제와 납북자·국군포로 문제 등 여러 가지 현안에 대해 실질적 논의와 성과가 있다면 북한 지역에서도 개최할 수 있다는 입장이었다.

당시 우리 측은 남북 이산가족 문제와 납북자·국군포로 문제를 독일의 '프라이카우프방식'('Freikauf'는 독일어로 '자유를 사다'라는 의미로, 동서독 분단 때 서독이 동독에게 현금이나 현물을 주고 동독 정치범을 석방·이송했던 방식. 이 방식으로 약 34,000명 정도의 동독 정치범을 석방, 서독으로 이송)으로 근본적으로 해결하고자 하였다. 북한 지역에서 남북정상회담을 한 후 이명박 대통령의 귀환 시에 일정 숫자의 납북자·국군포로들을 동반하여 데려오려고 계획하였다.

처음에는 보안 유지도 하면서 남북한 간에 허심탄회한 대화를 위해 임-김 라인이 제3국에서 진행되었다. 제3국에서 임-김 라인이 진행되던 중 2009년 9월 30일 임태희 정책위원회 의장이 노동부 장관으로 임명되었다. 임 의장이 노동부 장관이 되면서 남북 관계 일을 계속하는 것이 적절하지 않았다. 또한 임 장관의 활동이 쉽게 노출될 가능성이 있기 때문에 정부 내에서 고민이 생겼다. 이후 주호영 정무장관이 남북 관계 일을 맡을 것이라는 소문이 언론에 보도되곤 했다. 그러나 남북한 간의 접촉선을 변경한다는 것은 여러 가지 문제가 있어 임 장관이 마지막으로 한 번 더 임-김 라인을 진행하도록 하였다. 그리고 나서 임-김 라인이 논의한 내용을 바탕으로 통-통 라인을 통해 공식적으로 남북정상회담에 대한 협의를 해나가는 것으로 입장을 정하였다. 임-김 라인이 마지막으로 만나 협의한 것이 10월 18일 싱가포르 접촉이었다.

그동안 임-김 라인을 통해 남북한 간의 논의가 있어 약간의 진전은 있었지만 우리가 원하는 목표대로는 되지 못하고 여전히 남북한 간에는 입장이 대립되었다. 임-김 라인에서는 정부 방침의 범위 내에서 상호 의견 개진은 충분히 하지만 일체 합의는 하지 말도록 하였다. 공식적인 통-통 라인으로 돌아오면서 통일부와 통일전선부 간 실무접촉이 11월 7일과 14일 두 차례 개성에서 개최되었다. 11월 7일 첫 실무접촉에서 북한 측은 임 장관이 싱가포르 접촉에서 서명한 내용이라면서 (잠정)합의서가 있다는 것을 우리 측 대표에게 밝히고 겉표지를 보여주었다. 통일부에서는 싱가포르 접촉시 협의한 내용의 요지는 알고 있었지만 남북한 간의 (잠정)합의서가 있다는 것은 처음 듣는 내용이었다. 그 뒤 임 장관에게 확인한 바로는 본인은 합의서를 써주지 않았다는 것이었다. 김양건 부장이 그동안 논의한 내용을 임 장관에게 확인해 달라면서 두 장짜리 내용을 가져왔다는 것이었다. 김 부장이 합의 없이 그대로 가면 죽는다고 해서 임 장관은 북한 측이 제시한 내용에 "이건 맞다. 이건 아니다"하고 줄을 긋고 수정하여 본인의 사인을 했다는 것이었다. 결코 합의문이 아니라는 것이었다(이명박 대통령 회고록, pp. 335-336). 북한 측은 싱가포르 접촉에서 남북정상회담 개최 조건으로 우리 측이 옥수수 10만 톤, 쌀 40만 톤, 비료 30만 톤, 아스팔트 건설용 피치 1억$ 어치, 국가개발은행 설립 자본금 100억$ 보장을 제공하기로 했다고도 하였다.

11월 14일 두 번째 통-통 실무접촉에서 북한 측은 싱가포르 합의서를 우리 측이 인정하고 이행할 것인지, 우리 측이 약속한 옥수수, 쌀, 비료, 피치 등을 제공할 것인지 등에 대해 우리 측 대표에게 집중적으로 확인하였다. 이에 대해 우리 측은 소위 싱가포르 합의서라는 것은 공식적으로 승인된 것이 아니며 남북정상회담을 위한 조건으로 사전 대가성 지원은 있을 수 없다는 것을 분명히 하였다. 우리 측은 남북정상회담과 관련된 모든 공식적 협의와 합의는 이 통-통 라인에서만 이루어진다는 것을 분명히 강조하였다. 이와 같은 우리 측 입장에 대해 북한 측은 싱가포르 합의서를 전면 부정하는 남북한 간 접촉은 필요 없다면서 더 이상 만나지 않겠다는 입장을 밝혔다. 남북 관계는 원점으로 되돌아가게 될 것이라며 다소 협박적인 발언을 하였다. 그리고 북한 측은 우리 측이 요구한 납북자·국군포로 송환 문제에 대해 '도이칠란드 방식', '고이즈미 식'으로 흥정하려고 한다고 비난하기도 하였다. 그 이후 그 해에는 더 이상의 통-통 실무접촉이 없었다.

필자는 당시에 몰랐으나 그 뒤 2015년 1월 발간된 '이명박 대통령 회고록'을 읽으면서 북한 김정일 위원장이 중국의 원자바오 총리를 통해 이명박 대통령에게 남북정상회담을 하기를 원한다는 뜻을 전달한 것을 알게 되었다. 2009년 10월 10일 북경에서 개최된 '한·중·일 정상회의'에서였다. 2009년 8월 이후 이명박 정부는 북한 측의 필요에 의해 먼저 남북정상회담을 제의하여 왔기 때문에 이 기회를 활용하기로 했다. 우리가 목표로 하는 북핵 문제, 납북자·국군포로 문제 등 현안 문제를 해결하기 위해 적극적으로 남북정상회담 개최 협의에 임하였다. 필자는 남북정상회담이 열리면 실무적으로 준비해야 할 일을 책임지는 통일부의 차관으로서 통일부 자체적으로 남북정상회담에 대비한 실무적인 준비사항을 세밀히 점검하였다. 그러나 2009년 11월 두 차례의 통-통 실무접촉이 개최된 이후 그 해에는 더 이상의 남북정상회담에 대한 통-통 라인상의 공식적인 협의는 없었다.

남북정상회담 추진 무산

해가 바뀌어 2010년도에 들어서면서 북한 측이 남북정상회담 제의 전후로 보여 왔던 유화적인 대남 기조에서 강·온 양면 기조로 바뀌는 양상을 보이기 시작했다. 북한 측은 개성공단 실무회담, 금강산·개성 관광 관련 회담, 3통 문제 해결을 위한 군사 실무회담을 제의하는 한편 북한의 군부가 나서서 대남 군사적 위협 발언 및 도발(서해 해상에 다수의 해안포 사격)을 하는 조치를 병행하였다. 이와 같은 북한 측의 강·온 양면 국면이 전개되는 흐름 속에서 필자는 2010년 3월 22일 통일부 차관 직에서 물러났다. 차관으로서 약 2년 1개월간의 봉직이었고 역동적인 남북 관계 현장을 일각일각 체험하면서 약 27년간의 통일부 공직생활을 마감하였다. 통일부를 떠나면서 필자는 대학 시절에 우리 시대의 청년에게 최고의 가치 있는 일이라고 스스로 생각하였던 민족의 통일을 위해 통일부에서 공무원으로 평생 노력해 온 것에 대해 크나큰 보람과 감사함을 느꼈다. 그리고 남북 관계가 더욱 발전하여 하루 빨리 남북통일이 이루어지기를 소원하였다.

필자가 통일부를 떠난 지 며칠 지나지 않은 3월 26일 북한 측의 소행에 의한 '천안함 폭침 사건'이 발생하여 남북 관계는 또 다시 위기 국면이 전개되었다. 그 이후 개성공단 사업을 제외한 모든 남북 교류협력 사업이 전면 금지된 '5.24 대북 조치'가 발표됨으로써 남북관계는 나날이 경색되어 갔다. 필자는 정부에서 물러났기 때문에 남북 관계 소식은 기본적으로 언론을 통해서 알 수밖에 없었다. 냉각된 남북 관계 국면에서도 북한의 국가안전보위부 인사가 남한을 방문했다거나, 청와대 비서관이 북경에 가서 북한 측 인사와 만났고 우리 측이 북한 측에 '돈봉투'를 주었다고 북한 측이 폭로했다는 보도를 보고 여전히 남북한 간에는 남북정상회담에 대해 논의하고 있구나 하고 직감적으로 느꼈다. 이와 같은 내용이 '이명박 대통령 회고록'에서 확인이 되었다. 필자가 아는 범위 내에서 남북정상회담은 임-김 라인(2009년), 통-통 라인(2009년), 정보기관(국가정보원-국가안전보위부) 라인(2010년)에 이어 마지막으로 청와대 비서관(청와대·통일부·국정원 합동)의 북경 접촉(2011년 5월)을 통해 계속 논의가 있었으나 상호 간의 근본적인 의견 차이로 이명박 정부에서는 남북정상회담이 이루어지지 않았다. 북한 측의 선 대가 요구 조건과 이명박 정부의 원칙을 중시하는 입장, '천안함 폭침사건'과 '연평도 포격 사건'에 대한 북한 측의 사과와 책임 문제에 대한 상호 입장 차이로 남북정상회담은 종국적으로 무산되었다.

필자는 당시 북한 측의 필요에 의해 남북정상회담을 제의하고 선 대가를 요구하는 것은 말이 안 된다고 생각하였다. 특히 북한이 추진 중인 국가개발은행의 설립 자본금을 한두 푼도 아닌 어마어마한 돈인 100억$을 보장하라는 것은 얼토당토않은 요구였다.

남북정상회담 중개역의 실체

당시 북한 보도에 의하면 2010년 1월 20일 양각도국제호텔에서 조선대풍국제투자그룹 제1차 이사회가 열렸다면서 박철수를 상임부이사장 겸 총재로 지칭하였다. 조선대풍국제투자그룹의 이사장은 김양건 통전부장이었다. 이 이사회에서 국가개발은행 설립을 결정하였다. 국가개발은행의 이사장은 전일춘 당 39호실 실장이었고 박철수가 부이사장으로 임명되었다. 북한이 남북정상회담을 제의하면서 우리 측에 설립 자본금 100억 달러를 보장해 줄 것을 요청한 바로 그 국가개발은행이었다. 박철수는 임-김 라인의 남북한 간 중개역을 한 사람이었다. 여기서 박철수-김양건, 남북정상회담, 국가개발은행의 연결 고리를 짐작할 수 있게 된다. 필자는 김대중 전 대통령 서거시 북한특사조문단이 방문한 이후에야 남북한 당국 간 중개를 한 박철수라는 사람의 존재를 알게 되었다. 그 뒤에 박철수라는 사람이 서울에 와서 필자에게 만나자는 연락을 간접적으로 해왔다. 필자는 서울 모 호텔 커피숍에서 그를 잠깐 만났다. 그는 필자에게 구체적인 얘기는 하지 않고 지금 진행되고 있는 남북 관계의 중요한 일이 잘 되기를 바란다는 취지의 말을 하였다. 그를 만나고 나서 며칠 후에 박철수의 한국 연락책이라는 자가 필자에게 급히 전할 것이 있다며 만나자고 요청이 왔다. 필자는 박씨로부터 모종의 연락 사항이 있나 해서 박씨의 한국 연락책을 커피숍에서 만났다. 그가 엉뚱한 짓을 하려고 해서 필자는 더 이상 그들을 만나지 않았다.

이후 필자는 박철수라는 사람이 어떠한 사람인지 알아보았다. 박철수는 흑룡강성 출생 조선족이었다. 80년대 후반에 중국의 대경석유회사 부사장을 하면서 북한에 유류를 공급하며 북한 측 고위층과 가깝게 지내게 되었다. 그 이후 2000년대 중반에 홍콩의 풍태국제투자공사 사장으로 일하였다. 그는 북한 경제 개발안을 작성하여 김정일 위원장에게 보고하였다. 그 내용에 외국 자본을 유치하기 위한 국가개발은행(처음 명칭은 '조선국제개발상업은행', 설립 자본금 100억 달러) 설립도 포함되어 있었다. 그리고 한국에서 World Bank의 대북 투자 가능성도 알아보기도 하였다. 이러한 흐름으로 볼 때 경제적인 측면에서 본다면 북한 측이 2009년도에 제의하였던 남북정상회담은 박철수-김양건-김정일의 작품으로 유추된다. 박철수 총재는 북한 투자 유치 중개인으로서 사적 이익을 위해, 김양건 부장은 김정일 위원장에 대한 충성심과 자기 지분 확보를 위해 추진한 것으로 판단된다. 김정일 위원장은 2008년 8월 발생한 건강 이상으로 인해 김정은으로의 안정적 후계 기반을 마련해 주기 위해 남한으로부터 경제적 실리를 획득하기 위한 시도로 추정해 보았다.

당시에 북한 내부 사정을 잘 아는 소식통에 의하면 북한 내부에서도 박철수에 대해 신뢰할 수 없는 인물로 평가하고 대풍그룹의 투자유치 전망에 회의적이었다고 한다. 필자는 당시의 북한 내부 사정을 알 만한 탈북민으로부터 북한 내부에서도 박철수를 '거간꾼'으로 생각하였으며 별로 큰 신뢰를 하지 않았다고 한다. 그리고 대남 관계 사업을 하는 통전부장이 국가개발은행을 추진한다고 해서 김정일 위원장이 직무상 어울리지 않는다고 하면서 전문 부서인 당 39호실을 붙여 전일춘 실장을 국가개발은행 이사장으로 임명하였다는 것이다. 북한 내부에서 판단한 대로 국가개발은행은 그 이후 투자 유치를 하지 못하고 지지부진하게 되었다고 한다.

필자는 차관 재직 중 남북정상회담 추진에 일부 관여한 바 있었고 역사적인 남북정상회담이 성사되어 일정한 역할을 하고 싶다는 개인적인 열망도 있었다. 그렇지만 바람직한 방향으로 남북 관계를 발전시켜 나가기 위해 원칙 있게 남북정상회담을 추진해야 한다는 이명박 정부의 기본 방침에도 동감했기 때문에 비록 남북정상회담이 성사되지 않았더라도 아쉬운 마음은 없었다. 북한 측이 올바른 남북 관계로 나아가지 않고 자기들이 원하는 방향으로만 남북 관계를 끌고 갈 때는 이를 단호히 거부하는 남한 측 정부도 있다는 것을 그들에게 분명히 보여줄 필요가 있었다. 이러한 선례가 축적될 때 북한 측도 우리 정부와 협상 시에 상호존중하는 자세로 호혜와 협력의 자세로 조심스럽게 접근해 올 것이다. 그렇지 않으면 북핵 문제 해결, 이산가족 문제의 근본적 해결, 호혜의 경협 추진 등 진정한 남북 관계의 발전과 미래 지향적인 한반도의 평화와 번영 나아가 우리 민족의 평화통일은 어려울 것이다.

3부

공공 기관에서의 통일 화두 추구

개성공업지구지원재단 이사장(겸 관리위원회 위원장)에 임명되면서

2010년 3월 말 통일부 차관에서 퇴직하여 통일 관련 활동도 하면서 평소 하고 싶었던 국내외 여행도 하다 보니 자연스럽게 자유로운 민간생활에 젖어들게 되었다. 국민에 대한 책임감이 요구되는 공직이라는 엄격한 조직에서 해방되어 필자의 생각대로 활동하고 복장도 편하게 다니니 사고도 자유롭고 다양성을 이해하는 좋은 측면이 있었다. 1년 반 정도 이렇게 자유로운 생활을 하고 있던 중에 2011년 10월 초에 정부 측에서 개성공업지구지원재단 이사장으로 내정되었다는 통보를 받았다. 정무직인 차관 재직으로 인해 정상적인 퇴직 연령인 만 60세 훨씬 이전에 공직을 퇴직하였기 때문에 좀 더 일하고 싶다는 의욕은 평소에 갖고 있었으므로 반가운 소식이었다. 그러나 북한에 위치한 특수한 지역인 개성공단에서 근무를 해야 한다는데 중압감이 몰려왔다.

필자가 차관 재직 시에 개성공단이 정치군사적 이유로 저강도의 위기가 되풀이되기도 하였다. 2009년에 개성공단의 현대아산에 근무했던 유성진씨가 136일 동안 억류되었던 사건도 발생하였다. 2011년에는 3월 26일 북한 측의 천안함 폭침 사건과 그로 인한 우리 측의 '5.24 조치'(개성공단을 제외한 대부분의 남북 교류협력 사업 중단 조치)로 남북 관계는 긴장과 대결 국면이 전개되고 있던 상황이었다. 주변에서는 이명박 정부의 초대 차관을 지냈던 필자가 혹시나 남북 관계의 악화로 개성공단 현장에서 억류되는 초유의 사태가 발생한다면 필자 자신의 신상의 위협은 물론이고 남북 관계에 엄청난 파장을 가져올 것이라는 우려 때문에 걱정하는 분도 있었다. 그러나 필자는 남북 관계 현장의 경험을 통한 직감으로 남북 관계가 준전시 상태로 가지 않는 한 그러한 일은 없으리라고 판단했다. 남북 관계의 악화에 따른 개성공단에서의 저강도의 위기는 항상 올 수 있으므로 위기 관리에 대한 대처 방안을 최우선적 순위로 두고 항상 마음속으로 검토하고 대비하고자 했다. 개성공단도 이제 어느 정도 제도적으로 틀이 잡혀 있어 규범에 따라 실무적으로 잘 관리하면 큰 문제가 없으리라고 판단했다. 다만 남북한의 정치 체제·이념과 문화적 차이로 인해서 발생할 수밖에 없는 갈등이나 사건은 그때그때마다 시간을 갖고 남북한 간의 협의를 거쳐 원만하게 해결을 위한 노력을 하면 될 것으로 생각하였다. 먼저 지나치게 걱정을 하여 위축될 필요도 없고 긴장감 속에 상황별로 치밀하게 최선책으로 대처하면 해결될 수 있을 것이라고 생각했다.

개성공단 관리 담당 남북한 기관장 겸직의 묘한 감정

필자는 2011년 10월 10일자로 류우익 통일부 장관으로부터 개성공업지구지원재단 이사장직의 임명장을 받았다. 개성공단을 총괄하는 기구는 2개가 있었다. 남한에서는 우리 국회에서 제정(2007.5.25)한 '개성공업지구 지원에 관한 법률'에 의해 창설된 개성공업지구지원재단이 있었다. 북한에서는 최고인민회의에서 제정(2002.11.20)한 '개성공업지구법'에 의해 창설된 개성공업지구관리위원회가 있었다. 남한 기구인 개성공업지구지원재단의 이사장은 남북한 간 합의(남한 측 개성공단 개발업자가 관리위원회 위원장을 추천하는 방식)에 따라 북한 기구인 개성공업지구관리위원회의 위원장을 겸직하게 되어 있었다. 필자는 개성공단(북한에서는 '개성공업지구'로 지칭)을 총괄 관리하는 남한 기구와 북한 기구의 각각의 기관장이 동시에 되었다. 한 사람이 두 개의 직책을 겸직하게 된 것이었다. 필자가 북한 기구의 장이 된다고 생각하니 느낌이 묘하였다. 과거 통일부에서 근무하는 동안 필자가 북한 기구의 장이 될 수 있다는 것은 현실적으로 상상도 하지 않았던 일이었다. 통일부 직원 중에는 남북한에 각각 상주대표부가 생긴다면 남한의 대표로서 북한에 근무한다거나 남북통일이 되어 평양 시장을 해보고 싶다는 꿈을 가진 사람들은 있었다. 남한 측이 개성공단에 사실상 자본을 전액 투자하고 관리 및 운영을 총괄적으로 책임지면서 남북한 간 합의에 따라 북한 기구인 개성공업지구관리위원회 위원장을 남한 사람이 맡게 된 것이었다. 북한 측은 개성공단 조성을 위해 당연히 조치해야 할 토지를 제공하고 오로지 북한 노동력을 공급하는 것뿐이었다. 개성공단의 투자 유치나 공단 인프라 조성 및 운영, 관리운영비 부담은 남한 측에서 전담하였다.

개성공업지구지원재단 이사장 겸 개성공업지구관리위원회 위원장(2011.10~2014.12)으로 재직 시절 필자

'5.24 조치' 준수와 개성공단 기업인들의 애로 해소

10월 10일 이사장으로 임명되면서 서울에 소재한 개성공업지구지원재단에서 취임식이 있었다. 다음 날인 11일에는 재단 직원으로부터 우선 알아야 할 내용에 대한 개괄적인 보고를 받았다. 그리고 12일에 군사분계선을 넘어 북한 지역인 개성공단으로 가서 개성공업지구관리위원회에서 다시 한 번 취임식을 하게 되어 있었다. 내정되었다는 통보를 받은 이후 개성공단으로 가기 전까지 서울에서 머문

며칠 동안 필자가 개성공단의 최고 관리책임자로서 무엇을 중점적으로 해야 할 것인가에 대해서 여러 가지 구상을 하였다.

당시 남북 관계가 갈등과 긴장 국면에 있었으므로 우선적으로 개성공단에서 문제가 발생하지 않도록 안정적인 관리를 하는데 중점을 두기로 하였다. 개성공단 현장에서 남북 관계에 악영향을 미칠 수 있는 사건·사고가 발생하지 않도록 예방 노력을 적극적으로 해야겠다고 생각하였다. 두 번째로 이명박 정부의 첫 차관이 개성공단 책임자로 부임하기 때문에 개성공단에 투자한 기업인의 입장에서는 필자가 정부 측과 소통과 협력을 잘 하여 개성공단에서의 미결 과제를 해결해 줄 것으로 크게 기대하고 있으리라 예상하였다. 필자는 정부의 '5.24 조치' 방침을 어기지 않으면서도 우리 정부 측과 긴밀히 협의해 기업인들의 애로사항을 순차적으로 해소해 주어 개성공단이 보다 더 안정적으로 운영되기를 바랐다. 세 번째로 북한 지역에서 개최되는 취임식에서 취임사를 통해 제시해야 할 업무 기본 방향과 지침을 다각도로 고민을 하였다. 이명박 정부 출범 후 첫 통일부 차관을 지낸 필자가 북한 지역에서 하는 취임사 내용은 북한 관계자에게 '5.24 조치' 이후 남한 정부의 남북 관계에 대한 입장으로 받아들여질 수도 있기 때문에 다소 민감한 사안이었다. 우리 정부의 대북 정책 방침을 벗어나지 않는 범위 내에서 개성공단 관리·운영과 관련하여 북한 측의 협력을 얻어내기 위해 다소 긍정적인 내용을 제시하는 것이 좋겠다고 판단을 하였다. 그러한 구상을 하던 중에 10월 11일 통일부에서 '개성공단 입주기업 애로 해소조치'를 발표하였다. 그 내용은 '5.24 조치'로 공사가 중단된 기업에 대한 공사 재개 허용, 개성공단 소방서·응급의료시설 건립 추진, 개성시 개성공단 출퇴근 도로 보수공사 및 출퇴근 버스 운행 지역 확대 등의 조치였다. 당시 통일부에서 개성공단을 담당했던 최보선 국장이 정부의 이 조치 발표로 필자가 개성공단에 가서 일하기에 좋은 여건이 마련되었다면서 필자에게 힘을 실어주었다. 이 조치들은 우리 기업의 애로사항을 해소한 것도 있고 개성공단의 운영 인프라가 개선되는 것도 있으며 북한 측이 그동안 요구했던 사안을 수용하는 것이기도 해서 모든 이해 당사자에게 포괄적으로 긍정적인 메시지를 전달하는 효과가 있었다. 필자가 고민했던 문제가 일거에 해결된 셈이 되었다. 필자는 최보선 국장과 통일부에 대해 고맙게 생각하였다. 시기적으로 통일부의 조치가 있어 결과적으로 전관예우가 된 셈이었다. 필자는 한결 마음이 가벼워졌다.

취임사에서 업무 자세와 미래 비전으로 '4대 표상' 제시

이렇게 되자 필자는 취임사에 개성공업지구지원재단과 개성공업지구관리위원회 임직원들의 업무 자세와 미래 비전이 포함된 의미 있는 사훈적 성격의 내용을 제시하는 것이 좋겠다고 생각하였다. 나름대로 고민하면서 '4대 표상'을 고안하고 취임식 때 발표하였다. '4대 표상'의 내용은 ① '정직과 책임', ② '친절과 봉사', ③ '소통과 협력', ④ '희망과 미래'였다. '정직과 책임'은 우리 임직원들의 업무 기본자세로 제시한 것이었다. 특히 북한이라는 특수 지역에서 남북 관계 현장의 최일선에서 일하는 중요하고도 민감한 업무를 수행하는 공인이기 때문에 정직하게 책임감을 가지고 근무해 달라는 요청이었다. '친절과 봉사'는 우리가 공공기관으로서 군림하는 것이 아니라 기업인들을 비롯한 다양한 개성공단 업무 종사자들에게 최대한 친절하게 봉사 정신으로 서비스하는 기관이라는 것을 강조한 것이었다. 우리 임직원들이 갑질하려고 하지 말고 성실하게 봉사하는 마음가짐으로 임해 달라는 것이었다. '소통과 협력'은 우리 기관 내부 직원 간은 물론 외부의 기업인들을 비롯한 개성공단 업무 종사자들 그리고 북한 측 관계자들과의 적극적인 소통과 협력을 통해 불필요한 오해와 갈등을 방지하고 상호 간의 이해와 협력을 통해 개성공단을 안정적으로 유지, 발전시켜보자는 취지였다. '희망과 미래'는 개성공단이 남북 상생과 한반도 평화 그리고 미래 통일의 상징성이라는 의미를 함의하고 있기 때문에 우리 모두 희망을 가지고 밝은 미래를 창조해보자는 뜻이었다. 필자가 고안하고 제시한 '4대 표상'의 대상은 우리 내부 임직원만을 위해 제시한 것이 아니고 개성공단에서 종사하는 우리 기업인 뿐 아니라 북한 측 관계자에게도 제시한 것이었다. 취임사에서 '4대 표상'을 제시하고 나서 누구라도 '4대 표상'의 내용을 알 수 있도록 홍보물에도 표시하고 우리 건물을 드나드는 사람들이 볼 수 있도록 사무실 곳곳에 게시하였다. 좀 관료적인 스트레오타입적(stereotyped) 시행이기도 하였지만 이 '4대 표상'을 내면화하고자 결의 대회를 행하기도 하였다.

마지막으로 혹시나 발생할 수 있는 위기관리 방안에 대해 여러 가지 모색을 해보았다. 위기관리에 대해서는 필자 자신의 문제는 물론이고 개성공단 전체의 위기 대처 방안에 대해서 다각도로 궁리해 보았다. 이 문제는 너무나 민감하고 외부적으로 알려지면 불필요한 부작용이 발생할 수 있기 때문에 필자가 개성공단에 상주하면서 우리 직원이나 그 누구에게도 일체 얘기하거나 상의하지 않았다. 개성공단 업무 전체를 책임지는 기관장으로서 비장한 마음으로 혼자서만 항상 염두에 두는 사안이었다. 필자가 개성공단에서 추진하고 운영했던 상당 부분은 유사시에 위기관리에 대처하는 방안을 평소에 준비해두는 일이었다.

개성공업지구관리위원회 첫 출근

이와 같이 마음을 정리하고 나서 11월 12일 군사분계선을 넘어 개성공단으로 첫 출입하여 북한 지역의 근무 기관인 개성공업지구관리위원회(이하 '관리위원회'로 지칭)에 부임하였다. 군사분계선을 넘어 개성공단으로 들어가기 전에 우리 측의 남북출입사무소에서 출입 절차 수속을 밟고 나서 차량 출발지에 대기하였다. 개성공단 이사장(겸 위원장)은 항상 제일 먼저 출발하도록 관례가 되어 있었다. 필자가 탄 승용차 뒤로 개성공단 개별 기업 종사자들의 차량, 사업차 방문하는 비즈니스맨들의 차량, 개성공단 제품 생산을 위한 원자재를 실은 화물차 등 100여 대 이상의 차량이 줄을 서 대기하고 있었다. 필자가 탄 승용차가 먼저 출발하고 이어서 따라오는 차량 행렬들은 장관이었다. 우리 측 군사 초소를 지나 군사분계선을 넘어서 북한 땅으로 들어서니 이상하게 엄숙함과 결연한 마음이 생겼다. 북한 측 초소를 지나니 이제는 경계심과 신중한 마음이 생기기 시작했다. 북한 측 출입사무소에 들어서서 수속을 밟고 나오니 북한 측의 통검소장과 세관장이 나와서 정중하면서도 밝게 환영 인사를 하면서 편하게 대해 주었다. 그때 만난 이들의 첫 인상으로 통검소장은 자기 직무에 성실하면서도 점잖은 관리 같았고 세관장은 싹싹하면서 소탈한 시골 아저씨 같았다. 그들은 새로 부임하는 관리위원장이 어떻게 생겼는지 궁금했었던 것 같았다. 필자도 편하게 그들에게 밝은 표정으로 답례를 하였다. 북한 지역에 들어온 남한 사람들은 이미 많이 출입한 경험이 있는 사람들이라 출입 통과를 한 이후에는 자유롭게 행동하였다. 이곳이 아주 위험한 지역이라는 인식은 별로 없어 보였다. 조심스럽게 행동해야 하는 특이한 비즈니스의 현장이라는 정도로 의식하고 각자 알아서 적절히 행동하는 것 같았다. 다만 그곳에서 출입을 통제하는 북한 군인들의 말에는 잘 따르고 있었다. 역시 북한 군인들에 대한 인식은 조심하지 않으면 누구나 불이익이나 처벌을 받을 수 있다는 경계심의 대상이라는 무의식이 심리적으로 작동하고 있었다.

북한 측의 출입사무소를 출발해서 몇 분 지나지 않아 관리위원회 건물(1층으로 초기 설립한 임시 청사)에 도착하였다. 남한 측 우리 직원들이 반갑게 맞이해 주었고 서로 인사를 나누었다. 이어서 관리위원회 소속 협력부(북한 직원들로 구성되어 있으며 북한 당국과의 창구 역할 수행)의 북한 직원들과도 간단한 인사를 나누었다. 그리고 나서 얼마 있지 않아 바로 취임식을 하였고 취임사에서 필자가 구상한 '4대 표상'을 발표하였다. 취임식 후 우리 직원들로부터 개성공단에 근무하면서 기본적으로 알아야 할 사항들을 보고받았다. 개성공단에 근무하는 우리 직원들은 사무실 건물 바로 인근(1-2분 거리)에 있는 4층짜리 기숙사 건물에서 숙박을 하고 있었다. 필자의 숙소는 4층의 한편 끝 쪽에 있었다. 필자의 숙소에는 TV가 있었는데 남한의 Skylife TV채널을 통해 남한 방송을 볼 수 있었고, 북한 채널을 통해 북한 방송도 볼 수 있도록 되어 있었다. 밤에 숙소에 혼자만 있고 특별히 할 일도 없어 남한 TV 방송을 통해 뉴스도 듣고 다른 프로도 보다가 북한 TV방송도 틀어 보았다. 익히 다 알고 있지만 남북한의 TV 방송 내용이 극명하게 대조적이었다. 우선 남한은 화면 색조에 있어서 컬러풀한데 비해 북한은 흑백이었다. 북한 TV에 어쩌다가 컬러가 나올 때도 있는데 그 색조는 선명하지 않고 흐렸다. 내용에 있어서 남한 TV는 매우 다양한데 반해 북한 TV는 천편일률적으로 틀에 박혀 있었고 체제 선전적이거나 농사 요령 등 주민 계몽적 성격의 내용들이었다.

개성공단에서 밤에 혼자 나가 활동할 수 있는 형편도 못되어 서울에서의 평소 취침시간보다도 상당히 이른 시간에 잠자리에 들었다. 밤에 차량이 다니는 것도 아니고 주변이 주택 밀집지역도 아니었기 때문에 바깥은 매우 고요했다. 하늘에는 별들이 초롱초롱 했다. 서울에서 긴장감을 느끼며 북한 지역에 들어와 바쁘게 사람도 만나고 해서 다소 피곤했던지 잠을 바로 잘 수 있었다. 그 다음 날 새벽이 되니 바깥에서 새소리가 쉴 새 없이 들려와서 자연히 잠을 깨게 되었다. 창문을 여니 상큼한 공기가 밀려들어 왔고 바깥은 인적이 없는 외딴 조용한 시골 분위기 같았다. 이른 아침에 숙소에서 가만히 있기도 그래서 바깥에 나가 산책을 했다. 공기가 너무 상쾌했다. 기숙사에서 사무실로 가는 길 사이에 꽃도 피어 있고 채

소도 심어져 있었다. 완전 시골 냄새가 났고 마음이 편안해졌다. 그렇게 개성공단에서의 하루 밤이 지나가고 새로운 하루가 시작되었다.

정부에서 근무할 때 일찍이 출근하는 습관에 따라 오전 8시가 조금 지나 사무실에 출근하니 아무도 없었다. 당직 근무자가 나와서 필자의 사무실을 열어주었다. 8시 30분경이 되니 아주머니 같은 분이 필자의 사무실로 들어와 청소를 하기 시작했다. 사무실에 앉아 있을 수가 없었다. 사무실 바깥에 나가 서성대고 있으니 8시 40분쯤 지나서 우리 직원들이 출근하기 시작했다. 자초지종을 알아보니 우리 사무실의 청소는 북한 여자 청소부 직원이 해주고 있는데 개성지역에서 출근 버스를 타고 오면 우리 사무실에 8시 25~30분경에 도착한다고 한다. 그때부터 사무실 청소가 시작됨으로 우리 직원들은 청소가 끝날 무렵에 출근한다는 것이었다. 그리고 숙소와 사무실이 지척거리에 있기 때문에 금방 출근할 수 있어서 정시에 근무하는 데 아무런 지장이 없다는 것이었다.

종합지원센터와 기술교육센터의 사용 문제

개성공단 근무 이튿날부터 본격적인 업무가 시작되었다. 기본적인 업무 보고 외에 현안 문제도 보고받았다. 현안 문제 중에 필자가 도저히 이해가 안 되는 사안이 있었다. 개성공단에 처음 입주할 때 우리가 근무하는 관리위원회 사무실은 임시적인 개념으로 단층의 임시 청사를 지어 근무해 왔었다. 개성공단이 점차 확대 조성되면서 다기능 복합 센터 건립의 필요성에 따라 570억 원의 예산을 투입하여 2007년 8월 31일 착공하여 2009년 12월에 15층 건물의 종합지원센터가 완공되었다. 종합지원센터가 건립되면 관리위원회 사무실을 그곳으로 옮긴다는 계획이었다. 종합지원센터에는 관리위원회 사무실뿐 아니라 은행 등 유관 기관 및 영업소의 사무실로도 사용하도록 되어 있었다. 회의실, 강당, 식당, 편의점,

헬스장, 목욕탕, 도서실 등 개성공단에 상주하는 우리 측 기관·기업과 주재원들이 이용하는 편의 시설들이 구비되었다.

그런데 건물이 완공된 지 2년이 지났는데도 북한 측이 입주를 거부해 우리 측이 건물에 들어가지도 못하고 일체 사용을 못하고 있다는 것이었다. 그 이유를 물어보니 첫 번째는 건설회사가 건물을 완공했으니 그 수익에 대한 영업세를 북한 측 세무서에 납부해야 한다는 것이었다. 건설회사가 세금을 납부하지 않으면 건물을 사용할 수 없다는 것이었다. 두 번째는 북한의 개성공단 담당 당국이 15층 건물 건축 허가를 해주었음에도 불구하고 군부 쪽에서 종합지원센터 사용에 대해 부정적 입장이라는 것이었다. 군부 입장에서는 15층 건물을 통해 개성공단 부근의 지형지물이 전부 노출되어 군사적으로 문제가 될 수 있다는 것이었다. 확실하지는 않지만 군부 쪽에서는 종합지원센터에 입주하더라도 11층 이상 위로는 사용할 수 없다는 입장을 고수한다는 얘기가 있다는 것이다.

북한 측의 거부 이유를 듣고 나서 필자는 이를 도저히 받아들일 수 없는 사안이라고 생각하였다. 필자가 건축 전문가는 아니지만 상식적으로 건물은 사용하지 않으면 죽은 건물이 되므로 사람이 들어가서 사용해야 건물의 생명력이 살아나기 때문에 일단 입주해서 건물을 사용하면서 쟁점 문제에 대해서는 남북한 간에 협의해서 풀어나갈 문제라고 생각하였다. 그리고 논리적으로 관리위원회는 법적으로 북한 측의 공적 기구이다. 원칙적으로 생각하면 북한 측이 건물을 완공해서 우리 측에 제공해 주어야 하는데 우리가 예산을 투입해 북한 측 공적 기구가 들어갈 건물을 건설해주었는데 여기에 북한 측이 세금을 부과한다는 것은 말이 안 되는 일이었다. 북한 측의 주장이 정당화되면 앞으로도 북한 측 공적 기구인 관리위원회의 기능을 수행하기 위해서 건립하는 건물 등 시설물에 대해서도 세금을 납부해야 할 의무가 생겨서 잘못된 선례를 절대로 남겨서는 안 되겠다고 판단했다. 그리고 종합지원센터에 입주해서 사용하더라도 10층까지만 사용하고 그 위 11층부터 15층까지는 사용하지 못한다는 것도 이해가 되지 않았다. 한두 푼도 아니고 많은 예산을 투입한 건물인데 그러한 군사적 문제가 있다면 북한 당국이 애초에 10층까지만 건축 허가를 해주어야지 15층 건물을 허가해주고 나서 이제 와서 10층 위로는 사용을 못하게 한다는 것은 말도 안 되는 자가당착적인 것이었다. 우리의 입장에서 보면 건물의 다섯 개 층의 공간을 사용하지 못한다는 것은 엄청난 예산 낭비적인 일인 것이었다.

종합지원센터 전경

기술교육센터 전경

종합지원센터 사용 문제와는 다른 성격이지만, 개성공단의 입주 기업에서 일하게 되는 신입의 북한 근로자들에게 기본적인 기술 교육을 실시하기 위해 193억 원의 예산을 투입하여 2006년 7월 착공하여 2007년 11월에 완공된 기술교육센터(지하 1층, 지상 3층 건물)도 4년째 운영을 하지 못하고 있었다. 기술교육센터에는 북한 근로자들에게 필요한 기계, 전기전자, 섬유봉제, 컴퓨터 등 4개 공과를 운영하기 위해 모든 교육 장비를 구비하였다. 북한에서 김정일 위원장이 강조했던 CNC 기계 장비도 설치되어 있어서 북한 측에서도 매우 만족해했다고 하였다. 기술교육센터의 강사진 및 인건비, 운영 조직, 교재 개발 및 검수, 북한 측에 지원할 사항 등에 대해 남북한 간에 협의를 진행하였지만 최종 타결을 짓지 못해 기술교육센터의 운영이 지연되고 있었다. 종합지원센터와 기술교육센터는 개성공단 운영을 효율적으로 하기 위해 필요한 시설인데다가 우리의 엄청난 예산을 투입한 시설인데 계속 사장되고 있다는 것은 심각한 문제였다. 필자가 관리위원회 위원장 재임 중에 이 두 가지의 시설 사용 문제는 반드시 해결해야 할 목표 중 우선순위에 두었다.

북측 중앙특구개발지도총국에 공식 문제 제기

필자는 업무 효율성을 높이기 위해 종합지원센터 입주 문제를 우선적으로 해결하기로 했다. 이 문제를 담당하는 우리 부서장에게 필자의 입장을 북한 측에게 강하게 전달하고 필자가 북한 측의 책임자를 만나 센터 건에 대해 협의하고 싶다는 제의를 하도록 지시하였다. 이 문제와 관련하여 여러 차례에 걸쳐 우리 부서장이 북한 측 창구인 협력부 직원을 통해 개성공단 담당 당국인 중앙특구개발지도총국(이하 '총국'으로 지칭)에 문제 제기를 하였다. 그러나 북한 측의 특별한 반응은 없었으며 협력부의 북한 측 직원은 필자의 문제 제기를 분명히 총국에 전달하였다는 것만 확인해 주었다. 어느 정도 시일이 경과된 이후에 협력부 직원이 총국에서 부총국장이 필자를 만나러 왔다고 통보를 해주었다. 필자가 종합지원센터 입주 문제를 제기한데 대한 북한 측의 반응이라고 생각하고 총국의 부총국장과 만나 이 문제를 진지하게 한 번 협의해 보기로 했다. 그들의 실질적인 속내가 무엇인지도 파악해 볼 필요가 있었다.

필연인지 우연인지 필자 사무실로 들어오는 부총국장은 필자가 2007년 11월 14일부터 16일까지 서울에서 개최된 남북총리회담 때 만났던 박철수 참사였다. 그냥 만난 것이 아니라 서울 강남 쪽에 있는 삼원가든에서 개최된 북한 측 대표단을 위한 저녁만찬에서 필자 바로 옆자리에 앉아 소주잔을 기울이며 담소를 나눈 적이 있는 바로 그 박철수 참사였다. 물론 그 이전에도 필자가 남북 경제 분야 회담에 자주 참여했었는데 박철수 참사도 남북 경제회담에 대표로 많이 참여한 적이 있어 이미 익히 안면이 있는 사람이었다. 필자는 박철수 부총국장을 보는 순간 마음속으로 반가웠다. 아는 사람이라 대화하기가 비교적 쉬울 것으로 생각하였다. 그런데 필자 사무실에서 옆자리에 앉은 박 부총국장은 필자를 일체 아는 척 하지 않았다. 그러면서 공식적으로 대하였다. 순간 마음이 혼란스러웠고 머리 속에서 여러 가지 생각이 들었다. 북한식의 안면 몰수 대처법인가, 남한 사람에게 권위를 세우기 위한 것인가, 상부 지도감독기관으로서의 총국이 하부 기관인 관리위원회를 대하는 태도인가, 아니면 자기 신변 안전을 위해 행동을 조심하는 것인가 등이 순간 머리를 스쳐갔다.

북측이 제시한 전제 조건

박 부총국장과 서로 가벼운 인사말을 나눈 후에 필자가 종합지원센터 입주 문제를 먼저 제기하였다. 박 부총국장은 입주는 할 수 있는데 몇 가지 조건이 있다는 것이었다. 그 조건은 높은 층에서 북측 지역인 개성이나 주변 산 등을 관찰한다든지 개성공단과 관련 없는 지역을 촬영해서는 안 된다는 것이었다. 필자는 그 문제에 대해서는 걱정하지 말라면서 필자가 책임지고 고층에서 외부로 촬영을 금지시키겠다고 약속하였다. 과거 남북 관계 현장에서 우리 측 인사가 북한 지역을 무단 촬영하여 문제가 발생한 사례를 잘 알고 있었기 때문에 그 문제는 북한 측이 요청하지 않더라도 필자가 알아서 사전 예방하려고 했던 사항이었다. 다른 조건은 1층에 건물 전체의 상황을 CCTV로 모니터링하는 상황통제실이 있는데 북한 측 직원이 근무하는 협력부 사무실이 있는 층은 CCTV를 끄서 북한 측의 동향을 모니터링하지 못하도록 해달라는 요청이었다. 필자는 그 문제에 대해서도 북한 측으로부터 불필요한 오해를 받기 싫다면서 수용을 했다. 세 번째 조건은 종합지원센터 내 국제행사장에서 국제회의를 일체 개최해서는 안 된다는 것이었다. 개성공단은 남한과 북한이 합의하여 공동 추진하는 민족 사업이기 때문에 국제사회가 개입해서는 안 된다는 논리인 것 같았다. 센터 내에는 규모 있는 국제회의를 할 수 있는 시설을 갖춘 대형 회의장(강당)이 있었다. 박 부총국장이 제시한 이 조건은 수용하기가 꺼려지는 사항이었지만 이 문제를 놓고 따지게 되면 종합지원센터 입주가 또 지체되거나 근본적으로 불가능해질 수도 있으므로 필자는 그렇게 하겠다고 약속하였다. 당장에 국제회의를 개최할 일도 없고 앞으로 개성공단 상황이 좋아지면 그때 가서 다시 협의할 수 있을 것이라고 판단하고 북한 측의 요구를 일단 수용하기로 했다. 우선 종합지원센터에 들어가고 보는 것이 당면 목표였다. 기회가 왔을 때 포착해야 했다.

그날 박 부총국장으로부터 세금 문제 언급은 일체 없었다. 내심 좀 이상하다 생각했지만 우리 측의 강한 주장을 북한 측이 받아들였는지는 궁금했지만 필자가 먼저 말할 필요는 없었다. 북한 측이 요구하는 조건을 모두 수용하겠다고 확답한 후에 언제 입주해도 되겠느냐고 박 부총국장에게 물었다. 박 부총국장을 만난 김에 한꺼번에 모든 것을 매듭짓는 것이 필요하다고 판단하였다. 박 부총국장은 우리가 준비되는대로 입주해도 좋다고 하였다. 속으로 쾌재를 불렀다. 필자는 금년 내로 입주를 완료하겠다고 박 부총국장에게 말했더니 그렇게 하라는 답이 왔다. 이미 북한 당국에서 종합지원센터 입주 허용이라는 내부 방침을 확정한 것 같았다. 필자가 재임 중에 반드시 해결하겠다고 다짐한 과제 하나가 해결되는 순간이었다. 순간적으로 힘이 솟구쳤다. 처음부터 일이 잘 풀리니 다른 과제도 적극적으로 밀어붙이기로 했다. 박 부총국장과 협의를 마치고 나서 필자 사무실에서 나와 복도에서 필자가 박 부총국장에게 우리가 2007년도 말에 서울에서 남북총리

회담 때 삼원가든에서 서로 옆자리에 앉아 소주잔을 기울인 적이 있지 않았느냐고 말했더니 그제서야 박 부총국장은 아는 체 하면서 묘한 웃음을 지었다. 북한 체제의 경직성인 줄 알았지만 북한 사람들의 속마음이 궁금할 뿐이었다.

그 이후 종합지원센터 입주 문제와 관련하여 관리위원회와 총국의 실무진 간에 협의하는 과정에서 북한 측은 세금 문제는 면제되는 것이 아니고 우리 측이 공사비를 부담하고 시행하는 개성시 개성공단 출퇴근 도로 보수공사 비용을 지불해야 할 세금으로 상계하겠다는 것이었다. 앞으로도 관리위원회가 시행하는 시설물 공사에도 시공사가 수익이 나면 영업세를 납부해야 한다는 것이었다. 이에 대해 우리 측은 법적으로 북한 측 기구인 관리위원회의 업무를 위해 시행하는 시설물 공사에 대해 세금은 면제되어야 한다는 원칙을 강조하였다. 남북한 양측 모두 자기 측의 원칙적 입장을 견지하면서 현실적인 상황을 고려하여 봉합하는 형태로 현안을 실질적으로 해결하면서 일을 진행하였다. 남북 관계 현장에서 서로의 법제도, 기본 입장 등이 상이하여 항상 현실적인 타협과 봉합을 통해 갈등 과제를 풀어가는 것이 다반사였다. 북한 측은 세금과 도로 보수공사비의 상계 방침을 통보하면서 도로 보수공사를 빨리 착공해 달라고 요구하였다.

당시에 개성공단에 근무하는 약 5만여 명 정도의 북한 측 근로자를 관리위원회가 운영하는 버스 300여대로 출퇴근을 시켜주고 있었다. 개성시에서 개성공단까지의 도로 사정이 매우 열악하여 출퇴근 버스가 운행하는데 여러 가지로 불편하였다. 북측의 총국은 관리위원회에 여러 차례 도로 보수공사를 요구하였고 개성시 쪽 개성공단 경계선 바깥에 넓은 면적의 버스 회차장을 만들어 달라고 요청하였다. 개성공단의 원활한 운영을 돕기 위해 필자가 부임한지 얼마 지나지 않아 11월 22일 개성시 개성공단 출퇴근 도로 보수공사를 착공하였다. 이러한 연유로 종합지원센터 입주는 속도감 있게 추진되었고 그 해 말 12월 29~30일에 임시

청사에서 종합지원센터로 이사하기로 결정하였다.

김정일 위원장 사망 소식

2011년도 내로 사무실 이사를 완료해서 2012년도 새해부터는 신청사인 종합지원센터에서 업무를 개시하겠다는 부푼 기대 하에 서울에 있는 이삿짐 회사와 이사 용역 계약 체결을 완료하였다. 그런데 12월 19일 오전에 북한 측에서 정오에 중대 발표가 있다는 것이었다. 필자는 무슨 일인가 궁금해 하며 여러 가지 상황을 추정하면서 임시 청사에서 소식을 기다리고 있었다. 정오가 되자 북한 측의 발표 내용은 김정일 위원장이 12월 17일 8시 30분 현지 지도를 하다가 급병(급성 심근경색에 심장성 쇼크 합병으로 알려짐)으로 사망했다는 것이었다. 북한 입장에서 보면 북한의 최고 통치자인 수령이 사망한 것이었다. 엄청난 사건이고 북한 정권의 장래에 큰 충격을 주는 일이었다. 필자도 김정일 사망은 갖가지 변수가 파생될 일이라고 생각하고 향후 남북 관계에 그리고 개성공단 운영에 어떠한 파장을 미칠지에 대해 머릿속으로 이것저것 유추해 보았다.

그 날 오후 3시경이 지나 우리 직원으로부터 보고가 들어 왔는데 개성공단의 각 기업에서 근무하는 북한 측 근로자들이 모두 작업을 중단하고 퇴근하려는 움직임을 보인다는 것이었다. 총국에서 북한 측 근로자들의 신속한 퇴근을 위해 관리위원회에서 긴급히 퇴근 버스 배차 조치를 해줄 것을 요구해 왔다는 것이었다. 오후 3시 반부터 5시까지 조기 퇴근을 하겠다는 것이었다. 필자는 정치적 문제에 관한 한 북한 체제의 행태를 알고 있기 때문에 퇴근 버스 배차 조치를 해주라고 지시하였다. 그리고 급히 북한 근로자들이 개성시로 퇴근하는 도로 쪽으로 긴급히 가 보았다. 퇴근 도로에는 북한 근로자들의 길고 긴 퇴근 행렬이 이어졌다. 장관이었다. 필자는 이것이 앞으로 개성공단 생산 활동에 어떠한 영향을 미칠지 예의 주시하였다. 개성공단에 입주한 대부분의 기업들이 연말까지 생산을 완료해야 할 작업이 산적해 있었기 때문이었다. 필자는 우리 직원에게 북한 측 총국에 입주 기업들의 연말 생산 활동에 지장이 없도록 북한 근로자들의 정상 근무를 요청하도록 하였다.

이튿날이 되니 김정일 위원장의 사망은 대국상이니 12월 29일까지 장례를 치른다는 소식이 들려왔다. 또 한편으로는 '개성공단은 김정일 국방위원장의 관심 사업이라 김정은 대장 동지께서 개성공단은 정상적으로 가동될 수 있도록 보장하라는 지시가 있었다'는 소문도 기업 측으로부터 들려왔다. 이러한 소식이나 소문이 들려온 후에 총국에서 우리 측에 공식적으로 통보가 왔다. 북한 근로자는 정상적으로 근무하되 모든 근로자가 매일 한 번씩 김정일 위원장을 조문할 수 있도록 조치해 주어야 한다는 것이었다. 기업 입장에서는 대국상 기간 동안 생산 활동이 전면 중단되지 않을까 큰 걱정을 하였는데 그 정도만 되어도 다행이라고 대부분 생각하는 것 같았다. 북한 근로자를 위한 빈소는 세 곳에 설치된 것으로 파악이 되었다. 개성 시내, 개성시에서 들어오는 개성공단 경계선 입구, 개성공단 내에 있는 총국 사무실 내, 이렇게 세 군데였다. 북한 근로자들의 거주지나 기업별 근무 시작이나 종료 시간 등을 고려하여 조문은 출근하면서 하거나 근무시간 중에 하거나 작업을 일찍 끝내고 난 후에 조기 퇴근하면서 하는 방식으로 행해졌다. 매일 조문하는 북한 근로자들은 김정일 위원장 빈소에서 눈물을 펑펑 흘리면서 슬퍼하였고 어떤 여성 근로자는 밤새도록 울어 눈두덩이가 퉁퉁 부은 사람도 있었다는 얘기도 들려왔다. 절대 수령 체제 하에서의 집단적 히스테리라고 생각하였다. 대국상 기간의 후반이 되면서 북한 근로자들은 다른 사람이 지켜보지 않으면 서로 웃기도 하는 등 엄숙한 애도의 분위기가 전혀 아닌 광경도 목격했다.

북측, 김정일 사망 조문 요구

김정일 사망 대국상 기간 중에 관리위원회 협력부의 북한 측 직원으로부터 개성공단을 총괄 관리하는 관리위원회 위원장이 조문을 하는 것이 마땅하다면서 총국 사무실에 있는 빈소에 필자가 조문을 하라는 것이었다. 필자는 북한 측 요구에 따라 함부로 움직일 수 있는 위치에 있는 사람도 아니며 필자 스스로도 김정일 위원장 빈소에 갈 이유가 없었다. 북한 측은 개별 입주 기업별로 우리 측 주재원의 조문을 독려하기도 하였다. 개성공단에 입주한 기업인들 중에는 앞으로의 개별 기업의 생산 활동에 지장을 받지 않기 위해 북한 측의 도움이 필요하므로 빈소에 조문을 가야 한다는 목소리도 들려왔다. 필자는 조문 문제와 관련하여 공식적으로 우리 정부의 입장 발표가 있기 전까지는 입주 기업의 주재원들은 그 어떠한 누구도 빈소에 조문 가서는 안 된다는 것을 입주 기업 측에 강력히 전달하였다. 그러던 중에 통일부가 우리 정부의 공식 조문단은 보내지 않기로 했다면서 과거 김대중 전 대통령의 서거나 정몽헌 현대그룹 회장의 장례 때 북한 측 대표단의 서울 조문 방문의 답례로 유족인 이희호 여사와 현정은 회장의 방북 조문을 허용하기로 했다고 발표하였다. 그리고 민간 차원의 조의문 발송은 허용하고 개성공단 상황을 고려하여 개성공단기업협회, 개성공단 기업책임자회의, 개성공단 개발업자인 한국토지공사(LH)의 3개 기관의 대표는 개성공단 방문 조문을 허용한다고 조치하였다. 우리 정부의 공식적인 입장에 따라 김정일 위원장 사망에 따른 조문 문제는 이렇게 해결되었다. 그럼에도 불구하고 북한 측은 그 이후에도 여러 차례 관리위원회 위원장인 필자가 반드시 빈소에 들러 조문해야 한다고 강요하였다. 필자는 일체 북한 측의 강요에 대해 어떠한 말로도 대응하지 않음으로써 필자의 불가 입장을 전달하였다.

김정일 사망 때에 필자가 걱정했던 것은 두 가지였다. 하나는 개성공단 입주 기업의 정상적인 조업이 보장되는가 여부였고, 또 하나는 연말에 종합지원센터에 이사하려는 일정이 계획대로 성사될지 여부였다. 첫 번째 걱정은 해결된 셈이었다. 두 번째 걱정은 12월 29일까지의 대국상이라는 북한의 중대사로 인해 그 해 연말의 이사는 물 건너갔다고 생각했다. 대국상 기간 중에 종합지원센터로의 이사 절차 문제를 북한 측과 상의할 수가 없는 형편이었다. 필자는 남북 관계 사업에서 성사 여부는 모든 여건이 부합되어야 하고 마지막까지 가봐야 한다는 평소의 경험칙이 또 한 번 입증된 것이었다. 결국 그해 연말에 이사는 하지 못했다. 2012년 새해가 밝아 오면서 필자의 머릿속은 종합지원센터로 언제 이사할 수 있을지에 대한 생각으로 가득 차 있었다. 새해 시무식이 끝나자마자 우리 직원을 통해 북한 측에 이사 가능 여부와 이사 일정 문제를 상의해 보도록 하였다. 필자가 김정일 위원장 사망 때 조문을 가지 않았기 때문에 이전의 행태처럼 북한 측이 트집을 잡아 시비를 걸며 애를 먹이지 않을까 염려하고 있었다. 북한 측에서 의외로 쉽게 작년 말에 이사 허용 방침이 정해진 것이니 언제든지 이사해도 좋다는 답변이 왔다. 다행스러운 소식이었고 내심 기뻤다.

개성공단 종합지원센터 입주

종합지원센터 입주 문제는 필자가 취임 이후부터 가장 우선순위로 둔 과제였고 반드시 관철해 내겠다는 목표로 두었던 사안이었다. 신년 초에 서둘러 1월 4일부터 5일까지 이틀 간 이사를 끝내고 1월 6일 감격스러운 종합지원센터의 개소식을 가졌다. 오랫동안 닫혀 있었던 종합지원센터가 드디어 개소되고 관리위원회가 동 센터로 이전했다는 사실이 개성공단 내 입주기업과 주재원들에게 중대한 소식으로 퍼져 나갔다. 새로운 관리위원장이 온 지 두 달이 채 안되어 그동안 아무도 해결하지 못했던 종합지원센터를 개소시키다니 힘이 있는 위원장이 왔다고 소문이 나기도 하였다. 관리위원회가 동 센터로 새로운 사무실을 개소하자 서울에 있는 개별 기업의 회장·사장들이 직접 방문하여 축하해 주기도 하였고 축하 화분도 보내주었다. 현지에 있는 기업들의 법인장이나 주재원들이 종합지원센터를 방문하여 15층 건물 내 이곳저곳을 둘러보기도 하였다. 한 주재원이 필자에게 우리 측 직원이 몇 층을 사무실로 사용하느냐고 물어 보았다. 혹시 가장 높은 층에 북한 측 직원이 근무하고 그 아래층부터 남한 측 직원이 근무하는 것이 아니냐고 물어보았다. 그 이유인즉 종합지원센터 앞쪽에 4층의 남북경협협의사무소 건물(2005.10 개소)이 있었는데 이 건물이 우리가 예산을 투입하여 건설한 건물인데도 불구하고 북한 측이 강하게 요구하여 그들이 4층에 사무실을 차지하고 우리 측이 밀려 2층을 사무실로 사용하였다는 것이었다. 그런 선례를 알고 있는 주재원들이 이번 종합지원센터에서도 북한 측이 높은 층을 사용하고 우리 측이 북한 측의 요구에 밀려 아래층을 사용할 것이라고 추측하였던 모양이었다. 필자는 절대 그런 일은 없고 우리 측이 높은 층을 사용하고 북한 측이 우리층보다 낮은 층을 사용한다고 했더니 약간 놀라는 표정을 지었다. 관리위원회 위원장을 비롯한 임원의 집무실과 대회의실이 14층에 있었다. 우리 측 직원의 사무실은 13층에 있었고 협력부의 북한 측 직원 사무실은 12층에 있었다. 남북 협력의 장이라는 개성공단 내에서 남한 측과 북한 측 간에 보이지 않는 심리적 경쟁이 물밑에서 진행되고 있는 단면이라고 할 수 있다. 이렇게 해서 필자가 개성공단 관리위원회 위원장으로 부임한지 두 달이 채 안된 날 2012년 정초부터 종합지원센터 시대가 개막되었다. 필자는 일종의 성취감을 느끼면서 개성공단을 보다 안정적으로 유지, 발전시켜야겠다는 포부를 다시금 다졌다.

우리 기업, 주재원들과의 협력 체계 구축

2011년 10월 12일 개성공단 현지에서 개성공업지구관리위원회 위원장 취임식이 있은 직후에 있었던 행사를 기술해 본다.

개성공단 주재원들의 체육대회

개성공단에서 일하고 있는 우리 측 주재원 전체가 참가하는 체육대회가 10월 19일 예정되어 있었다. 체육대회는 1년에 두 차례 정기적으로 개최되고 있었다. 상반기는 5월 1일 노동절에 우리 기업 측의 주최로 개최하고 하반기는 10월에 관리위원회 창립 기념일(10.20)에 맞추어 관리위원회 주최로 개최하고 있었다. 관리위원장이 되고 나서 현지에서 처음 행하는 공식적인 행사라서 여러 가지로 관심이 많았다. 개성공단 내의 123개 기업의 임직원, 영업소의 직원, 개발업자로서의 현대아산 소장 및 직원, 그리고 LH(현대아산과 공동 개발업자), 한전, KT 등 유관 공공 기관의 지사장 및 직원, 우리은행 지점장과 직원 등이 모두 참여하는 행사이기 때문에 한꺼번에 이들과 인사를 나누고 스킨십을 나눌 수 있는 귀중한 기회였다. 전체 체육대회 과정에서 이들의 참여율이나 질서 있는 행사 진행 여부, 팀워크 여부 등을 파악할 수 있는 기회도 되었다.

체육대회는 축구, 배드민턴, 테니스, 족구, 피구, 줄다리기, 단체 줄넘기,

800m 계주, 마라톤 등 다양한 종목으로 구성되었다. 축구, 배드민턴, 테니스 같은 종목은 사전에 예선전을 하고 당일에는 결승전을 하였다. 관리위원회 1팀, 유관기관 1팀, 기업 전체 4팀 정도로 나누어 단체별 경기도 하고 마라톤 같은 경우는 개인전으로 승부를 가렸다. 그날 200여 명 정도 참여한 것으로 기억되는데 체육대회의 경기 수준도 높았다. 특히 축구와 배드민턴에 출전한 선수들의 기량이 매우 높았다. 팀별 응원도 열성적이었으며 경기도 대체로 심판의 판정에 따라 질서 있게 진행되었다. 필자는 운동을 좋아하는 편이라 모든 경기들을 재미있게 관전하였으며 줄다리기 등 일부 경기는 참가하기도 하였다. 경기 자체도 재미있었지만 체육대회가 끝나고 나서 이어지는 뒤풀이 행사가 볼만했다. 관리위원회, 기업, 유관 공공기관에서 협찬한 음식이나 음료가 풍성해서 뒤풀이가 매우 흥겨웠다. 체육대회에 참가한 모든 사람들은 뒤풀이를 통해 그동안 쌓였던 업무 스트레스도 풀고 각자 기업별 생산 활동에 바빠 못 봤던 다른 기업과 유관 기관의 주재원들과 반가운 마음으로 담소를 나누며 회포도 푸는 시간이 되었다. 필자는 개성공단에서 처음 맞이하는 체육대회에 참가하면서 체제·이념이 다른 북한이라는 민감한 지역일 뿐 아니라 철망으로 울타리가 쳐진 폐쇄된 100만 평 내에서 답답하게 근무하는 우리 측 주재원들에게 체육대회는 여러모로 의미 있는 행사라고 생각하였다.

필자가 특별히 체육대회에 관심을 가진 것은 과거 함경남도 신포에 경수로발전소를 건설하는 업무를 담당했던 경험에서 나온 것이었다. 필자는 현지에서 근무한 것은 아니고 서울의 경수로사업지원기획단의 정책조정부장으로서 현지 주재원의 생활 환경에 관심이 많았다. 1997년 경수로 부지 조성 공사를 시작한 초기에 근무했던 우리 측 주재원들은 낮에 작업을 마치고 나서 칠흑 같이 어두운 밤에 특별히 할 일이 없었다. 그시간 동안 음주를 하거나 화투를 치는 등으로 긴

긴 밤 시간을 보낼 수밖에 없었다. 교통편이 불편해 남한으로 쉽게 올 수도 없었다. 또한 남북한의 체제·이념 차이로 유발된 노동신문 사건, 크리스마스 선물 사건 등으로 긴장된 시간을 보내기도 하였다. 이와 같은 답답한 생활 환경을 개선하기 위해 낮에 작업 시간이 끝나면 밤이나 휴일 때 건강하고 즐거운 여가 활동을 할 수 있도록 다양한 시설을 설치하였다. 테니스 코트, 탁구장, 당구장, 수영장, 골프 연습장 등 다양한 운동 시설과 주점이나 노래방도 마련하였다. 교회 등 종교 시설도 만들어 신앙생활도 하도록 하였다. 폐쇄적이면서도 체제·이념의 차이로 긴장된 생활을 할 수밖에 없는 북한 지역에 거주하는 우리 측 주재원들이 여가 시간을 보낼 다양한 생활 시설의 설치·운영은 필수적이라고 생각하였다. 개성공단에서 모든 주재원들이 1년에 두 차례 운동장에 모여 체육대회를 개최한다는 것은 이러한 관점에서 잘한 일이라고 생각하였다.

주재원들을 위한 체육시설 확충

뒤풀이를 하는 과정에서 여러 주재원들과 얘기를 나누는 중에 개성공단 내에서 다양한 운동 동호회가 운영되고 있다는 것을 알게 되었다. 축구 동호회, 배드민턴 동호회, 테니스 동호회가 비교적 활발하게 운영되고 있었다. 테니스장은 잘 설치되어 있었으나 옥외의 배드민턴장은 개성이 바람이 많이 부는 지역이기 때문에 기후에 따라 운동하는데 장애가 있었다. 축구장은 체육대회를 한 큰 운동장에서 하는데 맨땅이라 운동하다가 넘어지면 심하게 다칠 수도 있었다. 또한 야간 조명등이 없기 때문에 여름철을 제외하고는 퇴근 이후에는 하고 싶어도 할 수가 없었다. 작업이 없는 휴일의 낮에 할 수 밖에 없었는데 휴일에는 일부 주재원들이 남한으로 내려오게 되면 풀멤버가 참가하는 경기를 할 수가 없었다.

체육대회가 끝난 이후에 며칠이 지나서 필자가 운동을 좋아한다는 사실을 알고 배드민턴 동호회장이 필자에게 실내 배드민턴장을 만들어 주면 좋겠다고 건의하였다. 현재 옥외 배드민턴장은 바람의 영향을 받아 개성지역에서는 부적합하며 또한 퇴근 이후 야간에 하려면 조명등이 있는 실내 배드민턴장이 있어야 한다고 설명하였다. 또한 배드민턴 동호회는 회원이 많고 회원 중에 여성들도 많아 작업 종료 후 여가 시간을 건전하게 보내기에 가장 좋은 운동이라고 강조하였다. 필자는 개성공단에서 주재원들의 건강한 여가 생활을 보내기 위한 운동 시설의 개선은 필요하다는 확신 하에 바로 관리위원회 담당자에게 소요 비용을 확인하고 나서 즉시 건설을 시행하도록 하였다. 12월 7일 배드민턴장 준공 행사를 한 후에 12월 13일 배드민턴 대회를 하였다. 실내 배드민턴장이 건설된 후 첫 대회에 많은 남녀 동호회원들이 참가했는데 모두들 환호하였다. 의외로 나이 많은 여성들도 더러 있었다. 필자는 배드민턴을 잘 치지 못하지만 참가해서 그들과 어울려 시합을 하니 기분이 좋았다. 모두들 새로운 배드민턴장에서 운동하면서 매우 기뻐하는 모습을 보면서 필자의 평소 생각인 건강한 여가 생활에 필요한 좋은 운동시설을 마련해 주었다는데 보람을 느꼈다.

새 배드민턴장이 생겼다는 소식을 듣고 축구 동호회장이 필자에게 축구장에 야간 조명등을 설치해 달라고 건의하였다. 크게 설치비용이 드는 것이 아니라 즉시 설치하였다. 그랬더니 축구를 좋아하는 주재원들이 야간에 나와서 운동을 하였다. 이어서 좁은 공간에서 축구나 농구 등을 할 수 있는 야간 조명등이 있는 풋살장도 설치하였다. 필자는 이러한 운동 시설의 확충의 여세를 몰아 2012년 초에 입주한 종합지원센터에 2월 1일부터 휘트니스 센터와 한증탕이 있는 목욕탕의 운영을 개시하였다. 이와 같은 건강한 여가 생활을 위한 운동 시설 확충에 대한 필자의 의지와 실행을 목격하고 나서 축구 동호회에서 주재원의 안전을 위한 잔디 축구장을 만들어달라고 여러 차례 간청하였다. 필자는 쉽지 않은 일이었지만 노력하여 정부의 도움으로 남북협력기금의 지원을 받아 천연 잔디 축구장도 그 뒤에 만들었다. 이와 같은 필자의 적극적인 조치는 우선적으로는 우리 주재원들의 건전한 여가 생활을 유도해서 우리 주재원들끼리나 북한 측과 충돌 사건의 발생을 최대한 예방하고 필자를 비롯하여 관리위원회의 직원들과 주재원들 간의 원만한 소통의 환경을 만들기 위한 것이었다. 한편으로 북한 당국이나 주민들에게 남한 당국이 우리 주재원들의 복지 생활을 위해 북한 주민이 보기에 부러워할 정도로 멋진 시설들을 만들어주고 있다는 것을 보여주기 위한 것도 솔직히 있었다.

이제 주재원들은 업무나 작업을 마치고 다양한 운동 시설 중에 자기들의 취향에 따라 선택하여 보다 자유롭게 운동을 할 수 있게 되었다. 필자는 원래 학창 시절부터 운동을 좋아했기 때문에 시간이 허락하는 한 개성공단에서 실시되는 모든 운동 모임에 참가하려고 노력하였다. 필자가 운동을 좋아하고 건강을 위한 것이지만 사실은 이러한 다양한 운동 모임에 적극적으로 참여한 것은 개성공단에서 일하는 유관 공공기관, 여러 기업들, 유통 영업소의 많은 사람들과 친교를 하는 것이었다. 그리고 개성공단 내의 다양한 정보를 취득하고 관리위원회의 입장이나 필자의 생각을 전달하는 자연스러운 소통의 창구가 되었기 때문이었다. 공식적인 회의나 모임 때는 분위기상 내면의 허심탄회한 얘기를 나누기가 힘들지만 이와 같은 비공식적인 운동 모임에서는 가감 없이 솔직한 얘기들을 쉽게 나눌 수 있는 장점이 있었다. 특히 한증탕에서 맨몸으로 서로 앉아 개인사든 회사일이든 개성공단 전체 운영에 관한 것이든 비교적 허물없이 얘기를 나눌 수 있었다.

개성공단 '유관 기관장 모임' 운영

필자는 가능한 빠른 시일 내에 개성공단의 전체적인 분위기, 기업별로의 특성, 유관 기관의 사업 계획과 현지 활동 상황, 북한 측의 개별 기업이나 유관 기관에 실제로 보여주는 태도·행위 등을 파악하기 위해 소통의 장을 넓히려고 많이 노력하였다.

먼저 개성공단 현지에 파견되어 온 토지공사(LH), 한전, KT, 산업단지공단, 환경공단, 수자원공사, 가스공사, 전기안전공사, 우리은행, 현대아산 등 '유관 기관장(지사장) 모임'을 매주 운영하였다. 우리나라에서 지방의 시나 군에 가면 운영되고 있는 '지방 유관 기관장 모임'과 같은 것이었다. 처음에 필자가 이 모임을 운영하겠다고 하니 관리위원회의 부서장들은 내놓고 이야기는 하지 않지만 내심으로는 불편해 하는 것 같았다. 부서장들이 그동안 유관 기관 지사장들을 직접 상대해 왔는데 기관장인 필자가 직접 상대하면 자기들의 입지가 좁아지고 종전보다 지사장들을 대하기가 조심스러워 자유롭지 못하다고 생각하는 것 같았다. 필자는 부서장들에게 '유관 기관장 모임'이 운영되더라도 업무 처리는 종전처럼 유관 기관 지사장들을 직접 만나고 규칙과 원칙에 따라 당당히 하면 된다고 얘기해 주었다.

부서장들의 내심 불편한 마음을 파악했음에도 불구하고 필자가 '유관 기관장 모임'을 적극적으로 추진한 이유는 다음과 같다. 필자가 통일부 차관 시절에 2008년 말부터 북한 측이 정치군사적 이유로 여러 차례 개성공단 출입 통제와 현대아산의 유성진씨 억류 사건이 발생하였다. 퇴임 이후에는 천안함 폭침 사건과 연평도 포격 사건 등으로 남북 관계가 긴장과 대결 국면이 진행되고 있어 이로 인해 언제든지 위기가 재현될 수 있는 개성공단이었다. 이러한 위기 발생 가능성이 잠재되어 있는 지역에서 우리 주재원의 생명과 재산을 지켜야 하는 야전사령관의 성격을 지닌 관리위원장으로서 필자는 현장의 다양한 상황 정보를 신속하게 직접 파악할 필요가 있다고 판단했다. 유관 기관들은 사적 이익을 추구하는 기업과는 달리 공공성을 중시하는 공적 기관이기 때문에 개성공단 전체의 공적인 일에 관심을 갖고 있을 것이라고 생각했다. 그들이 조직 내 직원들을 통해 독자적으로 여러 가지 개성공단 내 상황을 파악하고 있을 것이라고 판단했다. 물론 필자가 우리 관리위원회 직원들을 통해 계선 보고를 받아 공단 상황을 전반적으로 파악할 수는 있었다. 그러나 부서도 많고 계선 조직이라 보고하는데 시간이 걸리고 부서에서 걸러져 생생한 상황이 가감 없이 전달되지 않을 수도 있는 단점이 있었다. 또한 한 기관의 보고에만 의존하는 것보다는 다른 기관이 파악한 내용도 함께 지득하는 것이 야전사령관으로서 종합적인 상황 판단에 도움이 될 것이라고 판단했다.

'유관 기관장 모임'이 공식적으로 기관 상호간의 업무 협조를 위한 것이 주목적이었지만 필자에게는 개성공단 내 종합적인 상황을 파악하는데 중요한 기제라고 생각했다. '유관 기관장 모임'이 지속되면서 기관장 상호 간에 신뢰도 형성되고 자연스럽게 개성공단 내 공적인 일에 기관장들이 공동 대응한다는 공동체 정신이 생겼다. 유관 기관장들은 개성공단에서의 중심적 역할을 하는 관리위원회의 입장을 설명하면 잘 이해해 주었고 가능한 협조해 주려고 하였다. 필자가 알아야 할 필요가 있는 상황이 발생했을 때는 신속히 직접 필자에게 찾아와서 알려 주기도 하였다. 이러한 '유관 기관장 모임'으로 형성된 공동체 정신과 협조 분위기가 2013년 4월 북한 측이 개성공단에서 우리 측 주재원 전부를 사실상 강제 철수시키는 위기 상황이 발생했을 때 똘똘 뭉쳐 공동으로 대처해 나가는 원동력이 되었다고 필자는 생각한다.

유관 기관장들의 새벽 '뚜벅이'모임도 개성공단 내의 비하인드 스토리를 들을 수 있는 좋은 기회가 되었다. 개성공단에서는 대체로 저녁에 일찍 잠을 자기 때문에 새벽에 일찍 일어나기 마련이었다. 서울처럼 교통 때문에 급하게 서둘러 출근해야 할 일이 없어 새벽에 일찍 일어나면 시간 여유가 많았다. 그 시간을 이용해서 걷기 좋아하고 뜻이 맞는 유관 기관장들이 6시 30분경 산업단지공단 아파트형공장 앞에서 만나 40분~1시간 정도 개성공단 외곽 울타리를 걸으면서 이것저것 이야기를 나누게 되었다. 그동안 개성공단에서 근무하면서 북한 측과 충돌하여 어떻게 대처하였는지의 경험담이나, 최근에 개성공단 내에서 발생한 특이한 소식이라든지, 어제 각 기관별로 지득한 내용들을 서로 주고받았다. 그리고 서로 간에 이에 대한 의견을 주고받았다. 개성공단에 온 지 얼마 되지 않은 필자에게는 개성공단을 총괄 관리하는데 참고할 수 있는 귀중한 내용들이었다. 개성공단 부지 외곽을 한 바퀴 돌고 나서 산업단지공단 아파트형공장 내 식당으로 가서 아침 식사를 같이 하고 우리들은 각자 헤어져서 각 기관별로 출근하였다.

'개성공단기업협회', '기업책임자회의', '법인장회의'

필자는 개성공단에 진출한 기업 측과도 폭넓게 소통을 하려고 하였다. 개성공단에 진출한 기업들 전체를 대표하는 단체는 세 개가 있었다. 제일 먼저 생긴 것이 '개성공단기업협회'였다. 이 단체는 대체로 중견기업들 중심으로 서울에서 결성한 단체로서 정부 측에 개성공단 기업의 애로 사항을 전달하고 그 해결을 건의하는 역할을 주로 하였다. 정부도 이 단체를 통해 정부의 입장을 설명하고 기업 측의 협조를 요청하였다. '개성공단기업협회'는 때로는 북한 측과도 교섭을 하였다. 그러나 '개성공단기업협회'는 개성공단에 진출한 전체 기업들로 구성되지 않아 북한 측과 교섭할 수 있는 대표성이 있는지에 대해 문제 제기가 있었다. 필자의 전임 문무홍 관리위원장 때 개성공단에 진출한 전체 기업들로 구성된 '기업책임자회의'를 구성하였다. 북한 지역 개성공단에서는 '기업책임자회의'가 대표성을 갖고 북한 측과 접촉을 하거나 교섭을 하였다. '개성공단기업협회'는 서울에서 정부 측과 소통창구로 정하고 '기업책임자회의'는 개성공단에서 북한 측과 소통창구로 하도록 이원화하여 교통정리를 하였다. 그러나 실제로는 이러한 원칙이 잘 지켜지지 않았다. 기업 전체의 대표성과 관련하여 때로는 양 단체 간에 물밑으로 주도권 다툼도 있었다. '개성공단기업협회'는 개성공단 사업 초기 시범단지 입주기업(2004.5 분양)이, '기업책임자회의'는 본 단지 입주 기업(1차 2005.8, 2차 2007.4 분양)이 중심이 되어 설립된 단체로 당시 상황에서 상호 이해관계가 상당한 차이가 있었다. 이 두 단체를 하나로 통합하려는 노력도 있었으나 잘 되지 않았다.

'개성공단기업협회'나 '기업책임자회의'는 모두 기업의 오너나 대표로 구성되었다. 이 두 단체 외에 또 다른 단체가 하나 더 있었다. 개성공단 현지에서 상주하면서 각 기업의 생산 활동을 실무적으로 책임지는 '법인장'(기업의 현지 책임자)들의 전체모임인 '법인장회의'가 있었다. 법인장에는 오너나 대표가 일부 있기도 했지만 대부분은 각 기업의 내부 직원(간부이거나 현지 계약직)들이었다. 오너나 대표로 구성된 '개성공단기업협회', '기업책임자회의'와 직원으로 구성된 '법인장회의'의 입장은 미묘하게 다른 것들이 있었다. 오너나 대표는 기업 경영 입장에서 접근하지만 법인장은 근로자의 입장에서 접근하는 것이 많을 수밖에 없었다. '법인장회의'는 북한 측에 대해서는 기업의 입장에 따라 행동하지만 현지에서의 고충이나 애로 사항을 해결하는데 있어서는 기업의 오너나 대표와는 다소 다른 입장을 취하기도 하였다. 물론 기업의 고용 직원이라 공식적으로는 기업의 입장에 반하는 행동을 하지는 않지만 기업 경영자에 대한 불만이나 개성공단 현지에서의 애로 사항을 직·간접적으로 토로하고 그 해결을 위해 나름대로 노력하기도 하였다.

이와 같이 어느 정도의 입장 차이가 있는 세 개의 단체에 대해 필자는 어느 단체에게도 편향된 태도를 보이지 않고 중립적인 입장을 취하였다. 세 개 단체의 전체 모임 참가, 임원진들과의 간담회, 개별 면담 등을 통해 다양한 소통의 노력을 많이 하였다. 이러한 다양한 만남을 통해 서로의 입장 차이도 파악하였지만 필자는 관리위원회의 공식 입장을 모든 단체에게 동일하게 설명하고 그들의 애로사항을 해결하는데 최선의 노력을 다하였다. 그러나 그들 간의 입장 차이가 커서 개성공단의 질서 있는 운영에 지장을 초래하거나, 우리 내부의 이견으로 인한 갈등이 북한 측에 이용될 소지가 있다고 판단되면 적극적으로 나서서 중재하고 조정하려고 노력하였다.

필자는 북한 지역에서 일할 경우에는 우리가 단일대오로 뭉쳐 하나의 입장을 가지고 북한 측과 교섭해야 북한의 이간술에 말려들지 않는다고 강조하였다. 이들 단체 간에 또는 개별 기업 간에도 서로 입장이나 이해관계가 달라 어느 정도의 갈등과 논쟁이 있는 것은 민주사회에서 당연한 일이었다. 필자는 이것이 북한 지역에서 외부로 노출될 경우에는 북한에 우리가 이용당할 수 있다는 것을 많이 우려하였다. 대체로 기업 전체를 대표하는 단체는 그렇지는 않았지만 개별 기업에서는 사적 이익을 위해 북한 측과 별도로 접촉하여 관리위원회나 단체의 입장과 달리 북한 측 입장에 동조해주면서 자기 기업의 이익을 챙기는 사례(예를 든다면 북한의 부당한 요구에 응하면서 북한 근로자 공급을 다른 기업보다 많이 확보)가 가끔 나타났고 북한 측은 이러한 사례를 악용하여 다른 기업들을 북한 측 입장에 동조하도록 압박하는 수단으로 이용하기도 하였다. 이와 같은 개별 기업의 일탈 행위에 대해 기업 단체나 관리위원회에서 문제 제기를 하면 해당 기업은 일체 그런 일이 없다고 전면 부인하였다. 이에 대해 관리위원회에서 해당 기업에게 공식적으로 경고를 하였는데 북한 측이 그 사실을 알고 관리위원회가 개별 기업의 활동에 간섭하는 것은 월권이라면서 강하게 항의하였다.

개별 기업 직접 방문

필자는 개별 기업의 사정을 파악하기 위해 개성공단에 진출한 123개 기업 전체를 직접 방문해야겠다고 계획을 세웠다. 필자가 평생 비경제 부처인 통일부에서만 일해 왔기 때문에 솔직히 실물 경제에 대해서는 문외한이었다. 필자가 개성공단을 총괄적으로 관리·운영하는 역할을 제대로 수행하기 위해서는 개별 기업의 사업 내용들을 어느 정도 파악하는 것이 필수적인 사항이라고 생각하였다. 또한 개별 기업들이 북한 측과 갈등 관계에 있는지를 미리 파악해서 상호 충돌 시에 크게 확대되지 않도록 예방 조치를 할 필요도 있었다. 개별 기업을 방문해서 기업마다의 애로 사항을 파악하고 가능하다면 해결해줌으로써 관리위원회와 개별 기업 간의 신뢰를 형성하여 소통을 더욱 확대할 수 있는 환경을 조성할 필요도 있다고 판단했다.

필자는 최소한 1주에 2~3개 기업을 방문하기로 계획했다. 초기에는 어느 정도 이 목표대로 진행할 수 있었지만 시간이 지날수록 목표를 달성하기가 어려워졌다. 필자는 서울에 소재한 개성공업지구지원재단 업무를 처리하기 위해 1주일에 2~3일은 서울에 와 있게 되었다. 개성공단에는 일주일에 3~4일 체류했다. 개성공단에 있더라도 국내의 국회의원 방문단, 외국 외교단 방문단(북한 주재 서방 외교단, 북한 초청 외교사절, 한국 주재 대사관 등), 개별 기업의 비즈니스 방문단, 재외동포 기업인 방문단, 유관 기관의 업무 협의 방문단, 북한 측의 방문단 등 외부 방문단을 안내하거나 업무 협의하는 일들이 많아졌다. 외부 방문단이 오면 필자는 대체로 중견 기업들 중심으로 방문 안내하였다. 외부 안내 방문이 많은 기업들은 필자가 10번 이상 방문하기도 하였다. 개성공단 내에서 적극적으로 일을 추진하면서 업무량이 많아져 개별 기업을 방문하는 횟수가 줄어들게 되었다. 일주일에 한 개 기업 정도 방문하는 데 그치는 경우도 많았다. 필자가 전체 기업 방문을 마치는 데는 관리위원장 취임으로부터 대략 2년 6개월 정도의 기간이 걸린 것 같다. 이렇게 긴 기간이 소요된 것은 2013년 4월 북한 측이 우리를 강제 철수시킨 후 다시 개성공단으로 복귀한 6개월간의 공백이 있었기 때문이었다.

전체 기업 방문을 끝내는데 어쨌든 긴 시간이 걸렸지만 관리위원장인 필자가 개별기업을 방문하면 모두들 반갑게 맞이해 주었고 서로 소통하면서 상호 간에 신뢰를 쌓아 나갈 수 있었다. 한편 개성공단 기업들의 전반적인 실태, 특히 북한 측과의 관계 상황을 파악하는 데는 개성공단 기업들 전체의 1/3 정도를 방문해보니 대충 파악이 되는 것 같았다. 대체로 중견 기업들은 북한 측에 대해 당당히 대응하면서 현실적으로 슬기롭게 잘 대처하는 것 같았다. 그러나 영세 기업들은 북한 측의 강압적인 요구에 대처하기가 쉽지 않아 안절부절못하는 것 같았다. 개별 기업들의 오너나 대표의 기질이나 일하는 스타일에 따라서도 북한 측에 대하는 태도가 달랐다. 북한 측의 부당한 요구에 대해 원칙을 중시하는 경영인들은 다소 회사에 손실이 있더라도 끝까지 버티며 원칙을 고수하려고 했다. 반면에 기업의 이익을 위해 북한 측과 적절한 타협을 통해 북한의 요구 수준을 어느 정도 맞추어 주어 적당히 넘어갈려는 경영인도 있었다. 영세 기업들 중에는 적극적으로 북한의 요구 수준을 맞추어 주면서 그 대가로 기업의 이익을 극대화하려는 경영인도 있는 것 같았다. 개별 기업별로 법인장의 역량에 따라 북한 측과의 관계도 형성되는 것 같았다. 법인장이 역량이 뛰어나고 남한에 있는 오너나 대표도 그를 신뢰하여 강하게 밀어주면 북한 측과의 관계에서도 원칙을 견지하면서 기업의 입장을 관철해 나갈 수 있었다. 그러나 법인장의 역량도 뛰어나지 못하고 그에 대한 남한의 오너나 대표의 신뢰도 약한 경우에는 북한 측에게 밀리는 것이 다반사였다. 북한 측은 법인장이 별 권한이 없다고 판단하면 남한의 경영인을 직접 개성공단에 방문하게 해서 그 경영인과 직접 담판을 짓기도 하였다. 개별 기업의 구체적 상황은 기업별로 다양한 것 같았다.

우리 기업 측이 북한 측에 대응하는 방식은 대체로 원칙 고수, 적당한 타협, 순응 또는 저자세 등 세 가지로 분류할 수 있었다. 원칙을 고수하는 기업은 단기적으로는 불이익을 당하지만 중·장기적으로는 질서 있는 규범·관행을 확립할 수 있었다. 적당한 타협을 하는 기업은 일시적으로는 잘 넘어가지만 북한과 계속 거래를 해야 하는 상황이 반복되었다. 순응이나 저자세로 임하는 기업은 굴욕적이기는 하지만 때로는 북한 측으로부터 반대급부를 통해 일시적 이익을 보는 경우도 있었다. 관리위원회나 기업연합체 입장에서는 개성공단에서 확립된 규범·원칙을 개별 기업들이 준수해 주기를 원하지만 개별 기업이 처해진 사정이 모두 상이하여 일일이 규제하기가 현실적으로 힘든 실정이었다. 그러나 남북 간에 합의된 규범이 있었기 때문에 개별 기업들이 내놓고 규범을 위반하는 일탈 행위를 계속하는 것은 쉽지 않았다. 전체 기업들의 이해관계에 부정적인 영향을 끼칠 우려가 있기 때문에 일탈 행위를 하는 기업은 다른 기업들의 감시의 눈초리를 의식하지 않을 수가 없었다.

개성공단 내 종교모임

개성공단에는 종교별로 신자들의 모임이 있었다. 기독교 신자들은 신원에벤에셀 회사(의류 제조업)에 있는 교회에서 수요일 저녁과 일요일 오전에 예배를 보고 예배 이후에 교회 내에서 별도의 친교 모임을 갖고 있었다. 필자는 무교이지만 개성공단 내에 교회가 설립된 배경이나 교회 운영의 실태도 알아보고 기독교 신자들과의 친교 및 소통을 위해 특별한 일이 없는 한 예배와 친교 모임에 참석하였다. 과거 고등학생·대학생 시절에 동네 친구 권유로 교회를 다닌 적이 있어 예배에 참여하는데 별로 어색하지는 않았다. 옛날에 교회 다녔을 때 배웠던 찬송가도 같이 불렀다. 그래서 다른 사람들은 필자가 기독교 신자인줄 알았다. 여기서 사연을 자세히 이야기 할 수는 없지만 필자는 당시에 확실히 무교였다. 신원에벤에셀의 박성철 회장은 독실한 기독교 신자로서 장로였다. 박 회장은 일차적으로는 개성공단 기업에서 근무하고 있는 기독교 신자들의 신앙생활을 위해 큰 규모의 교회를 지었다. 궁극적으로는 북한 지역에 기독교를 전파하고자 하는 선교 열정이 강해 교회 건립을 강행한 것으로 알고 있다. 처음에는 북한 측에서 교회 건립을 반대하였다. 박 회장은 북한 측과 담판을 지어 형식적으로는 교회가 아닌 강당을 짓는 것으로 타협하고 건물을 지었다고 한다. 교회 강단 뒤에 있는 십자가는 예배가 없을 때는 안 보이도록 이동하여 숨기고 예배가 있을 경우에만 십자가가 보이도록 벽면 중앙으로 이동하였다. 수요 예배와 일요 예배 시에는 두 명의 목사가 번갈아서 예배를 집도하였다. 신원에벤에셀의 교회는 형식적으로 강당이었고 북한 측이 공식적으로 기독교 예배를 보는 교회를 허용하지 않았기 때문에 목사는 매번 예배를 집도할 때마다 동 회사의 직책상 부장의 신분으로 개성공단에 출입을 하였다.

교회에서 미화 관리 등 잡무를 하는 사람은 동 회사에 고용된 북한 여성이 하기 때문에 일주일에 두 번 교회 예배를 드리는 것을 전부 알고 있었다. 북한 당국도 예배드리고 있는 것을 사실상 허용해주고 있는 것이었다. 눈 가리고 아웅 하는 셈이었다. 보통 수요 예배 시는 30~40명이, 일요 예배 시에는 남한으로 귀가하는 사람들이 있어 20명 정도 참석하는 것 같았다. 성탄절 예배 때는 50명 이상 모이는 것 같았다. 교회에서 일을 하는 북한 여성은 오랫동안 근무하다 보니 누가 고정적으로 예배에 참여하는지 훤히 알고 있었다. 어느 날 북한 여성이 교회에 오는 신자에게 당신들은 여기 올 때 마다 계속 '하나님' 하면서 목청을 높여 소리를 지르는데 '하나님'이 진짜 있느냐고 물어 보더라는 것이었다. 이 현상이 북한 주민에게 기독교 전파의 씨앗이 될지는 알 수는 없으나 북한 주민에게 남한 사람들의 기독교 신앙생활이 무엇이라는 것을 알게 해 준 것은 확실하다고 본다. 예배에 참석하는 사람들은 개인적인 소망을 기도하기도 하지만 개성공단의 발전적 성장과 한반도의 평화와 통일에 기여하기를 바라는 염원을 기도하기 때문에 북한 측이 남한 사람들의 개성공단에 임하는 입장·태도를 이해하는데 일정한 역할을 했을 것으로 추측한다.

개성공단에는 천주교 신자들의 모임도 있었다. 신부가 개성공단에 오지 않았기 때문에 기독교처럼 정식으로 미사 예배는 없었다. 신자들끼리 매주 수요일 저녁 8시에 모여 기도 모임을 하고 있었다. 천주교 신자가 있는 모 기업에서 고정적으로 모여 기도 모임을 하는 데 보통 1시간 정도 진행하였다. 대체로 10명 내외의 신자들이 모이는 것 같았다. 기독교에 비해서는 상대적으로 참석하는 신자의 숫자가 적었다. 필자는 두 차례 정도 참여한 바 있으나 천주교식 기도 모임이 익숙하지 않아 더 이상 참석하지 않았다. 개성공단 천주교 신자 모임인 '로사리오회'의 맹충조 회장(DKC회사)을 만나 상호 친교가 지속되었다.

맹 회장은 염수정 추기경의 개성공단 방문을 성사시키기 위해 많은 노력을 하였다. 필자는 맹 회장, 정세덕 신부(천주교 민화위 위원장)와 긴밀히 협의하여 어려운 가운데 염수정 추기경의 개성공단 방문(2014.5.21)을 성사시킨 바 있다. 처음에 북한 측은 염수정 추기경의 개성공단 방문 추진에 부정적인 태도를 보였다. 그러나 맹 회장이 끈질긴 설득을 하고 여러모로 노력을 하여 결국에는 추기경의 방문을 성사시켰다. 필자가 볼 때는 염수정 추기경의 개성공단 방문을 성사시킨 것은 맹 회장이 일등 공신이라고 할 수 있다. 북한 측과 타협하여 염 추기경이 개성공단을 방문하는 것은 정식 미사를 집전하는 것이 아니라 개성공단에 있는 천주교 신자의 기업들을 방문하여 주재원들을 위로하고 축복의 기도를 해주는 것으로 상호 약속하여 이루어진 것이었다. 천주교 서울대교구장은 평양교구장 서리도 겸하고 있었기 때문에 평양을 방문하는 것이 숙원 사업이었다. 그동안 김수환 추기경과 정진석 추기경도 평양 방문을 여러 차례 추진하였지만 성사되지 못했다. 염수정 추기경이 비록 평양은 방문하지는 못하였지만 북한 땅인 개성공단을 방문한 것은 한국 천주교 역사에 있어서 매우 의미 있는 일이었다. 필자는 천주교 신자는 아니었지만 맹 회장과 같이 염 추기경의 개성공단 방문을 성사시키기 위해 서로 여러 방법을 모색하고 협의하였기 때문에 보람을 느꼈다. 그런 연유로 그 이후에도 맹 회장과 필자는 지속적으로 인간적 교류를 해왔다.

개성공단에는 불교신자 모임은 운영되고 있지 않은 것 같았다. 어느 기업의 법인장이 불심이 깊어 자기가 거처하는 곳에 불상을 모시고 있다고 하였다. 필자는 그에게 요청하여 불교신자들 몇 분과의 간담회를 한 차례 하였다. 그러나 불교는 각자가 개별적으로 깨달음에 도달하는 종교라서 그런 것인지 불교 의식을 함께 하는 불교신자들의 모임은 없었다. 필자는 종교 모임과의 소통을 위해 주로 기독교 신자들의 예배 모임에 시간이 허락하는 한 자주 나가게 되었다. 신원의 박 회장, 목사 한 분 그리고 공단 내에서 신망이 있는 기독교 신자들과 친교를 하면서 개성공단에 관한 얘기들을 나누는 소통의 노력을 필자 나름대로 열심히 하였다. 천주교에서는 맹 회장, 그리고 천주교 신자 기도 모임이 열리는 기업 소속의 주재원과 비교적 가깝게 친교와 소통을 하였다. 어떤 종교를 갖든 신앙심이 깊은 사람들은 대체로 건강한 생각을 갖고 있어 개성공단에 관한 여러 가지 문제점을 해결하는 데 필요한 건설적인 대안을 많이 필자에게 제안해 주었다. 필자가 관리위원장으로서 총괄적으로 개성공단을 관리·운영하는데 도움이 되는 내용들이 많았다.

북측과의 원활한 소통 창구 미완성

필자는 야전사령관인 관리위원장의 역할을 책임 있게 수행하기 위해 개성공단의 전체 실태를 보다 정확히 파악하기 위한 다양한 소통의 노력을 나름대로 열심히 하였다. 개성공단 내에서 여러 가지 문제되는 사안을 미리 발견하여 사건·사고의 발생을 최소화하고 북한 측과의 갈등 소지가 남북 관계의 위기로 확산되지 않도록 항상 경계심을 가지고 근무하려고 노력하였다. 그런데 결국 핵심은 북한 측과의 관계였다.

필자가 관리위원장으로 부임한 지 얼마 지나지 않아 10월 20일 개성공업지구 관리위원회 창립 7주년 기념식을 갖게 되었다. 필자는 관리위원회의 우리 측 직원을 시켜 관리위원회 소속인 협력부의 북한 측 직원이 기념식에 참석하도록 하였다. 관리위원회의 기념행사이기 때문에 관리위원회 소속인 북한 측 직원은 당연히 참석해야 한다고 강조하였다. 이에 대해 우리 측 직원이 협력부의 북한 측 직원이 참석할지 모르겠다고 하였다. 남북 관계가 악화되면서 북한 측 직원이 우리와 함께 하는 것을 꺼려한다는 것이었다. 개성공단 초기에 한창 일이 진행될 때는 우리 측과 북한 측 직원이 부담 없이 동석하여 식사를 하고 술도 하면서 상호 간에 대화도 많이 했다는 것이었다. 이후 남북 관계가 냉랭해지면서 북한 측 직원은 우리와 동석해서 식사를 일체 하지 않는다는 것이었다. 북한 상부의 방침인 것으로 알고 있다고 했다. 필자는 잘 알겠다면서도 내일 기념식에 북한 측이 참석하도록 연락은 하라고 지시했다. 창립 기념식 당일 행사장에 나가니 북한 측 직원이 보이지 않았다. 북한 측 직원이 상부 방침에 따라 참석하지 않는 것이라고 생각하고 있는데 기념식을 시작하기 바로 직전에 협력부의 북한 측 직원들 몇 명이 와서 행사장 앞자리에 앉았다. 필자는 속으로 고무적인 일이라고 생각했다.

아마 북한 측 직원이 소속된 북한기구로서의 관리위원회의 창립 7주년 기념행사일 뿐 아니라 마침 새로 부임한 관리위원장이 참석하는 첫 행사이기 때문에 공식적인 의미로 참석해준 것이 아닌가 생각했다. 기념식을 마치고 참석한 손님들과 부서장이 함께 '평양식당'(현대아산과 북한 백설무역회사 공동 운영, 북한 여성 봉사원이 서비스)에서 오찬 모임이 있었다. 필자는 북한 측 직원이 기념식에 참가한 것을 긍정적인 신호로 보고 그들도 오찬 모임에 참석하도록 연락하라고 했다. 우리 직원은 공식적인 기념식에는 참석했지만 지금까지의 북한 측 태도로 보아 식사 자리에는 오지 않을 것이라고 했다. 식당에서 음식이 나오는데 북한 측 협력부장 등 2명이 오찬 자리에 찾아 왔다. 필자는 속으로 매우 반가웠다. 이제 북한 측이 그동안 보여 온 남북한 동석 식사 금지 방침이 해제되는 것 아닌가라고 추측하면서 앞으로 잘 되어 갈 징조라고 속으로 생각했다. 필자가 먼저 맥주라도 한 잔 할 것을 북한 측 협력부장에게 제의했더니 그는 말이 없었다. 필자가 그에게 혹시 술을 하지 않느냐고 물었더니 그는 그제야 맥주는 싱거워서 그렇다는 것이었다. 좀 독한 술을 먹었으면 한다는 것이었다. 도수가 높은 술을 주문해서 한 잔 따라 주었더니 잘 들었다. 필자는 식사하면서 그를 힐끗 보았더니 자작 술을 몇 번이나 하면서 식사를 하였다. 필자는 협력부장이 술을 좋아하는 것을 보고 앞으로 비공식적인 식사 자리를 가끔 만들어 솔직한 소통의 자리를 만들어야겠다고 생각하였다.

북한 측 협력부장과의 동석 식사 자리는 관리위원장 재임 기간 3년 2개월 동안에 그날이 처음이자 마지막이었다. 남북한 동석 식사 금지 방침이 바뀐 것이 아니었다. 필자가 2011년 10월에 관리위원장으로 부임하고 나서 중앙특구개발지도총국 박철수 부총국장과 처음 만났을 때 평양에 있는 이금철 총국장을 빨리 만나보고 싶다고 했더니 박 부총국장은 그렇게 되도록 노력해 보겠다면서 그 해 연말 내로 만남을 주선해 보겠다는 식으로 암시를 주었다. 필자는 내심 기대 속에 2011년이 가기 전에 이 총국장과의 만남을 기다렸는데 그 해 12월 17일 김정일이 사망하자 이 총국장과의 만남의 기대는 무너져버렸다. 관리위원장 재임 중 이금철 총국장과의 만남은 3번뿐이었다. 법적 형식으로는 상위기구인 중앙특구개발지도총국과 하위기구인 개성공업지구관리위원회 간의 업무 평가회의가 매년 1회 개최되었는데 2012년 8월 9일과 2014년 1월 29일에 개최된 회의에서 이 총국장을 공식적으로 만났다. 그 외에는 2013년 4월 3일 북한 측이 우리 주재원들을 강제 철수시킨 후 4월 8일 김양건 대남담당 비서와 함께 개성공단을 방문한 이 총국장을 만난 것이 전부였다. 3번 모두 제한된 시간의 공식적인 형식으로 만났기 때문에 허심탄회한 대화를 통해 실질적이고 충분한 논의를 할 수가 없었다. 총국의 이 총국장은 개성공단 진행 상황에 대한 평가와 더불어 문제점을 관리위원회 측에 제시하고 시정을 요구하였다. 이에 대해 관리위원회 위원장인 필자는 현실의 애로 사항을 설명하고 총국 측에 협조가 필요한 사항을 공식적으로 제시하는 수준이었다. 필자는 박철수 부총국장과도 개성공단에서 북한 측의 공식적인 입장을 관리위원회에 전달할 일이 있을 때에만 만났다. 남북한 상호 간에 솔직한 의견 교환을 할 수 있는 진정한 소통의 자리가 될 수 있는 비공식적인 만남은 이루어지지 못했다. 당시의 불편한 남북 관계의 영향을 받을 수밖에 없었다. 돌이켜보면 몹시 아쉬운 일이다.

필자는 개성공업지구관리위원회 위원장으로 3년 2개월 재임하는 동안 우리 측 기관·단체 인사와 주재원들과는 여러 경로와 방법을 통해 비교적 많은 소통을 하였다. 북한 측과의 솔직한 의견 교환을 할 수 있는 자리는 제대로 마련되지 않아 소통이 부족했다. 북한 측과는 당시의 대결적 남북 관계 상황의 영향을 받아 남북한의 공식적인 방침을 서로 무미건조하게 전달하는 정도였다.

우리의 공동체 정신 공유로 위기 극복

필자는 관리위원장으로 부임하면서 당시의 긴장된 남북 관계 상황을 고려하여 개성공단의 안정적 관리와 위기 발생 시의 대비책을 가장 중시해야 할 과제로 생각하였다. 이를 위해 개성공단의 다양한 주체와의 적극적인 소통을 통한 신뢰 구축과 공동체 정신을 공유함으로써 유사시 단일대오로 행동할 수 있는 분위기를 조성하고자 하였다. 그리고 유사시에 남측과 긴급 통신을 할 수 있는 여러 가지 수단과 실시간의 상황을 파악할 수 있는 기제를 확보하는데 초점을 두었다. 2013년 4월 3일 북한 측이 개성공단에서 우리 측 주재원을 강제 철수시키는 방침을 우리 측에게 통보한 이후 한 달 동안 우리 주재원들이 관리위원회의 방침에 따라 일사불란하게 움직여 주어 아무런 인명사고가 발생하지 않고 안전하게 철수한 것은 필자의 지속적이고 적극적인 소통 노력으로 형성된 주재원들과의 신뢰관계와 공동체 정신을 공유한 결과라고 자평해 본다.

개성공단에서의 북측의 입장·태도

개성공단의 공업용수나 생활용수(식수)는 개성공업지구관리위원회에서 위탁한 한국수자원공사의 정배수장에서 공급해 주었다. 원수는 개성공단에서 17km 정도 떨어진 북한 지역의 장풍군에 있는 월고저수지에서 물을 끌어와 개성공단 내에 위치한 정배수장에서 철저한 정화 과정을 거쳐 공급되었다.

개성공단 용수 공급 문제 협의

우리 측은 시초에 파주 지역의 잉여 용수를 파이프라인으로 연결하여 공급하려고 계획하였으나 북한 측이 이러한 방식을 완강히 거부함으로써 계획이 실현되지 않았다. 북한 측은 개성시와 장풍군 지역에 식수·용수 공급을 위해 1992년부터 월고저수지 축조 공사를 시작하였으나 1996년의 태풍 '매미'의 집중 호우로 인해 댐 일부가 붕괴되었다. 1998년 공사를 재개하였지만 1999년 집중 호우로 공사가 또 중단되었다. 이후 북한 측은 개성공단이 착공되면서 자체 공사가 중단된 월고저수지를 우리 측의 자재·장비와 비용으로 완공하여 개성공단과 개성시에 물 공급을 해주기를 내심 바랐다. 결국에는 우리 측이 약 490억 원 정도를 부담하여 월고저수지, 관로 시설 및 정배수장을 완공하여 전체 시설용량 6만 톤 중 일일 3만 톤의 용수를 공급할 수 있는 수준으로 운용하였다. 연도별로 차이는 있지만 보통 개성공단에 일 7,000 톤, 개성시에 15,000 톤을 공급하였다. 원수 값을 남북한 간에 협의하는 과정에서 우리 측은 톤당 49.7원을 제시하였는데 북한 측은 10배나 높은 가격인 0.5달러를 요구하였다. 최종적으로 개성시와 공공시설물은 무료로 지원하고 원수 값은 톤당 0.07달러를 지급하는 것으로 타결하여 2011년 2월에 물 공급 관련 합의서가 채택되었다.

월고저수지 현장 점검

개성공단에 용수 공급을 하는 시설은 매우 중요한 인프라이기 때문에 필자는 개성공업지구관리위원장으로 2011년 10월 12일 취임하여 20일이 갓 지난 11월 3일 월고저수지를 현장 방문하였다. 북한 총국 측에서는 황OO 참사, 현OO 참사가 동행 안내하였다. 황 참사는 김일성종합대학교 경제학부를 졸업한 엘리트 관리였는데 차분한 인상이었으며 업무와 관련된 얘기를 나누어 보니 전문성도 있고 합리적인 의견을 개진하였다. 서로 충돌하지 않고 원만하게 문제 해결을 위해 대화가 되겠구나 라고 생각하였다. 북한 측에서도 남한 측 사람들에게 좋은 인상을 주면서도 합리적으로 당당하게 일을 처리할 수 있는 사람으로 아마 선별하여 배치한 것 같은 느낌이 들었다. 나중에 알게 되었는데, 개성공단에는 총국 소속의 황 참사 외에 개성공업지구관리위원회의 북한 여직원 전OO씨가 김일성종합대 경제학부 출신이었다. 우리가 파악하기로는 개성공단 전체에 김일성종합대 출신은 이들 2명뿐인 것으로 알고 있다.

월고저수지를 가기 위해서는 개성 시내를 거쳐서 가야 했고 시내를 벗어나 한참 가면 전등이 없어 밤처럼 어두컴컴한 짧은 터널을 지나야 했다. 그리고 나지막한 구릉지대를 한참 가야 했다. 야산에는 나무가 별로 없었고 흙은 마사토였다. 나무가 없고 바람이 많은 지역인지라 햇볕에 건조해져 사막화 되어가는 듯

했다. 월고저수지 가까운 지역으로 가니 저수지 관리소장이 마중을 나왔다. 김OO 소장이었다. 그 지역 토박이 사람으로 시골의 순박한 사람 그 자체였다. 맡은 일을 충실히 수행하려고 노력하는 사람이라는 인상을 받았다. 개성공업지구관리위원장과 총국의 참사가 현지 방문을 하였으니 나름대로 실수 없이 최선을 다해 안내하고 질문에 답변하려고 하였다. 월고저수지는 꽤 넓어서 한참이나 걸어야 했다. 두 개의 저수지를 연결해 놓은 모양이었다. 인근에 공장이 없어서인지 물은 오염되지 않고 깨끗해 보였다. 비가 오면 저수되는 천수였다. 이 정도의 저수 용량이면 개성공단과 개성시에 물 공급하는 데 전혀 문제는 없을 것 같았다. 다만 우리 측이 자재와 장비를 공급하였지만 공사 자체는 북한 측 노동력으로 시공했기 때문에 일부 부실한 곳이 있었다. 월고저수지 한 쪽 끝부분에 물이 떨어지는 내리막 수로 부분의 공사가 일부 부실해서 균열이 생겨 홍수가 나면 무너지지 않을까 우려되었다. 월고저수지에서 개성공단까지 물을 흘러 보내는 도수관 구간 중에도 일부 부실 공사 부분이 있어 이것이 무너지면 용수 공급이 막힐 우려가 있어서 부실 구간을 보수공사하는 문제를 협의 중에 있었다.

이 날은 관리위원장 취임 후 인프라 현장을 눈으로 1차 확인해 보는 것이 주목적이었기 때문에 개괄적인 파악을 하는 데 주안점을 두었다. 현장 방문을 마치고 월고저수지 부근에 있는 관리사무소에 들렀다. 우리 측이 물자를 지원해 주어 마련된 관리사무소라서 깨끗해 보였다. 근무 사무실 외에 시설 장비를 두는 공간과 조그마한 식당 및 숙소도 있었다. 마침 점심시간이 되어 관리사무소에 근무하는 젊은 여직원이 정성스레 먹을거리를 마련해 주었다. 이름이 홍OO이었는데 때 묻지 않은 시골 처녀로 참 순박해 보였다. 내놓은 점심을 보니 남한의 서울에서 먹던 것에 비하면 형편없었지만 식자재가 부족한 북한 산골 지역에서 최대한 정성을 다하여 마련한 것이라는 인상을 받았다. 김 소장이 직접 저수지에서 잡은 작은 민물고기를 넣어 끓인 국, 어디서 잡았는지는 알 수 없으나 좀 검게 탄 듯한 메추리구이, 삶은 조그마한 감자, 그리고 밥이 전부였다. 거기에다 우리가 가져간 컵라면을 함께 끓여 먹었다. 저수지를 오래 걸었던지라 시장해서 매우 맛있게 먹었다. 북한 측의 정성과 우리의 시장기가 합친 맛있는 점심이었고 기억에 남는 월고저수지에서의 점심 식사였다.

1차 확인 방문 후 20일 정도 지나 문제가 된 도수관 보수 대상 구간 현장 점검 등을 위한 월고저수지 2차 방문이 11월 24일에 있었다. 마찬가지로 개성 시내를 거쳐 갔는데 1차 방문 때보다는 2차 방문 때에는 개성 시내, 가는 길 주변 등을 주의 깊게 살폈다. 과거 2003~2004년, 2006~2007년에 남북회담을 하러 갔을 때 선죽교 부근에 있는 자남산여관에 투숙하면서 그곳에서 회담을 한 적이 있었다. 그 당시 남북회담차 왔을 때는 개성 시내가 활기가 없는 도시로 보였다. 길거리에 사람도 별로 보이지 않았고 시내 도로변에 있는 식당이나 매점으로 보이는 건물에는 사람이 있는 것 같지도 않았다. 길거리에 붉은 글씨의 선전 구호와 깨진 유리창이 그대로 방치된 채 있는 회색빛 건물만 인상에 남았다.

개성 지역의 변화와 민속여관에서의 식사

몇 년이 지난 2011년 말 개성공단에 취임하여 월고저수지를 방문하면서 바라본 개성 시내와 주변 길거리는 활기차 보였다. 거리를 오가는 사람도 많았고 자전거를 타고 다니는 사람도 상당수 보였다. 식당이나 매점도 사람들이 이용하는 모습이 보였다. 개성 시내 주택 건물에는 태양광 패널도 많이 보였고 건물 보수 공사도 몇 군데 진행되고 있었다. 큰 비닐하우스를 만들어 농사도 짓고 있었다. 아마 개성공단이 시작되고 개성 주민들의 소득 수준이 높아지면서 그 영향으로 개성 지역도 활기차게 변화된 것으로 판단이 되었다.

두 번째로 월고저수지를 방문하는 길에 장풍 지역의 시골 산골길에서 아주 멋있게 옷을 차려입은 젊은 북한 여성을 목격하였다. 밝은 색깔의 '나이키' 로고 모양의 운동화를 신고 가는 모습이 특히 눈에 띄었다. 필자는 순간적으로 여성이 입은 색깔 있는 스포츠 타입의 상의 옷이나 신발은 북한산이 아니라 개성공단 제품이라는 것을 직감하였다. 개성공단의 영향력이 북한의 산골에도 파급되고 있구나 라는 생각이 순간 들었다. 멋 내고 싶어 하는 여성의 심리를 개성공단 제품이 현실적으로 충족시킨 결과라고 생각했다. 북한의 산골 지역에서 유채색 옷과 신발을 신고 저렇게 멋 내고 다니는 북한 여성을 보게 되다니 놀라울 따름이었다. 개성공단 내 도로에서 지나가는 여성들을 자주 보게 되는데 필자는 처음에는 이들이 남한 사람인지 북한 사람인지를 분간하지 못했다. 개성공단 현지 기업에서 근무하는 남한 여성들은 티셔츠, 면바지 등 상하 옷차림이 작업하기에 편한 복장이었다. 반면 북한 여성들은 깔끔한 옷에 정장 차림이고 대부분 귀걸이를 달고 멋 내면서 다니고 있었다. 많은 북한 여성들이 쌍꺼풀 수술을 하는 것이 유행이었다. 필자는 처음에는 북한 여성을 남한 여성으로, 남한 여성은 북한 여성으로 오판하였다.

도수관 보수 대상 구간을 살펴 본 결과 공사 방법의 전문적 검토가 필요했고 상당한 기일과 비용이 소요되는 것이라 금방 해결될 문제는 아니였다. LH, 북한 총국 그리고 관리위원회가 충분한 협의를 거쳐 합리적인 방향으로 보수하기로 의견을 모으고 돌아왔다. 개성공단으로 돌아오는 길에 동행한 북한 총국의 참사가 개성에 있는 민속여관에서 식사를 하겠느냐고 우리 측의 의사를 타진하였다. 남북 관계가 긴장되면서 북한 측이 남한 인사에게 오랫동안 개성 민속여관에서의 식사를 일체 허용하지 않았다고 동행한 우리 측 직원이 필자에게 귀띔해주면서 의외의 일이라고 언급하였다. 개성 민속여관은 한옥 보존지구로서 북한이 외국인들에게 자랑하며 홍보하는 관광 지역에 있었다. 우리의 전통 방식으로 식사를 제공하는데 놋그릇에 놋숟갈, 놋젓가락을 사용하고 음식은 7첩, 9첩, 11첩, 13첩식으로 홀수로 제공하였다. 음식은 인삼닭곰, 추어탕, 약밥, 약과, 보쌈김치 등 개성의 전통적인 특산 음식물을 제공하는 것으로 알려졌다. 필자는 개성 민속여관에 관해 그전부터 알고는 있었지만 기회가 없어서 한 번도 가 본 적이 없었다. 남북회담차 개성에 오면 회담장인 자남산여관에서만 북한 측이 제공하는 음식을 먹었다. 개성 민속여관 지역을 방문하고 거기서 식사할 수 있는 기회가 왔으니 북한의 실상에 항상 관심을 두고 있는 필자로서는 이때에 가보는 것이 좋겠다고 판단하고 북한 측에 수락의 뜻을 전했다.

필자가 관리위원장으로 부임하고 나서 초기에 북한 측은 필자에게 상당히 우호적으로 대해 주었는데 이번도 그러한 일환으로 생각하였다. 북한 측이 필자에게 우호적으로 대해 주는 것은 그들의 이해관계에 필요한 일이 있기 때문이라고 여겨졌다. 도수관 보수공사 시행은 개성 시내의 용수 공급과 관련되어 있어 조속한 착공이 필요했고 필자가 그렇게 되도록 역할을 해달라는 숨은 의도가 깔려 있었다. 도수관 보수공사는 개성공단 내 안정적인 용수 공급 조달에도 중요한 사안이기 때문에 우리 측도 적극적으로 추진해야 할 일이기도 했다. 공사비 확보가 문제였다. 우리 측이 공사비를 전적으로 부담하여 공사를 시작해 달라는 요구였다. 당시 북한 측이 개성 민속여관에서의 식사를 주선한 것은 총국 측의 사전 계산이 있었다고 본다. 월고저수지 2차 방문 때는 1차 때 보다 동행한 북한 측 참사가 재량권이 좀 더 센 사람으로 구성된 것도 작용했을 수가 있었다. 두 번째 방문 때는 첫 번째 동행한 황 참사 외에 관리위원회 소속 윤승현 협력부장과 이OO 참사(보위부 소속 추정)가 동행하였다. 두 번째는 본격적인 업무 협의를 위한 현장 방문이었기 때문에 북한 측이 동행하는 참사들을 보강하였고 공사 촉진 분위기를 조성하기 위한 것으로 보였다. 어쨌든 중간에 천이 흐르는 양쪽에 기와집들이 줄 지어 있는 개성 민속여관 일대를 둘러보고 민속여관 한 집에 들러 11첩 식사를 하였다. 놋그릇에 담긴 전통적인 개성 음식을 맛보았다. 맛은 그런대로 괜찮았다. 전력 사정이 좋지 않은 탓인지 방이 차가워서 식사를 마치고 나서 오래 있지 않고 곧 바로 사무실로 돌아왔다.

개성공단 환경 미화

관리위원회가 임시 청사에서 종합지원센터로 이전하고 나서 필자는 처음에는 승용차로 출근하였다. 그러다가 개성공단 내 숙소에서 승용차로 얼마 걸리지도 않는 거리라 아침의 신선한 공기도 마시고 운동도 할 겸 걸어 다니기로 하였다. 숙소에서 걸으면 어림잡아 15~20분 정도 소요되는 곳에 종합지원센터가 있었다. 거의 산책하는 정도라 좋았다. 아침에 시간 여유가 많을 때는 개성공단 울타리를 따라 외곽 길로 걸으면 40~50분 정도 걸려 운동이 되는 것 같았다. 퇴근 때도 특별한 일이 없으면 걸어 다녔다. 단순함을 피하기 위해 출퇴근길을 여러 개의 코스를 정해 걸어 다녔다.

그런데 어느 코스를 걸어가든 눈에 띄는 것은 곳곳에 버려진 쓰레기였다. 당시 개성공단에는 공장이 들어서지 않은 부지가 절반 정도 되는데 그 나대지에는 관리되지 않은 풀이 무성히 자라 있었고 곳곳에 비닐류, 종이, 자투리 천 등이 버려져 있었다. 각 공장 정문과 담벼락 주위에는 버려진 담배꽁초가 가득 쌓여 있었다. 어떤 공장에는 공장 안쪽에도 담배꽁초가 많이 버려져 있었다. 이렇게 쓰레기가 곳곳에 쌓여 있는 것을 보고도 북한 사람들이 청소를 하지 않는 것을 보고 그 이유에 대해 필자는 여러 가지 생각이 들었다. 우선 북한 사람들 입장에서 먹고 사는 문제가 우선 당면한 것이라 주변 환경 미화에 대해서는 신경 쓸 여유가 없는 것 아닌가 생각했다. 자기 소유의 것도 아니니 더구나 관심을 가질 이유도 없다. 개성공단을 관리하는 북한 측 관리들도 환경 문제는 별로 중요한 사안이 아니라고 생각하는 것 같았다. 개성공단의 정치군사적 관리와 달러 확보에만 초점을 두는 것 같다. 북한 사회주의 체제의 수준과 어려운 경제 실정에 따른 결과라고 생각했다. 한편으로 필자는 북한 측이 개성공단은 남한 측에서 개발하여 관리, 운영하도록 되어 있으니 공단 내 환경 문제는 자기들의 소관 사항이 아니라고 간주하는 것이 아닌가하는 생각까지 들었다. 우리 측 기업인들도 만나 보면 대부분 자기 기업의 이윤 추구에만 관심 있지 공단 내 환경 문제에 대해 적극성을 보이는 사람은 별로 없었다.

필자는 개성공단은 수많은 사람들이 왔다 갔다 하는 곳인데 환경 미화가 제대로 되어 있으면 더욱 더 매력 있는 공단이 되겠다고 생각했다. 아침 출근 시 걸을 때마다 쓰레기를 줍기로 하고 필자의 비서와 같이 쓰레기봉투를 들고 출근 길 주변의 쓰레기를 줍기 시작했다. 개별 공장의 정문 앞과 담벼락에 있는 담배꽁초도 주웠다. 처음에는 북한 근로자들이 웬 남쪽 사람이 쓰레기를 줍고 있나 하면서 신기하게 보고 지나갔다. 얼마 있지 않아 관리위원회의 공단 관리하는 부서 직원들도 함께 쓰레기 줍기에 동참하도록 권유하였다. 본격적으로 쓰레기 줍기를 공단 전체로 확산시켜 나가야겠다고 결심하고 관리위원회 전 직원과 유관 기관 관리자들도 함께 참여하는 환경 미화 작업을 한 달에 한 번씩 실시하기로 하였다. 환경 미화 캠페인 문구가 적힌 어깨띠를 두르고 공단 전체를 다니면서 쓰레기 줍기 운동을 추진하였다.

이렇게 공단 내 쓰레기 줍기 운동을 적극적으로 추진한 것은 일차적으로 개성공단을 깨끗하게 해 이곳에 근무하는 남북한 사람들 모두에게 정서적으로 도움이 되는 공단으로 만들고자 하기 위함이었다. 나아가 필자의 속셈은 북한 사람들에게 남한 사람들이 자기들이 버린 쓰레기를 줍고 있는 모습을 보여줌으로써 그들로 하여금 부끄럽게 느껴 개성공단에 쓰레기를 버리지 못하게 유도하고자 하였다. 그리고 그들이 버린 쓰레기를 스스로 줍도록 하여 환경 미화의 중요성을 깨닫도록 하는 것이었다. 어느 정도 시간이 흐르자 일부 공장에서는 북한 근로자들 몇 사람이 아침에 공장 정문 부근에 있는 담배꽁초를 줍기 시작했다. 한 참 지나 많은 공장에서 북한 근로자들 상당수가 각 공장 주변의 담배꽁초와 쓰레기를 줍기 시작했다. 필자는 관리위원회가 나서서 개성공단의 쓰레기를 줍고 있다는 소식이 여러 경로를 통해 북한 측 관리기구인 총국에 전달되었고 이를 인지한 총국이 개별 공장의 북한 측 책임자에게 시달하여 북한 측 사람들이 쓰레기 줍기에 나선 것으로 처음에는 필자는 생각하였다. 나중에 알게 된 바로는 북한 측은 매년 봄, 가을에 한 번씩 전국적으로 환경 미화 작업을 실시하고 있었고, 당시에 김정은 위원장이 도시 환경 미화를 강조한 것을 보아 총국이 자발적으로 개성공단의 환경 미화를 위해 나선 것은 아니었다. 관료적 답습에 따라 형식적으로 움직인 것으로 판단이 되었다. 왜냐하면 각 공장의 정문 등 보이는 곳에는 전에 보다 깨끗해진 듯 했으나 역시 나대지나 하천 주변, 사각 지대는 여전히 쓰레기가 즐비하였다. 북한 사회의 형식주의는 바뀌지 않았다.

북한 사람들의 시장경제 개념에 대한 인식 변화

필자가 개성공단의 개별 기업들을 방문하러 다니는 중에 어느 공장의 건물 정면에 “품질과 납기는 기업의 생명줄이다”라는 글귀가 적혀있는 현수막이 걸려 있는 것을 보고 놀랐다. 그 현수막은 공장 바깥 길을 다니는 남한 사람이든 북한 사람이든 누구나 볼 수 있도록 설치되어 있었다. 필자가 알고 있는 북한은 외부로부터 자본주의 바람이 들어오는 것을 철저히 막으려고 했다. 북한 측이 자본주의 시장경제 개념인 그와 같은 글귀가 적혀있는 현수막의 설치를 허용한 것을 보고 처음에는 우려 겸 문제가 될까 주시를 하였다.

그동안 개성공단에서 일해 온 우리 측 기업인들과의 면담 과정에서 초기에 북한 측 관리자나 근로자들이 시장경제 개념에 대해 전무하여 애로가 많았다는 것을 알고 있었다. 사회주의 계획경제에 익숙한 북한 사람들은 품질에 대한 개념이 없고 목표한 생산량만 완수하면 되는 것이라고 생각하였다. 자본주의 시장경제에서 기업이 살아 남을려면 상품의 품질 경쟁이 얼마나 중요한지를 모르고 있었고 같은 물건이라도 품질이 좋은 상품은 부가가치가 더 높다는 것을 알지 못했다.

개성공단 내 개별 공장에서 작업중인 북한 근로자들 모습

또한 납기가 얼마나 중요한 지도 몰랐다. 신용과 계약을 중시하는 자본주의 시장경제 체제에서 납기를 어기면 이후로는 수주를 받기가 힘들며 납기 지체에 의한 패널티로 지체상금(claim)을 물어야 하는 것도 몰랐다. 남한 기업주의 반복적인 설명과 품질 제고 독려와 납기 완수 독촉으로 꽤 많은 시간이 흘러 북한 사람들이 품질과 납기의 개념을 완전히 이해하게 되었다는 것이었다. 이제는 어느 공장이든 내부 벽면에는 큰 글씨로 '언제까지 생산 목표량 얼마 달성'이라는 내용의 게시문이 붙어 있었다. 이와 같은 상황에서 어느 한 기업주가 큰 맘 먹고 '품질'과 '납기' 글귀가 있는 현수막을 공장 바깥에 내걸었다는 것이었다. 현수막을

걸어 놓고 처음에는 북한 당국이 철거하라고 하지 않을까 우려했다는 것이었다. 다행히 북한 측으로부터 철거 요청이 없어 현수막을 계속 걸어 두었다고 하였다.

공단 가동 초기에는 북한 측이 소비자의 취향을 맞춘 디자인에 대한 이해도 전혀 없었다. 남성용 팬티를 생산하는 공장에서 북한 여성 근로자들이 젊은 남성의 취향에 맞는 사랑 마크나 감각적 무늬가 들어간 모양새가 이상한 팬티를 만드는 작업을 거부한 적이 있었다. 자본주의 퇴폐 문화를 주입하려는 남한 측의 나쁜 의도라면서 북한 측이 디자인 팬티 생산 작업을 못하겠다고 항의하였다. 해당 기업 측에서 요즈음 젊은 세대들의 소비 취향이 그러한 디자인 팬티를 선호하며 소비자의 취향 추세에 맞추어 디자인을 계속 바꾸어 생산해야 기업이 생존하고 성장할 수 있는 것이라고 설득하였다. 며칠이 지나 디자인 팬티 생산 작업이 재개되는 해프닝도 있었다. 청바지를 생산하는 공장에서 북한 측 근로자들은 값비싼 원단으로 청바지를 만들어 놓고 멀쩡한 청바지를 무릎 부분이나 다른 부분을 찢어 내거나 색깔을 다시 바래는 작업을 보고 이해를 못하겠다는 반응을 보이기도 했다. 물자가 부족한 북한 사람들의 입장에서는 아까운 원단을 훼손하는 것을 이해하지 못하겠지만 소비자들의 취향에 맞추어 디자인 작업을 하면 부가가치가 더 높아진다는 것을 반복적으로 설명해 줌으로써 자본주의 시장경제에서 '디자인'의 중요성을 알려주었다. '원가', '품질', '디자인', '신용', '납기', '지체상금(claim)', '인센티브(incentive)' 등 자본주의 시장 개념을 개성공단 상품 생산 과정에서 북한 사람들에게 자연스럽게 인식시키는 매우 중요한 계기가 되었다.

개성공단 노동자들의 생활환경 변화

개성공단 내 어느 기업의 법인장에 의하면 초기에 북한의 근로자들은 남한의 경제 실상에 대해 전혀 알지 못했다고 한다. 물론 그들이 북한 당국의 남한 경제

실상에 대한 왜곡된 세뇌 교육을 받고 성장했을 뿐 아니라 개성공단에 근로자로 투입되면서 특별 교육을 받은 탓이라고 여겨진다. 북한 근로자들은 우리 측 직원들에게 자기들은 "장군님(김정일 호칭)이 어려운 남한 기업들을 도와주라고 해서 여기에 일하러 왔다"고 주객이 전도된 행동을 하였다고 한다. 그리고 남한 직원들이 자기들에게 "이래라 저래라 함부로 얘기하지 마라"라고 반응했다는 것이었다.

개성공단 초기에 우리 측 직원이 생산 라인을 점검하면서 지나가면 북한 근로자들이 손에 무엇을 건네준다는 것이었다. 사탕, 땅콩, 감자 등이었다고 했다. 남한 측 직원들은 생산 현장에서 작업복 차림이나 편한 티셔츠와 청바지나 면바지를 입고 다녔는데 북한 근로자들은 남한 근로자들이 남한의 자본가 계급에 착취당하고 있는 헐벗고 못사는 불쌍한 노동자라고 생각하고 있는 것 같았다고 얘기했다. 어느 날은 북한 측에서 잠깐 사무실로 와보라고 해서 갔더니 북한에서는 장군님이 북한 인민의 생일을 축하해 주기 위해 이렇게 잔치 상을 만들어 준다는 것이었다. 과일 바구니, 떡 바구니, 빵케이크 바구니를 잔뜩 차려 놓고 자랑하면서 "남조선에서는 이런 음식을 먹어 볼 수 없지 않느냐" 면서 남한 직원에게 먹어보라고 나누어 주었다고 한다.

이와 같은 북한 측의 행태가 어느 날부터 갑자기 사라졌다. 개성공단의 생산활동이 본격적으로 진행되고 북한 근로자와 남한 직원들과의 접촉이 점차 확대되면서 북한 사람들이 남한의 엄청난 경제적 부의 실상을 알게 되면서 자연스럽게 사라졌다는 것이었다. 북한 사람들이 개성공단 제품 생산을 위해 남한 지역으로부터 매일 들어오는 엄청난 물량의 원자재를 목격하게 되고 개성공단에서 생산된 수많은 제품이 매일 남한으로 전달되어 그것을 남한 주민들이 소비한다는 것을 알게 되었다. 자기들이 그동안 허구의 남한 경제를 알고 있었고 남한이 실제로는 매우 부유하게 잘 살고 있다는 것을 인지하면서부터라는 것이었다. 개성공단에서 일하고 있는 남한 직원들 대부분이 자기 자동차와 좋은 아파트를 소유하고 있으며 월급이 자기들보다 100배 이상이나 되고 어떤 사람은 자식을 해외 유학 보내고 있다는 것을 알게 되면서 더 이상 남한 직원들을 불쌍히 바라보지 않고 부러워하는 모습으로 변했다는 것이었다.

개성공단에서 근무하는 북한 근로자들을 위해 제공되는 점심의 각종 국거리나 명절 때 특식 그리고 근무 시간 중간에 지급되는 간식(초코파이, 떡, 봉지커피 등)과 남한 직원들이 먹는 음식 등 남한에서 들어오는 풍부한 식자재를 알게 되면서 남한 사람들이 굶주리지 않고 풍요롭게 잘 먹고 잘 산다는 것을 알게 되었다. 북한 주민들이 필요로 하는 약품 등도 남한 직원이 구해 몰래 전달해주기도 하였다. 개성공단에서 운영되는 북한 측 진료소의 의료 시설과 약품 상당수를 우리 측에서 지원해 주었다. 북한 측으로부터 특히 고혈압 등 만성 질환 약품에 대한 비공식 지원 요청이 많았다. 북한 근로자들이 가장 고마워하는 것은 집안의 상(喪)을 당했을 때 우리 기업들이 관을 마련하도록 지원해 주고 상을 치르는데 필요한 음식물(돼지고기, 초코파이 등)을 제공해 주는 것이라고 하였다. 북한에는 사람이 죽으면 관도 없어 죽은 지 하루 만에 그대로 야산에 매장한다는 것이었다. 북한 사람들은 상을 당했을 때 남한 기업이 물질 등을 지원해 준 것에 대해 평생 은혜를 잊지 않겠다면서 생산 현장에서 열심히 일해서 보답한다고 하였다.

개성공단 초기에 개별 기업에서 누전 사고가 가끔 생겼다. 북한 근로자들이 턱없이 부족한 북한 전력 사정 때문에 남한(한전)에서 개성공단에 공급되는 전기가 워낙 풍부하니까 개성공단 공장에 출근하여 몰래 전기를 충전하여 퇴근 후 가정에서 사용하려고 하다가 생긴 누전 사고라는 것이었다. 그 뒤 공장에서의 누전 사고도 방지하고 북한 근로자에게 인센티브를 주기 위해 각 공장별로 공장 출입구 복도에 공식적으로 충전 장치를 만들어 놓고 모든 북한 근로자들이 교대로 충전하여 사용할 수 있도록 조치하였다는 것이었다. 공장에 출근하여 충전해서 퇴근 후 가정에서 3시간 정도 사용할 수 있는 전기량이라고 하였다.

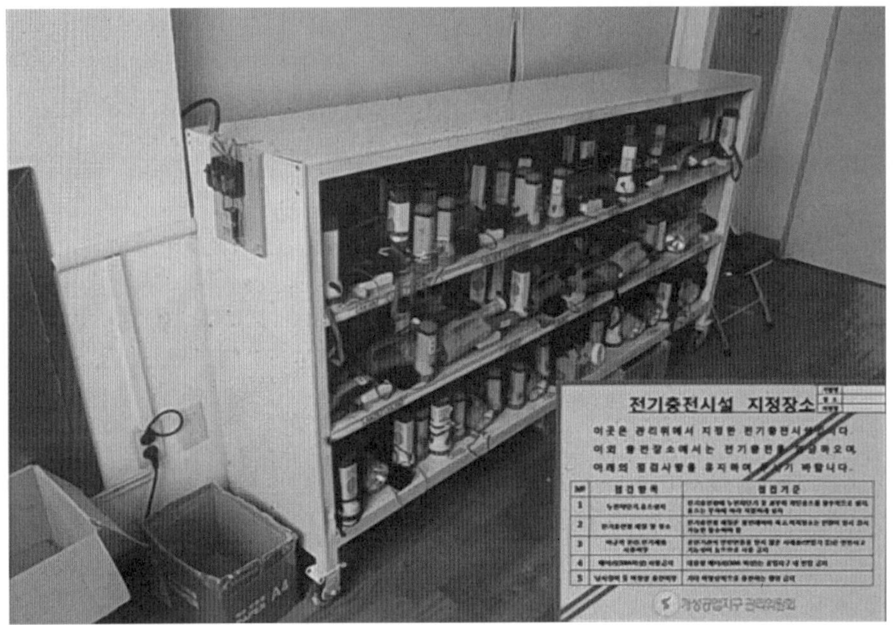

개성공단 개별 공장 출입구 쪽에 설치된 충전 시설

개성공단 내 생산 공장의 시설은 북한 근로자가 그동안 본 북한의 공장 시설과는 차원이 다르게 시설 장비도 현대적이고 냉난방 시설도 완벽하였다. 여름철에는 시원하게 에어컨을 줄곧 가동하고 겨울철에는 난방 시스템이 작동되었다. 여름철에 북한 근로자들이 에어컨 바람이 너무 차갑다고 에어컨이 가동되는 상태에서 창문을 열고 일을 해서 남한 기업주들이 전력비의 과잉 지출로 짜증내는 일도 종종 발생하였다. 공장 내에는 북한 근로자들을 위한 복지 시설도 잘 되어 있었다. 식당, 휴게실, 샤워실, 운동 시설, 의무실 등도 구비되어 있었다. 북한 여성들은 온수 샤워실을 가장 많이 이용한다고 하였다. 전력 사정이 좋지 않은 북한 가정에서 물을 데워 씻는다는 것은 생각할 수가 없는데 개성공단 내에서는 더운

물을 아낌없이 사용할 수 있으니 행복 지수가 최고라는 것이었다. 그리고 샴푸, 린스 등이 비치되어 있으니 여성에게는 이 얼마나 좋은 일인가. 공장 내 식당이나 복도에는 커피 머신기가 있어서 휴식 시간에 달달한 커피를 뽑아 먹을 수 있어서 북한 근로자들이 많이 애용한다고 하였다. 커피가 떨어지면 바로 남한 직원에게 커피 재료를 보충해 달라고 할 정도로 커피 맛에 빠져 있었다.

이와 같은 상황으로 인해 개성공단에서 일하는 북한 근로자 54,000여 명은 개성 지역에 살고 있는 북한 주민의 먹고 사는 문제를 북한 당국이 아닌 남한의 기업들이 해결해주고 있다고 속으로 여기는 듯 했다고 한다. 개성공단에 근무하는 북한 근로자 가정의 식구나 인근 주민들까지 이와 같은 현실이 조금 조금씩 알려졌으리라고 본다. 개성 지역에 사는 사람들 중 많은 사람들은 개성공단의 남한 기업들이 사실상 자기들의 먹고 사는 문제를 해결해 주고 있다고 여기는 것으로 봐도 무리한 판단은 아니다. 개성공단이 들어오고 나서 개성 지역 주민들의 생활 수준이 높아지면서 개성시나 인근 지역 사람들은 개성공단 기업에서 일하기 위해 힘 있는 사람에게 줄을 대거나 뇌물을 주고라도 일을 하려고 한다는 소문도 들렸고 개성이 과거와 달리 활기찬 도시로 변모하고 있는 모습이 이를 입증하는 것이었다.

변하지 않는 북한 당국의 사상 통제

필자는 개성공업지구관리위원장으로서 업무를 추진하면서 이와 같이 개성공단에서 점진적으로 진행되고 있는 북한 주민들의 변화를 목격하였다. 개성공단에서 일하는 북한 주민들은 자본주의 시장경제의 개념을 알게 되고 점차 이에 적응하게 되었다. 그들이 몰랐던 남한의 경제적 부유함을 알게 됨으로써 내색은 못하지만 마음속으로는 남한을 무척 부러워하거나 동경하는 마음이 생겼다. 북한의 오랫동안의 대남 적개심 세뇌 교육으로 인해 개성공단 초기에는 남한 사람들에 대한 강한 적개심이 있었다. 시간이 갈수록 남한 사람들에 대해 우호적인 태도로 바뀌어갔다. 심지어는 북한 사람 중에는 남한 사람과 단둘이 얘기할 기회가 생기면 남한은 박정희 같은 지도자를 잘 만나 부유하게 살게 되었지만 북한은 지도자를 잘못 만나 제대로 못 먹고 힘들게 산다고 얘기할 정도였다고 한다. 앞으로 북한이 남한과 전쟁을 할 때에는 전쟁에 참가하지 않겠다는 얘기도 했다고 한다. 북한 측이 개성공단에서 정세를 빌미로 남한 직원들을 힘들게 할 때는 귓속말로 "힘 내세요" 하면서 격려까지 해 준 적도 있다고 한다. 북한 주민의 이러한 변화상은 북한 당국이 남한과 인적 교류를 하거나 남북 경협을 할 때 가장 경계하고 두려워하는 상황이었다.

2000년대에 남북한 간 교류가 활성화되어 갈 즈음에 북한 측은 자기들의 철저한 정치 교육과 통제 시스템으로 북한 주민들의 사상적 이완이 없을 것으로 생각해 북한 체제에 자신이 있다고 생각하였다. 그러나 김정일 위원장이 북한 주민들이 심적으로 동요되는 것을 확인하고는 남북한 간 교류협력 과정에서 경계를 늦추지 말고 철저히 통제하라고 직접 지시하였다고 한다. 북한은 1980년대 말 동구 공산권이 무너져 체제 전환이 된 것은 외부로부터의 황색 바람(자본주의 사상)의 유입을 막지 못한 것 때문이라고 진단하고 사회주의 북한 체제를 지키기 위해 내부 사상 통제를 철저히 했다. 그 뒤에는 이라크 정권이나 리비아 정권의 붕괴를 보고 이는 군사력이 약했기 때문이라고 진단하고 군사력 강화만이 북한을 외부의 공격으로부터 지킬 수 있다고 강조하였다. 북한은 '김씨 왕조 세습 정권'과 '우리식 사회주의 체제'를 지키기 위해 사상 무장과 군사력 강화를 절대적인 것으로 생각하고 이를 지속적으로 강화해 왔다. 북한이 어려운 경제난 해소를 위해 외부로부터 필요한 외화벌이를 위해 불가피하게 남한의 힘을 빌어 개성공단을 운영하고 있지만 개성공단에도 강력한 정치·군사적 통제가 변함없이 가해지고 있었다.

개성공단에서 일하고 있는 대부분의 북한 사람들은 평상시에는 대체로 악의 없이 순수해 보였다. 정치·군사적 문제만 나오면 돌변하여 목소리를 높였다. 남한 사람들이 북한의 판에 박힌 듯한 입장을 강변하는 것을 순간적으로 당하게 되면 누구라도 섬뜩한 경험을 하게 된다. 북한 사람들은 어릴 때부터 철저하게 정치사상 교육을 받아 왔다. 김일성·김정일 수령, 6·25 전쟁, 항일 독립운동, 미국 등에 대한 언급만 있으면 즉각적인 반응을 보이면서 북한의 상투적인 정치 선전 논리를 목소리를 높여 장황하게 웅변조로 얘기하였다. 2012년에 김정은이 준전시 상태를 선포하고 젊은 사람들의 자원입대를 종용한 적이 있었다. 그때 관리위원회 소속 북한 여성 직원인 전OO씨(김일성종합대 경제학부 출신)가 직장을 그만두고 군대에 자원입대하겠다고 해서 우리가 놀란 적이 있었다. 사유를 파악해보니 6·25전쟁 때 자기 할아버지가 미군의 폭격으로 사망했다면서 나라가 준전시 상태를 선포했으니 자기가 당연히 나서서 싸워야겠다는 것이었다. 최종적으로 군대 입대는 실행하지 않았다. 이러한 모습을 보면서 북한 사람들의 머리속에 오랫동안 세뇌되어 각인된 인식이 쉽게 바뀌지 않겠다고 느꼈다.

북한의 김씨 왕조 세습 정권과 북한식 사회주의 체제를 지키기 위해서 개성공단에서 일관되게 유지하는 정치 통제 내용은 다음과 같은 것들이었다. 먼저 북한 사람들의 개성공단에서의 생활은 북한 사회에서 일상적으로 하는 통제 방식 그대로 유지되었다. 매일 그리고 일주일마다 생활 총화가 있었다. 아침에 출근해서 업무 개시전 30분 동안 노동신문 독보회 등 아침 총화가 있었고 일주일에 한 번 주말에 '사회문화 활동'이라는 이름하에 4시간의 생활 총화가 있었다. 초기에는 주말에만 실시하였으나 입주 기업과 북한 근로자가 증가함에 따라 개성 시내 총화 공간이 부족하게 되어 일부 기업들은 평일에 4시간의 '사회문화 활동' 총화를 실시하기도 하였다. 평일 총화는 기업의 생산 활동에 장애 요소로 작용하였다. 그리고 근무 시간 중에는 자주 북한 노래를 틀어주거나 김일성의 회고록인 '세기와 더불어'를 장시간 듣게 함으로써 개성공단에서 일하는 것도 북한식으로 운영하려고 하였다.

북한 당국의 외부 정보 차단

믿기 어려운 일화가 있어 소개한다. 한 입주 기업의 상호가 '일성레포츠'였는데 개성공단 공장에 간판을 걸려고 하니 북한 당국에서 그 상호명을 사용할 수 없다는 것이었다. 북한에서 수령인 김일성의 이름을 무엄하게 상호명으로 사용할 수 없다는 것이었다. 그 회사가 사용해 온 고유한 상호를 강압적으로 사용하지 못하게 하는 것은 유례가 없는 일이었다. 그 기업의 회장은 말이 안 되는 일이라서 북한의 강압적 요구를 처음에는 일언지하에 거부하였다. 북한 측의 지속적인 요구와 압박이 있었고 결국 지쳐서 개성공단에서 '일성레포츠' 상호를 사용하지 않고 반발로 'IS레포츠'로 상호를 변경하고 비꼬는 방식으로 대응하였다고 한다. 북한의 독특한 수령정치 체제로 인해 발생한 것이었다. 북한은 공공기관인 '한국산업단지공단', '한국환경공단', '한국전력' 기관명에서 '한국'을 빼라고 요구하였다. 북한 땅에서 '한국'이라는 명칭을 사용할 수 없다는 것이었다. 어이없는 일이었다. 기관별로 여러 가지 이유를 대어 질질 끌다가 '한국'자를 포함한 기관명의 간판을 달고 버텼다는 것이었다. 그 이후에도 북한 총국 참사가 가끔 찾아와서 '한국'자를 뺄 것을 계속 요구하였지만 해당 기관의 지사장들이 끝까지 버텨 기관 명칭의 사용을 고수하였다고 한다.

개성공단에 입주해 있는 우리은행은 본점이나 모든 지점에서 은행의 오랜 역사를 상징하여 게시하는 '우리나라 우리은행'이라는 글귀를 그대로 게시하였다. 어느 날 북한 총국 참사가 찾아와 '우리나라'가 어느 나라를 말하는 것이냐고 묻더라는 것이었다. 우리은행 지사장은 직감적으로 '한국'이라고 하면 시비를 걸어올 것이라고 생각했다. 우리은행의 역사는 남북한이 생기기 훨씬 전인 1899년에 설립된 것으로 그때부터 '우리나라 우리은행'이라고 사용했다고 둘러대었다는 것이었다. 그래서 적당히 넘어가게 되었다는 것이었다. '한국' 명칭은 한반도에서의 정통성 문제와 관련되어 북한이 시비를 걸어오고 '한국'자를 기관명에서 빼라고 한 것으로 생각이 된다. 모두 북한의 정권과 관련되는 것들이었다.

남한으로부터의 황색 바람이나 정보 유입을 차단하기 위해 남한 신문의 개성공단으로의 반입은 일체 금지되었다. 도서도 철저히 내용 검열을 통해 단속되었다. 남한 신문은 남한의 사회·경제·문화적 실상은 물론이거니와 김일성·김정일·김정은에 대한 내용이나 북한 체제를 비판하는 내용이 다반사라 이들 내용이 북한 주민들에게 알려지는 것을 막기 위해 일체 반입이 금지되었다. 남한 사람이 남한 신문을 가지고 개성공단에 들어올 경우에도 신문은 압수되고 벌금을 부과했다. 개성공단 초기에는 남한 사람들이 북한의 이러한 입장을 모르고 자유롭게 신문을 반입하다가 단속되어 말씨름이 있기도 했다. 북한의 확고한 입장을 알고는 그 이후로는 신문을 일체 개성공단으로 들여오지 않았다. 도서의 경우에는 북한 김씨 정권이나 체제를 비판하지 않거나 이에 무관한 내용, 예컨대 경영학, 자연과학이나 기술계통의 책은 반입을 허용하였고, 문제가 된다고 판단되는 책은 압수하고 벌금을 부과하였다. 필자가 보기에는 다음과 같은 내용이 있는 도서는 단속대상인 것 같았다. 첫째, 북한의 수령인 김일성, 김정일, 김정은에 관한 내용이 있는 것이었다. 북한의 수령은 절대적인 '존엄' 그 자체이기 때문에 수령의 절대성이 훼손되는 것은 북한 체제상 용납될 수 없는 일이었다. 둘째, 6·25

전쟁과 관련된 내용이 있는 것이었다. 북한은 6·25전쟁이 미국과 남한이 북침한 것으로 북한 주민들을 속여 교육하였기 때문에 6·25전쟁이 북한의 남침에 의해 발생한 사실이 북한 주민들에게 알려지는 것을 막아야 했다. 셋째, 북한의 어려운 경제 실상을 비판하는 등 북한 체제를 비판하거나 폄훼하는 내용의 도서는 반입이 허용되지 않았다, 넷째, 음란물성의 책자, 동영상, 사진 등이었다. 자본주의 퇴폐 문화의 유입은 철저히 차단한다는 것이었다. 도서 내용의 위반 여부 판정과 관련하여 남한 사람과 북한의 단속 관리 간에 시비가 붙을 경우에는 최종 위반 판정은 북한 관리의 주관적 판단에 따라 결정되었다. 남한 사람이 항의할 경우에는 책의 압수는 물론이거니와 벌금액도 크게 부과하였기 때문에 결국에는 남한 사람은 일방적 처사가 매우 부당하지만 수용할 수밖에 없었다. 벌금 액수의 범위는 북한 관리의 재량이었다. 음란물 반입에는 50~100$, 체제 비판물에는 50~200$의 벌금이 부과되었다. 북한 관리의 방침에 잘 따르고 잘못을 시인하면 벌금액이 적게 부과되고 그렇지 않고 시비를 계속 가리거나 항의를 강하게 할 경우에는 최고의 벌금액을 부과하였다. 북한 체제 유지를 위한 막무가내식 셈법이었다.

북한 당국의 우선순위, '정치성'·'군사성'

북한 주민이 남한 주민과의 접촉을 통해 사상이 오염되거나 이완되는 것을 막기 위해 일반 북한 근로자들은 남한 사람들과의 접촉을 일체 금지하였다. 직무상 남한 사람들과 접촉이 허용된 북한 사람이나 불가피하게 남한 사람을 만나게 될 경우에는 반드시 북한 사람 두 명이 한 조가 되어 남한 사람을 만나도록 하였다. 이것은 철칙이었다. 북한 사람이 단독으로 남한 사람을 만나거나 남한 사람이 특정의 북한 사람 한 사람에게만 칭찬을 하거나 관심을 두게 되면 그 당사자인 북한 사람은 징계를 받거나 그 북한 사람은 어느 날 그 기업에서 더 이상 볼 수가 없었다.

북한 측은 개별 기업 내에서 남한의 직원이 북한 근로자에 대한 노무 관리를 직접 하거나 작업 지시를 하는 것은 금지하였다. 기업 내에서 북한 근로자에 대한 작업 지시는 남한의 책임자인 법인장과 북한의 책임자인 직장장이 협의하여 결정된 사항을 북한의 직장장이 작업 지시를 하면 북한 근로자들은 움직인다. 기업주 입장에서 남한의 법인장이나 직원이 북한 근로자들에게 직접 작업 지시를 할 때는 이들은 일체 움직이지 않는다. 북한 근로자들의 인사 문제나 작업장 배치도 북한의 직장장이 결정하고 중요한 것은 남한의 법인장과 상의할 때가 있었다. 북한 근로자를 고용하여 일을 시키고 임금을 주는 남한의 기업주 입장에서는 자기의 경영상 판단에 따라 인사 관리도 하고 작업 지시도 하는 것이 합당하니까 북한의 방침을 바꾸어 보려고 여러모로 시도하였다. 결과적으로 바꾸지는 못했다. 북한 측이 직접 북한 근로자에 대한 노무 관리나 작업 지시는 북한 체제를 위한 철칙이었다.

개성공단 내에서는 남한 사람들의 인터넷 사용이나 핸드폰 소지가 허용되지 않았다. 이것은 외부와의 정보 차단을 위한 것이기도 하지만 유사시에 대비한 군사적 통제 수단인 것 같았다. 김정일 시대에는 선군 체제라서 군부의 힘이 강했다. 개성공단은 과거에 군사 지역이었기 때문에 특히 군부의 입장과 그 영향력이 우세했다. 개성공단 100만평을 벗어나면 군부의 결정을 따라야 했다. 군사분계선을 지나 개성공단까지 가는 도로상에서는 전적으로 군부의 통제를 받아야 했고 우리가 마음대로 행동할 수가 없도록 통제했다. 그 도로는 군사도로라 도로상에서 자동차에 문제가 발생했을 경우에도 우리가 차에서 내려 마음대로 행동을 하지 못하였다. 북한 군인이 올 때까지 차안에서 기다려야 하며 북한 군인의 통제에 철저히 따라야 했다. 남한의 대북 삐라가 개성공단이나 주변 지역에 떨어지거나 남북한 간에 군사적 긴장 국면이 전개되어 군부가 개성공단을 통제하면 북한의 총국도 어쩔 수 없이 따라야 했다. 개성공단을 통한 외화벌이도 중요하지만 군사적인 문제가 북한 체제상 최우선이었다.

개성공단에서 북한 군부의 힘이 세다는 것을 필자는 특이한 사례의 경험을 통해 느꼈다. 2012년 10월경 오전에 관리위원장인 필자의 주재 하에 전체 간부 회의를 하고 있었다. 회의 중에 긴급 보고가 들어 왔는데 관리위원회가 소유, 운영하는 소방차를 북한 측 소방대원이 우리 측 직원의 명령을 어기고 개성공단 밖으로 무단 출동시켰다는 것이었다. 그동안 관리위원회 방침은 개성 시내에 화재가 발생했을 경우 소방차를 북한 측에 일체 지원해주지 않았다는 것이다. 제한된 소방차량 숫자 때문에 개성공단 내에서 화재가 발생할 경우에 대처 할 수가 없기 때문이었다. 다만 개성공단 울타리 바깥 인근 야산에 화재가 발생했을 경우에는 소방차를 지원해 주었다는 것이다. 그때도 소방차량은 개성공단 부지 내에 정차시키고 소방 호스를 울타리 바깥으로 빼내어 진화 작업을 지원해 주었다는 것이었다. 처음에 북한 측은 화재 발생 지역을 개성 시내라고 하였으나 필자와 간부들이 회의실 창문을 통해 화재 연기가 나는 곳을 보니 개성 시내를 벗어나 군사지역인 판문각 부근으로 추정되었다. 나중에 첩보 상으로 판문각 부근에 있는 군사 통신시설이라는 것이었다. 북한 측이 모래로 화재를 진압하려고 했으나 도저히 안 되었다는 것이다.

개성 시내에 있는 북한 소방서의 소방차는 매우 낙후되어 화재 진압을 도저히 할 수 없었다. 우리 측 개성공단 소방서에 있는 성능 좋은 소방차가 필요해 북한 측 군부 계통을 통해 소방차 동원을 요청하였다는 것이다. 관리위원회 측은 기존 방침에 따라 북한 측 총국과 북한 소방대원을 담당하는 보안부서에 소방차 무단 출동을 금지한다는 통보를 여러 차례 했음에도 불구하고 저지하지 못했다. 개성공단을 직접 담당하는 부서인 총국은 북한에서 위세 높은 군부에 대해 내놓고 얘기를 할 수 없었다. 보안부서는 군부의 지휘를 따를 수밖에 없는 계통에 있었다. 그리고 관리위원회 소방서의 북한 측 소방 반장은 현역 위관급 군인(파견)이어서 군부의 상부 명령을 거역할 수 없었다. 우리 측 소방 차량 무단 출동을 저지하지 못한 사례를 보면서 개성공단 내에서도 북한 군부의 위세가 대단하다는 것을 거듭 확인하였다.

개성공단 변화의 한계

필자가 개성공단에서 근무하면서 북한 주민의 점진적 변화를 보고 느꼈지만 이에 대해 북한의 정치·군사체제를 지키기 위한 통제 시스템도 철저히 작동하고 있다는 것을 체험했다. 우리 정부와 기업주들은 개성공단이 남북이 상생하고 기업하기 좋은 환경이 되도록 지속적인 노력을 하였지만 북한의 정치·군사 체제를 지키기 위한 철저한 통제 시스템을 완화시키지는 못했다. 북한의 '김씨 왕조 세습 정권'과 '우리식 사회주의 체제' 고수라는 철칙을 깨뜨릴 수는 없었다. 북한이 어려운 경제난을 해소하기 위해 불가피하게 개성공단을 통해 외화벌이 사업을 하였지만 그들의 정치·군사 체제가 훼손되지 않는 범위 내에서만 가능한 것이었다. 이러한 북한의 고착된 방침에 따라 북한의 여러 가지 통제 방법은 일체 완화되거나 바뀌지 않고 엄격하게 지속적으로 유지되었다.

필자는 개성공단에서의 북한 주민들의 변화상을 나름대로 보면서 북한 당국도 이러한 변화 움직임을 파악했을 것이라고 판단했다. 북한 당국은 이러한 변화가 북한 정권·체제에 위협이 되지 않도록 더욱 철저한 통제 시스템을 유지해야 한다고 전략적으로 분석했을 것이다. 북한 상부에서 개성공단의 실태를 나름대로 분석하고 내부의 심도 깊은 검토를 거쳐 엄격한 통제 시스템을 강력하게 적용한다면 개성공단은 충분히 관리 가능하다고 결론을 내렸을 것이다. 북한 당국이 개성공단에서 북한 정권·체제의 훼손을 방지하면서 외화벌이도 할 수 있는 두 가지 목표를 동시에 달성할 수 있는 방법은 전략적으로 정치·군사 통제 시스템을 지속적으로 엄격하게 적용하는 것이었다. 2014년 가을경 북한 총국의 박철수 부총국장은 필자에게 개성공단의 관리 기준으로 '정치성', '군사성', '수익성', '공해성' 등을 언급하였다. 이는 북한 측의 개성공단을 관리하는 명확한 전략적 입장을 밝힌 것이었다. 우리 정부 측에서는 통일정책 추진에 도움이 되고 기업 측에서는 일하기 좋은 작업 환경을 만들기 위해서 어떤 전략과 방법을 모색해 북한 측을 설득해 나갈지가 중요 과제가 된 셈이었다. 남북한 당국 간에 보이지 않는 전략적 수싸움이 개성공단 현장에서 진행되고 있었다.

개성공단 '잠정 중단' 위기 상황의 전개 과정

개성공업지구관리위원장으로 재임한 3년 2개월의 기간 동안 가장 잊을 수 없는 일은 2013년 4월 3일 북한이 개성공단 출입을 통제한 위기 사태 때의 1개월 동안이었다. 필자가 2011년 10월 10일 부임할 때에 북한 측의 천안함 폭침 및 연평도 포격 사건으로 인해 이후 남북 관계가 긴장되고 대결 양상이 전개되고 있었다. 그로 인해 필자는 향후 개성공단에서의 위기 사태 발생에 대한 염려와 이에 대한 대비책을 항상 염두에 두었다. 그것이 실제로 발생한 것이었다. 국내는 물론이고 세계에서도 개성공단에 체류 중인 많은 우리 국민이 북한 측에 의해 대규모로 억류되지 않을까 우려하면서 주목받았던 위기 사태였다. 필자는 당시 개성공단에서 위기 사태가 발생하였을 때 현장에서의 야전사령관격의 총괄 책임자로서 진두지휘하면서 위기 상황을 철저히 관리하고 극적으로 극복해 나갔다. 당시 체류 중인 우리 측 주재원들 중 861명을 안전하게 남한으로 귀환시키고 필자를 비롯한 '최후의 7인'이 5월 3일 남한으로 귀환함으로써 우리 측의 신변 안전상의 위기 사태를 일단 종결시켰다. 당시 체류한 868명 중 한 명도 불상사가 발생하지 않고 전원 안전하게 귀환하게 되어 오로지 하늘에 감사할 따름이다.

당시 개성공단 위기 사태는 필자에게 결코 잊을 수 없는 일이라 그 전개 과정을 상세히 정리해 두었는데 이를 바탕으로 회상하고자 한다. 2013년 4월 3일부터 5일 3일까지의 위기 사태의 대처 과정이다. 큰 흐름으로 보면 네 단계로 전개되었다고 볼 수 있다. 개성공단에서 4월 3일 위기 사태가 본격 발생하기 전에 전조 징후 단계가 있었다. 그리고 실제 위기 사태가 발생한 초반 단계로서 4월 3일 박철수 부총국장이 필자에게 개성공단의 출입 통제 조치(우리 체류 인원의 남한으로 귀환 요구)를 통보하고 난 후에 4월 8일 이금철 총국장이 필자에게 개성공단 잠정 중단 및 북한 근로자 전원 철수 조치를 통보한 기간이었다. 중반 단계는 개성공단 기업들이 더 이상 생산 활동을 할 수 없음을 인식하고 체류한 주재원들이 연속적으로 줄을 이어 귀환하고 생산품을 가용한 차량에 최대한 적재해 반입해 온 기간이었다. 한편으로 우리 정부가 북한 측과 당국 간 회담을 통해 문제를 해결하고자 모색한 기간이었다. 후반 단계는 북한 측이 개성공단 잠정 중단 조치에 전혀 변경 의사가 없음을 확인하고 우리 측이 4월 26일에 우리 체류 인원의 신변 안전을 위해 북한 측에게 전원 귀환 방침을 통보하였다. 관리위원회 위원장인 필자와 총국의 박철수 부총국 간의 마무리 협상을 끝낸 후 5월 3일 '최후의 7인'이 귀환한 기간이었다. 지금 돌이켜 회고해보면 한 달 동안에 위기가 발생하고 이로 인해 긴박한 순간순간이 숨 가쁘게 전개되고 최종적으로 피날레를 맞은 마치 한 편의 드라마틱한 영화 같은 사태였다.

박근혜 정부 출범 이후 북한의 단계적 위기 고조 조치

박근혜 정부가 출범하기 전 2월 12일 북한은 제3차 핵실험을 실시하였다. 이로 인해 우리를 비롯한 국제사회가 북한에 대한 강력한 경고와 더불어 대북 제재 조치를 위한 국제사회의 움직임이 전개되었다. 3월 8일 UN 안보리 대북 제재 결의가 이루어졌다. 관리위원회에서는 북핵 실험과 같은 안보 위기 상황을 맞아 2월 13일 비상 대비 체제로 전환하였다. 주재원들의 개성공단 출입과 체류 시 유의 사항을 전달하고 신변 안전 지침을 유관 기관장 회의, 법인장 회의를 통해 당일 전달하였다. 대체로 그 내용은 다음과 같다. 개성공단 입출경 시간을 준수하고, 공단 내 문제될 장소의 무단 촬영을 금지하며, 출입경 심사 시 북한 측과의 부적절한 행위를 금지하도록 하였다. 개성공단에 반입이 금지된 출판물, 영상물, 핸드폰 등의 반입을 절대로 못하도록 하였다. 그리고 음주 운전 금지, 북한 측과 불필요한 대화 자제, 언론과의 오해 소지 있는 발언 자제 등을 요청하였다. 관리위원회는 24시간 비상 상황실을 운영하고 야간 순찰을 강화하였다. 혹시 모를 개성공단 내 남북한 주민 간 우발적인 충돌을 예방하고 돌발 상황에 대비하기 위한 것이었다. 만약의 위기 사태의 발생에 대비해 개성공단 내 우리 주재원들이 먹을 식량 보유 현황도 파악해 두었다. 장기간 지탱할 식량 규모는 아니었다.

박근혜 정부가 출범하고 나서는 남북 관계는 더욱 긴장 국면으로 돌입하였다. 2013년 3월초부터 정례적인 한미 합동 군사훈련이 한 달간 실시되었다. 북한 측은 이를 북침 전쟁 연습이라고 비난하면서 3월 5일 최고사령부 대변인 성명으로 정전협정을 백지화한다고 발표하였다. 3월 8일에는 조국평화통일위원회가 기존의 '남북 불가침 합의'를 파기한다는 성명을 발표하였다. 3월 11일에는 판문점 남북 연락 채널인 남북 직통전화를 차단하였고 이어서 3월 27일에는 개성공단 출입 절차상 전달 창구 역할을 하였던 남북 군통신선을 차단하였다. 3월 26일 북한 측은 1호 전투 근무 태세를 발령하였다. 입주 기업 측에서 관리위원회에 알려온 바에 의하면 북한 근로자들이 동원되어 참호를 구축하였다거나 전쟁이 발생하면 군대에 자원하겠다는 서약서를 쓰고 있다는 첩보가 들어왔다. 3월 30일에는 정부·정당·단체 특별 성명으로 남북 관계가 전시 상황으로 돌입한다고 발표하였다. 그날 개성공단을 관장하는 중앙특구개발지도총국 대변인 담화를 통해 개성공단 폐쇄를 언급하면서 남한 측이 '존엄(김정은 지칭)'을 모독하는 행위를 계속

한다면 단호한 조치를 취하겠다는 경고성 발표를 하였다. 그리고 박철수 부총국장이 관리위원회 김호년 부위원장에게 '총국 대변인 담화' 문건을 전달하면서 경고성 발언을 하였다. 이와 같이 박근혜 정부 초기부터 북한 측은 위기를 단계적으로 고조시켜 나갔다. 그러한 상황에서 국내에서는 일부 보수 단체들이 김정은 처형 퍼포먼스를 하였다. 언론에서는 북한 측의 한반도 안보 위기 조성의 의도를 분석하거나 비판하는 글들이 실렸다. 북한 측의 단계적 위기 고조화 조치에 대해 우리의 전문가들은 북한 측이 박근혜 정부를 길들이기 위해 전형적인 위기 고조 및 협박 등의 벼랑끝 전술을 구사하는 것으로 평가하였다. 작용-반작용(Action-Reaction)이 남북한 상호 간에 전개되었다.

북한의 개성공단 '잠정 중단' 통보

4월 3일 오전 8시 50분경에 북한 측의 협력부에서 "부총국장이 관리위 위원장에게 전달할 사항이 있으니 9시에 협력부 면담실에서 만나자"고 통보해 왔다. 필자는 약간의 불안감을 느끼며 협력부 회의실에서 박철수 부총국장을 만났다. 박 부총국장이 봉투에서 서류를 꺼내어 낭독하였다. 그 내용의 요지는 다음과 같았다. "우리(북한) 측 출입 담당 군부의 위임에 의해서 통보한다. 오늘(4.3)부터 남측에서 들어오는 모든 인원과 차량의 출입을 차단한다. 북측에서 남측으로 나가는 모든 인원과 차량의 출경은 보장된다. 남측에서 인질 억류라는 억측이 없도록 하기 위해 당초 출경 계획과 무관하게 조기 출경은 보장할 것이다. 기본적으로 개성공업지구에 있는 모든 인원은 남측 지역으로 나가라는 것이다." 라면서 일방적인 통보를 하였다. 필자는 이 내용을 들으면서 순간적으로 북한 측이 며칠 전에 예고한 개성공단 폐쇄 조치를 실행하려는 것이라고 판단하였다. 필자는 박 부총국장에게 "개성공단은 남북한이 공동으로 만든 것인데 북한 측의 통보 내용은 일방적으로 개성공단을 사실상 가동하지 못하게 하는 것인데 말이 되느냐"고 항의성 의견을 개진하였다. 박 부총국장은 "위원장 선생, 아직도 정세 파악이 되지 않느냐"고 하면서 "다시 한 번 말하겠다."면서 조금 전에 통보한 내용을 그대로 다시 한 번 낭독하였다. 그것이 끝이었다. 더 이상 얘기를 나누지 않고 자리를 떴다. 이미 북한 측 상부에서 결정된 사항을 통보하는 공식적 요식 행위였다. 힘이 센 북한 군부의 결정 사항이니 총국도 어찌할 수 없는 형국이었다.

필자는 바로 우리 정부 측에 북한 측과 면담한 내용을 그대로 보고하였다. 그리고 9시 40분에 관리위원회 부서장단 긴급회의를 열었다. 부서별 비상 대응 체제를 즉시 가동하기로 결정하였다. 주요 생필품, 유류·LPG 재고 현황과 용수 공급 가능량 등의 조사를 지시하였다. 필자는 개성공단 내에서 우리 측 주재원 사이에 출입 통제와 향후 개성공단 폐쇄 등과 관련하여 온갖 억측이나 혼선을 우선 방지해야 한다고 생각했다. 개성공단에 대한 상황을 정확하고 신속히 전달하여 상황을 투명하게 공유하면서 위기에 공동 대처하는 것이 필요하다고 판단하고 주재원들 전체 회의를 소집하였다. 10시 30분에 입주기업·영업소·유관기관 대표자 긴급회의를 소집하였다. 필자는 북한 측의 출입 통제 조치를 소상히 알리고 주재원들의 신변 안전 관리에 철저히 유의해 줄 것을 당부하였다. 이어서 유관기관장 회의를 개최하여 공공기관별로 예상되는 문제점을 신속히 파악해서 알려달라고 요청하였다. 점심 식사를 구내식당에서 빨리 마치고 12시 40분에 부서장단 비상 상황 점검 회의를 소집해서 우리 측 체류 인원 복귀 일정 변경 사항이나 체류 인원 전체 실사를 지시하였다. 위원장인 필자와 부위원장, 보좌관은 필자의 집무실이 있는 종합지원센터 14층에서 24시간 대기하면서 비상총사령탑을 운영하기로 했다.

오후 1시 30분에 주재원 전체 회의를 관리위원회 대강당에 소집하였다. 총

178명이 참석하였다. 필자는 현재 상황을 정확히 설명하면서 북한 측이 지금은 기업 경영을 논의할 상황이 아니며 '사람 관리'가 중요한 사항이라는 것을 강조하였다는 사실을 알려주었다. 참가한 기업의 법인장들은 예상되는 문제점들을 제기하면서 그 해결책에 대해 주로 질문하였다. 어떤 기업의 법인장은 그동안 개성공단에서의 출입 통제 사례로 보아 우리 측 주재원의 신변 안전은 문제가 없을 것이라면서 문제는 기업이 입을 경제적 손실이라고 지적하였다. 현 상황의 문제를 해결하기 위해서는 북한 측 총국과 협의는 관리위원회가 아니라 이해 당사자인 기업 측이 나서야 한다고 주장하기도 하였다. 법인장 전체의 대표인 창진어패럴 임기언 사장이 입주 기업들의 입장 정리를 위해 별도로 법인장 운영위원회 회의를 해서 결정하자고 제의하여 전체 회의 종료후 바로 법인장 운영위원회가 오후 2시 40분에 개최되었다. 여러 가지 얘기가 오갔는데 최종적으로 법인장들이 북한 측과 직접 협의하는 것은 적절하지 않고 기업의 오너 모임인 '기업협회'나 '기업책임자회의'에서 나서서 우리 정부 측과 협의하는 것이 적절하다는 결론을 내렸다. 기업 입장에서는 개성공단을 지켜야 하기 때문에 기업별 필수 인원이 개성공단에 남아 기업 사수 의지를 보여 주어야 한다고 의견을 모았다. 그리고 앞으로 기업별로 공장 가동 가능 일수를 점검하기로 하였다.

비상 대책 회의 개최

관리위원회 김호년 부위원장이 북한 측 협력부장을 오후 2시 20분에 접촉하여 상황 파악을 하였다. 협력부장은 통행 차단 이유로 우리 언론 보도와 외교안보 장관회의에서의 발언에 대해 시비를 걸었다. 우리 언론에서 북한이 경제·핵병진 발전을 결정했기 때문에 달러가 들어오는 개성공단을 절대 포기하지 못할 것이라는 보도(모 언론사의 '북한이 개성공단을 폐쇄하지 못하는 3가지 이유' 제하 보도 등)를 지적하였다. 또한 우리 측 외교안보 장관회의에서 북한 측이 도발을 하지 못하도록 억지력을 강화한다는 "남쪽 집권자의 말"을 이유로 제시하였다. 오늘(4.3)부터 북한 근로자들의 연장·철야 근무를 중단한다는 방침을 통보하였다. 그동안 개성공단에서의 대부분 기업들은 제품을 최대한 많이 생산하기 위하여 연장·철야·휴일 근무를 다반사로 하였다. 실제로 그 날 저녁부터 북한 측은 각 기업의 연장이나 철야 근무를 원칙적으로 일체 거부하였다. 협력부장은 북한 근로자의 중식 등 식사 문제는 기업에 남아 있는 식자재가 떨어지면 북한 근로자가 스스로 알아서 할 것이라고 하면서 "가스·유류·식자재 문제들도 모두 검토해서 금번 조치를 결정했다"고 강조하였다. 협력부장은 우리 측의 문제 제기에 대해 접수는 하지만 군에서 조치한 내용이기 때문에 수용하기가 어려울 것 같다고 설명하였다. 이로 보아 이번 조치는 군부의 결정 사항으로서 확고한 것이며 금번 조치에 따른 여러 가지 실무적 대비를 철저히 한 것 같았다.

필자는 이와 같은 부위원장의 보고를 받고 오후 3시에 부서장단 비상 상황 대비 회의를 다시 소집하였다. 북한 측의 이번 조치가 단호하며 장기전이 될 것 같다고 판단했다. 비상용 식량 확보를 위해 개성공단에서 식자재를 공급하는 유통회사의 재고분을 기업 측에 판매하지 말고 그대로 보관하고 가스 재고분도 확보하기 위해 불필요한 사용을 자제하기로 했다. 또 불시에 발생할지 모르는 사태를 방지하기 위해 주·야간 매시간별로 공단 순찰을 강화하기로 하였다. 오후 5시 30분에 부서장단 회의를 다시 소집하여 개성공단 체류 인원 현황을 파악하였다. 그날 저녁 기준으로 835명이 체류하였다. 4월 2일에 868명이 체류하였는데 그날 33명이 남한으로 귀환하였다. 4월 3일 하루 종일 4차례의 관리위원회 부서장단 비상 대비 회의, 2차례의 주재원 전체 회의, 1차례의 유관 기관장 회의를 소집하여 비상 상황을 정확히 공유하고 예상되는 문제점에 대한 대비책을 논의하였다. 우선적으로 주재원들의 신변 안전 관리에 만전을 기해줄 것을 특별히 당부하였다. 하루 종일 정신없이 바빴으나 여러 차례의 긴밀한 회의를 통해 위태로운 상황을 주재원들이 정확히 공유함으로써 개성공단 내부의 여러 가지 억측이나 잘못된 소문을 차단하는데 어느 정도 효과가 있었던 것 같았다.

개성공단 주재 의료진의 철수 강행

문제는 상식 밖의 일에서 생겨났다. 개성공단에는 주재원들의 안정적인 건강관리를 위해 관리위원회 소속의 부속병원이 설립되었는데, 일산에 있는 모 병원에 2013년 1월부터 위탁 운영을 하고 있었다. 비상 상황 하에서 위탁병원의 상주 전담의사 1명을 포함한 의료진 7명들이 신변 안전을 이유로 모두 남한으로 귀환하겠다는 것이었다. 어떠한 상황에서도 사람의 생명을 지켜야 할 의료진들이 비상 상황 하에서 1명도 남지 않고 모두 철수하겠다니 어이가 없었고 상식 밖의 행동을 강행한다니 분노가 치밀었다. 관리위원회는 일산에 있는 위탁병원 본부 측에 강한 항의를 하면서 책임 있게 행동해 줄 것을 요청하였다. 병원 본부 측에서는 개성공단 현장에 있는 의료진의 의사가 가장 중요한데 의료진이 신변 안전을 염려하여 철수하겠다고 하니 본부 측에서도 강제 체류를 시킬 수 없다는 것이었다. 그 다음 날인 4월 4일에 6명, 4월 6일에 마지막 1명이 전원 남한으로 귀환하겠다고 했다.

4월 4일 10시 40분에 관리위원회 보건의료 운영회의(위원장: 관리위원회 부위원장, 위원: 부속의원 의료진, 유관 기관 및 기업체 대표들로 구성)를 긴급히 소집하였다. 참석한 유관 기관 및 기업체의 대표들은 전시 상황에도 의료진이 남아 있는 것이 책무라면서 위탁병원의 무책임한 철수에 대해 강한 비판 의견이 개진되었다. 위탁병원 의료진들은 불가피한 귀환을 설명하면서 비상 의약품 전달 및 비상시 대응책에 협조하겠다고 양해를 구하였다. 위탁병원 의료진들이 귀환하게 된 사정을 자세히 알아보니 첫째는 개성공단 체류 의료진들이 본부 측에 생명수당 및 보험 등 신변 안전을 담보할 수 있는 장치를 마련해 달라고 요청했는데 본부 측에서 거부를 해서 귀환할 수밖에 없다는 것이었다. 두 번째는 처음에는 간호사 등 일반 의료진들은 남아 있어야 한다는 생각을 가졌지만 상주 전담의사가 집안 사정상 귀환해야 한다는 입장이 확고해 함께 행동할 수밖에 없다는 것이었다. 이와 같은 사정 때문에 관리위원회가 의료진들의 강제 체류를 강요할 수는 없는 상황이 되었다. 따라서 위탁병원 소유의 각종 의약품(감기약, 해열제, 고혈압약, 당뇨약, 외상약, 설사약, 미제조분 약 등)을 관리위원회에서 인계받아 사용하기로 하였다. 긴급한 환자가 생기면 관리위원회와 일산 본부 병원과 비상 연락 전화망을 상시 운영하여 대처하기로 하였다. 마침 한국국제보건의료재단에서 관리위원회에 파견되어 근무하고 있는 직원(최명균)이 의료직(방사선 기사)이라 이 직원이 약품 처방 방법을 배워 부속의원 의료진을 대행하였다. 엄격하게 적용하면 의료법 위반이라고 생각되지만 전시에 준하는 비상 상황에서 체류 주재원의 건강관리를 위해 불가피한 선택이었다. 필자가 책임질 각오로 임시 대행 체제로 운영하기로 하였다. 주재원들 중 고혈압약, 당뇨약을 정기적으로 처방받아 복용하는 사람이 정해져 있었기 때문에 그에 따라 약을 주면 되는 일이었다. 감기약, 설사약, 외상약 등은 큰 문제가 없는 약들이었다. 의사의 진단과 처방이 필요한 환자는 긴급히 남한으로 귀환시키면 되었다. 이에 대해 북한 측과 협의하여 그렇게 조치하기로 하였다. 비상사태 한 달 동안에 보건의료와 관련해서 문제가 발생한 것은 없었다. 그나마 다행스러운 일이었다.

잔류 인원들의 식자재 문제

4월 4일에도 체류하는 주재원들과 상황을 정확하게 공유하기 위해 오전 10시에 입주기업·지원기관·영업소 전체 회의를 개최하여 자세하게 설명해주었다. 총 143명이 참석하였다. 이때 의료진 전원 귀환이라는 내용을 알고 있는 주재원들이 의료진 부재에 따른 대응책과 환자 긴급 출경 가능 여부에 대해 문의하였다. 오후 3시에는 관리위원장 주재 하에 식자재 업체 간담회를 개최하였다. 당시 개성공단에는 주재원들에게 식자재를 공급하는 업체가 6개, 식당은 4개가 있었다. 식당은 관리위원회가 위탁 운영하는 'DCF', 한국산업단지공단 아파트형공장 내 식당으로 '마켓원', 현대아산의 직원식당인 '현대푸드', 일반 식당인 '포스'가 운영되고 있었다. 유통업체와 식당이 보유한 식자재 규모는 쌀은 1,120kg으로 약 4일분, 식당 부식 1,580식, 부식 자재는 라면 41,360개, 소시지 6,000개, 초코파이 102,000개로 파악되었다(기업별 보유 식자재는 제외). 식당 중 '마켓원'과 '현대푸드'는 하루나 이틀 정도 운영이 가능했고 'DCF'와 '포스'는 일주일 정도 운영할 식자재를 보유하고 있었다. 식당은 4월 11일 이후는 부식 소진으로 운영이 불가능하였다. 간담회에서 최종적으로 관리위원회가 비상용 식자재를 통합 관리하기로 하였다. 유통업체가 보유한 식자재는 더 이상 북한 근로자용 공급은 중단하고 우리 측 주재원용으로만 공급하기로 하였다. 관리위원회 주관으로 이들 업체와 식당 외에 개별 기업이 보유한 식자재도 수시로 파악하여 대처하기로 하였다. 그 후에 개별 기업의 식자재 보유 현황을 파악해보니 '태성하타(화장품 용기 제조업)'에서 5인 기준으로 쌀 1년 6개월분(1,000kg)을, '신원(의류 제조업)'은 3인 기준으로 쌀 3개월분을 보유하고 있었다. 그러나 대부분 기업은 머지않아 식자재 부족이 예상되었다. 개성공단 내 기업의 절반 이상이 4월 10일쯤 되면 식자재가 소진되는 것으로 조사되었다. 식자재나 유류·가스 부족 및 의료진의 부재 등으로 우리 기업들의 주재원들이 계속 지탱해 나가기가 쉽지 않은 상황이 예상되었다.

기업들의 애로 사항 해소를 위해 북측과 협의, 북측의 경직된 태도

4월 5일 8시에 관리위원회 부서장단 비상 회의를 개최하였다. 4월 4일 체류인원이 614명으로 확인되었으며 4월 3일보다 221명이 감소하였다. 많은 사람들이 남한으로 귀환하였다. 주재원이 1명도 없는 기업이 6개사로 파악이 되었다. 연료 중 경유는 약 5~6일, 휘발유는 약 9~10일 사용할 수 있는 재고가 있었다. 오전에 부속의원 의료진의 부재 상황과 부속의원 약품 임시 처방에 대한 안내문을 입주 기업 전체에 발송하였다. 주재원들이 개인적으로 스스로 건강관리에 대비해 줄 것을 주의 조치하였다. 부속의원에는 관리위원회 직원 두 명을 4월 6일부터 상주 근무시켜 주재원들에게 항시 약품 처방 서비스를 하도록 조치하였다.

4월 6일(토)도 8시에 관리위원회 부서장단 비상 회의를 개최하였다. 비상사태 기간 동안 평시에 9시에 개최하던 부서장단 회의를 매일 8시에 개최하기로 하였다. 그 날 9시부터 기업 측이 주관하여 법인장 전체 회의를 개최(87명 참석)하고 기업의 호소문을 필자에게 제출하였다. 그 내용은 첫째는 기업에서 기 생산된 제품을 남한으로 반출 가능하도록 남한에서 화물차량이 개성공단으로 들어올 수 있어야 하며 둘째는 인도적 차원의 의료진의 개성공단 출입이 허용되어야 한다는 것이다. 이를 위해 관리위원회가 북한 측 총국과 협의하여 해결해 달라는 것이었다. 4월 3일 북한이 우리에게 통보한 조치는 남한에서 일체의 인원이나 차량은 들어올 수 없다는 것이었다. 종래는 화물차량이 개성공단에 들어와 생산된 제품을 실어 남한으로 대량으로 배송했는데 화물차량이 못 들어오니 생산 제품의 재고가 공단에 그대로 적재되어 있었다. 개성공단에는 기업별로 주재원들의 소유인 자동차나 업무용인 승합차 몇 대 정도가 있는데 그 숫자로는 많은 물량의 생산 제품을 도저히 전부 남한으로 배송할 수가 없었다. 개성공단 기업 중에는 위탁생산 하청업체가 많아서 납기를 준수하지 못하면 원청업체에게 지체상금 등 손해배상을 해야 하며 그로 인해 기업은 도산할 수도 있는 위기 사태였다.

관리위원회는 기업 측의 애로 사항을 해소하기 위해 이미 북한 측과 협의하였으나 "불편하면 나가라"는 것이 북한 측의 틀에 박힌 입장이었다. 필자는 다시 한 번 오전에 북한 측의 원용희 협력부장과 직접 만나 기업 측의 애로 사항을 해소할 필요가 있음을 강조하였다. 원 부장은 법인장 전체 회의 결정이나 인도주의적 물자(식자재, 가스) 제공 등 여론을 환기시키는 일을 하지 말 것이며 현재의 남북 관계는 전시 상황이라고 강변하였다. 전혀 대화가 되지 않았다. 오전에 또 기업 측의 법인장 대표 2명(임기언 창진어패럴 사장, 자화전자 양승주 법인장)이 원용희 협력부장을 직접 만나 기업의 애로 사항을 해소해 줄 것을 요청하였다. 원 부장은 "이번 사태는 남측의 최고 존엄에 대한 모독과 개성공단이 북측의 달러 공급원이라는 왜곡된 인식 등 남북 관계 전반에 대한 남측의 불온한 태도가 원인이며 기업들의 식자재 부족이나 건강 문제가 생기면 남측으로 내려가면 된다"고 북한식 입장만을 되풀이 강조하였다. 완전히 경직된 태도였다. 북한 측의 입장이 완강한 상황에서 오후 늦게 정부 측에서 우리 주재원들의 신변 안전을 위해 체류 인원의 축소를 요청하는 방침이 두 차례나 전달되어 왔다.

4월 7일 일요일 오전 4시경에 자화전자 직원 1명이 급성 담낭염 의증이 있어 긴급히 남한으로 출경 조치하는 일로 새벽부터 비상이 걸렸다. 일산의 위탁 병원 측과 긴급히 연락하고 당직 의사 처방에 따라 내복약을 복용시켰으나 통증이 심해 긴급 출경을 위해 북한 측과 협의하였다. 자화전자 차량을 관리위원회 직원이 운전하여 오전 7시 43분경에 남한으로 출경하였다. 필자는 나중에 일산 위탁 병원에 잘 도착하여 의사의 진단을 받고 있다는 소식을 듣고 안도했다. 오전에 관리위원회는 법인장들과 두 차례 간담회를 개최하였다. 관리위원회 측은 법인장들에게 이제는 냉정하게 대처하는 것이 필요하다고 설명하였다. 대부분의 법인장들은 이번이 과거와 완전히 다른 상황임을 인정하지만 개성공단을 유지하기 위해 주재원들이 개성공단에 계속 남아 사수하려는 의지를 보여주는 것이 필요하다고 주장하였다. 관리위원회, 유관기관 직원 17명이 4월 8일 월요일에 남한으로 귀환하며 관리위원회의 여직원 전원이 서울로 나간다고 하자 기업 측도 앞으로 생산 작업이 불가능하기 때문에 기업별로 2~3명 정도만 남고 나머지는 전원 복귀를 검토하고 있다고 솔직하게 얘기하였다. 대다수 기업은 자기 차량을 이용하여 생산 제품을 싣고 나갈 것이며 승용차 부족에 따른 인원의 출경수송 대책을 관리위원회에서 마련해 줄 것을 주문하였다. 오후에 관리위원회 부위원장이 북측 총국 협력부장을 만나 화물차량 출입을 다시 한 번 요청하였다. 협력부장은 화물차량의 출입은 불가능하다는 입장을 밝혔다. 우리의 애로 사항이 전혀 해소되지 못하는 상황이 지속되었다.

갑작스런 김양건 통전부장의 방문

4월 8일 새로운 한 주가 시작되는 월요일이었다. 8시에 부서장단 회의가 개최되었다. 9시 30분경에 유관 기관장, 법인장 운영위원회, 영업소, 건설업체 회의를 각각 개최하고 지금까지의 상황을 설명하고 주재원들의 신변 안전을 위해 체류 인원의 축소를 요청하였다. 회의 중 김양건 당 부장이 오늘 오전에 개성공단을 방문한다는 소식을 접했다. 그리고 관리위원회 측에서 그 누구도 김양건 부장을 만나러 올 필요는 없으며 자기들끼리 개성공단을 둘러보겠다고 전해왔다. 좀 더 정확한 내용을 알아보는 과정에 김 부장이 의류 제조업체인 신원을 방문하겠다고 회사 측에 연락이 왔다는 것이었다. 필자는 김 부장이 신원을 방문하는 과정에 보인 태도나 발언들이 개성공단의 향후 향방에 중요한 가늠이 될 수 있다고 판단하였다. 김 부장의 신원 방문이 있은 직후에 김 부장 일행의 동정과 발언 내용을 알려달라고 필자는 신원의 황우승 법인장에게 연락을 취했다. 9시 50분부터 10시 10분까지 20분 정도 김 부장이 신원을 방문하였다. 황우승 법인장이 필자의 사무실을 방문하여 김 부장 일행의 방문 분위기와 발언 내용을 전해 주었다. 대체로 우호적인 분위기라고 하면서 그동안 신원의 개성공단에서의 생산 활동과 노무 상황에 대해 긍정적으로 평가해 주었다는 것이었다. 신원의 법인장을 비롯한 직원들이 북한 근로자들이 출근할 때 비가 오나 눈이 오나 하루도 빠짐없이 정문에 나가서 반갑게 인사로 맞이했는데 이것을 좋게 평가를 한 것 같았다. 김 부장은 신원이 앞으로도 계속 생산 활동을 할 수 있게 중국을 통해서라도 원자재가 들어올 수 있도록 도와주겠다고 말했다는 것이었다. 김 부장의 이 발언을 들은 황 법인장은 앞으로 개성공단 전도에 대해 비교적 낙관적으로 보고 있었다. 김 부장의 발언을 전해들은 나도 긴박한 상황인지라 속으로 일말의 희망을 가지긴 했지만 지금까지의 북한의 발언이나 행동으로 보아 쉽게 해결되지 않을 것이라는 불안감을 동시에 느꼈다.

김 부장 일행이 신원 방문을 마치고 10시 15분부터 5분간 신발 제조업체인 제이엔제이를 방문하였는데 그 공장에서는 아무런 발언도 없었고 잠깐 둘러보는 식이었다는 것이었다. 사무실에서 김 부장 일행의 동정에 대해 궁금해 하고 있었는데 필자의 비서가 급한 내용이라면서 방에 노크를 하고 불쑥 들어왔다. 비서실에 북한 측 참사가 와서 김양건 비서동지가 왔는데 왜 관리위원장이 영접을 하지 않느냐고 따지듯 말했다는 것이었다. 필자는 북한 측이 관리위원회의 그 누구도 나와서는 안 된다고 전해 들었는데 이상하다는 생각이 들어 필자 사무실 바깥으로 나갔다. 복도에 두 명의 북한 사람이 서 있었다. 필자에게 김양건 비서동지가 지금 종합지원센터를 방문했는데 관리위원장이 나와서 영접을 해야지 지금 무엇하고 있느냐고 강하게 따지듯 말을 하였다. 필자는 북한 측에서 일체 나오지 말라고 하지 않았느냐고 대꾸를 하니 자기들이 그렇게 말한 적이 없었다고 반응했다. 아차 했다. 그들의 전달 체계가 명확하게 작동되지 않아서 생긴 결과가 아닌가 생각했다. 필자는 지금 김 부장이 어디 있느냐고 물으니 종합지원센터 15층에 있는 전망실로 올라갔다는 것이었다. 필자는 잘 됐다고 생각했다. 김양건 부장은 2009년 김대중 대통령 서거 시 북한 특사조문단의 일행으로 서울에 왔었는데 당시 통일부 차관이었던 필자가 3일 동안 그를 전담하여 승용차에 동승하여 안내도 하고 의견 교환도 한 적이 있었다. 서로 안면이 있는 김 부장을 만나 대화를 나누면 북한 측의 입장을 좀 더 정확히 파악할 수 있으리라고 생각하고 급히 15층으로 올라갔다. 15층 전망실로 올라가니 창가에 김 부장 일행이 모여서 바깥을 보며 서로 얘기를 하고 있는 모습이 보였다. 그쪽으로 가니 이금철 총국장이 보였다. 김 부장과 이 총국장에게 인사를 하니 김 부장이 필자를 아는 체도 하지 않고 별다른 반응을 보이지 않으면서 다른 쪽 창가로 자기들끼리 이동하였다. 필자도 따라 가서 가까이 하려니 자기들끼리 둘러 모여 있어서 필자가 김 부장에게 접근을 할 수가 없었다. 그러고서 바로 복도로 나가 15층 엘리베이터를 타고 내려가려고 하였다. 그때까지 한마디도 김 부장에게 말을 건넬 수가 없었다. 자기들끼리 엘리베이터 안으로 들어갔는데 필자를 보고 타라고 이야기도 하지 않았다. 순간 필자는 지금 김 부장과 말을 건네지 않으면 기회가 없다고 생각하고 불쑥 엘리베이터 안으로 들어가 김 부장 옆으로 접근하였다. 필자는 김 부장에게 "안녕하시지요?" 하고 인사를 하고 우리가 2009년에 김대중 대통령 서거 시 같이 지내면서 서로 많은 얘기를 하지 않았느냐면서 말을 건넸다. 그제야 김 부장은 필자를 아는 체 하면서 조금 어색한 표정으로 한마디 인사만 하고 그것이 끝이었다. 1층에서 바깥에 있는 승용차 쪽으로 가서 송별 인사나 하려고 나가려는데 북한 측 사람들이 필자를 가로 막으며 못 나오게 하고 자기들끼리 차를 타고 종합지원센터를 떠나버렸다.

필자는 순간 멍해졌다. 이런 상황에 북한 측이 무엇 때문에 필자에게 김 부장을 영접하라고 했는지 이유를 몰랐다. 한편으로 김 부장과 대화를 통해 북한 측의 입장이 정확히 무엇인지 알아보려는 필자의 계획이 수포로 돌아갔다. 김 부장의 이와 같은 태도를 보면서 박철수 부총국장이 필자가 개성공단에 처음 부임한 후 그를 만났을 때도 유사한 태도를 보인 것이 떠올랐다. 박철수 부총국장은 필자가 남북 경제회담에 자주 참가해 서로 알고 있었고 2007년 11월 중순경 서울에서 개최된 남북총리회담의 만찬 석상에서 서로 옆자리에 앉아 소주잔을 나누며 담소를 같이 한 인물이었다. 그도 개성공단에서 우리 사무실에서 필자를 처음 만나 업무 얘기를 할 때 일체 아는 체 하지 않았다. 업무 얘기가 끝나고 필자 사무실에서 나가 복도에 서서 가벼운 담소를 하면서 2007년도 서울의 남북총리회담에서 서로 만난 사실을 상기시켰더니 그제야 아는 체 하였다. 두 사람의 동일한 태도를 보면서 자기들의 신상 안전을 위해 그렇게 하는 것이 감시 통제 속의 북한 사회에서 살아가는 처세법인가 하는 생각이 들었다.

김양건 비서 명의의 담화문 발표

김 부장 일행이 종합지원센터를 떠난 후 필자는 그들의 동선이 궁금하였다. 14층 필자 사무실에서 바깥을 주시하고 있었는데 11시가 넘어 차량 행렬이 개성 시내 방향으로 나가는 것을 보았다. 10시 40분에 종합지원센터를 떠나 북한 측 통행검사소(CIQ)를 방문한 후에 김 부장 일행은 11시 20분경에 개성공단을 떠난 것이었다. 필자는 앞으로 개성공단이 어떻게 될지 걱정하면서 사무실에 있었는데 12시경 '김양건 당중앙위원회 비서 개성공업지구 료해'라는 북한 보도가 있었다. 그 보도의 요지는 김 비서가 조평통 서기국과 총국 관계자와 함께 개성공단을 둘러보았고, 그는 한미가 북침전쟁연습을 하고 남측이 '존엄'(김정은 지칭)을 모독했고 국방부 장관이 '인질구출 작전'을 발언해 개성공단이 전쟁 발원지가 되었다고 언급했다는 것이었다. 이러한 상황에서 개성공단을 정상적으로 운영할 수 없게 되었으며 이에 따라 현지에서의 대책 협의를 하고 구체적 과업을 주었다는 것이었다. 이러한 보도는 '신원'에서 김 부장의 발언을 들은 황우승 법인장이 고무적인 기대를 했던 것과는 완전 다른 보도였다. 오후 6시경에는 '김양건 당중앙위원회 비서의 담화'가 발표되었다. 12시경의 보도 내용과 유사한 것이었는데 위임에 따라 다음과 같은 중대 조치를 선포한다는 것이었다. 첫째, 북한 측 근로자들은 개성공단에서 전부 철수한다. 둘째, 개성공단을 잠정 중단하며 존폐 여부를 검토할 것이라는 것이었다. 4월 8일 김 부장의 개성공단 방문은 이와 같은 공식적인 입장을 발표하기 위한 사전 절차적인 모양새를 갖춘 것에 불과하였다.

김양건 비서의 담화가 발표되고 나서 18시 30분경에 협력부에서 이금철 총국장이 관리위원장인 필자와 만나 면담하자는 연락이 왔다. 18시 57분부터 19시 10분까지 종합지원센터에서 필자와 이 총국장 간에 공식적인 면담이 있었다. 이 총국장은 김 비서의 담화문을 낭독하고 추가적인 발언을 하였다. 북측 근로자 전원 철수와 개성공단 잠정 중단 외에 관리위원회가 남측이 응당 지불해야 할 '노임, 세금, 미수금'을 철저히 청산하는 대책을 세울 것을 주문했다. 그리고 향후 개성공단의 장래는 남측 당국의 태도에 달렸다고 강조했다. 이 총국장의 발언은 북측의 공식적인 입장을 전달하는 것이었기 때문에 필자도 공식적인 발언으로 대응하는 것이 맞다고 생각했다. 필자는 북측의 이와 같은 조치는 상호 합의 위반이며 일방적 발표에 강한 유감을 표명하였다. 그리고 내일부터 남측으로 출경하는 인원이 많을 것이니 버스 운행 등 북측의 실무적 협조를 요청하였다. 공식적인 면담이 13분 만에 끝났다.

비상 상황 하에서 안정적 관리를 위한 노력

4월 8일에 북한 측의 공식적인 입장이 확인되었기 때문에 그날 관리위원회의 비상상황 대비 점검 회의가 여러 차례 열렸다. 관리위원회의 여 직원 5명을 전원 그날 남쪽으로 출경시켰다. 유관 기관·기업·영업소·건설회사의 체류 주재원들의 신변 안전을 위해 체류 인원의 최소화를 요청하기로 하였다. 그리고 직원이 한 명만 남아 있는 기업에 대해 관리위원회의 숙소를 공동숙소로 제공해서 신변 안전에 만전을 기하기로 하였다. 관리위원회의 중요 서류들은 백업 데이터해서 남쪽으로 보내고 서류들은 전부 파기하고 컴퓨터는 불능화 작업을 해나가기로 하였다. 식자재, 유류·가스, 용수 등 재고를 재조사하여 통합 관리하고 수자원공사가 보관하고 있는 병물 12,000톤은 우리 주재원의 비상 식수로 사용하기로 하였다. 이처럼 향후를 대비하여 실무적으로 점검할 내용들을 하나씩 하나씩 챙겨나갔다. 기업들도 법인장 전체 회의를 개최하여 주재원들의 남쪽으로 귀환 문제는 관리위원회의 권고에 적극 협조하기로 결정하고 기업별로 자산 보호를 위해 최소 1~2명 정도 잔류하기로 방침을 정하였다. 생산된 제품의 남쪽으로 반출을 위해 북한 측 총국에 실무적 협조를 계속 요구하기로 하였다.

개성공단 위기 사태 초반 단계인 엿새 동안 필자는 개성공단을 안정적으로 관리하면서 이 상황을 위기 없이 극복하기 위하여 현장에서의 총사령탑으로서 최선의 노력을 다하였다. 당시 개성공단에 체류하고 있는 868명의 주재원들의 신변 안전에 최우선 목표를 두고 일을 처리하였다. 이 위기관리를 위해 기능상 관리위원회가 주도적 리더십을 갖고 중심적 역할을 할 수 있도록 노력하였다. 이를 위해 전개되는 상황을 유관 기관, 기업, 영업소, 건설회사 주재원들에게 최대한 신속히 정확하게 알려주고 협조가 필요한 사항은 적극적인 설득을 통해 협력을 구했다. 기업체나 주재원들이 제기하는 애로 사항을 해소하기 위해 그 해결을 위해 최선의 노력을 다 했고 공동으로 호흡을 맞추어 함께 노력함으로써 신뢰와 공동체 정신을 충분히 확보하였다. 개성공단에 있는 유관 기관이나 기업체의 대표들을 비롯한 주재원들이 관리위원회의 노력과 입장을 비교적 잘 이해해 주고 동조해 주었다. 이러한 결과는 필자가 개성공단에 부임한 후에 그동안 노력했던 적극적인 소통과 협력의 분위기 조성과 주재원들의 복지 향상을 위해 노력한 결과라고 스스로 평가해 보았다.

개성공단 생산품 반출과 진풍경의 수송 행렬

2013년 4월 3일 북한 측이 개성공단 출입을 통제 조치한 이후 6일째인 4월 8일에는 개성공단에 근무하는 '북한 측 근로자 전면 철수'와 '개성공단 잠정중단' 조치를 우리 측에 통보하였다. 이명박 정부 초기 2008년 말과 2009년 초에 북한 측이 정치·군사적 이유를 들어 개성공단 출입을 통제한 적이 있었지만 당시에는 그렇게 길지는 않았다. 개성공단에 근무하고 있는 주재원들은 과거 일시적으로 출입 통제를 당한 경험이 있어서 북한 측의 2013년 4월 출입 통제 조치가 과거와 다르게 단호하다고 느꼈지만 대체로 이번에도 불편하지만 일시적으로 힘든 고비가 될 것이라고 인식하였다. 그런데 4월 8일 북한 측의 전격적이고 초강력적인 '개성공단 잠정 중단'이라는 조치를 접하게 되자 모두들 큰 충격에 빠지게 되었다. 개성공단 현지에서 근무하고 있는 관리위원회, 유관 기관, 생산 기업, 건설회사, 영업소 등의 소속 주재원들은 감당하기 힘든 비상사태를 맞게 된 것이었다. 위기에 처하게 된 개성공단 입주 기업들은 신속히 개성공단 정상화를 위한 남북한 당국 간의 대화를 촉구하고 조속한 문제 해결을 위해 기업 대표단의 개성공단 방문을 희망한다는 호소문을 4월 9일 발표하였다.

새로 출범한 박근혜 정부도 남북 관계에 있어서 초비상 사태를 맞게 되었다. 개성공단 정상화도 당연히 필요하지만 개성공단에 체류하고 있는 우리 국민의 신변 안전을 최우선적으로 신경 쓰지 않을 수 없었다. 4일 8일 저녁 기준으로 479명의 주재원이 개성공단에 체류(4월 3일 오전 기준 868명 체류. 엿새 사이에 389명이 남측으로 복귀)하고 있었는데 국민 보호의 책무를 지고 있는 우리 정부로서는 적지 않은 인원인 주재원들의 신변 안전을 위해 필요한 조치를 취하지 않을 수 없었다.

4월 8일 '통일부 성명'을 통해 북한 측이 취한 조치에 대해 유감을 표명한 후에 11일에는 '통일부 장관 성명'을 통해 개성공단 정상화를 위한 당국 간 대화 제의를 하였다. 그날 저녁에는 박근혜 대통령이 국회 외교통일위·국방위 소속 새누리당 의원 만찬 때 "북한과 대화할 것"이라고 입장을 밝혔다. 이에 대해 북한 측은 4월 11일 '중앙특구개발지도총국(개성공단 담당기관) 대변인의 조선중앙통신사 대답', 4월 14일 '조국평화통일위원회 대변인 담화' 등을 통해 개성공단 사태는 남측 당국의 귀책 사유로 발생한 것이라며 우리 측 대화 제의를 사실상 거부하는 입장을 밝혔다.

4월 15일에는 박근혜 대통령이 "개성공단을 꼭 지킬 것"이라고 명확히 발언하였다. 북한 측은 하루 뒤인 4월 16일에 '조선인민군 최고사령부 최후 통첩장', '중앙특구개발지도총국 비망록'를 발표하면서 남측의 최고 존엄(김정은 지칭)에 대한 모독 행위, 개성공단이 북한의 '돈줄, 밥줄'이라는 악담질, 인질 구출 작전 훈련 등에 대해 남측이 먼저 사죄를 할 것을 요구하였다. 또한 4월 16일 '외무성 대변인 담화', 4월 18일 '조국평화통일위원회 대변인 담화', '국방위원회 정책국 성명' 발표를 통해 한미 합동 군사 훈련이 북침 전쟁 연습이라고 주장하는 등 북핵 문제와 한반도 정세 전반을 구실로 남북한 당국 간 대화 제의를 거부하였다. 이와 같은 북한의 여러 기관의 연속적 입장 발표로 개성공단 문제는 조속히 해결될 수 없는 형국으로 가고 있었다.

개성공단 생산품 반출 문제

4월 8일 북한 측의 개성공단 잠정 중단 사태와 관련하여 필자가 책임자로 있는 관리위원회는 그 해 2월의 제3차 북핵 실험 이후 비상 대비 체제로 줄곧 근무했기 때문에 긴장감과 책임감을 가지고 강화된 비상 대비 체제로 운영하였다. 현지에서 총괄 책임을 지고 있는 야전사령관으로서의 역할을 해야 할 관리위원장인 필자는 체류하고 있는 우리 주재원들의 신변 안전을 최우선적으로 생각하였다. 우리 정부와 긴밀히 연락을 취하면서 관리위원회를 중심으로 현지의 유관 기관 및 기업들과 긴밀한 소통과 단합을 통해 이 비상 위기 상황을 극복해 나가야겠다고 마음의 다짐을 하였다.

당시 개성공단 입주 기업들 소속의 대부분 주재원들은 그들의 신변 안전이 최우선적이었지만 그에 못지않게 기업의 재산상 손실을 방지하는 것이 급선무였다. 개성공단의 조속한 정상화가 가장 좋은 해결책이지만 잠정 중단이 장기화된다면 기업으로서는 속수무책이었다. 4월 3일 북측의 출입 통제 조치 시에는 입주 기업들은 향후 추이를 조심스럽게 지켜보는 상황이었지만 4월 8일 '개성공단 잠정 중단 조치' 이후에는 상당한 위기를 느끼면서 신속한 행동을 취하기 시작하였다. 평소에 개성공단이 정상적으로 운영되었을 때는 하루에 체류 주재원 중 30~40명 정도가 업무상의 이유 등으로 개성공단에서 남한으로 귀환하였다. 그러나 남한 가족들의 우리 주재원에 대한 신변 안전 염려 등을 해소하고 생산된 제품을 남한으로 신속히 반출을 하기 위해 상당히 많은 주재원이 하루 이틀 사이에 개성공단에서 빠져 나갔다.

4월 8일의 479명의 체류 인원 중에 71명이 4월 9일 남한으로 복귀하여 개성공단에는 총 408명이 남았다. 4월 10일에는 111명이 복귀하여 잔류 인원은 297

명이 되었다. 이들은 남한으로 복귀하면서 자기 승용차나 업무용 차량의 내부, 트렁크, 심지어는 지붕 위에까지 생산 제품들을 잔뜩 싣고 내려왔다. 이와 같은 지붕 위에 짐을 가득 싣고 남한 지역으로 들어오고 있는 차량 행렬들이 언론사의 핫 뉴스거리가 되어 국내외로 실시간으로 방송되었다. 세계적인 뉴스 장면이 되었다. 4월 11일 기준으로 주재원이 한 명도 없는 기업이 총 43개사가 되었다. 공적인 업무를 담당하는 관리위원회나 유관 기관, 그리고 개발업자인 현대아산 소속 직원들을 제외하면 개별 기업들에는 한 명이나 2~3명 정도가 남아 있게 되었다. 소수의 체류 인원이라도 계속 남아 있는 기업들은 어느 정도 규모가 있는 곳이었다. 그리고 개성공단 입주 기업 연합체인 개성공단기업협회나 기업책임자회의에서는 개성공단의 체류 인원이 어느 정도 잔류해야만 개성공단을 절대 포기하지 않고 사수한다는 의지를 보여줄 수 있다고 생각하였다. 개성공단에 잔류하고 있는 개별 기업의 법인장들이나 주재원들 중 상당수도 이러한 생각을 강하게 내비추었다. 그들의 삶의 터전이었기 때문이었다. 체류자들 개개인의 신변 안전보다도 개성공단 입주 기업들의 집단적 이해관계가 강하게 작용하기도 하였다.

당시 기업들이 해결해야 할 눈앞의 시급한 당면 과제는 개성공단에 적체된 엄청난 생산 제품을 어떻게든 남한으로 실어 와야 한다는 문제였다. 따라서 관리위원회나 기업이 북한 측과 협의하여 두 가지 방법을 추진해보기로 하였다.

첫 번째 방법은 화물차량의 출입이었다. 평소에 남한에서 하루에 수많은 화물차량들이 개성공단에 들어가서 각종 생산된 제품을 남쪽으로 실어 왔는데 주재원들이 소유한 개별 승용차만으로는 도저히 그 많은 제품을 실어올 수 없는 물리적 한계가 있었다. 북한의 출입 통제 조치로 인력은 개성공단으로 들어갈 수 없다손 치더라도 화물차량만이라도 개성공단에 들어가서 생산 제품을 실어 올 수 있도록 북한 측을 지속적으로 압박하기로 하였다. 개성공단의 관리위원회나 입주 기업의 현장 법인장 대표들이 북한 측의 총국이나 협력부의 관계자들과 수차례나 만나 기업이 처한 어려운 사정을 설명하고 화물차량의 출입을 허용해 달라고 호소하였다. 북한 측 관계자는 불가하다는 입장만 되풀이 답변하였다. 총국의 관계자는 기업의 어려운 사정을 이해하지만 출입 통제 조치는 군부가 결정하였고 군부 소관이기 때문에 자기들이 어찌할 수 없다는 것이었다. 결국 화물차량의 출입은 이루어지지 못했다.

개성공단 버스주차장에 정차하고 있는 관리위원회의 소유버스 300여 대

두 번째로 개성공단에 등록된 우리 차량을 이용하는 방법을 시도하였다. 개성공단 주재원들이 개별적으로 타고 다니는 승용차가 이미 남한으로 많이 내려왔고 현지에는 자유롭게 가용할만한 차량의 숫자가 많지 않았다. 우리 측 소유 차량으로서 관리위원회에 등록되어 개성공단 지역 내에서만 운행할 수 있는 차량들이 버스, 승용차, 화물차 합쳐 460여대가 있었다. 4월 9일 저녁에 관리위원회가 나

서서 북한 측 원용희 협력부장에게 기업의 생산 제품을 남한 지역으로 반출할 수 있도록 이 차량들을 사용할 수 있도록 해달라고 요청하였다. 원 협력부장은 차량의 개성시 등록을 말소하고 나면 남측으로 복귀가 가능할 것이라고 답변을 해서 희망을 걸었다. 그 다음 날 원 협력부장은 총국에서 최종 검토했는지 등록 차량의 사용은 곤란하다는 것이었다. 며칠 지나 관리위와 기업이 나서서 등록 차량은 우리 차량이니 사용할 수 있도록 협력부 관계자에게 재차 요청하였다. 협력부 측은 이번에는 등록 말소 절차 외에 미납 세금 문제가 있다면서 세무서에서 불가하다고 했다는 것이었다. 개성공단을 총괄하는 총국의 힘의 한계가 드러난 것이었다. 군부 소관이라 안 되고 세무서가 반대하니 모두가 안 되는 일이었다. 어떻게 생각하면 북한 내에서 기관 간의 협조는 기대할 수 없고 자기 기관의 일만 생각하는 기관 이기주의가 작동하고 있다는 것을 느끼게 되었다. 한편으로 남북한 당국 간에 서로 갈등이 고조되자 북한 측은 기본적으로 부정적인 입장 하에 더욱 경직된 태도를 보인 것이 아닌가라고 판단하였다.

중고버스 3대를 이용한 수송 추진

우선적으로 생각했던 두 가지 방법이 모두 막히자 지푸라기라도 잡는 심정으로 생각했던 것은 2013년 4월 3일 북한 측의 출입 통제 조치가 있기 두 달 전(2월)에 관리위원회가 남한에서 반입한 중고버스 3대를 활용하는 방법이었다. 당시에 입주 기업의 주재원들 중에는 개인 소유 승용차가 없어 다른 사람의 차량에 편승해서 남한으로 내려오는 사람도 상당수 있었다. 관리위원회는 북한 근로자의 출퇴근 수송을 위해 버스 주차장을 정비하여 300여 대 정도의 출퇴근 버스를 운영하고 있었다. 53,000여 명의 북한 근로자 중 개성공단과 인접한 근거리 거주자 3,000여 명 정도는 자전거를 타고 오거나 걸어 다녔다. 나머지 50,000여 명은 모두 출퇴근 버스를 이용하였다. 버스 이용료는 각자가 소속된 개별 기업에서 부담하였다. 출퇴근 버스는 버스 구입 비용 절감을 위해 신차보다는 남한에서 사용한 중고버스를 수리·정비해서 사용하였다.

개성공단 북한 근로자들의 출퇴근 모습

그동안 관리위원회가 운영해 왔던 버스 중 노후화가 심한 버스를 교체하기 위해 2012년 12월에 남한에서 신규로 중고버스를 34대 구매 계약하고 우선 이 중 3대를 2013년 2월에 개성공단에 처음 납품 반입하였다. 다만 통관 절차로 인해 좀 문제가 있어 신규 중고버스 3대가 개성공단 지역 내로 들어오지 못하고 북한 통검사무소(CIQ) 앞 마당에 정차되어 있었다. 당시에는 절박한 사정이고 버스가 대형 차량이라 이 3대 만이라도 활용해 봐야겠다고 생각하였다. 북한 측 협력부와 상의하였더니 처음에는 다소 난색을 표하다가 등록되지 않은 차량이니 사용이 가능하다는 답이 왔다. 겨우 이 3대를 사용할 수 있게 되었다. 개성공단에 적재된 수많은 양의 생산 제품을 남한으로 반출하는데 상당한 도움이 될 수 있는 두 가지 방법인 '남한에서 화물차량 출입'과 '개성공단 내 등록 차량 이용'이 거부당하자 심한 허탈감을 느낀 필자는 별로 크게 도움이 되지는 않지만 이들 버스 3대를 이용할 수 있게 되자 심히 기뻤다. 우선적으로는 개인 차량이 없는 주재원들의 인원 수송을 우선적으로 하면서 남는 공간에는 화물들을 싣기로 하였다.

버스를 운행하기 위해서는 1종 대형 운전 면허증을 소지한 운전기사가 필요했다. 관리위원회의 운송 팀에 일하는 직원 중에 1종 자격을 가진 기술자가 있었다. 필자는 그 직원이 버스를 운전하여 차량을 소유하지 않고 있는 기업의 주재원들을 태우고 남쪽으로 내려가도록 하였다. 그런데 그 직원이 남쪽으로 내려가는 것을 주저하고 있다는 보고가 들어왔다. 이유는 다른 직원들이 위험한 지역에서 고생하고 있는데 자기 혼자만 안전한 남쪽으로 내려가는데 대해서 심리적 부담감을 강하게 가지고 있다는 것이었다. 필자는 위기 속에 보여준 그 직원의 강한 소속감, 동료 의식에 대해 진한 감동을 느꼈다. 필자는 그 직원에게 개성공단 운영을 총괄적으로 책임지는 관리위원회 직원으로서 주재원들의 신변 안전을 위해 안전한 남쪽으로 이동시키는 일은 관리위원회의 직무상 당연히 해야 할 일이다. 마음의 부담을 갖지 말 것이며 운전을 안전하게 잘 해 줄 것을 당부하였다. 4월 10일 오후 5시에 첫 번째 버스가 개성공단을 떠났다. 주재원들을 태우고 남는 공간에 관리위원회의 비품, 기업들의 화물을 싣고 버스는 남쪽으로 내려갔다. 관리위원회 버스로 소유 차량이 없는 주재원들이 타고 갔다는 소식을 들은 다른 기업들도 탑승 신청이 들어왔다. 모 기업에서는 소속 주재원 10명의 탑승이 꼭 필요하다면서 사정하였다. 4월 13일 두 번째 버스가 주재원, 화물을 싣고 내려갔다. 운전기사는 1종 면허증을 가지고 있는 유관 기관의 직원이 맡았다. 소유 차량이 없는 주재원들의 대부분이 관리위원회 버스를 타고 남한 지역으로 내려갔다.

TV 생중계된 차량 이동 모습

문제는 3번 째 버스였다. 3번 째 버스는 정비가 완전 덜 된 것인지 브레이크가 잘 안 듣는 버스였다. 부담이 되어 이 버스 운행을 다른 기관이나 기업의 직원에게 맡길 수 없었다. 개성공단에 남아 있는 관리위원회 직원 중 버스를 운전할 수 있는 면허증을 가진 사람은 딱 한 명밖에 없었다. 이름이 '고준'이라는 신입 직원이었는데 필자가 채용 때 그의 이력서에 1종 대형 면허증 소지가 기재되어 있는 것을 본 적이 있었는데 그것이 기억이 났다. 필자는 그를 필자의 사무실로 불러 "1종 대형 운전면허증을 소지하고 있던데 버스를 운전할 수 있지"라고 물었다. 그는 버스를 몰지 못한다고 대답하였다. 필자가 "고준씨는 버스를 몰 수 있는 1종 대형 운전 면허증을 소지하고 있지 않느냐"라고 말하니, 그는 군대에 갈 때 운전 면허증을 따면서 1종 대형을 했는데 그 이후 한 번도 대형 차량을 운전해 본 적이 없다고 하였다. 필자는 그에게 버스를 운전하는 방법은 알지 않느냐면서 직무상 명령이니 내일 버스를 운전하여 남쪽으로 내려가라고 지시하였다. 필자가 강하게 말하니 그는 그러면 해 보겠다고 단호한 의지를 보였다. 필자는 그에게 버스가 브레이크와 시동 장치가 불량이니 최대한 속도를 낮추어 슬슬 기듯이 천천히 운행하라고 주의를 주었다. 버스는 만약을 대비해 다음 날 출발하는 모든 차량 행렬의 마지막 끝에 배치하기로 하였다. 개성공단에서 남쪽으로 내려가는 차량밖에 없으니 앞에 가는 다른 차량은 의식할 필요 없고 자신의 페이스대로 앞만 보고 전진하면 된다고 주지시켰다. 그 다음 날 버스가 출발하는 곳에 가서 그에게 다시 한 번 속도를 최대한 낮추어 조심하여 안전하게 운전하라고 당부하였다. 필자는 버스가 개성공단에서 출발하는 것을 보고 난 후 급히 사무실로 와서 YTN 방송을 보았다. YTN을 보고 있으니 조금 전 개성공단을 떠난 차량들이 우리 지역의 CIQ쪽으로 하나씩 들어오는 모습이 보이기 시작했다. 한참 차량들이 들어오고 나서 마지막으로 버스가 들어오는 장면을 목격하였다. 마음속으로 만세를 불렀다. 시간이 조금 경과한 후 남한 지역 CIQ에 근무하는 직원에게 버스가 안전하게 정차하였는지를 확인하였다. 그는 버스가 아무 문제없이 안전하게 정차하였고 버스에 가득 채운 짐들을 내리고 있다는 것이었다. 필자 마음속에 도사리고 있었던 불안감이 완전히 사라지면서 안도의 한숨을 쉬었다.

개성공업지구 4.3 출입 제한 조치(2013. 4. 3)로 인한 수송 행렬

당시에 개성공단에서 남한 지역의 CIQ 쪽으로 짐을 가득 싣고 들어오는 차량들의 다채로운 모습들이 진풍경이라 YTN 등 TV 방송 매체에서는 실시간 핫뉴스로 실황 중계를 하고 있었다. 세계적인 뉴스거리였다. 4월 3일 북한 측의 출입 통

제 조치가 있었던 초기에는 큰 문제가 되지 않았다. 입주 기업들이 남한으로부터 화물차량이 더 이상 들어오지 못한다는 것을 확실히 확인하고 나서부터는 급히 납품해야 할 제품들이나 짐을 승용차 지붕 위에 실어 남쪽으로 내려오기 시작했다. 지붕 면적이 넓은 승합차나 버스의 지붕 위에는 당연히 많은 짐을 적재하였다. 생산 제품이나 짐들을 싣고 내려갈 가용 차량들이 한정되어 있어 자동차 뒷트렁크를 열고 거기에 나무판자를 바깥으로 대어 최대한 많은 짐을 적재하여 오기도 하였다. 심지어는 자동차 조수석 앞 본넷 위에도 잔뜩 짐을 실었다. 운전하는데 시야가 가리지 않도록 운전석 앞쪽 본넷만 짐을 싣지 않았다. 다양한 형태로 짐을 싣고 오는 승용차, SUV, 승합차, 화물포터, 버스 등 긴 차량 행렬은 진풍경이고 어떻게 보면 장관이었다. 매일 긴 차량 행렬이 남쪽으로 오면 TV 방송들이 실시간 생중계하였다.

상상 이상의 많은 짐을 싣게 되면서 가장 걱정했던 것이 운전상의 안전 문제였다. 긴 행렬의 차량들이 가다가 한 차량의 짐이 도로 위에 떨어지면 그 뒷차가 위험할 뿐 아니라 그 뒷줄의 차량들은 도로상에 무한정 정체가 되는 것이었다. 북한 지역에서의 도로는 군사지역이라 북한 군인들이 올 때까지 우리가 차량에서 일체 내릴 수 없도록 되어 있었다. 매일 개성공단에서 차량이 출발할 때는 관리위원장인 필자와 현지의 우리 기업 측 전체 법인장 대표인 임기언 창진어패럴 사장이 현장에 나왔다. 그리고 개성공단에 잔류하고 있는 법인장 회의의 임원들이나 유관 기관장들도 거의 함께 참여하였다. 이들은 차량에 실려진 짐의 안전상태를 일일이 체크하고 차량이 하중을 견딜 수 없을 정도로 짐이 많으면 안전할 수 있도록 조금 내리게 하였다. 짐을 묶은 노끈이 느슨하면 다시 풀어 꽁꽁 묶었다. 자동차 바퀴와 차체가 서로 부딪칠 정도가 되면 자동차가 짐의 하중을 이겨낼 수 없다고 판단하고 짐을 반드시 감량하도록 했다. 필자의 기억에 이러한 안전 점검을 매번 빠지지 않고 점검하면서 가장 기술적으로 잘 처리한 사람이 임기언 대표였다. 법인장 전체의 대표이기도 하였지만 친화력이 있고 활동적인 인사였다. 임 대표가 점검해서 문제를 지적하고 조치를 요구하면 대부분의 차량 운전자들은 잘 따랐다. 개성공단에서 자동차가 떠나는 출발 지점에서 우리들은 매일 모여 떠나는 사람들에게 안전하게 잘 내려가라고 인사하고 떠나는 사람들은 잔류하는 사람들에게 안녕을 기원하였다. 하나의 운명 공동체 의식이 가득 찬 찐한 장면이었다.

잔류 인원들을 위한 전체 식사 모임

개성공단 출입 통제와 잠정 중단 이후 시간이 지나면서 걱정되는 것은 식자재 부족과 의료진 부재였다. 북한 측이 남한으로부터 식자재 공급과 인도적 의료진 출입을 허용하지 않았기 때문에 시간이 경과할수록 이 사안들이 현실적인 문제가 되었다. 우리가 북한 측에 이 문제를 계속 제기하면 북한 측은 그러한 문제를 잘 해결해 줄 수 있는 남쪽으로 내려가면 해결된다는 답변을 앵무새처럼 되풀이 하였다.

남아 있는 식자재가 부족한 상황에서 잔류하고 있는 주재원들 전체의 한 끼 식사라도 부담을 덜어주기 위해 필자는 관리위원회가 주관하여 3차례 전체 식사 모임을 가졌다. 첫 번째는 4월 15일 점심 때 공동 식사모임을 주관하였다. 관리위원회 건물인 종합지원센터 2층에 있는 구내식당 'DCF'에서 모였다. 150명의 많은 주재원들이 참석하였다. 참석한 사람들은 식사도 반가운 일이지만 개성공단의 실시간 상황도 알고 싶고 앞으로 어떻게 될 것인지도 매우 궁금해 했다. 식사하기 전에 필자는 현재 상황을 설명하고 궁금한 질문에 답변도 해주었다. 법인장 대표도 현 상황을 추가 설명해주었다. 그리고 기업의 애로 사항을 솔직히 밝히면서 관리위원회가 적극적으로 해결해 줄 것을 요청하기도 하였다. 기업의 애로 사항 중에는 우리가 할 수 있는 일은 적극 나서서 해결할 수 있지만 북한 측과의 협의 사항은 해결이 쉽지 않은 내용들이었다. 우리 기업의 주재원들도 사정을 다 알고 있으나 답답한 마음에 해결해야 한다는 절박함이 묻어나온 발언들이었다. 서로 전체가 모인 자리에서 정확한 상황 공유와 솔직한 의견 교환은 개성공단 내 여러 가지 잘못된 정보로 인한 혼선을 방지할 수 있었다. 또한 문제 해결을 위한 공동의 노력을 위한 공감대가 형성될 수 있어 유익한 시간이 되었다. 점심 식사는 기본적으로 관리위원회 구내식당이 갖고 있는 식자재를 기본으로 하고 여러 기업에서 지원해 준 부식으로 준비를 하였다. 음식은 관리위원회나 기업의 직원 중 요리를 할 줄 아는 사람들이 자원봉사해서 준비하였다. 밥과 미역국을 기본으로 해서 소시지, 두부, 나물, 김치 등 반찬 4~5가지 정도였다. 개별적으로 식자재가 부족한 상황에서 나름대로 풍성한 식사가 되었다. 식사가 즐겁기도 했고 서로 담소를 나누면서 위안을 느끼고 단합의 시간이 되었다.

개성공단에서 생산 활동이 전면 중단되니 잔류한 주재원들의 일상생활은 단조롭고 무료했다. TV 방송을 시청하거나 식사 때가 되면 가끔 가까운 사람들끼리 삼삼오오 모여 각자 보유하고 있는 식자재를 모아 공동으로 식사하곤 했다. 안전하다고 생각되는 낮에는 산책이나 운동을 하고 밤에는 책을 보거나 일찍이 취침하였다. 기독교 신자들은 수요일이나 일요일에 신원에 있는 교회에 가서 신앙생활을 하였다. 개성공단이 정상적으로 운영되었을 때는 체육 동호회가 활발히 운영되었다. 이 점을 착안하여 두 번째와 세 번째 식사모임은 주재원 체육 행사를 한 후에 공동으로 식사하는 모임을 마련하였다.

두 번째는 4월 20일 오후 4시에 축구 시합을 하고 나서 종합지원센터에서 공동으로 식사를 하였다. 대충 70~80명이 모였다. 종합지원센터 구내식당에 식자재가 거의 떨어져 떡라면과 김치로 식사를 하였다. 단촐하였지만 별미였다. 세 번째는 4월 25일 오후 3시 30분에 종합지원센터 로비에서 모여 수준별로 3개 그룹으로 나누어 탁구 시합을 하였다. 이때도 70~80명이 모였다. 구내식당에서 요리해서 식사를 했는데 이때는 몇몇 기업에서 식자재 협찬을 해주었다. 생닭, 냉동낙지 등 특별한 것도 제공되었다. 상황으로 보아 더 이상 개성공단에 잔류하기 힘들다고 판단했는지 몰라도 만약을 위해 보관해 두었던 식자재들을 내놓았다. 4월 20일 보다는 풍성한 식사가 되었다. 심지어는 어떤 기업에서는 비타민제 200박스를 제공해 주었는데 참석한 모든 사람들에게 나누어 주었다. 고마운 일들이었다. 체육 행사를 통한 공동 식사 모임을 가진 것은 주재원들의 한 끼 식사 문제를 해결해 주는 것이기도 했지만 필자가 생각한 것은 체육 활동을 통해 주재원들이 폐쇄적인 개성공단에서 매우 긴장된 상황 하에 쌓인 스트레스를 풀고 침체된 마음을 되살려 활기를 되찾기 위한 것이었다. 또한 집단적인 활동을 통해 결속력을 높혀 위기를 함께 극복하고자 하는 공동체 의식의 제고였다. 북한 측의 지속적인 위기감 조성에도 우리가 위축되지 않고 의연하게 단합된 모습을 보이기 위한 의도도 있었다.

식사 문제와 관련한 에피소드

식사 문제와 관련하여 개인적으로 기억에 남는 몇몇의 에피소드가 있었다. 어떤 유관 기관에서 꿩 요리를 해 놓았다고 필자에게 오라고 연락이 왔다. 꿩 요리를 하게 된 경위를 들어보니 흥미를 끌었다. 개성공단 주변에는 야산이 많아 꿩이 자주 보였다. 잔류한 주재원 중 무료해서 새총을 만들어 꿩을 잡으려 다녔는데 꿩이 사람의 인기척을 귀신 같이 알아채고 도망가서 한 마리도 못 잡았다는 얘길 들었다. 그런데 꿩은 머리가 나쁘다고 하였다. 꿩이 날아 도망가다가 건물의 대형 유리창에 부딪쳐 떨어졌다는 것이었다. 유리창에 비친 맞은 편 산 전경을 진짜 산인 줄 알고 그쪽으로 날아가다가 유리창에 받쳐 떨어지자 그 꿩을 가지고 요리를 했다는 것이었다. 식자재가 부족한 상황에서 꿩 요리를 먹게 되다니 신기했다. 또 다른 곳에서 오라고 해서 갔더니 단고기(개고기) 요리를 어쩔 수 없이 했다는 것이었다. 개성공단에서 철수하게 된 북한 직원이 기르고 있었던 개 두 마리를 몰래 잡았는데 양이 많아 냉장고에 일부는 넣어 두고 나갔다는 것이었다. 잔류한 남한 주재원이 우연히 북한 사람이 사용하는 냉장고를 열어보고 단고기를 찾았다는 것이다. 식자재가 부족한 상황에 단고기로 요리해 보았다는 것이었다. 폐기물 처리장 옆에는 못이 있었고 그 못에는 물고기들이 많았다. 폐기물 처리장에서 일하고 있는 우리 주재원들은 낮에 할 일도 없고 해서 오랜 시간 걸려 못의 물을 빼서 물고기를 한 양동이 가득 잡았다. 붕어, 메기 두 종류이었는데 한 50여 마리가 되었다. 잡은 물고기로 어죽을 만들어서 주재원 40여 명이 함께 먹었다. 평생 이때 처음으로 어죽이라는 음식을 알았고 먹어 보았다. 처음 먹어 보는 것이라 필자에게는 입맛에 맞지는 않았던 것 같았다. 그래도 이렇게도 음식을 만들어 먹을 수 있구나 생각하고 신기했다.

우리은행의 김인수 지점장은 계란을 삶아 먹으려다가 고생하는 관리위원장이 생각났다면서 필자에게 따뜻한 삶은 계란을 하나 주었다. 순간 그의 따뜻한 마음이 필자의 가슴에 느껴졌다. 이런 것이 어려운 상황 하에서도 피어나는 사람의 진한 정이구나라는 생각이 들었다. 그때 먹은 따뜻한 삶은 계란 하나는 꿀맛이었다. 어떤 기업의 법인장이 오늘 밤이 개성공단에서 마지막 진수성찬이 될 것이라면서 필자에게 꼭 자기 기업에 방문해 주었으면 좋겠다고 간절히 요청하였다. 개성공단에서 가까이 지낸 법인장이라 요청을 거절할 수 없어 기업의 사정도 들어볼 겸 겸사겸사 가보았다. 이제 그 기업이 가지고 있는 마지막 삼겹살과 상추 그리고 된장이라는 것이었다. 우리는 함께 삼겹살을 구워 상추에 사서 된장을 얹어 먹었다. 그 법인장 말마따나 마지막 진수성찬이라 할 수 있었다.

당시에 서울에서 보도되기를 개성공단의 주재원들이 먹을 것이 떨어져 쑥을 뜯어 쑥국을 만들어 먹을 정도로 어려운 상황이라고 보도가 난 적이 있었다. 실상은 이렇다. 개성공단 내에 흐르는 조그마한 개천(삼봉천) 옆에는 해마다 쑥이 많이 자라고 있었다. 어떤 기관의 요리사가 오늘은 쑥국이나 해 먹을까라고 생각하고 그날은 쑥을 뜯어 소속 직원들에게 다른 음식과 쑥국을 만들어 주었다. 개성공단의 여러 상황을 취재하던 기자가 현지에서 쑥을 뜯어 먹었다는 얘기를 듣고 순간적으로 식자재가 떨어져 쑥까지도 뜯어서 먹을 정도로 매우 어려운 상황이라고 판단하고 그렇게 보도한 것이었다. 실상은 그럴 정도로 어려운 상황은 아니었다.

한 가족 같은 마음이 된 체류자들

부속의원의 의료진 7명이 4월 초반에 무책임하게 개성공단을 떠난 이후 의료진의 부재 상황이 계속되었다. 당면하게 부속의원 측에서 인계해 준 약들을 가지고 관리위원회 직원 두 명이 필요한 사람들에게 처방해 주면서 긴급한 상황이 발생하면 긴급출경 방식으로 남한의 병원으로 신속히 이송해서 대처하였다. 우리 측 인원이 5월 3일 마지막 철수할 때까지 3건(4.7 급성담낭염 의증 환자, 4.17 지속적 구토·복통 환자, 4.25 급격한 시력 저하 및 추가 감염 우려 환자)의 긴급 출경이 있었고 큰 문제 없이 잘 대처하였다. 보건·의료 문제에 있어서 별탈이 없어서 천만다행이었다.

그런데 어느 기업에 혼자 잔류하고 있는 평소 우울증이 심한 주재원이 있어서 염려스럽다고 인근 기업의 주재원이 전해왔다. 또 어떤 주재원은 계속 긴장감 속에 있다 보니 자살 충동이 생긴다고 하는 얘기도 들렸다. 개성공단에서 가장 고령인 주재원으로서 혈압약도 상복하고 다른 지병도 있는 사람인데 안전한 남한으로 내려가지 않고 끝까지 계속 공단을 지키면서 남겠다는 것이었다. 개성공단에서 가장 오래 근무한 사람들 중에 한 사람이고 고향이 개성 지역인 실향민이었다. 그 연유로 정이 듬뿍 들은 개성공단을 떠나고 싶지 않다는 것이었다. 인품이 좋아 평소에 주재원들로부터 존경을 받고 있었고 기업에서 어려운 일이 생기면 경험이 많아 자문도 많이 해주는 사람이라 나가라고 강압하기가 힘든 사정이었다.

필자는 이와 같은 상황을 종합적으로 판단하여 만약의 불상사를 방지하기 위해 우리 관리위원회 직원들을 몇 개의 팀으로 나누어 주재원이 잔류하고 있는 기업을 야간에 방문하여 간담회를 가졌다. 낮에는 괜찮은데 밤에는 외부 출입이 우려되고 넓은 공장에서 혼자 있으면 심리적으로 불안감이 생기기 마련이었다. 관리위원장인 필자, 부위원장, 부서장을 팀장으로 하고 직원 1~2명을 팀원으로 하여 음료수, 다과 등을 가지고 가서 이것을 나누면서 주재원의 애로 사항도 듣고 허물없이 얘기도 나누다 보면 한결 마음이 편안해 보였다. 우리 관리위원회가 야간에 일일이 기업을 찾아 주재원들과 간담회를 실시하기 시작하자 금방 소문이나 주재원들로부터 좋은 평을 받았다. 이렇게 해서 관리위원회와 기업, 유관 기관, 영업소 등의 체류 인원들은 한 가족과 같은 마음으로 위기 상황을 극복해 내는데 단일대오가 되어 갔다.

우리 정부와 기업의 마지막 노력

개성공단의 정상화 협의와 식자재와 의료 약품 제공을 위해 서울에 있는 개성공단기업협회와 기업책임자회의의 대표가 두 차례나 개성공단을 방문하기 위해 북한 측에 신청했으나 모두 거부당했다. 기업 대표단 10명이 4월 17일 개성공단에 방문하겠다는 제의를 4월 14일 북한 측에 신청하였으나 거부당하였다. 이어서 4월 19일에는 대표단 규모를 줄여 5명이 4월 22일 방문하고 싶다고 의사를 전달했으나 또 거부당하였다. 현지의 법인장 대표들이 서울의 기업책임자회의의 청원서 내용을 4월 22일에 북한 측 협력부에 전달하였다. 청원서 내용은 개성공단의 조속한 정상화 촉구와 입주 기업들의 애로 사항인 제품 출하 문제, 기업 도산 우려, 주재원 식생활 여건, 정신적 고통 문제 등이었다. 협력부는 기업의 애로 사항을 인지하고 있다면서 상부에 전달하겠다고 말은 하였으나 그 이후 일체의 긍정적인 답변이나 조치가 없었다.

정부가 4월 11일 개성공단 정상화를 위한 남북 당국 간 실무회담 제의를 북한 측이 거부한 이후 우리 정부의 연이은 대화 제의를 계속 거부하였다. 개성공단 현지의 주재원들의 생활 여건은 갈수록 나빠졌다. 기업 대표단의 두 차례 방북 제의도 거부당하고 북한 측이 일체의 긍정적인 움직임이 없자 우리 정부는 고심에 빠질 수밖에 없었다. 우리 국민의 생명과 안전을 책임져야 할 정부 입장에서는 인내심의 한계 시간이 점차 다가왔다. 마지막으로 북한 측의 입장을 타진하고 문제를 해결하기 위한 돌파구를 찾기 위한 정부 측의 시도가 4월 24일부터 시작되었다. 정부 측의 입장을 전달하기 위한 관리위원장과 북측 총국장 간의 면담 제의에 북한 측은 소극적 반응을 보였다. 문제 해결을 위한 북한 측의 최소한 조치로서 우리 국민의 건강에 필요한 의료진 3명과 식자재 전달 인원 2명의 4월 26일 개성공단 방문 제안서를 전달하고자 하였으나 북한 측은 거부하였다. 이를 계기로 우리 정부가 중대한 결단, 즉 전면 철수 입장을 결정하고 관리위원회는 이를 북한 측에 통보하였다. 4월 26일 당시에 개성공단에는 총 176명이 잔류하고 있었다. 27일(토)에 입주 기업 주재원 총 127명이 복귀하고 29일(월)에 관리위원회 직원 22명, 유관 기관 27명 총 49명이 복귀하는 일정을 수립해서 복귀 계획을 북한 측에 통보하였다. 북한 측도 남한 인원이 개성공단에서 전원 철수하는 것을 보장하겠다고 하였다.

우리 측의 개성공단 전면 철수 조치

우리 측은 개성공단 문제를 해결하기 위해 마지막까지 여러 가지 노력들을 하였으나 북한 측은 경직된 태도로 우리 측의 모든 제의를 거부하였다. 급기야 우리 정부의 전면 철수 방침과 관리위원회의 우리 측 주재원들의 복귀 계획을 북한 측에 통보하였다. 북한 측도 우리 측의 전면 철수 계획을 보장하겠다면서 다만 북한 근로자 3월 임금, 세금, 정·배수장 물 값, KT 통신 요금, 북한 측 식자재 구입비, 폐기물 처리비 등을 전액 청산하고 철수할 것을 요구하였다. 4월 8일 개성공단 잠정 중단 조치 발표 때 중앙특구개발지도총국 이금철 총국장이 관리위원장인 필자에게 "노임, 세금, 미수금을 철저히 청산해 줄 것"을 주문했던 내용의 되풀이였다. 북한 측 때문에 입게 된 우리 기업들의 경제적 피해는 천문학적인데 자기들의 경제적 잇속만 철저히 챙기는 지독한 행태였다. 필자는 북한 측에 현재 상황상 물리적으로 지불할 달러도 없고 개성공단이 앞으로 정상화되면 해당 기업이나 기관에서 당연히 지불할 것이라고 되풀이 전달하였다.

4월 27일 토요일 오전에 관리위원회는 종합지원센터에서 법인장 회의를 개최하여 정부의 전면 철수 방침을 알리고 오늘 오후에 모두 철수해 줄 것을 요청하였다. 정부의 전면 철수 입장에 협력하여 전원 나가는 것이 좋겠다는데 대부분 공감하였다. 사실 기업의 주재원들도 심신이 많이 지쳐 있는 상태였다. 일부 기업에서는 전원 철수하면 개성공단은 이제 끝이라면서 어디로 숨어서 안 나겠다는 입장을 피력하기도 하였다. 남한에 있는 일부 기업의 사장들이 개성공단 현지의 주재원들에게 정부의 전면 철수 방침에도 불구하고 절대 나오지 말라고 지시했던 모양이었다. 오후에 남한으로 복귀할 사람들이 모두 집결하자 관리위원회는 나가야 할 사람의 숫자를 일일이 체크하였다. 한 사람이 부족하였다. 법인장 회의 때 안 나가겠다는 발언이 있었으나 설마 그렇게 행동하겠느냐고 생각했는데 현실로 나타났다. 안 나온 사람이 누구인가 확인을 했더니 당시 개성공단기업협회 회장이 운영하는 기업의 법인장이었다. 법인장은 필자가 평소 개인적으로 가깝게 지낸 사람이었는데 어떻게 필자한테 이럴 수가 있느냐고 속으로 괘씸하게 생각했다. 필자는 우리 직원에게 그 기업이나 갈 만한 곳에 가서 찾아오라고 지시하였다. 숨어 버린 그 법인장을 찾아 올 때까지 남한으로 내려가기 위해 대기하고 있던 125명이 길에서 기다릴 수밖에 없었다. 그날은 입주 기업의 주재원들은 한 명도 예외 없이 모두 개성공단에서 철수하게 되어 있었다. 한참 후에 그 법인장이 나타났다. 필자를 포함하여 대기하고 있던 사람들이 못마땅하다는 표정으로 그를 바라보니 머리를 숙이면서 미안하다고 말했다. 필자는 그에게 그런 행동을 한 이유를 물으니 그는 자기가 힘이 있느냐면서 본사 회장의 지시대로 따르지 않으면 목이 잘리는데 어쩔 수 없지 않느냐고 답변하였다. 이해는 할 만하나 위기 상황에서 전체가 통일된 행동을 해야 하는데 일개인이 이렇게 일탈하는 모습을 보고 답답하다는 생각이 들었다. 숨어 버린 한 명을 찾아내어 잔류하고 있었던 입주 기업 주재원 총 126명(당초 127명이 내려갈 계획이었으나 1명은 4월 29일 내려가는 것으로 변경)이 그날 개성공단으로부터 철수하였다. 이제 관리위원회와 유관 기관 주재원 50명만 남게 되었고 이들도 일요일 하루만 체류하고 4월 29일 월요일에 모두 철수할 준비를 하고 있었다.

북측의 미수금 강제 요구

4월 28일 일요일 오후에 총국 박철수 부총국장이 관리위원장을 만나자는 연락이 와서 둘이 만났다. 박 부총국장은 우선 미수금 문제가 해결될 때까지 관리위원회 관계 직원은 개성공단에서 나갈 수 없다는 것이었다. 필자는 물리적으로 지불할 달러가 개성공단에 없다는 것을 누차 얘기했다는 점을 다시 한 번 환기시켰다. 개성공단이 조속히 정상화되면 미수금 문제는 바로 해결된다고 강조하였다. 지금 북한 측의 개성공단 잠정 중단 조치로 도산하는 기업이 나올지도 모르는데 이러한 상황에서 미수금을 달라고 하면 기업들이 어떻게 생각하겠느냐고 박 부총국장에게 따졌다. 마지막으로 필자는 북한 측 국방위원회 대변인이 우리 측 인원이 남한으로 철수하는 것을 완전 보장한다고 해놓고 관리위원회 직원의 철수를 막는 것은 이를 위반하는 것이라고 지적하였다. 이와 같은 필자의 발언에 박 부총국장은 미수금 문제가 해결되지 않으면 관리위원회 관계 직원은 절대 나갈 수 없다고 강한 어조로 말하였다.

필자는 북한 측에서 요구하는 미수금액이 도대체 총 얼마이며 그 내역은 어떻게 되는지 밝혀 달라고 요청하였다. 박 부총국장은 3월 임금 730만$ 및 4월 8일까지 가동 임금, 정·배수장 및 기반 시설 북측 근로자 임금, 식자재 65만$, 2개 기업의 체불 임금 등 미수금 105만$, 2012년도분 개인 소득세 및 기업 소득세, KT 통신료 10만$, 폐기물 처리비, 물 값, 노력 알선료 등 총 1,300만$ 정도라고 답변하였다. 필자는 구체적 내역과 증빙 자료가 있느냐고 물었더니 박 부총국장은 답변을 제대로 하지 못했다.

당시 개성공단에서 완전히 철수하면 개성공단에 공급하는 전기나 물 공급을 완전히 차단해야 한다는 보도가 우리의 일부 언론에서 있은 탓인지 박 부총국장은 전기와 물 문제는 어떻게 되는지를 필자에게 반복적으로 물었다. 필자는 우리의 입장은 개성공단이 하루빨리 정상화되어야 한다는 입장이기 때문에 단전, 단수는 없을 것이라고 답해주었다. 박 부총국장은 만약에 남한 측에서 단전이나 단수 조치를 취하면 그로 인해 생기는 남측의 시설과 재산 피해에 대해 북측이 책임질 수 없다는 점을 강조하였다. 첫 번째로 필자와 박 부총국장의 미수금 문제 등에 대한 상호 간의 기본 입장을 교환한 이후부터 이 문제에 대한 남북한 간의 협상이 현지에서 팽팽하게 진행되었다. 우리 측은 기본적으로 4월 29일 월요일에 전원 철수한다는 입장이었다. 북한 측은 미수금 문제가 해결되지 않으면 관리위원회의 관계 직원은 절대 나갈 수 없다고 주장하였다.

'마지막 7인' 잔류

필자는 최종적으로 필자를 비롯해 필수 인원만 잔류하고 나머지 직원들은 4월 29일 전원 철수한다는 입장을 정했다. 필자는 혼자의 구상으로 최종 7명이 남아 북측과 협상 등 마무리를 하면 되겠다고 생각하였다. 우선 필자와 함께 북한 측과 협상할 직원 한 명이 필요했다. 마침 통일부에서 파견와서 관리위원장 보좌관으로 일하고 있었던 박상돈 서기관이 있었다. 필자가 통일부에서 남북회담본부 상근회담대표로 일할 때 박 보좌관은 사무관으로서 필자와 함께 남북 경제회담에 많이 참여했던 협상 경험이 많은 직원이었다. 그는 매우 성실한 사람이라 필자가 평소 호감을 갖고 좋게 평가했던 사람이었다. 필자와 함께 호흡을 맞추어 북한 측과 협상하는데 딱 적합한 사람이었다. 관리위원회 내부적으로나 북한 측과 연락을 담당할 사람으로서는 필자의 비서로 성실히 일해 왔던 조휘찬 대리를 선정하였다. 우리가 북한 측과 협상을 마무리하고 최종적으로 개성공단에서 철수할 때까지 개성공단 전체를 매일 점검하고 문제 발생 시 대처할 수 있도록 김완근 공단관리부장이 필요했다. 수송 담당을 하는 한편 최종 잔류하는 사람들의 식사 문제를 해결하기 위해 과거에 자취 경력으로 요리 솜씨가 있는 남영안 대리를 선정하였다, 필자는 이들을 개별적으로 필자의 사무실로 오게 해서 상황을 설명하고 마지막까지 개성공단에 남아 같이 일을 해 줄 것을 요청하였다. 모두들 흔쾌히 수용하였다, 이렇게 해서 관리위원회에서는 필자를 비롯해 5명이 마지막까지 남기로 했다. 우리가 북한 측과 협상하는 기간 동안에는 서울 본부 측과 통신을 계속해야 하기 때문에 KT 직원이 필요했다. 필자는 4월 29일 일요일 오후에 KT 개성공단 지사장인 이정진 부장을 필자 사무실에 좀 와달라고 해서 만났다. 앞으로 북한 측과 협상을 위해 통신 지원이 필요하니 KT 직원이 마지막까지 남아달라고 협조 요청하였다. 이 부장은 그 자리에서 당연히 남아있겠다고 수락해 주었다. KT 이정진 부장, 이창권 차장 두 명이 남게 되었다. 북한 측과 협상을 위한 팀으로 최종 7명이 남게 되었다. 나중에 이들이 우리 언론에 보도된 '마지막 7인'이었다. 필자는 협상을 위해 잔류 인원 7명을 서울 본부에 알렸더니 좋다고 수락했다. 북한 측에도 알렸더니 4월 30일에 7명을 제외한 43명 전원이 남한으로 철수함을 보장한다고 확인해 주었다.

미수금 지불과 완제품 반출 문제

필자와 박철수 부총국장 간의 연이은 협상에서 우리 측은 북한 측이 미수금 상세 내역을 제출해주면 우리 측이 검토하고 확인한 이후에 5월 10일 이전에 지불할 것을 약속하였다. 그리고 미수금을 전달할 현금 차량의 방북 시 기업의 피해를 최소화하기 위해 완제품 반출을 위한 물류 차량의 방북도 반드시 허용해야 한다고 요구하였다. 북한 측은 개성공단 잠정 중단으로 북한 근로자가 급하게 철수하면서 사실은 회계 서류를 제대로 챙기지 못해 완벽한 자료가 없고 기업별 담당자도 장풍, 개풍 지역 등 이곳저곳 흩어져 있어 확인하기가 어렵다고 실토하였다. 전년도 총임금 수준으로 어림잡아 계산하였다는 것이었다. 남한에 있는 기업들이 갖고 있는 자료를 북한 측에 전달해 주면 정산하기가 좋을 것이라는 의견을 제시하였다. 북한의 현실을 적나라하게 드러내는 어이없는 답변이었다. 북한 측이 지불을 요구한 KT 통신료 10만$에 대해서 필자가 KT 지사장에게 확인을 요청했더니 미지불 금액이 8만$이라는 것이었다. 필자는 북한 측이 통신료를 과다계상한 것을 박 부총국장에게 통고하고 북한 측의 계산이 정확하지 않음을 지적하였다. 북한 측은 미수금을 대충 총괄하여 1,300만$로 우선 정하고 추후에 정산하면 편리하겠다는 입장을 제시하였다. 필자는 계산은 정확해야 한다면서 사후에 반드시 정확히 정산해야 한다고 거듭 강조하였다. 미수금을 지불하면 기업의 완제품 반출은 반드시 따라야 한다는 내용을 명확히 전달하였다. 박 부총국장은 미수금 지불과 완제품 반출은 별개의 사안이라며 정해 놓은 답변을 한 치도 다르지 않게 거침없이 했다.

필자는 우리 측이 북한 측에 줄 것(미수금)은 반드시 줄테니 북한 측도 우리 측에 줄 것(완제품)은 반드시 주어야 한다는 취지에서 “줄 것은 주고 받을 것은 받아야 한다”고 박 부총국장에게 강조하였다. 그는 “글자 그대로 순서에 따라 우선 줄 것을 주면 그때 가서 (남측이) 받을 것에 대해서 검토해 보겠다”고 말하면서 ‘선후 이행’의 개념으로 답하였다. 엉뚱한 논리였다. 공산주의자의 목적 실현을 위한 궤변이었다. 필자는 그 말은 ‘선후 이행’의 개념이 아니고 주는 것과 받는 것의 ‘동시 이행’의 개념이라고 답하였다. 그리고 동시에 이행하면 되지 북측이 받을 것은 받으면서 남측에 줄 것을 주는 것도 아니고 검토해 본다니 말도 안 된다고 항변했다. 기업의 완제품의 반출이 이루어진다면 미수금 문제는 그 즉시 해결될 것이라고 강조하였다. 박 부총국장은 미수금 문제와 완제품 반출은 완전히 별개의 사안으로서 연계될 수 없다는 것이었다. 박 부총국장은 또 전기와 물 문제를 언급하였다. 그는 전력 공급이 완전히 차단되면 개성공업지구가 암흑천지가 되어 경비를 할 수가 없으니 군사지역으로 복귀하거나 완전 개방시켜 놓겠다고 하였다. 필자는 우리 측은 개성공단의 정상화를 생각하기 때문에 전기와 물 문제는 그런 차원에서 생각하고 있다고 답변하였다.

이와 같은 내용으로 29일은 밤늦게까지 그리고 30일은 낮 내내 결론 없는 지리한 협상을 하였다. 그러다 보니 30일 당일 남쪽으로 내려갈 사람들이 밝은 낮에 개성공단을 출발하지 못했다. 저녁에는 우리 측 주재원들이 타고 갈 차량 대수 문제로 북한 측과 승강이를 하느라 많은 시간이 허비되었다. 우리는 화물도 싣고 43명의 인원이 내려가려면 우리가 가용한 41대의 차를 타고 가야 한다는 입장이었던 반면에 북한 측은 이미 군부에서 10대로 결정 났기 때문에 곤란하다는 입장이었다. 밀고 당기고 하면서 최종적으로 우리가 원하는 대로 되어 밤 11시 10분에 개성공단을 출발할 수 있었다. 남쪽 출입사무소에서는 오후에 우리 인원들이 내려오는 줄 알고 해당 기관 직원, 가족, 지인 및 취재진들이 장사진을 치고 있었는데 자정이 가까워 내려오게 되어 장시간 초조한 마음으로 기다리게 한 꼴이 되었다.

이제 개성공단에서 내려갈 사람은 모두 내려갔기 때문에 다소 마음은 홀가분해졌다. 시간을 갖고 우리 측 입장에 따라 북한 측과 협상하는 일만 남았다. 통일부에 있을 때 남북회담에 많이 참여한 경험이 있어 그렇게 어렵게 생각하지 않았다. 달러 확보가 급한 북한 측은 초조하고 조바심을 내며 빠른 처리를 바라며 밀어붙이지만 우리는 시간을 끌더라도 더 얻어내야 했다. 하루 이틀 여유를 가지면서 우리 측 입장과 북한 측 입장을 대조하면서 이를 어떻게 타개해 나갈지 이런 저런 대책을 세워 보았다. 마지막 잔류 인원 7명은 남아서 서울 본부와 연락을 취하면서 북한 측과 협상을 위한 전열을 가다듬었다. 필자는 우리가 미수금을 주더라도 이것과 연계하여 완제품 반출은 반드시 성사시켜야겠다고 거듭 다짐을 하였다. 과거에 통일부 재직 때 북한 측과 회담한 경험을 통해 우리가 원칙을 가지고 강하게 밀어붙이면 성사된 사례가 다수 있었다는 것을 필자는 잘 알고 있었다. 어느 정도 가능성을 믿고 최선의 협상을 계산하고 있었다.

우리 정부, 미수금 지불과 잔류 인원 철수 결단

그런데 5월 2일 목요일 아침 우리 정부(통일부)에서 미수금 1,300만$을 5월 3일 오후에 전달하며 동시에 잔류 인원 7명은 철수한다는 방침을 통보해왔다. 필자는 우리 정부가 시간을 갖고 더 협상을 하지 않고 신속한 미수금 전달과 잔류 인원 철수 방침을 결정한데 대해 한편으로 아쉽게 생각하며 그 과정을 추론해 보았다. 필자는 북한 측과 협상하면서 평양 당국의 재정 담당 쪽에서 외화($) 확보가 필요했고 지시를 받은 총국에서는 미수금을 반드시 우리 측으로부터 받아내야 하는 심리적 부담감을 갖고 있음을 간파했다. 우리가 좀 더 시간을 갖고 북한 측과 밀고 당기는 협상을 해 나간다면 미수금 전달과 연계하여 완제품 반출을 성사시킬 수 있을 것이라고 판단했다. 과거 협상 테이블에서 경험한 전례로 유추해 보면 초조한 북한 측이 조만간 우리의 협상안을 받아들일 것 같은 느낌이 들었다. 그런데 우리 측의 신속한 철수 결정을 보고 박근혜 대통령이 오바마 대통령과 한미정상회담을 위해 곧 워싱턴으로 출국하기 때문에 그 전에 해결하고자 하는 마음이 작용한 것 같았다. 박 대통령이 개성공단 문제가 미해결된 상태에서 출국하는 것보다는 문제를 해결해 놓고 편안한 마음으로 나가서 한미정상회담에 전력하려는 모양이구나라고 유추하였다. 박 대통령의 성향으로 국민의 생명과 신변 안전을 중시한다는 차원에서 신속한 결단을 내린 것이라는 판단이 들었다. 협상은 머리 싸움이자 시간 싸움이며 초조한 자가 지게 되어 있다. 따라서 시간을 갖고 밀고 당기면 기대에 못 미치더라도 어느 정도 소득이 있게 마련이다. 매우 아쉬운 순간이었다.

우리 정부의 기본 방침을 통보받은 이상 필자는 더 지체할 수가 없어서 오전에 박철수 부총국장을 만나 우리 정부 측의 입장을 통보하였다. 박 부총국장은 상부에 보고하겠다면서 몇 가지 사항을 제기하였다. 우선 북한 측 근로자 4월분 임금(4월 8일까지 근무한 임금을 말함)을 3월분 임금 730만$의 4분의 1 정도를 요구하였다. 필자는 4월 3일 출입 통제 조치 이후 제대로 근무하지 않은 기업이 많기 때문에 계산이 정확하지 않다고 문제 제기를 하였다. 박 부총국장은 그러면 확정이 아닌 예정 납부액으로 해서 5분의 1로 하면 어떻겠느냐고 제안하였다. 필자는 그것도 무리한 요구라면서 6분의 1로 하자고 제시하여 최종적으로 730만$의 6분의 1인 약 120만$로 합의를 보았다. 박 부총국장은 전기와 용수의 공급이 없으면 개성공단 시설 관리를 못하기 때문에 이에 대한 대비책을 주문하였다. 개성시 용수 공급 문제도 언급하였다. 속내는 우리가 운영해 왔던 정·배수장에서 물 공급이 이루어져야 개성 시민들이 사용할 물 공급이 가능했기 때문에 북한 측에서도 비상이 걸린 모양인 것 같았다. 그러면서 개성공단 기반 시설 관리를 위해 남측의 관계자들의 출입을 허용하겠다는 의견을 제시하였다. 남측에서 이 문제에 대해 협력이 없으면 자기들이 개성공단 내 전기 공급을 위한 발전기를 준비해야 하고 물 공급 대책도 세울 수밖에 없다고 하였다. 필자는 우리가 여러 차례 요청한 식자재 반입 및 의료진 출입은 거부하더니 당신들이 다급하니 기반 시설 유지 관리 인원만 출입을 허용한다는 것은 문제가 있다고 지적하였다. 기본적으로 개성공단 정상화가 하루 빨리 이루어져야 한다는 전제하에 모든 것을 생각한다는 것이 우리 입장임을 거듭 강조하였다. 기업의 생산 활동이 전무한 상태에서 종전처럼 많은 전력이 소요되지 않으므로 송전탑을 통한 송전 방식이 아닌 전봇대를 통한 배전 방식으로 전력을 공급하는 것을 검토하고 있다고 말해 주었다. 물은 원수 자체가 북한 지역에 있는 월고저수지에서 공급되므로 우리 측이 왈가왈부할 사안은 아니라고 했다. 다만 우리가 소독약으로 보관하고 있는 염소는 북한 측이 잘못 사용하면 치명적인 독소가 될 수 있으므로 봉인된 염소 보관 창고를 무단으로 뜯어 절대로 함부로 사용하지 말 것을 특별히 주의를 주었다. 이는 한국수자원공사 직원들도 철수하면서 북한 측 직원에게 거듭 일러둔 사항이었다.

우리 측의 기본 입장을 북한 측에 전달하면서 남북한의 협상이 5월 2일 늦은 밤까지 8차례, 5월 3일에는 5차례나 열렸다. 기본적으로 북한 측은 남한에서 현금 차량이 들어온 이후 잔류 인원 7명을 남한으로 보내준다는 방침이었다. 반면에 우리 측은 잔류 인원 7명을 먼저 남한에 보내주면 현금 차량을 북한에 보내준다는 방침을 제시하였다. 이와 같은 기본적인 입장 차이로 상호 간에 여러 가지 대안을 제시하면서 팽팽한 대립이 있었다. 상호 신뢰 문제에 대한 논쟁이 있었다. 서울에서 근무하고 있었던 김호년 부위원장이 두 대의 현금 차량을 선도하여 개성공단에 들어와 현금을 북한 측에 인계하고 나서 서울로 복귀하는 계획을 세우고 있었다. 이러한 절차를 북한 측에 통보하였다. 우리는 최종적으로 북한에서 관리위원장 등 잔류 인원이 탑승한 차량과 남한에서 관리위 부위원장이 탑승한 선도 차량과 현금차량이 동시에 군사분계선을 통과하자고 제의하였다. 이에 대해 북한 측은 여전히 입장 정리를 하지 못했다. 최종적으로 남북한 간에 타협해서 다음과 같이 결론을 내렸다. 부위원장이 탄 선도 차량이 먼저 개성공단 북측 통검사무소에 도착하면 위원장 등 잔류 인원 7명이 탑승한 차량 4대가 남쪽으로 출발해서 남쪽에서 대기 중인 현금 차량과 동시에 군사분계선을 넘는 것으로 타결지었다.

이에 따라 5월 3일 오후 6시경에 부위원장이 북측 통검사무소에 도착하였고 필자와 부위원장 간에 서로 상황 설명을 하고 인수인계를 하였다. 필자는 6시 20분경에 북측 통검사무소를 출발하여 6시 40분이 조금 지나 군사 분계선을 넘어 남쪽으로 내려왔다. 이후 확인하니 부위원장이 1,300만$을 북한 측에 전달하였는데 평양 당국에서 내려온 관계자들이 지폐를 세는 계수기를 가져와 일일이 세더라는 것이었다. 그런데 지폐 중 몇 장이 포장하거나 이동하는 중에 발생한 것인지 모서리가 조금 찢어진 데가 있었는데 이것을 북한 측이 문제 삼더라는 것이었다. 그러다가 자기들이 조금 심하게 대응한 것으로 생각했는지 1,300만$ 전량 인수한 것으로 확인증을 발급해 주었다고 한다. 북한이 지폐의 상태까지 트집 잡는다는 것은 그만큼 달러 확보가 다급하다는 반증이라고 본다.

남북출입사무소에서의 기자 회견

필자가 우리 지역인 남북출입사무소에 도착하니 수많은 내외신 기자들이 대기하고 있었다. 방송 카메라들이 줄지어 서 있었다. KT 직원 2명과 업무용 승용차를 운전해 온 조휘찬 비서는 주차장으로 가고, 필자와 박상돈 보좌관, 김완근 부장, 남영완 대리 4명이 카메라 플래시가 연방연방 터지는 내외신 기자 대열 앞쪽에 일단 섰다. 취재진들에게 우리가 5시 30분에 복귀하는 것으로 사전 예고되어 있어서 모두 1시간 30분 정도 지체하여 대기하고 있었다. 우리의 '마지막 7인'이 개성공단에서 돌아올 때까지 오랫동안 기다렸던 내외신 기자들에게 필자는 기본적인 발언을 하지 않으면 안 되는 상황이었다.

필자는 우선 "국민 여러분들께서 염려해 주신 덕분에 체류 인원 전원이 무사히 귀환할 수 있게 되어서 감사의 말씀을 드립니다"라고 첫 인사말을 하였다. 4월 3일 개성공단 출입 통제가 있은 이후 우리의 가족, 친지, 지인, 유관 기관 및 기업의 임·직원, 정부 관계자 등을 비롯한 많은 국민들이 당시 체류하고 있었던 868명의 신변 안전을 염려하고 격려하며 전원 무사 귀환을 염원하였다. 덕분에 한 사람도 사고 없이 전원 안전하게 귀환하였다. 필자는 진심으로 감동하고 고맙게 생각하였다. 보이지 않는 힘이 도와 주셨구나 라는 직감이 들었다. 필자의 인사말이 끝나자마자, 취재진으로부터 개성공단 정상화 문제, 입주 기업들의 자산 및 설비 보호 문제, 미수금 관련 협상 과정 및 상세 내역, 귀환이 당초 예정보다 늦어진 이유 등에 대해 질문이 있었다. 필자는 개성공단 정상화 문제는 우리가 거듭 북한 측에 강력 요청했고, 입주 기업들의 자산 보호는 안전장치를 해두고 철수해서 큰 문제는 없을 것이라고 답변하였다. 미수금 관련 협상 과정은 이 자리에서 자세히 말씀드릴 수 없음을 양해를 부탁하고 미수금은 이미 언론에 1,300만$로 보도되었기 때문에 별도로 언급하지 않았다. 귀환이 늦어진 것은 특별한 문제가 있어서가 아니라 기술적인 절차 문제로 그렇게 되었다고 답변하였다. 당시 언론에서는 외관에 신경 쓸 심적 여유가 없었던 필자에 대해 "굳은 표정", "웃음기가 사라졌다", "지친 기색이 역력하다"면서도 "듬직하고 의연한 모습"이라고 표현했다. 이번 사태를 북한 측이 받을 것은 받으면서 우리에게 줄 것은 주지 않은 '땡깡 협상'이라고 비판했다. 돈과 인질을 교환하는 드라마 같은 장면이라고 묘사하기도 했다. 필자는 마지막 발언으로 "하루 빨리 개성공단을 정상화시켜 우리 모두가 함께 일할 수 있게 되기를 바랍니다"라고 끝맺으면서 필자의 간절한 마음을 밝혔다.

서울에서 맞이한 '자유의 공기'

취재진들과 기자 회견을 마치고 어두운 자유로를 질주하여 그리운 가족들이 있는 집으로 가는 중에 여러 가지 생각들이 몰려왔다. 한 달 동안 개성공단에서의 위기 상황에서의 하루하루의 생활들이 긴박하게 돌아가는 한편의 소설이나 드라마 같기도 했다. 필자가 평생 통일 문제를 화두로 뛰어든 삶에 이런 불가항력적인 사태도 겪구나 라는 생각이 들었다. 필자로서는 통일부에서 남북 교류협력, 대북 인도적 지원, 경수로 사업, 남북회담 등 거의 모든 분야의 다양한 업무를 해왔지만 필자에게 이런 냉혹한 현실이 닥칠 줄은 생각지도 않았다. 실제로 이번 개성공단 위기 사태를 겪고 보니 이것이 남북 관계의 생생한 실상이라는 것을 깨달았다. 남북 관계는 대처할 상대가 존재하기 때문에 낙관하거나 희망적으로만 접근해서는 절대 안 되며 냉철하게 현실적으로 접근해야 한다는 것을 거듭 확인하였다. 개성공단에서 동고동락했던 주재원들이 한 달 동안 서로 소통하고 단합해서 한 명도 사고 없이 전원 무사하게 귀환하게 되어 이 위기를 극복하기 위해 노력한 것들에 대해 그나마 큰 보람을 느꼈다. 매일매일 긴장감 속에서 필자도 모르게 지쳐있던 심신이 무사 귀환과 보람이라는 뿌듯함이 드니 기쁜 마음과 활기가 다시 살아나는 것 같았다. 한편으로 우리 기업의 천문학적 경제적 피해는 도외시하고 한 푼이라도 더 받겠다고 그들의 경제적 잇속만 챙기는 북한 측의 지독한 행태를 보고 괘씸하고 배신감이 드는 것은 어쩔 수 없었다.

밤늦게 서울 서대문역 인근에 있는 필자의 아파트로 들어서니 가족들이 반갑게 맞아 주었다. 그러나 필자의 업무를 이해하는 가족들은 본인이 업무를 마치고 퇴근한 듯 놀라거나 흥분하지는 않았다. 그동안 보도를 통해 한 달 동안의 경과를 잘 알고 있었다. 그전부터 필자가 북한을 자주 드나들면서 남북회담 참여나 북한 현지를 방문하는 것을 많이 보아 왔기 때문에 남북 관계의 실상에 대해 어느 정도 잘 알고 있는 연유인 것 같았다. 더운 물로 샤워를 하고 나니 피로감이 몰려와서 금방 잠자리에 들었다. 그 다음 날 5월 4일 토요일 새벽 5시 30분경에 눈이 떠졌다. 개성공단에서는 새벽 새소리에 자동적으로 눈이 떠져 매일 6시 이

전에 일어났고 아침에 산책을 다니곤 했다. 그러한 개성공단에서의 아침 습성이 몸에 배었는지 일찍이 눈이 떠져 아파트 인근에 있는 안산 둘레길을 걸었다, 산자락의 아침 공기가 개성공단에서의 공기처럼 매우 신선하고 상쾌했다. 심신이 해방되는 자유의 공기였다. 마음이 편안해졌고 발걸음도 가벼워졌다. 개성공단에서의 긴박한 한 달 동안의 긴장감이 확 사라지는 것 같았다. 그 다음 날 일요일도 아침 일찍이 눈이 떠졌고 안산 둘레길을 또 걸었다. 5월 6일 월요일은 서소문동에 위치한 필자의 서울 사무실인 개성공업지구지원재단으로 출근하는 날이었다. 그날도 여전히 안산 둘레길을 걷고 와서 출근하였다. 우리 집에서 사무실까지는 걸어가도 그렇게 멀지 않은 거리이기 때문에 아침에 안산 산책 후 사무실로 출근해도 시간상 전혀 문제가 없었다. 월요일 아침 사무실로 가는 길에 출근하는 수많은 서울 시민들을 보니 자유분방했고 활력이 넘쳤다. 이렇게 필자의 서울 생활이 새로 시작되었다. 개성공단이 중단된 지 166일 만인 9월 16일에 재개될 때까지 필자는 통일부 산하의 공공 기관인 개성공업지구지원재단 이사장으로 서울에서 근무하면서 개성공단 입주 기업과 영업소 그리고 주재원들의 근황을 파악하면서 피해에 따른 후속 조치를 하는데 업무 중점을 두고 우리 직원들과 함께 일하였다.

개성공단 재가동

2013년 4월 초 북한 측이 촉발한 개성공단의 위기 사태는 정상적으로 재가동될 때까지 장기간 휴지기로 접어들었다. 서울의 서소문동 유원빌딩에 있는 개성공업지구지원재단의 직원은 총 67명이었는데 개성공단이 가동될 때는 이 중 2/3는 개성공단에 있는 개성공업지구관리위원회에 파견 근무하였다. 개성공단에 파견된 직원들이 모두 재단 사무실로 복귀하게 되니 우선 사무실 공간이 매우 부족하였다. 복귀한 직원들의 사무 공간을 물색하던 중 유원빌딩 내에 마침 공실이 있어 이를 즉각 임대하여 사용함으로써 서울에서의 근무 환경은 안정이 되어 갔다. 개성공단에서 가져온 서류와 장비들을 정리하여 본격적으로 업무를 추진하는데 그렇게 오랜 시간이 걸리지는 않았다.

개성공단에서 철수한 입주 기업과 협력 업체, 영업소는 재산상 피해가 엄청났다. 개성공단에서 일했던 주재원들의 일자리가 불안정하게 된 것이 큰 문제가 되었다. 개성공단에서 근무했던 주재원들은 남한 본사에서 파견된 사람들도 있었지만 개성공단에서만 근무하는 임시 계약직으로 신분이 불안정한 사람들도 있었다. 고용 계약상 신분이 어떻든 많은 사람들이 불안하기는 마찬가지였다. 이 문제를 근본적으로 해소할 수 있는 방안은 개성공단이 하루빨리 재개되어 정상적으로 생산 활동이 진행되는 것이었다. 조속한 재개가 어렵다면 개성공단에 적재된 생산 제품이나 원·부자재를 남한으로 가져와서 판매하거나 원청 업체에 납품하면 재산상 손실을 줄일 수 있었다. 원·부자재를 이용하여 남한에서 생산 활동도 할 수 있었다.

북한의 정부-기업 간 이간술

이러한 입주 기업의 고통을 해소하기 위해 박근혜 대통령의 지시로 5월 14일 통일부가 완제품과 원·부자재 반출 등과 관련한 남북 당국 간 실무회담을 북한 측에 제의하였다. 그 다음날 북한 측은 즉각적으로 우리 측 제의를 거부하였다. 대신에 개성공단을 관장하는 총국은 5월 16일 우리 입주 기업들에게 fax를 통해 5월 3일 1,300만$ 미수금을 전달하러 들어 왔던 관리위원회 부위원장에게 그러한 문제 등을 협의할 용의가 있음을 전달했다고 적시하였다. 우리 정부의 회담 제의에 응하지 않으면서 우리 기업에게 직접 연락한 것은 북한 측의 전형적인 수법으로 우리 정부와 기업 사이를 이간질하고 우리 측에 책임을 전가하기 위한 술책이었다. 이에 대해 통일부 대변인은 북한 측이 그러한 언급을 한 적은 있지만 구체적인 날짜를 제시하지 않았고, 당시 부위원장은 미수금을 전달하는 임무만 주어졌고 협상할 권한이 없었기 때문에 북한 측이 공식적으로 남한 측에게 제의하라고 했으나 그 이후에 연락이 없었음을 밝혔다. 북한 측으로부터 fax를 통해 연락 받은 기업들은 5월 20일 북한 측과 관리위원회 간의 논의 사항을 공개하라면서 5월 23일 직접 방북하겠다는 의사를 밝혔다. 이에 대해 북한 측은 개성공단의 제품 반출보다 더 절박한 것은 "(개성)공업지구가 깨지느냐 마느냐 하는 문제"라면서 입주 기업들을 심리적으로 초조하게 만들면서 위기를 조성하는 발언을 하였다. 우리 정부는 개성공단 정상화 문제는 입주 기업이 방북한다고 해결될 사안이 아니라는 판단 하에 기업인들의 방북을 5월 23일 불허하였다. 북한 측은 5월

28일 입주 기업들이 우선 공장에 복귀하면 정상화 문제를 논의할 것이라며 당국 간 대화를 회피하였다. 철저한 우리 정부와 민간 기업을 이간하는 술책을 구사하였다.

어려운 우리 기업과 근로자 지원 노력

우리 정부 차원에서의 남북 당국 간 회담 추진과 별개로 개성공업지구지원재단은 입주 기업들의 실태 조사 및 애로 사항을 파악하기 위해 전국에 산재한 기업들의 본사를 방문하였다. 기업의 운영 자금 부족과 대출금 상환 문제, 그리고 근로자들의 고용 유지 지원이나 실업 대책이 요구되었다. 기업에는 긴급 운영 자금의 저리 특례 대출을 주선하였다. 근로자들을 위해서는 고용노동부와 상의하여 휴업·휴직 시 고용 유지 지원금을 간소한 절차로 신속하게 수령하도록 하였다. 새 직장을 구하는데 도움을 주기 위해 재단 내에서 경력 개발 교육프로그램을 운영하였다.

개성공단에 식품을 공급하는 영세한 영업소들이 어려움에 처해 있었다. 개성공단에 공급되는 초코파이, 라면 등은 국내에서 재판매하지 못하도록 국내와 다른 규격으로 허가가 나왔었다. 이들의 재고품 판촉 활동을 도와주기 위해 필자는 여러 기관들을 물색하였다. 우리 사무실의 김길성 사무국장(현 서울시 중구청장)의 주선으로 하이원리조트에 5천만원 상당의 물품(라면 4,340 Box)을 판매하였다. 하이원리조트는 평소에 인근의 복지 시설에 물품을 후원하는데 개성공단에 공급되는 제품을 구매하여 후원하였다. 개성공단 우리은행의 김인수 지점장이 이순우 은행장에게 건의하여 1억원 상당의 초코파이 등 16개 품목을 우리은행에 판매하는 성과를 거두었다. 봉지 믹스커피는 은행 내부에서 사용하고 다른 물품들은 여러 복지 시설에 후원하는데 사용하였다. 우리 재단이 적극적으로 나서서 재고품

판매 활동을 주선하자 영업소들에서 매우 고맙다는 인사를 전해왔다. 조금이나마 도움을 주게 되어 보람을 느꼈다.

필자는 입주 기업들에 소속된 우리 근로자들이 매우 어려운 처지에 있다는 것을 여러 경로를 통해 전해 들었기 때문에 서울, 인천, 부산, 대구, 전주 등 5개 지역에 있는 기업들을 직접 방문하여 실태를 파악하고 개성공단 근무 직원들의 애로 사항들을 청취하였다. 실제 일손을 놓은 직원들이 여러 가지로 마음고생을 많이 하고 있었다. 그들과 식사를 같이 하면서 위로를 하고 시간이 어느 정도 걸리겠지만 개성공단이 반드시 재개될 것이라면서 그때까지 잘 버텨주기를 당부하였다. 지역의 기업들을 방문해 보니 특히 봉제공장에는 대부분 나이가 든 여성 근로자들이 많았다. 과거부터 오랫동안 일해 온 숙련된 사람들로 나이가 들더라도 기업과의 정 때문에 계속 일하러 나온다고 하였다. 인건비도 계속 높아지고 있었다. 요즈음은 이런 봉제 산업에 젊은 사람들은 일하러 오지 않는다면서 사람 구하기가 힘든 것이 중소기업의 현실이라고 탄식하였다. 이러한 인력 확보의 한계와 인건비 상승이라는 현실 때문에 개성공단 입주 기업들은 정치·군사적이나 문화적으로 애로 사항이 많았지만 개성공단에서 한사코 공장을 운영하려고 하였다. 인건비가 상대적으로 저렴하고 언어적으로 문제도 없는 북한 근로자들을 많이 고용할 수 있기 때문에 중국이나 동남아 기업들에게 경쟁력에서 점차 밀리고 있는 우리 중소기업들에게는 개성공단은 가격 경쟁력이 높아 수익을 많이 창출할 수 있는 매력 있는 곳이었다. 개성공단 재개를 위한 남북 당국 간 회담이 지체되자 '개성공단 근로자협회'가 주관하여 개성공단 정상화를 촉구하기 위해 7월 4일~8일까지 '평화국토대행진'을 추진하였다. 부산에서 경북 청도까지 103km를 38개사 129명이 참가하여 더운 날씨에도 불구하고 강행하였다. 우리 재단은 공공기관이기 때문에 직접 참가하기가 곤란하여 격려 차원에서 생수만 협찬해 주었다.

개성공단 재개를 위한 남북 당국 간 실무회담

우리 정부는 남북 당국 간 회담을 통해 하루빨리 개성공단 정상화 문제를 협의하자는 입장이었다. 반면에 북한 측은 초기에는 남북 당국 간 회담 제의는 무시하고 기업 측이 북한을 방문하면 완제품 반출 문제를 포함하여 개성공단 정상화 문제를 협의하겠다는 입장을 밝혔다. 북한 측은 정부와 민간을 분리하여 그들의 입장대로 끌고 가겠다는 계산이었다. 이와 같이 서로 다른 입장을 주고받다가 6월 9일 남북 당국 간 실무접촉 회담이 판문점 평화의 집에서 개최되었으나 합의를 이끌어 내지 못하고 무산되었다. 그 이후 거의 한 달 동안 남북 당국 간 회담이 개최되지 못하였다. 기업이나 주재원들은 사태가 장기화되는데 초조하였다.

어느 날 필자가 사무실에서 근무하는데 기업 측이나 지인을 통해 첩보성으로 북한 측이 개성공단을 재개할 것이라는 소식을 전해 들었다. 북한 측이 정치·군사적 이유로 개성공단을 잠정 중단시켰는데 소기의 대남 압박 효과를 거두었으니 이제는 외화벌이 사업을 위해 개성공단을 재개할 것이라는 내용이었다. 또 하나의 내용은 개성공단은 평양에서 관리하는 중앙특구이니 개성공단 중단으로 인한 개성 지역 일대 북한 근로자의 생활 물자를 평양 당국에서 조치해 주었다. 그런데 두 달 이상이 경과되면서 재정적 부담이 되어 이를 해소하기 위해 개성공단을 재개하기로 결정했다는 것이었다. 김정은 위원장이 재개를 지시하였다고도 했다. 그 말이 사실이라면 반가운 일이지만 첩보성이라 어느 정도 신빙성이 있는지는 알 수가 없었다.

7월로 접어들면서 개성공단 재개를 위한 남북 당국 간 실무회담이 본격적으로 시작되었다. 7월 3일 북한 측이 여름 장마철을 대비해 설비·자재 피해 대책 수립을 위해 개성공단 관계자가 방북하여 필요한 협의를 하자면서 관리위원회와 개성공단기업협회로 연락을 해왔다. 우리 정부는 7월 4일 북한 측이 제의한 사안을 포함하여 완제품 및 원·부자재 반출 문제, 개성공단의 발전적 정상화에 대해 협의하기 위한 남북 당국 간 실무회담을 7월 6일 판문점에서 개최하자고 제의하였다. 7월 6일~7일 판문점 통일각에서 제1차 실무회담이 개최되고 시설·장비 점검, 완제품 및 원·부자재와 설비 반출, 출입 인원의 신변 안전, 7월 10일 후속회담 개최 등에 합의하는 결과를 도출하였다. 5월 3일 개성공단에서 완전히 철수한 이후 두 달이 조금 경과한 시점이었다. 개성공단 재개의 계기가 촉발되는 듯하였고 입주 기업들은 조속한 시일 내에 개성공단이 가동되기를 잔뜩 기대하였다.

7월 10일부터 19일까지 우리 기업과 지원 기관 관계자들이 가동이 중단된 이후 처음으로 개성공단을 방문하여 기반 시설과 개별 공장의 설비를 점검하였다. 총 242개사(입주 기업 123개사, 협력 업체 64개사, 영업 기업 41개사, 지원 기관 14개사) 2,568명이 방북하였다. 일부 물건들이 분실되는 사례는 있었지만 대체로 모든 완제품이나 자재들이 잘 보관되어 있었고 큰 문제는 없었다. 문제는 시설을 점검하기 위해 공장 문을 개방하게 되면 계속적인 공장 가동과 설비 점검이 없는 상태에서는 여름철 습기로 인해서 기계에 녹이 슨다고 걱정들을 많이 하였다. 이 기간 동안 총 147개사에서 완제품, 원·부자재 등을 포함하여 총 3,793톤(완제품 1,953톤, 원·부자재 1,378톤, 설비 462톤)의 물자를 남한으로 반입하였다. 기업 입장에서는 경제적 피해를 줄일 수 있는 기회가 되었다. 기업들은 공통적으로 하루빨리 개성공단이 재개되어 생산 활동을 함으로써 그동안의 경제적 손실을 만회하려는 생각을 하고 있었다.

7월 10일 제2차 실무회담이 개성공단 종합지원센터에서 열렸다. 북한 측은 준비가 되는대로 개성공단을 빨리 재가동하자는 입장이었다. 반면에 우리 측은 자유로운 경영 활동의 보장과 국제 규범에 맞는 제도 개선 등이 선행되는 발전적

정상화가 이루어져야 한다는 입장이었다. 그리고 북한 측이 일방적으로 개성공단을 중단한 책임 소재를 분명히 밝히고 재발 방지를 약속해야 개성공단을 재개할 수 있다는 원칙을 고수하였다. 북한 측은 가동 중단의 원인을 우리 측이 제공했다면서 책임 전가를 하였다. 이처럼 책임 소재와 관련하여 양측의 입장이 팽팽하게 대립하여 그 후속 회담도 이 문제로 계속 대립하였다. 제3차 회담은 7월 15일, 제4차 회담은 7월 17일, 제5차 회담은 7월 22일, 제6차 회담이 7월 25일 개성공단에서 개최되었다. 북한 측이 재발 방지를 반드시 약속해야 한다는 우리 측의 강력한 요구와 앞으로도 정치·군사적 이유로 중단 사태가 재발될 수 있다는 북한 측의 입장으로 쌍방 간 대립이 계속되자 북한 측이 회담 결렬을 선언하였다. 필자는 6차례의 남북 당국 간 실무회담의 경과 추이를 지켜보면서 북한 측은 다급한 외화벌이의 필요성 때문에 하루빨리 개성공단 재개를 원하고 있었고 반면에 우리 정부는 재개 시기보다는 확실한 재발 방지책을 확보해 놓고 개성공단을 재개한다는 것이 확고한 입장임을 파악하였다. 북한 측은 시일상으로 조급함을 보였다면 우리 측은 재개 시일에 연연하지 않는 단호함을 유지하였다. 이러한 팽팽한 남북 당국 간의 기본적인 입장 차이로 인해 개성공단의 조속한 재개를 바랐던 입주 기업들은 답답함을 넘어서 초조함이 극도에 달했다.

우리 정부는 7월 28일 재발 방지책에 대한 북한 측의 확답이 없으면 기업들의 경제적 피해를 막기 위해 중대한 결단을 내리겠다면서 마지막 회담으로서 제7차 회담을 제의하였다. 북한 측의 호응이 없자 8월 7일 마지막 결단의 조치로 개성공단 기업들에게 경협 보험금 2,809억원 지급 결정을 하였다. 정부가 기업에게 경협 보험금을 지급하게 되면 개성공단의 장기 중단을 각오한다는 의미가 내포되어 있었다. 이에 대해 그 날 북한 측은 즉각 반응을 보였다. 조국평화통일위원회는 개성공단 잠정 중단 조치 해제와 출입 전면 허용, 북측 근로자의 정상 출근 보장, 신변 안전 및 재산의 철저한 보호, 중단 사태 재발 방지 및 정상 운영 보장 등을 밝히는 특별 담화를 발표하였다. 그리고 8월 14일에 제7차 실무회담을 하자고 제의하였다. 8월 14일 개성공단에서 개최된 제7차 회담에서 북한 측은 그동안 우리 측이 요구한 재발 방지 보장을 중심으로 개성공단의 발전적 정상화와 국제화 조치를 수용하였다. 다만 4월의 개성공단 잠정 중단에 대해 북한 측의 단독 책임 소재임을 회피하면서 앞으로 공동 책임을 진다는 식으로 무마하려고 하였다. 필자가 보기에 우리 정부도 이 문제에 대해 많은 고민을 한 것 같았다. 우리 정부는 북한 측이 중단 사태의 책임을 사실상 인정한 것으로 간주하였다. 우리 기업들의 조속한 개성공단 재개에 대한 갈망과 북한 측의 체면을 감안하여 북한 측의 입장을 수용하면서 5개 항의 '개성공단 정상화를 위한 합의서'를 체결하였다. 합의 내용은 ① 개성공단의 정상적 운영 보장, ② 신변 안전 보장, 투자 자산 보호, 통행·통신·통관 문제의 해결, ③ 개성공단의 국제화, ④ '개성공단 남북공동위원회' 구성·운영, ⑤ 출입·체류 및 투자 자산 보호를 위한 제도적 장치 마련 등이었다. 합의서에서 북한 측이 약속한 통행·통신·통관 등 3통 문제가 개선되고 외국 기업의 투자 유치가 성사되어 개성공단의 국제화가 이루어진다면 앞으로 개성공단 중단 사태는 방지할 수 있을 것이라고 우리 측은 전략적 판단을 한 것 같았다. 개성공단에 외국 기업이 상주하면 북한 측이 국제적 여론을 의식하여 더 이상 개성공단을 불시에 중단시키는 조치를 쉽게 하지 못할 것으로 보았다.

북한 측이 요구한 재발 방지 책임 문제와 관련해서는 합의서상에 "남과 북은 개성공단 중단 사태가 재발되지 않도록 하며 어떠한 경우에도 정상적 운영을 보장한다"로 남북한이 타협을 통해 마무리하였다. 우리 측은 원래 북한 측 책임 소재를 분명히 하기 위해 "북은"으로 작성하려고 했고 북한 측은 단독 책임 소재를 회피하기 위해 공동 책임으로 하여 "남과 북은"으로 작성을 계속 요구하여 그렇게 타결지었다. 과거 남북회담의 사례를 통해 볼 때 북한 측은 항상 책임을 상대 측에 전가하는 전술을 사용해 왔고 이번에도 마찬가지로 관철시켰다. 필자는 8월 14일 실무회담에서 북한 측이 책임 소재 문제만 제외하고 나머지는 우리 측 요구를 모두 수용하는 식으로 전격적으로 타결하는 것을 보고 북한 측이 개성공단을 조속히 재개하라는 상부의 지침, 즉 외화벌이의 절박성 때문에 그런 조치를 한 것으로 판단했다. 개성중단 전면 철수 이후 두 달쯤 되어서 첩보성으로 들어온 내용인 북한의 재개 방침이 결과적으로 상당히 신빙성이 있는 것이었다. 한편으로 필자는 북한 측이 다급한 사정 때문에 일단 개성공단을 재개시켜 놓은 후에 우리 측이 강력히 요구했던 3통 문제, 신변 안전 문제, 개성공단 국제화 문제는 시간을 끌면서 협의하는 모양만 갖추다가 흐지부지할 것이라는 예감이 들었다.

개성공단 재개를 위한 조치

8월 14일 개성공단 정상화가 합의되면서 후속 조치로 개성공단 재개를 위한 조치들이 이어졌다. 8월 17일 한전, KT, 수자원공사 관계자가 전력, 통신, 용수 시설 점검을 위해 방북하였다. 이틀 뒤에 환경 및 방역 전문 인력이 방북하여 폐기물 처리장, 폐수 처리장 시설을 점검하고 공단 내 방역 작업을 하였다. 22일에는 기계금속 및 화학 업종을 시작으로 입주 기업이 방북하여 가동을 위한 설비 점검이 시작되었다. 북한 근로자 5,000여 명이 공동 작업을 하였다. 이때 북한 측은 개별 공장별로 준비되는 순서대로 바로 재가동하자는 입장이었다. 우리 정부는 전력, 용수 등 기반 시설을 완전히 점검하고 안정적으로 운영될 수 있는지 최종 확인한 후 그때 가서 개성공단을 전면 재가동한다는 방침이었다. 한전에서는 배전 방식의 전력 공급에서 송전 방식으로 바꾸어 안정적으로 전력을 공급하는데 일정한 시간이 필요하다면서 그 이전에 공장을 가동하면 전력 계통상 사고가 발생할 수 있다고 경고하였다. 여기서도 북한 측은 조급함, 우리 측은 단호함을 보였다. 제1차 '개성공단 남북공동위원회'(양측 수석대표로 남한 측은 김기웅 남북협력발전기획단장, 북한 측은 박철수 중앙특구개발지도총국 부총국장)가 9월 2일 개최되었고, 10일~11일 개최된 제2차 공동위원회에서 9월 16일부터 개성공단을 전면 재가동하기로 최종 합의하였다. 개성공단이 전면 중단된 지 166일 만에 전면 재가동된 것이었다. 그동안 입주 기업, 협력 업체 및 영업 기업 입장에서는 피를 말리는 시간이었다.

개성공단 재가동과 북한 사람들의 모습·태도

9월 10일부터 관리위원회를 비롯하여 한전, KT, 수자원공사, 환경공단, 가스공사 등 지원 공공 기관들이 개성공단에 상주 체류하기 시작하였다. 필자도 처음부터 재개된 개성공단에 들어가서 관리위원회 업무가 조속히 정착되도록 꼼꼼히 챙겨나갔다. 9월 16일 남한에서 개성공단에 739명이 방문하였고 459명이 체류하였다. 북한 근로자는 31,474명이 출근하였다. 출퇴근 버스는 165대 운행되었다. 100% 가동 기업은 24개사였고 나머지는 부분 가동하거나 아직 준비가 덜 되어 가동하지 않은 기업도 있었다. 평균 가동률이 60% 정도였다. 시간이 지나면서 23일이 되어 108개사가 가동되었고 북한 근로자가 41,000명이 출근하였으며 버스는 250대가 운행되었다. 우리 기업이나 북한 근로자 모두가 절박한 심정인지 개성공단은 빠른 시일 내에 정상화되어 가고 있었다. 그 해 말쯤 되어 전년도에 비해 85% 수준으로 가동되었고 2014년도 봄이 되면서 100% 가동되기 시작하였다. 개성공단은 이전처럼 완전히 가동되었다.

개성공단이 재개되면서 다시 만난 북한 사람들의 모습은 대부분이 얼굴이 홀쭉해졌고 숯색깔처럼 새까매졌다. 아마 개성공단이 중단되면서 식량 공급이 제대로 되지 않아서 잘 먹지 못했고 노력 동원으로 일하면서 햇볕에 얼굴이 검게 탄 듯하였다. 대부분의 우리 측 주재원들이 북한 사람들에게 왜 얼굴이 새까맣냐고 물어보면 이구동성으로 해변가에 가서 해수욕하면서 놀아서 그렇다고 답변하였다. 아마 북한 당국으로부터 그렇게 답변하라고 교육을 받은 것으로 짐작이 되었다. 북한 속사정을 뻔히 잘 아는 우리 측 주재원들은 속으로는 동정심이 갔으나 더 이상 말을 하지 않는 것이 좋을 것 같아 추측만 할 뿐이었다. 개성공단이 재개되는 날부터 며칠 동안은 북한 측 관리나 기업의 간부, 일반 근로자 모두가 그 동안 정이 들었기 때문인지 우리 측 주재원들을 만나면서 아주 반가운 표정을 지으면서 정답게 대해 주었다. 옛날에 비해 유화적이었다. 우리 측 주재원들도 개성공단 잠정 중단 사태로 북한 사람들의 태도가 많이 달라졌구나 생각하면서 반가워하였다. 그러나 며칠이 지나자 과거처럼 태도가 바뀌었다. 북한의 정치 체제 때문이겠지만 그전처럼 우리를 경직된 태도로 대하였고 요구하는 것들도 많아졌다. 우리 기업들은 가동 중단으로 생긴 경제적 손실을 하루빨리 만회하기 위해 북한 측과의 충돌을 가능한 한 피하면서 생산 활동에 전념하였다. 우리 관리위원회도 개성공단의 일상적 관리에 치중하면서 종전처럼 9월 19일 주재원 전체 추석절 차례상 행사도 하고 10월 17일 전체 체육 대회도 개최하였다. 주재원들의 정서 함양과 환경 미화 사업의 일환으로 남한에서 국화를 10,000본 대량으로 반입하여 종합지원센터 옆 부지에 국화단지 정원도 만들었다. 개성공단 잠정 중단 사태가 그동안 우리에게 심한 고통을 주었던 일은 금방 잊어버린 듯 개성공단은 과거처럼 활발하게 가동되고 있었다.

개성공업지구관리위원회 업무 환경의 두 가지 변화

개성공단이 재개되면서 관리위원회의 업무 환경에 새로운 두 가지 변화가 있었다. 하나는 남북 당국 간에 합의하여 구성된 개성공단 남북공동위원회의 사무처가 9월 30일 관리위원회 사무실이 있는 종합지원센터 4층에 개소되었다. 남한 측 사무처에 근무할 사무처장(초대 처장으로 이주태 통일부 국장)을 비롯한 직원들이 서울에서 파견되어와 상주 근무하였다. 그리고 남북공동위원회 회의와 산하의 4개 분과위원회, 즉 '통행·통신·통관 분과위원회', '출입·체류 분과위원회', '투자보호 및 관리 운영 분과위원회' 그리고 '국제 경쟁력 분과위원회'가 연이어 종합지원센터에서 개최되었다. 종합지원센터 건물주인 관리위원회는 사무처의 사무실 마련, 공동위원회 및 분과위원회 회담 개최에 필요한 회의장과 설비 지원 등 뒷받침을 하는 일들이 새로 생겼다. 남한에서 남북회담을 하러 개성공단에 오는 대표단이나 사무처 직원들은 과거 필자가 통일부에서 근무할 때 함께 일했던 직원들이 대부분이라 자주 만나 안내도 하고 불편함이 없도록 지원했다. 한편으로 필자가 통일부를 떠나고 나서 만나기 힘들었던 과거 통일부 직원들을 개성공단에서 다시 자주 만나게 되니 반갑고 소식도 주고받을 수 있어서 좋았다.

또 하나 달라진 환경은 개성공단 국제화를 위해 해외 기업의 투자를 유치하는 활동을 해야 했다. 개성공단이 재개되니 개성공단을 참관하거나 투자 모색을 위한 해외 기업 대표단이 계속 방문하였다. 이들이 개성공단을 방문하게 되면 항상 종합지원센터에서 관리위원회가 개성공단 현황에 대한 브리핑을 하였는데 위원장인 필자가 환영의 인사말을 하거나 필요시에는 직접 브리핑도 하였다. 그리고 나서 참관단이나 대표단은 일반적으로 기반시설인 정·배수장, 폐수 처리장, 한전 등을 참관하였고 입주 기업 두 곳 정도를 방문하였다. 필자는 특별한 일이 없는 한 매번 동행하였다. 오찬을 할 때는 평양에서 내려온 북한 여성 봉사원이 있는 평양식당에서 같이 식사를 하였다. 해외 대사관에 근무하는 우리 대사들이 본국에서 중요 인사나 손님들이 오면 이들을 안내 접대하는데 많은 시간을 투입한다고 하는데 관리위원장인 필자가 그런 형국이었다. 방문단이 오게 되면 사전 준비에서부터 하루 종일 동행 안내 그리고 사후 결과 정리를 하면 하루 일과가 모두 지나가는 것이었다. 그래도 개성공단 현황을 적극 홍보하거나 우리 정부가 추진하고자 하는 개성공단 국제화를 위해 외국 기업을 투자 유치하는 노력이라는 점에서 매우 의미 있는 일이었다. 개성공단이 9월 16일 재가동 되자마자 그 이튿날 서울에서 통일부 기자단 16명이 방문하였다. 전 국민들에게 개성공단 재가동 현황에 대해 기사화된다는 점에서 열심히 안내 설명하였다. 10월 30일에는 국회 외교통일위원회 안홍준 위원장을 비롯한 위원 대표단 21명이 방문하였다. 개성공단과 관련된 소관 상임위원회라 각별히 신경을 쓰지 않을 수 없었다.

개성공단에 대해서는 외국의 정부 대표단이나 외교사절단들이 높은 관심을 갖고 많이 방문하였다. 2013년도에는 북한 주재 스웨덴 대사를 비롯한 북유럽 대사 일행(11.13), G20 Seoul 재무차관회의 대표단(12.19)이 방문하였다. 2014년도에는 EU 정치인 대표단(3.5), 주 북한 EU 대사 일행(4.28), 주한 노르웨이 대사관 대표단(5.23), 일본 국회의원 대표단(7.12), 이탈리아 국회의원 대표단(8.28), 주한 러시아 무역대표부 일행(9.4), 러시아 연방 극동개발장관 일행(10.21), 주한 동남아시아 대사 일행(11.20) 등이 방문하였다.

뜻 깊은 일로는 천주교 서울대교구장인 염수정 추기경이 한국 추기경으로는 처음으로 2014년 5월 21일 개성공단을 방문하였다. 서울대교구에서는 2013년도 가을에 염 추기경의 개성공단 방문을 적극 추진했으나 그 해 말에 북한 측에서 남북 관계가 원만해지고 개성공단이 활성화되는 시점에 방문하는 것이 좋겠다고 정중히 불허를 통보하였다. 그 이후에도 당시 개성공단 입주기업인 DKC의 맹충조 회장(천주교 신자)이 북한 측을 적극적으로 설득시키고 필자도 측면에서 여건을 조성해서 염 추기경의 역사적 방문이 이루어지게 되었는데 매우 기뻤다.

외국 기업 투자 유치의 한계

개성공단의 국제화를 위해서는 외국기업들이 높은 관심을 가지고 개성공단을 방문해서 투자를 해 주는 일이 당시에 매우 중요한 과제였다. 필자는 당시 재임 중에 2~3개 정도라도 외국 기업의 투자를 유치하는 것을 목표로 열심히 노력하였다. 2013년도에 호주동포 기업인(12.11), 독일 기업 'Me & Friends AG사'의 사장단 일행(12.12)이 방문하였다. 2014년도에는 독일 기업 '그로쯔-베커르트 코리아'(세계 1위의 봉제용 특수 바늘 제조업체)의 사장단 일행(2.10), 중국기업 '데싱디바'(세계 1위의 인조손톱 제조업체)의 부사장 일행(4.10), 러시아 기업 '엔트라스 그룹'의 총사장 일행(4.17), 한독상공회의소 독일 기업인 대표단 일행(4.29), 재외동포 기업인 대표단(5.2), 세계한인상공인 대표단(9.29), 중국 심천 한인상공회 기업인 일행(9.30) 등이 연속적으로 방문하였다. 2014년 9월 13일 서울의 개성공업지구지원재단 내에 개소한 '개성공단 외국인투자지원센터'를 통해서도 외국 기업의 투자 유치를 위한 상담도 진행하였다. 영국 기업과 홍콩 기업도 개성공단에 관심을 보이며 상담 차 방문하였다. 필자는 특별히 높은 관심을 보였던 독일 기업과 중국 기업이 투자를 한다면 앞으로 개성공단 국제화에 크게 도움이 될 것이며 이들 기업이 입주한다면 북한 측이 개성공단 중단 같은 무모한 짓을 함부로 하지 못할 것으로 보았다. 독일 기업인 'Me & Friends AG사', '그로쯔-베커르트 코리아'와 중국 기업인 '데싱디바'의 투자 유치를 위해 필자는 공을 들였다. 그러나 최종 결과는 '그로쯔-베커르트 코리아'가 개성공단에 투자가 아닌 종합지원센터 내에 영업소 사무실을 개소하는 정도로 그쳤다. 개성공단이 투자할 만한 가치가 있는 공단이 맞지만 향후 남북 관계나 북한 측의 태도, 그리고 외국 기업이 투자할 만한 제도 개선이 향후 어떻게 진행되는지를 지켜보자는 입장에서 신중한 입장을 취하였다. 해외 기업 입장에서는 당연히 예상되는 위기에 대해서 심사숙고하지 않을 수 없는 일이었다.

개성공단을 방문하여 참관한 대표단이나 투자에 관심을 둔 외국 기업들이 이구동성으로 개성공단의 인프라 시설이 매우 잘 구비되어 있고 북한 근로자의 숙련도도 높고 인건비가 상대적으로 저렴하여 가격 경쟁력이 있는 공단이라고 높이 평가하였다. 그러나 결정적 문제는 인터넷이나 핸드폰을 사용할 수 없어서 신속하게 기업의 운영 상황을 공유해야 하는 측면에서 외국 기업이 쉽사리 투자할 수 있는 환경이 되지 못했다. 한국 기업은 문제가 발생하면 지리적으로 인접해 있어서 개성공단으로 신속히 들어와서 처리할 수 있지만 본사가 외국에 있는 기업은 본사에서 개성공단 현지를 영상으로 모니터링 할 수 있거나 인터넷으로 도면이나 자료를 신속히 보내어 처리할 수 있어야 했다. 이러한 문제가 해결되지 않으면 외국 기업이 개성공단에 투자할 수 없는 결정적 장애 요소로 작용하였다.

남북한 당국 간에 개성공단의 발전적 정상화와 외국 기업 투자 유치를 위한 제도 개선을 하기로 합의했지만 북한 측은 이에 대해 소극적이거나 관심이 없어 보였다. 분과위원회 개최를 통해 인터넷을 개설하기로 하고 KT와 조선체신회사 간에 실무적 협의가 진행되었지만 수익금 배분 문제 등으로 더 이상 진척이 되지 못하고 유야무야되었다. 근본적으로 북한 측은 군부의 위력으로 인한 정치·군사적 이유 때문에 인터넷 개설이나 핸드폰 사용은 기본적으로 허용되지 않았다. 외국 기업의 투자 유치도 남북한의 공동 노력이 필요한데 개성공단 국제화는 남한 측이 제의한 것이니 남측이 알아서 추진해보라는 식으로 북측은 방관자적 태도로 일관하였다. 결국 남한 측이 강력히 요구하여 이루어진 '개성공단의 발전적 정상화' 합의는 북한 측이 개성공단을 재개하기 위해 위계적으로 합의한 술책에 불과한 것으로 필자는 판단하였다. 북한 측은 다급한 당면 과제로 일단 공단 재개를 이끌어 내고 나서 우리 측이 요구한 통행·통신·통관 등 3통 문제, 외국 기업 투자 유치 등 개성공단 국제화를 위한 후속 조치들은 남북한 협의 과정에서 시간을 끌면서 하는 척 흉내만 내다가 흐지부지하게 만드는 식이었다. 과거의 행태를 봐도 남북한 간에 합의한 사안들도 북한 측이 꼭 필요한 사항은 적극적으로 이행하였고 관심사가 아니거나 불리한 내용들은 소극적이거나 부정적인 태도로 이행하지 않은 사례가 많았다.

유관 공공 기관장단 개성공단 방문

개성공단에는 LH, 한전, KT, 수자원공사, 환경공단, 우리은행 등 10개의 지원 공공 기관이 상주하고 있었다. 모든 기관의 기관장들이 개성공단을 개별적으로 방문해서 개성공단의 실태를 직접 파악하고 해당 기관의 주재원들을 격려하고 싶어 했다. 이들 기관들은 대부분 공공 기관이라 당시 정부 방침상 실무자는 방문이 허용되나 기관장들이 개성공단을 방문하는 것은 금지되어 있었다. 개성공단을 총괄하는 관리위원회의 위원장인 필자로서는 지원 기관의 적극적인 협력을 이끌어 내기 위해서 기관장들이 개성공단을 방문하게 되면 많은 도움이 될 것이라고 판단하였다. 필자가 아이디어를 내어 개별 방문 대신에 10개 기관장의 전체 합동 방문을 추진하였다. 통일부 측에서도 그 필요성을 인정하여 2013년 연말에 조용히 방문하는 것으로 수락을 하였다. 2013년 12월 26일에 10개 기관장(한전만 사정상 부사장)의 개성공단 현장 합동 방문이 실현되었다. 연말이고 마침 그날 눈이 와 개성공단을 방문한 기관장들이 모두 흡족해 하였다. 현지에 상주 체류 중인 지원 기관의 지사장들도 만족해하면서 숙원 사업이었던 기관장의 개성공단 방문이 필자가 주도하여 이루어졌다면서 필자에게 고맙다는 인사를 하였다. 필자는 북한 땅에서 우리 공공 기관들이 서로 소통하고 협력해서 일심 단결해야 한다는 취지에서 현지 유관 지사장 정례모임을 해왔는데 그런 취지의 연장선상에서 남한 본사의 해당 기관장의 합동 방문을 추진하였다. 그 이전에도 그러했지만 본사 기관장들의 방문 이후 유관 지원기관의 협력은 더욱 돈독해졌다.

북한 측의 부당한 요구 공세

개성공단 재개를 위한 남북 당국 간 실무회담에서 우리 정부는 북한 측에 잠정 중단으로 인해 입은 우리 측의 경제적 피해를 보상할 것을 강력하게 요구하였다. 개성공단이 9월 16일에 재개되고 나서 박철수 부총국장은 관리위원장인 필자에게 우리 측의 경제적 피해를 인식하였는지 2013년도의 모든 세금을 면제해 주겠다고 말하였다. 그리고 북한 근로자의 임금도 인상하지 않고 현행대로 동결하겠다고 했다. 우리 기업들이 입은 경제적 피해 규모에 비해 북한 측이 제시한 내용은 매우 부족한 것이었지만 필자는 일단 북한 측 입장을 모든 입주 기업과 지원 기관에 전달하였다. 그러나 얼마 지나지 않아 북한 세무서에서 우리 기업들에게 개성공단 중단 이전 생산 활동을 한 1월부터 3월까지 기간의 세금을 납부해야 한다고 통보하였다. 이 내용은 박 부총국장이 필자에게 말한 2013년도 전체 세금을 면제하겠다는 내용과는 다른 것이었다. 필자가 박 부총국장을 긴급히 만나 이러한 조치에 대해 강하게 따지니 그는 제대로 답변을 하지 못하였다. 그 뒤로는 박 부총국장은 필자와의 만남을 의도적으로 기피하고 세금 문제에 대해서는 회피하는 것 같았다. 외화가 필요한 평양 당국의 지시에 따라 세무서가 총대를 메고 1월~3월까지의 세금을 징수하게 되자 총국은 힘이 약한지 말도 못하고 슬그머니 물러나는 모양새였다. 관리위원회는 모든 입주 기업과 지원 기관에게 일체 세금을 납부하지 말 것을 요청하였다. 세무서는 세금을 납부하지 않으면 연체료 징수 등 불이익을 주겠다고 협박하였다. 관리위원회는 세금 납부를 거부하였고 2014년도에 가서 1/4분기 세금을 납부하면서 2013년도 1월~3월분 세금은 일체 납부하지 않았다. 관리위원회와 세무서 간의 팽팽한 대립으로 입주 기업은 안절부절하는 상황이 되었다. 기업 입장에서는 세무서와의 관계가 원만하지 못하면 여러 가지 불이익을 받을까봐 마음이 편하지 못하였다. 기업에 따라서는 몰래 2013년도 세금을 내는 곳도 있었고 관리위원회의 방침에 따라 세금을 내지 않고 버티는 곳도 있었다.

2014년도 들어 북한 측이 2013년도에 임금을 동결했기 때문에 2014년도에 임금을 두 번 인상하겠다고 하였다. 이에 대해 관리위원회는 임금은 연간 1회 인상하는 것으로 합의하였고 2013년도 개성공단 중단으로 인한 기업의 막대한 경제적 피해를 고려할 때 절대로 수용할 수 없다고 단호히 대응하였다. 북한 근로자의 임금 인상 문제는 총국과 관리위원회가 상호 협의하여 결정하고 매년 1회에 한하여 전년도에 비해 5% 이내로 인상하게 되어 있었다. 그동안 매년 6월경부터 협의를 시작하여 8월 1일부로 임금을 인상해 왔다. 총국은 3월경에 3월 1일부로 임금을 5%로 인상하고 8월 1일부로 추가 인상하겠다고 관리위원회에 통보하였다. 필자는 말도 안 되는 내용이라고 생각하고 우리 실무진에게 절대로 수락할 수 없다고 북한 측에 통보하도록 지시하였다. 그리고 북한 측의 제의 내용을 모든 입주 기업과 지원 기관에게 알려 주었다. 대부분 기업들은 북한 측으로 인해 발생한 기업의 경제적 피해가 아직도 회복되지 않아 임금 인상 그 자체도 수용하기 힘든데 1년에 두 차례나 인상하겠다니 도저히 받아들일 수 없다고 불만을 토로하였다. 북한 측은 이러한 상황을 의식하였는지 그 뒤에 2014년도에 한 차례만 임금을 인상하겠다면서 7.5% 인상할 것을 제의하였다. 관리위원회는 북한 측의 7.5% 인상률은 소급 적용 금지와 1년에 5% 이내 인상 방침에 위배된다면서 거부하였다. 6월경에 서로 타협하여 2012년도 임금 수준 대비 5% 인상하여

67.005$에서 70.355$로 인상하였다. 북한 측은 연말이 되면서 2015년 초부터 북한 근로자 임금을 5% 인상 범위를 벗어난 74$(5.18% 인상)로 인상하겠다고 관리위원회에 알려왔다. 필자는 5% 인상 방침을 초과하는 것은 절대로 안 된다고 북한 측에 통보하였다. 이후 필자는 2014년 12월 2일자로 퇴임하였는데 그 뒤에 알아보니 2015년도에 기본임금은 5% 인상하는 것으로 하되 가급금(연장근무 수당, 야간근무 수당, 휴일근무 수당)을 기본임금에 포함시켜 사회보험료 15%를 기업이 북한 측에 납부하도록 하였다. 결국은 우리 기업이 북한 측에 지불하는 총량 규모의 임금은 사실상 5% 이상 인상되는 꼴이 되었다.

2014년도는 북한 측이 개성공단을 잠정 중단하면서 발생한 외화 수입 부족을 만회하기 위해 우리 측에게 여러 가지 무리한 요구를 하면서 압박을 해왔다. 이에 대해 관리위원회는 북한 측의 부당한 요구에 대해 완강히 거부하면서 원칙을 갖고 남북 합의 사항 준수 등 합리적인 논거를 가지고 대응하였다. 북한 측이 2013년 1월~3월까지의 세금 납부 요구, 2014년도에 북한 근로자의 임금 2회 인상이나 5% 이상 인상 요구가 그것이다. 그 외에도 직책수당 인상이나 근속수당 별도 요구, 시간당 임금 지불이 아닌 도급금으로 생산 활동, 그동안 우리 측 제품으로 공급한 북한 근로자 노보물자(라면, 국수, 초코파이, 찰떡파이, 계란빵, 우유, 봉지 커피, 소시지 등) 중 일부 품목을 북한 제품(봉동과자, 초콜릿 덮은 닭알빵, 라면 일부)이나 중국제 식용유를 구매하라는 요구, 입주 기업의 개성시내 북한 공장에 임가공 사업 추진, 우리 건설 사업에 북한 모래 사용 요구 등도 있었다. 북한 측의 부당하고 무리한 요구에 대해 우리 기업이 동조하지 못하도록 하면서 북한 측에 원칙을 지키며 꿋꿋이 대응해 나가는 것이 결코 쉽지 않고 매우 피곤한 일이었다. 일부 기업들에서는 관리위원회의 개성공단 입주 기업 전체를 위한 합당한 방침을 벗어나 기업의 개별적 이익을 위해 별도의 일탈적 행동을 몰래하기도 하였다.

소회

필자는 2011년 10월 10일부터 2014년 12월 2일까지 개성공업지구지원재단 이사장 겸 개성공업지구관리위원장 직을 수행하였다. 그동안 경수로 사업, 남북회담 업무 등 여러 남북 관계 핵심 업무를 두루 경험을 한 필자는 개성공단 업무에 3년 2개월 정도 근무하면서 북한 체제의 실상을 현장에서 좀 더 확인하는 계기가 되었다. 그리고 개성공단을 통일정책적 차원에서 바라보기도 하였다. 남북한 사람들이 함께 일하면서 시간이 흐름에 따라 상호 동포애를 느끼고 북한 사람들의 내면의 변화도 확인하였다. 한편으로 개성공단에서 생산 활동을 하고 있는 우리 중소기업의 입장에서 개성공단의 유용성도 확인하였다. 개성공단 잠정 중단이라는 위기 사태를 겪으면서 개성공단에서 일했던 모든 주재원들과 동고동락하면서 함께 단합하여 위기를 극복하는 소중한 경험도 하였다. 분명히 개성공단은 통일정책을 추진한다는 차원에서나 북한의 변화를 견인한다는 차원에서 그리고 우리 중소기업의 활로를 제공한다는 차원에서 정책적 유용성은 크다고 본다. 그러나 북한의 정치 체제나 군사적 호전성이 근본적으로 바뀌지 않는 한 개성공단은 분명히 한계가 있다는 것을 거듭 확인하였다. 북한의 수령 중심의 정치 체제가 바뀌지 않고 경제 개혁·개방이 이루어지지 않는다면 자유롭고 국제적으로 지속가능한 개성공단으로 발전시키기는 어렵다고 본다. 북한이 계속 핵·미사일을 개발하고 군사적 호전성을 유지하는 한 개성공단은 언제든지 중단되는 사태가 발생할 소지를 다분히 갖고 있었다. 2016년 2월 10일 개성공단은 완전 중단되었다. 그리고 개성공업지구지원재단이 2024년 3월 22일자로 공식 해산되었다. 개성공단의 그러한 종결에 필자는 안보적 측면과 국제적 대북 제재 이행 측면에서 불가피한 점이 있다는 것을 충분히 이해한다. 그런데 평생 남북통일에 대한 소망과 동고동락했던 개성공업지구지원재단 동료, 유관 기관 직원 및 입주 기업과 주재원들을 생각하면 큰 미련과 안타까움이 남는다는 것을 밝히고 싶다. 우리 정부와 많은 사람들의 참여와 대규모의 자금과 시간을 투입해 시작한 이러한 남북 협력사업은 시작이 어려웠던 것처럼 또 다시 시작한다는 것은 더 많은 노력과 비용이 요구되는 고난도 장기 프로젝트가 될 것이다.

필자의 개성공업지구 활동 모습

2011년

개성공업지구 출퇴근 도로 보수공사 착공(2011. 11. 22)

월고저수지 점검·방문(2011. 11. 24)

2012년

개성공업지구 종합지원센터 개소(2012. 1. 6)

국회 외교통상통일위원회·남북관계발전특별위원회 대표단 방문(2012. 2. 10)

한-EU FTA 유관 부처 방문(2012. 6. 22)

주한 호주대사관 일행 방문(2012. 11. 1)

개성공업지구 환경 미화 행사(2012. 4. 4)

개성공업지구 내 탁아소 지원 물품 증정(2012. 9. 5)

2013년

개성공업지구 부속의원 개원식(2013. 1. 25)

최후로 복귀한 필자와 동료들(2013.5.3. 경의선남북출입사무소)

'최후의 7인 복귀' 후 내외신 기자단에게 브리핑하고 있는 필자

개성공단 재가동(2013. 9. 16)

재가동 이후 합동기자단 방문(2013. 9. 19)

개성공업지구 체육대회(2013. 10. 17)

한국의류산업협회 대표단 방문(2013. 12. 5)

G20 Seoul 재무차관회의 대표단 방문(2013. 12. 19)

유관 공공 기관장 합동 방문(2013. 12. 26)

2014년

필자인 개성공업지구 관리위원장-북측 중앙특구개발지도총국 이금철 총국장 간 회의(2014. 1. 29)

EU 정치인 대표단 방문(2014. 3. 5)

한독 상공회의소 소속 독일 기업인 43명 개성공단 방문(2014. 4. 29)

개성공업지구 종합지원센터 도서실 개소(2014. 5. 1)

재외동포기업인 대표단 방문(2014. 5. 2)

염수정 추기경 개성공업지구 방문(2014. 5. 21)

염수정 추기경에게 개성공단을 설명하고 있는 필자

노르웨이 대사관 대표단 방문(2014. 5. 23)

이탈리아 국회의원 대표단 방문(2014. 8. 28)

세계한인상공인 대표단 방문(2014. 9. 29)

러시아 연방 극동개발장관 일행 방문(2014. 10. 21)

4부

민간에서의 통일 화두 추구

공직 생활 마감과 대학에서 강의로 새 출발

2010년 3월 22일 필자는 통일부 차관 직을 물러나서 민간인으로 새로운 삶을 시작하게 되었다. 1978년 5월 정부의 공무원이 된지 32년 만에 그리고 통일부에서 1983년 5월부터 근무한지 27년 만에 공직을 떠나게 되었다. 통일부 재직기간 동안 남북 관계가 전진과 후퇴, 평화 무드와 안보 위기가 되풀이되는 가운데 필자는 남북 관계를 보다 더 하나라도 발전시키고 통일로 한 걸음씩 더 나아가도록 해야겠다는 각오 하에 노력한 보람 있는 공직생활을 하였다. 2008년 3월부터 통일부 차관으로 2년 1개월 정도 재직하였는데 당시에 장수 차관으로서 가슴 뿌듯하게 일하기도 하였다. 차관으로 일하면서 1년 반 정도 지나니 신체적으로나 정신적으로나 힘들기 시작했으나 필자에게 맡겨진 남북 관계 업무가 긴장을 풀 수 없는 일일 뿐 아니라 2009년 8월 이후 남북한 간 남북정상회담이 논의되었기 때문에 더욱 더 정신력으로 마음을 다잡아 일을 하였다. 그러다가 2010년 3월 무거운 책임감을 내려놓고 정신적·육체적 중압감에서 해방되니 마음이 홀가분하였다. 며칠 편안한 마음으로 쉬고 있는데 3월 26일 북한의 소행에 의한 '천안함 폭침 사건'이 발생하였다. 순간적으로 가슴이 쿵 내려앉는 기분이 들고 앞으로 남북 관계가 매우 힘들어지겠다는 우려가 생겼다. 그러나 필자가 이제 현실적으로 할 수 있는 일은 없었다. 마음으로만 걱정하고 앞으로 남북 관계에 미칠 파장이 어떻게 될까 유추해 볼 뿐이었다. 필자의 후임으로 엄종식 차관이 오자마자 고생이 무척 많겠구나 라고 생각하면서 염려만 하고 있었다.

민간으로 새로운 삶을 시작한 필자는 당분간 쉬면서 여행도 다니고, 평소 시간 제약상 못 만났던 가까운 지인들도 만나 그동안 각자 살아온 얘기를 나누면서 회포도 풀어야겠다고 계획했다. 필자의 이러한 구상과 달리 주변에서 필자를 그냥 놓아두지 않았다. 여러 곳에서 강의 요청이 많아졌다. 평소 잘 아는 지인들이 요청해서 인간 관계상 쉽게 거절할 수가 없었다. 퇴직 후 초기에 대부분의 강의 요청은 필자가 통일부 차관 때 경험했던 북한이나 남북 관계의 실상, 남북회담의 내용 등을 알고 싶어했다. 필자는 요청받은 강의를 하고 청중들로부터 질의를 받는 과정에서 일반 사람들이 남북 관계를 실제 사실과 다르게 알고 있는 경우가 많이 있다는 것을 알게 되었다. 특히 지방에 계시는 분들이 그런 경향이 많았다. 여러 강의장에서 그러한 상황을 자주 목격하면서 필자는 강의 기회가 생기면 가능한 한 거절하지 않고 강의를 하기로 마음먹었다.

일반 사람들이 잘못 알고 있는 북한이나 남북 관계 실상에 대해 올바르게 알려주는 것이 퇴직 이후에 필자가 해야 할 일이라는 생각이 굳어져갔다. 현직에 있을 때 많은 사람들과 부지런히 직접 만나 남북 관계 현황에 대하여 설명해 주어야 했지만 현실적으로 바쁜 현업 때문에 시간적 여유가 많지 않았다. 퇴직 후 이제 자유롭고 시간도 많으니 통일부 재직 중에 지득한 정보나 남북 관계 경험을 사장하지 않고 일반 사람들과 공유하는 것이 평소 재직 중에 다하지 못한 일을 한다는 의미가 있었다. 통일업무의 연장이라는 점에서도 보람 있는 일이기도 했다. 한편으로 지방의 여러 곳에 강의를 가는 과정에 여러 지역에서 다양한 사람을 만나게 되니 평소 못해 보았던 여행하는 기분도 들고 다양한 분들의 세상이야기를 듣게 되는 기회도 되니 인생 공부도 많이 되었다. 즐거웠고 공직에서 쌓였던 정신적 스트레스도 풀리니 건강에도 도움이 되었다.

이화여자대학교 북한학 협동과정 강의

그러던 중 이화여대 대학원 북한학 협동과정의 최대석 교수(나중에 이화여대 부총장을 역임하고 이제는 퇴직)가 필자에게 초빙교수로 와서 통일부에서의 경험을 바탕으로 대학원 강의를 해보는 것이 어떻겠느냐는 제의를 하였다. 이화여대 북한학 협동과정에서는 전직 장·차관급 고위 관리를 두 차례나 석좌교수 또는 초빙교수(기본적으로 3년 재임)로 해서 대학원 강좌를 개설하고 있었다. 평소에 필자와 좋은 인간관계를 가져왔던 최 교수의 제의가 고맙기도 하고 의미 있는 일이라고 생각하여 이화여대 대학원의 초빙교수로 가기로 하였다. 당시 필자의 집이 이화여대 인근에 위치하였기 때문에 학교로 출근하는데 교통도 편리하였다. 2010년 가을 학기부터 초빙교수가 되어 바로 석·박사 통합과정의 대학원 강좌를 맡았다.

필자가 이화여대 대학원 강좌를 맡기 전에 다른 대학교에서 학부생을 대상으로 강의한 적이 두 번 있었고 대학원생을 대상으로 강의한 적이 한 번 있었다. 학부생에 대한 강의 경력은 한 번은 단국대학교에서 학부생들을 대상으로 주로 '한국정치'에 관해 두 학기를 강의하였다. 필자는 단국대학교에서 1998년 2월에 정치외교학 박사 학위를 취득하였는데 당시 단국대학교에서는 박사 학위 신규 취득자에게는 학부 두 학기를 강의할 기회를 주는 관례가 있었다. 또 한 번은 2006년에 중앙대학교에서 '남북 관계'에 대해 두 학기 강의를 하였다. 중앙대 이조원 교수의 급한 강의 요청을 받고 어쩔 수 없이 학부 강의를 하였다. 대학원생에 대한 강의는 서울대학교 사범대학 이온죽 교수가 2005년 1학기 교육대학원 석사과정 강좌를 맡아달라고 해서 필자는 통일교육원의 권영경 교수와 공동으로 '통일 문제'에 대해 강의한 적이 있었다. 세 대학교에서 강의한 경험이 이화여대에서 대학원 강의를 준비하는 데 많은 도움이 되었다. 그러나 석·박사 과정의 대학원생들의 기본 지식 수준이 훨씬 높기 때문에 나름대로 긴장감을 가지고 강의 준비를 철저히 하였다. 강의를 준비하는 과정에서 필자는 통일부에서의 경험도 다시 되새겨보고 관련 문헌들을 찾아보고 읽으면서 필자의 생각과 관련 지식을 정리하는 계기가 되었다.

필자는 원래 3년 재직을 생각하고 이화여대에 초빙교수로 갔는데 2011년 10월에 정부로부터 개성공업지구지원재단 이사장(겸 개성공업지구관리위원회 위원장)으로 임명이 되면서 이화여대에서 1년 반만 강의하였다. 필자가 이화여대 북한학 협동과정에서 강의한 교과목은 '분단국 통일 사례 연구', '남북 교류와 사회 통합', '남북 대화 사례 연구' 등 이었다. '분단국 통일 사례 연구' 과목에서는 베트남, 독일, 예멘의 통일 사례를 강의하면서 특히 독일 통일 후 정치·외교·군사·경제·교육·문화·과거청산 등 분야별 통합 과정을 강의하였다. 그리고 분단국 통일 사례를 통해 우리에게 주는 시사점 및 교훈을 강의하였다. '남북 교류와 사회 통합' 과목에서는 기능주의 통합 이론을 소개하고 유럽에서의 비정치적 교류가 유럽의 통합을 촉진하는 데 기여했다는 것을 강의하였다. 이것을 남북 관계에 대입하여 남북한 간의 교류협력의 의미를 강의하였다. 그리고 나서 그동안 분야별 남북 교류협력 사례를 매 수업시간 때마다 하나씩 구체적으로 설명하고 필자 경험담을 소개하였다. 필자가 업무상 경험했던 이산가족, 관광, 학술문화, 여성, 학생, 종교, 언론방송, 체육, 인도적 사업, 지방자치단체, 개성공단 등 남북 경협, 경수로 사업, 지하자원 사업 등을 총망라하여 모든 분야의 남북 교류협력 사례를 설명해주었다. 대학원생들은 남북 관계 전반의 교류협력 현황을 수업을 통해 잘 알게 되어 남북 관계에 대한 전반적인 이해도가 높아졌다는 반응이었다. '남북 대화 사례 연구' 과목에서는 일반적인 협상 이론, 그리고 공산권 및 북한의 협상 행태의 특성을 강의하였다. 필자의 박사 논문 주제가 '탈냉전시대 북한의 협상 행태에 관한 연구'이었는데 논문을 준비하면서 협상 이론 공부를 많이 한 것을 바탕으로 강의 초반부에는 이론적인 부분을 강의하였다. 그 다음에는 분야별 남북회담 개최 현황을 설명하고 북한의 협상 행태의 특성을 필자의 경험 사례를 들어가면서 구체적으로 설명해주었다. 구체적인 남북 협상 사례와 필자의 경험을 전달해 주었더니 대학원생들이 외부 사람들은 잘 알 수 없는 남북회담의 내면을 많이 알게 되었다면서 수업이 재미있고 유익하다는 평가를 했다.

대학 강의의 재미와 보람

필자의 수업에 교사 출신의 탈북 여성이 석사 과정에 들어와 강의를 듣고 있었는데 그녀는 북한에 살 때는 남북회담의 내용에 대해 전혀 알지 못했는데 남한에 와서 대학원 수업을 들으면서 처음으로 자세히 알게 되었다고 실토하기도 하였다. 그녀는 석사 학위 취득 이후에 탈북민 교사 출신들이 중심이 된 '통일사랑교육협의회'라는 단체를 만들어 회장으로 일하면서 탈북민들의 통일교육강사 활동을 적극적으로 펼치고 있다. 탈북민 통일교육강사들은 일반 국민은 물론이고 특히 군 장병을 대상으로 강의를 많이 하는 것 같았다. 이화여대 초빙교수로 재직 때 교수와 대학원생의 인연으로 그녀는 가끔 '통일사랑교육협의회'에 필자를 강사로 초빙해 남북 관계에 대해 특강을 요청하곤 했다. 우리 사회에서는 북한의 구체적인 생생한 실상을 듣기 위해 탈북민들을 초청해서 강의를 많이 듣고 있다. 북한 실상 강의에 청중들의 참여를 높히고 관심을 갖게 하기 위한 유인책으로 상징성이 있는 탈북민을 초청 강사로 해야 효과가 있는 측면이 있다. 그러나 북한 체제의 특성상 탈북민들은 자기가 살았던 지역, 자기가 일했던 내용에 대해서는 알 수 있으나 북한의 전체 상황, 남북 관계의 전반적인 상황에 대해서는 잘 모른다고 할 수 있다. 이 단체의 탈북민들은 남한 사람들을 상대로 통일교육강사를 하면서 그들의 강의의 신뢰성을 높이기 위해 자기들이 모르는 부분에 대해 공부를 많이 해야 된다고 생각하는 것 같았다. 필자는 이러한 것을 인식하고 필자가 이들을 대상으로 특강을 할 때는 충분한 강의 자료를 제공하고 열성적으로 강의를 하였다. 필자는 탈북민 통일교육강사들이 필자의 강의 내용과 제공된 강의 자료를 참고로 해서 우리 국민을 대상으로 북한 실상이나 남북 관계·통일에 대해 강의를 할 때는 신뢰성 있게 사실에 기반해서 해주기를 내심 바랐다.

이화여대 대학원에서 강의를 하면서 필자는 즐겁고 보람 있는 교수 생활이라고 늘 생각하였다. 우선 이화여대 캠퍼스가 꽃밭이 많아 정원 같았고 건물도 과거와 현대가 잘 어울려 조화로웠다. 학교 내 길을 걸으면 산책길을 걷는 것 같아 마음이 차분해졌다. 이화여대는 여성들만이 다니는 학교라서 그런지 모르겠지만 대학원 수업 시간에 임하는 대학원생들의 진지함과 성실함이 돋보여 필자는 강의하는데 열성이 생기고 보람이 있었다. 그리고 수업 종강이 되거나 '스승의 날' 때가 되면 꼭 감사와 정다움을 표시해 주곤 하였다. 필자가 개성공단 일로 학교를 떠난 이후에도 필자 강의를 들었던 대학원생들이나 조교들이 가끔 연락을 해 오고 대학원생들 모임이 있으면 한때 초청도 해 주어 스승과 제자의 정이 이런 것이구나 하는 것을 느꼈다.

서울대 행정대학원 객원교수로 활동

필자가 2011년 10월부터 2014년 12월까지 3년 2개월 동안 공직으로서의 개성공업지구지원재단 이사장 겸 개성공업지구관리위원회 위원장을 마치고 나서 이제 또 다시 민간의 영역으로 돌아왔다. 필자는 개성공단 일에서 손을 떼면서 이제는 완전한 민간인의 신분으로 계속 살게 될 것이라는 느낌이 들었다. 필자의 서대문구 집 바로 인근에 있는 안산을 매일 다니면서 심신을 강화하는 한편 필자가 앞으로 무엇을 하면서 살아가는 것이 좋을까 하며 이런 저런 생각을 해보았다. 필자는 통일부에서 퇴직한 이후 이화여대에서 초빙교수로 대학원생들에게 강의하며 지냈던 대학교 교수 생활이 매우 좋았고 보람이 있었다는 생각을 늘 갖고 있었다. 당초 3년을 생각하고 이화여대에 초빙교수로 갔었는데 개성공단 일을 맡게 되면서 1년 반 만에 학교를 나오게 되어 아쉬운 마음도 많이 남아 있었다. 필자가 정치외교학 박사 학위도 있었고 대학에서 강의하는 것이 좀 적성도 맞는 것 같았다. 필자가 통일부에서 겪은 남북 관계 경험 사례를 대학원생들에게 강의하니까 대부분이 흥미를 갖고 수강해 주었고 유익하다는 반응이었으니 필자의 경험담을 대학원생과 공유하는 것도 의미가 있다고 생각하였다. 앞으로 필자가 강의할 수 있는 대학을 한 번 물색해 보기로 하였다.

필자의 미국 조지아대학교(University of Georgia)의 가까운 동문이었던 김병섭 서울대 행정대학원 교수가 2011년도에 한국행정학회 회장을 역임한 적이 있었다. 한국행정학회는 학회장 재량으로 특별분과위원회를 하나 구성할 수 있었다. 회장이 된 김 교수는 평소 통일 문제에 대해 관심이 많아 통일분과위원회를 구성해 운영할 구상을 하고 있었다. 필자에게 한국행정학회 산하의 통일분과위원회 위원장을 맡아 주었으면 좋겠다고 제의하였다. 필자가 분과위원장을 맡게 되면 한국행정학회 차원에서도 많이 도와주겠다고 하였다. 통일 문제는 주로 한국정치학회, 국제정치학회, 북한연구학회에서 연구 주제로 다루고 있었다. 한국행정학회에서도 다룬다면 통일 문제 연구의 외연을 넓힐 수 있다는 차원에서 통일부에서 평생 통일 문제를 다루어 온 사람으로서 의미 있는 일이라고 생각하였다. 따라서 필자는 김병섭 회장의 제의를 흔쾌히 수락하였다. 한국행정학회 일을 맡기 이전에 필자는 한국정치학회 이사나 서울행정학회 부회장을 맡은 적은 있었지만 솔직히 이름만 걸쳤지 아무 것도 한 일이 없었고 학회가 구체적으로 어떻게 운영되는지도 몰랐다.

필자는 한국행정학회에서 통일분과위원회 위원장을 맡고 나서 처음으로 학회의 일을 제대로 해보게 되었다. 통일분과위원장인 필자가 직접 통일분과 위원들을 교섭해 구성해야 했고 분기에 한 번씩 개최되는 한국행정학회 전체 학술회의에서 통일분과 세미나를 개최해야 했다. 세미나에서의 주제를 정하고 발표자와 토론자를 교섭해야 했다. 그리고 가장 힘든 일은 소요되는 비용 문제를 해결해야 하는 일이었다. 어려운 일인데 이왕 책임지고 맡기로 했으니 차질 없이 해야겠다고 생각했다. 통일 문제에 전문성 있는 학자나 전문가들을 교섭해 10명 정도로 통일분과위를 구성했다. 분기별 세미나 때마다 소요되는 비용은 나름대로 노력해서 친소 관계에 있는 기관이나 단체로부터 지원을 받았다. 네 번의 통일분과 세미나를 차질 없이 잘 개최했더니 김병섭 회장이 필자에게 고마운 마음을 거듭 표시했다. 김 회장은 학회 경험이 없는 필자가 잘할 수 있을까 하고 처음에는 염려했던 모양이었다. 필자가 네 차례의 세미나를 학회 사무국에 전혀 부담을 주지 않고 독자적으로 잘 운영해 가는 것을 보고 다행스럽게 생각하면서도 학회 회장의 재량 하에 주도해서 구성했던 특별 분과인 통일분과위원회가 어느 정도 성과를 거두니 필자에게 고마운 마음을 가지게 된 것 같았다.

서울대학교 행정대학원에서는 차관급 이상 고위 관료나 국회의원들 다수를 초빙해 객원(초빙)교수로 운영하고 있었다. 필자는 김병섭 교수와 조지아 대학교의 동문이기도 하고 한국행정학회에서 함께 일한 인연으로 김 교수에게 행정대학원에 객원교수로 지원 가능한지를 문의하였다. 객원교수 정원이 있는데 현재 정원상 여유가 있다고 알려 주었다. 필자는 2006년 가을 학기에 서울대 행정대학원에서 운영하는 국가정책과정(ACAD)을 수학한 바 있었다. ACAD 과정을 수강하면서 당시 알게 되었던 김동욱 교수가 마침 행정대학원장이어서 필자는 김 원장에게 직접 연락해 객원교수로 지원할 수 있겠는지를 문의하였다. 김 원장은 통일 문제를 강의할 사람이 필요하다면서 흔쾌히 초빙하겠다고 긍정적인 답변을 주었다. 2015년 9월부터 2년간 서울대 행정대학원 객원교수로 활동하게 되었다. 2015년 2학기는 교과목이 이미 편성되어 있었기 때문에 강의를 하지 못했고 2016년 1학기부터 2017년 1학기까지 세 학기를 강의하였다(2017년 1학기는 객원교수 공동강좌로 운영). 교과목은 '남북 관계 특강'으로 해서 강의를 하였다.

커리큘럼은 과거 이화여대 북한학 협동과정에서 세 과목 강의한 내용을 바탕으로 강의 계획서를 작성하였다. 수강 대상은 개방강좌로써 서울대학교에 재학 중인 석·박사과정의 대학원생은 누구나 수강할 수 있었다. 북한·통일 문제를 주전공으로 하지 않는 대학원생들이 대상이라 필자는 남북 관계나 통일 문제를 이해하는 데 꼭 필요한 내용이 무엇일까를 생각하면서 커리큘럼 내용을 작성하였다. 북한 정치 체제의 이해, 남북한 통일정책의 비교, 통합 이론, 분단국 통일 사례와 교훈, 분단 비용·통일 비용·통일 편익, 북한의 협상 행태의 특성과 남북회담 사례, 남북 이산가족·납북자·국군포로 문제, 분야별 남북 교류협력 현황, 대북 인도적 사업 사례, 지방자치단체 대북 사업 사례, 개성공단 사례, 대북 경수로 사업 사례, 한반도 평화 문제, 북한 핵 문제 등이 당시 필자가 구성한 커리큘럼 내용이었다. 이와 같은 강의 내용이 담긴 강의 계획서를 공지했더니 매 학기마다 수강생이 30명 가까이 수강 신청을 하였다. 그동안 행정대학원의 과목별 수강 신청 현황에 비추어 볼 때 상당히 많은 수강생이 신청하였다고 한다. 수강생 중 3분의 2는 행정대학원생이었고 3분의 1은 타 대학 대학원생이었다. 서울대학교는 북한 문제나 통일 문제를 전공하는 학과가 없어서인지 모르겠지만 이 문제에 대해 관심 있는 학생들이 의외로 많다는 것을 반증하는 것이라고 생각했다. 필자는 이론보다는 구체적인 남북 관계 사례와 필자의 경험담을 중심으로 강의하였다. 학생들은 이와 같은 내용들은 쉽게 접할 수 없는 내용이라 진지하게 그리고 흥미롭게 수강하고 있다는 것을 강의 중에 자주 느꼈다. 필자는 주 전공이 아닌 수강생들이 남북 관계나 통일 문제에 대해 좀 더 공부를 하도록 모든 학생들이 서로 다른 주제로 한 번씩 발표도 하게 했다. 한 학기 동안 남북 관계에 대한 폭넓은 지식을 쌓아가도록 유도하였다. 필자는 수강생들이 제출한 학기말 리포트를 읽어가면서 주 전공이 아닌 학생들이 짧은 시간에 북한 문제나 통일 문제에 관한 다양한 참고 자료를 읽고 수준 높은 리포트를 작성해 낸 것에 대해 감탄을 하였다. 우리나라의 최고의 인재들이라서 그런지는 모르겠지만 우리의 젊은 엘리트들이 통일 문제에 대해 공부할 수 있는 지적 인프라를 많이 만들어 효과적으로 운영한다면 젊은 세대의 통일 문제에 대한 관심도는 더욱 높아질 것이라고 낙관했다. 필자가 서울대 행정대학원 객원교수로 있을 때 평소 잘 알고 있는 성낙인 총장을 만난 적이 있었다. 성 총장은 우리나라의 최고의 상아탑인 서울대학교에서 우리 민족의 최대 역사적 과제인 통일 문제를 전공하는 학과가 없다고 개탄하면서 서울대 제2의 시흥캠퍼스에 통일대학원을 설립하고자 하는 야심찬 구상을 필자에게 설파한 적이 있었다.

다른 대학교에서도 남북 관계 강의

필자가 통일부나 개성공업지구지원재단의 공직에서 물러나 민간으로 있을 때 이화여대 대학원이나 서울대 행정대학원에서 초빙(객원)교수로 활동한 전례(2010년도 2학기에 모교인 경북대학교 국제대학원에서도 강의)가 필자로 하여금 계속 대학교와 인연을 맺게 했다. 물론 평소 가까웠던 학계의 지인들을 통해 이루어졌지만 필자는 그 이후에도 중앙대학교 대학원 북한개발협력학과에서 세 학기, 성균관대학교 국가전략대학원에서 세 학기, 국민대학교 정치대학원에서 두 학기와 법무대학원에서 두 학기를 강의하였다. 2019년도까지였다. 2020년 초 코로나19가 발생한 상황에다가 zoom으로 강의하는 등 교육환경이 많이 바뀌고 연령 제한도 있어 필자는 더 이상 대학원의 정규 교과목 강좌를 맡지 않았다.

국민대학교 한반도미래연구원 운영

필자는 공직에서 퇴직 후 민간 신분으로 있으면서 비교적 오랫동안 여러 대학교에서 강의를 하면서 대학 내 통일교육의 실상을 많이 파악하였다. 남북 관계 상황의 영향을 받아 각 대학마다 북한 문제나 통일 문제 관련 학과가 하나 둘씩 폐과되거나 강좌가 줄어들고 있는 것이 현실이었다. 대학생들의 최우선 관심은 취직이었고 취직에 도움이 되는 학과만 인기였다. 또한 젊은 세대들의 통일 문제에 대한 무관심이 계속 높아지는 것도 중요하게 영향을 미치고 있었다. 따라서 대학 차원에서뿐 아니라 정부 차원에서도 대학 내 통일강좌의 강화를 위해 더욱 많은 노력이 필요하다는 것을 절실히 느꼈다. 대학교 내의 통일강좌의 강화는 대학 총장이나 재단의 관심과 열정, 그리고 적극적인 지원 여부도 중요하다. 또한 대학 내 통일교육을 자율에 맡겨놓을 것이 아니라 공공재로 간주하고 정부의 적극적인 행정적·재정적 지원도 필요하다.

2017년도 초에 평소 잘 알고 있는 현대경제연구원 김주현 전 원장으로부터 필자를 좀 만났으면 하는 긴급한 연락이 왔었다. 당시 그의 직함은 국민대학교 한반도미래연구원 원장이었다. 김 원장을 아침 조찬에 만났더니 그는 불가피한 사정이 생겨 한반도미래연구원장직을 맡을 수 없게 되었다는 것이었다. '파이낸셜 뉴스' 사장으로 가게 되었다는 것이었다. 그래서 한반도미래연구원장 후임 적임자로 필자를 생각했다면서 필자만 좋다면 유지수 총장에게 추천하겠다는 것이었다. 유지수 총장은 실향민 2세로서 통일 문제에 관심이 많아 2016년 3월에 한반도미래연구원을 총장 직속으로 개원하여 국민대학교 내 통일 연구와 교육을 강화하고 있었다. 통일부로부터 국민대학교가 '서울지역 통일교육센터'로 지정받아 서울 지역의 통일교육 강화를 위해 열성적으로 노력하고 계신 분이었다. 필자는 역시 대학의 총장이 열정과 높은 관심을 갖고 직접 나서니 일이 될 수 있다는 것을 확인하였다. 필자는 총장의 높은 관심과 적극적 지원이 있을 뿐 아니라 그동안 여러 대학교에서의 경험도 살리고 우리나라에 꼭 필요한 통일교육의 강화라는 차원에서 국민대학교 한반도미래연구원장직을 수락하였다.

2017년 4월부터 2020년 3월까지 3년간 국민대학교 한반도미래연구원장으로 일하게 되었다. 전임인 김주현 초대 원장이 워낙 성실하고 적극적인 분이라 2016년 3월 개원 후 1년 만에 연구원을 궤도에 올려놓은 상태였다. 국민대학교는 독립운동을 하였던 해공 신익희 선생이 설립자로서 학교는 '독립운동 정신'을 학교의 기본 정신으로 하고 있었다. '독립에서 통일까지'를 한반도미래연구원의 슬로건으로 삼고 있었다. 연구원은 총장의 높은 관심 덕분에 다양한 학과의 교수들이 많이 참여하고 있었다. 지성적인 방법 뿐 아니라 감성적인 방법으로도 통일 문제를 접근하였다. 전국 대학교 중에서 유일하게 '국민*통일의 날'을 하루 지정하여 다양한 행사를 하였다. 통일 퀴즈, 통통 축구 대회, 통일 디자인 경연 대회, 창작 뮤지컬 등 학생들이 즐겁게 참여할 수 있도록 하였다. 매 학기마다 통일강좌인 '통일 콜로키움'(2016년 1학기 8강, 2학기 11강 진행)을 운영하고 있었다. 학술 세미나도 개최하고 있었다.

필자는 이와 같이 전임 김 원장이 많은 실적을 남긴 것을 보고 한편으로 부담이 되면서도 이왕 한반도미래연구원장을 맡기로 했으니 더 많은 성과를 내어 대학 측에 만족스러운 기여를 해야겠다고 다짐하였다. 필자보다 1달 뒤에 한반도미래연구원의 연구위원으로 선발되어 온 현대경제연구원 실장 출신 홍순직 박사, 기존의 국민대 여현철 교수, 한참 뒤에 새로 채용된 사무직으로 황순정 선생 이렇게 4명이 중심이 되어 열심히 일을 하였다. 기존의 '통일 콜로키움'을 매 학기마다 차질 없이 진행하였다. 세미나는 학교 외부의 바깥 시내에서 개최하여 많은 사람들이 참가하는 성과를 내었다. 남북 청소년 단합 통일축구 대회를 국민대 축구장에 유치하기도 하였다. '국민*통일의 날'에는 평화통일 4행시, 통일 서예(시화)전(동아리 학생들의 작품), 통일 강의극, 탈북민 학생의 대학 스토리, 마술쇼, 북한 음식 체험전 등을 추가하여 보다 많은 학생들이 재미있게 참가하도록 하였다. 탈북민을 소재로 한 창작 뮤지컬(또는 연극)은 학교가 아닌 대학로 소극장에서 개최하여 일반 시민들도 많이 관람하도록 하였다. '국민*통일의 날'은 김연희 교수(행정대학원 미술관·박물관 전공), 창작 뮤지컬(연극)은 정경희 교수(예술대학 연극학 전공)의 노고가 많았다. 이 두 분 교수의 전문적 도움과 열정이 없었다면 두 행사가 멋있게 만들어 질 수 없었다는 점에서 항상 고맙게 생각한다.

국민대학교에서는 이처럼 예술 분야와 융합하여 감성적 통일 접근을 한 것이 특장점이었으며 젊은 세대들에게 통일 문제에 대해 흥미롭게 다가갈 수 있게 하였다. 필자는 또한 국민대학생 통일동아리인 '통일 노마드'와 탈북민 학생들(당시 35명 정도 재학)의 동아리인 '자유동아리'도 만들어 대학생들이 통일 문제에 관심을 갖도록 하였다. 탈북민 학생들에게는 외부의 장학금을 유치하여 어렵게 생활하고 있는 탈북민들에게 조금이라도 경제적 도움을 주려고 하였다. 그리고 연구원의 본래 기능인 연구 활동을 위해 학술지로서 「한반도미래연구」를 매년 1회 발간하였다. 또한 홍순직 박사와 공동으로 '통일 이후 분야별 통합 방안'에 대해서 미래한국재단(이사장 : 허화평, 사무처장 : 곽광규)의 지원을 받아 공동 연구용역으로 수행하기도 하였다. 필자의 가진 능력 범위 내에서 최선을 다하였으며 대학 측으로부터도 좋은 평가를 받아 만족스럽고 보람있는 국민대학교 생활이었다. 국민대 내 다른 연구소에 비해 훨씬 더 대학 측의 행정적·재정적 지원이 있었지만 많은 일을 하려면 외부로부터의 재정 지원을 확보해야 하는 것이 부담스러운 측면이 있었다. 결국 통일 연구나 교육이 활성화되기 위해서는 공공재로 인식하고 재정적 투자가 필수적이었다.

북한인권정보센터의 남북사회통합교육원장으로 다양한 아카데미 운영

필자가 2020년 3월 말 국민대학교를 떠난 후에 정말로 자유롭게 지내고 있다가 북한인권정보센터(NKDB)에서 중심적으로 활동하시는 가까운 지인 분들과 저녁 식사를 하게 되었다. 그 자리에서 이재화 이사, 윤여상 소장이 필자에게 NKDB에서 같이 일했으면 좋겠다고 강력하게 제안하였다. 이제는 좀 쉬었으면 했는데 그러한 제의를 받으니 순간 당혹스러웠다. 이재화 이사는 필자가 도저히 거역할 수 없는 고등학교 선배여서 엉겁결에 수락을 하고 말았다. NKDB는 기본적으로 북한 당국의 인권 침해 사례를 전문적으로 수집, 조사해서 자료를 축적하고 미래를 대비하는 활동을 하는 순수한 민간 NGO였다. NKDB에 들어 간 후 윤여상 소장이 필자에게 남북사회통합교육원장을 맡아달라고 부탁하였다. 사실상 통일교육이었다. 공직 퇴직 후 그동안 여러 대학교에서 강의를 한 경험이 많아 쉽게 할 수 있는 일이라고 생각하고 흔쾌히 맡겠다고 했다. 필자 이전에 남북사회통합교육원장(초대 원장)을 맡은 분은 통일부 재직 시 동료였던 김중태 전 기획관리실장이었다. 필자는 김 실장이 NKDB에서 활동한 줄을 전혀 몰랐고 김 실장도 필자에게 일체 그런 얘기를 한 적이 없었다. 김 실장이 남북사회통합교육원장을 했다는 사실을 알고 나서 이 일은 통일교육이니 통일부 출신 누군가는 맡아서

해야 되겠구나 라고 생각하였다.

그런데 막상 남북사회통합교육원을 맡고 보니 힘든 일이었다. 매주 5일 동안 다른 내용의 아카데미가 매일 저녁 7시부터 9시까지 진행되었다. '통일외교 아카데미', '통일사회복지 아카데미', '심리상담 아카데미', '북한인권 아카데미', '남북동행 아카데미'가 운영되고 있었다. 매 아카데미마다 10회 강의가 진행되었고 1년에 상반기, 하반기 두 차례 운영되었다. 시간상 부담이 많이 소요되는 교육 프로그램이었다. 필자가 이상의 모든 아카데미를 총괄하도록 되어 있지만 각 아카데미마다 원장이 별도로 있었다. 각 원장이 전담하여 담당 아카데미를 운영하였기 때문에 다소 부담이 완화되었다. '남북동행 아카데미'는 탈북 외교관인 태영호 공사가 남북한 청년이 하나가 되어 통일에 이바지하자는 목적으로 개설한 아카데미였다. 태 공사가 국회의원이 되면서 불가피하게 맡지 못하게 되어 필자가 전담 원장이 되었다. '남북동행 아카데미'가 열리는 저녁에는 필자가 빠지지 않고 매번 참석했다. 필자가 모든 아카데미를 총괄하는 교육원장이었기 때문에 다른 아카데미의 교육 내용도 파악할 필요가 있어 처음에는 모든 아카데미를 거의 빠지지 않고 강의에 참여하여 내용을 들었다. 그런 과정을 통해 필자는 수강생들의 관심 사항도 파악하게 되었다.

필자가 원장을 맡은 이후에 그동안 개별 아카데미의 평가를 반영하고 여러 가지 사정이 생겨 아카데미 프로그램을 일부 변경하였다. 일부 회사에서는 외부 교육 기관에서 12주 강의를 수강하면 교육훈련 경력으로 인정해 준다고 해서 아카데미 강의 회수를 10회에서 12회로 늘렸다. 그리고 아카데미 과정에 '심리상담 아카데미'는 폐지하고 '남북법률 아카데미'와 '남북통합 아카데미'를 추가로 신설하였다. 신설 아카데미들에 대해 수강생들의 호응도가 높았다. 그동안 3년 6개월간 NKDB 남북사회통합교육원장으로 아카데미를 운영하면서 매번 아카데미마다 수강생들이 자발적으로 꾸준히 참여하고 있다는 사실을 알고 놀라왔다. 아카데미별로 보통 적게는 10명, 많게는 30명 정도가 아카데미에 자발적으로 참여하여 수강하였다. 결국 필요한 통일교육 프로그램이 운영된다면 통일교육 수요는 항상 있다는 것을 확인하였다.

공공재로서 통일교육에 높은 관심 필요

필자는 공직을 퇴직한 이후 10여 년간 대학에서의 초빙(객원·특임)교수로서 강의를 하였거나 민간 NGO에서 통일교육을 했다. 통일부에서의 통일교육 업무의 연장 성격이었다. 필자가 통일부 재직 중에 체득한 다양한 남북 관계 경험을 강의를 통해 알려주니 학생들이나 일반 시민들이 흥미와 관심을 갖고 들으면서 대체로 유익했다는 반응이었다. 그리고 우리의 통일 문제에 대해 좀 더 높은 관심을 보였다. 그런 점에서 필자도 남북 관계나 통일 문제에 대해 강의를 하면서 시의성있는 내용을 추가하며 열성적으로 임하게 되었고 보람도 느꼈다. 안타깝게도 대학이나 시민사회의 통일교육 강좌가 지속적으로 줄어들고 있고 젊은 세대의 통일 무관심도 높아지고 있다. 분단국가에 살아가고 있는 우리 시대의 남북통일을 위해서는 매우 염려스러운 현상이다.

우리가 일본에 의해 나라를 빼앗겼을 때 지속적인 애국 계몽운동으로 독립정신을 불태웠기 때문에 나라를 되찾을 수 있었다. 나라가 외부로부터 군사적 위협을 받을 때는 국민들이 나라를 지키려는 결의와 투철한 안보 의식이 있어야 나라를 지킬 수 있다. 그런 점에서 분단국가의 역사적 과제로서 통일을 실현시키기 위해서는 지속적인 통일교육을 통해 통일 의지를 불태우고 통일을 대비한 실력을 배양해야 한다. 그런데 우리 사회의 통일교육의 인프라는 심하게 약화되고 있다.

필자의 생각으로 통일 의지를 지속적으로 고양시킬 통일교육 인프라를 구축하기 위해 세 가지가 필요하다고 본다. 우선 정부나 교육계, 정계, 언론계, 사회에서의 지도자들이 통일교육에 대한 중요성을 인식하고 높은 관심을 기울여야 한다. 두 번째는 시대 흐름에 맞게 대상별로 흥미롭고 유익한 통일교육 프로그램을 많이 개발하여야 한다. 특히 젊은 세대들의 취향에 맞는 교육 프로그램을 적극 개발해야 한다. 마지막으로 공공재로서의 성격이 된 통일교육에 대해 보다 많은 재정을 투자하여야 한다. 결국 분단국가에서 통일을 대비하기 위한 통일교육의 강화를 위해 지도층의 높은 관심, 좋은 통일교육 프로그램 개발, 그리고 과감한 재정 투자 등 3박자가 갖추어져야 한다.

나의 통일 강의록

필자는 2010년 3월 통일부를 퇴직한 후 2019년 까지 이화여대, 경북대, 서울대, 중앙대, 성균관대, 국민대 등 여러 대학에서 초빙(객원·특임)교수로 대학원 강의를 하였다. 그리고 통일 업무를 추진하는 과정에서 가까워진 사람들과의 인연 등으로 인해 민간 차원의 여러 통일 관련 단체에서 활동을 하였다. 한편으로 통일 관련 단체들의 요청이나 필자가 스스로 교섭해서 전국을 다니면서 통일 강의를 하거나 세미나에 참여하여 발표 및 토론을 적극적으로 행하였다. 일정이 허락하면 해외에서의 통일 강좌나 세미나에도 참석하였다. 우리 정부의 통일·대북 정책 및 전략적 이해, 한반도 주변 정세, 북한 실상, 차관 재직 시절의 남북 관계의 실상과 대북 정책 방향, 남북 협상 사례, 개성공단 등 남북 교류협력과 대북 인도적 지원 사업 사례, 지방자치단체의 남북 교류협력 사업 사례, 남북 이산가족 문제와 남북 상봉 행사 사례, 북한이탈주민의 실상과 정책적 의미, 분단국의 통일 사례를 통해 본 시사점 및 교훈, 통일 비용·분단 비용·통일 편익, 북한 인권 문제, 사회주의 체제 전환 사례 등을 백화점식으로 강의를 하거나 발표 및 토론에 참여하였다. 통일 관련 단체 외에도 공공 기관, 학교, 학술 단체, 정치권, 군 출신 모임 등 안보 단체, 종교 단체, 경제계, 법조인, 탈북민 단체, 일반 시민 등 매우 다양한 대상에게 통일 강의를 하였다. 남북 관계 상황에 영향을 받아 빈도의 차이는 있었지만 통일 강의 수요는 꾸준히 있었다.

특별히 많이 했던 필자의 단골 강의 주제는 다음과 같다. '북한 정권·체제의 실체', '북한의 협상 행태의 특징', '개성공단의 정책적 함의와 북한의 입장·태도', '분단국 통일 사례의 시사점 및 교훈', '통일 및 대북 정책의 전략적 이해' 등이다. 필자가 주로 강의한 주제의 핵심 내용을 개괄적으로 소개하고자 한다.

북한 정권·체제의 본질

우선 '북한 정권·체제의 실체'에 대해 말한다면 북한은 전통적인 사회주의 체제가 아니라 절대적 유일 수령 영도 체제이며 김씨 왕조 세습 체제라는 것이다. 조선 이씨 왕조의 연장선에서 본다면 김씨 왕조의 봉건 체제로 볼 수 있다. 이로 인해 다른 사회주의 국가에서의 최고 규범인 노동당(공산당)의 당규약보다 실제로 더 상위의 규범으로 작용하는 '당의 유일사상 체계 확립의 10대 원칙(1974.4)'이 북한 사회에 강하게 작동하고 있음을 알아야 한다고 강조하였다. '당의 유일사상 체계 확립의 10대 원칙'은 김일성 시대에 김정일이 주도하여 제정한 규범이었다. 김정은 시대에 들어와 이를 일부 수정 및 보완하여 '당의 유일적 영도 체계 확립의 10대 원칙(2013.6)'으로 명칭이 변경되었다. 그러나 두 원칙의 내용은 본질적으로 동일하다. 김일성·김정일·김정은 3대의 김씨 수령에 대해 절대적 충성을 요구하며 목숨 바쳐 보위하여야 한다는 지상 명령이다. 당의 유일 사상 체계(유일적 영도 체계)에 위배되는 행위를 하는 사람은 그 누구라도 지위와 공로와 상관없이 가차 없는 엄격한 처벌을 받게 된다. 김정은 시대에 김정은의 후견자인 사실상 2인자인 장성택이 '국가전복 음모행위죄'로 사형에 처해진 것이 그 사례이다. 북한은 혁명적 수령관(수령 권위의 절대화, 수령에 대한 무조건적 충성), 사회정치적 생명체론(수령은 뇌수, 당은 중추, 인민 대중은 손과 발의 유기적 통일체로서 사람의 육체는 유한하지만 사회정치적 생명체는 무한. 따라서 김일성·김정일이 사망한 이후에도 두 수령이 사회정치적으로 영생한다는 '영생탑'을 북한 전역에 설치), 사회주의 대가정론(부는 수령, 모는 당, 자녀는 대중)에 입각해 절대 권력인 수령이 지배하는 체제이다.

또한 북한은 군사 국가적 성격이 강하다. 김일성의 항일 빨치산 활동을 북한 정권의 정통성의 뿌리로 확고히 하여 사회 전체가 병영 국가적으로 운용되고 있다. 경제와 사회 활동의 모든 일들이 전투적 구호로 가득 차 있다. '모내기 전투', '생산도 학습도 전투', '70일 전투·150일 전투' 구호 사례가 그것이다. 그리고 군사 부문에 비중을 높이 두고 호전적이고 군사 모험주의적 성향이 강하다.

북한 사회 계층은 핵심 계층(빨치산 활동 등 항일 투쟁 참가자, 6.25전쟁 전사자 가족, 사회적 영웅 등), 동요 계층(노동자, 농민, 근로 인텔리 등), 적대 계층(지주, 친일파 및 그 후손, 월남자 가족 등) 등 3개층 51개로 분류되어 철저한 계층제를 유지하여 사회 통제의 수단으로 활용하고 있다. 계층간 이동이 쉽지 않아 사실상 인도의 카스트제도와 유사한 것이다.

북한은 이와 같은 철저한 정치사회적 통제 체제를 통해 북한 정권을 유지하여 내구성을 유지하여 왔지만 북한 사회의 물질적 토대인 경제 분야는 실패한 체제라고 할 수 있다. 북한 정권 수립 이후 3대 수령 체제 동안 먹는 문제를 해결하지 못하여 항상 먹는 문제 해결이 북한 정권의 중대한 당면 과제로 대두한다. 김일성은 "이밥에 고기국에 비단옷을 입고 기와집에 살게 하겠다"고 호언하였으나 이루지 못하였다. 오히려 북한 경제의 실패로 1990년도 중반에 북한 주민 200~300만 명이 아사한 '고난의 행군'을 초래하였다. 김정일은 "아직 우리 인민들이 강냉이밥을 먹고 있는 것이 제일 가슴 아프다. 이제 내가 할 일은 우리 인민들에게 흰쌀밥을 먹이고 밀가루로 만든 빵이랑 칼제비국을 마음껏 먹게 하는 것이다"라고 하였으나 희망 사항으로 그쳤다. 김정은도 "인민들에게 더 이상 허리

띠를 졸라매지 않도록 하겠다"라고 장담하였으나 여전히 먹는 문제를 해결하지 못하는 등 목표로서의 경제적인 성과를 이루지 못하고 있다. 3대 수령이 먹는 문제를 해결하겠다고 최우선적 과제로 강조하였지만 북한 경제는 만족할 만한 성과를 거두지 못하고 있어 실패한 경제 체제라고 규정할 수 있다. 북한 경제가 획기적으로 도약하여 성장, 발전하려면 개혁·개방 등 경제 체제의 근본적 변화가 절대 필요하다는 것이 대부분 전문가들의 견해이다. 그러나 북한은 김씨 왕조 세습 체제를 지키는 것이 절대적 최우선 사항이니 이를 저해할 수 있는 과감한 경제 개혁·개방은 하지 못하는 것이다.

북한이 먹는 문제를 해결하지 못하는 등 사회주의 계획 경제의 실패로 심각한 경제 위기에 봉착하자 불가피하게 북한 사회의 경제적 문제를 해결하기 위해 장마당의 허용을 시작으로 종합시장 설치 등 시장화가 진행되었다. 전국적인 시장화로 북한 주민의 경제 생활은 일부 숨통을 틔게 되고 안정화되어 갔다. 그러나 시장의 활성화는 북한 주민의 의식 변화를 초래하게 된다. 집단주의나 수령·당 중심주의에서 개인주의, 배금주의, 가족중심주의로 의식 변화가 서서히 진행되었다. 북한 주민은 경제적 부를 늘리기 위한 다양한 활동에 우선 집중하면서 당 조직이나 학습 활동에 태만한 현상이 나타났다. 시장으로 인한 이익 구조가 형성되자 시장 우호 세력이 나타났고 심지어 자본주의 친화적인 모습이 표면화되기도 하였다. 시장의 활성화는 급속하게 외부 문물과 정보의 유입을 가져왔고 북한 주민의 내면적 비교 의식을 형성하게 하였다. 장마당 세대에게는 윗세대인 배급제 세대와 다른 의식이나 태도를 잉태시켰다. 물론 시장의 확대와 활성화로 인한 이와 같은 변화가 북한 체제나 김씨 왕조 세습 정권에 매우 위협적인 집단적 저항 수준으로는 발전하지 않았다. 북한 정권 차원에서는 이러한 변화에 경계심을 가지고 과거보다 북한 사회를 보다 더 철저히 통제해야 하는 상황이 된 것 같았다.

북한이 그동안 여러 차례 시장을 억압하고 통제하는 조치를 시행하였지만 북한의 어려운 경제 현실 때문에 결국은 북한의 시장화 추세를 전면적으로 막을 수가 없었다. 대세로서의 북한의 시장화가 점진적으로 북한 사회의 변화를 이끌 수 있다는 점에서 외부에서는 계속 주목하고 있다. 북한의 정치 체제·정권의 경직성과 불가역적인 시장화로 인한 북한 사회의 변화 추세가 김씨 정권과 북한 사회의 딜레마로 나타났다.

최근 김정은 정권에서 시장화로 인해 북한 체제에 미치는 심각한 부정적 영향에 대한 정치사회적 통제책을 강화하였다. 반동사상문화배격법(2020년), 청년교양보장법(2021년), 평양문화어보호법(2023년)을 시행하고 있는 것이 그 사례이다. 그리고 2021년에는 양정법과 농정법을 개정하여 양곡은 국영 유통망인 식량공급소와 양곡판매소에서만 거래하도록 하였다. 이처럼 북한 정권은 체제와 김씨 정권에 위협적인 요소로 작용할 수 있는 시장을 계기별로 적절히 통제해가면서 그럭저럭 경제 문제를 해결해 나가고 있는 것이 북한의 오늘날 현실인 것이다.

북한의 협상 행태의 특징

두 번째, '북한의 협상 행태의 특징'이다. 일반적으로 북한의 협상 행태와 관련하여 우선 떠오르는 것은 위기를 조성하는 '벼랑끝 전술(brinkmanship)'이다. 북한은 남한은 물론이고 세계 최강국인 미국을 상대하면서도 결코 지지 않는 협상술을 구사하여 상대하기가 까다로운 존재로 일반적으로 인식되고 있다. 이와 같이 이미지화 되고 있는 북한과의 협상에 대비해 필자는 종합적으로 북한의 협상 행태를 설명하고 이에 대비한 우리의 협상전략·전술을 수립할 때 고려해야 할 사항들을 구체적으로 제시하였다.

북한의 협상 행태의 특징과 관련하여 우선 북한은 서구 사회의 타협과 양보를 통한 이해 관계 조정이라는 '상인적 협상관'이 아닌 혁명이나 목적 달성을 위한 다른 수단의 투쟁이라는 '전사적 협상관'을 취한다. 둘째, '전사적 협상관'에 따라 협상 목적을 달성하기 위해 위협·협박, 위기 조성, 강탈적 요구, 속임수, 합의 사항 불이행 등 비합리적인 방법을 거리낌 없이 사용한다. 셋째, 북한은 협상 목적을 달성하기 위해서 협상 개시 이전부터 협상이 끝난 이후까지 다양한 협상전략·전술을 구사한다. 특히 협상이 종결된 이후에도 북한 측의 협상 목적 실현에 도움이 되지 않는 합의 사항이 있다면 상습적으로 이를 이행하지 않고 억지 논리로 강변하면서 그 책임은 상대방에게 덮어씌우는 책임 전가 전술을 사용한다. 넷째, 북한 정권은 종신 정권이고 수령 체제이기 때문에 협상장에서 협상 시한에 구애를 받지 않고 시간을 자유롭게 사용할 수 있다. 북한은 협상 목적을 달성하기 위해서 지연 전술을 수시로 사용하여 상대방으로 하여금 심리적으로 초조하게 만들어 양보를 얻어내는 전술을 자주 구사한다. 다섯째, 북한은 그들의 독특한 정치문화로 인한 협상 대표의 행동 특성이 있다. 북한 협상 대표는 '항일 빨치산 혁명 전투 경험', '당의 유일사상(영도) 체계 확립의 10대 원칙', '군사 병영 체제 문화'로 협상장에서 강경하고 전투적이고 필사적인 모습을 자주 보인다. 또한 상부의 방침에 따라 획일적으로 움직인다. 북한의 협상 대표는 사실상 재량권이 거의 없어 매우 경직된 모습을 자주 보인다. 협상장에서 북한의 협상 대표가 과시적인 모습을 보이거나 유창한 발언을 하는 것은 사전의 각본에 의한 훈련된 쇼맨십에 불과하다고 할 수 있다. 여섯째, 북한은 기본적으로 '힘(power)'에 민감한 태도를 보인다. 북한은 상대방이 약해 보이거나 양보를 하면 무시하는 태도를 취한다. 그러나 상대방이 강한 '힘'을 보이면 마지막에는 양보하는 입장으로 바뀐다. 예컨대, 1976년 판문점 도끼 만행 사건, 1996년 김영삼 정부 때 강릉 무장공비 침투 사건, 클린턴 행정부 때 영변 핵시설 군사 공격 시도 사례 등에서 잘 알 수 있다.

이와 같은 북한의 협상 행태를 종합적으로 이해하는 바탕 위에서 필자는 우리의 협상전략·전술을 수립할 때 고려할 사항을 다음과 같이 제시한다. 첫째, 북한이 협상장에 나오는 정확한 협상 목표를 우선적으로 파악하는 것이 중요하다. 북한이 외형상으로 제시한 입장보다는 실제의 목표(숨겨진 의도)를 정확히 파악해야 우리가 제대로 대처할 수 있게 된다. 둘째, 북한이 어떠한 방식으로 우리를 혼란시켜도 우리의 협상 목표와 기본 입장은 흔들림 없이 견지하고 당당한 모습을 보여야 한다. 셋째, 앞서 지적처럼 북한은 '힘'에 민감하기 때문에 우리는 '총체적 힘'과 '이슈 구체적인 힘'도 함께 키워나가는 노력을 하여야 한다. 때로는 북한에 대해 '맞대응 전략'도 구사하고 우리 입장에 대한 국회, 언론, 시민 사회 등 내부의 강력한 지지를 받아내는 노력도 함께 해야 한다. 넷째, 북한의 지연 전술로 장기화될 수 있는 협상에서 우리가 초조한 모습을 보여서는 안 된다. 그리고 북한이 협상장으로 나올 수 밖에 없는 다양한 유인 카드를 미리 많이 개발해 두어야 한다. 다섯째, 북한이 합리적·비합리적 전술을 잘 배합하여 다양한 협상술로 협상을 이끌어 가듯이 우리도 다양한 협상 전술의 개발과 협상단의 사전 훈련을 통해 효과적으로 협상을 주도해 나가도록 철저히 대비해야 한다. 결국 '지피지기 면 백전백승(知彼知己 百戰百勝)'이라고 하듯이 철저한 대비만이 상대를 제압할 수 있다. 정부에서 남북회담에 나가는 협상 대표단은 사전에 전문성과 반복된 훈련을 통해 북한과의 협상에 효율적으로 적극 대응해 나가야 한다. 그러나 민간 차원에서는 전문성도 부족하고 준비도 제대로 안된 상태에서 북한 측과 협상을 하게 되면 북한 측의 책략에 말려들기 쉽다. 따라서 필자는 민간 차원에서 북한과 사업하는 사람들에게 '북한의 협상 행태와 우리의 대처 방안'에 대해 심도 있는 강의를 한 적이 있다. 개성공단에서 사업을 하는 기업인들로부터 자기가 북한 측과 협상을 해 나갈 때 필자의 강의가 많은 도움이 되었다는 말을 들었을 때 필자는 보람을 느끼곤 했다.

개성공단의 정책적 함의와 북한의 입장·태도

필자는 2011년 10월부터 2014년 12월까지 개성공업지구관리위원회 위원장으로 근무한 경력 때문에 개성공단에 관한 강의를 공공 기관, 민간단체와 일반인 및 학교 등에서 무수히 많이 했다. 강의 초청 측이 요구한 강의 주제에 따라 개성공단과 관련된 다양한 측면의 내용을 강의했는데 보통 '개성공단의 현황과 정책적 함의' 또는 '개성공단의 정책적 함의와 북한의 입장·태도' 등의 주제로 많이 강의했다. 그러나 어떠한 강의 주제이든 필자는 개성공단이 지닌 우리의 정책적 함의와 북한이 개성공단을 운영하면서 행하는 본질적이고 원칙적인 입장·태도에 대해서는 빠뜨리지 않고 강의하였다. 개성공단은 분명히 우리에게 충분한 가치가 있는 정책적 함의를 갖고 있다. 우리의 통일정책적 차원에서 경제공동체를 형성해 나가면서 장기적으로 통일의 기반 조성에 기여하는 측면이 크다. 또한 군사분계선에 인접해 있는 개성공단이 활성화되면 한반도의 군사적 긴장 완화나 평화 분위기 조성에도 도움이 된다. 개성공단을 통한 지속적인 인적·물적 교류는 남북 주민 간의 이해 증진과 더불어 시장경제적 운용 방식과 우리의 문물과 정보의 투입으로 중·장기적으로 북한의 변화를 견인할 수 있다. 그리고 경제적인 측면에서 어려운 우리의 중소기업의 활로를 개척해 주는 매우 긍정적인 측면도 있다. 그 외 다른 정책적 효과도 있다.

우리에게 이와 같은 정책적 함의가 있지만 북한의 정권과 체제의 관점에서는 경계할 요소라고 할 수 있다. 북한이 개성공단을 운영하는 것은 기본적으로는 남한으로부터의 경제적 실리 확보와 기술 습득에 있다. 북한 정권 입장에서는 개성공단으로 인해 북한의 정치·군사 체제가 손상되거나, 북한 주민이 친남한적이나 친자본주의적으로 변화되는 것은 용납할 수가 없다. 따라서 개성공단을 관리하는 북한의 당국자는 북한이 개성공단을 관리하는 기준으로 '정치성', '군사성', '수익성', '공해성' 4가지 기준을 필자에게 거론한 적이 있었다. 북한 당국자가 4가지 기준에 대해 일일이 구체적으로 내용을 설명하지는 않았지만 북한이 개성공단에 임하는 본질적이고 원칙적인 입장을 표명한 것이다. 필자 나름대로 북한이 제시한 4가지 기준에 대해 주석을 붙여 본다면 다음과 같다. '정치성'은 개성공단을 남한과 공동 운영하더라도 북한의 정치 체제·이념에 영향을 주어 김씨 왕조 체제 및 사회주의 체제를 훼손시켜서는 안된다는 원칙이다. 개성공단 내 남한 기업인이 김씨 정권이나 북한 체제·이념를 비판하거나 어긋나는 행동을 하면 가차 없이 단호히 처벌한다. 그리고 개성공단의 개별 기업 운영 방식은 총화 활동 등 북한 사회의 자체 통제 운영 방식으로 한다거나, 북한 근로자의 노무관리는 남한 측의 관여를 배제시키고 북한 측이 단독으로 담당하였다. 이러한 원칙은 1990년대 초 대우의 남포공단 운영 때부터 그 이후 모든 남북 경협 사업에서 북한 측이 엄격하게 적용해 온 원칙이다. '군사성'은 개성공단이 운영되더라도 군사적인 측면에서 북한에 불리한 요소는 철저히 차단하겠다는 원칙이다. 개성공단을 출입하는 도로나 차량은 철저히 북한 군부의 통제 하에서 관리되었다. 개성공단을 관리하는 북한의 당국자도 북한 군부의 결정에는 어떠한 이의도 달 수가 없었다. 북한 군부의 군사적 판단에 따라 우리 측의 개성공단 출입을 일방적으로 제한하거나 중단하는 조치를 결정하고 실행하였다. '수익성'은 개성공단을 통해 북한이 부족한 외화를 최대한 확보해 나가는 것이다. 그러나 북한이 당초에 개성공단을 운영하면서 예상했던 외화 목표치 달성이 저조하자 여러 가지 편법으로 외화 수입을 높일려고 시도하였다. '공해성'은 개성공단에 진출한 남한 기업이 환경오염을 시키거나 북한 근로자의 신체상에 피해를 주는 행위는 차단한다는 것이다. 결국 북한 입장에서는 개성공단이 북한의 정치·군사 체제에 미치는 영향은 철저히 차단하면서 경제적 수익은 최대한 확보하겠다는 셈법이라 할 수 있다. 개성공단이 2016년 완전히 중단되기 전까지 남북한은 상대방의 기본 입장을 파악하면서도 상호 간에 적절한 정책적 함의와 이익이 존재하여 그럭저럭 유지되었다. 북한이 개성공단에 임하는 기본 입장·태도에 근본적 변화가 없는 한 시장친화적인 공단으로 확대, 발전해 나가기에는 태생적 한계가 있다. 본질은 경직된 김씨 정권과 사회주의 체제의 고수가 개성공단에 그대로 작용하고 있는 것이다.

분단국 통일 사례의 시사점과 교훈

네 번째, 필자가 자주 강의하고 강조하는 내용은 '분단국 통일 사례의 시사점 및 교훈'이다. 지구상의 분단국 중 베트남, 예멘, 독일은 이미 통일되었는데 우리나라는 아직까지도 통일되지 못하고 있는데 대해 필자는 항상 가슴 아프게 생각한다. 제2차 세계대전이 종결되면서 승리한 연합국의 전후 처리 과정에서 우리나라가 분단되었다. 우리가 일제 식민지로부터 조국을 되찾으려고 했던 독립운동의 목표는 분단이 아닌 완전히 하나된 조국의 광복이었다. 분단된 우리는 통일이 제2의 광복을 위한 것이라면서 조국 통일을 위해서 부단한 노력을 하여 왔다. 대한민국은 제2차 세계대전 이후 수많은 신생 후진 개발 국가 중에서 경제적으로 민주적으로 성공한 나라가 되었다. 그리고 세계화 속의 한국으로 우뚝 솟았고 원조를 받았던 나라에서 유일하게 원조를 주는 나라로 발전하였다. 세계가 부러워하는 세계 10위의 경제 국가가 되었고 한류 열풍이 세계 곳곳에 영향력을 발휘하는 나라가 되었다. 그러나 아쉽게도 분단국가로서 통일국가를 이룩하는 데는 아직까지도 후발 국가로 남아 있다.

제2차 세계대전 이후 통일된 나라들이 모두 성공적인 통일국가가 되지는 못했다. 우리는 오매불망 하루빨리 통일이 되기만을 소원하였지만 다른 나라의 사례처럼 통일만 된다고 해서 성공적인 통일국가가 보장되는 것은 아니다. 통일의 실현 그 자체에만 초점을 둘 것이 아니라 통일되기 이전의 노력, 통일의 과정, 그리고 통일 이후의 통합 노력 등을 종합적으로 살펴보아야 한다. 성공적인 통일한국을 실현하기 위해 무엇을 어떻게 준비해야 하는지, 이를 실현하기 위해 정부와 민간의 총체적인 노력이 반드시 필요하다는 것을 다른 나라의 통일 사례를 통해서 배우게 된다.

1975년 통일된 '베트남 유형'은 '공산화 무력통일'이다. 1990년 5월 통일된 '예멘 유형'은 남북 예멘 정상 간의 '봉합통일'이 되었다가 정치적 갈등으로 1993년 7월 재분리되었다가 북예멘이 1994년 7월 무력으로 남예멘을 진압하여 재통일하였다. 예멘은 '합의 봉합통일 → 재분리 → 무력 재통일' 과정을 거친 통일 유형이다. 1990년 10월 통일된 '독일 유형'은 '동독 시민의 민주·평화혁명'이 발단이 되어 동독 시민이 서독 체제를 선택한 '편입통일'이다. 일반적으로 서독이 동독을 흡수한 '흡수통일'이라고 하나 동독 측에서는 이에 대해 동의하지 않는다. 1990년 11월 9일 동독 시민의 민주·평화혁명("우리는 인민이다!")에 의해 베를린 장벽이 무너진 후 동서독 통일을 요구("우리는 하나이다!")하고 이에 부응하여 서독이 주도하여 사실상 서독 체제로(그런 의미에서 '흡수통일') 독일 통일을 완수하였다. 통일 이후에도 성공적인 통합 과정을 거쳐 통일된 독일은 부강해졌고 국제사회에서 위상과 영향력이 커진 통일국가가 되었다. 이와 같은 결과로 국제사회에서는 '독일 유형'을 성공적인 통일 유형으로 평가하고 있고 우리나라도 '독일통일 유형'을 모델로 검토하기도 하였다. 그러나 엄격한 검토를 통해 동서독 간의 통일 환경과 남북한 간의 통일 환경에는 많은 차이가 있다는 것도 알게 되었다.

세 가지 유형의 통일에서 우리에게 도움이 될 시사점과 교훈을 찾아보면 다음과 같다. 먼저 '베트남 통일 유형'에서 '무력통일'은 엄청난 인명과 재산의 피해, 그리고 상호 간 갈등을 초래함으로써 우리가 원하는 통일 유형이 될 수가 없다. 특히 우리는 6.25전쟁을 겪었기 때문에 전쟁의 참화를 너무나 잘 알고 있어서 더욱 그렇다. '공산화 통일'도 우리가 지향하는 통일이 될 수 없다. 인간의 보편적 인권을 보장할 수 없는 공산 체제로의 통일은 세계 역사의 발전 방향에서나 우리 민족의 자유, 평화와 번영이라는 관점에서 절대 용납될 수 없다. 베트남이 '공산화 통일'된 이유가 우리의 관심 사항이다. 우선 남베트남은 지도층이 부패했고 사회의 극심한 갈등과 분열로 혼란이 지속되어 공산 세력이 침투하기가 용이했다. 남베트남에는 북베트남과 정치적으로 연대된 '민족해방전선', '베트공', '남베트남 임시혁명정부'가 활개를 쳤다. 그리고 미국, 한국을 비롯한 자유 진영에서 정치·군사적으로 남베트남을 충분히 지원했지만 남베트남은 스스로 나라를 지킬 의지와 전투태세를 보여 주지 않았다. 결국 베트남전이 장기화되자 미국 내에서 반전운동으로 1973년 1월 미국과 북베트남 간의 파리 평화협정을 거쳐 미군을 비롯한 자유 진영의 외국 군인들이 모두 철수하였다. 남베트남에서 미군이 철수하면서 많은 무기들을 넘겨주었지만 남베트남은 나라를 지키려는 태세를 보이지 않았다. '평화협정'의 이행 차원에서 미군과 외국군은 철수하였는데 북베트남은 평화협정을 지키지 않았다. 결국에는 1975년 4월 30일 북베트남이 무력을 동원하여 남베트남의 수도 사이공을 점령하여 '공산화 무력통일'을 이루었다.

북베트남의 공산 이념·체제로의 통일로 인해서 남베트남의 주요 관리·군인·경찰, 지식인, 종교인, 학생, 도시 거주민은 숙청되거나 지방으로 강제 이주되었다. 사유재산은 몰수되어 국유화되었다. 남베트남 주민들은 공산 이념으로 세뇌교육을 받았다. 이렇게 공산화된 통일 베트남 치하에서 살 수 없는 남베트남 주민들은 베트남을 지속적(1973년~1988년)으로 탈출하여 약 100만 명 규모의 'Boat

People'이 생겨났다.

우리처럼 뿌리 깊은 단일 민족 의식을 가진 예멘은 남북 예멘 정상 간의 전격적인 합의에 의해 1990년 5월 통일이 되었다. 북예멘이 남예멘보다 인구나 국토 면적에서 훨씬 크지만 예멘 통일을 위해 북예멘이 양보하여 정치·군사적으로 1:1 대등한 통합을 하였다. 일종의 '봉합통일'로서 정부의 각료 구성이 대등한 비율로 이루어지고 군인들은 어떠한 구조 조정 없이 그대로 합류되었다. 우선 예멘 민족의 숙원인 통일을 시켜놓고 그 이후에 문제를 해결하자는 입장이라고 할 수 있다. 그러나 '봉합통일'은 정부 내에서 의사 결정이 제대로 이루어지지 않고 군대 내에서 지휘 계통이 일사분란하게 작동되지 않아 비효율적이고 혼란이 조성되었다. 남북 예멘은 동일한 이슬람 문화이었지만 구체적인 생활 문화는 서로 달랐다. 혼인 문제(북예멘은 일부다처제이지만 남예멘은 일부일처제), 여성의 사회 활동 문제(북예멘은 여성권리를 무시하지만 남예멘은 남녀차별 금지), 음주 허용 문제(북예멘은 음주 금지인데 반해 남예멘은 음주 허용) 등 사회적 문제에 대해 사사건건 갈등이 발생하였다. 예멘은 통일이 되면 남북 예멘 경계선상에 있는 유전 지대를 개발해 경제적 부를 기대했지만 당시의 국제적 여건으로 유전 지대 개발이 이루어지지 않아 낙후한 경제 문제가 호전되지 않자 노동자 파업 등 사회적 혼란이 발생하였다.

최종적으로 1993년 4월 실시된 총선에서 남예멘 정당인 '예멘사회당'이 제 3당으로 추락하자(제 1당은 북예멘 정당 '국민회의', 제 2당은 신생 정당인 '이슬람개혁당') 남예멘 정당 지도자(과거 남예멘 대통령이면서 통일예멘 부대통령인 '알비드')가 과거의 남예멘 지역으로 철수하고 예멘의 재분리를 선언하였다. 그 이후 통일예멘의 대통령이자 과거 북예멘의 대통령인 살레가 무력으로 남예멘을 제압하여 재통일을 하였다. 이처럼 '봉합통일'로 이루어진 통일예멘이 통일 이후 정치·군사·경제·사회적 통합에 실패하여 재 분리되는 결과를 초래하였다. '예멘 통일 유형'에서 통일 이후 분야별 통합이 얼마나 중요한가를 일깨워준다. 그리고 통일을 서둘러 정치적으로 '봉합통일'한 것이 너무나 취약한 것임을 보여준다. 그런 의미에서 통일 이전에, 통일 과정에서, 그리고 통일 이후에도 통합을 위한 노력을 부단히 하여야 한다는 교훈을 준다.

성공적인 통일 유형으로 평가되는 독일 통일이 우리에게 시사하거나 주는 교훈을 찾아보면 다음과 같다. 독일의 통일은 동독 지역에서 먼저 발단이 되었다. 오랫동안 동독 공산 독재 정권의 엄격한 사회 통제 시스템과 경제적 실패로 인해 불만을 품은 동독 시민들이 자유와 부가 있는 서독으로 대규모의 탈출이 쇄도했다. 그리고 동독 지역 내에서는 교회가 중심이 되어 매주 정기적으로 '월요 평화 시위'가 지속적으로 이어졌다. 동독의 라이프찌히시 니콜라이 교회에서 주도하여 동독 공산 정권의 불법 행위나 부당한 탄압 행위에 대해 항거하는 평화 시위가 처음에는 소수의 인원으로 시작하였으나 점차 참여 인원이 증가하였다. 시위에 참가한 동독 시민이 수십 명 대에서 천 명 대를 넘어 만 명 대로 확산되었고 1989년 말에는 동베를린시에서 100만 명대가 모이는 대규모 시위로 확대되었다. 동독의 보위부나 군대도 물리적으로 진압하기 어려운 규모로 커졌다. 이러한 상황이 촉발되어 1989년 11월 9일 동서독을 갈라놓았던 베를린 장벽이 무너지고 이로부터 329일 만에 독일이 통일되었다.

이와 같이 동독에서 공산 독재 정권에 항거한 시민들의 민주·평화혁명이 발생한 것은 서독의 대 동독 정책도 중장기적으로 영향을 미쳤다고 본다. 서독은 동서독 간의 긴장을 완화하고 접근을 통한 동독의 변화를 위해 1970년대 초에 신동방정책을 추진하였다. 동서독 간 인적 교류의 확대와 더불어 동독 내 인권 침해를 방지하고자 최대한 노력하였다. 이를 위해 서독은 일방적으로 동독에 대한 경제적 지원을 하지 않고 동서독 간 교류협력의 확대와 동독의 인권 개선을 위해 '전략적 상호주의'를 철저히 견지하였다. 동독의 요구 사항에 응하고 경제적 지원을 하면서 동서독 간 여행의 자유 확대, 지자체 도시 간 자매결연 확대, 청소년 상호 방문 확대, 상호 우편 및 전화 증설, 서독 기자들의 동독 취재 확대 등 꾸준히 동서독 간 접점을 확대시켜 나갔다. 그리고 대 동독 경제적 지원에 대한 대가로 동독의 정치범(33,755명)을 서독으로 송환시켰고(프라이카우프 방식), 동독 국경 지대의 동독 탈출자 사상용 자동격발장치와 지뢰를 동독이 제거하도록 하였다. 동독 거주 이산가족 25만 명을 서독으로 이주시키기도 하였다. 1990년 통일을 위한 협상 과정에서 동독의 모드로우 총리의 즉각적인 연대지원금 지원 요구에 대해 서독은 동독에 대해 민주적으로 선출된 합법 정부의 출범을 요구하였다. 서독이 동독의 민주화를 요구한 것이다. 이처럼 서독은 철저한 '전략적 상호주의'를 견지하여 대 동독 정책의 궁극적 목표를 관철시키기 위해 원칙을 갖고 최대한 노력하였다.

통일 과정에서 여러 가지 어려운 과제 중의 하나가 동서독의 통일에 결정권을 가진 전승 4대국인 미국, 소련, 프랑스, 영국의 동의를 받아 내는 것이었다. 전범국가인 독일의 힘을 약화시키기 위해 분단 관리한 것이 4대 전승국이고 동서독 통일을 허용하는 것도 4대 전승국의 동의를 받도록 국제법적 제약을 가했다. 서독의 콜 총리, 겐셔 외무장관은 적극적인 통일외교를 펼쳐나갔다. 처음에는 동서독 통일을 지지한 나라는 미국뿐이었다. 소련은 물론이고 자유 서방국가인 프랑스, 영국도 완강히 동서독 통일을 반대하였다. 서독은 통일하는 독일이 NATO에 가입하라는 미국의 입장을 따랐다. 미국의 지원을 받아 전략적으로 접근하여 '2 + 4 회담(서독·동독 + 미국·소련·프랑스·영국)'을 통해 소련, 프랑스, 영국으로부터 동서독 통일에 대한 최종 동의를 받아내었다. 서독의 통일외교의 승리였다.

서독은 평소 통일에 대한 구체적 준비가 되어 있지 않아 통일 이후 많은 시행착오를 겪었다. 엄청난 통일 비용을 감당해야 했고 성공적으로 분야별 통합을 하는데 어려움이 많았다. 분야별 통합 과정에서 많은 어려운 난제가 있었지만 통일독일은 정치적 리더십을 발휘하고 관료들의 헌신적 자세와 독일 국민들의 고통감수로 잘 극복하여 성공적인 통일국가를 만들었다. 경제적으로 부강하고 국제적으로 발언권이 높아진 통일독일 국가가 된 것이다. 물론 동서독 통합 과정에서 동서독 주민 간의 심리적 갈등이 있었지만 이것도 세월이 흘러가면서 많이 해소되었다.

필자는 '분단국 통일 사례의 시사점과 교훈'을 강의하면서 종합적으로 우리에게 주는 시사점·교훈을 다음과 같이 정리하면서 마무리하였다. 첫째, 통일은 어떠한 유형이든 힘의 우위에 있는 쪽이 통일을 주도한다는 것이다(자석이론). 강한 국방력, 튼튼한 경제력이 반드시 필요하다. 단결된 내부 통합력도 필수적인데 이를 위해 우리 사회의 심각한 국론 분열로 인한 사회 불안정 요인을 반드시 제거해야 한다. 둘째, 우리의 통일은 평화적 통일이며 공산화 통일은 있을 수가 없다. 통일한국이 자유롭고 인권이 보장되며 평화와 번영의 나라로 발전하기 위함이다. 셋째, 통일을 위해 전략적 판단이 구비된 강력한 리더십이 필요하며 주변 국가들에 대한 성공적인 통일외교가 필요하다. 넷째, 통일 이전의 대북·통일 정책은 전략적 과제 해결이라는 목표 지향적이고 상대측의 변화를 이끌어내는 '전략적 상호주의'를 견지하여야 한다. 다섯째, 정치적 통합도 중요하지만 통일 과정의 촉진과 통일 이후의 심각한 갈등과 분열을 방지하기 위해 통일 이전의 남북한 간 상호 이해 증진, 미래의 통일에 대한 공감대 형성 등 사회적 통합을 위한 기반을 꾸준히 축적해 나가야 한다. 여섯째, 국제사회의 통일한국 실현에 대한 거부나 저항을 극복하기 위해 민족 구성원 스스로가 통일국가를 만들어 가고자 하는 민족자결주의 정신을 강화해야 한다. 일곱째, 통일 이후의 분야별 통합 대책을 충분히 검토하고 대안을 준비하여야 한다. 여덟째, 언제 다가올지 모르는 통일에 대비하여 다양한 통일 시나리오를 상정하고 이에 따른 구체적 대비책을 마련해야 한다. 그리고 통일 환경의 변화에 따라 계속 검토, 보완하여 언제든지 적용 가능한 대책을 마련해야 한다.

통일 및 대북 정책의 전략적 이해

마지막으로 필자는 대북·통일 정책을 강의할 때마다 그동안 남북 관계의 전반적인 과정을 종합적으로 검토한 것을 바탕으로 한 전략적인 관점을 강조하였다. 1970년대 초부터 당국 차원의 지속적인 남북 대화와 더불어 1990년대 초부터 민간 차원의 남북 교류협력의 확대가 추진되었다. 우리는 한반도의 군사적 긴장 완화와 평화 정착, 남북 간의 상호 이해 증진 및 민족 일체감 증대, 북한의 올바른 변화 견인 등을 통해 평화적이고 점진적인 방식으로 남북통일을 추구하였다. 그러나 우리의 부단한 노력과는 달리 북한은 6차례의 핵실험과 무수한 탄도미사일 시험 발사 등으로 사실상 핵보유국가가 되었다. 최근에는 북한은 남북 관계를 전면 단절시키고 우리에 대해 대적 관계를 선포하였다. 심지어는 통일 지향성은 없이 남북 관계를 하나의 나라가 아닌 국가 대 국가 관계인 두 개의 국가 관계로 선포하였다. 조국평화통일위원회 등 대남 관계 부서를 없애고 남북 관계 업무를 외무성이 발표하는 등 두 개 국가 논리의 행위를 하고 있다. 그동안 우리는 남북 관계에 있어서 희망적인 목표와 선의의 기대를 한 반면에 북한은 냉철한 인식을 판단으로 철저한 현실적인 접근을 한 것 같다.

우리의 역대 정부가 가장 전략적으로 해결하고자 했던 중요 과제는 '북핵 문제 해결', '남북 교류협력의 실질적 확대', 그리고 '북한의 올바른 변화 유도'라고 할 수 있다. 이 세 가지의 중요 과제가 해결되어야 만이 남북 관계를 지속 가능하게 진전시켜 나갈 수 있고 한반도 평화를 정착시켜 나갈 수 있다. 나아가 하나의 민족공동체를 완성해 나가는데 기본적인 토대가 될 수 있다고 전략적으로 판단하였다. 물론 우리가 원하는 자유, 민주, 인권, 복지, 평화, 번영 등이 구현될 수 있는 통일한국을 만들기 위한 것이었다. 이러한 중요 과제를 해결하기 위해 우리는 경제력, 국방력 등 국력의 우위를 바탕으로 북한에 대해서 포용정책을 기조로 하였다. 때로는 우리가 북한에 비해 경제력이 훨씬 우위에 있다고 자만심을 가져 '비등가성 상호주의', '유연한 상호주의'로 접근하였다. 북한은 안보상의 불안, 심각한 경제난, 국제사회로부터의 강력한 제재 등 정권 및 체제 위기를 해소하기 위해 우리에 대해 '위계 전략'을 사용하고 '경제적 실리'만 획득하는 선택적 조치로 대응했다. 우리가 '순진한 뜨거운 가슴'에 더 많이 의존했다면 북한은 '책략적 차가운 머리'를 더 많이 구사했다. 이제 우리는 북핵 문제 해결, 남북 관계 진전과 통일을 추구함에 있어서 북한의 숨은 의도와 행태에 대한 냉철한 현실적 분석을 바탕으로 전략적으로 대북 접근을 하여야 한다. 동서독 교류협력과 통일 과정에서 서독이 전략적 목표를 달성하기 위해 동독에게 변함없이 견지했던 '전략적 상호주의'를 구사해야 한다. '순진한 뜨거운 가슴'보다 '전략적 차가운 머리'를 더 많이 사용할 필요가 있다.

오늘날 과거와 완전히 달라진 대북·통일 정책 환경으로 인해 남북 관계를 한 방에 해결할 수 있는 특단의 비결이나 만병통치약은 없다고 본다. 성급하게 나선다고 남북관계가 쉽사리 풀릴 일도 아니다. 종합적으로 긴 호흡을 가지고 대처할 수밖에 없다. 우선적으로 우리의 자강력을 계속 키워 나가야 한다. 앞으로 새롭게 시작되는 남북 관계는 북한의 책략적이고 불량적인 행동, 즉 위계 전략이나 합의 사항 불이행, 거친 언행 등이 되풀이 되지 않도록 올바른 남북 관계의 정립 및 관례, 규범을 먼저 확립해야 한다. 북한의 비합리적인 협상술에 대처할 수 있는 우리의 고도화된 협상 능력도 향상시켜야 한다. 북한이 전가의 보도로 사용하는 핵·미사일의 효용성 가치를 약화시킬 조치를 마련해야 한다. 그리고 북한의 아킬레스건이 될 수 있는 취약한 부분을 공략해야 한다. 국제사회의 힘, 영향력도 우리가 활용할 줄 알아야 한다. 결국 우리가 '총체적 힘'과 '이슈 구체적인 힘'을 키워 자강력과 협상력을 높혀야 한다. 국제사회의 영향력을 최대한 활용해야 한다. 핵심은 북한에 대해 '전략적 상호주의'로 접근하여야 한다. 북한 정권과 주민을 분리하는 양분적 정책을 효과적으로 추진하는 것도 필요하다. 북한 주민의 인권 문제를 국제사회의 보편적 가치로 적극 다루는 것도 필수적이다.

필자가 강조하는 '전략적 상호주의'는 남북 관계의 모든 사안에 대해 엄격한 상호주의를 적용해야 한다는 것은 결코 아니다. 한반도의 평화, 남북 관계의 실질적 확대 그리고 북한의 올바른 변화 등 전략적 과제에 대해서는 엄격한 상호주의를 견지하자는 것이다. 일반적인 남북 관계 사안에 대해서는 상황에 따라 합리적으로 판단하여 '유연한 상호주의'를 적용해도 좋을 것이다. 그리고 순수한 대북 인도적 사업이나 보편적 가치로서의 북한 인권 문제에 대해서는 정치·군사적 상황에 관계없이 '일방주의'로 이행하여야 한다고 본다. 같은 민족 구성원으로서의 북한 동포에 대한 우리의 사랑과 도리인 것이다. 이러한 일방주의적 조치는 UN 등 국제사회의 보편적 가치를 추구하는 것 일뿐 아니라 먼 미래의 민족공동체 조성에도 도움이 되리라 생각한다. 필자는 통일·대북 정책을 추진함에 있어서 '원칙 있는 일관성', '상황의 유연성', 그리고 '총괄적 균형성'이 잘 유지되어야 한다고 항상 강조하였다.

독일 통일 과정에 대한 인식 변화와 교훈

필자는 특히 '분단국 통일 사례의 시사점 및 교훈'을 단골 메뉴처럼 많이 강의하였다. 개인적으로 이 주제를 중요하게 생각했고 청중들도 새로운 내용을 많이 알게 되어 유익했다며 반응이 좋았다. 필자가 이 주제에 대해 특히 관심을 갖고 공부도 하고 강의안도 열심히 만들게 된 것은 퇴직하던 해인 2010년 9월 5일부터 13일까지 '통독현장 연수'를 한 것이 계기가 되었다. '평화문제연구소'(당시 이사장 : 현경대, 현재 이사장 : 신영석)와 독일의 '한스 자이델 재단(Hanns Seidel Stiftung, 바이에른주 '기독교사회연합'정당의 정치재단, 한국사무소 대표 : 베른하르트 젤리거 박사)'이 마련한 통일 연수 프로그램이었다. 이 독일 통일 현장 연수를 통해 필자는 독일 통일 과정과 통일 이후 통합 과정의 구체적인 내용을 공부하게 되었다. 통일 당시에 있었던 생생한 증언들을 통해 당시의 통일 과정에서의 현장감 있는 긴박감을 느낄 수가 있었다. 이 연수를 통해 처음 알게 된 내용도 많았고 너무나 구체적이고 생생한 내용이었기 때문에 방문했던 정부기관·단체·전문가의 브리핑, 발표, 설명, 증언 등을 가능한 한 하나도 빠뜨리지 않고 열심히 메모하였다.

한국으로 돌아와 독일의 통일에 대해 강의를 할 기회가 있을 때마다 필자가 통독 현장 연수시 메모해 두었던 내용을 강의 시에 많이 활용하였다. 학생들이나 일반 시민들이 독일 통일 과정의 구체적인 사실을 이해하는데 많은 도움이 되었다는 반응이었다. 그 이후 통일 강좌를 할 때 독일 통일 사례만 언급할 것이 아니라 다른 나라의 통일 사례도 포함하여 설명하는 것이 우리의 통일을 위해 종합적으로 대비할 수 있는 시사점 및 교훈을 얻을 수 있을 것이라고 생각하였다. 베트남 통일 사례, 예멘 통일 사례에 관한 문헌과 분석 자료를 수집하여 열심히 연구하였다. 분단국인 중국-대만, 키프로스, 아일랜드 상황도 살펴보았다. 따라서 필자의 단골 메뉴인 '분단국 통일 사례의 시사점 및 교훈' 강좌 내용이 점차 알차게 되었다.

기회가 있을 때마다 통일 강좌를 강의하는 과정에 필자가 특히 독일의 통일에 대해 더욱 정확하게 그리고 소상하게 많이 알게 된 것은 2011년 11월 17일 서울에서 출범하게 된 '한독통일자문위원회'의 한국 측 위원으로 활동하면서부터이다. '한독통일자문위원회'는 현인택 통일부 장관이 독일 통일 20주년 기념행사(2010.10.2~4)에 참가한 계기로 통일부가 독일의 통일·통합 경험 및 정보를 교환하기 위해 독일 정부(당시 독일 연방 내무부)와 합의하여 구성되었다. 동 위원회는 한국 측에서 통일부 차관, 독일 측에서 '신연방주 특임관'(당시는 내무부 차관이 담당. '신연방주 특임관'은 구동독지역에 대한 업무 중점에 따라 연방 정부의 담당 부처가 계속 바뀌었으며 바뀐 부처 차관이 겸직)이 공동위원장으로 운영되며 위원은 양측에서 위원장 포함 각각 12명으로 구성되었다. 독일 측에서는 동서독이 통일될 때 역사의 현장에서 중추적 역할을 했던 서독과 동독의 핵심 인사와 관련 전문가들로 구성되었다. 필자가 언론이나 책으로만 접하던 쟁쟁한 인사로 구성되었다. 동 위원회는 1년에 한 번 개최되며 양 나라에서 해마다 교대로 개최하는 것으로 합의되었다. '한독통일자문위원회'는 한국 정부가 통일 미래 준비 차원에서 실질적인 통일과 통합 과정에 참여하였던 독일 측 관계자들로부터 자문을 얻기 위한 것이었다. 그리고 독일 통일에 관한 모든 문서를 공식적으로 독일 정부로부터 이양받기 위한 것이었다. 필자는 동 위원회가 출범한 2011년도부터 한국 측 위원으로 참가하여 2017년까지 7년간 활동하였다. 필자에게는 동 위원회 활동을 통해 독일의 통일에 대해 분야별로 소상히 알게 되는 귀중한 기회가 되었다.

독일 통일에 대한 필자의 기존 인식 일부 변화 계기

필자가 통일부에서 근무할 때 독일의 통일에 대해서는 일목요연하게 정리된 개괄적인 요지 정도의 내용만 아는 정도였다. 필자는 주로 당면하게 진행되는 남북 교류협력이나 남북회담 분야에서 일하였고 기획관리 업무에서도 많은 일을 하였다. 미래를 대비하는 통일 정책 분야에서는 별로 근무한 경험이 없었다. 필자는 독일 통일과 관련해서 대략 다음과 같이 인식하고 있었다. 부유하고 강한 서독이 약한 동독을 '흡수 통일'하였다. 쇠락하는 소련, 동구 공산권의 몰락 등 유리한 국제 정세가 독일 통일을 도왔다. 독일 통일은 평화적이고 민주적으로 이루어졌고 우리가 본받아야 할 통일 모델이 될 수 있다. 독일이 통일 이후 엄청난 규모의 통일 비용을 지불하였는데 우리 돈으로 환산하면 구동독 지역(신연방주)에 20여년 이상 매년 100조원 수준 규모의 예산을 투입하였다. 남북한의 경제 현실을 고려할 때 가까운 시일 내 우리가 통일할 경우에는 감당할 수 없는 엄청난 재정 부담을 줄 우려가 있기 때문에 통일은 서두를 필요가 없으며 북한의 경제력이 어느 정도 높아진 뒤에 추진하는 것이 좋을 것이다. 통일 독일은 부강한 국가로 거듭 탄생하였기 때문에 성공적인 통일이라 할 수 있다. 그러나 문제점으로 통합 과정에서 동서독 주민 간의 심리적 갈등이 증폭되어 '베씨(Wessi, 서독놈)-오씨(Ossi, 동독놈)'라고 서로 비방하였다. 장차 우리가 통일을 할 경우에는 남북한 주민 간의 갈등을 해소하는데 노력해야 한다. 결론적으로 독일의 통일은 평화적이고 민주적이고 성공적인 사례이기 때문에 우리가 본받을 점이 많은 것이 사실이다.

필자가 독일 통일과 관련하여 머릿속에 정리되어 있는 것은 이 정도였다.

그러나 필자의 이와 같은 독일 통일에 대한 인식은 통일부에서 퇴직한 후 2010년 9월의 '통독 현장 연수'와 2011년 11월부터 '한독통일자문위원회' 한국측 위원으로 활동하면서 많이 달라졌다. 특히 '한독통일자문위원회' 초기 활동(2011년과 2012년 제1·2차 위원회)에서 많은 인식의 변화가 생겼다. 퇴직 후 2~3년 내에 필자가 그동안 상식이나 정설처럼 알고 있거나 인식하고 있었던 독일 통일에 대해 새롭게 알게 된 내용이 많았고 상당한 인식의 교정이 이루어지는 계기가 되었다.

통독 현장 연수

2010년 9월에 있었던 통독 현장 연수에 대해 우선 자세하게 소개하기로 한다. 연수 주제는 '통독 20년-경제 및 사회통합'이었다. 연수단에 참가한 사람은 현경대 단장(5선 의원 역임)을 비롯하여 14명이었다. 이범관(한나라당 의원), 송영선(한나라당 의원), 서병철(전 통일연구원장), 손현수(평화문제연구소 부소장), 이관세(전 통일부 차관), 홍양호(필자, 전 통일부 차관), 서재진(통일연구원장), 이연갑(연세대학교 교수), 강용찬(목원대학교 교수), 이종림(중국 연변대 교수), 박기동(법무부 통일법무과 검사), 베른하르트 젤리거, 김영수('한스 자이델 재단' 한국사무소 사무국장) 등 이었다. 우리 연수단이 방문한 지역은 베를린, 비터펠트, 할레, 라이프치히, 에르푸르트, 뮌헨, 빌트바트 크로히트 등 이었다. 대부분의 지역이 독일 통일의 현장을 이해할 수 있는 중요한 지역이였다. 방문 기관은 9월 6일에 독일 연방 구동독 사회주의통일당 독재 청산 재단, 연방 내무부 신연방주 담당관, 연방 의회였고 9월 7일에는 비터펠트시 지역 개발청 및 유관 산업 시설, 할레시 상공회의소였다. 9월 8일에는 라이프치히시의 룬데 엑케 역사 박물관, 현대사 포럼 박물관, '니콜라이 교회'를 방문하였다. 9월 9일에는 랄프 브로벨 교수(베스트 작센 대학교)의 강의('신연방주의 경제 및 제도상의 변화 및 발전')가 있었고, 튀링엔주 경제부, 튀링엔주 총리청, 에르푸르트시 슈타지 문서보관소을 방문하였다. 이어서 에르푸르트 시내를 견학하면서 최초의 동서독 정상회담(1970.3.19, 브란트-슈토프)이 개최된 장소도 방문하였다. 9월 10일에는 뮌헨시에 있는 한스 자이델 재단 본부를 방문하였다. 9월 11일에는 한스 자이델 재단의 빌트바트 크로이트 연수원(알프스산 기슭 소재)에서 한스 자이델 재단과 독한협회 공동 주최의 '한국 국내 정세와 한반도 현황'에 대한 세미나가 하루 종일 개최되었다. 이 세미나에서 필자는 '남북한 관계 현안 : 이명박 정부 출범 이후의 남북한 관계 변화', 서재진 원장은 '북한 핵 문제와 한반도 정세', 이종림 교수는 '연변 조선족 자치주 거주 동포 현황 및 향후 남북한 통일 과정에서의 역할' 등에 대하여 발표하였다.

연수 일정 중 저녁 시간에도 토론 모임이 있는 등 연수 전 과정이 빡빡하게 편성되어 있어 자유롭고 여유로운 관광은 생각할 수 없었다. 참가자 중에는 성인들의 연수 일정으로는 너무 타이트하다면서 불만을 토로하기도 하였다. 그러나 우리 연수단에게 하나라도 더 독일 통일 내용에 대해 알려주기 위해 알찬 연수 일정을 꾸리려는 독일 사람들의 성실함과 진지함에 감사했다. 우리 연수단원이 독일 측에 간단한 질문을 하면 독일 측 관계 인사는 지나치다 할 정도로 상세히 성의 있게 답변해 주었다. 필자에게는 독일 통일의 구체적인 내용에 대해 자세히 알 수 있는 귀한 기회가 되어 만족스러운 연수였다.

통일 독일의 과거 청산 문제

통독 현장 연수 일정 중 우리의 통일 문제와 관련하여 여러 가지 생각을 많이 하게 되었다. 그 중 새롭게 알게 되고 고민을 안겨준 두 가지 과제는 과거 청산과 산업 재편 문제였다.

먼저 '구동독 사회주의통일당 독재 청산 재단'을 방문하여 동 재단의 설립 목적, 활동 내용 등에 대한 설명을 들으면서 통일 이후 과거 공산 독재 정권에 대한 철저한 청산 작업이 필요하다는 것을 인식하게 되었다. 독일이 통일된 후 동독의 많은 사람들은 부푼 희망과 보다 나은 삶에 대한 기대를 가졌다. 그러나 독일이 통일된 이후 초기 단계에는 동독 지역의 산업이 무너지고 대량 실업 사태가 발생하였다. 서독 사람들이 동독 사람들을 무시하는 것 같아 심리적 모멸감과 더불어 동독의 모든 것이 무시되는데 대해 불만이 쌓여 갔다. 이 모든 것이 통일로 인한 것이라고 생각하고 과거 동독에 대한 향수가 생기기 시작하였다. 통일 독일은 모든 사상과 견해를 포용하는 자유민주주의 국가였기 때문에 과거 동독의 정당도 인정하고 선거에 참여하도록 하여 통일 독일 국민들의 의사를 직접 물었다. 물론 독일이 통일되면서 공산당을 없애자는 의견이 많았지만 공산당을 허용하는 쪽으로 결론이 났다. 독일 통일 이전 동독의 지배 정당인 '사회주의통일당(SED)'이 '민주사회당(PDS)'으로 개명하고 이어서 '좌익당(Die Linke, 디 링케)'으로 재탄생하면서 반자본주의를 모토로 한 정당으로 활동하였다. 구 동독지역 사람들은 동독에 대한 향수 등으로 시간이 지나면서 민주사회당, 좌익당을 지지하는 비율이 높아지게 되었다.

독일이 통일이 되었지만 구동독 사람들을 모두 자유민주주의·사회적 시장경제 체제로 적응시키는 것이 쉬운 문제가 아니었다. 따라서 다소 뒤늦었지만 구동독 공산독재체제를 청산하고 자유민주주의와 통일 독일을 발전시켜 나가기 위해 1998년 연방의회 주도로 '구동독 사회주의통일당 독재 청산 재단'을 설립하였다. 구동독 공산 독재 정권의 폐해 등에 관한 자료를 수집하고 연구하며 일반 시민에 대한 정치 교육 활동을 적극적으로 실시하였다. 그리고 구동독 공산 독재 정권의 피해자들에 대한 심리적, 법적 지원도 제공하였다. 통일 독일의 사례에서 보듯이 동독 시민이 스스로 자유와 풍요가 있는 서독 체제를 선택하여 통일을 하였지만 과거 공산 독재 체제를 단칼에 청산하는 것이 쉽지 않다는 것을 알 수 있다. 따라서 통일을 하는 과정에서 과거 청산이나 전환기 정의가 해결해야 할 중요한 과제가 된다.

구 동독의 슈타지 활동과 과거 청산 문제

공산 독재 체제 청산과도 관련되는 곳으로 우리 연수단이 방문했던 에르푸르트시 '슈타지 문서 보관소'도 매우 의미가 있었다. 동독 공산 독재 정권의 슈타지(국가보안부)는 반정부 인사는 물론이고 정부 관리 등 사회적 지도층 인사, 일반 시민들까지 광범위하게 철저한 감시를 한 기관으로 악명이 높았다. 슈타지의 감시 활동을 자세히 확인할 수 있는 자료들이 '슈타지 문서 보관서'에 정리되어 있었다. 그 자료들을 보면 자기의 배우자, 친구, 비서, 직장 동료 등 주변 사람들이 감시 대상자에 대해 슈타지에 사소한 것까지도 일일이 보고한 것을 확인할 수 있었다. 공산 독재 체제를 유지하기 위해 강도 높은 철저한 감시·통제 시스템을 작동하고 있었다. 1989년부터 동독의 민주시민혁명이 확대되는 상황에서 1989년 11월 24일 슈타지 본부에서 문서 자료를 폐기하라고 지시했지만 실제로는 극히 일부만 폐기되고 대부분은 그대로 보존되었다고 하였다. 평화시민혁명에 참가하였던 동독 시민위원들이 슈타지가 문서를 폐기한다는 정보를 듣고 이를 막기 위해 1989년 12월 4일 슈타지 본부를 점령하였다고 한다. 이때 슈타지 직원들은 도도한 시민혁명 물결의 대세를 파악하고 시민들에게 발포도 하지 않았고 문서 자료도 폐기하지 않고 그대로 두었다고 한다.

라이프치히시 '룬데 엑케 박물관'을 방문하였는데 이곳은 슈타지 박물관이었다. 이 곳은 슈타지가 감시 대상자들을 철저히 감시하기 위해 사용했던 카메라, 녹음기, 총기, 분장용 도구, 팩스기 등 각종 장비와 관련 사진, 문서들을 전시하고 있었다. 슈타지는 호텔에서 옆방을 감시하기 위해 벽에 작은 구멍을 내어 감시하기도 하였다. 서독 지역에서 동독 지역으로 보내는 팩스 문서의 내용을 파악하기 위해 팩스 문서가 수신자에게 도달되는 것과 별개로 자동적으로 슈타지 사무실에도 복사본이 한 부 전송되도록 기술적 조치가 되어 있었다. 해외에서 오는 우편물 내용도 검열할 목적으로 봉함한 풀을 뜯어내기 위해 수증기를 분사하였다. 수증기를 분사하면 봉함한 풀이 자연스럽게 뜯겨졌다. 슈타지에서는 우편물 내용물을 보고 나서는 다시 풀을 부쳐 수신자에게 보냈다. 박물관 전시장에는 전 세계 지역의 우편물 소인 도장이 전시되고 있었다. 필자는 안내인에게 이 많은 소인 도장의 용도는 무엇이냐고 물었다. 안내인은 우편물 검열 과정에 수증기 때문에 우표에 찍힌 소인 도장이 희미하게 될 경우에 우표에 다시 명확하게 표시되도록 슈타지가 위조 제작해 놓은 소인 도장을 찍어 수신자에게 보내기 위한 것이라고 말해주었다. 필자는 그 많은 소인 도장들을 유심히 보다가 필자가 2002년 미국에 연수 갔을 때 살았던 버지니아주 페어팩스 카운티(Fairfax County)의 우체국 소인 도장이 있는 것을 발견하였다. 동독 슈타지가 철저한 감시를 위해 이렇게도 주도면밀하게 완벽한 준비를 하였구나 생각하니 섬찟했다.

동독 공산 독재 체제의 청산을 위한 '독재 청산 재단', '슈타지 문서 보관소', '슈타지 룬데 엑케 박물관' 등을 방문하고 자세한 설명을 들으면서 통일 이후 발전적 미래를 위해 과거 청산, 전환기 정의를 확립하는 것이 매우 필요하다는 것을 느꼈다. 구 동독 시절 동독 시민을 불법적으로나 강압적으로 탄압한 정부 관리 및 군인들 중 사법 처리로 처벌을 받은 사람들이 그렇게 많지 않았다는 사실은 전환기 정의를 확립하는 것이 결코 쉬운 과제가 아니라는 것을 반증하는 것이었다. 통일 독일의 경우 전환기 정의는 철저히 법치주의에 입각했는데 과거 동독의 관리나 군인들은 동독의 법을 단순히 집행하였기 때문에 처벌받을 수 없다는 논리가 정당화되었다. 우리 통일의 경우도 과거 청산이나 전환기 정의를 확립하는 것이 결코 쉽지 않은 과제라는 것을 인식하게 되었다.

구 동독 지역 산업 재편과 노동자 재교육 문제

독일이 통일되고 나서 구 동독지역에서의 산업 재편이나 직업 훈련 과정에서의 애로 사항이나 문제점에 관해 구동독 지역에서 대규모의 산업단지가 있었던 비터펠트시나 할레시를 방문하여 많은 사실을 알게 되었다. 비터펠트, 할레, 로이나, 부나 지역에는 대규모의 화학산업 단지가 있었는데 대규모의 산업 단지를 민영화하여 투자자를 물색하는 것이 쉽지 않았다고 한다. 중소기업의 민영화보다 대규모 기업의 민영화 작업은 매우 어려운 과제였다고 한다. 대규모의 기업을 인수하여 경쟁력 있는 회사로 재탄생시킬 수 있을지, 수익성은 과연 보장될 수 있을지, 그리고 과잉 고용된 노동자들을 생산성 제고를 위해 대규모로 해고시켜야 하는데 과연 제대로 할 수 있을지 등 고민거리가 매우 많았다고 한다. 해결을 위한 확실한 정답이 없는 불투명한 상황이었다고 하였다. 따라서 부나 지역은 외국 투자 유치를 시도하여 미국의 DOW Chemical Ltd.를 유치하였다고 한다. 로이나 지역은 10개 정도의 작은 회사로 분리하여 민영화로 전환하였다고 하였다. 비터펠트 지역은 작은 회사로 나누어 경쟁력 없는 것은 도태시키고 경쟁력 있는 것은 살려 대규모 화학 단지로 만들었다. 결론은 당시에 모든 기업에 맞는 정답은 없었고 그 지역 상황에 적합한 방법을 찾아볼 수밖에 없었다는 것이었다.

대량 실업자가 된 구동독 지역 노동자들의 취업을 위한 직업 교육이 대대적으로 실시되었는데 그 직업 교육을 맡아 실시한 적이 있는 할레시 상공회의소를 방문하였다. 상공회의소 관계자는 직업 교육 프로그램은 연방정부나 주정부에서 마련했고 상공회의소에서는 장소를 제공해 교육 시행을 지원했다고 한다. 구동독 노동자들의 취업을 위한 직업 전환 교육 그 자체는 필요한 것이라고 간주했는데 당시의 직업 교육 내용의 효과에 대해서는 문제가 있었다고 지적하였다. 직업 교육 내용이 천편일률적이었고 학력을 무시한 교육 프로그램으로 효과적이지 못했다는 평가를 했다. 학력 수준이나 기능 수준 등을 고려한 맞춤형 교육 프로그램이 아니어서 실질적 수요를 충족시키지 못했고 따라서 직업 교육을 하는데 돈과 시간의 낭비가 많았다고 한다.

독일 통일 이후 대규모 산업의 재편 과정이나 직업 교육의 구체적인 애로 사항과 문제점을 들으면서 우리의 통일 준비에도 상황에 맞게 다양한 대비책을 마련해야겠다고 생각했다. 북한의 경우 체제 특성상 연합기업소 같은 대규모 산업 콤비나트가 있는데 이를 어떻게 재편해 나가야 할지도 검토의 대상이 될 것으로 여겨졌다. 그리고 통일 이후 북한에서 불가피하게 발생하는 실업자들에 대한 실효성 있는 직업 전환 교육을 실시하는 것도 중요한 과제로 생각했다.

통독 현장 연수단 활동 모습

한스 자이델 재단 본부(뮌헨) 방문(2010. 9. 10)

빌트바트 크로이트(Wildbad Kreuth) 한스 자이델 재단 연수원 방문(2010. 9. 11)

독일 연방 내무부 '신연방주 담당관'인 외르크 벤트만(Dr.Jörg Bentmann)박사 면담(2010. 9. 6)

'구동독 사회주의통일당 독재청산 재단' 방문(2010. 9. 6), 메모하고 있는 필자

랄프 브로벨 교수의 '신연방주 경제 및 제도상의 변화 및 발전' 강의(2010. 9. 9)

독일 연방의회 방문(2010. 9. 6)

튀링엔 주와 바이에른 주 사이의 구 동서독 간 경계 지점 방문(2010. 9. 10)

구 동서독 간 경계 지점에서 필자

제1차 '한독통일자문위원회' 참가

'한독통일자문위원회'가 2011년 11월 처음 출범했을 때 필자가 한국 측 위원으로 위촉된 것은 아마 다음과 같은 배경이 작용한 것 같았다. 동 위원회는 통일부가 독일 측으로부터 독일의 통일, 통합과 관련된 경험과 정보 및 공식 문서를 입수하기 위한 것인데 이러한 목적에 부합되게 위원회가 잘 운영되도록 우리 측 위원 중에 통일부 출신을 1명 위촉하는 것이 효과적이라고 간주한 듯 했다. 그리고 동 위원회가 이명박 정부 때 필요성을 인식하고 구성되었고 공동위원장이 현직 통일부 차관이었기 때문에 아무래도 이명박 정부의 차관 출신이 위원으로 위촉되는 것이 서로 호흡이 맞고 유기적 협조가 잘 될 것이라고 통일부 측이 판단한 것이 아닌가 짐작했다. 서울에서 첫 출범한 '한독통일자문위원회' 제1차 회의에서 우리 측 공동위원장인 김천식 차관이 개회사를 하기로 되어 있었는데 갑작스런 국회 일정으로 참석할 수 없게 되었다. 따라서 김 차관을 대신해서 필자가 영광스럽게도 개회사를 하게 되었다. 그리고 업무적으로는 2일차 회의에서 필자가 "향후 한독 간 통일 업무 협력 방안"을 발제하기도 하였다. 해마다 개최된 '한독통일자문위원회'에서 필자는 적절한 역할을 맡으면서 개인적으로 궁금한 문제에 대해 질문을 하고 독일 측에 남북 관계 상황이나 우리의 통일정책에 대해 설명하기도 하였다.

제1차 '한독통일자문위원회'때 독일 측 공동위원장과 위원들을 소개하면 다음과 같다. 독일 측 공동위원장은 '신연방주 특임관'을 맡고 있는 크리스트프 베르크너 연방 내무부 정무차관이었다. 위원으로 요한 할렌(전 내무부 사무차관), 요하네스 루데비히(통일 당시 총리실 경제 및 재정정책실장, 통일된 후 연방 경제부 차관 및 신연방주 특임관), 로타 드메지에르(통일 당시 동독 마지막 총리), 호르스트 묄러(전 역사연구소 소장), 칼-하인츠 파케(전 작센-안할트 주정부 경제장관, 막데부르크대 교수), 크라우스-디터 쉬납아우프(통일 당시 연방 내무부 국장으로 법률 통합 담당, 독일 통일 연구그룹 단장), 리하르트 슈뢰더(전 동독 마지막 의회 사민당 원내총무), 호르스터 텔칙(전 콜 수상 외교안보정책 특보), 뤼디거 폴(경제학자, 전 할레경제연구소 소장), 힐디군트 노이버르트(튜링겐주 슈타지 문서담당관)이었다. 특별 초청자로 요르크 쉔봄(통일 당시 동부 연방군사령부 사령관으로 동독군 해산과 연방군 편입, 동독으로부터 소련군 철군 담당), 라이너 에펠만(통일 당시 동독 군축·국방장관, '구동독 사회주의통일당 독재 청산 재단' 이사장), 볼프강 티펜제(전 연방교통건설주택부 장관 겸 신연방주 특임관)이었다. 당시의 독일 통일에 관해 생생하고 정확한 내용을 전달해 줄 수 있는 핵심 인사들이었다.

제1차 위원회 때 우리 측 공동위원장은 김천식 통일부 차관이었다. 위원들은 김태영(전 국방부 장관), 박세일(전 대통령 사회문화수석, 한반도선진화재단 이사장), 박수길(전 유엔대사), 배인준(동아일보 주필), 성낙인(서울대 법학과 교수, 이후 서울대 총장), 윤덕민(외교안보연구원 교수), 이상우(통일교육중앙협의회 의장, 전 서강대 교수), 한승주(전 외무부 장관, 주미 대사), 현오석(한국개발연구원장), 홍두승(서울대 사회학과 교수), 홍양호(필자, 전 통일부 차관)이었다. 우리 측은 통일·외교·안보·경제 분야의 최고 전문가로 구성되었다.

독일 통일 과정에 대한 재인식

제1차 자문위원회는 2011.11.16~18까지 서울에서 개최되었다. 회의 주제는 "독일 통일과 통합 - 전제, 경과, 결과 및 문제점"이었으며 이어서 한반도 통일 관련 한독 협력 방안이 논의되었다. 제2차 자문위원회는 2012.5.3~4까지 베를린에서 개최되었으며 주제는 "독일의 군사 통합"과 "독일의 경제 및 사회 통합"이었다. 제1차 위원회는 첫 번째로 개최되는 회의였기 때문에 보다 폭넓게 독일 통일과 통합에 관해 자유롭게 논의하였다. 제2차 위원회는 특정 주제를 정하여 분야별로 심도 있게 발표하고 토론을 하였다. 필자는 제1·2차 자문위원회에 참여하여 독일 통일 및 통합 과정의 진상을 당시의 현장 주역으로부터 소상히 듣게 됨으로써 새로운 내용들을 많이 알게 되었다. 필자가 그동안 상식적으로 개괄적으로 알고 있던 독일 통일에 관한 인식을 많이 교정하는 계기가 되었다. 그리고 독일 통일 과정의 증언을 통해 이런 일이 어떻게 발생할 수 있었는지 라고 생각할 정도로 놀라운 사실도 알게 되었다.

제1·2차 위원회를 통해서 필자가 그동안 알고 있던 독일 통일에 대한 인식을 바꾼 내용은 다음과 같았다. 첫 번째, 우리는 일반적으로 독일의 통일을 서독이 동독을 흡수한 통일로 인식하고 있었다. 위원회 논의 과정에서 우리 측 위원이 독일 통일에 대해 '흡수통일'이라고 말하면 독일 측 위원, 특히 구동독 출신 위원(리하르트 슈뢰더)은 독일 통일은 서독이 동독을 흡수한 통일이 결코 아니라고 여러 차례 반박하였다. 독일의 통일은 동독의 민주시민혁명에서 발단이 되었고 동독이 스스로 선택하여 결정한 결과라는 것이다. 독일 통일의 주체가 동독이라는 것이었다. 독일 측 위원으로부터 독일 통일의 전개 과정을 자세히 듣게 되면 동독 시민들의 공산 독재 정권에 대한 항거와 자유롭고 풍요로운 서독 체제의 선택이 독일 통일의 핵심적 동인이었다.

두 번째, 독일의 통일은 전혀 준비되지 않은 상태에서 급변 사태로 이루어진 것이었다. 우리는 60년대 말 사민당 브란트 수상이 제의한 동방정책(동서독 간 접촉과 협력)이 그 이후 정권의 변동과 관계없이 꾸준히 지속되어 독일 통일을 이루었다고 인식하였다. 그러나 동방정책은 동서독 간 긴장 완화를 위한 '분단 관리 정책'이 주목적이었고 통일을 위한 것은 아니었다. 브란트 수상은 독일 통일의 시발점이 된 1989년 11월 9일 베를린 장벽이 무너지기 얼마 전에 한국을 방문한 적이 있었다. 그 때 브란트 수상은 독일은 제2차 세계대전의 전범 국가라 미국, 소련, 프랑스, 영국 등의 4대 전승연합국이 독일을 분단 관리했고 이들 국가들의 수락이 없으면 독일 통일은 결코 이루어질 수 없는 국제법적 강제성이 있다고 하였다. 그러나 남북한은 전범 국가도 아니고 남북한 통일을 제약하는 국제법적 구속도 없으니 남북한이 독일보다 먼저 통일될 것이라고 주장하였다. 그런데 브란트 수상이 서독으로 귀국한 이후 얼마 지나지 않아 베를린 장벽이 무너졌다. 그 다음 해인 1990년 10월 3일, 베를린 장벽이 무너진 후 329일 만에 독일 통일이 이루어졌다. 브란트 수상은 당시 독일이 통일될 가능성에 대해 전혀 고려하지 않았다.

1989년 11월 9일 저녁에 베를린 장벽이 무너지는 그날 낮에 콜 수상은 폴란드에 5일간의 국빈 방문을 위해 바르샤바에 가 있었다. 베를린 장벽이 무너지는 위기 상황이 발생하자 콜 수상은 폴란드 야루젤스키 대통령에게 양해를 구하고 급히 본으로 복귀했다. 즉시 베를린으로 가서 긴급 상황을 파악하고 대처를 한 후 다시 바르샤바로 돌아가 나머지 국빈 방문 일정을 마무리하였다. 당시 독일의 콜 수상도 전혀 독일 통일에 대한 대비나 준비가 없었다. '한독통일자문위원회'에 참가했던 독일 측 위원들은 이구동성으로 독일 통일에 대한 준비는 전혀 없었다고 단호히 말하였다. 역설적으로 독일 측 위원들은 독일 통일에 대한 준비가 없었기 때문에 독일 통일이 가능했다고 언급하기도 했다. 급속도로 도도히 밀려오는 통일의 물결에 소련도, 동독도 어떻게 대처할 수가 없었고 서독은 밀려오는 물결을 헤쳐 나가기 위해 정신없이 나섰다는 것이었다. 시간적 여유가 있었거나 준비 메뉴얼이 있었다면 그렇게 신속하게 독일 통일은 이루어지지 않았을 것이고 오히려 통일을 이루지 못했을 것이라고 말했다. 그때그때 급변하는 상황에 맞추어 임기응변적으로 창의적으로 도전적으로 문제를 해결했다는 것이었다. 준비 없는 상태에서 독일 통일이라는 대역사의 물결이 순식간에 지나간 모양이었다.

세 번째, 독일 통일 당시 경제 및 재정업무를 담당했던 서독 측 인사, 요하네스 루데비히 총리실 실장이나 한스 티트마이어 연방은행 총재 등은 통일 비용 문제에 대해서는 그렇게 중요하게 생각하지 않았다는 것이었다. 그들은 동서독이 하나 되는 통일 그 자체를 최우선적 가치로 두었다고 했다. 독일 통일의 기회가 왔을 때 어떻게든 통일을 위해서 할 수 있는 조치들을 취해 독일 통일을 완수하는데 전력을 다했다고 한다. 콜 수상의 외교안보정책 특보인 호르스트 텔칙도 소련으로부터 독일 통일에 대해 동의를 받기 위해 소련에 대규모의 경제적 지원을 하였다는 것이었다. 물론 재정적인 측면에서 본다면 통일될 당시 서독의 경제 사정이 최고로 좋은 상태에 있었기 때문에 막대한 통일 비용을 감당할 수는 있었다. 그러나 이러한 좋은 경제 사정 때문에 막대한 통일 비용을 투입한 것이 아니었고 오로지 독일 통일을 실현하기 위해서 모든 조치들을 취했다는 것이었다. 한국 측 위원들이 통일 비용의 효율적 사용 및 조달 문제에 대해 계속 질문하자 독일 측 위원들은 한국이 남북한 통일의 기회가 왔을 때 통일 비용 문제 때문에 통일을 안 할 것이냐고 반문하기도 하였다. 독일 측 위원은 당시의 갑작스러운 독일 통일 상황에서 경제적인 측면뿐 아니라 사회 통합적 측면, 군사안보적 측면 등을 고려한 종합적인 대처를 할 수 밖에 없었고 또한 그렇게 하는 것이 합당했다고 주장하였다. 독일 통일의 주역들은 통일 그 자체를 최고의 목표·가치로 삼았다고 여러 차례 강조하는 것을 듣고 필자는 강한 울림을 받았다.

독일 자문위원단 증언을 통해 새롭게 알게 된 사실들

필자가 제1·2차 위원회에서 독일 측 위원들의 설명과 증언을 통해 알게 된 놀라운 사실은 다음과 같다. 첫째, 베를린 장벽이 갑자기 무너지게 된 계기는 동독의 사회주의통일당 권터 샤보브스키 공보비서의 말실수로 촉발되었다는 것이었다. 당시 동독 공산 독재 정권에 항거하기 위해 많은 동독 주민들이 서독으로 탈출하는 러쉬가 이어졌고 군중 데모에서 해외로 자유롭게 나갈 수 있는 '여행의 자유'를 달라고 외쳤다. 당시 장기 집권한 호네커 당 서기장이 물러나고 후임으로 크렌츠가 당 서기장이 되었다. 크렌츠 서기장은 점증하는 민중 시위를 진정시키기 위해 당 정치국 회의에서 여행의 규제를 완화하는 조치를 결정하였다. 크렌츠 서기장은 당시 회의에 참석하지 않았던 샤보보스키 공보비서를 불러 해외 여행과 관련된 결정 사항을 간단히 알려주고 이 내용을 긴급히 기자 브리핑을 할 것을 지시하였다. 구체적인 내용을 자세히 모르는 샤보보스키 공보비서는 1989년 11월 9일 저녁에 새로운 해외 여행 방침을 기자들 앞에서 발표하였다. 당시 기자회견장에 참석했던 서방의 한 기자가 그 조치는 언제부터 실시되느냐고 질문하자 구체적인 내용을 잘 모르는 샤보브스키 공보비서는 순간적으로 "즉각 발효될 것"이라고 답변하였다. 저녁 시간 톱뉴스로 "동독이 국경을 개방했다"고 방송에 보도되었다. 이 방송을 시청한 동독 시민들은 즉각 베를린 장벽이 있는 동서독 국경 경계선의 통과 검문소로 몰려갔고 서독으로 대규모 인원이 넘어가면서 결국 베를린 장벽이 무너지는 결과를 초래하였다. 베를린 장벽이 무너지면서 이것을 시작으로 독일의 통일 과정이 착착 진행되었다. 독일 통일이라는 엄청난 일이 한 사람의 말실수로 초래되었다는 것이 놀라운 일이었다. 당시 독일 제데에프(ZDF) 방송은 샤보브스키 공보비서의 말실수를 "역사상 가장 아름다운 실수"로 표현하기도 하였다.

두 번째, 필자가 이런 일이 있을 수 있느냐고 놀란 것은 동독의 마지막 총리 드 메지에르의 사촌동생이 서독에 거주하였는데 동독으로 와서 드 메지에르 총리와 함께 동독 정부의 관리 자격을 갖고 독일 통일을 위해 함께 일했다는 사실이었다. 필자가 이전에 독일에 갔을 때 드 메지에르 총리의 사촌동생이 서독 사람인데 동독에 가서 동독 측의 대표가 되어 서독 측과 통일 협상을 했다고 들었는데 그 내용이 어떻게 되는지를 드 메지에르 총리에게 질문을 하였다. 총리의 답변에 의하면 독일이 분단됨으로써 가족이 분리되었다고 하였다. 아버지는 소련군에 잡혀가서 이후에 동독으로 풀려났고 삼촌은 영국군 포로가 되었다가 서독으로 풀려났다는 것이었다. 1990년에 통일이 결정되자 자신이 판단컨대 서독 측과 통일 협상 과정에 법적인 문제를 살펴봐 줄 서독에서 교육을 받은 법률가가 필요했다는 것이었다. 마침 사촌동생인 토마스가 서독에서 일하고 있어서 동독으로 와서 자기를 도와달라고 요청했다고 한다. 서독의 시스템을 잘 아는 사촌동생인 토마스와 동독의 시스템을 잘 아는 드 메지에르 총리가 둘 다 법률가로서 동독의 한 팀이 되어 서독 측과 통일 협상을 했다는 것이었다. 드 메지에르 총리는 "우리 가족이 통일을 이루는데 큰 역할을 한 셈입니다"라고 말하였다. 필자가 알기로는 당시 토마스는 동독의 차관이 되어 통일 협상에 참가하였고 독일이 통일된 이후 나중에 통일 독일의 연방 내무부 장관이 된 것으로 알고 있다. 필자는 우리가 통일이 될 경우에 남북한 간에 드 메지에르 총리 가족 경우와 유사한 사례가 현실적으로 발생할 수가 있을까 라는 질문을 스스로 해보았다. 아주 가능성이 낮은 일이라고 생각했다.

세 번째 놀란 것은 군사 통합 등과 관련된 내용이었다. 필자는 통일 업무를 하는 과정에 군사 통합이 가장 어려운 일이고 이것이 제대로 이루어져야 통일은 안정적으로 이루어질 수 있다고 판단했다. 예멘 통일의 경우 남북 예멘 군대를 봉합하는 수준으로 군사 통합을 하였기 때문에 군대의 지휘 체계가 확립되지 않아 문제가 많았다. 예멘은 여러 가지 이유로 재 분리되었고 무력을 통한 내전 과정을 거쳐 재통일되었다. 이를 보면 군사 통합 과제가 매우 중요한 일이라 할 수 있다. 필자는 군부, 보위부, 경찰 등 무력을 가진 세력들이 통일 과정에 개인적이든지 집단적이든지 격렬한 저항을 했을 것이고 독일 통일 과정에 이들을 어떻게 제압했는지가 매우 궁금하였다. 놀랍게도 동서독 통일 과정에서 동독의 무장 세력으로부터 무력 발포 등 격렬한 저항이나 거부가 거의 없었다는 것이었다. 물론 동독 정권 내에서 무력 진압의 지시가 있었거나 어떻게 대처할 것인지에 대한 논의는 있었으나 실제로 총기 발포 등 무력 진압은 실행되지 않았다는 것이었다.

1989년 대규모 군중 시위 때 국가보위부의 무력 진압은 없었다. 베를린 장벽이 무너졌을 때 서독으로 넘어가는 동독 시민에 대해 국경 경비대의 강력한 제지나 총기 발포가 없었고 오히려 서독으로 넘어가는 것을 묵인하였다. 슈타지 본부에 진입하는 동독 시민위원들을 막기 위한 강한 제지나 총기 발포도 없었다. 동독의 군대 해체 과정에서도 동독 군대에서의 강력한 저항이 없었고 대체로 상황에 순응하였다.

당시 동독의 군부·보위 세력은 동독 시민들의 대규모의 집단 시위와 저항 물결을 막을 수 없다고 판단하고 대세가 흘러 가는대로 그냥 보고 있을 수밖에 없었다. 그리고 각자는 현재의 형편없는 동독 상황보다는 밝은 미래가 보이는 서독으로의 통일로 방향에 더 기대를 하였다. 동독의 군인들도 현재 어려운 동독 경제 상황에서 살아가는 것보다는 부유한 서독 체제에 통합되어 살아가는 것이 개인적으로 보다 더 나은 삶을 보장해 줄 것이라고 믿었다. 물론 동독이 스스로 서독과 통합하기로 결정하고 이에 따라 동독 군대를 해체하기로 결정했으며 소련군도 철수하기로 결정했기 때문이기도 하다.

제2차 자문위원회에서 동독군의 해체와 소련군의 철수 업무를 담당했던 서독 측의 요르크 쉔봄 동부 연방군사령관, 에케하르트 리히터 독일연방군-동독인민군 연락팀장과 동독 측의 라이너 에펠만 군축·국방장관이 자세히 설명하고 증언하였다. 서독군이 동독군을 해체하기 위해 동독 지역 군부대로 갔을 때 동독 군부 측에서 동독군 해체와 소련군 철수 추진에 매우 협조적이었다고 한다. 결론적으로 아무런 유혈 사태가 일체 발생하지 않았다는 것이다. 동서독의 군사 통합이 평화적으로 이루어졌다는 것은 정말로 놀라운 일이었다. 만약에 남북한에 통일의 기회가 왔을 때 독일처럼 평화적인 군사 통합이 이루어질 수 있을까에 대해서는 매우 회의적이다. 남북한은 동족상잔의 6.25전쟁이 있었기 때문에 서로 군인들 간에 적대감이 가득 차 있는 것이 사실이다. 동서독 간에는 전쟁이 없었기 때문에 상호 간에 적대감이 우리처럼 심각하지는 않았다. 동독 지역에는 소련군이 약 40만 명 주둔해 있었고 동독군은 약 17만명 정도였으며 동독군은 소련군의 지휘를 받고 있어 상대적으로 독자적 군사능력이 약했다. 우리의 경우에는 북한군이 약 120만 명으로 북한 지역에 외국 군대도 주둔해 있지 않아 북한군의 독자적 군사능력이 있다. 그리고 북한이 핵·미사일 무기를 보유하고 있어 군사적으로 어려운 통합 과제가 있다. 과연 남북한이 군사 통합할 경우에 동서독처럼 평화적으로 이루어질 수 있을까에 대해서는 자신이 없다. 우리가 심도 깊고 철저한 군사 통합 대비책을 마련해야 할 이유가 여기에 있다.

'하늘은 스스로 돕는 자를 돕는다'

필자는 2010년 '통독 현장 연수'와 2011년부터 참가한 '한독통일자문위원회' 활동을 통해서 독일 통일 과정에 대한 생생한 증언을 듣고 구체적 실상을 알게 되면서 직감적으로 독일 통일은 하늘(하나님)의 뜻에 의해서 이루어졌다는 느낌이 강하게 들었다. 물론 통일의 기회가 왔을 때 이를 반드시 실현시키려는 동서독의 지도자와 국민들 모두가 힘을 합쳐 극복한 노력을 과소평가 하려는 것은 아니다. 이들의 노력도 분명히 독일 통일을 실현하는데 결정적으로 충분히 기여했다고 평가한다. 필자가 직감적으로 하늘(하나님)의 뜻이라고 하는 것은 독일 통일의 과정에서 수많은 전혀 예기치 못한 사건이 발생했고 그에 따른 후속 경로에 경우의 수가 여러 가지로 발생할 수 있었음에도 불구하고 모든 사건과 경로가 '보이지 않는 손'에 의해 통일로 가는 길로 진행되고 있다는 것을 느꼈기 때문이다. 따라서 필자는 '분단국 통일 사례의 시사점 및 교훈'을 강의할 때마다 통일은 분단국 구성원들의 지속적이고 적극적인 노력도 분명히 있어야 하며 또한 하늘(하나님)의 뜻도 함께 있어야 한다고 강조하였다. 우리의 통일을 위해 '진인사대천명(盡人事待天命)' 정신으로 노력해야 한다고 강조한다. '하늘은 스스로 돕는 자를 돕는다'라고.

'한독통일자문위원회' 개최 이모저모

한국 서울에서 개최된 제1차 '한독통일자문위원회' 회의 모습((2011)

독일 베를린에서 개최된 제2차 '한독통일자문위원회' 회의 모습(2012)

제2차 '한독통일자문위원회'(2012, 베를린) 독일 측 주최 환영 만찬

제2차 '한독통일자문위원회'(2012, 베를린)에서 우리 측 자문위원단 참관 활동(뒤편 오른쪽에서 네 번째가 김천식 차관, 뒤편 왼쪽에서 두 번째가 필자)

제4차 '한독통일자문위원회'(2014, 베를린)에서 '이리스 글라이케' 경제에너지부 정무차관 및 신연방주 특임관(오른쪽에서 여섯 번째)과 우리 측 자문위원단(오른쪽에서 다섯 번째가 김남식 통일부 차관, 왼쪽에서 네 번째가 필자)

주독 한국대사관저에서 김재신 대사(통역하는 여성의 오른쪽)와 우리 측 자문위원단이 환담하는 장면(2014)

독일 베를린에서 개최된 제4차 '한독통일자문위원회' 회의에 참석한 필자(오른쪽 끝)

제4차 '한독통일자문위원회'에서 독일 통일 당시 동독 마지막 총리인 '로타 드메지에르'와 필자(2014. 9)

분야별 남북 통합 과제 연구

'한독통일자문위원회'는 양 정부가 공동으로 운영하는 형태이지만 실질적으로는 한국 정부가 미래의 통일 준비 차원에서 실제로 통일과 통합 과정에 참여했던 독일 측 관계자들의 경험을 듣고 자문을 구하기 위한 것이었다. 독일 측 관계자들은 동서독 통일 및 통합 과정의 분야별 사례를 생생하게 우리 측에게 전해주면서도 동서독의 상황과 남북한의 상황이 상이함으로 독일 통일 사례가 남북한 통일 사례에 그대로 적용될 수는 없을 것이라고 강조하였다. 한국 측이 판단하여 동서독 통일 사례에서 참고할 만한 것이 있으면 참고하고 남북한 상황에 맞추어 적절한 대비를 할 것을 권고하였다. 우리 측 위원들도 독일 측 관계자들의 현실성 있는 권고에 대체로 공감하였다.

통일부는 '한독통일자문위원회'를 운영하면서 향후 우리의 통일 대비에 참고하기 위하여 독일 통일에 관한 분야별 문서 자료를 독일 정부로부터 공식적으로 이관 받았다. 이관 받은 방대한 자료를 베를린자유대학 이은정 교수의 총괄책임 하에 연구진이 참여하여 번역, 정리하였다. 이를 바탕으로 독일 통일 총서 자료집을 2013년부터 발간하기 시작하여 2019년에 최종적으로 총 30권을 발간하였다. 독일의 통일·통합 과정에서 파생된 행정, 외교, 경제, 교육, 사법 제도, 보건·의료, 교통·통신, 농업, 환경, 문화, 언론 등 다양한 분야의 통합 과정 사례가 한반도 통일에 주는 시사점을 담은 귀중한 종합 자료집으로 출간되었다. 통일부가 심혈을 기울여 발간한 독일 통일 총서는 정부 관계자는 물론 학계나 전문가, 학생, 일반 시민 등 누구나 관심 있는 국민들은 통일부 홈페이지의 '독일 통일 아카이브'에 접속하여 볼 수 있어서 유용하게 활용되고 있다.

남북 통합 과제의 사전 검토 중요성 인식

필자는 '한독통일자문위원회' 한국 측 위원으로 참여하면서 독일 통일 및 통합 과정에서의 분야별 쟁점과 진행 상황을 비교적 자세히 알게 되었다. 독일 통일 및 통합 과정의 내용을 구체적으로 알아 갈수록 우리가 통일에 대비해야 할 사안들이 생각 이상으로 방대하다고 생각하니 아찔하였다. 물론 독일 측 자문위원들은 이구동성으로 독일 통일에 대한 사전 준비가 전혀 없었고 물밀듯이 다가오는 동독에서의 급변 사태를 통일의 절호의 기회로 삼아 정신없이 헤쳐 나가다 보니 독일 통일이 이루어졌다고 했다. 우리에게도 이와 같은 통일의 사태가 다가오면 당시 남북한 상황에 따라 우리의 저력으로 헤쳐 나갈 수밖에 없을 것이다. 한편으로 독일의 통일 전후에 재임했던 폰 바이체크 대통령(1984년~1994년 재임)이 한국의 정치·사회 지도자들에게 "준비되지 않은 통일은 재앙이지만 준비된 통일은 축복입니다"라고 강조하면서 우리에게 통일 준비를 철저히 할 것을 권고하였다. 많은 독일의 지도층 인사나 주한 독일대사들도 우리에게 향후 언젠가 다가올 한반도 통일에 대비해 사전에 준비를 철저히 해나갈 것을 거듭 강조하였다. 물론 필자도 향후 다가올 통일을 위해 사전에 철저한 준비를 하는 것이 통일 및 통합 과정에서의 리스크를 잘 관리하고 휴유증을 최소화하는 것이라 본다. 나아가 통일 비용을 줄여 안정적이고 성공적인 통일을 보장할 수 있을 것으로 본다.

'한독통일자문위원회' 위원으로 비교적 장기간 활동하면서 필자는 통일 이후의 통합 방안에 대해 우리 정부나 국책 연구기관, 학계·전문가그룹에서 조용한 가운데도 꾸준히 연구, 검토하여 대비책을 발전시켜 나가야 하는데 현실은 그렇지 못한데 대해 항상 아쉬운 마음이다. 남북 통합 과제에 대해 정부에 따라 남북관계 상황에 따라 높은 관심과 활발한 연구가 이루어질 때도 있고 그렇지 못할 때도 있었다. 어떤 정부에서는 이 통합 과제에 대해 관심과 정책 비중을 높이면 국책 연구기관이나 학계·전문가그룹의 이 분야에 대한 연구가 활성화되었다, 반면 정부가 바뀌면 북한을 자극한다면서 통합 과제 연구를 억제하거나 별로 관심을 두지 않으면서 관련 연구도 함께 식어지는 현상이 되풀이 되었다.

지속적인 남북 통합 방안 연구 필요

변화하는 남북한 상황에 맞추어 통합 과제의 내용도 현실과 부합하도록 계속 수정되고 발전되어야 한다. 어떤 통합 과제들은 옛날 상황에 맞추어 연구되어 그대로 캐비넷속에 사장되어 실효성이 없는 자료가 되고 있다. 통일 이후 분야별 통합 과제 연구가 정부의 정책 관심도에 따라 영향을 받을 뿐 아니라 이 과제가 함의한 민감성과 북한과 관련된 정확한 정보의 접근 제약으로 인해서 이 분야를 연구하는 전문가 층도 두텁지 못한 것이 그간의 현실이다. 정부의 관료들도 잦은 순환 보직으로 전문성이나 연속성이 부족했다. 필자는 독일 통일·통합의 분야별 다양한 사례를 지득하면서 그 복잡성, 어려움과 더불어 사전에 충분한 검토가 필요함을 강하게 느꼈다. 우리 정부나 전문가 그룹, 대학 및 일반인들이 우리의 통일 이후 통합 과제에 대해 서로 논의하고 심도있게 연구하여 대안을 모색해 놓아야 한다. 한편 향후 통일시대에 살아가게 될 미래 세대에게도 이 과제의 중요성을 미리 일깨워주어만 한다. 이들이 다가올 통일에 대비할 역량을 꾸준히 길러주어야 한다.

필자가 통일 이후 통합 과제에 대해 높은 관심을 가지는 것은 가까운 시일 내에 북한에서 급변 사태가 일어나서 당장 이에 대한 철저한 대비를 않으면 심각한 위기와 재앙이 초래된다는 절박한 조급함이나 강박감 때문이 아니다. 미래에 한반도 통일의 상황이 닥쳐왔을 때 그것이 우리나라, 사회에 미치는 파장이 상상 이상으로 클 것이기 때문에 이를 대비하는 노력은 평소에 꾸준히 해야 한다. 향후 부닥칠 위기와 휴유증을 최소화할 수 있고 안정적이고 성공적인 통일·통합을 용이하게 안착시킬 수 있기 때문이다. 통일 이후 분야별 남북 통합 과제를 검토하고 연구하려면 사전에 남북한의 상황과 능력에 대해 보다 정확한 파악이 선행되어야 한다. 분야별 남북 통합 과제의 연구는 남북한의 분야별 실상과 능력에 대한 지속적인 파악을 촉진시킬 수 있다. 결국은 북한의 정확한 실태 파악 노력과 연구를 강화시키게 된다. 통일 이후 통합 과제에 대한 논의와 연구는 자연스럽게 통일 문제에 대한 사회적 관심을 높이는 효과도 있다. 통일에 대한 무관심이 커진 젊은 세대에게 통일 이후 남북 통합 과제라는 화두를 던져줌으로써 그들에게 통일에 대한 관심을 유도할 수 있다. 나아가 그들에게 한반도 미래를 생각하고 성공적인 통일 한국을 만들어보겠다는 꿈과 야심을 가질 수 있도록 하는 촉매제로도 작용할 수 있을 것이다.

이와 같은 필자의 생각은 2017년 3월부터 국민대학교 한반도미래연구원장으로 근무하면서 통일 이후 분야별 남북한 통합 방안을 연구하는 계기가 되었다. 그리고 2020년 5월부터 북한인권정보센터(NKDB) 남북사회통합교육원장으로 활동하면서 '남북통합 아카데미' 개설로 이어졌다. 국민대 한반도미래연구원장으로 있을 때 연구원에서 함께 일한 홍순직 연구위원(현대경제연구원 연구실장 역임)과 공동 연구 방식(분야에 따라서 전문가 추가 참가)으로 분야별 남북 통합 과제의 연구를 수행하였다. 미래한국재단의 연구비를 지원받아 2018년부터 연구가 시작되었으며 필자와 홍순직 박사가 2020년도 초 한반도미래연구원을 이직하고도 계속 진행되었다. '통일 이후 남북 경제통합 방안'(2018년), '통일 이후 남북한 보건·의료 및 사회보장제도 통합 방안'(2019년), '통일 이후 농업 분야의 남북한 통합 방안'(2020년), '통일 이후 환경 분야의 남북한 통합 방안'(2021년), '통일 이후 물류·교통 분야의 남북한 통합 방안'(2022년), '통일 이후 에너지 분야의 남북한 통합 방안'(2023년)이 그 결과물이다. 연구 결과물은 미래한국재단에서 책자로 발간하여 연구기관 등에 배포하였다. 분야별 남북 통합 방안에 대한 연구가 계속되고 연구 결과물을 책자로 발간하여 연구기관 등에 배포해 활용도가 높아진데 대해 기쁘게 생각한다. 그동안 미래의 통일 준비 연구를 위해 재정적 지원을 해 준 미래한국재단에 감사할 따름이다.

동서독 화폐 통합과 화폐 교환율

필자는 통일 이후 분야별 통합 방안을 공동 연구하면서 주로 동서독 통합 사례와 한반도 시사점을 전담하여 작성하였다. 통일부가 발간한 독일 통일 총서, '한독통일자문위원회' 발표 및 토론 자료, 독일 통일 주역들의 회고적 저서, 독일 통일 전문가들의 저서를 비롯한 관련 문헌, 독일 통합 사례에 관한 논문 등을 수집하여 상세히 읽어 보았다. 많은 공부가 되었고 개괄적으로 알았던 독일 통일 및 통합 과정에서 쟁점과 최종 결정 과정에 대해 자세히 알게 되었다.

동서독 경제 통합 과정에서 주요 쟁점은 화폐 통합과 화폐 교환율, 동독 지역의 재산 처리 문제 등이었다. 1990년 2월 각료 회의에서 서독의 바이겔 연방 재무장관은 화폐 통합을 추진하는데 있어서 첫째, 동독의 경제 개혁 후 화폐 통합 도입, 둘째, 연방은행 보증 하에 동서독 마르크 간의 환율 고정, 셋째, 서독 마르크를 동독의 결제 수단으로 즉각 도입 등의 방법을 제시하였다. 화폐 통합을 위한 방법론에서 처음에는 단계적 통합론이 우세하였다. 연방 재무부, 연방 경제부, 연방은행, 경제자문위원회(경제 5현) 등 경제인들뿐만 아니라 사민당의 라폰텐 부당수도 단계적 통합을 지지하였다. 이들은 동독 경제를 우선 시장경제 체제로 전환하고 동독 마르크를 태환 가능한 화폐로 만든 후에 서독 마르크와 통합을 해야만 화폐 통합에 따른 부작용을 최소화할 수 있다고 주장하였다. 동독 마르크의 가치를 동독의 경제 상황에 맞게 유동적으로 조정할 수 있어야만 동독의 기존 판매 시장을 계속 확보할 수 있었다. 경제 구조 전환에 따른 실업자 수도 줄일 수 있고 물가 상승에도 신축적으로 대응할 수 있다고 보았다. 이 방법은 이론적으로는 합리적이었지만 그 당시의 독일의 통일 과정에서 가장 큰 문제는 동독 주민들의 대규모 이주 물결을 차단시키는 것이었다. 또한 소련의 정치적 상황에 따라 동독에 주둔하는 370,000명의 소련군의 향방이었다. 따라서 역사적인 예외 상황에서 신속하게 충격적인 방법을 통해 동독의 이주 물결을 안정화시키고 독일 통일을 촉진시키는 정치적 고려를 하지 않을 수 없는 상황이었다.

이와 같은 단계적 통합론은 1990년 2월 7일 콜 총리가 내각에 사전 협의도 없이 동독과 즉각적인 경제 및 화폐 통합에 대한 협상을 진행할 것을 지시함으로써 아무런 쓸모가 없어졌다. 콜 총리가 독자적으로 결정한 즉각적 화폐 통합에 대해 연방 재무부, 연방 경제부, 연방은행 등은 그들의 입장을 바꿀 수밖에 없었다. 사민당도 대세의 흐름에 따라가지 않을 수 없었다. 연방정부가 즉각적인 화폐 통합을 결정하게 된 근거는 첫째, 동독 주민의 대규모 서독으로의 이주 물결을 저지하고 동독 주민들에게 동독에 남아있더라도 희망을 주기 위한 것이었다. 둘째, 화폐 통합은 동독 지역에 서방 투자를 유치할 수 있는 선결 조건이었다. 정치적으로도 독일 통일을 앞당기는 길이었다. 셋째, 전략적 판단으로 소련의 고르바초프가 있는 동안에 독일 통일을 끝내야 하는 시한이 있었다.

즉각적인 화폐 통합이 결정됨에 따라 논쟁의 초점은 동서독 화폐 간 교환율 문제로 넘어갔다. 교환율은 동독 주민의 임금 수준과 보유 현금 가치에 직접적으로 영향을 주기 때문에 매우 중요하였다. 이를 결정하려면 동독의 생산 잠재력, 생산성, 소득 상황 등 동독 경제의 실태에 대한 정확한 정보가 있어야 했다. 그러나 당시로서는 정확한 자료가 거의 없었기 때문에 이 문제는 더욱 어려웠다. 당시의 상업 환율은 1 서독 마르크 : 4.3 동독 마르크였다. 암시장 환율은 1 서독 마르크 : 16 동독 마르크부터 동독을 방문한 서독인에게 동독 마르크 구매에는 1 : 3에 이르기까지 불안정했다. 그런데 동독 주민들은 화폐 통합 시 1 : 1로 교환해주리라 기대했다. 동서독 간의 화폐 교환율을 검토하는 서독의 입장에서 고민했던 것은 경제 논리에 입각한 낮은 교환율과 정치 논리에 입각한 동서독 주민 간의 소득 균형화와 이주 억제 등을 위한 높은 교환율 간의 선택이었다. 경제적 입장에서 인플레이션 위험, 동독 기업의 국제 경쟁력, 동독 지역의 임금 수준, 실업률 및 경제 성장에 미치는 영향, 서독의 재정 지원 부담 규모 등을 고민하였다. 화폐 교환율과 관련하여 독일 연방은행은 1 서독 마르크 : 2 동독 마르크 교환율을 제시하였다. 동독의 비교적 낮은 경제능력이 그 이유였다. 경제부 장관인 헬무트 하우스만 역시 국제적인 경쟁력이 약한 동독의 기업을 이유로 들면서 연방은행과 의견을 같이 했다.

그러나 서독의 노동부 장관인 노베르트 블륌은 동독의 경제력은 상대적으로 낮은 임금이 적용됨으로 반대의사를 표명하였다. 동독 임금을 2 : 1 비율로 교환할 경우 그들은 겨우 500마르크 사회복지원금 수준의 임금을 받게 될 것이고 이것이 서독으로 이주하게 만드는 원인이 될 수 있다고 주장하였다. 연방은행 자문위원회는 임금 및 연금에 대하여 2 : 1 의 교환을 권유했다. 화폐 통합 이전에 주요 소비재에 대한 국가의 가격 보조금 철폐 등 가격 구조 개혁을 단행하고 이에 따른 가격 상승을 보전해주기 위한 임금 인상을 실시한 이후에 정기적인 소득을 2 : 1 비율로 교환하자는 것이었다. 현금 및 예금에 대해서도 2 : 1 비율을 적용하되 특수한 사회적 상황을 고려하여 동독 주민 1인당 최고 2,000마르크까지(4인 가족의 경우 최고 8,000마르크까지)는 1 : 1 비율로 서독 마르크로 교환해줄 것을 제안하였다. 2 : 1 교환율은 언론에 흘러 들어가게 되었고 동독 주민들의 격렬한 반대에 직면했다. 독일 연방은행의 2 : 1 교환율 권고에도 불구하고 콜 총리는 임금과 월급은 기본적으로 1 : 1 비율로 하고 은행 잔고는 1인당 4,000마르크까지 1 : 1 교환을 허용하는 것으로 결정하였다. 서독 정부는 계속 이주하는 동독 주민들에게 동독에 머물러 있도록 유인하면서 동독 주민의 생활 수준을 신속하게 개선하기 위해 정치적 판단을 하였다. 최종적으로 동독 주민의 저축을 보호해야 한다는 사회정책상의 이유로 동독 거주자의 개인 예금은 14세 이하는 2,000 마르크, 15~59세까지는 4,000 마르크, 60세 이상은 6,000 마르크까지는 1 : 1로 교환하고 이 금액을 초과하는 저축액은 2 : 1 로 교환하기로 하였다. 그러나 동서독 화폐의 등가 교환은 동독 마르크의 평가 절상을 가져왔고 이로 인해 동독 지역의 가격 경쟁력이 상실되어 구 동독 기업이 파산하고 실업자가 양산되는 결과를 초래했다는 비판을 받았다. 당시 경제통합 정책을 주도했던 서독 측의 핵심 인사들은 화폐 교환율 때문에 구동독 기업이 파산한 것이 아니라는 주장을 하였다. 동서독이 통일됨으로써 구동독 기업이 유럽 통합으로 인해 유럽 전체 시장에 노출됨으로써 모든 면에서 경쟁력이 상실되어 살아남기가 쉽지 않았다고 주장하였다.

구 동독 지역의 재산권 처리 문제

동독의 사회주의 경제 체제를 사회적 시장경제 체제로 전환하는데 있어서 구

동독 지역의 재산권 처리 문제와 국유 재산의 사유화 추진이 중요한 과제였다. 재산 소유권이 명확해져야 사회적 시장경제가 효율적으로 가동될 수 있으며 동독 지역의 경제 재건을 위한 서독 기업이나 해외 기업의 신속한 투자를 촉진시킬 수 있기 때문이었다. 동독 지역의 재산 처리 문제는 동독 공산 정권에 의해 불법적 또는 부당하게 몰수한 재산을 어떻게 처리할 것인가라는 문제와 국유 재산을 어떻게 사유화(민영화)해 나갈 것인가의 문제였다. 몰수 재산 처리 문제와 관련하여 서독의 소유자 보호라는 입장과 동독의 법적 평화 보장이라는 입장 사이의 차이가 너무 커서 이 문제를 해결하는데 많은 시간이 소요되었다. 동독 측은 서독 측이 소련 점령 당국의 몰수 재산의 소급을 계속 요구한다면 통일이 어려워질 수도 있다는 의견도 제시하였다. 소련 측도 동독 측과 같이 몰수 재산의 소급 불가 입장을 외교 채널을 통해 서독 측에 전달하였다. 서독 측은 고유 재산의 보호가 핵심이며 헌법 준수에도 큰 의미가 있지만 동독의 경제를 현대화하기 위한 미래의 투자를 위해서 아주 중요한 의미를 갖는다고 주장하였다. 소련 점령 당국의 몰수 재산에 대한 특별 대우는 공정하지 않다고 주장하였다.

한편 서독 내부에서는 소유자의 권리와 동독 재건을 위한 신속한 투자라는 양 목표 간에 대한 부처 간 논쟁이 있었다. 소유자의 관계를 명확히 하는데 많은 시간이 걸리기 때문에 신속한 투자에 장애가 된다는 것이었다. 그러나 결론은 '보상보다 원소유자에게 우선 반환 원칙'으로 결정되었다. 이러한 원칙은 장차 동독 경제재건 과정을 지연시킬 우려가 있으나 기본법상 사유 재산권 보호 규정과 서독 내 원소유자들의 헌법 소원 제기 가능성을 고려하여 이와 같이 결정하였다. 결국은 통일이라는 당면 목표와 사유 재산권 보호, 그리고 동독 경제 재건을 위한 투자 유인 등을 종합적으로 고려하여 1990년 6월 15일 동서독 정부는 몰수 재산의 처리에 관한 기본 원칙을 발표하였다. 첫째, 소련 점령 당국의 몰수 재산은 원상회복하지 않는다. 둘째, 동독 정부 수립 이후 보상 없이 몰수된 재산은 원소유자 또는 그 상속인에게 반환한다. 원소유자는 원상회복 대신 보상을 선택할 수 있다. 셋째, 다만 긴급하고도 확정적 투자 목적 또는 고용 효과가 큰 재산의 경우에는 반환하지 않는 것으로 한다. 이와 같은 몰수 재산 처리 원칙에 따라 독일 통일 이후 '원소유자 반환 우선 원칙'으로 소유권을 정리하였는데 생각보다 복잡하고 시간이 많이 지체되어 투자에 심각한 장애를 초래하였다. 따라서 통일 독일은 1991년 3월 및 1992년 7월, 2차에 걸쳐 관련 법을 개정하여 '우선 반환 원칙'은 유지하되 '투자 우선 규정'을 강화하여 투자 장애 요인을 대폭 제거하였다.

동독의 경제 재건을 위해 동독 정부가 소유한 국유 재산을 하루 빨리 사유화(민영화)하여 경제적 효율성을 높이거나 민간 기업이 투자할 수 있는 여건을 만드는 조치가 필요하였다. 이를 위해 신탁청을 설립하였다. 신탁청은 동독 국영 기업의 사유화와 정상화, 이를 통한 일자리 확보, 그리고 토지의 경제적 활용도를 높이는데 목표를 두었다. 로데오 신탁청장이 '신속한 사유화, 과감한 정상화, 신중한 폐업'을 업무 기본 방향으로 설정하였다. 신탁청의 4년간의 활동으로 중앙집권적 계획경제 체제를 사회적 시장경제 체제로 전환하는데 결정적인 기여를 하였으나 많은 문제점도 남겼다. 첫째, 사유화 과정에서 너무 많은 비용이 들었다는 점이다. 신탁청이 사유화를 통해 벌어들인 수입액은 666억 마르크인데 비하여 지출액은 2,720억 마르크에 달하여 2,054억 마르크의 적자를 기록하였다. 둘째, 주로 초기 단계에 있었던 문제들로서 소속 기업에 대한 정보 부족, 조직 체계의 미비, 전문 인력의 부족, 사유화 목표와 방법을 둘러싼 갈등 등을 들 수 있는데 이는 나중에 대부분 극복되었다. 셋째, 동독 정부 수립 이후 몰수된 재산의 사유화에는 '반환 우선 원칙'과 '투자 우선 원칙'이 모두 적용될 수 있으므로 경제 통합을 위한 처리 절차가 복잡하고 시간이 많이 걸렸다. 특히 부동산 사유화에는 이해관계가 복잡하게 얽혀 있기 때문에 더욱 어려우며 그만큼 신속한 투자에 방해가 되었다. 넷째, 신탁청은 중소 기업자들에게 가능한 많은 기업을 매각하려고 노력했지만 전기·가스·항공 등 대규모 국영 기업은 자본이 풍부한 서독의 대기업이 주로 인수하였기 때문에 독과점 구조가 심화되었다. 다섯째, 총 매각 기업 중 약 80%가 서독인에게, 14%가 외국인에게 매각되었다. 동독 주민들에게 돌아간 기업은 겨우 6%에 그쳤다. 동독 경영인들이나 기업들은 무엇보다도 동독 기업을 인수할 만한 자본력을 갖지 못하고 통일 후 새로운 법체계의 생소함으로 인해 불리한 상황이었다.

경제 통합과 사회보장제도 통합의 조율

동서독 사회보장제도 통합과 관련하여 독일 통일 후에 '경제 통합 우선 추진 입장'과 '경제 통합과 사회보장제도 통합의 동시 추진 입장' 간에 대립이 있었다. 독일 통일 과정에서 처음에는 화폐 통합을 우선 추진하고자 하였다. 1990년 당시에 동서독 협상단의 서독 대표였던 한스 디트마이어는 사회보장제도 통합을 의도적으로 시기를 늦추려고 하였다. 그에 의하면 당시 주어진 짧은 시간 내에서 협상을 성사시키기 위해서는 적어도 서독의 사회법, 노동법에 포함된 다양한 급부와 구체적인 규정들을 동독에 적용하지 않으려고 하였다. 그렇게 해야 사회주의 계획경제 체제를 사회적 시장경제 체제로 전환하는 작업이 수월하게 진행되고 서독으로부터 민간 투자를 유도할 수 있을 것이라고 판단했다. 그것이 서독이 감당하게 될 엄청난 규모의 통일 비용을 감축할 수 있는 방안이라고 보았다. 당시 연방정부의 재무부, 경제부, 연방은행이 그런 유사한 시각이었다. 1980년대 초반 어려운 재정 사정을 긴축 재정을 통해 1989년에 부채 없는 재정으로 만들었고 과잉 지출의 사회보장제도도 개혁하려던 시점이었다. 서독의 사회보장제도를 먼저 개혁한 이후 그것을 동독에 적용하려고 했다.

그러나 동독의 새로운 정치 세력은 초기의 서독 측의 판단과 전혀 달랐다. 동독의 변혁 운동을 주도했던 시민 그룹은 동독 주민들이 그동안 누려왔던 사회복지 혜택을 줄이지 말 것을 서독 측에 요구하였다. 동서독의 사회보장제도 개혁은 동서독 쌍방에게 서로 도움을 주는 개혁이 되어야 한다고 주장하였다. 동독 측의 이러한 입장을 서독의 사민당과 노동조합도 지지하였다. 동서독 통일 과정에서 사회통합정책의 향방을 결정하는데 결정적 영향을 미친 사람은 서독 연방정부의 노베르트 블륌 노동부 장관이었다. 그는 통일에 관한 논의가 시작했을 때부터 화폐·경제 통합과 사회 통합이 동시에 진행되어야 하며 서독의 사회보장제도를 완전히 동독으로 이전해야 한다고 판단했다. 물론 동독의 특수한 상황을 고려해서 일정한 과도기를 두는 것은 허용하지만 기본적으로는 서독의 제도를 적용하는 것이 원칙이 되어야 한다고 강조하였다. 그는 1990년 2월 15일에 동독의 한스 모드로우 총리와 회담하게 될 서독의 콜 총리에게 보낸 서한에서 분명한 본인의 입장을 밝혔다. 화폐 통합과 사회 통합이 동시에 진행되어야만 한다는 것을 동독 측에 꼭 주지시켜야 한다고 강조하였다. 이처럼 동서독 통일 협상 과정에서 사회통합을 강조하는 이유는 사회 변혁과 화폐 통합으로 인해 동독의 기업과 근로자들이 떠맡게 되는 사회적 부담, 즉 동독 기업의 경쟁력 약화, 근로자들의 실업 사태 등을 완화하기 위해서 가능한 한 서독의 사회보장제도와 유사한 안정적인 사회보장제도가 도입되어야 한다는 것이었다. 블륌 장관의 이런 시각은 서독 연방주에서 사회정책을 책임지던 장관들과 기민당, 녹색당, 그리고 콜 총리의 지지를 받았고, 결국 서독 연방정부의 기본 입장으로 정해졌다.

그 결과 서독과 동독 정부는 제1차, 제2차 통일 조약 협상을 통해 화폐·경제 통합과 사회 통합을 함께 추진하기로 하였다. 동서독 정부는 1990년 5월 2일 '화폐·경제·사회 통합에 관한 공동성명'을 발표하고 7월 1일 발효하였다. 이와 같은 사회 통합(사회보장 제도 통합)은 동독의 사회주의 계획경제 체제를 서독의 사회적 시장경제 체제로 전환하는 과정에서 발생할 수 있는 수많은 정치적, 사회적 충돌이나 저항을 해소하는데 중요한 역할을 하였다. 그 결과 독일의 통일을 성공적으로 완성할 수 있도록 하였다. 그러나 독일 통일 초기 단계부터 막대한 통일 비용이 소요되었고 통일 비용의 과반 이상이 사회복지비용으로 지출되는 결과를 낳았다.

동서독 환경 분야 통합

동서독이 통일되는 과정에서 환경 분야 통합과 관련하여 동독의 환경 개선의 방안에 관해 크게 두 가지 논쟁이 제기되었다. 하나는 '서독 모델 전략'이고 또 하나는 '생태적 재구조화 전략'이었다. '서독 모델 전략'은 서독의 선진적인 환경 법제를 동독에 이식하고 서독의 기술과 자본을 이용하여 서독의 환경 수준을 동독에 적용하는 것이었다. 이는 단시간 내에 동독의 환경을 서독의 환경 수준으로 끌어올리려는 전략이었다. 서독의 성장 전략을 따르면서 서독의 환경 법제의 기술을 적용하여 동독의 환경 훼손을 줄이려는 것이다. 서독에 내재된 문제점은 갖고 가는 전략이었다. 이에 반해 '생태적 재구조화 전략'은 동독을 재구조화하여 새로운 생태 지구로 만들자는 전략이었다. 이것은 경제 체제의 구조를 결정하는 중심적인 분야, 즉 교통 및 에너지 분야에서 생태적 기준을 근본으로 하는 체제 전환 전략이었다. 이 전략은 구 동독 체제가 갖고 있는 생태 친화적 장점들, 즉 폐기물 수거 및 재활용, 인구 밀집도가 낮은 도시, 느슨한 도로망 등을 보다 긍정적으로 유지하면서 이에 적합한 재구조화의 길을 모색하자는 것이었다.

그러나 당시 서독의 콜 정부는 최대한 빠른 시일 내에 동서독의 환경 통합을 실현시킨다는 명분하에 '서독 모델 전략'을 택하였다. 특별한 경우에 한해 동독법을 적용하거나 유예 기간을 허용하는 과도기를 두었다. 이같은 '서독 모델 전략'은 신속한 통일과 통합을 중시하는 효율성에 바탕을 두었다. 콜 정부는 신속한 환경 통합을 위해 '서독 모델 전략'을 택함으로써 구동독 지역에서의 대안적 발전의 가능성을 차단하였다. 그 결과 ① 교통망의 재건 및 보수에서도 철도망의 활발한 육성보다는 도로의 재포장 및 확충에 역점을 두었고, ② 폐기물 원자재 수거 및 재활용 제도(SERO)와 같은 구동독의 진보적 제도가 서독 제도의 이식으로 사라져 버리게 되었다. SERO는 현존했던 재활용 시스템 중 가장 완벽한 것이라고 구서독의 언론들도 칭찬하였던 제도였다. 수거장이나 수거함이 인구 1,000명당 하나가 설치될 정도였다. 그 결과 구동독은 전체 산업에서 원자재의 14%, 철강 산업 68%, 섬유 분야 50%를 재활용의 원자재로 충당하였다. 종이 수거율은 90%, 공병 수거율은 80%였다. 이로 인해 30억 동독마르크를 절약하였다. 동독의 환경 수준을 선진화된 서독 수준으로 끌어올리기 위한 '서독 모델 전략'은 동독의 환경 개선에 많은 성과가 있었으나 또한 많은 비용이 소요되었다.

앞서 동서독 간의 화폐, 경제, 사회, 환경 분야 통합에서 살펴본 것처럼 동서독의 신속하고 효율적이며 안정적인 통합을 위해 서독은 정치적 판단과 사회 통합적 고려를 경제적 고려보다 우선하였다. 구 동독 제도의 장점을 수용하지 않고 서독 제도를 전면 적용하는 방식으로 통합을 추진하였다. 그리고 법치주의에 근거하여 통합을 추진하였다. 그러나 이에 따른 통일 비용은 엄청나게 많이 소요되었다. 이와 같은 양상은 동서독의 통일이 동독에서의 급변 사태로 발생하여 체제 우위에 있는 서독이 신속하게 통일을 실현하려는 의지와 전략에 따라 발생한 것이라 할 수 있다. 독일 통일 및 통합의 사례로부터 필자가 받은 시사점은 우리의 통일의 경우 정치적, 사회적, 경제적, 법치주의적, 통일비용적 요소를 어떻게 잘 조화롭게 할 것인가를 선택해야 하는 과제를 숙제로 제시하였다. 그리고 우리의 경우에도 불가피한 정치적 판단과 사회 통합적 고려를 하지 않을 수 없겠지만 경제성과 통일 비용의 최소화를 도모해야 하는 방안을 사전에 충분히 검토하여 마련해야 한다는 것이었다. 이것이 폰 바이체크 대통령의 "준비되지 않은 통일은 재앙이지만 준비된 통일은 축복입니다"라는 권고에 부응하는 것이라고 생각하였다.

'남북통합 아카데미' 운영 성과

필자가 2020년 5월부터 북한인권정보센터에서 남북사회통합교육원장을 맡은 이후 진행하고 있는 6개의 아카데미 교과 과정을 개편하는 계기에 '남북통합 아카데미'를 2022년 하반기부터 신규로 개설하여 운영해 보았다. 과연 남북 통합 교육 과정에 수강생이 참가할까 걱정했으나 제1기 때 17명의 수강 신청이 있었다. 제2기 때(2023년 상반기)는 15명이 수강 신청했다. 대학생보다는 대학교 연구원, 언론인, 종교인, 과거 사회에서 중요한 직책을 맡았던 은퇴자, 탈북민을 포함하여 다양한 사람들이 참가하였다. 모두들 관심을 갖고 전문 강사의 강의에 집중하였고 질문도 이어졌다. '남북통합 아카데미'를 두 차례 운영해보니 대학교 학기 중에 아카데미가 운영되어 필자가 희망했던 젊은 세대인 대학생들의 참여가 저조했다. 이후 제3기는 여름방학 기간 중에 운영해 보았다. 수강 신청자도 45명으로 확대되었고 그 중 대학생은 20명으로 눈에 띄게 많아졌다. 북한학과, 정치외교학과, 국제학과, 행정학과, 기독교학과, 일어학과 등 다양한 전공의 대학생들이 참여하였다. 대학생들이 많이 참여하고 열심히 수강을 해주니 필자가 평소에 생각했던 젊은 미래 세대에게 남북 통합 과제의 화두를 던지겠다는 뜻이 어느 정도 실현되는 것 같아 만족스러웠다.

2023년 1월에 북한인권정보센터가 운영한 젊은이들을 위한 '드림 플러스 포럼'에 갓 대학에 합격한 예비 여대생이 1명 있었다. 그 여학생은 필자에게 장래 통일부 장관이 되는 것이 꿈이라고 당당히 이야기하였다. 그러한 동기를 준 것으로 본인이 고등학교 1학년 때 2018년 남북정상회담을 보고 정말 눈물이 많이 났다고 했다. 통일이 곧 가까운 미래에 이루어질 것이라고 생각하고 꼭 통일에 이바지하는 사람이 되고자 꿈을 키워왔다는 것이었다. 그때부터 장래에 통일부 장관이 되고 싶다고 생각했다는 것이었다. 이 여학생이 대학에 들어가 1학기 학교생활을 마치고 난 후 남북사회통합교육원에서 여름학기에 개설한 '남북통합 아카데미'에 수강 신청하여 강의를 들었다. 아카데미 과정이 끝난 이후 그 여대생은 필자에게 소감의 글을 보내왔다. "다양한 (남북)통합적 측면을 생각해 볼 수 있는 시간이었습니다. 생각해 본 적 없는 통일 이후 행정·사회복지·농업 분야에 대해 전문가들이 나서서 고민하고 있다는 것이 신기했습니다."라고 적혀 있었다. 그러면서 내년에 현재 전공인 기독교학과에서 정치외교학과로 전과하겠다고 하였다. 필자가 시도했던 미래의 젊은 세대에게 통일 이후 남북 통합 과제의 화두를 던져 미래 통일의 꿈을 갖게 하는 것이 실현되는 것이 아닌가 생각되어 가슴이 뭉클했다. 그 여대생이 통일의 꿈을 가지고 대학에서 관련 분야 공부를 열심히 해서 미래의 통일에 이바지하는 훌륭한 통일 일꾼이 될 수 있기를 진심으로 바라는 바이다.

민간 통일단체 참여 활동

통일부를 퇴직한 이후 재직 시 업무상이나 인간관계로 맺은 인연 때문에 많은 민간 통일단체들에 참여하여 왔다. 그리고 지금도 여러 통일단체에 참여하여 여전히 활발히 활동하고 있다.

필자가 퇴직 후 처음으로 민간 통일단체와 관계를 맺고 본격적인 활동을 한 것은 탈북민들이 스스로 주도하여 설립한 탈북자녀(제3국 자녀 포함 초등학생)를 위한 기숙형 방과후 학교인 '삼흥학교' 설립과 운영에 참여했던 일이다. '삼흥학교'는 탈북민 지식인들이 중심이 되어 결성한 'NK지식인연대'(대표 : 김흥광)가 2011년 2월 25일에 설립한 학교이다. 필자가 통일부 재직 중에 'NK지식인연대' 소속 탈북 지식인들과 여러 차례 만나 교분을 가지고 도울 수 있는 일이 있으면 도우려고 했다. 필자가 퇴직한 후 2달 정도 지났을 때였던 것 같은데 김흥광 대표로부터 전화 연락이 왔다. 상의할 일이 있다고 해서 필자의 집 부근에 위치한 대학로의 한 식당에서 만났다. 김흥광 대표와 탈북 피아니스트로 알려진 김철웅씨가 왔다. 김 대표는 이제 탈북민들이 스스로 나서서 탈북자녀들을 교육시키는 대안학교를 설립하고자 한다면서 필자의 의견을 물었다. 필자는 좋은 생각이고 당연히 환영한다고 했다. 그동안 탈북민들은 정부나 민간단체에서 지원만 받는 의존형 생활을 해 온 것이 사실이다. 이제 한국에 온지 세월도 많이 흘러 안정적으로 정착하고 성공 사례도 발생하고 있으니 이제는 탈북민도 독립형, 나아가 사회에 기여하는 봉사형이 되어야 한다고 평소에 생각했다. 'NK지식인연대'가 추진하고자 하는 것은 독립형, 봉사형에 가까운 것이었다. 그들은 곧 학교 설립을 위한 후원 행사를 개최하고자 하는데 필자에게 도와달라는 것이었다. 후원 행사를 준비하는데 행사 비용이 많이 드니 비용 마련에 도움을 주었으면 한다고 했다. 필자는 탈북민 스스로 그들의 자녀 교육 문제를 해결하고자 하는 일이라 적극적으로 돕겠다고 하고 여러 지인들에게 잘 설명하여 행사 비용의 상당 부분을 마련하여 그들에게 지원해 주었다. 필자는 탈북자녀 대안학교 설립 건에 대하여 발기인이라고 생각하고 그들과 함께 적극적으로 일을 추진하였다.

'삼흥학교'의 교장으로 'NK지식인연대' 소속의 채경희 선생이 임명이 되어 실질적인 학교 운영을 총괄하였다. 채 선생은 그 전에 제주대학교 고성준 교수가 운영하는 단체에서 개최한 통일 강좌에서 필자와 함께 강사로 초대되어 만난 적이 있었고 그 뒤로 서로 연락을 주고받았다. 필자는 '삼흥학교'의 고문 직책으로 김흥광 대표, 채경희 교장과 서로 상의하여 학교 조직 및 운영 기반을 마련해 나갔다. 후원회를 조직하여 변도윤 전 여성가족부 장관을 후원회장으로 위촉하였다. 변 장관은 황해도 연백에서 태어났는데 6.25전쟁 시에 네 살 때 어머니를 따라 피난하여 월남하였다고 한다. 장관직에서 물러난 후 본인은 여생을 통일에 기여하는 일을 하고 싶다면서 필자와 교분을 가져왔다. 필자는 변 장관과 긴밀히 상의하여 가까운 지인들을 교섭하여 후원회 위원으로 위촉하였다. 이인식 전 여성가족부 차관, 유영학 전 보건복지부 차관, 이수화 전 농업진흥청장, 함기수 전 감사원 출신, 박인례 박사, 강형철 의사 등이었다. 후원회장과 위원, 필자는 그동안의 인맥을 동원하여 여러 기관, 인사들로부터 '삼흥학교' 후원 기금과 물자를 마련하였다. 김흥광 대표와 채경희 교장도 탈북민 출신을 학교 선생으로 위촉하고 정성을 다해 노력해서 학교 운영을 빠른 시일 내에 정상화 궤도에 올려놓았다. 학교 측과 후원회 측이 일심동체로 호흡이 잘 맞아 학교는 성공적으로 안착하고 성장해 나갔다. 탈북민이 추진한 자립형 탈북자녀 기숙형 방과 후 초등학교의 성공적인 모델로 언론에 여러 차례 소개되었다. 학교운영 기금도 풍족히 축적되었다. 'NK지식인연대', '삼흥학교' 교직원과 후원회 모두 만족하고 더욱 열심히 했다.

그런데 호사다마(好事多魔)라 할까. 잘 번창해나가니 학교 운영과 재정 문제로 'NK지식인연대' 내부의 갈등이 심해지고 법적 분쟁까지로 번졌다. 필자와 후원회 측이 나서서 중재하여 갈등 문제를 완화시키고 학교를 정상화시키고자 하였다. 그러나 분쟁 당사자가 한 치도 양보하지 않아 결국 법으로 해결할 수밖에 없었다. 순수한 마음으로 '삼흥학교'를 열심히 지원했던 후원회는 학교의 내분 상태가 지속되는데 대해 매우 답답하고 안타깝게 생각했다. 내분이 좀처럼 해결될 기미가 보이지 않자 아쉬운 마음은 많지만 후원회 위원 전원 합의로 후원회를 해체하기로 했다. 그리고 후원회를 믿고 후원 기금을 적극 지원해 준 기관들에 일일이 사과를 했다. 필자도 함께 한 후원회가 해체되면서 '삼흥학교'에서 손을 뗐다. 통일부에서 퇴직 후 정말로 내 일처럼 열심히 한 일이었는데 이러한 결과로 물러서니 심히 허탈했다. 한편으로 탈북민 사회의 내부를 깊이 볼 수 있는 기회가 되어 탈북민을 보는 시각이 다소 엄격해지는 계기로 작용했다. 변도윤 후원회장도 섭섭한 마음으로 '삼흥학교'를 떠났다. 그 이후 변도윤 장관은 통일을 염원하면서 U-희망포럼(U : Unification)를 만들어 운영하였다. 매달 한 번씩 숙명여대 강의실에서 일반 여성들을 위한 통일강좌를 오랫동안 개최하였다. 필자도 매번 통일강좌의 주제를 선정하고 통일전문가를 강사로 추천하는 일에 참여하면서 함께 하였다. 2020년 코로나-19가 발생하여 통일강좌가 중단된 이후 더 이상 U-희망포럼

이 개최되지 못해 아쉽다.

그 이후 2014년 늦봄 경에 'NK지식인연대'에서 만난 탈북 약사인 이혜경씨로부터 연락이 왔다. 자기가 탈북민 자조단체인 '새삶'를 설립하려고 하는데 고문으로 위촉하려고 하니 도와달라는 것이었다. 처음에는 'NK지식인연대'의 '삼흥학교' 건도 있어 다소 주저하였다. 이혜경씨가 설립하고자 하는 단체 회원들이 2014년 세월호 침몰로 유출된 진도 해안가를 오염시킨 기름띠 청소를 위해 자원봉사한 미담 사례가 보도되었다. 이를 본 재미동포 최윤희 여의사가 '새삶'을 적극 지원하고 단체가 설립되면 이사로 참가하겠다는 의사를 전달해 왔다는 것이다. 이러한 미덕의 배경을 고려하여 단체를 설립하는 모임에 참가하였다. 모임에는 필자가 아는 인사들도 있었다. 강애실 전 국회의원, 최금숙 이화여대 법학전문대학원 교수, 김형수 김일성종합대 출신 탈북민 등이 있었다. 모두들 단체 설립에 적극적인 지원 의사를 밝혔다. '새삶'은 자조의 정신으로 탈북 청년들을 독서모임을 통해 남한에서 당당히 자립할 수 있는 사회인으로 육성하고, 어르신들에게는 정서 함양을 통해 심리적으로 안정된 남한 정착 생활을 돕겠다는 것이었다. 이러한 목적으로 설립된 '새삶'은 대표로 활동하는 이혜경씨의 개인 인생 역정과도 관계가 있다. 북한의 약사 출신이었지만 남한에서는 인정되지 않았다. 남한에서 북에서 데려온 두 딸을 키우면서 힘든 업종의 여러 가지 일을 전전하면서 억척스럽게 살아온 인생이었다. 그러면서도 향학열에 불타 북한대학원대학교 북한학 석·박사 학위도 취득하고 삼육대학교 약학과에 입학하여 공부를 계속해 정식으로 약사고시에 합격하여 남한 약사가 되었다. 약국을 개설해 당당히 약사로서 활동을 하고 있다. 필자가 보기에 그녀는 남한 사회에서 도전적인 삶을 통해 당당한 직업인으로 성공할 수 있었기 때문에 탈북 청년들이 남한 청년들에게 뒤지지 않도록 지식의 보고인 책을 열심히 읽어 실력을 연마하여 성공적인 삶을 살

수 있도록 견인하고자 하였다. 이혜경 대표는 '새삶'을 자신의 분신처럼 생각하고 자비도 많이 부담하면서 단체를 지속적으로 이끌어왔다. '새삶' 이사들과 회원들이 함께 서로 힘이 되어 단체를 잘 운영해옴으로써 2024년 10월 26일 남북통합문화센터 대강당에서 창립 10주년 기념행사를 멋있게 하였다. 필자는 고문 자격으로 축사를 하였는데 '새삶'이 이렇게 성공적으로 성장한 모습을 보고 기쁘기도 하고 보람도 있었다.

'새삶' 활동을 통해 이혜경 대표와 자주 대화를 하는 과정에 그의 어머니(김찬숙)가 원래 남한 출신임을 알게 되었다. 6.25전쟁 때 서울 성신여고생이었는데 북으로 가면 대학 공부시켜 준다고 해서 북으로 갔다는 것이었다. 북한에서 거친 삶을 살며 평양의학대학을 졸업하고 내과전문의사가 되었다고 한다. 이혜경씨는 북한에서 태어나 함흥약학대학을 졸업하고 약사가 되었다. 어머니가 남한 출신이라는 이유로 함경도 탄광촌에서 두 모녀는 의사, 약사로 일하였다. 어머니가 남한에 있는 가족들과 연결되어 어머니가 먼저 남한으로 입국하고 이혜경씨도 고통스러운 과정이 있었지만 뒤를 이어 남한으로 입국하였다. 두 딸도 함께 남한으로 데려와서 김찬숙 할머니의 정성어린 도움으로 두 딸은 영국에서 대학(원) 공부를 마쳤다. 이혜경씨의 어머니는 2021년에 돌아가셨는데 어머니가 생전에 북한에서 살아왔던 불굴의 삶의 과정을 상세히 기록으로 남겨두었다. 딸인 이혜경 대표가 자신의 북한과 남한에서의 인생 역정을 정리하여 어머니의 기록과 함께 통합해 금년 4월에 '의사 약사 모녀의 남북 story'「엄마의 노래」라는 제목으로 출간하였다. 한반도 분단으로 인한 우리 민족 구성원들의 고통스러운 삶의 한 단면을 생생하게 이야기해 주는 것이었다.

필자는 탈북민 정착 지원 업무를 담당하는 인도지원국장으로 근무한 관계로 탈북자 지원 민간단체와 만남이 많았다. 퇴직 후 초기에 가장 많이 참여했던 대표적인 민간 단체가 북한인권시민연합(당시 이사장 : 윤현, 현 이사장 : 김석우 전 통일원 차관, 사무국장 : 김영자)과 새롭고하나된조국을위한모임, 약칭 새조위(발기 대표 : 홍사덕, 상임대표 : 신미녀)이었다. 북한인권시민연합은 1996년 4월에 창립되어 우리나라뿐만 아니라 세계적으로 북한인권 개선 운동의 불을 지피는 역할을 한 단체이다. 또한 탈북민 구출 활동을 하여 그동안 천여 명 이상의 탈북민을 국내에 입국시켰다. 국내 탈북민 정착 지원 활동도 하지만 특히 탈북 청년들의 리더십 향상을 위한 교육 프로그램을 운영하였다. 새조위는 1988년 10월에 민족 화합과 평화 통일에 기여하고자 창립되었다. 전반기에는 통일교육 사업에 중점을 두었으나 후반기에는 북한의 '고난의 행군' 시절 탈북민이 남한으로 많이 입국하자 탈북민 지원 사업에 중점을 두었다. 새조위는 보건의료 지원 사업에 중점을 두었고 의료 상담실을 운영하였다. 또한 탈북민 전문상담사 교육 프로그램 및 '통일리더 양성 아카데미'를 운영하였다. 새조위는 문화 분야에도 특화시켜 남북사회통합을 위한 '북한사투리 노래자랑대회'와 통일연극을 꾸준히 개최해 왔다. 필자는 두 단체의 김영자 사무국장과 신미녀 대표와 친분 관계가 있어 그 두 단체가 운영하는 통일 강좌에 강사로 많이 참여하였다. 특히 새조위가 개최하는 '북한사투리 노래자랑 대회'에 심사위원으로 자주 참여하였다. 새조위가 추진하는 노래자랑대회와 북한 연극은 문화적으로 남북 주민을 통합시키는 아주 좋은 모델이라고 평가한다. 그 외에도 탈북민 정착을 위해 직업 교육에 특화된 해솔직업사관학교(이사장 : 김영우), 탈북학생 대안학교인 여명학교(교장 : 조명숙) 등을 비롯해 여러 탈북민 지원 단체에 관심을 갖고 미력하나마 조금이라도 도움을 주려고 노력하였다. 북한이탈주민에 관한 여성전문가로 '통일 5자매'가 있었는데 박윤숙 교수(사회복지학 교수), 신미녀 대표(북한학 박사), 윤미량 통일부 하나원장(영국 정치학 박사), 전정희 하나원 의무사무관(북한학 박사), 전연숙 남북하나재단 본부장(상담학 박사)이 그들이었다. 그들은 이론과 실무적 경험을 겸비한 전문가들이었는데 필자는 '통일 5자매' 모임에 가끔 초대받아 북한이탈주민의 다양한 실상을 많이 알게 되었다. 5자매 중 윤미량 원장이 60대 초반에 갑자기 세상을 떠나게 되어 우리에게 많은 슬픔을 안겨주었다.

개성공업지구지원재단 이사장으로 있을 때 개성공단 내 우리 주재원을 위한 보건의료 민간 봉사단체인 '그린 닥터스'에 관계했던 문용자 원장이 필자의 사무실에 두 차례 찾아온 적이 있었다. 문 원장의 방문 목적은 '그린 닥터스'의 활동을 잘 지원해 달라는 내용이었다. 2014년 12월에 이사장직에서 물러난 후 이듬해에 문 원장한테서 좀 만나자는 연락이 왔다. 평양과학기술대학 내에 의과대학을 개설하여 북한 의료인을 양성하고자 계획하고 있다는 것이다. 북한의 낙후된 보건의료 시스템을 개선해 같은 동포인 북한주민의 질병 치료와 건강을 향상시키고자 '남북보건의료교육재단'을 설립하고자 하는데 참여해 달라는 요청이었다. 필자는 의료인이 아니라 보건의료에 관한 전문성도 없는데 참가하는 인사들은 모두 보건의료 분야에 종사하는 전문 의료인들이었다. 그런 연유로 극구 사양을 했는데 문 원장의 끈질긴 참여 독촉으로 필자가 할 수 있는 범위 내에서 돕자는 마음으로 '남북보건의료교육재단'의 법인 이사가 되었다. 처음에는 재단이 통일부 설립 허가를 받는데 필요한 자문을 해주었는데 2015년 6월에 창립해서 7월에 통일부로부터 설립 허가를 받았다. 재단의 초대 이사장이 문용자 원장이었고 운영위원장으로 김영훈 고려대 안암병원장(그 뒤 의무부총장 역임)이었다. 필자는 주로 김영훈 위원장에게 남북 관계 현실과 북한 상황, 북한에서 진행되고 있는 해외에서의 보건의료 지원 활동을 소개해 주었다. 김 위원장은 나름대로 정보력이 있어 북한 보건의료 실태를 많이 알고 있었다. 그는 매우 목표지향적이었고 추진력이 높아 빠른 시일 내에 재단을 궤도에 올리고 급성장하는 재단으로 발전시켰다. 현재 재단의 이사장으로 활동하고 있다. 초기에는 필자는 재단이 운영하는 보건의료 교육프로그램에 참여해 통일 강의를 하였다. 재단의 이사인 동남보건대학교 간호학과 김희숙 교수가 주도하여 간호학과 교수나 간호사를 대상으로 하는 통일 강좌 프로그램에 참가하여 필자의 경험을 바탕으로 한 남북 관계 현실에 대한 강의도 하였다. 김희숙 교수는 열과 성을 다해 통일을 위한 남북 보건의료 교육 활동을 적극적으로 추진하였다. 간호 분야 전공인데도 북한 정치에 관한 공부를 독학으로 하여 통일을 위한 보건의료인용의 전공 서적도 공동으로 저술하였다. 놀라운 일이었다.

2016년 7월경에 통일부 재직 중에 잘 알고 있었던 장청수 통일고문(제2대 통일신문 회장)과 장운영 통일신문 사장으로부터 통일신문 회장으로 함께 일을 해주었으면 좋겠다는 요청이 왔다. 필자는 언론 사정에 대해서 문외한이라 사양을 하였다. 그럼에도 불구하고 다른 사람을 통하거나 두 사람이 직접 필자에게 회장직을 맡아 줄 것을 거듭 요청하였다. 필자는 통일부 재직 중에 통일 문제만 다루는 통일신문에 대해 평소 높이 평가했고 우리 사회에 이러한 신문이 통일을 위해 지속적으로 발간될 필요가 있다고 생각하고 있었다. 그러한 생각을 평소 갖고 있어서 최종적으로 필자는 통일신문 회장직을 맡기로 했다. 다만 언론 사정을 잘 모르니 필자가 할 수 있는 범위 내에서만 돕겠다는 전제하에 2016년 9월부터 통일신문 회장으로 활동을 하였다. 직접 통일신문을 맡아 일을 해보니 신문사의 재정이나 인력 여건이 매우 취약했다. 오랫동안의 노하우로 그럭저럭 신문은 주간 단위로 발간되고 있었다. 요즈음의 인터넷과 전산 편집 기술로 인해 소수의 인력으로 신문 발간은 충분히 할 수 있었다. 다만 직접 현장에서 뛸 수 있는 상근 기자들이 없어 충분하고 시의에 맞는 기사를 확보하는데 한계가 있었다. 임시적으로 통신원이라는 타이틀로 그때그때 현장 기사를 신문사에 전송해주는 봉사자들의 원고를 검토해서 게재함으로써 상근 기자의 부재를 다소나마 해소하고 있었다. 필자는 정부가 정리한 북한 동향과 통일 관련 신간 서적을 소개하고 민간 차원에서 진행되는 통일 관련 행사를 파악해서 기사에 싣도록 하였다. 기 발간된 신문 기사 내용에 대한 평가와 향후 신문 기획 기사 방향 등에 대해 필자의 의견을 제시하였다. 향후 인터뷰 대상자도 추천하였다. 열악한 인력 사정이라 회장인 필자가 사실상 기자 역할을 한 셈이었다. 그리고 신문사와 관련된 대외 활동을 하였다. 대외 행사나 기관에 통일신문 회장 자격으로 참석해 걸 맞는 역할을 하였다. 열악한 신문사 사정으로 회장으로서의 역할에 피로감이 누적되고 지원의 한계를 느껴 4년 정도 통일신문사에 봉사하고 2020년 6월에 떠나게 되었다. 그 뒤 회장으로서 조인형 강원대 역사교육학과 명예교수(4.18 민주의거기념사업회 회장 역임)가 맡아 주었고, 현재는 김성초 교육학 박사(일천만이산가족위원회 고문, 평남도민회 강원지역 수석부회장)가 맡고 있다. 열악한 통일신문사 사정을 잘 알면서도 뜻이 있어 통일신문사 회장을 맡아 주니 감사할 따름이다.

그밖에 민간 차원에서 북한 어린이를 돕는다는 명분으로 세이브더칠드런 이사로 2015년 3월부터 9년간 활동하였다. 필자가 근무했던 개성공단 내 북한 영유아 탁아소 시설 지원을 위해 세이브칠드런을 북한 측에 연결해주어 성사시켰다. 그 뒤로 남북 관계가 악화되어 대북 지원 활동을 전혀 할 수가 없었다. 세이브더칠드런이 지원한 네팔, 방글라데시, 캄보디아의 교육시설을 현장 방문하였다. 후진국에 일반 서민이나 영세민층의 아동들은 영양이 부족할 뿐 아니라 교육을 제대로 받는 것이 쉽지 않았다. 여자 어린이는 가정 형편을 고려해 13세 조혼도 흔히 있었다. 신랑집쪽에서 재물을 주고 여자를 사는 식이었다. 세이브더칠드런이 지원한 교육시설이나 교육프로그램을 통해 아동들이 정규 교육과 방과후 학습을 받는 모습을 보고 이와 같은 NGO의 활동이 절대 필요하고 가치 있는 일이라고 생각했다. 세이브더칠드런 활동을 통해 전쟁 중에도 어린이는 보호되어야 하고 인종, 종교, 정치적 이념을 초월해 어린이가 어디에 있던 잘 보호해야 하고 아동 권리를 증진해야 한다는 매우 중요한 가치를 알게 되는 계기가 되었다.

필자가 현재 좀 더 책임감을 갖고 적극적으로 활동하고 있는 민간 통일단체는 남북사회통합연구원이다. 남북사회통합연구원은 통일부 간부 출신들이 모여 정부에서 통일 업무를 하면서 축적된 지식과 경험을 사회에 환원하고 봉사하자는 취지로 2011년 1월에 창립된 단체이다. 통일부 OB인 구본태 전 통일정책실장이 주도하여 설립하였는데 필자는 초기부터 이사로 참여해서 활동해왔고 현재 이사장으로 활동하고 있다. 남북사회통합연구원은 통일정책 연구 활동, 통일교육 활동을 주로 하였다. 특히 민간에서 통일단체 활동을 하고 있거나 남북 관계에 관심이 많은 일반인들을 대상으로 '대북 협상 아카데미' 등 '통일 아카데미'를 2012년부터 개설하여 통일교육을 꾸준히 실시하였다. 그동안 전국적으로 30여 차례 실시하여 1,000여 명 이상을 교육시켰다. '통일 아카데미'를 수료한 인사들이 참여하여 2015년 6월에 결성한 'IKIS통일포럼'을 분기별로 개최하여 통일 문제의 전문성을 제고하고 이를 통해 민간 차원의 통일역량을 강화하고자 노력하고 있다. 남북사회통합연구원은 3년 전부터는 '서울통일교육센터'를 담당하고 있는 총신대학교와 컨소시엄으로 통일강좌를 계속 공동으로 실시하고 있다. 또한 최근에는 미래 통일세대의 통일 의지 제고를 위해 남북한 출신의 청소년이 함께 하는 통일프로그램을 운영하고 있다. 앞으로는 통일에 무관심한 청소년들을 위한 통일교육 프로그램에 역점을 두려고 한다. 그런 마음으로 필자는 금년부터 남북청소년중앙연맹 고문으로 활동하면서 남북청소년중앙연맹 활동 25년사 편찬위원회 위원장으로 참여하고 있다. 이 외에도 앞에서 언급한 일천만이산가족위원회(위원장 : 장만순), 북한인권정보센터(이사장 : 신영호)를 비롯하여, 한민족통일여성협의회

(총재 : 안준희), 한반도개발협력연구원(이사장 : 이상만), 동북아공동체문화재단(이사장 : 이승율) 등에도 열심히 참여하고 있다. 필자는 고등학생 시절에 성인이 되면 사회봉사 활동을 해야겠다고 한때 마음속으로 생각한 적이 있었는데 이후 직업상 습득한 전문성과 노하우를 바탕으로 퇴직 후 이와 같이 다양한 민간 통일단체에 참여하게 된 것을 매우 뜻깊게 여기고 있다.

통일부를 퇴직한 후 다양한 민간 통일단체 참여를 통해 우리 사회는 순수한 마음으로 통일운동을 열정적으로 하는 인사들이 적지 않다는 것을 알게 되었다. 대부분의 단체가 재정이나 인력 여건이 열악함에도 불구하고 통일이라는 역사적 과업을 위해 끈질기게 활동을 하고 있는 것을 보고 존경의 마음을 표하지 않을 수가 없다. 정권에 따라, 남북 관계 상황에 따라, 국제 정세의 변화에 따라 민간 통일단체의 운영이 어려움에 처한 것을 많이 목격하였다. 그럼에도 불구하고 뜻이 깊은 단체나 인사는 포기하지 않고 통일의 화두를 계속 놓지 않았다. 이것이 우리에게 미래 통일의 희망과 용기를 잃지 않게 하는 동력이라 생각한다.

5부

끝 맺음
: 새로운 통일 화두 모색

김정은의 두 개 국가론

김정은, 남북 관계는 '적대적 두 개 국가 관계' 천명

북한은 2023년 12월 26~30일간 개최된 노동당 중앙위원회 8기 9차 전원회의 확대회의에서 그동안 대남 정책의 기본 노선인 '남조선 해방과 공산화 혁명'을 위한 '하나의 조선(One-Korea) 통일정책'을 포기하고 '두 개의 나라(Two-Korea) 분리 정책' 노선을 발표하였다. 이 회의에서 김정은 위원장은 남한에서 '민주'나 '보수'의 어떤 정권이든 북한 정권을 붕괴시켜 흡수 통일하려는 것이기 때문에 남북 관계는 더 이상 동족 관계나 동질 관계가 아니라고 못 박았다. 남북 관계는 '적대적인 두 국가 관계, 전쟁 중에 있는 두 교전국가 관계'로 완전히 교착되었다고 말하였다. 남한의 흡수통일 정책으로 1민족 1국가 2개 제도에 의한 남한과의 통일은 성사될 수 없는 것이라고 까지 단언하였다. 나아가 통일전선부 등 대남 사업 기구들을 정리·개편하라고 지시하였다. 이렇게 북한은 남북 관계를 '적대적인 두 개의 국가 관계'로 규정하고 평화통일을 포기하는 정책을 발표하였다. 그리고 유사시에 핵무력을 포함한 모든 수단과 역량을 동원해 남한을 평정하겠다고 서슴없이 위협적인 발언을 하였다. 김 위원장은 12월 31일 주요 군 지휘관을 소집해 남북한 간 무력 충돌을 기정사실화하고 철통같은 대남 군사 준비 태세를 지시하였다.

이어서 2024년 1월 15일 개최된 최고인민회의 제14기 제10차 회의에서 김정은 위원장은 또 다시 남북 관계를 '적대적인 두 개의 국가 관계'로 명확히 하고 대남 정책을 새롭게 법화하였다고 말하였다. 이 회의에서 그동안 남북 관계를 관장했던 조국평화통일위원회, 민족경제협력국(남북경협 담당), 금강산국제관광국(금강산 관광 담당)을 폐지하였다. 그리고 김 위원장은 '두 개의 국가' 관계에 맞추어 '주권 행사 영역 명시', '전쟁 발생 시 목적 병기', '교양교육사업 내용 수정', '통일 및 동족 관련 표현 삭제' 등 북한 헌법의 개정을 지시하였다. 민족 역사에서 '통일'. '화해', '동족'이라는 개념 자체를 완전히 제거하라고 지시했다. 심지어 김일성·김정일 선대 수령이 이룩한 대남 통일 사업의 상징물인 '조국통일 3대 헌장탑'까지 철거하라고 지시하였다. '조국통일 3대 헌장'은 김일성시대 때 확립한 1972년 '7·4 남북공동성명'에서 천명한 '조국통일 3대 원칙(자주, 평화, 민족대단결)', 1980년 10월 제6차 노동당대회에서 제시된 '고려민주연방공화국 창립방안' 그리고 1993년 4월 최고인민회의 제9기 제5차 회의에서 제시된 '전민족대단결 10대 강령'을 말하며 북한의 금과옥조와 같은 기본 통일강령으로 대남 통일 사업의 확고한 규범으로 작용했었다. 이와 같이 기본 규범적 통일강령이었기 때문에 김정일시대 때 2001년 8월 평양 낙랑구역 통일거리에 2명의 여성이 한반도 지도를 마주 들고 있는 형상의 높이 30m, 폭 61.5m 규모의 기념탑을 세웠다. 우리가 남북회담차 육로로 평양에 들어서면 초입에 있어 항상 목격하는 웅장한 새하얀 대리석 탑이었다.

이와 같은 북한의 전격적인 입장 표명은 결론적으로 북한은 '하나의 조선' 논리하에 '남북 관계를 나라와 나라 사이의 관계가 아닌 통일을 지향하는 과정에서의 특수 관계'라며 견지해 왔던 기본 입장을 폐기하고 남북 관계를 '별개의 나라와 나라의 관계'로 규정하고 남한과 '우리 민족끼리' 정신 하에 통일을 위한 평화적 노력을 하지 않겠다는 것을 표명한 것이었다.

'두 개 국가론' 사전 조짐

2024년 새해 벽두부터 보도를 통해 북한의 대남 정책의 근본적인 전환 내용을 듣게 된 필자는 매우 놀랐다. 평생 우리의 통일을 염원하면서 이를 위해 노력하며 살아왔던 한 사람으로서 북한의 돌변적인 조치에 대해 실망감과 더불어 허탈감을 느꼈다. 북한이 몇 년 전부터 남북 관계를 'Two-Korea 정책'으로의 전환을 시사하는 조치들이 있었다. 북한이 그동안 자주 사용하여 왔던 '우리민족 제일주의'에서 국가성을 강조하는 '우리국가 제일주의'를 빈번하게 사용하기 시작했다. 2021년 제8차 노동당대회에서 당 규약을 개정하면서 북한의 대남 통일노선인 '민족해방 인민민주주의혁명' 문구를 삭제하는 등 남북한의 공존을 추구하는 것을 시사하기도 하였다. 2023년 7월부터는 그동안 사용해왔던 '남조선'이라는 표현 대신에 '《대한민국》'이라고 표현하였다. 그것도 특별한 강조의 의미로 겹화살괄호(<< >>)를 사용하였다. 남한 인사로 현정은 현대아산 회장의 방북 문제에 대해 대남 통일기구가 아닌 국가 간의 외교를 담당하는 외무성이 불허 결정을 발표하였다. 이러한 일련의 조치들을 보고 우리 사회의 일부 전문가들은 북한이 이미 내부적으로 'Two-Korea정책'을 결정했다는 분석을 내놓았다.

김정은의 'Two-Korea 정책' 공식화 쉽지 않으리라 생각

그럼에도 불구하고 필자는 북한이 여러 가지 정세 판단 하에 전략적으로 'Two-Korea 정책' 방향으로 내부적으로는 전환하였다 하더라도 공식적으로는 'Two-Korea 정책'을 대외적으로 표방하지 못할 것이라고 생각하였다. 그 이유는 북한 정권의 백두혈통의 시조격인 선대 김일성 수령이 생전에 강조하고 견지했던 것이 '하나의 조선' 논리였다. 북한은 김일성에 대해 항일 혁명을 통해 일제 식민지로부터 조선을 해방시킨 위대한 영웅으로 미화했다. 정권의 정통성을 김일성의 항일 혁명에 두고 '미제의 식민지'로 남아 있는 남한('남반부')마저 해방시키는 것이 북한 정권의 민족적, 역사적 과업으로 간주하였다. 북한 주민들에게 어릴 때부터 남한을 미제로부터 해방시켜 남북통일을 반드시 완수해야 한다는 것을 철저히 교육시켜 왔고 이를 통해 내부 결속력을 다져왔기 때문이었다. 북한 주민들은 입만 떼면 기계적으로 통일을 강조하였고 통일을 언급할 때는 열광적인 태도로 주먹을 불끈 쥐기도 하였다.

1991년 9월에 남한이 '남북한 UN 동시 가입 방안'을 제안하고 UN 가입을 적극적으로 추진할 때 김일성은 이에 대해 '하나의 조선' 논리에 어긋나며 한반도 분단이 고착화된다면서 UN 가입을 반대하였다. 당시 북한의 후견국이던 소련과 중국이 남한의 UN 가입을 수용할 수밖에 없다고 강조하자 북한은 국제사회에서의 고립화를 우려하여 UN에 가입하기로 최종 결정하였다. 그때 북한은 그동안 강조해 왔던 '하나의 조선' 논리를 견지하면서도 UN 가입의 논리적 명분을 위해 1992년 남북한이 합의한 남북기본합의서상에 "남과 북은..... 쌍방 사이의 관계가 나라와 나라 사이의 관계가 아닌 통일을 지향하는 과정에서 잠정적으로 형성되는 특수 관계"로 규정하였다. 남북한이 두 개의 국가가 아니라 민족 내부 관계라면서 '하나의 조선' 논리를 계속 견지하였던 것이다. 물론 우리는 남북한의 민족통일을 지향하면서 동서독 관계 모델을 준용하고 그동안 현실적으로 적용해 왔던 남북한 경제 거래에 무관세를 정착시켜 나간다는 점에서 이와 같은 문구로 남북한 간의 합의를 추진했었다. 우리도 남북 관계는 '별개의 두 개의 나라 관계'가 아니고 '민족 내부 관계'로서 하나의 통일 국가를 완수하기 위해 노력하겠다는 것이다. 이것이 우리 헌법의 기본 정신과 규범에 따른 것이었다. 김일성 시대 때 확립한 '하나의 조선' 논리 하의 대남 통일 사업의 기본 노선과 업적은 백두혈통으로서 2대 수령인 김정일 시대 때도 그대로 계승되어 유지되었다. 김정일 시대 때 비록 어려운 내부 경제 사정 때문에 대남 실리 추구라는 입장에서 남북 경제협력을 적극 추진해 왔었지만 대남 통일 노선의 기본 기조는 그대로 변함없이 유지하였다.

필자는 김일성-김정일 백두혈통을 이어 받은 3대 수령으로서의 김정은은 그의 최고 권력의 원천인 김일성, 김정일 선대 수령이 철저히 고수했던 기본적인 대남 통일 노선을 근본적으로는 절대 바꿀 수 없을 것이라고 생각하였다. 특히 유일 영도 체계 입장에서 사회정치적 생명체의 신격 존재인 수령의 절대 무오류성을 강조해 온 북한의 내부 체제 작동 원리에 비추어 보아도 대남 기본 노선을 직접적으로 비판도, 무시도 나아가 폐기도 할 수 없을 것으로 판단하였다. 비록 그들은 죽었지만 여전히 사회정치적 생명체로 영생하고 있는 선대 수령들의 기본적인 대남 통일정책 노선을 근본적으로 전환하는 것은 선대 수령의 오류를 인정하는 것이다. 또한 선대 수령이 철칙으로 강조해 온 대남 통일강령을 용도 폐기하는 꼴이 되는 것이었다. 북한의 모든 구성원은 태어나서 죽을 때까지 철저한 정치 교육을 통해 '하나의 민족, 하나의 조선' 논리에 입각해 남북통일을 추구하는 것이 북한 주민들의 절대적 목표로 인식되어 왔고 북한 체제의 내부 결속력을 강화하는 정신적 요소로 작용해왔다. 이것과 근본적으로 배치되는 내용으로 새롭게 교육한다는 것은 엄청난 정신적 혼란을 야기 시키는 큰 사건이다. 필자는 북한이 몇 년 전부터 사실상 'Two-Korea정책'을 모색하고 부분적으로 시도는 하고 있지만 코페르니쿠스적 전환처럼 공식적으로 확정하고 대내외에 발표하는 것은 절대로 할 수 없을 것이라고 판단하였다. 결과적으로 필자의 판단은 100%로 틀린 것이 되었다.

'두 개 국가론'에 따른 후속 조치들

북한은 'Two-Korea정책'을 발표하고 김정은의 지시에 따라 대남 관계를 총괄하는 당의 통일전선부를 대적국(10국)으로 바꾸었다. 산하 대남 통일 기관과 '민족화해협의회', '조국통일범민족연합 북측 본부' 등 모든 대남 단체들을 없애 버렸다. 남북한 간 경제 협력을 위한 합의문도 모두 폐기하였다. 남북 교류협력을 위해 우리 자금으로 북한 지역에 건립한 공공 및 민간 시설물들을 철거하였다. 접경 지역에 철도·도로 등 남북 연결 고리를 모두 없애고 지뢰 매설 등 장애물을 설치하기도 하였다. 북한 내부적으로는 '민족', '통일'이나 '화해'를 연상하는 용어들을 사용하지 않기 시작했다. 북한 주민들에게 '삼천리 금수강산', '8천만 겨레'라는 표현을 사용하지 못하도록 강제하였다. 심지어는 평양에 있는 지하철역 중 '통일역' 명칭에서 '통일' 자를 빼버렸다. 해외 동포나 남한 주민들을 환영하면서 불렀던 애창곡인 '반갑습니다'라는 노래도 못 부르게 했다. 노동당 규약이나 북한 헌법에서 'Two-Korea 정책'에 부합하는 조문으로 개정하기 위해 실무적으로 진땀을 흘리리라 추측한다. 아직까지 북한 헌법의 내용 중 구체적인 개정 사항을 밝히지 않고 있다.

두 개의 국가 관계 공식화 배경

필자가 생각한 여러 가지 논리적 이유로 북한이 '하나의 조선' 논리를 버릴 수 없으리라고 생각했는데 이처럼 'Two-Korea 정책'으로 완전히 전환하고 실제적인 조치를 단행하고 있는 것은 내부적인 절박한 사정도 있으며 국제 정세의 변화에 따른 전략적 판단을 한 것으로 보인다. 'Two-Korea 정책'으로의 정책 전환에 대한 배경이나 이유에 대해서 북한 전문가들 간에 여러 분석이 제기되고 있다.

제기된 분석 내용들을 단순화시켜 대별해 보면 북한 정권·체제를 방어하기 위한 수세적 입장 하에서 나왔다는 분석과 핵무기를 보유한 북한이 향후 남한을 무력으로 통일하기 위한 명분을 만들기 위한 공세적 입장에서 나왔다는 분석으로 구분된다. 대부분의 남북 관계 전문가는 전자의 입장이며 상당수의 안보 전문가는 후자의 입장을 취하고 있는 것 같다.

필자는 기본적으로 전자의 입장이지만 부분적으로 후자의 입장도 한반도 정세 상황에 따라 동의되는 측면이 있다고 본다. 김정은 정권·체제에 심각한 위협적 요소인 남한 등 외부로부터의 자유의 바람을 막기 위해 제정한 일종의 체제 방어법인 '반동문화사상배격법'(2020년), '청년교양보장법'(2021년), '평양문화어보호법'(2023년) 등을 보면 북한의 최우선 정책 과제는 외부 요소로부터 북한 체제를 사수하는데 역점을 두고 있는 것으로 판단된다. 북한이 지금껏 철저한 사상 통제 교육으로 내부적으로 주민의 정신 무장을 철저히 통제한 것 같아도 과거 남북 교류협력 과정에서 느낀 바로는 의외로 쉽게 이완될 소지도 많았다. 김정일 위원장조차도 남북 교류협력이 몇 년 진행되고 나서 남한 측과 접촉한 북한 주민들의 정신 무장이 이완되는 것을 보고 대남 일꾼들에게 철저한 통제를 할 것을 지시하였다고 알고 있다. '가랑비에 옷이 젖는 줄 모른다'거나, '수적천석(水滴穿石: 물방울이 바위를 뚫는다)'이라는 말처럼 오랫동안의 남북 교류협력과 한류의 유입으로 북한 주민들의 사상이 체제에 심각한 위협이 될 정도로 이완이 되고 내면적 변화가 일어나고 있었다. 북한은 '하나의 조선' 논리에 따라 추구해 왔던 통일전선전술에 의한 '남조선 공산화 혁명'을 통한 한반도 통일은 남한의 월등한 국력과 역동성으로 인해 현실적으로 불가능한 것으로 판단한 것 같다. 반면에 남북 교류협력과 한류의 지속적 유입은 북한 주민의 사상 이완을 초래해서 오히려 북한 체제에 심각한 위협적 요소가 된다고 판단한 것 같다. 북한 체제를 지키는 방법은 남북한 간 접촉과 교류의 고리를 끊기 위해 남북한을 '나라와 나라 사이의 관계'로 보는 'Two-Korea 정책'으로 전환하는 것이 불가피하다고 전략적인 결론을 내린 것이라고 본다.

북한의 끊임없는 핵·미사일 개발과 핵무기 보유 달성도 일차적으로는 김정은 정권과 북한 체제를 군사적으로 방어하기 위한 것이었다. 군사적으로 체제 방어에 절대적 버팀목인 핵무기를 보유한 상황에서 북한의 완전한 비핵화 입장만을 고수하고 있는 남한 측과 계속 상대하는 것은 도움이 되지 않는 것이다. 특히 과거처럼 북한에게 실실적인 도움도 주지 못하고 대북 경제 제재 해제를 위한 대미 영향력도 별로 없는 것으로 보이는 남한 측과 상대할 유인책도 없는 것이다. 한편으로는 북한이 지속되는 미중 패권 경쟁과 우크라이나 전쟁을 기화로 중국·러시아와 미국을 비롯한 서방 국가와의 대결 구도를 신냉전으로 규정하였다. 이러한 신냉전 정세에 편승하여 중국·러시아·북한이 3자 연대를 구축하는 것이 김정은 정권과 북한 체제에 전략적으로 유리하다고 판단했다. 3자 연대를 통해 체제 보장도 되고 실리적인 이득도 얻는 유리한 구도가 될 것으로 결론을 내리고 과감한 전략적 행동에 나선 것이다. 위와 같은 복잡한 전략적 판단 하에 김정은 정권은 'Two-Korea 정책'을 대외적으로 공식 표명한 것이다.

북한은 'Two-Korea 정책'을 발표하면서 유사시에 전쟁이 일어나면 핵무력을 포함한 모든 수단과 역량을 동원해 남한을 점령·평정·수복해 북한에 편입시키겠다고 무력통일 의지를 비추었다. 물론 어느 나라나 국가의 최고 지도자는 외부로부터 군사적 위협을 받거나 전쟁이 발생할 경우에 나라를 수호하기 위한 결연한 의지를 보이는 것이 당연한 보편적인 현상이다. 북한은 처음 핵무기를 개발하면서 외세인 미국의 핵공격 등에 대비한 것으로써 한반도 평화를 보장하기 위한 것이며 이를 통해 남한을 전쟁으로부터 보호해 준다고까지 강변하였다. 동족인 남한에 사용하기 위한 것이 절대 아니라고 강조하였다. 그러나 북한은 핵무기를 완성, 보유한 이후에는 완전한 비핵화를 요구하는 남한을 향해 필요시에는 선제공격 등 핵무기를 사용하겠다고 위협하였다. 2022년 9월 핵무기 사용 조건 등을 명시한 '핵무력 정책법' 제정이 그것이었다. 북한이 유사시 같은 민족을 궤멸시킬 수 있는 대남 핵무기 공격을 위한 정당한 논리적 근거를 미리 하나 더 만들어 놓기 위해 남북 관계를 '민족 내부 관계'가 아니라 '두 개의 나라 관계'로 규정해 놓은 것이라 봐야 한다. 김정은은 2024년 10월 17일 인민군 제2군단 지휘부를 방문한 자리에서 만약이라는 전제 조건하에서 남한에 군사력을 사용한다면 "그것은 동족이 아닌 적국을 향한 합법적인 보복 행동으로 본다"고 발언한 것으로 보아도 알 수 있다.

김정은 정권의 출범 초기에는 새로운 통치 권력의 안착 및 공고화에 지장을 줄 수 있는 군부 세력의 권력 약화 등 이들을 길들이는 데 역점을 두었다. 어느 정도 통치 권력이 안정되고 나서는 북한 체제의 군사력 강화를 위해 군부 세력과 협력하여 핵·미사일의 개발 및 고도화에 성공하였다. 북한 군부 세력과의 협력 강화는 자연스럽게 북한 권력 구조에서 군부의 위상이 높아지게 되었다. 핵·미사일 등 전략 무기의 지속적 개발로 북한판 군산 복합체가 형성되었는데 이로 인해 전략적 의사 결정에 군부의 입김이 세지는 방향으로 진전되었으리라 본다. 군부는 기본적으로 충성심이 강하고 호전적인 성향이 강하기 때문에 유사시에 대남 핵무기 사용을 마다하지 않을 것이다. 따라서 남한을 같은 민족으로 보기보다는 별개의 나라로 정립해놓는 것이 대남 핵 공격을 정당화할 수 있는 명분이 되는 것이다. 결론적으로 'Two-Korea 정책'은 유사시를 대비한 공세적인 전략도 함께 내재한 것으로 보는 것이 타당하리라 본다.

북한의 'Two-Korea 정책'에 대한 대응 방향

북한이 발표한 'Two-Korea 정책'에 대해 우리 사회에서는 어떻게 대응하는 것이 타당한지에 대한 관점이 나뉘어져 있다. 대별하면 하나는 우리도 'Two-Korea 정책'으로 대응해 남북한이 국제사회에서는 물론이고 상호 간에도 별개의 국가로 규정하는 것이 전략적으로 필요하다는 것이다. 또 다른 하나는 우리는 북한의 달라진 입장에 영향을 받을 필요가 없고 종래의 우리의 통일정책에 따라 남북한은 민족 내부 관계로 계속 규정해 통일을 추진해야 한다는 다른 관점이 있다. 필자는 후자의 입장이다. 평생 한반도 통일을 학수고대했던 한 사람으로서 전자는 분단을 고착화시킬 우려가 있어 위험한 판단이라고 생각한다. 후자의 입장을 견지할 때 통일의 목표를 달성할 수 있는 논리적, 현실적 근거가 된다고 주장한다.

전자의 관점은 당면하게 남북 관계에 필요한 것은 당장 실현하기 어려운 통일보다는 평화를 우선적으로 정착시키는 것이 필요하다고 주장한다. 남북 간 평화 공존이 오랫동안 지속되면 그 이후에 통일의 가능성이 높아진다고 주장한다. 그동안 남북 관계를 하나의 민족 내부 관계로 보았기 때문에 항상 상호 간 무한 경쟁의 상존과 이로 인한 군사적 긴장의 지속으로 안보상 위기가 되풀이 된다는 것이다. 남북 관계가 국제사회에 적용되는 국제법적 규범의 적용을 받는 '두 개의 국가 관계'로 규정되면 '민족 내부 관계'로 인한 무한 경쟁이 줄어들고 그 결과 안보상의 위기가 줄어들어 상호 간 평화 공존이 지속될 수 있다는 것이다. 북한의 핵무기 개발 집착도 남북 간 치열한 군사적 경쟁에 의해 발생한 것인데, 제로섬적 남북 관계 때문에 북한이 체제 사수를 위해 성공한 핵무기 보유를 절대로 폐기하지 않을 것이라고 주장한다. 앞으로 남북 관계는 제로섬적이 아닌 두 개의 일반적인 국가 관계로 전환하여 실리적인 평화 공존을 우선 추구하고 통일은 그 이후에 추구할 과제라는 것이다. 한편 보수적인 시각을 가진 전문가들 중에도 두 개의 국가 관계를 받을 필요가 있다는 주장도 있다. 불량 국가인 북한에 대해 우리 민족이라는 이유로 우리가 북한의 잘못된 행위에 대해 단호하게 대응하지 못하고 또한 동포애적 차원에서 무한정 대북 퍼주기를 하는 것은 바람직하지 않다는 것이다. 남북한이 두 개의 국가 관계에서 국제 규범이 엄격히 적용되는 관계로 설정해야 상호 존중과 호혜적인 관계로 만들어 갈 수 있다는 것이다. 전자의 입장에 따르면 현실적으로 한반도 북쪽에서는 '조선민주주의인민공화국'이 국가로서의 실체로 존속하고 있기 때문에 우리의 헌법상의 영토 조항도 한반도 전체가 아니라 우리의 주권이 미치는 남한 지역에 국한하는 것으로 변경하여야 한다고 주장한다.

후자의 입장은 남한은 한반도에서의 유일한 합법 정부로서 정통성을 가지고 있으며 이를 근거로 한반도의 통일을 주도적으로 추진할 수 있는 헌법적 근거를 갖는다. 만약에 헌법의 영토 조항을 개정하고 남북 관계를 두 개의 국가 관계로 전환하면 통일은 현실적으로 멀어지고 한반도의 분단을 고착화시키게 된다. 한반도를 둘러싼 미국, 중국, 러시아, 일본 등 주변 국가들은 그들의 전략적 이해관계 때문에 한반도 분단의 지속, 즉 현상 유지를 속내로 바라고 있다. 남북한이 스스로 두 개의 일반 국가 관계로 전환한다면 이들 국가는 한반도 통일에는 정책적 관심을 크게 두지 않을 것이다. 이로 인해 한반도상의 두 개의 국가 관계를 기정사실화하려고 할 것이다. 그 결과는 한반도 분단의 영구화를 초래하게 된다. 또한 앞으로 급변 사태 등 한반도에 통일의 기회가 와 우리가 주도적으로 통일을 추진하고자 할 때 주변 국가, 특히 중국이나 러시아는 전략적 이익을 위해 두 개 국가 관계를 이유로 북한을 자국의 세력권으로 편입하려고 할 것이다. 그러면 우리의 통일 추구는 무산될 것이다. 그런 면에서 통일을 추구하기 위해서 결코 남북 관계를 두 개의 국가 관계로 허용해서는 안 된다. 국내적으로 통일에 대한 무관심이 증대되고 있고 특히 통일을 원하는 젊은 세대가 50%도 안 되는 최근의 상황에서 남북한을 두 개의 국가 관계로 정립하면 앞으로는 우리 국민 특히, 젊은 세대의 통일에 대한 의지는 매우 취약해질 것이다. 통일은 민족공동체의 구성원이 강렬하게 바라고 강한 의지를 갖고 적극적으로 추진해야 할 목표이다. 통일에 대한 열망과 의지, 그리고 추진력이 저하된다면 결국은 분단 현실에 안주하게 된다. 따라서 통일은 요원해지고 분단은 고착화되는 것이다. 이와 같은 현실을 종합적으로 고려한다면 우리 민족의 숙원 과제인 통일을 위해서는 남북 관계는 'Two-Korea 정책'이 아니라 민족 내부의 특수 관계인 'One-Korea 정책'을 그대로 지속해야 한다. 북한의 전략적 필요성에 의해서 규정한 'Two-Korea 정책'에 우리가 영향을 받을 필요가 전혀 없고 우리가 정당하고 합리적이라고 정의해 온 'One-Korea 정책'하의 통일정책 기조를 그대로 유지하면 된다.

동서독 사례의 교훈

동서독 관계의 경우 서독은 동독을 국가로서 인정하지 않는 정책을 끝까지 견지했다. 동독은 '두 개 국가론'에 입각하여 동서독이 서로 별개의 국가임을 주장하고 이를 실현하기 위해 지속적으로 노력하였다. 동독은 1972년 12월 체결된 '동서독 기본조약'에 따라 현시점부터 서독이 동독을 별개의 국가로 인정했다면서 외교 관계에 따라 상호 간에 대사관을 설치하자고 제안했다. 이러한 제안에 서독은 동서독이 별개의 외국으로서의 국가 관계가 아니고 '전체 독일 내의 부분국가'로서 '독일 민족 내부의 특수 관계'라고 주장하였다. 상호 간에 대사관이 아니라 상주대표부를 설치해야 한다면서 이를 관철시켰다. 서독은 동서독 지역에 거주하는 사람을 독일제국을 계승한 전체로서의 독일에 거주하는 하나의 민족인

'독일인'으로 간주하였다. 이러한 논거에 의해 동독 주민이 서독으로 탈출해오면 같은 민족인 독일인으로서 수용하여 자동적으로 서독 주민이 되었다. 서독의 이러한 민족 내부의 특수 관계 하에 하나의 독일인이라는 관점이 나중에 동서독의 통일 과정에서 동독이 서독으로 자연스럽게 편입되는 논거가 되었다. 통일을 신속하게 추진하는 힘이 되었다. 동서독의 분단과 통일에 법적 권한이 있었던 4대 전승국인 미국·소련·프랑스·영국도 동서독 주민들의 '하나의 독일인'으로서의 급격한 통일의 도도한 물결을 막을 수가 없었다.

'민족 내부의 특수 관계'하의 독일의 통일 사례는 우리에게도 시사하는 바가 매우 크다. 북한이탈주민을 우리가 별도의 난민 심사나 귀화 절차 없이 바로 우리 국민으로 인정하는 것은 북한을 별개의 국가로 간주하지 않고 민족 내부의 특수 관계로 보기 때문이다. 북한 주민을 같은 민족의 구성원으로 보기 때문에 자동적으로 대한민국 국민이 되는 것이다. 두 개의 국가 관계가 되면 우리가 중국이나 러시아 등 다른 나라에게 북한이탈주민이 헌법상 우리 국민이니 대한민국으로 보내 달라고 요구할 수 있는 법적 근거가 사라지게 된다. 그러면 중국이나 러시아는 북한이탈주민을 당연히 북한으로 보내게 된다. 한편 남북한 관계를 민족 내부의 특수 관계로 규정하면 한반도 유사시에 주변 국가들의 간섭 없이 바로 통일을 실현할 수 있는 정당한 법적 동력이 생기는 것이다. 남북한을 두 개의 국가로 규정하면 유사시에 주변 국가들이 한반도 문제에 당연히 간섭할 수 있는 근거가 된다. 이러한 것은 한반도 통일에 큰 장애물을 스스로 만드는 꼴이 되는 것이다.

누차 강조하지만 통일을 위해 민족 구성원들의 열망과 의지가 지속되는 것이 매우 중요한데 '두 개의 국가론'은 앞으로 남한이든 북한이든 젊은 세대에게 통일의 의지를 약화시키고 궁극적으로 영구 분단을 고착화시키는 결과를 초래할 것이다. 개념, 뜻이 내포된 단어, 문구는 계속 되풀이 사용되어야 우리 뇌리 속에 각인되고 행동의 목표로서 작용될 수 있다. 남북한이 '하나의 나라로서의 내부적 특수관계'인 우리나라가 되어야 '통일'의 개념이 젊은 미래 세대에게 되풀이 교육되어 통일 의지가 길러지는 것이다. '평화'만 강조하거나 국제 규범의 적용을 받는 두 개의 국가 관계로 되면 '통일'의 목표는 점차 약화되거나 사라지게 된다. 통일을 위한 중간 목표인 '평화 공존'이 최종 목표인 '통일'을 소멸시키는 결과가 될까봐 심히 우려된다. 이와 같은 이유로 'Two-Korea 정책'은 근본적으로 문제가 있다.

최근의 통일 환경을 보면 한반도의 통일 전망은 어두운 것이 현실이다. 미·중 패권 경쟁의 상기성, 우크라이나 전쟁으로 인한 러시아와 자유진영의 대결, 이에 편승한 중국·러시아·북한의 3자 연대로 인한 신냉전 시대의 전개로 대외적인 한반도 통일 환경은 부정적이다. 그리고 북한의 핵무기 보유와 김씨 왕조 세습 체제의 지속과 더불어 'Two-Korea 정책'도 우리의 통일에 필요한 북한의 바람직한 변화를 어렵게 한다. 더구나 80여 년에 이르는 분단의 지속은 우리 사회의 통일에 대한 피로감 누적과 통일 무관심을 증대시켰다. 이는 대내적인 통일의 동력이 계속 저하되는 결과를 초래할 것이다. 이러한 부정적인 통일 환경에서 우리에게 지속적으로 요청되는 것은 우리들의 통일에 대한 열망과 의지를 계속 유지하고 강화시키는 것이다. 정부 차원은 물론이고 민간 차원에서도 통일교육이 반드시 활성화되어야 한다. 우리의 통일은 민족의 자존심에 관한 문제로서의 당위적 측면은 물론이고 대한민국과 우리 민족의 더 큰 발전이라는 공리적 측면(통일 편익)에서도 반드시 추구해야 할 시대적·국가적 과제이다. 비록 어려운 통일 환경에 처해 있지만 우리는 한반도 통일을 위해 우리의 국가 역량을 계속 강화시켜 나가면서, 복합 위기 속의 신냉전의 국제정세에 전략적으로 대응해 나가야 한다. 또한 북한의 바람직한 변화를 견인해 나가는 노력을 지속적으로 해야 한다. 베트남, 독일, 예멘 등 이전 분단국가는 오래 전에 통일되었는데 우리 민족, 우리나라만 아직도 분단된 채로 살아가고 있다. 우리는 앞으로도 희망과 도전의 자세로 더 많은 노력을 해야 한다. 비록 북한이 'Two-Korea 정책'으로 대남 노선을 전환하였다 하더라도 우리는 평화통일 목표를 위해 계속 준비하고 노력해야 한다. 민족자결주의 정신을 바탕으로 우리의 통일 의지 제고, 자강력 강화, 통일 외교 추진, 북한의 바람직한 변화를 견인해 나가야 한다.

최근 통일 환경의 진단과 우리의 자세

1983년 5월 23일 통일부(당시 국토통일원)에 입부한 후 통일 업무를 시작하여 40여 년간 우리 민족의 통일에 대한 여망을 안고 뛰어 왔다. 현재의 꽉 막힌 남북 관계와 긍정적이지 못한 국제 환경을 보면서 꿈에도 소원인 한반도 통일은 아직도 요원하다는 판단이라 답답한 심정이다. 필자의 기억에 1980년대 초에 국토통일원에서 델파이 기법으로 많은 전문가들에게 향후 남북 관계와 통일에 대한 전망을 물었을 때 대체로 2010년대에 남북 관계가 엄청나게 진전되고 통일에 가까워질 것이라고 진단했던 것 같다. 필자도 1990년대 후반에 남북 관계 전망에 관한 질문을 받았을 때 2010년대쯤 가면 남북 관계가 활성화되어 경제공동체로 진입하지 않을까라고 낙관적 언급을 한 적이 있었다. 지금 이 시점에서 결과적으로 평가해보면 모두가 희망적 사고로 귀결되었다. 아마 분단국가에 살아가고 있는 우리 국민들 모두는 통일에 대한 강한 열망과 희망을 갖고 있어 보다 빠른 시일 내에 통일을 이루어야 한다는 감성적 의지가 앞서지 않았나 생각된다.

남북 분단 체제 장기화에 대한 우려

이제 공직에서의 통일 업무를 떠난 지 10여 년이 훨씬 지났다. 많은 시간이 흘렀고 자유로운 몸이 되니 통일 문제를 보는 눈도 보다 더 현실적으로 냉정해지는 것 같다. 최근에 필자는 여러 모임에서 통일 문제를 언급할 수 있는 기회에 현재나 앞으로의 우리의 통일 환경은 매우 비관적이고 장기화될 수 있어 통일은 가까운 시일 내에는 물론 어렵고 요원할 것 같다고 얘기한 바 있다. 오매불망 통일 운동을 열심히 하고 있는 사람들 앞에서 심지어 분단 세월이 100년이 될지도 모르겠다고 차갑게 얘기한 적도 있다. 필자의 논거는 다음과 같다.

미중 패권 경쟁 등 통일에 불리한 국제 환경

첫째, 과거 다른 분단국가의 통일 사례를 보면 대외 정세가 통일 환경에 유리하게 형성, 작용하였는데 우리는 그렇지 못하고 또한 이러한 환경이 장기화될 것이라는 것이다. 베트남의 경우는 우리가 원치 않는 공산화 무력통일이지만 베트남 전쟁에서 월남(남베트남) 정부를 그나마 받쳐주었던 미군이 철수함으로써 생긴 전력 공백을 월맹(북베트남)과 베트콩(남베트남 민족해방전선)이 무력으로 월남을 점령하여 1975년에 통일이 되었다. 독일과 예멘은 경제력의 쇠퇴로 약화되고 있는 공산권의 종주국인 소련이 동독과 남예멘에 개입하지 않음으로써 두 나라는 전격적으로 1990년에 통일이 되었다. 독일의 경우는 동독 내 공산 독재 정권에 항거한 동독 시민의 민주혁명으로 동독 정권이 무너지고 동독 시민이 자유롭고 풍요로운 서독 체제로의 통일을 요구하여 동서독 간 통일이 전격 이루어졌다. 예멘의 경우는 남북 예멘은 오랜 역사의 단일 민족 의식과 통일이 가져올 경제적 실리를 고려하여 남북 예멘 간 정상회담을 통해 전격적으로 통일을 하였다. 세 나라 모두 통일이 이루어졌던 당시 대외 정세가 통일에 유리한 환경이었다.

우리의 경우에는 남북통일에 중요한 영향을 미칠 수 있는 국가인 미국과 중국이 패권 경쟁으로 부딪치고 있고 이것이 장기화될 것이라는데 문제가 있다. 대체로 전문가들은 과거에 강대국 간 패권 경쟁은 세계 대전 등 전쟁이 일어나서 정리가 되었지만 지금의 미·중 패권 경쟁은 전면전으로는 확장되지 않고 여러 분야에서 패권 경쟁이 장기화될 것으로 예측하고 있다. 미·중 간에 무역, 기술, 금융, 사이버, 군사력, 해상, 우주 등 다양한 분야에서 패권 경쟁이 지속될 것이며 가까운 시일 내 결말이 나지 않는다는 것이다. 이러한 패권 경쟁은 20~30년 장기간 지속된다는 것이다.

소련이 붕괴하여 국제적 영향력이 약화되었을 때 독일과 예멘이 통일된 것을 우리의 통일의 경우에 단순 대입해 보면 북한을 뒷받침하는 중국이 약화되는 상황이 되어야 한다. 현실의 상황은 그렇지 못하고 오히려 중국은 앞으로도 계속 경제적 성장과 군사력 증강이 이루어져 강대국으로서 국제적 영향력이 더욱 증대될 것이라는데 문제가 있다. 우리의 통일에 유리한 환경이 되려면 앞으로 미·중 간에 협력적 구도가 장기적으로 지속되어야 한다. 진행되고 있는 미·중 패권 경쟁의 양상을 보면 현실적으로 가까운 시일 내 가능할 것 같지 않다. 결국 우리는 미·중 패권 경쟁 구도의 지속으로 두 나라 사이에 샌드위치 신세가 되어 입지는 매우 약화되고 운신의 폭이 좁아질 수밖에 없다. 중국의 입장에서 보면 우리가 주도하는 통일한국은 북한이라는 완충지대가 없어지고 한반도 전체가 미국의 세력권 안에 들어갈 수 있다. 미국과 국경선을 마주 접하고 대치한다는 것은 중국으로서는 전략적으로 매우 불리하기 때문에 결코 이와 같은 한반도 통일은 용납하지 않을 것이라 본다. 한반도의 지정학적 위치 때문에 미국과 중국은 물론이고 일본이나 러시아도 내심으로는 한반도의 조속한 통일보다는 일단 분단이 그대로 유지되는 것이 전략적으로 그들에게 유리하다고 계산할 것이다. 최근 러시아와 북한의 군사동맹 체결 등 밀착을 보면 더욱 그렇다.

북한의 핵 보유와 김씨 왕조 세습 체제 지속

둘째, 북한이 사실상 핵 보유국이 되었고 핵을 쉽게 포기하지 않을 것으로 전망되기 때문에 그만큼 통일은 어려워진다는 것이다. 한반도 주변 4강은 물론이고 국제사회에서 핵무기에 전략적으로 민감한 시각을 가진 나라는 핵무기를 보유한 통일한국을 결코 허용하지 않을 것이라고 본다. 동서독의 통일시 통일독일이 미국, 소련, 프랑스, 영국에게 핵무기를 개발·보유하지 않기로 약속하였기 때문에 독일 통일이 가능했다는 현실을 냉엄히 직시할 필요가 있다. 북한이 핵무기를 지속적으로 보유하면 통일을 향한 남북한 간의 교류협력 과정, 특히 경제공동체 형성 과정을 어렵게 또는 차단하는 결과를 초래한다. 또한 한반도 문제를 안보 이슈화시키기 때문에 남북한 간의 군비 경쟁이 심화되고 한반도의 냉전 구도 해소에 결정적 장애 요소가 된다. 이와 같은 상황이 지속될수록 통일은 요원해진다. 북한의 핵무기 보유가 우선은 북한 정권과 체제를 보위하는 수단으로 작용하겠지만 중·장기적으로는 북한 경제에 결코 도움이 되지 않을 뿐 아니라 여러 가지로 짐이 될 것이다. 그러나 북한은 핵무기의 지속적 보유만이 김정은 정권과 북한 체제를 지켜주고 대미·대남 협상력을 높일 수 있다고 생각하기 때문에 우리와 국제사회의 희망대로 빠른 시일 내에 북핵 문제를 타결하지 못하고 장기화될 것이다.

셋째, 북한의 고착화된 김씨 왕조 세습 체제는 통일의 걸림돌로 작용한다. 북한의 김씨 정권은 수령 1인이 종신 지배하는 체제이기 때문에 사실상 김정은 그 자체가 북한인 셈이다. 따라서 김정은의 권력, 김정은의 나라가 역사에서 사라지는 형식의 통일한국은 북한으로서는 상상도 할 수 없는 국면이다. 다른 공산 국가처럼 북한의 권력이 혈연으로 세습되지 않고 교체되어 개혁적 리더십이 나타난다면 통일 협상의 여지가 조금은 있을 수 있다. 1인 종신이 아닌 집단적 지도체제이거나 제도적으로 정권 교체가 보장되는 북한을 가정할 때 민족의 미래를 위한 남북한 최고지도자 간의 통일 담판을 예멘처럼 할 수 있는 가능성이 높아진다. 물론 여러 가지 상황이 부합해야 한다는 전제하에서 그렇다는 것이다. 북한 정권의 앞날을 정확히 예측할 수는 없지만 현재는 북한의 김정은이 젊기 때문에 특별히 건강상 문제가 발생하지 않는 한 김정은 정권은 물리적으로 장기화된다고 보아야 한다. 김정은 재임 중에 혹시 북핵 문제가 어느 정도 해결되고 남북 관계가 진전된다 하더라도 1인 수령 체제하에서는 제로섬적인 통일은 절대 쉽지 않다는 것이 당연한 귀결이다.

우리 사회 통일 무관심 증대

넷째 우리 사회의 통일에 대한 무관심의 증대이다. 분단된 지 80여 년이 흘렀고 북핵 문제가 장기화되면서 통일과 남북 문제에 대한 피로감이 증대되어 통일에 대한 무관심은 더욱 커지고 있다. 서울대 통일평화연구원에서 2024년 7월에 실시한 '만19세 이상 전국 성인 대상 통일의식조사'에서 통일이 필요하다는 응답은 36.9%로 2007년 조사 시작 이래 가장 낮은 비율을 보였다. 그저 그렇다는 28.1%, 필요하지 않다는 35.9%로 응답을 하였다. 민주평통에서 2024년 11월에 실시한 '2030 대상 통일여론조사' 결과에 의하면 통일의 필요성에 대해 필요하다는 응답은 43.3%인데 필요하지 않다는 응답은 48.1%로 나타났다. 통일과 대한민국의 이익 관련 인식에서 이익이 될 것이라는 응답은 41.8%인데 이익이 안 될 것이라는 응답은 48.1%로, 통일과 자신의 이익 관련 인식에서 이익이 될 것이라는 응답은 26.2%인데 이익이 안 될 것이라는 응답은 60.4%로 나타났다. 이처럼 다수의 국민들은 현실적이고 실리적인 생각으로 전환하고 있다. 젊은 세대는 물론이고 중장년 나아가 일부 노년층에서도 이제는 통일을 절대 목표로 추구하기보다는 남북 관계를 안정적으로 관리하면서 실리를 추구하는 방향을 선호한다.

통일보다는 평화와 공존이 현실적이고 실리적으로 타당하다는 것이다. 만약에 나라의 구성원으로서 국민의 대다수가 이러한 생각을 하고 특히 미래 세대의 절대다수가 통일에 대해 무관심하고 필요성을 느끼지 못한다면 통일은 요원하다고 보는 것이 순리적이지 않을까 생각한다. 북한도 그동안 말로는 '하나의 조선' 기치하에 통일! 통일! 통일! 이라고 외쳤지만 내면적으로는 통일이 현실적으로 어렵다고 생각했을 것으로 본다. 다만 김씨 왕조 세습 정권의 정통성과 통치 명분 그리고 내부 체제 결속을 위해 통일 문제를 정치적으로 잘 활용했을 뿐이라고 본다. 현재 북한은 현실적 입장에서 남북 관계를 '하나의 조선'이 아닌 '적대적인 두 개의 나라 관계'로 규정하고 통일을 포기한다는 것을 표명하였다.

이제 남북한은 더욱 더 통일의 열기는 식어지고 무관심은 높아질 것이다. 이와 같이 민족 구성원의 10분의 3인 북한의 정권은 남북 관계를 두 개의 국가관계로 규정하여 통일을 포기하는 듯하고, 10분의 7의 인구를 구성하는 남한에서는 통일이 필요하다고 하는 사람이 37%정도 밖에 되지 않으니 심각한 문제로 인식하지 않을 수 없다.

지금까지 우리에게 불리하게 전개되는 최근 통일 환경에 관한 필자의 분석을 설명했는데, 그동안 통일 업무를 하면서 필자에게 통일 문제와 관련하여 강하게 각인되거나, 메시지를 주거나, 다시 돌이켜 생각해 보게 한 사례들을 소개하려고 한다.

"홍 선생, 통일이 되겠습니까?"

첫 번째 사례는 1992년 9월에 남북 관계 행사 차 북한을 방문했을 때이다. 필자를 전담 안내하는 북한 관계자는 아니었는데 우연찮게 필자와 둘이만 얘기할 수 있는 짧은 시간이 있었다. 그 북한 관계자가 필자에게 갑자기 "홍선생 통일이 되겠습니까?"라고 물어 왔다. 필자는 순간적으로 당황했다. 통일이라는 것은 우리 민족에게 당연한 목표이고 남한이나 북한이나 입만 떼면 통일을 이룩하자고 앵무새처럼 되풀이하는 말이다. 특히 북한은 세뇌하듯이 통일을 언급하는데 북한 사람이 그런 질문을 하니 무슨 의도로 질문하는지 조심스러웠다. 그때 필자는 "우리 민족은 당연히 통일을 해야지요"라고 답변하였다. 그러자 북한 관계자는 "통일은 안 됩니다. 남이나 북이나 권력을 가진 사람이 자기 권력을 내놓겠습니까? 절대 통일은 안 됩니다"라고 말하였다. 그때 필자는 순간적으로 내심 놀랐다. 오매불망 통일의 목소리를 높이는 북한 사람이 이런 말을 하다니, 그리고 처음 만난 남한 사람에게 거침없이 이런 얘기를 할 수 있다니, 북한의 최고 정책 결정권자도 아닌 실무 관계자(지위는 알 수 없음)가 현실의 권력 정치를 꿰뚫어 보고 자신 있게 말하고 있다니 놀라웠다. 필자는 그 이후 통일 업무를 하면서 통일 문제에 내재된 현실적 권력 정치의 속성을 두고두고 잊지 않았다.

급변 통일 문제

두 번째로 북한 붕괴에 따른 급변 통일 문제이다. 1994년 7월 김일성이 죽고 난 이후인 것 같다. 당시 이홍구 통일부총리가 직원 조회에서 이제까지 추진해 오던 통일 방식이 아니라 다른 상황이 전개될지도 모르니 이에 대비해야 한다는 논지의 말씀을 한 적이 있었다. 현실적으로 있을 수도 있는 북한 붕괴에 따른 급변 통일에 대비해야 한다는 내용이었다. 톤이 강하지 않았고 차분하게 말씀은 하셨지만 그동안 '한민족공동체 통일방안'을 성안하고 민족공동체 형성을 위한 다양한 남북 교류협력을 적극 추진하고자 하였던 이 부총리의 입에서 그런 말씀이 나오니 그 분의 정책 이미지상 어울리지 않았다. 필자는 이상한 생각이 들었다. 왜냐하면 혹시 정부의 고위급에서는 우리 실무자가 모르는 어떤 확실한 정보를 가지고 있어 그러한 말씀을 하신 것이 아닌가 추측도 해보았다. 남북 대화나 남북 교류협력에 높은 관심을 가지고 있었던 실무자인 필자로서는 충격적이었던 내용이었다. 당시의 김영삼 정부 시절에는 북한을 '고장난 비행기'로 비유하면서 경착륙(hard landing)대신에 연착륙(soft landing)을 시켜야 한다는 논쟁이 있었다. 물론 이러한 논쟁은 미국에서도 전문가들 사이에 이미 거론되었다. 그러나 북한은 최고 통치자가 갑자기 유고하고 어려운 경제난이 지속되었지만 붕괴되지 않고 김씨 세습 정권과 북한식 사회주의를 지탱하였다. 이와 같은 북한 붕괴에 따른 급변 통일 준비는 이명박 정부나 박근혜 정부 시절에도 나타났다. 이명박 대통령은 "도둑처럼" 통일이 올 수 있다고 했고 박근혜 대통령은 "통일 대박"이라면서 '통일준비위원회'를 구성, 운영하였다. 절대 권력 수령으로서의 북한 최고 리더십의 정권 교체기, 북한의 심각한 경제난의 지속, 동서독의 급변 통일 등을 목격한 남한의 최고 통치자 입장에서는 급변 통일 상황이 오면 나라 전체의 위기를 막고 안정적인 통일의 과정을 수행해야 한다는 점에서 항상 위기감을 갖고 철저한 대응을 해야 한다는 책임감에 따른 자세는 이해될 만하다고 본다. 정부에서는 NCND(neither confirm nor deny, 시인도 부인도 하지 않음) 입장이지만 위기관리 업무의 영역이 되었다. 그러나 정권의 성향에 따라, 고위 관료의 관심도에 따라, 또는 남북 관계의 상황에 따라 이 업무의 밀도는 높낮이가 매우 차이가 났다. 필자는 북한의 붕괴가 결과적으로 나타나지 않았는데 그 당시 대통령들은 북한 붕괴에 따른 급변 사태가 임박한 것으로 믿은 이유가 무엇인지 궁금하다. 대통령이 북한 붕괴 가능성을 직감으로 강하게 믿고 자주 언급하면 정보기관에서 붕괴 가능성에 대한 정황 정보를 자주 보고하고 이것이 대통령으로 하여금 확증 인식을 강하게 갖게 할 수 있다. 한편 종말론이나 섭리론을 강조하는 종교 지도자들의 발언이나 예언을 듣고 대통령의 신앙적 믿음에 따른 것으로도 추측해 볼 수 있다.

분단국 통일 이후 통합 실패 사례

세 번째로 공직 퇴직 후 대학 강단에서 '분단국 통일 사례'를 강의하면서 예멘의 통일에 대해서 자세히 분석하는 기회가 있었다. 우리는 그동안 통일 추구에만 몰두해서 통일 이후의 통합 과정에 대해서는 대체로 관심이 높지 않았다. 남북 예멘은 1990년에 통일되고 나서 정치·사회적 갈등으로 1993년에 분리되었다가 1994년에 북예멘이 남예멘을 무력으로 진압하여 재통일하였다. 그 사례에서 통일 이후의 통합이 매우 중요하다는 것을 알게 되었다. 베트남 통일은 일방적인 통합으로 약 100만 명의 보트 피플(boat people)이 생겼고, 성공적인 독일 통일의 경우에도 오랫동안 동서독 주민 간의 심리적 갈등이 지속되었다. 이러한 다른 나라의 통일 사례를 통한 시사점을 통해 통일을 향한 후발 국가로서의 한국은 남북 통일 이후의 통합에 대해서도 높은 관심을 가져야 한다. 통일 이전부터 통일 및 대북 정책 수립에 이를 고려해야 한다고 생각했다. 우리의 역사에 있어서 신라가 삼국 통일하여 통일신라가 259년 존속하였다. 말기 30여 년간은 후삼국으로 분리되어 정치적 갈등과 충돌이 있었지만 그래도 오랫동안 삼국 통합을 잘 해 나간 것으로 판단된다. 특히 삼국 통일의 첫 왕인 문무왕은 삼국 통합을 위한 노력을 많이 했을 것으로 추측된다. 후삼국을 통일한 고려 왕건도 통합을 위해 많이 노력한 것으로 역사가 기록하고 있다. 분단국 통일 이후 통합 실패 사례나 우리 역사를 통해 그만큼 통일 이후의 통합이 매우 중요함을 깨달았다.

동서독 통일 과정의 증언들

끝으로 동서독의 통일 과정에 대한 증언자들의 다양한 경험을 통해 많은 것을 깨닫게 되었다. 그 중 하나는 독일 통일의 주역이었던 헬무트 콜(Helmut Kohl) 총리의 외교담당 수석인 호르스트 텔칙(Horst Teltschik) 보좌관의 증언 내용이다. 텔칙 외교보좌관은 1989년 11월 9일 베를린 장벽이 무너질 때부터 1990년 10월 3일 독일 통일이 이루어지기까지 329일 동안 일기 형식으로 서독의 통일외교를 생생하게 기록한「독일 통일의 기적을 만든 결정적 순간들, 329일」이라는 회고록을 발간하였다. 한편의 드라마 같은 이 책에서 서독은 독일 통일의 칼자루를 쥐고 있는 미국, 소련, 프랑스, 영국을 설득해 나가는 통일외교를 적극적으로 펼쳐 나갔다. 미국은 기본적으로 동서독 통일을 지지하였지만 나머지 3국은 동서독 통일을 적극 반대하였다. 그럼에도 불구하고 이들 국가를 설득해 나가는 서독의 전략, 정책 수단, 담대함, 끈기, 유연성을 보고 감동을 받았다. 서독은 이들 국가들에게 당당하게 자기의 입장을 명확히 밝히고 끈질기게 설득해 나갔다. 4대 강국의 요구 수준이 만만치 않음에도 불구하고 원칙과 유연성을 적절히 발휘하여 대응함으로써 그들로부터 동서독의 통일에 대한 동의를 종국적으로 받아내었다. 서독의 통일외교의 승리였다.

한국과 독일 정부 간의 제7차 통일자문위원회(2017년)에서 텔칙 전 외교보좌관은 '한반도 주변 4대 강국에 대한 우리의 통일외교의 방향은?' 이라는 필자의 질문에 기억컨대 다음과 같이 답변하였다. 우리(서독)는 당당하게 우리의 입장을 4대 강국에게 언제나 변함없이 솔직하게 이야기하고 협조를 구하였다. 한국도 한반도 통일의 이해 당사국인 주변 강국에게 변함없이 당당하게 한국의 입장을 솔직히 이야기하고 협조를 구할 필요가 있다. 주변 강국에 주눅이 들거나 상대국의 입장이 무엇인지 우선 알아보고 나서 그에 맞추어 한국의 입장을 조심스럽게 언급하는 태도는 버려야 한다. 통일의 주체인 한국이 당당하게 통일외교를 이끌어야 한다는 요지로 말하였다. 필자는 우리도 주체로서의 당당한 통일외교를 해야 한다는 깨달음을 얻었다.

해마다 개최되는 한독통일자문위원회에서 한국 측 위원들이 여러 차례 독일이 통일 비용을 어떻게 조달했으며 효율적인 사용 방법에 대해 계속 질문하자 독일 측 위원들은 다소 짜증스러운 표정을 지었다. 우리 측 위원이 어마어마한 통일 비용 때문에 한반도 통일을 서두를 필요가 없다는 뉘앙스의 발언을 하면 독일 측 위원들은 다소 이해가 안 된다는 태도를 보였다. 독일 통일 당시에 서독 측의 재정·경제를 총괄했던 루데비히 총리실 실장은 동서독이 통일된다는 것이 제일 중요한 가치이지 통일 비용은 이차적인 문제였다고 언급했다. 한국이 남북한 통일의 기회가 왔을 때 통일 비용 문제 때문에 통일을 안 할 것이냐고 반문했다. 그동안 통일 비용을 강조했던 한국 내 사회 분위기에 대해서 새롭게 생각해 보는 계기가 되었다. 부끄럽다는 생각도 들었다.

동서독 통일의 주역들, 즉 통일 당시 동서독 정부 핵심 관계자, 동독의 민주시민혁명을 이끌었던 주역, 격동의 통일 현장을 목격했던 사람들의 증언을 통해 독일 통일의 상세한 내용을 알아가는 과정에 독일의 통일은 하늘(하나님)의 섭리에 따라 이루어진 것이구나 하고 순간적으로 느꼈다. 물론 독일 통일을 위한 오래 동안의 독일의 노력을 부인하자는 것은 전혀 아니다. 독일 통일이 이루어질 때까지 수많은 경로와 경우의 수가 있을 수 있겠다. 독일 통일 과정에 참여했던 인사들의 당시에 일어난 순간순간 일들에 관한 증언을 들어 보면 모두가 독일이 통일이 되는 방향으로 진행되고 있었구나 하는 직관적인 느낌을 받았다. 당시 급변의 과정에서 하나의 일이라도 통일과 어긋나는 일이 발생할 수 있었겠는데 극적으로 통일로 가는 방향으로 전개되었구나 느껴지니 이것은 하늘(하나님)의 뜻이 아니고는 설명할 방법이 없다고 여겨졌다. 우리의 한반도 통일을 위해서도 인간으로서의 최선의 노력은 다하되 마지막은 하늘의 뜻에 따라야겠구나하는 엄숙한 마음이 생겼다.

진인사대천명(盡人事待天命)

위와 같이 필자에게 강하게 각인되거나 메시지를 준 사례를 통해 우리의 통일 문제에 대한 필자의 생각은 결코 단순하지 않고 매우 복잡하며 어려운 사안이라고 본다. 그러나 우리의 통일은 반드시 이루어내야 할 역사적, 민족적, 공리적 과제이기 때문에 통일의 화두를 결코 내려놓아서는 안 된다. 우리는 최선을 다해 다양한 노력을 끝까지 해야 한다. 그리고 나서 하늘(하나님)의 뜻(섭리)에 따라야 한다. '하늘은 스스로 돕는 자를 돕는다.' 필자도 그러한 자세로 통일의 모퉁잇돌 하나를 쌓아간다는 심정으로 앞으로 할 수 있는 노력을 다 해나가고자 한다. 원컨대 살아생전에 통일의 그 날을 바라볼 수 있기를 간절히 바란다. 민족의 자존심을 회복하고, 남북 이산가족들이 서로 자유롭게 재회·재결합하고, 우리의 후손들이 평화롭고 번영하는 통일국가에서 행복하게 살아가기를 학수고대한다. 인간의 존엄성이 보장되고 종교의 자유와 창의성이 허용되는 통일국가가 되기를 바란다. 세계 속의 통일한국으로서 당당하게 세계의 평화문화를 선도해 나가는 그런 나라가 되었으면 한다.

독립운동정신을 통일운동정신으로 계승

금년은 광복 80주년이자 분단 80주년이다. 1945년은 분단으로 인해 완전한 광복이 되지 못 했다. 앞으로 통일을 이루어야 완전한 광복이 되는 것이다. 1945년은 일제로부터 해방된 제1의 광복이었고 통일이 되어야만 완전한 광복, 즉 제2의 광복이 되는 것이다. 제1의 광복을 있게 한 독립운동정신을 계승하여 제2의 광복을 이룰 통일운동정신의 고양을 위해 노력하겠다는 다짐을 해 본다.

인간에게 동기를 유발하여 행동을 하게 하는 방법은 '정신적 자극'과 '물질적 자극' 방법이 있다. 공산주의 국가는 공산혁명 의식을 고양시키기 위해 집단주의에 따른 '정신적 자극' 방법을 중시한다. 이해 반해 자본주의 국가는 개인주의에 따른 '물질적 자극' 방법을 중시한다. 오랫동안 우리 사회에서는 통일은 당연한 것으로 생각하고 받아들여져 '정신적 자극'에 의존했다. 그러나 분단이 지속되고 젊은 세대의 통일 무관심이 높아지자 우리 사회에서 일종의 '물질적 자극' 방식인 '통일 편익(이익)'의 개념을 적극적으로 확산하여 통일의 필요성에 대한 인식을 제고시키는데 기여하였다. 통일이 되면 분단으로 인해 지불될 고정적 분단 비용이 없어지게 된다. 통일로 인해 불가피 단기·중기적 통일 비용이 발생하지만 중·장기적인 측면에서 통일 비용을 상쇄하고도 남을 이익을 영구적으로 제공하는 통일 편익을 감안한다면 통일은 종합적인 이익을 줌으로써 공리적인 측면에서 필요하다는 논리다. 독일 통일의 결과로 입증된 것이다. 그러나 통일 편익론도 최근 통일 환경이 좋지 않고 따라서 통일 전망이 밝지 못해 사회적 관심이 저하되고 있다.

금년 8월 15일 광복 80주년을 맞이하여 식어 가는 통일 의지를 제고시키기 위해 '정신적 자극' 방법을 한번 강구해 보고자 한다. 물론 공리적인 측면에서 '물질적 자극' 방법인 '통일 편익(이익)론'도 계속 강조하여야 한다. 그러나 통일 문제는 근본적으로 '정신적 자극'이 반드시 필요하다는 입장을 전제로 한다. 역사적·민족적인 숙원 과제인 당위론적 측면이다. 일제 식민지 시대 암울한 상황에서 조국의 독립을 추구한 것이나 제2차 세계대전이 끝난 이후 전개된 대내외 정세 속에서 남북통일을 추구하는 것은 결코 쉬운 과제가 아닌 것은 동일하다고 본다. 그럼에도 불구하고 일제로부터 조국이 독립한 것은 우리 민족의 끈질긴 독립운동 정신의 결과라고 생각한다. 물론 국제정세가 변화한 결과이기도 했다. 오로지 조국의 독립, 광복만을 간절히 바라고 헌신과 희생을 한 수많은 독립운동가와 민중을 생각하면 우리의 입장에서 보면 독립운동정신의 결과라고 해도 지나치지 않다고 본다.

독립운동은 당시에 전개된 변화하는 정세 속에서 다양한 방법으로 추구되었다. 무장 투쟁, 의열 투쟁, 애국 계몽, 실력 양성, 대동단결, 독립 외교 등 다양한 방식으로 추구하였다. 그 모든 것은 오로지 일제에게 빼앗긴 조국의 강토와 국권(주권)을 되찾는 것이었다. 다양한 접근 방법을 통한 독립운동의 밑바탕에 깔려져 있는 정신은 민족(자존), 유구한 역사의식, 애국, 자주, 정의, 자유, 평화, 통합(대동단결), 헌신, 희생, 용기, 인내, 국제 연대 등이다. '韓國痛史("痛"은 나라가 무너진 아픈 역사를 말함)'를 저술한 독립운동 지도자 박은식 선생(1859.9.30~1925.11.1)은 "이제 한국의 형체는 허물어졌으나 정신만이 독존할 수는 없는 것인가. 이것이 痛史를 저작하는 소이이다. 神(역사)이 보존되어 멸하지 않으면 形(나라)은 부활할 시기가 올 것이다."라고 했다. 여성 독립운동가로서 하얼빈에서 순국한 남자현 지사(1872.12.7~1933.8.22)는 죽기 전에 "사람이 죽고 사는 것은 먹고 안 먹는 것에 있는 것이 아니고 정신에 있다.....우리의 독립은 정신으로 이루어진다." 라고 했다. 모두 독립을 위해 정신이 중요하다는 것을 강조한 것이다. 오늘 날 개인주의, 물질주의, 편의주의, 실리주의 등에 익숙한 우리 시대의 사람들, 특히 통일 무관심이 높아지고 있는 젊은 세대에게 요구되는 뜻깊은 말씀들이라고 생각한다. 독립이 정신으로 이루어진다고 했듯이 통일도 정신으로 이루어질 수 있는 과제라고 본다. 독립운동정신을 통일운동정신으로 계승하는 것이 우리 시대의 통일 화두로서 중요한 의의가 있다고 본다.

독립운동정신에서 통일운동정신으로 계승될 수 있도록 오늘날 재해석해보면 다음과 같다고 볼 수 있다.

첫째, 우선 통일 문제는 애국, 자주, 정의, 자유의 정신 하에 민족 자존을 위하고 역사의 뿌리를 중시하는 '민족자결주의', '당사자주의'의 정신으로 해결해 나가야 한다. 주변 강국의 이해관계에 따라 우리의 통일 문제가 휘둘려서는 안 된다. 민족자결주의·당사자주의 정신으로 통일을 실현해 나가기 위해서는, 독립운동 시 실력 양성론이 나왔듯이, 우리의 자강력 즉 강한 국력이 뒷받침되어야 한다. 그래야만 우리가 주도하는 통일국가를 이룩할 수 있다. 1945년 일제로부터 해방될 당시에 우리의 실력 부족으로 강대국인 미국과 소련의 의지대로 우리의 운명이 결정되고 결국 분단국가로 전락된 점을 역사의 교훈으로 삼아야 한다.

둘째, 독립운동 정신에는 3·1운동의 비폭력 저항정신이나 안중근 의사의 '동양평화론'에 나타났듯이 평화정신이 있다. 안중근 의사는 '동양평화론'을 통해 독립국가 간의 평화공존을 주장했다. 당시 한국·청국·일본 3국이 동북아연합을 구성하여 항구적인 평화공존을 추구할 것을 주장하였다. 3국의 동양평화회의를 구성하고 3국 청년으로 구성한 평화연합군을 양성하고자 제의하였다. 또한 공동출자에 의한 공동은행 설립 및 공용화폐 발행도 제의하였다. 독립운동의 평화정신은 통일을 추구하는데도 기본적으로 적용되어야 한다. 남북한 통일은 원칙적으로 평화공존을 거쳐 평화통일을 추구해야 한다. 화해와 협력을 통해, 그리고 한반도 평화체제 구축을 통해 평화통일의 여건을 조성해 나가야한다. 한반도의 평화통일을 위해서는 우선 북한의 완전한 비핵화가 반드시 이루어져야 한다.

셋째, 대동단결의 통합정신이다. 독립운동 할 당시에 노선 대립이 많았다. 무력 투쟁론과 실력 양성론, 민족주의·민주공화주의·무정부주의·사회주의 간 이념 노선, 자주와 국제 노선, 국내·상해·만주·연해주·일본·하와이 등 지역별 독립운동단체 등 다양했다. 그럼에도 불구하고 독립운동의 지도자들은 통합 정신으로 대동단결하려고 노력하였다. 우리의 통일운동 노선도 접근 방법의 차이, 정파적 대립, 종파·지역·계층·직능·출신 차이 등으로 분열되어 있는 것이 현실이다. 진정한 통일운동의 지도자라면 다양한 통일운동 단체의 정체성과 특성은 살려가면서도 차이가 부각되어 심각한 국론 분열을 초래하기 보다는 적극적인 소통과 협력을 통한 통합체로서의 통일운동을 해나가도록 노력해 나가야 한다.

넷째, 독립운동에 나타난 헌신, 희생, 용기, 인내의 정신은 순수한 열정적인 봉사정신이라고 할 수 있다. 통일을 위해서도 우리 사회의 헌신, 희생, 용기, 인내 정신이 필요하다. 그렇다고 독립운동 때처럼 목숨을 초개처럼 버리는 것을 요구하지는 않는다. 요즈음 사회의 덕목인 헌신과 봉사자세가 필요하다. 석주 이상룡, 우당 이회영 선생처럼 전 재산을 처분하고 가족과 함께 만주에 가서 독립 운동을 하거나, 연해주 최재형·부산 백산상회 안희제 선생과 같이 자신이 노력하여 축적한 부를 독립운동 자금으로 기꺼이 제공하는 노블레스 오블리주(Noblesse Oblige) 정신이 필요하다. 오늘날 통일단체에 2,000억원을 쾌척한 한 경제계 인사가 그 사례라고 할 수 있다. 그 밖에도 우리 사회에는 알게 모르게 순수한 마음으로 열정적으로 통일운동을 직접 하거나 통일운동 단체에 후원하는 사람들이 많다. 계속 바뀌는 정권의 눈치를 보지 말고 궁극적 목표인 통일을 위해 용기있게 헌신하고 봉사하는 자세가 필요하다.

다섯째, 우리의 독립을 위한 국제적 지원을 획득하기 위해 외교적 노력을 열심히 했듯이 통일을 위해서도 국제적 협력을 위해 통일외교를 적극 펼쳐 나가야 한다. 한반도 통일 문제와 관련 전략적 이해관계를 가지고 있는 미국, 중국, 일본, 러시아가 겉으로는 남북한 간에 대화와 평화적 접근을 통한 남북통일을 지지한다고 하지만 속으로는 그들에게 전략적으로 유리한 한반도 분단의 지속을 원한다고 본다. 따라서 우리는 주변 강국들의 전략적 이해관계에 따라 추수할 것이 아니라 우리의 당위적·전략적 목표에 따라 주도적으로 통일외교를 지혜롭게 펼쳐 나가야 한다. 독일 통일 당시 서독의 콜총리의 외교보좌관이었던 호르스트 텔칙(H. Teltschik)은 통일 과정에서 서독은 독일 통일에 관해서 미국, 소련, 프랑스,

영국에게 당당하게 그들의 입장을 얘기했다고 한다. 그러면서 한국도 한반도 통일 문제에 이해관계가 있는 주변 강국에 대해서 눈치 보지 말고 당당하게 입장을 밝히고 협력을 구하는 노력을 적극적으로 해 나가라고 권고하였다. 충분히 참고할 만한 내용이라고 생각한다.

필자는 앞으로도 남은 인생을 통일의 화두를 계속 마음에 품고 민간 차원에서 할 수 있는 통일 노력을 다 하고자 한다. 특히 우리 사회의 통일에 대한 무관심 증대를 우려하면서 통일 의지를 제고하기 위한 방안을 모색하고 실천하고자 한다. 독립운동정신을 통일운동정신으로 계승하는 일에도 함께 하고자 한다.

저자 소개

홍양호(洪良浩)

1955년 대구에서 태어났다. 1970년 2월 대구중학교를, 1973년 2월 경북고등학교를, 1977년 2월 경북대학교 경제학과를 졸업하고 이어서 동 대학교 교육대학원 일반사회 전공을 수료하였다. 1985년~1986년 미국 University of Georgia에서 정치학 석사(M.A.)를, 1998년 2월 단국대학교 정치외교학 박사를 취득하였다. 2002년 3월부터 1년간 Washington, D.C.에 소재한 Hudson Institute에서 Visiting Fellow로 있었다. 그리고 2006년 하반기 서울대학교 행정대학원 국가정책과정(63기)을 이수하였다.

1977년 10월 제21회 행정고등고시를 합격하여 대부분의 공직생활을 1983년 5월부터 통일부(과거 국토통일원)에서 근무하였다. 통일부에서 교류협력국 심의관, 인도지원국장, 경수로사업지원기획단 정책조정부장, 기획관리실장, 상근회담대표를 거쳐 2008년 3월~2010년 3월 통일부 차관을 재임한 후 퇴직하였다. 그 이후 2011년 10월~2014년 12월 개성공업지구지원재단 이사장 겸 개성공업지구관리위원회 위원장으로 근무하였다.

방송위원회 남북방송교류추진위원회 위원(2006년~2007년), 법제처 · 기상청 · KBS 남북관계 자문위원, 민주평화통일자문회의 정치남북대화위원장(2011.7~2013.6), 한국 · 독일 정부간 '한독통일자문위원회' 한국 측 위원(2011년~2017년), 한국전기공사협회 '전기분야 통일위원회' 공동위원장(2014년~2016년), 세이브더칠드런 이사(2015.3~2024.3), IKIS통일포럼 상임(공동)대표(2015.6 ~2020.6), 통일연구원 석좌연구위원(2016.2~2018.1), 통일신문사 회장(2016.9~2020.6), 국민대학교 한반도미래연구원장(2017.4~2020.3), 북한인권정보센터 남북사회통합교육원장(2020.6~2024.2) 등을 역임하였다.

학회 활동으로 한국정치학회 이사, 서울행정학회 부회장, 한국행정학회 통일특별위원회 위원장을 했다. 경북대(국제대학원), 이화여대(북한학협동과정), 서울대(행정대학원), 중앙대(북한개발협력학과), 성균관대(국가전략대학원), 국민대(정치대학원, 법무대학원)에서 초빙(객원 · 특임)교수로 대학원 강의를 하였다. 그리고 다양한 기관, 단체에서 통일강좌 특강을 하였다.

현재 통일부의 평화경제특구위원회 위원, 민간영역에서 남북사회통합연구원 이사장, 북한연구소 석좌연구위원, 일천만이산가족위원회 고문, 한민족통일여성협의회 고문, 남북청소년중앙연맹 고문, 한반도개발협력연구원 고문, 동북아공동체문화재단 고문, 새삶 고문, IKIS통일포럼 고문, 남북보건의료교육재단 이사, 북한인권정보센터 이사, 미래한국재단 이사 등으로 활동하고 있다.

상훈으로 1977년 문교부장관상, 1990년 대통령표창, 2000년 홍조근정훈장, 2012년 황조근정훈장을 수상하였다.